범죄수사학 총론

조철옥 著

머리말

범죄수사에 관한 전문서적이 관심을 끌기 시작한 것은 아주 최근의 일이다. 아마 각종 경찰시험에서 범죄수사를 시험과목으로 채택한 것이 범죄수사에 관한 전문서적의 필요성을 절감하게 만든 가장 직접적인 동기가 된 것으로 여겨진다. 이 시기에 1999년 경찰대학에서 경찰수사론을 출판하게 되었고 이 책은 오늘날 시중에 유통되고 있는 거의 모든 범죄수사에 관한 서적의 기본 틀이 되었다.

현재 사용되고 있는 대부분의 범죄수사관련 교재는 과거의 일본교재를 번역한 것에 불과하고 따라서 이론적으로 취약하고 용어 또한 잘못 정의된 것이 너무 많다는 문제가 있다. 또한 수사기법 역시 낡은 것이어서 현대의 과학수사에서 개발한 기법을 제대로 도입하고 있지 못하다. 범죄수사는 우리나라뿐만 아니라 미국 등 외국에서도 경찰 등 수사기관의 업무영역에 속하는 기술적인 분야로 인식되고 있다. 따라서 범죄수사는 학자들의 관심을 받지 못하게 되었고 수사학에 대한 학문적 체계화가 늦어지고 있다고 보여 진다.

본서는 범죄수사의 학문적 체계화를 위해서 책의 이름도 "범죄수사학총론"으로 명명하였다. 범죄수사에 관한 정형화된 이론과 수사기법을 체계화하여 학문적 패러다임을 정립하고자 하는 것이 본서의 주된 목적이다. 또한 본서는 다음과 같은 측면을 교재 집필의 기본방향으로 설정하였다.

첫째, 기존교재의 난해한 부분을 이론적으로 이해하기 쉽게 개념정의를 시도하였다.

둘째, 범죄수사와 관련된 법규는 2009년도에 개정된 내용으로 바꾸었다.

셋째, 미국 등의 선진수사기법을 소개하는데 많은 분량을 할애하였다.

넷째, 과학수사에 관련된 선진수사 기법을 중요하게 다루었다.

다섯째, 경찰시험과 실무에 도움이 되도록 내용의 충실을 기하였다.

본서는 제1편 수사학의 지적 기초, 제2편 범죄수사기법, 제3편 과학수사, 제4편 조사기법과 수사행정의 4편과 24장으로 구성되었다. 제1편에서는 범죄수사와 관련된 이론적·법적지식에 관한 내용들이 중심을 이루고 있다. 제2편 범죄수사 기법은 초동수사, 탐문수사, 감수사, 유류품수사, 수법수사. 장물수사, 공조·수배수사, 알리바이수사, 감시수사, 체포 등 범죄수사의 본질이라고 할 수 있는 기법들을 다루었다. 제3편 과학수사는 본서에서 가장 심혈을 기울인 부분이라고 할 수 있다. 특히 본서는 지금까지 피상적인 수준에 머물렀던 과학수사의 수사기법을 심층적으로 다루었다. DNA지문 수사 부분을 법의학적 측면에서 구체적으로 접근하고 최근에 발표된 다양한 신기법을 소개하는데 심혈을 기울였다. 아울러 출처의 근거 없이 다루어지고 있는 잠재혈흔과 잠재지문 현출 시약과 관련된 부분을 체계적으로 정리하였다. 또한 최근에 부각되고 있는 범죄자 프로파일링, 다양한 심리분석기법, 미세증거물을 중심으로 한 물리적 분석기법 등을 체계화하였다. 제4편 조사기법과 수사행정 분야는 경찰조직의 수사관련 훈령을 적용하여 수사업무를 처리하는 것이 핵심이므로 새로 개정된 법규를 근거로 수정하고 정리하였다.

수사학총론이라는 기본 틀 속에서 집필되었기 때문에 개별 범죄수사와 관련된 수사기법은 제외되었다. 개별범죄 수사에 관련된 부분은 "수사학각론" 분야에서 다루어질 계획으로 신종범죄와 특수범죄 등이 심층적으로 연구될 것이다. 필자는 경찰윤리학, 경찰행정학, 경찰학개론, 현대범죄학 등 경찰행정학과의 학문적 발전에 도움이 될 만한 교재나 저서를 집필하기 위해 노력을 기울여 왔다. 이번에 집필한 "범죄수사학총론"은 지금까지의 저서출판으로 축적된 지식과 경험의 산물이라고 감히 말하고 싶다. 미흡하나마 경찰을 꿈꾸는 학생들이나 경찰관들에게 도움이 되었으면 한다.

끝으로 이 책이 나오기 까지 함께 고생한 신선희 권사, 직장에서 열심히 일하고 있는 아들 수현, 딸 수정에게도 이 책이 좋은 선물이 되었으면 한다. 그리고 특히 어려운 여건 속에서도 흔쾌히 출판을 맡아주신 21세기사 이범만 사장님께도 진심으로 감사의 말씀을 드린다.

2009. 8

저자 씀

차 례

제1편 범죄수사학의 지적 기초

제4편 조사기법과 수사행정

제 1 편

범죄수사학의 지적 기초

Criminal Investigation

제1장

범죄수사의 기초이론

제1절 범죄수사의 기초개념

1. 수사의 개념

(1) 개념적 접근

1) 개념정의

길버트(James N. Gilbert)는 범죄수사란 발생한 범죄행위에 대한 논리적, 객관적, 법적인 조사(inquiry)라고 정의한다. 또한 그는 그러한 조사의 결과가 성공적이기 위해서는 다음과 같은 질문에 답하는 것이 바로 수사라고 정의한다.[1)]

① 형법이나 개별특별형법에 규정된 범법행위가 발생하였는가? ② 범죄는 어디에서 언제 발생하였는가? ③ 범죄의 계획, 실행, 그리고 사후처리에 포함된 사람들은 누구인가? ④ 범죄사건에 대한 목격자는 존재하는가? ⑤ 범죄사건의 증거는 존재하는가? ⑥ 범죄수법이나 도구는 무엇인가? ⑦ 법관이 재판과정에서 유·무죄를 결정하는데 도움이 될 수 있는 결정적인 증거는 존재하는가?

따라서 범죄수사란 수사기관이 「형법」이나 「개별특별형법」상의 범죄에 해당여부 규명, 범죄발생 일시와 장소 그리고 범죄수법과 도구의 발견, 범인특정을 위한 증거를 수집하고 체포하는 활동이라고 정의할 수 있다. 간단히 말해, 범죄수사란 증거를 수집하여 범죄사실규명과 범인특정·체포를 위한 수사기관의 활동이라고 정의할 수 있다.

---

1) James N. Gilbert, Criminal Investigation, Pearson Education Hall, Seventh Edition, 2007, p. 33.

2) 법적인 개념

범죄수사에 대한 법적인 개념은 「형사소송법」 제195조의 "검사는 범죄의 혐의가 있다고 사료하는 때에는 범인, 범죄사실과 증거를 수사해야한다"는 규정을 근거로 한다. 즉, 범죄의 혐의가 있는 사건에 관한 공소제기 여부를 결정하기 위하여 범죄사실을 조사하고, 범인을 검거하고, 증거를 발견 · 수집 · 보존하는 일련의 활동 및 제기한 공소를 유지하기 위한 수사기관의 일련의 활동을 수사라고 정의할 수 있다.

(2) 형식적 · 실질적 의의의 수사

1) 형식적 의의의 수사

형식적이란 공식적(formal) 또는 합법적이라는 말과 동의어이다. 따라서 형식적 의의의 수사는 수사기관이 「헌법」, 「형사소송법」과 「범죄수사규칙」 등을 준수하면서 수사를 해야 한다는 점을 강조한다. 수사기관은 범죄의 진실을 규명하기 위한 증거의 수집, 범인 체포와 피의자 및 피고인 조사과정까지 합법적인 절차를 준수해야 한다. 형식적 의의의 수사는 합법성을 중요시 하고 피의자나 피고인의 인권보장을 이념으로 한다. 따라서 형식적 의의의 수사는 「형사소송법」상의 절차적 이념인 피의자의 인권보장과 공익의 유지와의 조화를 중요시 한다.

2) 실질적 의의의 수사

실질적 의의의 수사는 수사기관이 모든 수단과 방법을 동원하여 범죄사실의 규명과 범인의 특정 · 체포 및 기소라는 수사의 목적 달성을 중요시하는 수사를 말한다. 범행의 수단과 방법은 무엇인가, 범인은 누구이며 어떻게 체포할 것인가? 등 범죄사실의 실체를 밝히는 것을 중시한다. 실질적 의의의 수사는 「형사소송법」상의 실질적 이념인 실체적 진실발견을 추구하는 것이 목적이므로 합법성보다는 합리성이 요구된다.

그러나 현실적인 경찰의 수사활동은 형식적 의의의 수사와 실질적 의의의 수사가 복합적으로 결합된 활동이다. 다시 말해, 수사는 실체적 진실발견과 피의자의 인권보장을 위한 법적인 절차가 결합된 활동이다.

(3) 수사와 내사

1) 개 념

내사는 수사기관이 범죄혐의를 인지하여 입건하기 전에 범죄혐의를 확인하기 위한 은밀한 활동을 말한다.[2] 즉, 수사기관이 소문이나 투서, 진정, 그리고 첩보 등에 의해 범죄혐의가 의심되는 경우에 범죄혐의를 확인하기 위하여 실행되는 은밀한 조사단계가 바로 내사이다. 내사과정에서 수사기관이 범죄혐의를 인지하게 되면 입건이라는 절차를 거쳐 수사가 개시된다.

2) 수사의 제1단계

일반적 의미의 수사의 실행 전 단계에서 이루어지는 내사나 수사단서 수집 등도 적극적 의미의 수사개념에 포함하여야 한다는 주장을 하는 학자들도 있다. 이들은 내사의 법적 근거를 제시하면서 내사가 수사의 전 단계가 아니라 수사의 제1단계라고 주장한다.[3] 내사는 "수사기관이 범죄를 인지・입건하기 전에 범죄혐의를 확인하기 위한 활동"이라는 것이다. 이러한 내사의 법적 근거는 「형사소송법」 제195조의 "범죄혐의가 있다고 사료하는 때"와 동법 제199조의 "수사에 관하여는 그 목적을 달성하기 위하여 필요한 조사를 할 수 있다"는 규정에서 찾을 수 있다는 것이다.

3) 수사의 전 단계

수사실무관행이나 학설은 수사란 범죄인지보고서를 작성하여 입건한 때에 개시된다는 법적인 규정을 근거로 내세워 내사를 수사의 전 단계로 파악한다. 따라서 내사는 수사실무상 수사개념에는 포함되지 않는다.

내사는 경찰관서 이외의 장소에서 은밀하게 이루어지고 「형사소송법」에 규정된 피의자의 각종 권리가 인정되지 않으며, 또한 증거보전 청구권도 인정되지 않는다. 수사기관이 입건하지 않고 내사종결로 처분한 경우 그 피해자는 다시 고소하는 외에는 권리구제를 받을 길이 없다.[4] 즉, 고소인은 재정신청이나 헌법소원을 제기할 수 없다. 그러나 내사 대상자는 변호인과의 접견교통권이 인정된다.

---

2) 정성진, "내사론", 법조, 1997, pp. 3-5.

3) 정성진, 앞의 책, p. 9.

4) 신동운, "내사종결처분의 법적 성질", 서울대학교 법학, 2004. 9, pp. 320-321.

(4) 수사가 아닌 경우

검사가 소송당사자로서 법정에서 하는 피고인 신문과 증인신문은 단지 공판절차에 지나지 않으며 수사절차가 아니다. 그리고 사인의 현행범 체포와 조세법 위반사건에 대한 세무공무원의 조사행위는 수사주체의 활동이 아니므로 수사행위가 아니다. 또한 내사, 경찰관의 불심검문과 변사체 검시는 수사단서를 발견하기 위한 수사개시 이전의 활동으로서 수사활동에 해당되지 않는다.5)

경비경찰의 시위진압과 방범경찰의 방범순찰 활동 등은 「집회시위관리법」과 「경찰관직무집행법」등에 의한 행정경찰활동으로서 수사에 해당되지 않는다. 또한 경찰작용법을 위반한 사람에 대한 강제집행, 즉시강제, 경찰형벌이나 경찰질서벌은 행정경찰의 활동으로서 수사가 아니다. 마찬가지로 「행정작용법」을 위반한 행위를 조사하는 행정기관의 조사행위는 「형사소송법」상의 수사에 해당되지 않는다.

2. 수사의 목적(Goal)

(1) 범죄의 진실규명과 범인체포

수사기관은 범죄혐의가 인지된 사건에 대하여 객관적인 증거에 의해 사건의 진실을 규명하고 범인을 특정하여 체포하는 것이 공소제기 전 1차적 목표이다. 범죄사건의 진실을 물증에 의해 입증하지 못하거나 입증한다 해도 특정된 범인을 체포하지 못한다면 기소여부를 결정하지 못한다는 문제가 발생한다.

(2) 기소 · 불기소의 결정

수사기관은 수사를 통해 확보한 증거와 수사자료를 토대로 법률적 평가를 거쳐 피의자에 대한 기소여부를 결정해야 한다. 기소·불기소 결정에는 범죄의 사실적 내용뿐만 아니라 법률적 내용, 즉, 구성요건 해당성, 위법성, 책임성, 소송조건 등을 고려하여 결정해야 한다. 특히 구성요건에 해당하지 않거나 증거불충분으로 '혐의없음'에 의한 불기소처분은 수사실패라고 할 수 있다.

---

5) 진계호, 형사소송법, 형설출판사, 2004, p. 186.

(3) 공소의 제기 및 유지

수사기관은 체포된 범인, 수집된 증거와 수사자료를 토대로 법률적 검토를 거쳐 공소를 제기하고 재판과정에서 공소를 유지하는 것이 수사의 1차적 목적이다. 공소 유지를 위해 필요한 경우 공소후 보강수사를 전개해야 한다.

(4) 유죄판결

수사기관은 재판과정에서 피고인의 범죄사실을 증거에 의해 입증하여 유죄판결을 받도록 하는 것이 궁극적인 목적이다. 피고인이 최종판결에서 무죄가 된다면, 그 결과는 수사기관의 수사실패라고 규정되고 그에 대한 책임이나 손해배상문제가 발생할 수 있다.

3. 수사의 성질

(1) 범죄의 진실발견을 위한 비판적 · 분석적 추리의 연속

수사는 범죄사실 규명과 범인특정 및 체포를 위한 추리(reasoning)의 연속이다. 추리는 범죄사건에 대한 비판적 사고와 밀접한 관련이 있다. 비판적 사고는 어떤 사건에 관한 개인의 가정이나 신념을 부정하거나 긍정하기 위한 이유를 발견할 수 있게 하고 사건과 관련된 '왜'라는 질문에 대한 설명을 찾기 위한 노력을 촉진한다.[6] 결국 비판적 사고는 범죄수사 동안 아주 쉽게 발생할 수 있는 감정적인 접근을 피할 수 있게 한다. 그래서 수사는 감정이 아니라 사실에 기초한 합리적 추론이라고 한다. 수사요원은 모든 다른 사람들과 마찬가지로 감정의 소유자이지만, 사실에 기초하여 가능한 한 합리적으로 판단해야 한다.[7] 다음과 같은 요소들은 비판적 사고 과정의 기초가 된다.[8]

---

6) Carole Wade and Carole Travis, Learning to Think Critically(New York:Harper & Row, 1990), pp. 1-18.

7) Gilbert, *op.cit.*, p. 34.

8) *Ibid.*, p. 34.

1) 사실과 의견사이의 구분

사실(facts)은 다른 객관적인 정보에 의해 검증가능한 언명이나 관찰결과를 말하고, 의견(opinion)은 단지 개인적 생각이나 신념의 한 조각에 지나지 않는다. 수사에 있어 사실적 자료는 일반적으로 사건의 처리방향과 방침을 제시하지만, 의견은 단지 2차적이고 보완적인 기능을 할 뿐이다. 따라서 수사는 사실중심적이어야 하며 모든 의견은 사실에 기초한 것이어야 한다.

2) 인과관계(cause and effect)의 결정

범죄의 인과관계는 범죄의 원인과 결과사이의 관계를 말한다. 사실 원인이 없는 결과는 존재할 수 없다고 해도 틀린 말이 아니다. 범죄사건 역시 그러한 결과를 초래한 원인을 발견한다면, 수사는 순조롭게 진행될 수 있을 것이다. 범죄사건의 인과결정은 수사과정의 방향을 제시하는 중요한 기능을 한다. 특히 범죄수사에 있어 범죄동기의 발견을 중요시하는 이유 역시 범죄원인의 발견과 깊은 관계가 있다. 범죄동기는 대부분 범죄원인의 요소가 되기 때문이다. 그러나 범죄사건의 인과관계 결정은 쉬운 일이 아니다. 따라서 그 인과결정 역시 사실적 자료에 기초한 비판적 사고에 의해 이루어져야 한다.

3) 수집된 정보의 정확성과 완전성의 결정

범죄사건과 관련된 정보는 다양하다. 수집된 정보의 정확성과 완전성이 검증되어야 범죄사실의 규명과 범인의 특정을 위한 수사자료나 증거가 될 수 있다. 따라서 정보의 정확성과 완전성은 객관적인 검증과정을 거치는 비판적·분석적 사고에 근거해야 한다.

4) 논리적 오류(logical fallacy)와 불완전한 추리의 인정

논리적 오류란 증거나 사실에 입각하지 않고 결론을 내리거나 제한된 정보, 부적합한 증거, 대표성을 결여한 사례 등을 근거로 성급하게 일반화하는 경우에 발생한다. 때로는 합리적인 근거 없이 편견, 감정, 미신 등을 내세워 자신의 주장을 내세울 경우에도 논리적 오류가 발생한다. 또한 계층적 권위에 의해, 예컨대, 수사과장이나 계장이 직위를 이용하여 부하들의 반론이 일어날 수 있는 원천을 비판하거나 봉쇄함으로써 반론의 제기를 불가능하게 하여 자신의 주장을 옹호하는 경우에 발생하는 오류가 바로 논리적 오류이다.

불완전한 추리는 바로 논리적 오류의 산물이다. 따라서 수사기관은 논리적 오류가 발생하지 않도록 충분한 자료의 수집과 수사요원들 사이의 비판적 사고의 과정을 거쳐 사건을 추리하고 수사를 전개해야 한다.

5) 연역적 · 귀납적 추리를 통한 추론능력의 개발

연역법과 귀납법은 과학적 이론의 발전과정에서 개발된 학문적 접근방법이다. 연역법은 일반적인 이론이나 법칙을 근거로 가설을 설정하여 현실에서 검증과정을 거쳐 새로운 이론을 개발하는 접근방법이다. 반면에 귀납법은 현실에서 다양한 사실을 기초로 새로운 이론을 형성하는 접근방법이다.[9]

① 연역적 추리(deductive reasoning)

연역적 추리는 범죄가 발생한 경우에 사실에 기초한 완전한 설명을 하기 전에 일반적인 결론을 먼저 제시한다. 그 다음에 증거를 수집하여 결론의 타당성을 검증하는 과정을 거치는 수사를 전개한다. 즉, 연역적 추리는 논리의 세계에서 사실의 세계로 이동하여 증거와 자료에 의해 결론을 검증한다. 예컨대, 수사요원이 피해자가 머리에 총상을 입고 사망한 범죄현장에서 권총을 꽉 잡고 있는 사실을 목격한 경우에 그는 피해자의 사망이 자살이라는 결론을 내렸다. 총기에 의한 자살은 피해자가 손에 총을 꽉 잡고 있거나 손 바로 옆에 총이 놓여 있다는 것이 경험에 의해 검증된 이론이기 때문이다. 이는 바로 연역적 추리에 해당한다.

② 귀납적 추리(inductive reasoning)

귀납적 추리는 수사요원이 사건현장에서 사건에 관한 결론을 내리지 않고 더 많은 수사활동과 증거수집을 한 후에 모든 수사자료와 증거에 기초하여 결론을 내릴 경우에 이는 바로 귀납적 추리에 해당한다. 귀납적 추리는 우선 사실의 세계에서 다양한 수사자료와 증거를 수집하여 이것들을 기초로 사건에 대한 결론을 내린다. 예컨대, 앞의 사건의 경우에 범죄현장에서 수집한 혈흔과 총기의 지문, 범죄사건 당시 방문한 자와 총기의 소유자, 피해자 주변의 인간관계 등을 종합적으로 조사한 결과 피해자와 치정관계에 있는 자의 범행이라는 결론을 내렸을 경우에 이는 귀납적 추

9) 한승준, 사회조사방법론, 대영문화사. 2000, pp. 41-42.

리에 해당한다.

③ 장 · 단점

연역적 추리는 초기의 결론, 즉 가설이 오류일 경우에는 수사실패를 초래할 수 있다는 문제점이 존재하고, 귀납적 추리는 시건해결에 상당한 시간이 요구되므로 시간의 지체로 인해 범인의 체포와 피해품의 복구가 어려워질 수 있다. 따라서 연역적 · 귀납적 추리수사는 사건의 특징에 따라 달라질 수밖에 없으며 대체로 절도나 강도 같은 사건은 연역적 추리수사로, 강도살인이나 강간 살인, 또는 유괴살인이나 중요한 마약범죄 같은 복잡한 사건 수사는 귀납적 추리수사에 적합하다.[10]

(2) 범죄사실의 진상을 탐지하는 활동

범죄수사는 범죄사건과 관련된 수사자료와 직접적 · 간접적 증거를 기초로 하여 사건의 진상을 탐지하고, 「형법」이나 개별 특별형법에 의해 죄가 되는지 여부 등을 확인하는 작업을 포함한다. 또한 범죄현장에 직접적 · 간접적 증거가 남아 있지 않은 경우에 탐문수사 등을 동원하여 수사자료를 수집하여 사건의 진상을 밝히고 범인의 특정과 체포를 하는 것이 수사활동이다.

범죄수사는 피해자의 태도, 피해자의 부존재, 범죄현장의 물리적 조건, 목격자의 존재여부, 그리고 수사요원의 능력 등과 같은 여러 가지 이유로 불완전하거나 부분적인 해결에 지나지 않는 경우가 많다.[11] 그래서 범죄의 진상이란 진실에 가까운 고도의 근사개념으로서 누구도 의심하지 않고 수긍할 정도에 도달한 경우를 의미한다.

(3) 기소 · 불기소의 결정을 위한 형사절차의 일환

범죄수사의 궁극적인 목표는 범죄자의 유죄판결에 의한 처벌이다. 따라서 수사기관은 범죄사건의 유죄를 입증할 수 있는 증거를 확보하여 공소를 제기하고 유지해야 한다. 물론 '혐의 없음'이나 '죄 안됨', '공소권 없음' 등으로 불기소 사유에 해당하는 경우에는 불기소 처분을 결정해야 한다. 수사기관의 범죄자 기소는 국가의 형벌권 행사를 뒷받침하는 형사절차의 일부분이다.

---

10) Gilbert, *op.cit.*, 34-35.
11) *Ibid.*, p. 33.

(4) 하강과정과 상승과정

1) 하강과정

하강과정이란 범죄가 발생한 경우에 수사관이 범죄사실에 관한 심증을 형성하는 과정을 말한다. 하강과정은 범죄사건을 객관적인 증거에 기초하여 완전한 입증을 하기 전에 수사관의 지식과 이론, 또는 경험이나 직관, 상상력 등에 기초하여 일반적인 결론을 도출하는 연역적인 추리(deductive reasoning)과정을 말한다.[12] 이러한 수사관의 연역적인 추론에 의해 형성된 일반적인 결론은 범죄사건에 관한 일종의 가설에 해당된다. 범죄수사는 바로 이러한 가설을 증거에 의하여 입증하는 과정이다. 수집된 자료와 증거를 통해서 가설이 검증되면 수사는 성공하게 되는 것이다.

연역적 추리는 하나의 가설로부터 다수의 추리가 가능하다. 즉, 살인 사건의 경우에 범죄수법이 잔인한 것으로 보아 원한이나 치정에 의한 범죄는 그 수법이 잔인하다는 지식에 의해 "범죄용의자는 피해자 N과 원한관계에 있는 A, B, C일 것이다"라는 다수의 용의자가 선정된다. 연역적 추리는 하나의 사실로부터 다수의 사실을 추리할 수 있다는 점에서 전개적 추리라고도 한다.

2) 상승과정

하강과정에서 형성된 수사관의 심증은 범죄사건을 기소하고 재판하는 과정에서 유죄판결을 받게 하는 형사절차에 올려놓기 위하여 객관적인 증거에 의해 증명되어야 한다. 수사의 상승과정은 수사관의 심증을 증거에 의해 증명함으로써 형사절차상으로 검사 및 법관의 범죄에 대한 심증을 확신시켜주는 과정을 말한다.

상승과정은 다양한 자료와 증거를 기초로 하나의 결론에 도달하는 귀납적 추리과정(inductive reasoning)에 해당한다.[13] 즉, 수사관은 살인사건의 용의자 A, B, C를 지문, DNA지문 감정, 알리바이 수사를 통하여 C가 범인임을 입증한 경우와 같은 것이다. 수사의 성공은 범죄성립에 대한 수사관의 심증보다 검사와 법관의 심증이 중요하다. 귀납적 추리는 수사과정에서 수집한 객관적인 증거를 종합적으로 분석하여 범죄를 입증하는 것이므로 하강과정보다는 그 신뢰성이 인정된다. 수사관의 심증이 객관적인 증거에 의해 검사의 심증으로 확신되지 않는다면, 검사는 불기소 처분이나 보강수사 또는 재수사 결정을 하게 된다.

---

12) *Ibid.*, pp. 34-35.

13) *Ibid.*, p. 35.

3) 하강과정과 상승과정의 순서

범죄수사는 대체로 하강과정을 거쳐 상승과정으로 전개되는 것이 일반적이지만, 반드시 고정된 과정은 아니다. 예를 들어서, 현행범인의 체포나 고소·고발 사건처럼 범인이 체포 또는 특정되어 있고 범죄사실이 명백한 경우에는 하강과정 없이 수사는 바로 상승과정 활동만 존재한다. 따라서 하강과정없는 수사는 가능하지만 상승과정없는 수사는 존재하지 않는다.

4) 구분의 의미

수사관은 자신의 심증을 얻기까지는 엄격한 의미에서의 증거는 필요 없으며, 다만 수사자료와 지식을 기초로 합리적인 추리를 하여 수사를 전개할 수 있다는 것을 분명히 하기 위해 하강과정과 상승과정을 구분한다. 그러나 하강과정에서의 수사가 수사관의 자유로운 추리에 의해 추진할 수 있는 것이라 하더라도, 상승과정의 수사가 성공하지 못한다면, 설사 범인을 체포하였다 하더라도 '혐의 없음'으로 불기소처분이 된다거나 재판과정에서 증거불충분에 의한 무죄판결로 끝날 수 있다. 결국 상승과정의 성공이 없는 수사는 바로 수사실패를 의미한다. 따라서 하강과정과 상승과정의 구분이 요구된다.

4. 수사의 두 측면

(1) 개 념

범죄수사는 객관적인 증거를 기초로 범죄사실의 진상을 밝히고 범인을 특정·체포하여 기소하는 것을 그 1차적 목적으로 한다. 이러한 목적을 달성하기 위해 수사기관은 수사기법에 의하여 범죄행위의 진실을 규명하는 사실적 측면과 「형법」이나 「개별특별형법」 등 형사실체법상으로 범죄가 되는지, 「형사소송법」이나 「범죄수사규칙」 등과 같은 형사절차법상의 절차준수를 중요시하는 법률적 측면에서 접근한다.[14]

14) 윤경일, 수사실무총람, 육법사, 1990, pp. 56-57.

(2) 수사의 사실적 측면

수사의 사실적 측면은 범죄행위의 진실을 규명하는 측면을 말한다. 범죄사건을 수사하는 수사관은 어떻게 이러한 범죄가 발생하였는가에 대한 범행의 인과관계(causality)를 밝혀 범죄행위의 진실을 규명하고 범인이 누구인가를 밝혀야 한다. 이와 같이 범죄사실의 진실과 범인의 특정과 같은 실체적 진실을 규명하는 과정을 수사의 사실적 측면이라고 한다. 수사의 사실적 측면은 범죄행위에 대한 법률적 평가 이전에 이루어지는 범인과 범죄행위를 규명하는 수사과정을 말한다.

범죄의 사실적 측면은 범죄행위의 재현 또는 범죄의 재구성이라고도 한다. 이미 발생한 범죄사건을 관련 요소들을 파악하여 재구성하는 작업이 바로 범죄사건의 실체적 진실을 밝히는 작업이다. 범행의 재구성에 필요한 요소를 수사요소라 한다.

1) 수사요소에 의한 범죄의 재구성

범죄행위의 진실을 규명하기 위한 수사는 범죄행위를 구성하는 요소들을 파악하여 범죄를 재구성하는 것이 기본이다. 형사소송절차에서 요증사실이라고도 하는 수사의 요소는 4하의 원칙, 6하의 원칙, 그리고 8하의 원칙에 의해 파악된다. 이 원칙들은 어떤 행위를 구성하는 요소의 수에 따라 구분된다.

① 4하의 원칙

4하의 원칙은 누가(주체), 언제(일시), 어디서(장소), 무엇(행동)을 했는가? 여기에 포함되는 요소들을 대상으로 수사를 전개한다. 즉, 범인 A(주체)는 2009년 1월 10일 23시 33분(일시)에 00장소(장소)에서 강도행위(범죄행동)를 했다.

② 6하의 원칙

6하의 원칙은 4하의 원칙에다 동기에 해당하는 왜(Why)와 수법에 해당하는 어떻게(How)가 추가된 형태이다. 즉, 누가(Who), 언제(When), 어디서(Where), 무엇(What), 왜(Why), 어떻게(How) 등 5W1H 라고도 하는 6하 원칙은 범죄사건의 진실규명을 위한 추리에 중요한 원칙이며 특히 수사서류 작성시 반드시 검토해야 할 요소로서 보통 수사에서는 이 6하 원칙을 적용한다.

③ 8하의 원칙

8하의 원칙은 6하의 원칙에 공범에 해당하는 누구와(with whom), 피해자에 해당하는 누구에게(to whom)라는 요소가 추가된 형태이다. 즉, 공범과 피해자가 수사요소로 포함된다.

2) 행위의 필연성

행위의 필연성 원칙은 수사의 대상이 되는 요소들이 범행에 관련되었다는 사실을 객관적인 증거에 의해 입증해야 한다는 것을 말한다. 수사의 요소들이 범행에 필연적으로 관련된 이유나 원인 또는 조건들을 증거에 의해 입증해야 범죄의 재구성, 즉 범죄의 진실을 규명할 수 있다. 예컨대, 살인사건의 경우에 ① 범죄현장에서 채취한 지문과 혈흔에 대한 DNA 지문 감식의 결과 N이 범인이며, ② 목격자의 진술과 사후경직 정도에 의해 범죄시간은 21시 전후에, ③ 범죄현장의 저항흔적과 혈흔 존재위치 등으로 보아 피해자의 침실에서, ④ 재물의 탈취가 없고 범행의 잔인성으로 보아 원한이나 치정에 의한 복수가 범죄동기로, ⑤ 범죄현장에서 발견된 흉기와 상처자국으로 보아 흉기를 사용하여, ⑥ 흉기를 이용하여 사람을 살해한 범행임이 분명하다는 행위의 필연성에 대한 결론을 내릴 수 있다.

3) 사건의 형태성

범죄사건이 수사요소에 의해 재구성되어 전체적으로 집약되는 것을 사건의 형태성이라 한다. 수사에 의해 사건과 관련된 모든 요소에 대한 완전한 자료를 확보하는 것은 거의 불가능하다. 수사기관이 수사과정에서 실제로 수집한 자료나 증거는 일부분에 지나지 않는다. 그러므로 수사요소에 대하여 수집한 자료를 체계적으로 연결하여 하나의 전체적인 그림을 그려야 한다. 사건의 전체적인 그림은 사건에 관한 전반적인 윤곽을 확인할 수 있게 하므로 될 수 있는 대로 많은 자료와 증거를 수집하고 상호 합리적으로 연결하여 사건 전체를 재구성해야 한다.

(2) 수사의 법률적 측면

범죄수사는 범죄행위의 진실을 파악하고 그러한 행위를 법률적으로 평가하여 범죄가 되는가? 그리고 그 행위가 어떠한 범죄에 해당하는가 하는 작업을 수사의 법률적 측면이라 한다.

수사의 법률적 측면은 범죄수사에 있어 아주 중요한 요소이다. 범죄수사관에게 논리적 분석능력과 추리능력, 직관과 관찰력, 상상력과 호기심, 인내심, 강건함, 그리고 전문성과 수사윤리의식 등 다양한 자질이 요구되지만, 무엇보다 실질적인 법적 지식(substantial legal knowledge)이 가장 요구되는 수사관의 자질이다.

훌륭한 수사관은 형사법에 관한 법적 지식은 물론 민사법에 관하여도 최소한의 지식을 갖춘 사람이다.15) 미국의 경우에도 경찰공무원은 「경찰공공의 원칙」에 의해 민사관계 불간섭을 원칙으로 하고 있으나 많은 시민들은 민사사건에 대해서도 경찰에게 신고나 고소를 하는 일이 발생한다. 따라서 경찰은 시민의 신고에 대하여 적절한 행동을 취하기 위해서는 형사사건과 민사사건을 구분할 수 있는 능력을 갖출 필요가 있다.16)

수사의 법률적 측면은 범죄사건을 형사실체법에 의한 법률적 평가를 거쳐 범죄성립 여부를 확인하는 작업을 말한다. 그러나 수사개시에 있어서 반드시 법률적으로 범죄성립의 평가가 선행되어야 하는 것은 아니다. 「형사소송법」 제195조에 의하면, “검사는 범죄의 혐의가 있다고 사료하는 때에는 범인, 범죄사실과 증거를 수사해야 한다”고 규정하고 있어 주관적인 혐의만으로 수사를 개시할 수 있다. 그러나 범죄사실의 인정과 법률적 평가는 거의 동시에 이루어지므로 그 시간적 순서가 있는 것은 아니다. 범죄현장에서 수사관은 법률적 지식에 의해 죄가 되는지 여부를 결정하고 동시에 범죄사실을 규명하는 수사를 전개해야 한다.

범죄는 형사실체법의 구성요건에 해당하는 위법・유책한 행위이므로 범죄에 대한 법률적 평가는 일반적으로 구성요건 해당성, 위법성, 유책성, 가벌성 여부를 명확히 하는 것을 의미한다. 그러나 수사의 법률적 측면은 피의자의 인권보장과 관련된 수사과정에서 준수해야 할「형사소송법」과 「범죄수사규칙」과 같은 형사절차법에 대한 지식도 중요하다.

---

15) Gilbert, *op.cit.*, p. 36.

16) *Ibid.*, pp. 36-37.

5. 수사의 기본 이념

수사절차의 기본이념은 수사기관이 수사과정에서 추구해야 할 가치기준을 의미한다. 수사의 기본이념은 범죄사실의 진상과 범인의 특정을 중요시 하는 실체적 진실발견, 피의자와 피고인의 기본적 인권보장으로 대별된다.

(1) 실체적 진실발견

1) 의 의

실체적 진실발견이란 수사기관이 범죄사건의 진실, 즉 범인이 누구이며 범죄사건의 진실이 무엇인가를 객관적인 증거에 의해 명백하게 밝히는 것을 말한다. 따라서 수사기관은 실체적 진실을 발견하기 위해서는 피해자와 가해자의 주장, 시인과 부인, 또는 그들이 제시하는 증거에 구속되지 않고 객관적인 증거를 수집하여 진실을 규명해야 한다. 실체적 진실은 수사절차뿐만 아니라 형사소송절차상 준수되어야 할 기본이념이다.

2) 한 계

① 인간능력의 한계와 인적 · 물적 자원의 부족

인간은 문제해결에 필요한 지식과 정보가 부족한 불완전한 존재이다. 이러한 능력의 한계로 인하여 이미 발생한 범죄사건에 대하여 사후적으로 절대적인 진실을 완전히 재현하는 것은 거의 불가능하다. 특히 물증이 부족하고 피의자가 범행을 부인하는 복잡한 범죄사건의 경우에 범죄의 재구성은 한계에 직면한다.

또한 사건을 수사하는 담당 수사관의 수와 수사비용은 한정적이고 수사시간 또한 공소시효 등으로 인하여 제한적이라는 점도 실체적 진실 발견의 한계로 작용한다. 따라서 가능한 범위 안에서 객관적인 진실에 접근하려는 것이 실체적 진실발견의 이념이다. 실체적 진실은 범죄사실에 대한 부분적인 진실발견 또는 객관적 진실에 가장 근접한 근사치에 해당된다.

② 다른 중요한 이익과의 충돌

실체적 진실발견은 피의자의 다른 중요한 이익과 충돌할 경우에 제약에 직면한다.

범죄수사와 관련하여 압수·수색이 필요한 경우에 그 대상이 군사상의 비밀, 공무상의 비밀, 업무상의 비밀에 속하는 사항이나 장소 또는 물건일 경우에는 그 압수·수색에는 일정한 제한이 있다(형사소송법 제110조~112조). 또한 개인은 자기 또는 근친자의 형사책임에 대한 증언을 거부할 권리를 가지며 변호사, 변리사, 공증인, 공인회계사, 의사 등은 그 업무상 알게 된 비밀에 관한 증언을 거부할 권리를 가지는 등으로 실체적 진실발견에 한계로 작용한다(형소법148조~149조).

③ 피의자나 피고인의 인권보장

「형사소송법」은 피의자나 피고인의 인권보장을 위해서 다양한 절차적 제약을 가하고 있다. 즉, 미란다원칙 고지, 피의자의 진술거부권 행사, 강제수사의 영장주의, 압수·수색의 시간적·사항적 제약 등이 범죄사실의 진실을 밝히는데 한계로 작용한다. 또한 형사절차상으로 위법하게 수집된 증거의 증거능력은 제한된다. 즉, 영장 없이 압수·수색한 증거물, 도청, 비밀녹음, 비밀리에 사진촬영, 불심검문시에 동의 없는 소지품검사 등에 의해 확보한 증거물 역시 그것들이 범죄의 실체적 진실을 밝히는 결정적인 증거가 되더라도 증거능력이 부정된다.[17]

2) 기본적 인권보장

범죄수사를 지배하는 또 하나의 기본이념은 범죄수사와 관련된 사람들의 기본적 인권보장이다. 수사기관은 증거수집, 범인의 체포·조사하는 과정에서 신체의 자유 등 국민의 기본권을 침해하는 것이 허용되지 않는다. 「헌법」 제12조와 「형사소송법」 제199조는 형사소송절차나 수사절차상 국민의 기본권을 보장하기 위하여 임의수사를 원칙으로 하고, 강제처분은 법에 특별한 규정이 있는 경우에만 예외적으로 허용하고 영장주의를 원칙으로 한다.

경찰은 피의자의 인권보호를 위해 원칙적으로 자정부터 오전 6시까지의 심야조사를 금지하고 있다(인권보호를 위한 경찰관 직무규칙 제64조). 그러나 예외적으로 ① 자정이후에 조사하지 않으면 피의자 석방을 불필요하게 지연시킬 수 있는 경우, ② 사건의 성질상 심야조사를 하지 않으면 공범자의 검거 및 증거수집에 어려움이 있거나 타인의 신체·재산에 급박한 위해가 발생할 우려가 있는 경우, ③ 야간에 현행범을 체

17) 진계호, 앞의 책., p. 561.

포하거나 피의자를 긴급체포한 후 48시간 이내에 구속영장을 신청하기 위해 불가피한 경우, ④ 공소시효가 임박한 경우, ⑤ 기타 피의자 또는 그 변호인의 서면상 동의를 받은 경우에는 심야조사를 할 수 있다.18)

6. 수사의 조건

(1) 의 의

수사의 조건이란 수사기관이 범죄를 수사하고 범인을 체포하기 위한 수사권의 발동과 수사실행의 조건으로서 수사절차의 개시와 진행·유지에 필요한 조건을 말한다. 수사의 조건은 수사기관의 무제한적인 재량권 행사를 방지하고 수사권의 발동과 행사에 제한을 가하기 위하여 필요한 내용이다. 수사의 조건은 일반적으로 수사의 필요성과 상당성으로 대별된다.

(2) 수사의 일반적 조건

1) 수사의 필요성

수사권 발동은 수사의 목적을 달성하기 위하여 필요해야 한다. 수사의 필요성이 존재하지 않음에도 불구하고 수사권을 발동하는 것은 위법한 수사처분이 된다. 그러나 「형사소송법」 제195조는 "검사는 범죄의 혐의가 있다고 사료하는 때에는 범인, 범죄사실, 증거를 수사해야 한다"고 규정함으로써 주관적 혐의에 의한 수사권 발동을 인정하고 있다. 즉, 범죄혐의가 있다고 주관적으로 판단할 경우에는 수사의 필요성이 인정된다.

현행 「형사소송법」은 수사의 필요성을 수사의 조건으로 명시하고 있다.19) 이 규정은 피의자 출석요구와 조사, 참고인 출석요구와 조사, 감정·통역·번역의 위촉, 공무소에 대한 조회와 같은 수사는 임의수사의 필요성이 있으므로 임의수사를 해야 하고, 또한 체포와 구속, 검증과 감정, 그리고 압수·수색 등의 강제처분은 강제수사의 필요성이 있을 경우에만 허용되어야 한다는 점을 분명히 하고 있다. 특히 강제수사의 필요성이 없는 경우에 강제수사를 하는 것은 수사의 필요성의 원칙을 위반한 것이 된다.

---

18) 인권보호를 위한 경찰관직무규칙, 제64조, 2007.5.28. 경찰청 훈령 제506호.

19) 형사소송법 제200조 1항, 제221조.

2) 수사의 상당성

① 수사비례의 원칙

수사권발동은 수사의 목적을 달성하기 위하여 필요한 최소한도 내에서만 허용되어야 한다는 필요최소한도의 원칙을 기본으로 한다. 수사비례원칙은 이러한 필요최소한도의 원칙에서부터 출발한다. 즉, 수사비례원칙은 수사권을 필요최소한도로 발동함으로써, 그 결과 수사의 목적달성으로 인한 이익과 상대방(피의자나 용의자 등)의 불이익이 부당하게 균형을 잃어서는 안 된다는 점을 강조한다. 따라서 수사비례원칙은 임의수사보다는 특히 강제수사의 경우에 중요시되는 원칙이다.[20] 예를 들자면, 경미범죄의 입건, 즉 슈퍼에서 500원 짜리 과자를 훔친 중학생을 절도죄로 입건하는 경우와 같은 수사처분은 범죄인지권의 남용으로서 수사비례의 원칙에 반하는 경우에 해당된다.

② 수사의 신의칙(사술금지의 원칙)

수사기관이 범죄수사를 하면서 사술(속임수)을 사용하거나 피의자를 곤궁·궁박상태에 빠뜨리는 방법을 사용해서는 안된다. 따라서 사술금지의 원칙이라고 하는 수사의 신의칙은 함정수사의 허용여부와 관련 논쟁의 대상이 되며, 기회유발형과는 달리 범의를 유발하는 함정수사는 신의칙에 반하기 때문에 허용되지 않는다.

3) 수사의 조건과 범죄의 혐의

① 개 념

범죄의 혐의란 범죄사실 존재의 개연성을 말하며, 이는 주관적 혐의와 객관적 혐의로 구분할 수 있다. 범죄의 주관적 혐의는 수사개시의 조건이며 객관적 혐의는 증거에 의하여 피의자 구속 등 강제수사의 조건이 된다. 수사는 수사기관이 범죄의 주관적 혐의를 인지했을 경우에 개시되며 이 단계의 범죄혐의는 범죄성립요건의 전부 또는 일부에 대한 수사단서를 인지한 경우에도 개시된다.

② 혐의의 조건

주관적 혐의는 자의적이어서는 안 되며 범죄혐의를 주관적으로 인정할 수 있는

---

20) 이재상, 형사소송법, 박영사, 2007, p. 177.

수사단서의 인지와 같은 합리적인 근거가 있어야 한다. 또한 객관적 혐의는 목격자의 증언이나 물증 등에 의한 합리적이고 현저한 근거가 있어야 한다.

7. 수사의 지도원리

수사의 지도원리는 실체적 진실주의, 무죄추정 원리, 필요최소한도 원리, 적정절차의 원리 등으로 대별된다.[21)]

(1) 실체적 진실주의

실체적 진실주의는 수사기관이 범죄사건의 진실을 밝히는 것을 최우선시하는 것을 말한다. 범죄수사는 범죄사건을 기소하고 유지하여 재판과정에서 유죄판결을 받도록 하는 것이 목적이므로 이러한 목적달성을 위하여 수사기관은 객관적인 증거에 의해 범죄사실의 진실을 명확히 하고 범인을 발견하고 체포해야 한다.

(2) 무죄추정원리

무죄추정 원리는 대륙법계의 경우에 ① 로마법의 "소추자가 입증할 수 없는 때에는 피고인은 석방된다". ② 프랑스 인권선언 후의 인간과 시민의 권리선언 제9조의 "누구든지 범죄인으로 선고되기까지는 무죄로 추정된다". ② 19세기 "의심스러운 때에는 피고인의 이익에 따른다"라는 독일의 학설 등에 그 기원을 두고 있다. 일찍이 영·미법에서는 무죄추정의 원리가 형사절차의 기본원리로 채택되고 있었다.[22)]

우리나라 「헌법」 제27조 제4항은 "형사 피고인은 유죄판결이 확정될 때까지 무죄로 추정된다"고 규정하고 있으며, 「형사소송법」 제275조의2도 "피고인은 유죄의 판결이 확정될 때까지는 무죄로 추정된다"는 규정을 두어 형사피고인의 무죄를 추정하고 있다. 「헌법」과 「형사소송법」은 피고인에 대해서만 무죄추정을 인정하고 있지만, 공소가 제기된 피고인의 무죄를 추정하는 이상 범죄혐의를 받고 있는 것에 불과한 피의자에게도 무죄추정 원리가 적용되어야 한다. 따라서 피의자나 피고인은 무죄로 추정되어 임의수사의 원칙, 구속전 피의자 심문제도, 구속적부심사제도, 변호인 접견교통권의 보장, 고문의 절대적 금지 등이 적용되어 기본권이 보장되어야 한다.

---

21) 백형구, 형사소송법 강의, 박영사, 1996, p. 361.

22) 진계호, 앞의 책., pp. 118-117.

(3) 필요최소한도의 원리

범죄수사는 피의자의 기본적인 인권을 제한하는 법적 조치이므로 강제수사는 물론 임의수사의 경우에도 필요 최소한도의 범위 내에서만 허용되어야 한다. 피의자의 의사에 관계없이 체포·구속·압수·수색 등과 같은 강제처분을 하는 강제수사는 개인의 신체의 자유를 비롯한 각종의 개인적 법익을 침해하는 결과를 초래하므로 「형사소송법」은 강제처분의 경우 영장주의를 원칙으로 하여 필요최소한도의 원칙을 반영하고 있다.

임의수사의 원칙은 무죄추정의 원리 또는 필요최소한도의 원리의 제도적 표현이다. 임의수사도 기본권을 침해할 위험성이 항상 존재하기 때문에 필요한 최소한도에서만 허용되어야 한다는 수사비례의 원칙을 준수해야 한다. 따라서 임의수사라 할지라도 피의자에 대한 철야조사는 수사비례의 원칙을 위배하는 것이므로 금지되어야 한다.[23]

(4) 적정절차(due process of law)의 법리

적정절차의 원리는 1215년 영국의 대헌장에서 유래되어 미국 「연방수정 헌법」 제5조 및 제14조에 규정된 법의 적정절차의 개념으로 정착되었다. 우리 「헌법」 제12조 1항 후단도 "누구든지 법률에 의하지 아니하고는 체포, 구속, 압수·수색 또는 심문을 받지 아니하며 법률과 적법한 절차에 의하지 아니하고는 처벌, 보안처분 또는 강제노역을 받지 아니한다"고 규정하여 적정절차의 기본정신을 명시하고 있다.

따라서 적정절차의 원리란 헌법정신을 구체화한 공정한 법정절차에 의하여 형벌권이 실현되어야 한다는 원칙을 말한다. 적정절차의 원리는 단지 형사절차를 형식적 의미의 법률을 통해 규율해야 한다는 형식적 형사절차 법정주의에 그치는 것이 아니라 형벌법규의 적정한 적용 내지 실현을 통해 기본권 보장과 사안의 진상을 명백히 해야 한다는 실질적 형사절차법정주의를 의미한다. 즉, 형사소송절차를 포함한 모든 국가작용 전반에 대하여 문제된 법률의 실체적 내용이 합리성과 정당성을 갖추고 있는지 여부를 판단하는 기준으로 적용되어야 한다는 점을 강조한다.[24]

---

23) 앞의 책, p. 530.

24) 앞의 책, pp. 19-20.

제2절 범죄수사의 가능성과 수사선

1. 범죄수사의 가능성

범죄수사는 범죄수사의 가능성이 있어야 진행될 수 있다. 다시 말해, 범죄수사를 개시할 수 있는 수사단서나 증거가 전무할 경우에는 수사를 진행하기 어렵다는 점을 강조한다. 범죄수사의 가능성은 범죄현장에 반드시 범죄의 흔적, 즉, 범적이 존재한다는 사실과 밀접한 관련이 있다. 범죄현장에는 반드시 범죄의 흔적이 존재하므로 범죄현장에서 수사를 출발하면 수사의 가능성을 찾을 수 있다는 점을 강조하고 있는 것이다.

19세기 오스트리아의 치안판사이자 범죄학자인 한스 그로쓰(Hans Gross)는 범죄현장에서 증거를 수집하는 것이 범죄수사의 출발점이라고 강조함으로써 최초로 범죄현장의 중요성을 강조했다.[25] 그로쓰는 경찰수사의 비과학성을 비판하고 범죄현장을 기초로 하는 수사 시스템의 확립이 바로 수사에 과학을 도입하는 것이라고 주장했다.[26] 범죄현장에서는 범죄의 실체적 진실을 밝힐 수 있는 객관적인 증거, 즉 범적을 발견할 수 있기 때문이다.

2. 범죄수사의 가능성과 범적

(1) 범 적

범적은 범죄현장에 존재하는 범죄의 흔적을 말한다. 범적은 범인에 대한 피해자의 저항흔적, 혈흔과 지문, 정액, 머리카락, 흉기나 발자국, 침입흔적과 도주흔적, 목격자 등과 같은 다양한 형태로 존재한다. 모든 범죄자들은 생물학적인 인간인 이상 범죄현장에 반드시 어떠한 형태의 범적을 남긴다. 완전한 수사가 없는 것과 마찬가지로 완전히 범적을 남기지 않는 완전범죄란 있을 수 없다. 범죄현장에서 이러한 범적의 발견 여부는 과학적 수사기법과 수사관의 관찰능력과 기술에 달려 있다.

---

25) Gilbert, *op.cit.* p. 21.

26) Paul B. Weston and Kenneth M. Wells, *Criminal Investigation: Basic Perspectives, Seventh Edition*, Prentice Hall, Upper Saddle River, New Jersey, 11997, p. 2.

(2) 범적과 범죄와의 인과관계

범죄수사는 결국 범죄현장과 그 주변에 남겨진 범적을 통하여 범죄사건의 전부 또는 일부를 추리(reasoning)하고 그 추리에 대한 사실확인의 과정으로 진행된다. 범죄현장에서 지문을 발견하여 채취했을 경우에, 범인은 이 지문의 소유자일 것이라는 추리, 즉 가설형성이 가능하다. 이 가설의 진위여부는 범죄일시에 지문소유자가 범죄현장에 있었고, 다른 장소에는 부재했다는 사실을 확인함으로써 가설은 검증된다. 만일 지문소유자가 범죄발생 시간에 다른 장소에 있었다는 알리바이가 증명되고 다른 일시에 다른 용무로 범죄현장에 있었다는 사실이 확인되면, 가설은 부정된다.

또한 범적은 범죄행위의 결과물로서 범적을 통하여 범죄행위를 추리한다는 것은 결과에 의해 원인, 또는 범죄행위를 탐색하는 것과 같다. 범죄행동의 결과 범적이 남겨진 것이므로 인과관계의 차원에서 범적에서 범죄행위를 탐지하는 것이 가능하다.

(3) 범죄수사 가능성의 3대 근간

범죄수사를 가능하게 하는 범적이 범죄현장에 남게 되는 이유는 인간의 세 가지 행위법칙 때문이다. 이를 범죄수사 가능성의 3대 근간이라고 한다.

1) 범죄는 인간의 행동이다.

범죄자 역시 인간이므로 생물학적인 신체조직과 기능에 의해서 행동하고, 또한 생각하는 존재이므로 심리학적 특징을 가지고 행동한다. 따라서 범죄자는 범죄현장에 생물학적 범적, 즉, 혈흔, 지문, 정액, 모발, 인상 등을 남기고 심리학적 범적인 범죄동기나 범죄수법 등을 남긴다.

2) 범죄는 사회적 행동이다.

인간은 다른 사람들과 관계를 형성하면서 생활하는 사회적 존재이다. 따라서 사회생활을 영위하는데 필요한 다양한 물품이나 도구를 휴대하고 사용한다. 사회적 존재로서 범죄자는 범죄행위 중에 사회적 범적, 즉 흉기를 비롯한 다양한 범죄도구, 손수건, 휴지, 담배꽁초, 영수증, 수첩, 착의, 그리고 목격자 등을 남긴다.

3) 범죄는 자연현상을 수반한 행동이다.

인간은 시·공간이라는 자연현상속에서 살아가는 존재이다. 인간은 신이 아니기 때문에 시간과 공간을 초월해서 존재할 수는 없다. 따라서 인간의 범죄행동은 시·공간이라는 자연현상 속에서 이루어지므로 자연과학적 법칙에 따른 범적, 즉 현장의 변화, 범죄시간, 현장의 지문·족적·의류·흉기 등의 도구, 물건의 이동흔적, 물건에 부착된 인간의 체액 등을 남긴다. 자연현상에 의한 범적은 범죄자의 생물학적 범적과 사회적 범적이 시·공간속에 존재하는 현상이다.

3. 범죄의 징표

(1) 개 념

범죄의 징표는 범적을 기초로 범죄행동과 범인에 대한 진실을 확인할 수 있는 증거를 말한다. 또한 범죄의 징표는 외적 징표와 내적 징표로 나누어진다.

외적 징표는 범죄의 결과로 발견되는 범죄의 흔적에 기초한 징표를 말하고 내적 징표는 인간의 심리상태를 기초로 하는 징표를 말한다. 내적 징표는 범죄행동 전의 불안·초조 등으로 사전에 다른 사람에게 범죄계획을 상의한다든지 범죄후의 체포에 대한 공포심과 죄책감, 후회 등을 말하고 이러한 내적 징표들로 인하여 자수, 자백, 자살, 도주 등으로 외부에 표출될 경우에 외적 징표가 되고 범적으로서 수사의 단서나 증거가 된다.

(2) 범적과 범죄징표의 관계

범적은 범죄현장이나 그 주변에 남겨진 다양한 범죄의 흔적 그 자체를 말하지만, 범죄징표는 그러한 범적이 범인의 특정이나 범죄의 진실에 대해서 무엇인가 말해주는 단서나 증거를 의미한다. 다시 말해, 범죄의 징표는 범적이 수사지식이나 과학기술에 의해 범죄와 범인에 관하여 진실을 입증하는 단서 또는 증거가 되는 것을 말한다. 예컨대, 범죄현장의 혈흔은 범인의 정체성에 대해 말해주는 것이 없지만, 과학적인 감정을 통한 혈액형과 DNA 지문은 범인의 정체성에 대해 무엇인가 말해주는 기능을 한다. 범죄현장의 지문의 경우에도 마찬가지다. 지문 그 자체는 범인의 것인지 피해자의 것인지 제3의 인물의 것인지 지문자동검색 시스템(AFIS)을 통한 지문대조 과정을 거치기 전에 범인의 정체성에 대해 말해주는 것이 없다.

(3) 범죄징표의 형태

1) 범인의 생물학적 특징에 의한 징표

범인의 생물학적 징표는 인간으로서 범인의 신체적 특징과 관련된 범적을 과학적 지식과 기술에 의해 검증을 거쳐 범인의 동일성 여부를 확인할 수 있는 단서나 증거를 말한다. 이러한 범죄징표는 범죄현장의 현재지문이나 잠재지문·정액·모발 등으로부터 검출된 범인의 지문, 혈액형, DNA지문, 또는 피해자나 목격자에 의한 범인의 인상, 피의자의 사진, CCTV의 사진, 동영상, 휴대폰 등에 의한 사진, 몽타주, 기타 문신이나 흉터 같은 신체적 특징 등이 해당된다. 또한 장문, 맨발의 족문 역시 범인의 것이라고 확인 되는 경우에 범인 특정을 위한 하나의 범죄징표가 된다.

DNA(Deoxyribo-Nucleic Acid)는 인간의 유전적 성질을 지배하는 물질로서 핵산의 일종이다. DNA는 염색체 위에 존재하는 유전정보를 책임지고 있는 유전물질로서 세포에서 세포로 옮겨지고 부모에게서 자식에게 전해진다. 범죄수사에서 범인식별을 위한 증거가 되고 있는 DNA지문은 DNA의 돌연변이 또는 변형으로써 유전정보를 포함하고 있지 않은 쓸모없는 DNA(Junk DNA)이지만, 그 구조가 너무나 복잡하고 정교하여 일란성 쌍둥이를 제외하고는 만인 부동이다. DNA지문은 인간유전자의 0.1%에 지나지 않는다.[27)]

DNA지문은 혈액(백혈구), 정액(정자), 모근(hair roots) 그리고 인간의 피부조각, 인체조직, 장기조각, 뼈조각, 이빨 등과 같은 신체적 구성물질에서 검출될 수 있으며,[28)] 심지어 침(구강상피세포 포함), 대·소변(혈흔포함), 기타 생체시료에서도 검출될 수 있다고 하는 DNA는 범인 특정을 위한 결정적인 징표이다. DNA를 수 시간 안에 10억 배 이상으로 증폭하여 검사할 수 있는 PCR방법(Polymerase Chain Reaction: 중합효소연쇄반응)은 모근, 편지나 우표뒷면에 묻은 침, 비듬 등 증거물의 양이나 오래된 정도에 크게 구애받지 않고 DNA를 검출할 수 있다.[29)]

DNA지문은 1985년 영국의 제프리스(Alec Jefffereys)에 의해 손가락의 지문과 마찬가지로 개인마다 다르다는 사실이 밝혀졌으며, 사람들 사이에 동일한 DNA지문을 가질 수 있는 가능성은 100억대 1 내지는 300억대 1이라고 한다.

---

27) Vernon J. Gelbert, *Practical Homicide Investigation*, Taylor and Francis, 2006, p. 538.
28) Gilbert, *op.cit.*, p. 24.
29) 홍성욱·최용석 역, 현장감식과 수사, CSI, 수사연구사, 2006. p. 214.

2) 심리학적 특징에 의한 징표

심리학적 징표는 인간으로서 범인의 심리적 특징과 관련된 징표를 말한다. 일단 정상인으로서의 보통심리 상태의 범인은 원한, 치정, 미신, 이욕 등의 범죄동기를 범죄수법 상에 표출한다. 즉, 원한이나 치정에 의한 복수가 동기가 된 범죄수법은 잔인하고 미신에 의한 범죄는 피해자의 특정장기가 없어지거나 훼손되는 형태로 나타난다. 범행결의시에 정신병자, 이상성격자, 상습범, 확신범, 우발범을 제외한 정상인은 불안, 초조, 친구나 친지와의 상담 등의 심리적 갈등현상을 보이고, 현장답사나 알리바이조작 등의 범죄실행 준비 행동을 하게 된다. 또한 범행심리는 목적달성에 용이한 방법의 선택, 숙지·숙달된 기술을 사용함으로써 범행의 수법에 의해 범인의 추리가 가능하다.

범행후 범인은 보통 흥분과 긴장의 해소로 일시 안도감을 가지나 곧 죄책감과 체포의 두려움 때문에 꿈, 잠꼬대, 피해자에 대한 위로(성묘, 장례식 등에의 참여), 범죄현장 방문, 가족이나 친구를 통한 알리바이 청탁, 친지 등에 고백, 자살, 도주, 증거인멸 시도(알리바이 조작), 변명준비 등의 행동을 하게 된다. 이러한 행동들은 바로 범인의 심리적 징표가 된다.

이상심리자의 경우에 각종 수사자료를 종합적으로 분석하여 보통심리로는 이해할 수 없는 비합리적인 범행심리가 발견되면 이를 이상심리의 소유자의 소행이 아닌가를 추리할 수 있다.

3) 사회관계에 의한 징표

사회적 징표는 범죄현장의 유류품을 감정하여 범인의 추정이나 특정, 범행관련 여부가 확인되면 범죄의 징표가 된다. 범죄현장이나 그 주변에서 발견한 유류품을 통한 범죄의 징표는 사회적 지문과 사회양식으로 대별된다. 그리고 또 하나의 사회적 범죄징표는 사회파문이다.

① 사회적 지문

사회적 지문은 과거의 사회관계인 종적 사회관계와 현재의 사회관계인 횡적 사회관계로서 연결되어 있는 것을 말하고 이 사회적 지문에 의해 범인의 특정이 가능하다. 사회지문의 요소는 성명, 가족, 주거, 경력(일반경력과 비행경력), 직업 등이다.

② 사회양식

사회양식은 그 자체가 범죄의 징표가 된다. 사회양식이 지식을 요구하는 곳에서 범죄가 발생한다면, 그 지식 소유자가 범죄용의자가 된다. 금융범죄, 경리범죄 등은 금융 및 장부에 대한 지식이 있어야 하며, 수표거래 및 부동산매매 등에 의한 사기범죄는 그 법적 절차 및 거래관행에 대한 지식이 필요하고, 사이버범죄는 컴퓨터에 대한 고도의 지식을 활용하는 것이 요구되므로 그 지식소유자가 용의자로 특정된다. 사기, 횡령, 독직 등 지능범수사는 범죄수사 고유의 기술보다는 사회기구, 거래관행 및 절차, 장부, 인적 연결관계 등 사회관계에 대한 제반지식이나 자료 등이 범죄의 징표가 된다. 또한 사회적 거래에 사용되는 문서와 관련된 범죄는 문서상의 글씨, 사용잉크, 지질 등이 범죄의 징표가 된다.

③ 사회적 파문

사회적 파문은 그 대표적인 것이 소문이다. 소문은 범죄수사의 단서 또는 수사자료로서의 징표가 된다. 소문은 직접적으로 아는 자와 간접적으로 아는 자의 것에 차이가 있으며, 전파범위가 확대될수록 진실성은 퇴색되어 신빙성을 상실하므로 범죄징표로서의 가치는 떨어진다.

4) 자연현상에 의한 범죄징표

인간은 자연현상 속에 살고 있으므로 따라서 자연현상속에 범적을 남긴다. 특히 시·공간은 인간의 생존에 피할 수도 거부할 수도 없는 자연현상으로서 인간행동에는 항상 시·공간과 관련된 징표를 남긴다. 따라서 범죄행동에는 반드시 범죄일시가 존재하고 이 범죄일시는 범인의 특정에 매우 중요한 범죄징표가 된다. 특히 범죄시간의 확정은 살인사건, 방화사건처럼 알리바이에 다툼이 있는 사건 등 반증을 요하는 경우에 절대적으로 필요하다.

또한 범죄현장이라는 장소에는 범죄에 사용된 흉기와 같은 범행도구 또는 도품과 같은 피해물건, 유류물품 등이 존재함으로써 범죄장소로서 확인된다. 범죄장소는 범죄수사에 있어서 중요한 수사요소이다.

5) 유형적 징표와 무형적 징표

유형적 징표는 인간의 오감, 즉 시각, 청각, 후각, 미각, 촉각에 의해 식별가능한 징표로서 자연적·생물학적·문서에 의한 징표 등이 해당하고 무형적 징표는 범죄 동기와 같은 심리적 징표와 소문이나 사회적 파문같은 사회적 징표가 해당된다.

6) 직접적 징표와 간접적 징표

직접적 징표는 범죄현장이나 그 주변에서 수거된 범인의 체액과 같은 유류물이나 흉기나 수첩·신분증·영수증·휴지·담배꽁초·껌과 같은 유류품 등이 해당되고, 간접적 징표는 피해자나 목격자 기타 참고인 등의 진술과 같은 다른 사람들의 기억을 토대로 한 진술이 해당된다.

4. 수사선과 범죄징표

(1) 의 의

수사선은 범죄수사에 공통되는 수사상의 추리의 선, 즉 범죄수사에 있어서 개략적인 수사대상과 수사방향에 대한 추리의 범위를 말한다. 수사기관은 범죄현장의 관찰과 탐문수사를 통해서 수집한 수사의 단서 수준의 기초사실과 범죄사실의 진실을 밝혀줄 수 있는 수준의 수사자료를 수집함으로써 용의자 압축과 범죄사실 규명을 위한 추리의 선을 형성한다. 수사는 바로 이 용의자와 범죄사실 추리의 선, 즉 수사선을 따라 전개된다.

수사선은 범인과 범죄사실의 진실을 추리하기 위한 가설(hypothesis)에 해당한다. 학문적 연구에 있어서 가설은 논리적 언명으로서 사실의 세계에서 자료와 증거에 의해 검증되어야 과학적인 이론의 지위를 차지한다.

범죄수사 역시 마찬가지다. 범죄수사에 있어서 가설은 이론적 지식과 수사자료를 기초로 하여 범죄사건의 진실을 설명하기 위하여 구성되는 논리적인 언명으로서 객관적인 증거에 의해 검증되어야 한다.[30] 예를 들어, 범죄 수사과정에서 범인의 혈액형이 A형이고 키가 180cm 정도로 큰 30대 전후의 남자라는 수사자료가 수집되었다면, '용의자는 갑, 을, 병일 것이다'라는 가설이 형성되며 이 가설에 따라서 수사가 전개된다. 또는 살인사건의 범죄수법이 잔인하고 재물피해가 없다면, 최근에 피해자와 자주 접촉한 사실이 있는 K모, N모, L모 등이 용의자로 선정되어 범죄사실의 진실규명과 범인 특정 수사가 전개될 것이다.

---

30) *Ibid.*, p. 49.

(2) 수사선의 종류

1) 개인특징에 의한 수사선

범죄는 인간의 행동이므로 범죄현장이나 그 주변에는 범인의 개인적 식별이 가능한 다양한 신체적 특징, 즉 지문, 장문, 맨발의 족문, 혈액형, 연령, 성별, 성격, 동기, 수법, 습벽 등이 범죄징표로서 남게 되고 이러한 범적을 기초로 구성한 추리의 선이 바로 범인에 관한 수사선이다.

2) 사회관계에 의한 수사선

범죄는 인간의 사회적 행동에 해당한다. 따라서 범죄현장이나 그 주변에 범인의 사회적 관계에 의한 특징, 즉 성명, 주거, 직업, 비행경력, 혼인관계, 교우관계, 가정환경, 교육관계, 그리고 배회처 등에 관한 범적이 남게 된다. 또한 범인의 행동유형과 관련된 특징, 즉 행적, 수법, 범죄도구, 사용물건, 문서, 장부, 상거래절차 등이 범적으로 남아 이러한 범적을 기초로 범인의 특정과 범죄사실을 규명하기 위한 추리의 선이 구성된다.

3) 자연과학에 관한 수사선

범죄는 인간의 행동결과이므로 물건의 변화나 이동 기타 자연현상을 수반한다. 범죄현장에는 물건의 특징 및 물건의 이동, 범죄일시, 문서, 그리고 자연현상의 변화 등이 존재하고 이러한 물적 특징이나 변화 등에 의해 수사선이 구성된다.

(3) 범죄징표와 수사선의 관계

1) 범죄징표

범죄징표는 수사기관이 수사수단을 통해 수집한 다양한 범적이 범인 및 범죄사실에 대하여 무엇을 징표 하는 가를 수사지식과 과학적 기술을 통하여 이론적으로 정리한 것이다. 예컨대, 범죄현장에 채취한 혈흔은 범적이지만 범인이나 범죄사실의 실체에 관하여 명백히 해주는 것은 없다, 그러나 이 혈흔은 과학적 검사기법에 의해 혈액형이 검출되고, 더 나아가 DNA지문 검출기법에 의해 DNA지문이 검출된다면 범인의 혈액형과 DNA지문은 범인의 특정과 관련하여 객관적인 증거가 된다. 또한 시체부검 결과 흉기의 공격에 의한 과다출혈이 사인으로 밝혀지면 타살이라는 범죄사실이 입증된다. 바로 혈흔과 흉기에 의한 상처라는 범적이 과학적 기술을 통해 혈액형과 DNA지문, 그리고 흉기에 의한 살인이라는 범죄징표가 된 것이다. 따라서 범죄징표는 범적에 합리적인 지식을 적용한 이론면이 강하다고 주장된다.

범죄징표이론은 어떠한 범행이 그러한 범적을 남기는가? 범행에서 범적, 그리고 범적에서 범죄징표로 진행되는 지식체계이다.

2) 수사선

수사선은 범죄징표이론을 특정 사건수사에 적용하는 관계에 있다. 범죄수사는 과학적 지식을 기초로 확인된 징표를 기초로 수사선을 설정하여 범인과 범죄사실의 진실을 명확히 하기 위한 수사자료와 증거를 수집하기 위한 수사기관의 활동이다. 수사선은 범죄사실과 범인에 대한 추리와 자료수집을 위한 언명으로서의 가설이다. 수사선은 범적을 보고 어떠한 범죄에서 비롯된 것이다라는 결과에서 원인을 밝히는 것과 같고, 범적에서 범죄징표, 그리고 범죄징표에서 범죄행동을 추리하는 가설이다.

5. 수사수단

(1) 의 의

수사수단은 범죄현장의 범적이나 수사자료를 입수하는 방법을 말한다. 그 방법은 듣는 수사, 보는 수사, 추리수사로 나누어지며, 추리수사는 듣는 수사와 보는 수사의 보충적 수단이다.

(2) 수사수단의 종류

1) 듣는 수사

듣는 수사는 사법경찰관이 범죄를 직접 경험한 용의자, 피해자, 목격자 또는 타인의 경험을 전문한 참고인의 말을 들어서 수사자료나 증거를 수집하여 증거화하는 수사수단을 말한다. 주로 사람을 대상으로 하는 수사로서 용의자 조사, 참고인 조사, 풍설의 탐문 등 전형적인 탐문수사가 해당된다.

2) 보는 수사

보는 수사는 눈으로 범죄현장이나 그 주변에 대한 관찰을 함으로써 수사자료나 증거를 수집하고 증거화하는 수사수단을 말한다. 보는 수사는 범죄현장과 그 주변에 대한 관찰과 수색을 포함하는 광의의 현장관찰, 피해품인 장물의 발견과 압수, 그리고 현장관찰의 결과 확보된 다양한 범적을 과학수사에 의해 감식하는 수단 등을 포함한다.

(3) 추리수사

추리수사는 보는 수사와 듣는 수사에 의해 수집된 수사자료가 객관적인 증거에 이르지 못하고 단지 수사단서의 정도에 지나지 않을 경우 이 수사단서를 기초로 수사선을 구성하여 범죄사실과 범인에 대한 수사자료와 증거를 수집하기 위한 수사수단이다. 그래서 추리수사는 보는수사와 듣는 수사의 보충수단이라고 한다. 그러나 대부분의 중요범죄 수사는 범죄현장에서 결정적인 증거를 수집하기 어렵기 때문에 추리수사에 의존한다.

(4) 수사수단의 2방향

1) 횡적 수사

① 의 의

횡적 수사는 수사자료를 수집하기 위한 수사로서 사건과 관련있는 모든 자료수집을 목적으로 한다. 그러므로 광범위한 수사를 하는 것이 특징이다.

② 장 점

횡적 수사는 사건과 관련된 광범위한 자료를 수집하기 때문에 사건에 대한 신중한 판단 및 수사의 확실성을 보장할 수 있다.

③ 단 점

사건과 관련된 모든 자료를 폭 넓게 수집하기 때문에 노력과 시간이 많이 소요되어 비용면에서 비경제적이다.

④ 방 법

횡적 수사방법은 현장관찰, 탐문수사, 감수사, 행적수사, 미행·잠복수사, 수색 등이 해당된다.

2) 종적 수사

① 의 의

종적 수사는 이미 확보된 특정 수사자료에 기초한 수사로서 그러한 수사자료를 근거로 범인을 특정하고 체포하기 위한 수사를 말한다.

② 장 점

종적 수사는 특정 자료를 기초로 범인을 특정하여 범인체포를 위한 집중된 수사활동이 가능하여 범인을 신속하게 검거할 수 있다. 따라서 범죄수사의 노력과 비용면에서 경제적이다.

③ 단 점

지문이나 DNA지문, 그리고 목격자의 증언 등으로 범인이 특정되는 경우를 제외하고 아주 한정된 자료만으로 범인을 특정하여 수사를 전개할 경우에 판단이 잘못되어 원점에서 다시 수사를 시작하지 않으면 안 될 경우가 많다.

④ 수사방법

종적 수사는 유류물수사, 유류품수사, 장물수사, 수배수사, 수법수사, 인상특징(선면)수사 등이 해당된다.

제3절 범죄수사와 증거

1. 의 의

웹스터사전(Webster's Dictionary)에 의하면, '증거란 어떤 주장의 진위여부를 확인하기 위하여 관할 법정에 합법적으로 제출하는 것'이라고 정의하고 있다.[31] 범죄수사는 수사단서에 해당하는 증거에서 시작하여 범죄를 입증할 수 있는 객관적이고 완전한 증거로 끝난다 해도 과언이 아니다. 수사의 궁극적인 목적인 유·무죄의 결정과 처벌은 증거에 의해 결정되기 때문에 범죄수사는 증거에서 시작하여 증거로 끝난다고 말할 수 있다. 따라서 수사관의 성공여부는 증거를 찾아내고 수집하여 수사에 활용하는 능력 여하에 따라 결정된다.

모든 물체는 증거물이 될 수 있으며 어떤 것은 집처럼 거대하기도 하고 섬유나 부스러기처럼 아주 미세할 수 있다. 또한 냄새나 빛도 증거물이 될 수 있다. 따라서 수사관이 이러한 증거물을 발견하고 채취하기 위해서는 과학적인 지식이나 기술에 의존해야 한다는 점이 현대범죄수사의 증거수집과 관련된 하나의 중요한 대목이다.

2. 증거의 기능

범죄수사와 관련된 증거는 다음과 같은 기능을 한다는 점에서 그 중요성이 강조된다.[32]

(1) 범죄사실 규명 수단

물리적 증거는 범죄의 성립을 증명하거나 범죄가 어떻게 발생했다는 사실을 증명하는 수단으로서의 기능을 한다. 방화로 의심되는 화재현장에 출동한 감식요원이 연소된 카펫을 채취하여 법과학감정소에서 이 카펫을 감정한 결과 휘발유 성분이 검출되었다면 이로 미루어 인위적 행위가 개입된 방화라는 사실을 확인할 수 있다.

(2) 용의자와 피해자간의 상호접촉여부 확인하는 수단

피해자가 자신의 집에서 강간당했다고 신고한 직후 용의자가 검거되었다. 수사관은 용의자의 바지하단에서 고양이 털을 발견하고 피해자가 기르고 있는 두 마리의 고양이 털과 비교한 결과 두 가지가 일치한다는 사실을 확인할 수 있었다. 고양이 털이 용의자와 피해자 간의 접촉이 있었다는 사실을 입증한 것이다.

---

31) 홍성욱·최용석 역, 앞의 책., p. 1.
32) 앞의 책, pp. 1-5.

(3) 용의자의 범죄현장 존재여부 입증 수단

일반적으로 물증은 범인이 범죄현장에 있었다는 사실을 입증하는 수단으로 사용된다. 강간사건에서 피해자의 팬티에서 발견한 남자의 정액에서 DNA를 검출하거나 금고털이 범이 버리고 간 수술용 고무장갑 안쪽에서 지문을 검출하여 용의자가 범인이라는 사실을 입증할 수 있었다.

(4) 무고한 사람의 누명을 벗기는 수단

때때로 죄없는 사람이 다른 사람들의 무고로 범인으로 몰리는 일이 있다. 이러한 경우에 증거는 무고한 사람의 누명을 벗기는 기능을 한다.

(5) 피해자 증언의 진위여부 확인

피해자가 자신이 범죄 피해자라고 주장할 경우에 증거는 그 진술의 진위 여부를 확인하는 기능을 한다. 타인의 차를 얻어 타게 된 여자는 도중에 운전자가 칼을 들이대고 강간하려고 해서 몸싸움을 하다가 엄지손가락을 베었고 간신히 탈출했다고 신고한 경우 수사관은 용의자를 체포하여 그의 옷깃에서 아주 작은 혈흔을 발견한 후 이를 법과학감정소에서 감식한 결과 피해자의 것으로 확인되었다. 따라서 피해자의 증언이 진실로 입증되었다.

(6) 용의자의 자백 유도 기능

용의자가 범행을 부인할 경우 용의자의 옷에서 검출한 작은 혈흔이나 머리카락 등을 감식하여 이를 증거로 제시하면 대부분 범행을 자백한다. 가축도난사건의 경우에 용의자 상의에서 혈흔을 발견하고 이를 감식한 결과 소의 피인 것으로 밝혀진 경우에 처음에는 그 피가 자기 피라고 주장하던 용의자가 증거를 제시하자 범행을 시인했다.

(7) 목격자의 진술보다 강한 신빙성 확보기능

심리학자들은 시간이 경과할 수록 사람들은 자신이 본 사실을 정확하게 기억하지 못한다고 주장한다. 사람들은 자신이 기억하지 못하는 부분에 대해서는 추정해서 말하는 것으로 밝혀졌다. 또한 목격자들은 이해관계에 따라 허위진술을 할 수 있다. 따라서 객관적인 물증이 목격자의 증언보다 더 신빙성이 있을 수 있다.

(8) 판사들이나 배심원들의 증거에 대한 과대 의존

미국 법원의 판사들은 미란다 사건 등 여러 판례를 통해서 범죄사실의 입증시 피의자의 진술이나 자백보다는 객관적인 증거에 의존하게 되었다. 이러한 경향은 특히 배심원의 경우에 강하다. 배심원들은 첫째, 재판과정에서 CSI 과학수사대와 같은 TV 프로그램이나 법정 TV에 나오는 식의 증거물을 요구하고, 둘째, 과학기술은 항상 공정하고 결과를 조작하지 않는다고 생각한다. 따라서 배심원들은 경찰이 과학적인 방법으로 증거물을 감정했다면 경찰수사가 제대로 되었다고 신뢰하는 경향이 있다.

3. 증거의 종류

(1) 직접적인 증거

직접적인 증거는 범죄행위나 범죄상황에 관련있는 무엇인가를 인간의 오감을 통해서 체험한 증인들의 증언을 말한다. 증인은 자발적인 증인(willing witnesses)과 비자발적인 증인(unwilling witnesses)으로 나누어지며, 자발적인 증인은 범죄현장에서 흔히 바로 발견되지만, 비자발적인 증인은 수사관의 범죄현장 재방문, 범죄현장 주변의 탐문, 그리고 공공협조를 요청하는 홍보 등에 의해 발견되어야 한다.[33]

그러나 목격자의 증언이라고 해서 모두가 직접적인 증거는 아니다. 직접적인 증거 여부는 증거가 수사관이 취급하고 있는 사건과 관련성이 있어야 한다는 점이다. 예를 들자면, 용의자가 보석 진열상자에 접근하여 금반지를 손에 넣어 그의 호주머니에 금반지를 넣는 것을 보았다고 증인이 증언했을 경우에 목격자의 증언은 직접증거이다.

1) 자발적인 증인

자발적인 증인은 범죄현장과 그 주변에서 발견된다. 범죄현장에 제일 먼저 도착

---

33) Weston & Lushbaugh, *op.cit.*, p. 25.

한 경찰관은 사건을 직접 목격한 증인을 확보하는 것이 하나의 임무이며 이를 위해 범죄현장에 모여 있는 사람들의 성명, 주소, 전화번호, 근무회사와 주소 등을 확보해야 한다.

자발적인 증인은 대체로 경찰에게 범죄정보를 제공하기 위해서 경찰이 현장에 도착할 때까지 기다리는 경우가 많다. 경찰관은 그들로부터 범인의 인상착의와 체격 등과 같은 특징과 범죄사실, 그리고 도주방향 등을 청취하고 기록하여 수사 단서화해야 한다.

2) 비자발적인 증인

비자발적인 증인들은 다양한 이유로 경찰수사에 협조하고 싶지 않은 사람들이다. 그러므로 경찰관이 현장에 도착하면 보통 범죄현장에서 사라진다. 이런 사람들은 단순히 경찰이 싫어서, 또는 사건에 엮이기 싫어서, 재판과정에 증인으로 불려 나가는 불편을 피하기 위해 또는 범죄자나 그가족의 보복이 두려워서 자발적인 증언을 회피한다. 따라서 경찰은 비자발적인 증인을 확보하기 위한 기법이 필요하다. 그러한 기법은 다음과 같다.

① 범죄현장 재방문

옥외사건의 경우에 대체로 목격자들은 자동차 등을 이용하여 일상적으로 같은 장소를 같은 시간에 이동하는 사람들이다. 이러한 목격자들은 경찰관의 범죄현장 재방문에 의해 확보될 수 있다. 사건발생 후 1주 동안은 매일 사건발생과 같은 시간에, 그리고 이후 한 달 동안은 사건이 발생한 요일의 같은 시간에 재방문하여 지나가는 차량운전자와 통행인들을 대상으로 탐문수사를 전개하면 목격자를 확보할 수 있다.

② 범죄현장 조망 지역과 주변지역 탐문수사

경찰관은 비자발적인 증인의 확보를 위해서 범죄현장이 잘 보이는 아파트나 건물, 또는 주택을 대상으로 탐문수사를 전개해야 한다. 특히 옥외사건의 경우에 조망지역 탐문수사는 효과적이다.

비자발적 목격자를 확보하기 위한 범죄주변지역 탐문수사는 범죄현장 조망지역에 거주하거나 고용된 사람들을 재방문하는 것으로부터 시작된다. 그리고 서비스업체의 배달원이나 우편집배원 등으로 범위를 확대시켜 나간다. 아울러 버스정류장, 범

죄현장근처의 버스터미널이나 지하철역, 그리고 열차역 등으로 확대한다.[34)]

특히 현관문 노크와 질문기법은 살인사건의 경우에 생산적인 방법이다. 대부분의 사람들은 인근에서 발생한 살인사건을 심각하게 받아들이고 질문을 받으면 보통 적극적인 반응을 보인다. 이러한 경우에 수사관은 살인범뿐만 아니라 피해자에 대한 정보를 수집할 수 있다.[35)] 방문과 질문은 피해자 인근에 사는 피해자의 친척과 친지, 주민, 가게주인과 종업원, 그리고 각종 배달원, 공공시설 직원, 버스와 택시 기사, 기타 서비스 업체 종사자 등을 대상으로 이루어져야 한다.

③ 잠재적인 증인

어떤 사람들은 범죄행위나 그 상황을 목격했으나 범죄행위라는 사실을 모르고 지나치는 경우가 있는데, 이런 사람들을 잠재적인 증인이라고 한다. 예컨대, 범죄현장에서 용의자의 도착이나 도주상황을 목격했으나 범죄행위인 줄 모르는 경우가 있다. 잠재적 증인들은 범죄의 성질을 모르는 것뿐이지 범죄현장에서 현장을 목격한 사람이기 때문에 범인과 범죄사실에 관한 정보를 제공할 수 있다.

대체로 잠재적인 증인들은 범죄현장에서 찾을 수가 있으며, 경찰관은 이들을 분리하여 수사단서를 확보해야 한다. 잠재적인 증인은 물론이고 모든 증인들의 증언은 다른 사람들과 분리된 상태 속에서 독립적으로 이루어져야 한다. 범죄현장에 모여 있는 다른 사람들이 같이 듣는 상태 속에서의 증언은 타인들의 방해나 간섭 등으로 진실성을 확보하기 어렵기 때문이다.

(2) 간접적인 증거

간접적인 증거는 정황증거라고 알려져 있으며, 문제가 된 사건의 범죄사실을 직접적으로 증명하지는 못하지만, 범인과 범죄사실에 관한 추리를 가능하게 하는 증거를 말하고, 물리적 증거(physical evidence)와 같은 자료들이 해당된다.[36)] 이미 앞에서 인용된 보석진열상자의 금반지 절도사건의 경우에 여러 증인들이 보석진열상자에서 금반지를 훔친 사실을 용의자로부터 들었다고 증언했다면, 이들의 증언은 간접

---

34) *Ibid.*, pp. 28-29.

35) Barbara Gelb, *On the tracking of murder: Behind the scenes with a homicide commando squad*, New York: Morrow, 1975, p. 26.

36) Weston and Lushbaugh, *op.cit.*, p. 25.

적인 증거이다.

어떻게 보면 혈흔이나 지문같은 물리적인 증거가 더 직접적인 증거라고도 볼 수 있으나 과학적인 지식이나 검사기법에 의해 검증을 거쳐서 범죄와의 관련성이 밝혀져야 그 증명력이 인정되기 때문에 간접적인 증거에 해당된다. 정황증거의 대표적인 유형은 무기, 혈흔, 정액, 지문과 장문 그리고 족적과 도구흔·차량흔 등과 같은 자국과 흔적, 도구흔, 의복에 부착된 먼지나 파편, 가루같은 미세증거물 그리고 흙, 의심스러운 문서, 물건의 이동과 이동흔적 등으로 분류될 수 있다. 특히 먼지나 흙·가루나 재같은 미세증거물은 차량을 이용한 범죄의 경우에 정황증거가 된다. 차 밑이나 바퀴에 묻어 있는 흙이나 특이 물질 또는 미세가루는 범죄사실을 증명할 증거가 되고, 사람의 옷에 묻어 있는 다양한 종류의 먼지나 가루, 특히 유리조각이나 쇳가루, 페인트 가루, 재 등도 범인 특정을 위한 증거가 된다.[37]

이처럼 정황증거는 범죄현장에서 수거한 물리적 증거물로서 과학적 분석을 거쳐야 하는 증거를 말한다. 목격자의 증언은 범인이나 범죄사실에 대하여 직접 체험한 것을 진술하고 있으므로 증언 자체가 진실이라면 진술 그 자체는 범인과 범죄사실에 대해 무엇인가 말한다는 점에서 직접적인 증거가 된다. 그러나 목격자의 증언이 직접적인 증거라고 해서 결정적인 증거라고 하고 범인의 지문이나 혈흔, 정액 등은 정황증거라고 해서 결정적인 증거가 아니라고 말할 수는 없다. 오히려 이러한 정황증거가 과학적인 분석을 통해 범죄와의 관련성이 밝혀진다면, 더 결정적인 증거가 될 수 있다. 사실 정황증거는 그 발견이 더 큰 문제이지 발견되어 범인의 것으로만 확인 되면 객관적인 증거가 될 가능성은 아주 높다.

(3) 물리적 증거(physical evidence)

실질증거(real evidence)라고도 하는 물리적 증거는 수사와 관련된 어떤 종류의 대상을 말하지만, 물리적이고 외형적인 특성을 소유해야 한다. 따라서 인간의 감각적 관찰이나 추론으로부터 도출될 수 있는 형태의 증거는 물리적 증거에 해당되지 않는다.[38]

물증이라고도 하는 물리적 증거는 물건의 존재 또는 상태가 증거가 되는 것으로

---

37) *Ibid.*, p. 42.

38) Gilbert., *op.cit.*, pp. 52-53.

서 범행에 사용된 흉기나 절도나 강도의 장물이 전형적인 물증이다. 그것은 모양, 크기 또는 부피를 갖고 있다는 것이 하나의 특징이다. 물리적 증거는 혈흔, 정액, 머리카락, 피부조각, 장기조각, 의복의 섬유나 심지어 먼지나 부스러기, 혈흔이 흩어져 있는 의복이나 자동차의 시트 전체, 심지어 건물 전체도 해당된다.

물리적 증거는 과학적 감정·분석 기술과 시설이 발달된 오늘날 다음과 같은 측면에서 범죄사실과 범인특정을 위한 아주 유용한 증거로서 평가받고 있다. ① 범죄사실과 범죄수법을 입증할 수 있으며, ② 범인과 피해자의 신원을 확인가능하게 하며, ③ 피해자의 진술의 진정성과 용의자의 자백을 얻어낼 수 있으며, ④ 목격자는 기억의 한계, 편견, 의도적인 왜곡 등과 같은 인간오류가능성으로 인해 그 신뢰성이 의심되는 경우가 많아 과학적인 검증과정을 거친 물리적인 증거가 보다 높은 신뢰성을 인정받는다. 따라서 오늘날 법원의 판결은 물리적인 증거를 더 중요시 한다.

(4) 서면증거(documentary evidence)

서면증거는 그 물리적인 성질로 인해 실질증거에 유사하다. 하지만, 서면증거는 물리적인 특성을 필요로 하는 것이 아니라 그 서면 속에 있는 내용의 표시나 표현이 법적으로 인정가능한 내용일 것을 요구한다. 서면증거는 특별한 형태로 존재 하는 증거를 표시하고 묘사하며 특정시간에 존재하는 증거의 모양을 법적으로 표현하는 서면의 일종이다. 서면 증거의 가장 일반적인 유형은 법과학감정소의 보고서, 범죄현장 촬영사진이나 비디오 영상물, 그리고 다양한 수사보고서 등이다.[39] 실제로 수사관들은 범죄현장이나 그 주변 또는 다양한 장소에서 발견하는 수사자료나 증거물에 대하여 사진촬영을 하거나 도면 등을 작성하는데 바로 서면증거를 확보하기 위한 활동으로서 오늘날 범죄수사의 기본으로 자리잡고 있다. 또는 용의자 사진, 금은 보석을 절도당한 업소에서 제공한 절도 보석에 대한 컴퓨터 영상과 해설 역시 서면증거이다.

4. 코르파스 딜릭타이 규칙(corpus delicti rule)

수사관은 범죄사건을 증거에 의해 성공적으로 증명하기 위해서는 코르파스 딜릭

39) *Ibid.*, pp. 52-53.

타이 규칙에 대한 완전한 이해가 요구된다. 코르파스 딜릭타이는 라틴어의 범죄가 저질러졌다는 사실을 증명하기 위한 필요한 사실을 의미하는 '범죄의 주체(body of the crime), 또는 범죄의 명백한 증거'를 지적하는 말이다.[40] 범죄의 모든 본질적인 요소들이 코르파스 딜릭타이를 구성한다. 따라서 범죄수사관은 이러한 모든 요소들 각각에 대한 또는 특정부분에 대한 완전한 지식을 가져야 한다. 예컨대, 야간주거침입죄는 다섯 가지의 구성요소, 즉 ① 야간에, ② 타인 점유의, ③ 주거에, ④ 범죄의 고의를 가지고, ⑤ 침입 등이 범죄의 코르파스 딜릭타이이다.

중요한 것은 전체 이미지를 가시화하기 위해 필요한 수수께끼의 조각들처럼 범죄를 구성하는 각 요소들은 독립적으로 증명되어야 한다는 점이다. 따라서 하나의 요소를 증명하기 위한 증거는 다른 요소에 대한 증명과는 관련이 없다. 하지만, 모든 증거는 그 사건을 증명할 수 있는 사실적 원료이다. 수사관은 범죄가 저질러졌다는 사실을 증거에 의해 입증해야 할 뿐만 아니라 피의자가 그 범죄의 특별한 요소들에 관련된 죄를 저질렀다는 사실을 입증해야 한다. 여기에서 연관증거(associated evidence)라는 말이 등장한다. 이는 코르파스 딜릭타이에 의해 범죄를 구성하는 각 요소들에 대한 완전한 증거(직접증거, 정황증거, 물증 등)를 수집하면 그 수집된 증거에 의해 범인을 특정할 수 있는 증거도 자연적으로 수집되게 되게 되므로 각 증거들을 연결하면 범인 특정과 범죄사실 규명이 자연적으로 이루어지게 된다는 것을 의미한다.

제4절 범죄수사의 원칙

1. 범죄수사의 3대원칙(3S원칙)

(1) 신속착수의 원칙(speedy initiation)

1) 범죄흔적의 멸실 · 훼손방지

범죄의 흔적은 시간이 경과함에 따라 자연적 · 인위적으로 멸실 · 훼손 · 변질되어 범죄수사를 어렵게 한다. 범죄의 흔적은 범인이나 피해자 또는 가족이나 제3의 인물

40) Gilbert, *op.cit.*, p. 55.

등의 인적 요인에 의해 훼손·변질·멸실되기도 하고 태양, 바람, 눈, 비 등의 자연적 요인에 의해서도 쉽게 멸실되거나 훼손된다.

2) 범인의 도주방지와 신속한 체포

범죄발생 후에 시간이 경과하면 범인 역시 멀리 도주하여 은신하게 되므로 범죄수사는 더욱 어렵게 된다. 따라서 범죄수사는 신속하게 착수하여 현장보존을 하고 현장관찰을 통해 수사자료나 증거를 확보해야 하며 범인이 멀리 도주하기 전에 체포해야 한다. 다른 범죄사건도 마찬가지겠지만, 특히 살인사건같은 강력사건은 발생 후 약 2주일이내에 수사단서를 확보하지 못하면 수사는 미궁에 빠질 가능성이 높다. 따라서 수사의 신속착수는 사건해결을 위한 기본이다.[41]

3) 피해자와 일반국민의 신뢰향상

범죄수사의 신속착수원칙은 범죄발생 후에 경찰이 신속하게 수사에 착수하지 않을 경우 피해자와 일반국민의 경찰에 대한 불신이나 오해가 발생할 수 있다는 점에서 중요한 원칙이다. 경찰이 초동수사를 신속하게 전개하지 않아 범인을 놓쳤다든지 범죄수사가 미궁에 빠졌다느니 하는 일이 발생하면 경찰이 여론의 비난의 대상이 된다.

(2) 현장보존의 원칙(scene preservation)

범죄현장은 범인과 범행에 대하여 무언으로 무엇인가 말하고 있다. 19세기 후반 오스트리아의 범죄학자, 검사, 수사관 등으로 유명한 한스 그로쓰(Hans Gross)는 최초로 범죄현장을 증거를 수집하기 위한 필수적인 출발장소가 되어야 한다고 주장했다.[42] 또한 프랑스의 리옹에 범죄수사학 연구소(The institute of Criminalistics)의 창설자인 에드몽 로카르(Edmond Locard)는 '범인은 범죄현장에 증거물을 가져오고 범죄현장을 떠날 때 증거물을 가지고 떠난다'는 로카르의 교환원칙(Locard's exchange principle)을 제시했다.[43] 이들의 주장은 모두 범죄 현장에는 반드시 수사의 단서가 될 수 있는 자료나 증거에 해당하는 무엇인가가 존재한다는 점을 강조하고 있다. 여

---

41) 윤경일, 앞의 책., pp. 56-57.

42) Gilbert, *op.cit.*, p. 21.

43) Weston & Lushbaugh, *op.cit.*, p. 9.

기에서 범죄현장은 증거의 보고라는 말이 성립하게 된다.

따라서 수사관은 신속하게 출동하여 범죄현장이 인위적 · 자연적으로 멸실 · 훼손되기 전에 범죄현장을 원상대로 보존하여 증거수집에 최선을 다해야 한다. 특히 경찰간부의 현장지휘가 요구되는 살인, 강도, 방화같은 강력범죄가 발생한 경우에 현장보존은 범죄의 증거를 발견하기 위한 필수적인 초동수사과정이다.

(3) 시민협력의 원칙(support by the public)

1) 시민의 신고나 제보의 불가피성

사회는 증거의 바다이다. 범죄가 발생하면 그 범죄에 대한 흔적이 하나의 소문의 형태로 흘러 다니기 때문이다. 다시 말해, 범죄사건이 발생하면, 이 사건의 목격자나 시민들은 자신들이 보고 들은 범죄의 흔적을 다른 사람들에게 전파하게 되고 이러한 소문은 사회적 파문의 형태로 전파되게 된다. 따라서 수사관은 사건수사 시에는 물론이고 평소에도 시민들의 협력을 얻을 수 있도록 노력해야 한다. 오늘날과 같은 복잡한 사회는 범죄수사에 있어 시민들의 신고나 제보가 수사단서 확보를 위한 필수적인 요소가 되고 있다.

일반적으로 시민들은 범죄자의 보복이나 참고인 조사 등의 불편 등을 이유로 범죄신고나 제보를 기피하는 경향이 강하다. 따라서 경찰은 시민의 협력을 얻기 위해서는 수사기관의 방침이나 활동을 항상 시민들에게 주지시켜 이해를 구해야 하며, 수사기관에 대한 시민들의 의식구조를 부단히 조사하여 개선하는 노력을 기울여야 한다. 경찰과 주민의 협력치안을 강조하는 지역사회경찰활동과 관련된 SARA 모델에서 볼 수 있듯이 미국을 비롯한 선진제국은 범죄수사를 위한 경찰과 주민의 협력을 구축할 수 있는 이론적 틀을 모색하기위해 노력을 기울이고 있다.[44)]

2) 범죄신고자 보상제도

경찰은 시민들의 범죄신고와 제보를 활성화하기 위해 1995년「범죄신고자보호및보상에관한규칙」을 제정하고 2006년 3월21일 개정하여 시행하고 있다. 그 기준은

---

44) John E. Eck and William Spelman, "A Problem-oriented Approach to Public Service Delivery", in J. Kenny, ed., Police and Policing: Contemporary Issues, N.Y: Praeger, 1989, pp. 95-111.

다음과 같다.[45)]

① 5억원 이하: 공무원의 불법선거운동 개입, 불법선거운동조직 설치·운영, 공직후보자 공천대가를 포함한 불법정치자금 수수

② 5천만원 이하: 3인 이상 살해, 「폭력행위등처벌에관한법률」 제4조에 해당하는 폭력조직 및 범죄단체의 수괴, 공직선거법상의 금품·향응제공

③ 2천만원이하: 2인이하 살해, 기타 폭력조직 및 범죄단체의 수괴·간부, 화폐위조사건 등 사회물의 야기사건, 약취유인사건 및 이에 상당한 사건

④ 1천만원이하: 조직폭력배의 폭력 및 갈취사건, 환경오염, 해양오염사건, 허위사실공표·비방·흑색선전행위, 선거비용·정치자금 회계보고관련 불법행위

⑤ 5백만원이하: 조직적·반복적 강도·강간·성폭력사건, 연쇄방화사건, 위·변조화폐 소지 및 사용, 피해액 1억 이상의 절도·장물사건

⑥ 2백만원이하: 강도, 강간, 성폭력사건, 방화사건, 특정경제범죄사건, 보건범죄사건, 피해액 5백만원 이상의 절도·장물사건, 기타 공직선거법위반 범죄나 사회이목 집중사건

⑦ 1백만원 이하: 위에 열거되지 않은 사건 등이다.

3) 「특정범죄신고자등보호법」에 의한 범죄신고자 보호

「특정범죄신고자 등 보호법」은 「특정강력범죄의처벌에관한특례법」 제2조의 범죄, 「마약류불법거래방지에관한특례법」 제2조2항의 범죄, 「폭력행위등처벌에관한법률」 제4조 및 「특정범죄가중처벌등에관한법률」 제5조의8의 단체구성원의 동 단체의 활동과 관련된 범죄, 국제형사재판소 관할 범죄의 처벌 등에 관한 법률 제8조부터 제16조까지의 죄 등에 대한 범죄신고자 등을 실질적으로 보호하기 위하여 제정되었다.[46)]

① 범죄신고자

범죄신고자란 특정범죄에 관한 신고, 진정, 고소, 고발 등 수사단서의 제공, 범죄사건에 관한 진술 또는 증언 기타 자료제출행위 및 범인검거를 위한 제보 또는 검거활동 등을 한 사람을 말한다(특정범죄신고자 등 보호법 제2조 2항).

---

45) 범죄신고자등 보호 및 보상에 관한 규칙, 2006.3.21. 개정, 경찰청훈령 제478호. 별표1.

46) 특정범죄신고자등보호법 제2조, 법률 제9139호, 2008.12.19.

② 인적 사항의 기재생략

수사기관은 범죄신고자 등이나 그 친족 등이 보복을 당할 우려가 있는 경우에는 그 취지를 조서에 기재하고 범죄신고자 등의 성명, 연령, 주소, 직업 등 그 신원을 알 수 있는 전부 또는 일부를 기재하지 아니할 수 있다. 이러한 경우에 그 내용을 즉시 검사에게 보고해야 한다. 또한 범죄신고자 등에 대한 사실을 다른 사람에게 알려주거나 공개 또는 보도하여서는 아니 된다(특정범죄신고자등 보호법 제7조).

③ 범죄신고자 등의 보좌인 지정

사법경찰관이나 검사, 법관은 범죄신고자 등이 보복을 당할 우려가 있는 경우에는 직권 또는 범죄신고자나 법정대리인, 친족 등의 신청에 의해 범죄신고자 등의 보좌인을 지정할 수 있다. 보좌인은 범죄신고자 등의 법정대리인, 친족 또는 대통령령이 정하는 자 중에서 지정한다. 다만, 수사기관 종사자는 보좌인이 될 수 없다. 보좌인은 범죄신고자 등을 위하여 당해 형사사건의 수사·공판 과정에 동행하거나 조언 등 필요한 조력을 할 수 있다(특정범죄신고자등 보호법 제6조).

④ 신변안전조치

ⓐ 검사 또는 경찰서장은 범죄신고자나 그 친족 등이 보복을 당할 우려가 있는 경우에는 일정기간 동안 당해 사건 관할 검찰청 또는 경찰서 소속 공무원으로 하여금 신변안전을 위하여 필요한 조치를 취하게 할 수 있다. 또는 대상자의 주거지 또는 현재지를 관할하는 경찰서장에게 신변안전조치를 취하도록 요청할 수 있다.

ⓑ 범죄신고자, 그 법정대리인 또는 친족 등은 재판장이나 검사 또는 관할 경찰서장에게 신변안전조치를 취해줄 것을 요청할 수 있다(특정범죄신고자등 보호법 제13조).

⑤ 범죄신고자 등 구조금 지급

국가는 범죄 신고자 등이 중대한 경제적 손실 또는 정신적 고통을 받았거나 이사, 전직 등으로 비용을 지출하였거나 지출할 필요가 있는 때에는 범죄신고자, 그 법정대리인 또는 친족 등의 신청에 의하여 범죄신고자 등 구조금을 지급할 수 있다(특정범죄신고자등 보호법 제14조).

⑥ 범죄신고자 등에 대한 형의 감면

범죄신고를 함으로써 그와 관련된 자신의 범죄가 발견된 경우 그 범죄신고자 등에 대하여 형을 감경 또는 면제할 수 있다(특정범죄신고자 등 보호법 제16조).

2. 실정법상 수사의 기본 원칙

실정법상 수사의 기본원칙은 「헌법」과 「형사소송법」에 규정된 원칙으로서 임의수사의 원칙, 수사비례의 원칙, 수사비공개의 원칙, 강제수사법정주의, 영장주의, 자기부죄강요금지 원칙 등으로 대별된다.47)

(1) 임의수사의 원칙

범죄수사는 상대방의 승낙이나 동의에 의한 임의수사를 원칙으로 한다. 강제수사는 「형사소송법」에 특별한 규정 있는 경우에 예외적으로 허용된다. 따라서 강제수사는 반드시 영장을 요한다(형소법 제199조 제1항, 헌법 제12조 제3항). 임의수사는 국민의 기본권을 중요시하는 무죄추정의 법리와 필요최소한도의 법리를 제도적으로 표현한 것이다.

임의수사원칙이란 수사기관이 마음대로 할 수 있는 임의수사 자유의 원칙이 아니라 피의자나 참고인 등의 승낙이나 동의가 있어야 수사를 할 수 있다는 원칙이다. 임의수사는 임의수사 적정과 피의자 인권을 보호하기 위해 법률적 규제를 받는다. 임의수사대상은 「형사소송법」과 「사법경찰관리 집무규칙」등에 의해 피의자 또는 참고인 출석요구 및 진술청취, 감정 · 통역 · 번역위촉, 사실조회 즉, 공무소 기타 공사단체에 대한 조회, 실황조사, 수사촉탁 등이 해당된다.

또한 임의동행, 승낙유치, 승낙수색 · 검증, 거짓말탐지기 검사 등과 같이 당사자의 승낙을 얻어 할 수 있는 것이라면 법률에 특별한 제한이 있는 경우를 제외하고는 수사기관의 재량으로 할 수 있다.

(2) 수사비례원칙

수사는 수사의 결과에 따른 수사기관의 이익과 수사로 인한 상대방의 법익침해가 부당하게 균형을 잃어서는 안 된다. 수사비례원칙은 강제수사와 임의수사 모두에 적용된다. 수사기관이 죄질과 피해가 경미한 사건을 입건하는 것은 범죄인지권의 남용으로 수사비례의 원칙에 반하는 것이다. 입건할만한 사건도 아닌데 입건한다든지 구속할만한 사건이 아닌데도 구속한다든지 하는 것은 수사비례의 원칙을 위반하는 것이다.

---

47) 백형구, 앞의 책., p. 364.

(3) 수사비공개의 원칙

수사기관은 수사의 개시와 실행에 대한 내용에 대해서는 공개하지 아니한다. 그래서 수사밀행의 원칙이라고 한다. 이 원칙은 범인의 발견·검거 또는 증거의 발견·수집을 위해 요구되고, 피의자, 피해자, 참고인 등의 비밀과 명예 그리고 사생활 등 인권보호를 위해 요청된다.

공판절차가 공개주의를 채택하고 있는 것과 대조되며, 수사개시와 실행내용을 공개하면 피의자로 주목된 범인은 도주하거나 증거의 은폐나 멸실 등과 같은 범죄수사 방해행동을 할 가능성이 농후하다. 또한 용의자나 피의자로 특정된 사람들과 피해자 등의 사생활이나 명예에 대한 침해가 우려된다. 피의자나 피해자는 물론이고 참고인 까지도 자신이 범죄사건에 연루되어 조사를 받고 있다는 사실이 외부에 공개되지 않기를 기대한다.

(4) 헌법상의 원칙

1) 자기부죄강요 금지의 원칙

「헌법」 제12조 2항은 자기부죄거부의 특권을 자유권적 기본권으로 명시하고 있으며, 「형사소송법」 제200조2항은 피의자의 진술거부권을 보장함으로써 피의자에게 자신에게 불리한 진술을 거부할 수 있는 권리를 인정하고 있다. 피의자 등에 대한 고문의 절대적인 금지는 이 원칙의 제도적인 표현이다.

(2) 강제수사법정주의

「헌법」 제12조1항에는 수사기관의 강제처분은 「형사소송법」에 특별한 규정이 있는 경우에만 허용된다고 규정하고 있다. 강제처분법정주의는 헌법상의 원칙으로 강제처분에 대한 「형사소송법」 제200조2의 영장에 의한 체포, 제200조3의 긴급체포, 제201조의 구속, 211조의 현행범 체포규정을 그 내용으로 한다.

(3) 영장주의

「헌법」 제12조 3항에 강제처분은 영장에 의한다고 규정하고 있다. 다만, 엄격한 법률적 요건하에 영장주의의 예외가 인정된다. 즉, 현행범체포, 긴급체포, 영장에 의하지 아니한 압수·수색·검증 등은 영장주의의 예외에 해당된다.

5) 제출인 환부의 원칙

수사기관이 압수물을 환부(반환)할 경우에 제출인에게 환부함을 원칙으로 한다. 다만, 압수물이 장물인 경우 피해자를 보호하기 위해 결정으로 피해자에게 환부함을 허용한다(형소법 제219조, 제134조).

3. 수사실행의 5원칙

(1) 수사자료 완전수집의 원칙

수사의 제1법칙이라고도 하는 이 원칙은 사건에 관련된 모든 수사자료를 완벽하게 수집해야 한다는 것을 말한다. 범죄수사는 일종의 문제해결(problem solving) 과정이다. 범죄가 발생하면 수사기관은 일단 "범인은 누구인가? 사건의 진실은 무엇이며, 어떻게 그러한 사건이 발생했을 까?"라는 문제의식에서 수사를 개시한다.

문제해결은 무엇보다 문제에 대한 정의(problem definition)가 요구되고 이 문제를 합리적으로 해결하기 위해서는 관련된 모든 자료와 정보수집, 그리고 분석이 요구된다. 수사관은 현장관찰과 탐문수사를 통하여 자료를 완벽하게 수집하고 과학적인 감식과정을 통하여 자료를 분석하고 검증하여 범죄사실의 규명과 범인의 특정이라는 결론을 도출해야 한다.[48]

(2) 수사자료 감식 · 검토의 원칙

수사자료는 과학적인 지식과 기술을 보유하고 있는 연구시설을 통해 면밀하게 감식 · 검토되어 범죄와의 관련성이 입증되어야 한다. 범행현장에서 발견된 흉기에 대해서 그 흉기 자체가 범죄수사에 의미를 가질 수도 있지만, 그 흉기가 피해자의 몸에 있는 상처를 낸 것이라는 사실이 입증되고 아울러 흉기에 있는 혈흔에서 피해자의 혈액형이 검출되었을 경우에 범죄와의 관련성이 과학적으로 입증되어 증거로서의 가치가 인정된다. 또한 범죄현장에서 수집된 혈흔이나 정액이 과학수사연구소의 감식 결과 용의자의 생체시료와 동일한 DNA가 나온 경우에 범인의 특정을 위한 증거로 채택될 수 있다.

---

48) Gilbert, *op.cit.*, p. 49.

어떤 사람들은 범죄현장에서 채취한 혈흔이나 정액 등에서 DNA만 검출되면 바로 범인이 누구인가 알 수 있다고 잘못 알고 있는 경우가 있다. 법과학적 감식은 현장에서 채취한 유류물을 대조 생체시료의 감식결과와 비교하여야 그 동일성을 검증할 수 있다. 용의자를 특정하지 못하였거나 범죄현장의 생체시료에서 검출한 DNA 지문이 용의자의 DNA지문과 일치하지 않을 경우 범인특정은 불가능하다.

자료의 검토방법은 자료의 종류나 성질에 따라서 다르지만. 특히 중요한 것은 단순히 수사관의 상식이나 경험적인 판단에 의해 수사자료의 범죄 관련성 여부를 결정하는 것은 자제되어야 한다.

(3) 적절한 추리 원칙

1) 의 의

범죄수사는 추리의 연속이다. 범죄현장 등에서 수집한 수사자료는 단편적이어서 범인과 범죄사실에 관한 추리를 요하는 수준에 지나지 않는 경우가 대부분이다. 따라서 수집한 수사자료를 종합하여 사건에 대한 가설을 설정하고 추리를 할 필요가 생긴다. 이러한 가설은 범죄사실과 범인에 대한 일종의 추측에 해당하므로 수사관의 직관이나 상상력, 그리고 경험에 의해 상당히 영향을 받는다. 따라서 더 많은 수사자료를 수집하여 검증적 수사를 거쳐 이 가설이 진실임이 입증될 때까지 그것을 진실이라고 주장할 수는 없다.

2) 추측을 위한 가설 설정의 요점

① 수집된 수사자료를 기초로 합리적인 판단을 한다.
② 추측은 모든 경우를 고려하여 검토한다.
③ 추측은 어디까지나 가상적 판단으로서 그것만으로는 진위가 불명하므로 검증적 수사에 의하여 그 진실성이 확인될 때까지는 그것을 진실이라고 추정하거나 확신하여서는 안 된다.

3) 추측의 방법

범인과 범죄사실에 관한 추측 또는 예상은 수사계획이나 방침의 기본이 되는 것이므로 반드시 수집된 자료의 검토를 거쳐 이루어져야 한다.

① 자료를 검토하는 과정에서 떠오르는 직감이나 상상을 항상 기록해 두고 후에 재 검토한다.
② 과거에 경험한 유사한 사건과 실례를 고려하여 해결방법이 없는지를 검토한다.
③ 자료검토의 결과를 기초로 현실에 일어난 사건을 어떻게 하면 가장 합리적으로 설명할 수 있는 지를 연구한다.

(4) 검증적 수사 원칙

범인과 범죄사실의 추리를 위해 설정된 여러 가지 가설은 증거에 의해 어떤 가설이 진실인가에 대한 검증이 이루어져야 한다. 이러한 과정을 검증수사라 한다. 검증수사는 무엇을 어떠한 수단과 방법으로 확인할 것인가를 결정하여 수사실행에 의해 이루어져야 한다.

1) 수사사항의 결정과 검증

추리 가설을 검증하기 위해서는 수사사항을 결정해서 검증을 해야 한다. 만약 범죄현장에서 수집한 수사자료와 수법을 종합한 결과 "갑이 범인일 것이다"라는 가설을 검증해야 한다면, 갑이 범인일 수밖에 없다는 증거를 수집하여 입증해야 한다. 즉, ① 갑이 범행시간에 자신의 집에 있지 않았을 것, 알리바이가 성립하지 않을 것, ② 금전이 궁했을 것, ③ 현장에서 발견된 족적과 합치되는 신발을 가지고 있을 것, ④ 피해자의 내부사정을 잘 알 것 등이다.

2) 수사방법의 결정

수사기관은 어떠한 수단과 방법으로 수사사항을 수사하여 가설을 입증할 것인가를 결정해야 한다. 구체적인 수사방법은 사건의 성질이나 양상에 따라 다르다.

3) 검증적 수사실행

수사방법이 결정되면 그것에 따라 수사가 실행되어야 한다. 검증적 수사실행은 추리가설의 확인 작업이고 새로운 자료수집이다.

① 검증수사는 여러 각도에서 모든 수단을 동원하여 몇 번이고 반복 조사해야 한다. 목격자 조사와 행적 수사, 알리바이 수사, 선면수사, 그리고 유류물품 수사

와 감수사, 수법수사 등을 통하여 객관적인 증거에 기초하여 검증해야 한다.

② 어떤 사실이 진실이라고 인정하는 데에는 그 사실에 대해 합리적으로 의심할 여지가 없을 때까지 진실성이 보장되어야 한다. 조금이라도 변명과 반증의 여지가 있고 의심스러울 때는 피고인의 이익이라는 원칙의 적용으로 가설은 부정된다. 따라서 범인의 범행을 객관적으로 입증할 수 있는 현장지문이나 DNA 지문과 같은 과학적인 감식과정을 거친 증거가 제시되어야 한다.

③ 수사실행에 의한 자료수집과 검증은 재수사의 기초가 되며 수사는 직선적이 아니고 순환적이다.

(5) 사실판단증명의 원칙

범죄수사는 형사절차의 일환으로서 수사기관의 수사결과는 검찰에 송치・기소・공판의 심리과정을 거쳐 피고인의 유죄여부가 판결되는 것이므로 수사결과는 다음과 같은 객관성에 의해 증명되어야 한다.

1) 판단을 일정한 형식(문서나 말)으로 표현

수사결과는 다른 사람들이 볼 수 있도록 일정한 형식으로 표현해야 한다. 예컨대, 피고인 갑은 2009년 9월 9일 09시에 강남에 있는 ○○○미용실에 침입, 현금2,000만원을 강취하고 강간은 미수에 그친 것이다.

2) 판단이 진실이라는 증거 제시

수사기관은 피해자의 피고인 얼굴 확인 사실, 피고인의 지문으로 감식된 범죄현장 지문, 범행현장의 혈흔 감식으로 범인의 DNA 지문 검출, 목격자의 증언 등을 증거로 제출해야 한다.

제2장

각 국의 사법경찰제도

제1절 한 국

1. 개 념

수사기관이란 법률상 수사의 권한이 인정되어 있는 국가기관을 말한다. 현행법상 수사기관은 검사와 사법경찰관리로 구분된다.

2. 종 류

(1) 검 사

검사는 범죄사건에 대한 수사를 지휘하고 기소·불기소를 결정하는 소추기관인 동시에 수사기관이다. 검사는 「형사소송법」 제195조에 의한 범죄수사의 주체, 즉 수사의 주재자이다.

(2) 사법경찰관리

검사의 지휘에 따라 수사를 실행하는 사법경찰관리는 일반사법경찰관리와 특별사법경찰관리로 나누어진다.

(3) 검사와 사법경찰관리와의 관계

현행법은 양자의 관례를 상하복종관계로 규정하고 있다. 검사는 수사지휘권을 행사하고 사법경찰관리는 그 지휘에 따라 수사를 실행하기 때문이다. 이러한 관계에 대한 비판은 ① 국민의 편익 저해, ② 현실과 법규범과의 괴리, ③ 명령·통일의 원리 위배, ④ 권한과 책임의 불일치, ⑤ 경찰업무의 과중, ⑥ 권력의 집중현상, ⑦ 경찰의 사기저하 등이 제기된다.

1) 일반사법경찰관리

① 사법경찰관

사법경찰관은 경찰의 경위 이상 경무관 이하의 계급에 해당하는 경찰관은 물론이고 검찰에도 수사를 실행하는 부서가 있으므로 이러한 수사부서의 서기관, 사무관, 주사, 주사보의 직급을 가진 자들도 사법경찰관이다. 이들 사법경찰관은 「형사소송법」 제196조의 검사의 지휘를 받아 수사를 하여야 한다는 규정에 따라 수사의 보조자가 아니라 수사를 실행하는 수사의 주체라고 해석된다. 검찰의 견해에 의하면, 「형사소송법」 제196조는 검사 지휘가 있는 때에는 그에 따르고 지휘가 없는 때에는 자율적으로 수사를 개시·진행하여야 한다는 의미로 받아들여지고 있다.[49)]

교통사고 조사와 보안수사, 그리고 청소년범죄 수사 역시 검사의 지휘를 받아 수사를 실행해야 하므로 교통과장과 보안과장, 그리고 생활안전과장은 사법경찰관이다. 그러나 치안감 이상의 경찰관과 경찰청 및 해양경찰청의 경무관 계급을 가진 경찰관은 검사의 지휘를 받는 사법경찰관이 아니다.

② 사법경찰리

사법경찰리는 경찰의 경사, 경장, 순경, 그리고 검찰의 서기, 서기보 등이 해당하며, 「형사소송법」 제196조의 검사 또는 사법경찰관의 지휘를 받아 수사를 보조해야 한다는 규정에 의해 분명한 수사의 보조기관이다. 그러나 사법경찰리는 사법경찰관으로부터 구체적인 사건에 관하여 특정한 수사명령을 받으면 사법경찰관의 사무를 취급할 권한이 인정된다.[50)] 이를 업무상 사법경찰관 사무취급이라고 한다.

---

49) 대검찰청, 수사권 조정에 관한 검찰의 입장, 2005, pp. 23-24.
50) 진계호, 앞의 책., p. 192.

2) 특별사법경찰관리

① 의 의

특별사법경찰관리는 산림, 해사, 전매, 세무, 군수사기관 기타 특별한 사항에 관하여 경찰관리의 직무를 행하는 자를 말한다.

② 법적 근거

법적 근거는 「사법경찰관리의 직무를 행할 자와 그 직무범위에 관한 법률」로서 특별사법경찰관리의 종류와 직무범위에 관해서 규정하고 있다.

③ 종 류

ⓐ 법률상 당연직

당연히 사법경찰관이 되는 자는 ① 교도소장·구치소장이나 그 지소장, ② 소년원 또는 그 분원의 장, 소년분류 심사원장이나 그 지원의 장, ③ 교정시설 순회점검업무를 수행하는 4~7급 공무원, ④ 보호감호소나 치료감호소·시설 또는 지소의 장, ⑤ 출입국관리소의 4~7급 공무원 등이다.[51]

그리고 교정시설 순회점검업무를 수행하는 8~9급 및 출입국관리소의 8~9급은 사법경찰리의 권한을 가지며, 제주자치경찰의 자치총경, 경정, 경감, 경위는 사법경찰관으로, 경사이하는 사법경찰리가 된다. 선박의 선장은 그 선박(20톤 이상의 선박이나 200석 이상의 여객선)내에서 발생한 범죄에 대하여 사법경찰관으로, 선장이 지명한 선원은 사법경찰리가 된다.

ⓑ 검사장의 지명에 의한 사법경찰관리

① 교도소, 지방교도소, 구치소나 그 지소의 교도관리 중 그 장이 아닌 4~9급 공무원, ② 보호감호소와 치료감호시설 또는 그 지소의 장이 아닌 4~9급 공무원, ③ 소년원이나 그 분원의 장이 아닌 4~9급 공무원, ④ 환경부의 환경단속공무원 중 4~9급 공무원, ⑤ 건교부와 그 소속기관에서 철도공안사무에 종사하는 4~9급 공무원, ⑥ 보건복지부와 지자체의 공무원 중 4~9급 공무원, ⑦ 식약청과 지방자치단체의 의약품이나 식품단속 4~9급 공무원, ⑧ 소방준감 또는 지방소방준감 이하의 소방 공무원, ⑨ 산림청과 지방산림관리청의 4~9급 공무원 등이 해당되며 4~7급

51) 사법경찰관리의 직무를 행할자와 그 직무범위에 관한 법률 제2007.12.21 개정.

은 사법경찰관으로, 8~9급은 사법경찰리로 지명된다.[52]

3. 일반사법경찰관리와 특별사법경찰관리의 관계

(1) 수사의 범위

일반사법경찰관리의 권한은 일반적이고 포괄적인데 반해 특별사법경찰관리는 그 권한의 범위가 사항적·지역적으로 제한된다. 일반사법경찰관리는 모든 범죄에 대해 수사권한을 가지지만, 특별사법경찰관리는 일반사법경찰관리의 직무범위에 해당하는 사건에 대한 수사권한이 없다.

따라서 일반사법경찰관리는 특별사법경찰관리의 직무범위에 속하는 범죄를 먼저 인지했을 경우에 그 수사를 특별사법경찰관리에게 인계하지 아니하고 직접 수사하는 것이 적당하다고 인정될 때에는 경찰관서장의 지휘를 받아 수사할 수 있다.[53] 이 경우에 당해 사법경찰관리와 긴밀히 협조해야 한다.

(2) 사건의 인계

일반사법경찰관리는 특별사법경찰관리의 관할에 해당하는 사건을 먼저 인지한 경우 이를 특별사법경찰관리에게 인계하는 것이 적당하다고 인정할 때에는 직접 급속을 요하는 초동조치를 한 후 경찰관서장의 지휘를 받아 그때까지 수집한 수사자료를 첨부하여 특별사법경찰관리에게 인계해야 한다.[54] 이 경우에도 특별사법경찰관리의 수사협조요구가 있을 경우에는 협조를 해야 한다.

(3) 사건의 인수

특별사법경찰관리가 자신의 직무범위에 속한 범죄를 인지하였으나 이 범죄가 일반사법경찰관리의 직무범위에 속하는 범죄와 관련될 경우에 또는 기타의 이유로 일반사법경찰관리에게 인계하겠다고 하는 경우에는 일반사법경찰관리는 즉시 경찰관서장에게 보고하고 지휘를 받아 인수하여 수사해야 한다.[55] 수사를 종결한 후에는 수사결과를 특별사법경찰관리에게 통보하여야 한다.

---

52) 사법경찰관리의 직무를 행할 자와 그 직무범위에 관한 법률 제5조, 2007.12.21개정.
53) 범죄수사규칙 제18조, 경찰청훈령 제526호, 2008.7.221
54) 범죄수사규칙 제19조, 경찰청훈령 제526호, 2008.7.22.
55) 범죄수사규칙 제20조, 경찰청훈령 제526호, 2008.7.22.

(4) 수사의 경합

특별사법경찰관리의 직무범위에 속하는 사건을 놓고 일반사법 경찰관리와 특별사법경찰관리가 서로 경합을 벌일 경우에는 경찰관서장에게 보고하여 그 지휘를 받아 당해 특별사법경찰관리와 서로 협의하여 결정한다. 그러나 해결점을 찾지 못할 경우에는 지방검찰청 또는 지청의 검사에게 보고하여 그 지휘에 따라 수사를 실행한다.[56] 수사의 경합은 사건을 상대방에게 떠넘기기에 의한 경우가 더 많고 때로는 서로 수사소관임을 주장하는 경우에 발생한다.

제2절 외국의 사법경찰제도

1. 영 국

(1) 범죄수사권

영국경찰은 행정경찰과 사법경찰이 통합되어 있어 모든 경찰관이 사법경찰관으로서 수사권을 행사한다. 영국의 경우에 각 지방마다 수사권 행사와 관련 약간의 차이를 보인다. 잉글랜드와 웨일즈는 영미법체제로서 전적으로 경찰이 수사권을 행사한다. 경찰은 검사의 지휘없이 독자적 수사권을 행사하고, 검사와 경찰은 범죄수사와 관련하여 형식적・실질적인 상호대등 협력관계에 있다. 그러나 스코틀랜드와 북아일랜드 지방은 대륙법계 체제로서 검사가 수사의 주재자로 경찰에 대한 수사지휘권을 행사한다.[57]

(2) 영장청구와 인신구속

경찰은 모든 영장을 직접 법관에게 청구하는 권한을 가지고 있으며, 불심검문권, 압수・수색권, 체포・구금권, 피의자신문권, 참고인 조사권 기타 증거조사권 등을 행사한다.

---

56) 범죄수사규칙 제21조, 경찰청훈령 제526호, 2008.7.22.
57) 경찰청, 합리적인 수사권 조정방향, 2005, pp. 49-50.

(3) 소추권과 수사종결권

영국은 원래 사인소추주의 또는 피해자소추주의, 즉 피해자 등 시민들이 직적 변호사를 사서 기소를 하였으나 1829년 수도경찰청 창설 이후 경찰이 기소권을 전담하였다. 1879년 「범죄사건에 관한 기소법」(the prosecution of offences Act)이 제정되어 내무부에서 극소수의 매우 중요하거나 어려운 사건의 기소를 담당하게 하고 대다수의 범죄사건에 대해서는 계속 경찰이 실질적으로 기소권을 행사하여 왔다. 그러나 경찰에서 수사와 기소, 공소유지를 독점함에 따른 전문성과 공정성의 문제점이 대두되면서 1978년 '국립 사법절차 연구위원회(Royal Commission on Criminal Procedure)'를 설치하여 연구한 결과 1985년 「범죄사건의 기소에 관한 법률」 을 제정함으로써 국립기소청이 기소권을 행사하게 되었다.[58] 따라서 국립기소청이 기소권을 담당하게 되었으며, 경찰에서는 죄 안됨, 혐의없음, 공소권 없음에 해당하는 사건에 대해서만 독자적 수사 종결권을 가지게 되었다. 즉, 경찰은 기소가치없는 사건과 불기소처분이 명백한 사건에 대해서만 수사종결권을 가지게 되었다.

2. 미 국

(1) 범죄수사권

미국의 수사제도는 전통적인 권력분립사상과 지방분권주의를 바탕으로 확립되었고 지방에 따라 다소의 차이는 있으나 수사권은 경찰이, 기소권은 검찰이 행사한다.

경찰은 독립된 수사주체로서 독자적인 수사권을 행사하며, 검사는 조직범죄, 경제범죄, 공직자부정 등 일부 특수범죄 수사 및 모든 범죄의 기소권만을 행사한다. 경찰이 수사과정에서 검사의 법률적 조언을 구하거나 체포영장의 검토를 받는 등 경찰과 검찰은 기소를 위해서 상호 보완적 협력관계에 있다.[59]

검사는 공소제기와 유지업무를 담당하며 개별사건의 기소과정에서 경찰의 수사방향과 증거수집에 대하여 예외적으로 수사지휘를 한다. 한편, 미국에는 변사체의 사법적 처리권한만을 가지는 검시관이 있으므로 경찰과 검사는 사체 처리권한이 없다.

58) 김형만 등 공저, 비교경찰제도론, 법문사, 2007, pp. 245-246.
59) 김성조, 앞의 책., pp. 20-21.

(2) 영장청구와 인신구속

미국경찰은 영국경찰과 마찬가지로 행정경찰과 사법경찰을 분리하지 않는 행정·사법경찰 일원론을 취한다. 따라서 경찰은 법관에게 직접 영장청구를 할 수 있으며 검사가 작성한 조서와 사법경찰관이 작성한 조서에 차이가 없다.

(3) 소추권과 수사종결권

기소권은 검찰의 권한이며 수사종결권 역시 검사의 권한이다. 그러나 검사의 기소권 행사는 경찰이 기소하기로 결정하고 모든 수사서류와 피의자의 신병을 검찰에 송치한 경우에 이루어진다. 이때 검사도 기소여부를 독자적으로 결정한다. 검사는 경찰의 수사가 미진한 경우에 1차적으로 수사 경찰관에게 보완수사를 요청하거나 검찰 소속의 수사관에게 보완수사를 명할 수 있다.[60] 다만, 경찰은 기소가치가 없는 경미한 사건에 한해서만 수사종결권을 행사한다.

3. 독 일

(1) 범죄수사권

독일은 검사가 수사의 지휘·감독권을 행사하는 수사주재자이며, 경찰은 검사의 지휘를 받아 수사를 보조하는 위치에 있다. 독일 경찰은 치안경찰(보안경찰)과 수사경찰로 이분화된 구조를 취하고 있으며 수사경찰만이 수사권을 행사한다.[61] 그러나 경찰은 2000년 형사소송법 개정으로 모든 영역에서 범죄를 인지한 경우에 검사에 대한 보고와 지휘를 받지 않고 직접 독자적으로 수사를 개시할 수 있는 초동수사권을 가지고 있다.

초동수사후 경찰은 검사의 지휘와 감독을 받아 수사를 하고 초동수사결과는 지체없이 검찰에 송부해야 한다. 검사는 경제사범, 테러범, 정치범, 강력범과 같은 중요범죄에 대해서는 직접수사를 행할 수 있지만, 현실적으로 검찰은 전속 수사관이 없어 경찰관을 검사의 보조자로 활용할 수밖에 없는 '팔없는 머리'의 구조로 인해

60) 신현기, 비교경찰제도의 이해, 웅보출판사, 2007, pp. 354-355.
61) 앞의 책., p. 157.

대부분의 수사는 경찰이 독자적으로 수행하고 있다. 즉, 사법경찰은 사실상 '검사의 연장된 팔'로서의 역할을 한다.[62] 그러나 검사는 수사중인 사건에 대하여 구체적인 지시를 할 수 있다.

(2) 영장청구와 인신구속제도

인신구속을 위한 영장청구는 검사의 권한이다. 체포·구속·압수수색·검증영장은 검사가 법관에게 청구할 수 있다.

(3) 소추권과 수사종결권

기소권 및 수사종결권은 검사에게 있으며, 경찰관이 작성한 조서와 검사작성 조서는 동일한 가치가 인정되나 모두 증거능력은 인정되지 않는다. 경찰관이 증인으로 법정에 출석하여 진술한 것만 증거로 채택된다.

4. 프랑스

(1) 범죄수사권

프랑스의 수사권은 원칙적으로 검사의 권한이지만, 특정의 경우에 예심판사가 수사권을 행사한다. 일반적인 사건은 검사의 지휘를 받아 사법경찰이 수사를 수행한다. 프랑스 경찰은 행정경찰과 사법경찰로 분리되어 있어 사법경찰만이 수사를 할 수 있다. 사법경찰은 모든 범죄를 인지한 경우 지체없이 검사에게 보고하고 또 사건처리를 종결한 때에는 작성한 조서와 압수 물건, 그리고 피의자 신병을 검찰에 송치해야 한다.

검사는 10년 이상의 중죄, 소년범 사건에 대하여는 필수적으로, 경미사건 중 복잡한 범죄에 대하여는 임의적으로 예심(수사)판사에게 예심을 청구하며, 이러한 사건의 경우 사법경찰관이 예심판사의 지시에 따라 수사를 실행한다. 수사판사는 직접 영장을 발부하는 권한을 행사한다. 따라서 프랑스의 수사주재자는 검사와 예심판사이며, 사법경찰은 수사의 보조자이다. 그러나 실제에 있어서는 일부 중대한 사건을

62) 김성조, 앞의 책., pp. 21-22.

제외하고는 대부분의 범죄에 대해 경찰이 초동수사의 경우에 독자적 수사를 행하고 있다.

(2) 영장청구와 인신구속제도

영장청구권은 검사의 권한이며, 경찰은 수사상 필요시 영장없이 24시간 동안 피의자를 보호유치할 수 있다. 현행범의 경우 피의자뿐만 아니라 참고인도 보호유치의 대상이 된다. 보호유치는 영장없이 경찰의 단독판단으로 피의자 및 참고인 등에 대해 신병을 구속할 수 있는 제도로 최대 24시간으로 규정되어 있다. 보호유치는 필요한 경우 검사 또는 수사(예심)판사의 허가를 얻어 1회 연장할 수 있다. 그리고 경찰관 작성조서와 검사작성 조서의 가치는 동일하나 모두 증거능력이 없으며 경찰관이 증인으로 법정에 출석하여 진술한 것만 증거로 채택된다.

(3) 소추권과 수사종결권

기소권과 수사종결권은 검사의 권한이다. 현행범의 경우 수사판사는 검사의 공소권 행사와 관계없이 예심행위를 할 수 있다. 그러나 수사판사 역시 예심이 종결되면 사건기록을 검사에게 송부해야 한다. 사법경찰은 피의자의 유죄여부를 결정할 수 없으며 단지 검사와 법관에게 결정을 할 수 있는 여러 자료와 증거들을 제공하는 것을 임무로 하는데 그친다. 다만, 실무상 검찰과 법원에서 관대한 처분이 예상되는 경미범죄는 경찰에서 사건이 종결되는 것이 보통이다.[63]

5. 일 본

(1) 범죄수사권

1) 상호대등 협력관계

일본은 「형사소송법」 제189조 제2항에 "사법경찰직원은 범죄가 있다고 사료되는 때에는 범인 및 증거를 수사할 수 있다"고 규정하고 있으며, 또한 동법 제191조 제1항은" 검사는 필요가 인정되는 때는 스스로 범죄를 수사할 수 있다"고 규정하고 있다.

---

63) 천진호, 영장청구권의 귀속에 관한 연구, 치안정책연구소, 2007, pp. 41-42.

사법경찰직원과 검사는 각각 독립적인 수사기관임을 분명히 하고 있다. 즉, 범죄수사와 관련하여 경찰과 검찰의 관계는 상호대등한 협력관계에 있다는 점을 법규화하고 있다. 또한 이들 규정은 검사와 사법경찰직원이 상하관계에 있지 아니하고 일반 범죄사건의 경우 통상 경찰이 제1차적 수사기관이며 검찰은 공소제기를 위해 보충적 수사를 하는 2차적 수사기관이라는 사실을 선언하고 있다. 이러한 맥락에서 사법경찰의 수사는 본래적이고 검사의 수사는 '보충적·보정적'이라고 볼 수 있다. 그러나 필요시 검사는 언제든지 독자적인 수사를 할 수 있는 권한이 있으며, 고도의 법률지식을 요구하는 사건이나 정치사건은 검사가 직접 수사를 수행한다. 따라서 범죄수사와 관련된 검사와 경찰의 관계는 경합관계로 볼 수도 있으나 형사소송법에는 상호협력을 의무로 규정하고 있다.

2) 검사의 지휘권

검사는 사법경찰직원에 대하여 일반적 지시권과 일반적 지휘권, 그리고 구체적 지휘권을 가진다. ① 일반적 지시권은 구체적 사건에 대한 것이 아니고 수사와 공소수행을 위해 필요한 일반적인 준칙을 말한다. ② 일반적 지휘권은 구체적 사건을 대상으로 하지만, 사법경찰관 개인에 대한 것이 아니라 사법경찰 직원 일반에 대한 수사협력을 구하는 내용의 형태이다. ③ 구체적 지휘권은 검사자신이 수사를 하고 있는 사건에 관하여 특정 사법경찰관에게 수사의 보조를 구하는 형태이다. 검사는 경찰이 검사의 지시나 지휘에 정당한 사유없이 불복하는 경우 공안위원회에 징계 또는 파면을 청구할 수 있다.

3) 사법경찰직원의 구조

일본의 사법경찰직원의 구조에 대하여 살펴볼 필요가 있다. 사법경찰직원은 우리나라의 사법경찰관에 해당하는 수사의 주재자인 사법경찰원과 보조자인 사법경찰리에 해당하는 사법순사로 구성되어 있다.

사법경찰원은 순사부장 이상이며 사법순사는 순사를 말한다.[64] 그러나 순사 가운데 특히 필요가 있다고 인정되는 자에 관하여는 경찰청장관이나 관구경찰국장 또는

64) 일본경찰제도 관련 참고자료, 경찰청 수사구조개혁팀, 2006, p. 103.
김형만 등 공저, 앞의 책., p. 168.

도도부현공안위원회는 사법경찰원으로 지정할 수 있다. 사법경찰원이 될 수 있는 순사는 ① 수사전종원인 자, ② 특히 중요한 주재소 또는 도도부현본부, 경찰서와 멀리 떨어진 곳에 있는 주재소 근무자, ③ 그 밖에 구체적으로 특히 필요가 있다고 인정되는 자 등이 대상이다.[65]

(2) 영장청구와 인신구속제도

① 구류장(구속영장)은 검사만이 청구할 수 있다. ② 체포영장에 의한 통상체포의 경우 영장청구는 검찰 또는 경부 이상의 사법경찰원이 체포영장 청구서를 법원에 제출한다.[66] ③ 긴급체포 후 즉시 청구하는 긴급체포장은 경부 이상이, ④ 압수·수색·검증영장, 감정유치, 감정처분 등은 순사부장 이상의 사법경찰원이 법관에게 직접 청구할 수 있다.

경찰이 영장없이 피의자를 긴급체포한 경우는 검사의 사전·사후 승인절차는 없으며, 긴급체포 후 법원에 긴급체포장을 청구하여 발부를 받아야 한다. 이때 체포장을 발부받지 못하면 즉시 석방해야 한다.

(3) 소추권과 수사종결권

기소권과 수사종결권은 검사의 권한이다. 경찰에게는 수사종결권이 없으며, 다만 검찰이 지정한 사소한 죄는 송치할 필요가 없다. 사법경찰관이나 검사가 작성한 조서는 증거능력의 차이가 없다.

65) 일본경찰의 사법경찰원과 사법순사를 우리나라의 경찰계급과 맞추어 경부보(경위) 이상을 사법경찰원으로, 순사부장(경사) 이하를 사법순사로 분류하는 것은 일본 형사소송법 제189조 제1항에 대한 오류로 생각된다.

66) 김형만 등 공저, 앞의 책., p. 169.

제3장 범죄수사의 사실적 · 법적 기초

제1절 범죄수사의 전개과정

1. 의 의

범죄수사는 수사기관이 범죄를 인지하는 그 순간부터 단계적으로 이루어진다. 그래서 범죄수사의 전개과정은 수사의 단계라고도 한다. 경찰의 범죄수사 단계는 범죄 인지에서부터 개시되는 예비수사(preliminary investigation), 심층수사 그리고 기소 단계의 3단계로 구분되기도 한다.[67] 이러한 수사의 전개과정을 협의의 수사전개과정으로 정의한다. 한편, 협의의 수사전개과정에 확정판결까지 포함하여 광의의 수사전개 과정이라고 정의하기도 한다.

일반적으로 범죄수사의 전개과정은 공소제기 단계까지 포함하는 협의의 수사과정을 의미한다. 그러나 범죄수사는 형사절차의 일환으로서 그 궁극적인 목표가 피고인에 대한 유죄판결에 있으며, 공소제기 후에도 그 유지를 위한 보강수사가 요구된다는 점에서 범죄수사의 전개과정은 법원에서 유죄판결을 받을 때 까지라고 볼 수도 있다.

67) Gilbert, *op.cit.*, pp. 56-57.

2. 범죄수사의 단계

(1) 내 사

1) 의 의

내사는 수사의 전단계로서 범죄첩보 및 진정·탄원과 범죄에 관한 언론·출판물, 신문이나 출판물의 기사, 인터넷의 정보, 소문, 익명의 신고 중에서 출처·사회적 영향 등을 고려하여 그 진상을 확인할 가치가 있는 사안을 대상으로 하여 범죄혐의의 유무를 조사하는 수사의 전 단계과정을 말한다. 따라서 내사는 첩보내사, 진정·탄원내사, 일반내사로 구분되기도 한다.[68]

2) 내사의 방식과 진행

내사는 임의적인 방법으로 진행함을 원칙으로 한다. 첩보내사사건은 첩보내사사건부에, 진정·탄원내사사건은 진정·탄원내사사건부에, 일반내사사건은 일반내사사건부에 각각 진행사항을 기재하여야 하며 일반내사사건이 많지 않은 경우에는 첩보내사사건부에 통합하여 관리할 수 있다.

경찰은 내사과정에서 압수·수색·검증, 통신제한조치, 통신사실 확인자료제공 등 법원의 통제를 받는 대물적 강제조치가 이루어진 경우에는 즉시 해당 내사사건부의 비고란에 해당되는 강제조치의 종류와 일련번호를, 해당되는 강제조치 관리대장의 비고란에 내사사건번호를 적색 펜으로 각각 기재하여 특별관리해야 한다.[69]

3) 입 건

경찰은 내사의 과정에서 범죄혐의가 인정되어 수사할 필요가 있는 경우에는 범죄인지보고서를 작성하여 범죄사건부에 접수하고 수사해야 하며 이를 입건이라고 한다. 이 경우에 내사대상자를 긴급체포할 수도 있다. 사법경찰관리는 내사종결의 경우에 경찰서장의 결재를 받은 후 내사종결처리부에 그 내용을 기재해야 한다.

---

68) 경찰내사처리규칙 제3조, 경찰청훈령 제468호, 2005.11.22.
69) 경찰내사처리규칙 제7조, 8조 및 9조, 경찰청 훈령 제468호, 2005.11.22.

4) 입건하지 않은 내사에 대한 처리

① 내사종결

경찰은 내사의 결과 혐의없음, 죄가 안됨, 공소권없음 등에 해당하여 입건의 필요가 없는 경우에는 경찰서장의 결재를 받아 내사를 종결한다.

② 내사중지

경찰은 피내사자 또는 참고인 등의 소재불명으로 사유해소시까지 내사를 계속할 수 없는 경우에는 내사중지 처분을 한다.

③ 내사병합

경찰은 동일 또는 유사한 내용의 내사사건이거나 경합범으로 다른 사건과 병합처리할 필요가 있는 경우에는 내사병합 처분을 한다.

④ 내사이첩

경찰은 토지관할이나 사물관할이 없거나 범죄특성 및 병합처리 등을 고려하여 다른 경찰관서 및 수사기관에서 내사할 필요가 있는 경우에는 내사이첩 처분을 한다.

⑤ 공람종결

ⓐ 진정 · 탄원내사의 경우에 3회 이상 반복 진정하여 2회 이상 그 처리결과를 통지한 진정과 같은 내용인 경우, ⓑ 무기명이나 가명으로 진정한 경우, ⓒ 단순한 풍문이나 인신공격적인 내용인 경우, ⓓ 완결된 사건이나 재판에 불복하는 내용인 경우, ⓔ 민사소송 또는 행정소송에 관한 사항인 경우 관련 수사간부들이 해당 사건을 서류상으로 확인하는 것으로 종결하는데 이를 공람종결이라 한다.[70]

(2) 수사의 개시

1) 주관적 범죄혐의 인지

수사기관은 범죄의 혐의가 있다고 사료되는 때에는 범인 · 범죄사실과 증거를 수사해야한다(형소법 제195조 및 196조). 즉, 수사는 수사기관의 주관적 혐의에 의하여 개시되며 그 혐의를 가지게 된 원인 여하는 불문한다.[71] Gilbert는 경찰이 범죄를 인

70) 경찰내사처리규칙 제11조, 경찰청 훈령 제468호, 2005.11.22.

지하는 방법에 관계없이 예비수사는 범죄인지 그 순간에 개시된다고 주장함으로써 범죄혐의의 인지에 의해 수사가 개시된다는 입장에 동의한다.[72] 그는 예비수사에 범죄혐의 인지, 용의자 체포, 현장보존, 피해자와 목격자 확인과 진술확보, 범죄현장 관찰 등을 포함시키고 있다.

이러한 맥락에서 수사개시는 객관적 수사자료 뿐만 아니라 주관적 심증도 포함하는 것으로 규정할 수 있다. 일반적으로 수사실행과정에서의 수사단서란 범죄사실 규명과 범인 특정을 위한 객관적인 수사자료를 의미하지만, 수사개시와 관련된 단서는 범죄가 발생했다는 사실이나 범죄가 발생했다는 심증만으로도 수사단서가 된다.

2) 수사단서의 인지 방법

수사개시의 단서는 수사기관 자신의 체험에 의한 경우와 타인의 체험청취에 의한 경우로 구분될 수 있다. 전자는 기사나 소문 또는 인터넷 정보 등에 의한 내사, 불심검문, 수사첩보, 현행범인 체포, 변사체 검시, 다른 사건 수사중 범죄발견 등이 해당된다. 후자는 신고, 고소·고발, 자수, 자복, 진정, 타 사법경찰업무처리관서로 부터 이송사건, 검사의 수사지휘 등이 해당된다.[73]

3) 수사개시의 절차

수사개시, 즉 입건은 ① 범죄인지보고서의 작성, ② 수사기관에 비치된 사건접수부에 기재, ③ 사건번호 부여의 절차에 의해 이루어진다.

4) 입건의 효과

사건이 입건되면 범죄혐의자는 용의자가 되고 범인이 특정되거나 체포되면 피의자 신분이 된다. 수사기관은 입건한 모든 사건을 수사 후에 기소여부에 관계없이 검찰에 송치하여야 한다.

---

71) 진계호, 앞의 책, p. 200.

72) Gilbert, *op.cit.*, p. 57.

73) 진계호, 앞의 책, p. 200.

(3) 현장보존과 현장관찰

범죄현장 보존과 현장관찰은 대부분 수사개시와 동시에 전개된다. 물론 범죄인지 방법과 범죄의 종류, 또는 범죄의 상황에 따라 차이가 있지만, 가능하다면 수사개시 단계에서 범인이나 용의자를 우선적으로 검거해야 한다. 그 다음으로 범죄현장을 원상대로 보존하는 조치를 취하여 범죄현장 관찰을 통하여 범죄사실과 범인 특정을 위한 증거확보를 해야 한다.[74] 인지수사든 신고수사든 그 시간이 오래 경과된 후에는 범죄현장의 훼손과 오염 등으로 범죄현장 보존과 관찰이 불가능하거나 객관적인 증거를 발견하기 어려울 수 있다. 따라서 현장보존과 현장관찰은 신속하게 이루어져야 한다. 범죄현장 조사는 범죄수사의 가장 중요한 단계중의 하나이다.[75]

(4) 수사의 방침 수립

1) 유형 · 무형의 자료 기초

수사기관은 수사의 실행 전에 현장에서 수집한 유형·무형의 수사자료는 물론이고 기초자료 및 참고자료를 모두 검토한 후 수사를 어떠한 방향으로 전개해야 할 것인가를 결정해야 한다.[76]

2) 법률적 검토

수사방침 수립과정에서 경찰은 발생한 사건이 범죄가 되는지, 된다면 어떤 범죄에 해당하는 지, 그리고 적법한 증거수집 방법 등에 대한 법률적 검토작업도 동시에 실행해야 한다.

3) 수사회의 개최

범죄현장에서 수사단서가 될 만한 수사자료도 없는 살인이나 강도, 약취유인, 조직폭력범죄 등의 중요사건은 경찰서장, 또는 수사(형사)과장의 주관으로 수사회의를 개최하고 수사관들의 의견을 종합하여 수사방침을 결정해야 한다.

---

74) 범죄수사규칙 제84조, 85조 및 86조, 경찰청훈령 제462호, 2005.10.6.

75) Gilbert, *op.cit.*, p. 79.

76) 범죄수사규칙 제 96조 및 98조, 경찰청훈령 제462호, 2005.10.6.

4) 수사방침의 용도

수사회의 결과 수립된 수사방침은 ① 수사의 체계적인 진행지침, ② 수사진행 상황평가와 점검위한 자료, ③ 수사결과에 대한 자체평가를 위한 중요한 자료가 된다.

(5) 수사의 실행

경찰은 「형사소송법」, 「사법경찰관리 집무규칙」, 「범죄수사규칙」 등 관계법령을 준수하면서 그 범위 내에서 수사를 실행해야 한다. 수사의 실행은 초동수사 후에 수립된 수사방침에 따라서 범인의 특정과 체포, 범죄사실의 진실 규명, 그리고 객관적인 증거 수집 등을 위한 수사라는 점에서 수사방침 수립 이전의 초동수사나 예비수사와는 어느 정도 구별된다. 수사의 실행은 수사방침에 따라서 그 방향이나 수사기법이 다르지만, 대부분의 수사는 어느 하나의 기법만으로 사건을 해결할 수 없고 다음과 같은 기법들을 종합적 · 유기적으로 활용하여 이루어진다.

1) 탐문수사

행적수사라고도 하는 탐문수사는 범죄현장 또는 그 부근에서 목격자나 인근 주민들과의 질문 · 면담을 통하여 범인의 인상이나 특징 · 행적 등을 확인하고 추적한다.

2) 유류품수사

유류품수사는 범죄현장이나 그 주변에 남겨진 사회적 범적, 즉 흉기나 착의, 수첩, 휴지, 담배꽁초, 버린 껌, 차량흔, 도구흔 등을 수거하여 그 출처를 확인하여 범인을 특정하고 체포하는 수사이다,

3) 감별수사

범죄수법과 동기, 범죄 현장의 상황, 그리고 피해자의 인간관계나 생활상태 등으로 보아 범인은 피해자와 연고감이 있는 사람 또는 피해자와 주변지역을 잘 아는 지리감이 있는 사람인가를 밝혀 범인특정과 체포를 시도하는 수사를 감별수사 또는 감수사라 한다.

4) 수법수사

수법수사는 범죄현장에서 범죄수법의 특이성을 검토하여 그러한 수법범죄자를 대상으로 수사를 전개하는 수사를 말한다. 우리나라는 강도, 강간, 절도, 사기, 공갈, 방화, 약취유인, 위 · 변조, 장물범죄 등 9개 범죄를 수법범죄로 규정하여 수법원지와 피해통보표 등을 활용하여 범인을 발견 · 체포하는 수사를 수법수사라고 한다.[77]

5) 감식수사(과학수사)

유류물 수사라고도 하는 과학수사는 범죄현장이나 그 주변에 남겨진 지문, 혈흔, 정액, 침, 대 · 소변 등 신체에서 분비된 체액이나 머리카락, 피부조각 등을 채취하여 지문조회, 혈액형 감정, DNA지문감식 등을 통해 범인을 특정하는 수사를 전개한다.

6) 장물수사

강도와 절도 같은 피해품이 있는 사건의 경우에는 장물수배와 장물조회, 그리고 장물수배서 발행 등으로 장물을 회수함으로써 범인을 특정하여 체포하는 수사를 진행한다.

7) 피의자 구속 기간 및 고소사건 수사완료기간

수사의 실행 과정 중에 범인을 체포 · 구속했을 경우 경찰이 범인을 구속할 수 있는 기간은 10일 이내이며, 이 기간 이내에 사건 및 피의자를 검찰로 이송하지 아니하면 석방해야 한다.

사법경찰관으로부터 피의자를 넘겨받은 검찰은 10일 이내에 공소를 제기해야 하고, 다만, 검사는 지방법원 판사의 허가를 얻어 10일을 넘지 않는 한도 내에서 1회에 한하여 구속기간을 연장할 수 있다. 고소 · 고발된 사건은 접수한 날로부터 2개월 이내에 수사를 완료해야 하며, 2개월 이내에 수사를 완료하지 못한 경우에는 경찰서장에게 보고하고 검찰의 지휘를 받아야 한다.[78]

77) 범죄수법공조자료관리규칙, 경찰청 훈령 제472호, 2005.12.20 개정.
78) 범죄수사규칙 제66조, 경찰청훈령 제462호, 2005.10.6.

(6) 사건의 송치

사법경찰은 범죄사건에 대한 진상파악과 범인의 특정 및 체포, 그리고 적용법령, 처리의견을 제시할 수 있는 정도가 되면 사건을 검찰에 송치해야 한다. 사건의 송치는 ① 사건송치서, ② 압수물 총목록, ③ 기록목록, ④ 의견서, ⑤ 피의자환경조사서, ⑥ 피의자의 본적조회회답서, ⑦ 범죄경력조회(지문조회)통보서 등 필요한 서류를 첨부하여야 한다. 아울러 피의자의 신병 및 증거자료 모두를 검찰에 인계해야 한다. 다만, 협의의 불기소처분에 해당하는 의견으로 송치할 때에는 범죄경력 조회통보서를 첨부하지 아니한다.[79] 실무적으로 사법경찰은 사건송치를 수사종결로 본다.

(7) 송치 후 수사

사법경찰은 검찰에 사건 송치 후라도 항상 그 사건에 주의하여 새로운 증거의 수집과 참고가 될 만한 사항의 발견에 힘써야 한다. 아울러 송치후에 당해 사건에 속하는 피의자의 여죄를 발견하였을 때에는 검사의 지휘를 받아 신속히 그 수사를 행하고 이를 검찰에 추송해야 한다.[80]

(8) 수사의 종결

검사는 당해 사건에 관한 수사서류와 증거 등을 종합적으로 검토한 후 기소 또는 불기소 처분을 결정한다. 이를 수사의 종결이라 하고, 수사의 종결은 원칙적으로 검사의 권한이다. 즉결심판 사건의 수사종결은 경찰서장의 권한이다.[81]

1) 협의의 불기소처분[82]

① 혐의없음

'혐의없음'은 피의사실을 인정할만한 증거가 없는 경우 또는 피의사실이 범죄를 구성하지 않는 경우에 내려지는 불기소처분이다. 이는 사법경찰관의 증거수집의 불충분, 또는 범죄의 구성요건 해당성 여부에 대한 법적 검토의 부정확성 등이 원인으

79) 범죄수사규칙 제189조, 경찰청 훈령 제462호, 2005.10.6.
80) 범죄수사규칙 제190조 및 191조, 경찰청훈령 제462호, 2005.10.6.
81) 진계호, 앞의 책, p. 349.
82) 앞의 책, p. 351.

로 지적될 수 있다.

② 죄 안됨

'죄 안됨'은 범죄사건이 범죄구성요건에 해당하나 정당방위, 정당행위, 긴급피난, 자구행위, 피해자의 승낙 등의 위법성 조각사유나 형사책임 무능력자의 행위와 같은 책임조각사유에 해당하는 경우에 내려지는 불기소 처분 사유이다.

③ 공소권 없음

'공소권 없음'은 공소시효완성, 친고죄의 고소의 불제기나 반의사불벌죄의 처벌의 불희망, 고소·고발사건의 고소·고발취소 등과 같이 소송조건을 구비하지 못하거나 형 면제의 사유가 있는 경우에 내려지는 결정으로 사법경찰이 사실확인만 잘 하면 별문제가 없는 영역이다.

2) 광의의 불기소처분

광의의 불기소처분은 기소유예, 공소보류, 기소중지 등이 해당된다. 기소유예와 공소보류는 범죄혐의도 인정되고 소송조건도 충족되지만 범인의 연령, 성행, 동기와 수단, 정황, 지능과 환경, 피해자 관계 등을 참작하여 불기소 처분을 내리는 결정이다. 다만, 공소보류는 국가보안법 위반 피의자를 대상으로 한다.[83)]

기소중지는 범죄혐의도 인정되고 피의자도 특정되며 소송조건도 충족되지만 피의자의 소재 불명으로 인해 수사를 종결할 수 없을 때에 그 사유가 해소될 때까지 소추절차를 일시 중지하는 불기소처분이다. 기소중지 대상자는 통상 지명수배와 출국금지 조치가 내려진다.

83) 앞의 책, p. 352.

제2절 수사첩보

1. 의 의

수사첩보란 형사정책에 관한 자료, 수사제도와 운영에 관한 자료, 범죄예방과 범인검거대책에 관한 자료, 수사의 단서가 될 수 있는 일체의 범죄첩보를 말한다.[84] 쉽게 말해서, 수사첩보는 형사·수사 정책과 제도에 관한 자료, 범죄예방과 범죄수사에 관한 자료를 포괄하는 개념이다.

2. 수사첩보의 요건

(1) 적법성

수사첩보는 절차적으로 적법하게 수집해야 되며 내용적으로 또한 적법한 것이어야 한다. 즉, 수사첩보는 도청이나 비밀녹음, 몰래카메라 등 불법적으로 수집된 것이면 첩보로서 인정받지 못한다. 또한 첩보내용이 타인에 대한 음해나 모함, 인권침해 등을 포함하는 경우에 그 적법성을 인정받지 못한다. 경찰공무원은 수사 중이거나 수사종결된 사건 및 허위사실을 첩보로 제출하는 경우에도 내용상의 적법성이 인정되지 않는다.

(2) 완전성

수사첩보는 가능한 한 주제와 관련된 모든 자료를 수집하여 첩보의 완전성을 갖추어 실제로 활용가능해야 한다. 부분적이거나 단편적인 첩보는 사용자에게 도움을 주지 못한다. 수사첩보의 완전성은 모든 관련 자료를 수집하여야 하며 그 자료들의 객관적 정확성이 갖추어져야 한다.

(3) 적시성

수사첩보는 사용자가 필요로 하는 시기에 제공되어야 한다. 적시성은 첩보의 완

84) 수사첩보활동규칙, 경찰청 예규 제382호, 2008.3.26.

전성과 대립적인 요건이다. 완전성은 형사정책이나 수사제도 운영에 관한 자료인 경우에 중요하고, 적시성은 범죄첩보나 범인검거 대책에 관한 자료인 경우에 보다 중요한 요건이다.

(4) 합목적성

수사첩보는 형사정책이나 수사제도의 개선, 범죄수사와 범인의 특정 · 체포라는 목적을 달성하는 데 기여해야 한다. 수사첩보의 합목적성은 적법성 못지않게 중요한 요건이다.

3. 첩보의 처리와 평가

(1) CIAS 전산처리와 당해기관의 처리

경찰관이 수집한 모든 수사첩보는 범죄첩보분석시스템(Criminal Intelligence Analysis System: CIAS)을 통하여 작성 · 제출함을 원칙으로 한다. 당해 기관에서 처리하기가 적합하지 않은 특수한 사안은 지체 없이 보고하여 상급기관에서 처리하도록 하여야 한다.[85)]

(2) 수사첩보의 평가

수사첩보의 평가 및 기록관리 책임자는 경찰청의 경우에 과학수사센터장이며, 지방경찰청 및 경찰서는 수사과장, 형사과가 분리된 경우에는 형사과장이 책임자다. 수집된 첩보는 수집관서에서 처리하는 것을 원칙으로 한다. 다만, 평가책임자는 첩보에 대해 범죄지, 피내사자의 주소 · 거소 또는 현재지 중 어느 1개의 관할권도 없는 경우에 이송할 수 있다. 이송을 하는 첩보의 평가 및 처리는 이송 받은 관서의 평가 책임자에 의해 이루어진다.

평가 책임자는 제출된 첩보의 정확한 평가를 위하여 제출자에게 사실확인을 요구할 수 있으며, 제출된 첩보의 내용이 부실하여 보충할 필요성이 있는 경우 제출자에게 반려하여 보완을 요구할 수 있다. 평가책임자는 제출된 첩보에 대하여 비공개를

85) 수사첩보활동규칙 제8조3항, 경찰예규 제382호, 2008.3.26.

원칙으로 하되, 범죄예방 및 검거 등 수사목적상 첩보 내용을 공유할 필요가 있다고 인정할 경우에는 CIAS상에서 공유하게 할 수 있다.[86]

경찰공무원이 입수한 모든 수사첩보는 CIAS를 통하여 처리되어야 하며, 수사 착수 전에 누설되는 일이 없도록 철저히 보안을 유지하여야 한다. 범죄첩보의 성적평가는 ① 특보: 전국단위 기획수사에 활용될 수 있는 첩보, 2개 이상의 지방청과 연관된 중요사건 첩보 등 경찰청에서 처리하여야 할 첩보는 10점, ② 중보: 2개 이상 경찰서와 연관된 중요 사건 첩보 등 지방청 단위에서 처리해야 할 첩보는 5점, ③ 통보는 경찰서 단위에서 내사할 가치가 있는 첩보로서 2점, ④ 참고는 단순히 수사업무에 참고가 될 뿐, 활용이나 시행할 가치가 적은 첩보로서 점수는 없다. 첩보수집 내역, 평가 및 처리결과는 CIAS를 이용하여 전산관리한다.[87]

(3) 포 상

수사첩보에 의한 사건해결 또는 중요범인을 검거하였을 경우에 첩보제출자는 범인검거자와 동일하게 특별승진 또는 포상할 수 있다. 또한 제출한 첩보에 의해 수사시책 개선발전에 기여한 자는 별도 포상을 받는다. 수사첩보 성적은 매월 소속기관에 통보하여 인사에 반영한다.[88]

(4) 수사첩보수집 기준량

수사첩보제출 기준건수는 수사·형사기능과 보안·외사 근무자의 경우에 매월 4건 이상, 수사내근, 지구대, 파출소 및 분소직원은 1건 이상이다.[89] 정보외근요원은 수사첩보를 포함하여 30건 이상의 첩보를 제출해야 하지만, 그 평가는 수사첩보와는 별도로 이루어진다.

---

86) 수사첩보활동규칙 제7조, 경찰청훈령 제382호, 2008.3.26.
87) 수사첩보활동규칙 제11조, 경찰청예규 제382호, 2008.3.26.
88) 수사첩보활동규칙 제12조, 경찰청예규 제382호, 2008.3.26.
89) 수사첩보활동규칙 제5조, 경찰청예규 제382호, 2008.3.26.

4. 범죄첩보

(1) 개 념

범죄첩보란 수사첩보의 한 부분으로서 범죄수사상 참고가 될 만한 제반사항을 말한다. 즉, ① 수사의 단서가 될 만한 사실, ② 범죄로 발전되어 가고 있는 사실, ③ 범죄유발 원인과 관련된 사실, ④ 이미 발생한 범죄와 범인에 관한 사항 등이 범죄첩보에 해당된다.

(2) 특 징

1) 시한성

범죄첩보는 범죄수사에 관련된 문제를 해결하거나 수사의 목적달성을 위해 수집된 모든 관련 자료이다. 따라서 범죄첩보는 범죄수사를 위해 시간적으로 사전적이어야 한다. 범죄첩보는 다른 모든 첩보와 마찬가지로 시간이 지나면 그 가치가 감소하므로 사전에 수집 · 제출되어야 한다. 이러한 시한성은 첩보의 적시성 요건과 같은 의미로서 범죄수사를 위해 시의적절해야 한다는 것을 의미한다.

2) 가치변화성

범죄첩보는 필요로 하는 사람에 따라 그 가치가 달라진다. 범죄첩보는 일반인에게는 별로 가치가 없지만, 수사기관에게는 아주 중요하고 가치가 있다. 따라서 범죄첩보는 수사기관이 그 첩보를 필요로 하는가의 여부에 따라 가치가 달라진다.

3) 결합성

범죄첩보는 여러 단편적인 첩보들이 결합되고 가공된 산물이다. 기초첩보가 다른 기초첩보와 결합되어 사건첩보가 되거나 사건첩보가 다른 사건첩보와 결합하여 범죄첩보가 된다.

살인사건의 경우에 범인의 인상착의와 도주방향에 관한 첩보, 피해자 주변 인물에 관한 첩보, 피해자의 가정환경이나 인간관계에 의한 첩보 등이 결합하여 용의자 추정과 검거를 위한 하나의 범죄첩보가 된다. 이처럼 단편적인 첩보들이 결합되어 가치있는 첩보가 된다.

4) 결과지향성

범죄첩보는 수사개시를 위한 단서를 제공해야 하며 또한 그 사건을 해결하는 결과를 낳을 수 있는 객관적이고 구체적인 내용이어야 한다. 범죄첩보는 사건해결을 위해 범죄사건에 관한 객관적이고 사실지향적인 내용이어야 한다.

5) 혼합성

범죄첩보는 단순한 사실의 나열이 아니고 그 속에는 원인과 결과가 분명하게 구체화되어야 한다. 또한 다른 첩보와 대부분 연결되어 있는 경우도 많기 때문에 이를 분해하고 종합하여 하나의 완전한 범죄첩보를 도출해야 한다.

(3) 범죄첩보의 수집

외근형사들은 범죄첩보를 수집하기 위하여 수시로 다음과 같은 대상들의 실태를 파악해야 한다. 즉, ① 새로운 수법의 범죄, 모방성·발전성이 있는 범죄와 그 피해상황, ② 범죄로 이행될 염려있는 제반 사회현상, ③ 상습폭력행위자, 불량서클 등 죄를 범할 우려있는 자의 동향, ④ 금융업자, 각종 브로커 등 영업사항, ⑤ 전당포, 고물상 등 각종 영업소의 영업사항, ⑥ 범인성 유해업소 및 기타 풍속영업소의 영업상태와 손님들의 유흥상태, ⑦ 극장 기타 흥행장소 실태 및 여관등 숙박업소 실태, ⑧ 우범지역 실태, 전과자, 보석 중인자, 구속집행 정지 중인자 동향, ⑨ 장물의 처분경향, 흉기 등의 입수경로 실태, ⑩ 수사중인 사건에 관련되는 제반사회현상 등에 대한 실태파악이 수시로 이루어져야 한다.

(4) 범죄첩보수집과 정보원(informants)의 관리

1) 개 념

정보원이란 수사 중인 범죄사건에 대한 기본적인 단서(basic leads)를 찾는 수사관에게 정보를 제공하는 사람을 말한다.90) 즉, 정보원이란 경찰관에게 범죄첩보를 제공하는 자, 경찰관으로부터 부탁받은 내용과 자신이 알고 있는 것을 주기적으로 제공하는 일반시민을 말한다.

---

90) Weston & Lushbaugh, *op.cit.*, p. 101.

2) 정보원의 유형

① 자발적인 정보원(voluntary informant)

자발적인 정보원은 숨은 동기(ulterior motive)나 보수 없이 범죄나 범법행위에 관하여 경찰에게 정보를 제공하는 모든 사람을 말한다. 이들은 사회 · 경제적 전체영역에 걸쳐서 생활하는 시민들이다.[91] 즉, 주택앞에 주차된 이상한 차량을 발견한 미화원이나 총기에 상처입은 부상자를 치료하는 외과의사 등 사회의 각 분야에서 정상적인 삶을 살아가는 시민들이다. 이들은 경찰의 요구가 없는 경우에도 시민의 책임의식, 두려움 또는 일반적인 의심으로 경찰을 접촉하려고 시도하는데 경찰이 그들의 접촉을 적극적으로 받아들인다면 많은 가치있는 정보를 입수할 수 있다.

② 숨은 동기 정보원(informants with ulterior motives)

숨은 동기 정보원들은 본질적으로 자신의 이익을 위해서 경찰에 정보를 제공하는 사람들이다. 그들은 정보제공의 대가로 돈을 요구하거나 받지는 않지만, 어떤 형태의 이익을 얻는 것을 목적으로 한다. 경찰에 정보를 제공하는 것이 시민의 의무라고 주장하기도 하지만, 진짜 동기는 복수나 질투 등이다. 이러한 정보원은 남편의 불륜을 의심하는 아내의 질투나 복수를 위해서 경찰에 범죄정보를 제공하기도 하고, 장물의 분배를 놓고 상대방이 속임수를 썼다고 생각하는 절도공범은 다른 범인을 복수를 위해서 익명으로 경찰에 정보를 제공하기도 한다.

어떤 체포된 범죄자들은 경찰에 대해 협조하는 것이 그들의 석방이나 형의 감면을 가져올 수 있을 것이라는 생각으로 정보를 제공한다. 그러나 피의자 석방이나 형의 감면은 경찰의 권한사항이 아니다. 다만, 경찰은 피의자의 협조가 검사의 관심을 불러일으킬 수 있다는 사실만을 말해 줄 수 있다.

범죄 정보 제공 동기는 범죄세계에서 경쟁자를 제거하기 위한 경우도 있다. 범죄자들은 이익과 손해라는 기업논리에 따라서 경쟁자들의 범죄정보를 경찰에 제공한다. 마약거래 범죄의 경우에 이러한 유형의 범죄정보 제공 현상이 급증하고 있다. 어떤 범죄자들은 죄의식과 경찰의 관심을 받고 싶다는 동기로 범죄정보를 제공하기도 한다.[92]

---

91) Gilbert, *op.cit.*, pp. 132-133.
92) *Ibid.*, p. 134.

③ 유급 정보원(paid informants)

유급 정보원은 경찰에 범죄정보를 제공하는 대가로 금전을 받는 사람을 말한다. 그들이 경찰에 정보를 제공하는 배경은 다양하지만, 돈을 위해서 정보를 제공하는 것만은 분명하다. 대부분의 경우에 유급정보원들은 직접 범죄에 관여했거나 범죄자들과 밀접한 접촉이 있는 사람들이다. 물론 범죄경력이 없는 일반시민들도 돈을 위해서 가치있는 정보를 제공하기도 한다.

유급정보원은 미국의 경우에 공식적인 경찰조직의 출현 시기부터 현재 까지 일정하게 활용되고 있다. 미국의 연방이나 주, 그리고 지방경찰기관은 매년 정보원들에게 수백만 달러의 돈을 지급해 왔다. 1700년대 말부터 19세기 말까지 범죄자가 누구이며 어디에 있는 가에 대한 정보제공과 돈의 보상은 공통적인 현상이었다. 오늘날 미국의 FBI와 다른 연방수사기관들은 정보원들을 위해서 매년 상당한 액수의 1년 예산을 편성한다. 주정부의 수사관은 마약범죄와 조직폭력범죄에 관련된 정보를 제공하는 정보원들에게 일정하게 보수를 지급하고 있다. 그러나 유급정보원의 정보에 의해 FBI는 1년에 14,233명의 범인을 체포하고 5천 백만 달러 이상의 피해품을 회수한다.[93] 그래서 전 FBI국장 윌리암 웹스터는, "정보원은 단일의 가장 중요한 법집행도구이다"라고 쓰고 있다.[94]

유급정보원 제도는 엄청난 예산 사용과 범죄자인 정보원에게 돈을 지급하는 경찰의 비도덕성으로 인해 비난의 대상이 된다. 그러나 유급정보원은 범죄수사에 있어서 필수적이라고 할 정도로 필요한 요소이다. 특히 합의범죄(consensual crime)라고도 하는 마약범죄와 성매매 같은 범죄는 유급정보원의 정보제공에 의해 범죄수사가 이루어진다.[95] 일반적으로 범죄는 비밀스럽게 발생하고 범죄자는 범죄발각을 피하기 위해 모든 수단을 동원하기 때문에 범죄수사 그 자체가 어렵다. 결과적으로 경찰은 유급정보원 사용을 포함하는 법적으로 이용가능한 모든 수단 이용이 요구된다.

한편, 정보원의 유형은 다음과 같이 분류되기도 한다.[96]

---

93) *Ibid.*, p. 135.

94) William Webster. "Sophiscated Suvelliance-Intolelable intruction or Prudent Protection?" Washington Law Review, 63, 1985, p. 351.

95) Gilbert, *op.cit.*, p. 135.

96) Weston & Wells, *op.cit.*, pp. 151-154.

ⓐ 기본적인 단서 정보원(basic-lead informants)

이러한 정보원들은 보고되지 않거나 발견되지 않은 정보 또는 범죄의 계획단계의 정보를 제공하는 사람들을 말한다. 이들은 정보제공 대가로 돈을 받는 사람들과 받지 않는 사람 모두가 포함된다.

ⓑ 참여정보원(participant informants)

참여 정보원들은 범인체포를 정당화하기에 충분한 증거를 수집하는데 직접 참여하는 사람들을 말한다. 즉, 마약판매자에게 경찰을 소개하여 어떤 마약거래가 발생하게 하는 사람들과 같은 경우이다. 또는 일명 특별고용인라고도 하는 이들은 마약전문가나 마약거래자나 사용자들과 친분을 가진 사람들로서 경찰로부터 미리 돈을 받고 정보를 제공한다.

ⓒ 비밀 정보원(covert informants)

비밀정보원은 범죄수사단서를 제공하는 것이 아니라 집단내의 확실한 지위를 차지한 사람이 테러조직이나 범죄조직에 대한 정보를 경찰에게 보고하는 사람을 말한다. 이들은 적진에 투입된 비밀공작원이나 첩보원에 가깝고 군대와 국제첩보조직에서 주로 활용된다. 이들은 현재의 수사정보만을 제공하기 위해서 활동하는 것이 아니라 미래의 정보를 제공하기 위하여 활동한다.

ⓓ 공범증인(accomplice-witness)

공범증인은 말 그대로 범죄를 범한 범인 중에 비교적 가벼운 범죄행위를 한 자가 관대한 처벌을 조건으로 경찰과 검사에게 수사협조를 하는 사람을 말한다.

3) 정보원 관리

정보원 관리에 관한 가장 중요한 원칙은 수사관이 항상 정보원을 통제해야 하며 정보원이 수사관을 통제하는 일이 있어서는 아니 된다는 점이다. 수사관은 정보를 수집하는 방법, 만나는 장소 그리고 특별한 정보에 대하여 지불하는 돈의 액수 등과 같은 정보원의 세부활동 내용을 결정해야 한다. 지불되는 모든 돈은 서류로 정리해 두어야 하며 정보원의 서명이 있는 영수증도 받아 두어야 한다.[97]

그러나 우리나라는 유급정보원 제도가 없다. 따라서 경찰은 정보원의 정보제공시

97) *Ibid.*, p. 137.

에 결코 지킬 수 없거나 지키려고 하지 않는 약속은 해서는 안 된다. 범죄자에 대한 무죄석방이나 처벌 감면은 경찰의 권한 영역이 아니다. 또한 경찰이 범죄자와 유착되거나 수사기밀의 누설 등 비리를 범하지 않아야 한다.

또한 우리나라는 정보원이 합법적으로 인정된 제도가 아니므로 경찰은 수사관련 시설에서 그들을 만나면 안 된다. 아울러 정보원들의 실명을 수사보고서에 결코 사용해서는 안 되며, 수사기관을 나타내는 어떤 표시가 있는 서신 연락을 해서도 아니 된다. 또한 정보원의 신원은 수사관의 직속상급자나 법률적으로 요구할 수 있는 자 이외의 자에게 누설해서는 아니 된다. 정보원의 자동차 뒤 또는 앞쪽에 명함을 놓아두거나 수사관의 인적 사항을 추리할 수 있는 물건이나 문서를 남겨 놓아서는 아니 된다.

4) 정보원 면담위한 사전준비

경찰은 정보원을 면담할 경우에 ① 첩보수집목적 이해, ② 상대방이 편리한 시간과 장소 약속, ③ 면담 전에 상대방의 취미, 기술 등을 알아두어야 한다.

5) 면담방법

① 면담시작 전에 먼저 시사이야기, 세상 돌아가는 이야기로 상대방의 긴장을 해소한다. ② 상대방을 존중하는 말씨와 태도로 상대방이 6할, 자신이 4할의 비율로 말을 한다. ③ 특별한 질문은 상대방이 잘 알 수 있는 형식을 사용하고 전문용어를 사용하거나 명령이나 강요의 인상을 주어서는 안 된다. ④ 상대방이 중대한 사항을 말하면 조용히 적극적으로 경청하고 사람에 따라서 면전에서 기록해야 할 경우도 있다. ⑤ 면담은 적당한 때에 그치도록 하고 상대방에게 감사의 표시를 해야 한다. 면담의 성과여부는 불문한다.

제3절 수사자료

1. 개 념

수사자료란 범죄사실의 진상을 규명하고 범인을 추리 · 판단 · 특정하기 위해 수집되는 유형 · 무형의 자료와 수사활동에 도움이나 뒷받침이 되는 모든 자료를 말한다.

2. 종 류

(1) 기초자료

기초자료란 구체적인 사건수사와 관계없이 평소의 수사활동을 통하여 범죄가 발생했을 때 수사자료로 활용하기 위해 널리 범죄와 관련 있다고 판단되는 사회적 제반 사정 및 죄를 범할 우려가 있는 자 기타 수사상 주의를 요한다고 인정되는 자의 동향에 관해 수집한 자료를 말한다. 즉, 범죄와 관련된 사회적 통계, 우범자 첩보 수집, 보호관찰자나 전과자 등의 동향 등에 관한 자료는 기초자료에 해당한다.

(2) 사건자료

사건자료란 관내에서 발생한 구체적인 사건수사와 관련하여 그 사건의 수사방침 수립과 범인 및 범죄사실의 규명을 위하여 수집되는 모든 자료를 말한다. 지문이나 혈흔, 흉기 등 유류물품과 같은 유형의 자료, 수법 · 구술 · 냄새 같은 무형의 자료, 탐문 · 미행 · 잠복(은신파수) 등과 같은 내탐에 의한 자료 등이 해당된다.

(3) 감식자료

감식자료란 과학적 지식과 기술을 이용하여 범인의 발견 및 범죄사실의 진실발견을 위해 수집되는 모든 자료를 말한다. 지문, 수법, DNA지문, 혈액형, 사진 등 과학적 감식에 의해 확보된 수사자료 등이 해당된다.

(4) 참고자료

참고자료란 수사한 사건들에 대한 수사과정의 반성·검토를 통하여 얻어진 자료로서 사후의 수사에 활용될 수 있는 교훈과 새로 발견된 범행수법 등이 해당된다.

3. 수사자료의 수집

(1) 수사자료의 범위 및 체제

1) 광범위한 자료수집

범인의 발견과 범죄사실의 진상을 명백히 하기 위해 가능한 모든 자료를 수집해야 한다. 증거의 보고라는 범죄현장과 증거의 바다라고 하는 사회속에서 적극적으로 다방면에 걸쳐서 수사자료를 수집해야 한다.

2) 조직적 계획적 활동

수사자료의 수집을 위해서는 수사부서에 근무하는 사람들은 물론 모든 경찰관을 동원한 조직적이고 계획적인 활동이 요구된다. 특히 외근경찰관의 순찰, 다양한 조사활동, 검문검색 등 일상직무 중에 수사자료를 발견하고 수집할 수 있도록 적극 지도해야 한다.

3) 국민의 협조체제

범죄수사 활동이 바로 국민들의 안녕을 위한 것임을 주지시켜 국민들이 자발적으로 수사자료를 제공할 수 있도록 국민의 협력을 유도해야 한다. 국민들은 보복이나 사생활의 침해 등을 우려하여 수사자료 제공을 기피하므로 수사기관은 자료제공자의 명예와 신용의 보호 및 적절한 비밀유지, 신고보상금제도를 적극적으로 활용하여 계속적인 협조가 이루어질 수 있도록 관심을 기울여야 한다.[98]

---

98) 특정범죄신고자등보호법 제2조, 법률 제9139호, 2008.12.19., 범죄신고자보호및보상에관한규칙, 경찰청훈령 47호 별표1, 2006.3.21.

(2) 자료수집의 시기에 따른 분류

1) 사전(평소)수집

사전수집이란 특정의 범죄사건과 관계없이 앞으로 발생이 예상되는 범죄사건의 수사에 대비하여 평소에 범죄와 관계되는 각종 자료를 수집하는 것을 말한다. 사전수집으로서 중요한 것은 다음과 같다.

① 자료조사에 의한 수집

지문, 족적, 필적, 사진, 범죄수법, 은어 등의 자료를 사전에 수집, 정리, 보존하여 둠으로써 수사자료로 활용해야 한다.

② 우범자의 조사에 의한 수집

우범지대나 불량배들이 자주 모이는 장소 등에서 도박상습자, 성매매자, 소매치기, 전과자, 마약중독자 등 범죄전력이 있는 자들을 조사하여 그 명단을 작성하고 두목과 부하관계 등 조직계보를 파악하고 그 동향을 내사해야 한다.

③ 영업소 방문 등에 의한 수집

전당포, 고물상, 극장, 여인숙 등의 방문을 통하여 출입자, 범죄용의자 등의 파악과 그 동향관찰로 수사자료를 입수해야 한다.

2) 사건현장의 자료수집

범죄현장에서 유류물품 및 목격자 등 유형 · 무형의 수사자료를 관찰이나 탐문을 통하여 수집한다.

3) 사후수집

검사에게 사건을 송치한 후에도 증거보강을 위해 새로운 자료를 수집하는 것을 사후수집이라고 하고 수집된 자료는 검찰에 송부해야 한다.

제4절 수사의 단서

1. 개 념

수사는 수사기관의 주관적 범죄혐의에 의해 개시된다. 수사의 단서는 수사기관의 주관적 범죄혐의를 뒷받침할만한 수사자료를 말한다. 따라서 목격자의 증언이나 현장관찰을 통한 물증 같은 객관적인 증거뿐만 아니라 불심검문 과정에서 발견한 범죄의 흔적 또는 주민의 신고나 풍문 등도 수사기관의 범죄혐의에 대한 심증이 형성되면 수사의 단서가 된다. 수사의 단서는 대체로 현행범체포, 불심검문, 변사자 검시, 타 사건 수사 중 범죄발견, 보도나 풍설, 세평 등에 의한 인지 등과 같이 수사기관 자신의 체험에 의한 경우와 고소·고발, 범죄신고, 진정이나 투서, 관계기관으로부터 통보 등과 같이 타인의 체험청취에 의한 경우로 대별될 수 있다.[99] 현행범인 체포는 강제수사 부분에서 다루기로 하고 여기에서는 나머지 수사단서에 대하여 살펴보기로 한다.

2. 수사기관 자신의 체험에 의한 단서

(1) 불심검문

1) 불심검문의 대상

불심검문이란 경찰관이 수상한 거동 기타 주위의 사정을 합리적으로 판단하여 ① 어떠한 죄를 범하였거나 범하려고 하고 있다고 의심할만한 상당한 이유가 있는 자, 또는 ② 이미 행하여진 범죄나 행하여지려고 하는 범죄행위에 관하여 그 사실을 안다고 인정되는 자를 정지시켜 질문하는 경찰권 발동 행위를 말한다.

2) 불심검문의 법적 성격

「경찰관직무집행법」 제3조 1항에 규정된 불심검문은 행정경찰작용으로서 대인적 즉시강제에 해당하며 불심검문을 통해 범죄혐의가 인지되면 범죄수사가 개시된다는

---

99) 진계호, 앞의 책, p. 200.

점에서 수사의 단서가 된다. 그러나 불심검문은 어떠한 범죄를 범하였다고 의심할만한 상당한 이유가 있는 자를 대상으로 한다는 규정을 근거로 행정경찰작용과 사법경찰작용을 포함하는 이원적 성격을 가진다는 주장이 제기된다. 그러나 경찰관의 불심검문은 범죄혐의의 존재를 요건으로 하지 않으며 불심검문의 결과 경찰이 범죄혐의를 인정한 때에 비로소 수사가 개시되므로 행정경찰작용에 해당한다는 견해가 타당하다.

3) 불심검문의 방법

경찰관은 불심검문 시에 정 · 사복을 불문하고 상대방에게 자신의 신분증을 제시하고 소속과 성명, 그리고 목적과 이유를 밝혀야 한다. 이때 상대방은 불심검문을 거부할 수 있으며 경찰은 강제력을 발동할 수 없다. 그러나 상대방이 정지하지 않을 경우에는 길을 막거나 몸에 손을 대는 정도의 강제에 이르지 않는 형태의 유형력 행사는 허용된다. 경찰관은 흉기 또는 장물 소지여부 확인, 소지품 검사 등을 할 수 있으며 또한 임의동행을 요구하여 경찰관서에서 6시간을 초과하지 않는 범위에서 범죄혐의 여부를 조사할 수 있다.

물론 상대방은 동행요구를 거절할 수 있으며 이에 경찰은 강제동행을 할 수 없다. 임의 동행 요구시 경찰은 신분증의 제시와 소속과 성명을 밝히고 동행목적과 이유, 그리고 동행장소를 밝혀야 한다. 임의동행을 한 경우 경찰은 그 가족이나 친지에게 임의동행사실을 연락하거나 본인이 연락할 수 있는 기회를 부여해야 한다. 아울러 변호인의 조력을 받을 권리를 고지해야 하며 피의자 신분이 아니므로 미란다 원칙 고지는 필요없다.

4) 자동차 검문

경찰은 범죄예방과 범인 검거를 위하여 통행 중인 차량을 정지시켜 운전자 또는 동승자에게 질문을 할 수 있다. 자동차 검문은 교통검문, 경계검문, 긴급수배검문 등이 있다. 교통검문은 교통위반 예방과 위반자의 검거를 목적으로 하는 교통경찰작용을 말한다. 경계검문은 불특정 일반범죄의 예방과 검거를 목적으로 하는 검문을 말하고 「경찰관직무집행법」 제3조 1항에 규정된 직무질문의 일종인 행정경찰작용에 해당된다. 긴급수배검문은 특정범죄가 발생한 경우에 범인의 검거와 수사정보의 수집을 목적으로 하는 검문으로서 사법경찰작용으로서의 성격을 가진다.

(2) 변사자의 검시

1) 변사자의 개념

변사자 또는 변사체란 자연사인지 부자연사인지 알 수 없고 범죄에 기인한 사망이 아닌 가 의심되는 사체를 말한다. 그러나 실무상으로는 자연사와 부자연사 모두를 변사자라고 한다.

2) 변사자 검시의 개념

변사자 검시란 사람의 사망이 범죄에 기인한 것인가를 판단하기 위하여 수사기관이 변사체의 사망 원인을 조사하는 것을 말한다. 변사자 검시는 사법검시와 행정검시로 나누어지며 일반적으로 수사상 검시는 사법검시를 말한다. 변사자 또는 변사의 의심 있는 사체는 반드시 검시를 받아야 하며, 변사체 검시는 수사행위가 아니고 수사개시를 위한 단서를 확보하는 절차이다.

3) 목 적

변사자 검시의 목적은 변사체의 사망이 범죄에 기인한 것인가를 확인하는 것을 목적으로 한다. 범죄에 기인한 변사이면 이는 수사개시를 위한 단서가 된다. 아울러 수사기관은 변사자의 신원을 파악하여 사체를 유가족에게 인도함을 목적으로 한다.

4) 검시의 주체

변사체 검시의 주체는 검사이다. 사법경찰관은 검사의 지휘를 받아 검시를 대행할 수 있을 뿐이다. 실제로 사법경찰관은 변사체 검시를 대행하여 실행하는 검시의 주체이다.[100] 행정검시의 주체는 경찰서장이다.

5) 사법검시

범죄수사에 있어서 통상 검시라고 한다면 검사의 주관으로 실시되는 사법검시를 말한다. 사법검시의 주체는 검사이며 사법경찰관은 검사의 지휘를 받아 검시를 실시하는 대행자이다.

실무상 사법검시는 사법검시Ⅰ, 사법검시Ⅱ로 구분되며, 사법검시Ⅱ는 압수・수색

---

100) 형사소송법 제222조, 2007.12.21.

· 검증영장을 발부받아 사체부검을 실시해야 하고 사법검시Ⅰ은 그렇지 않다는 점이 가장 큰 차이점이다.

① **사법검시Ⅰ**

검시대상은 ⓐ 익사, 소사, 감전사, 추락사 또는 가스중독사, 산업재해사, 교통사고사 등 주로 사고에 의한 사망자에 대한 검시, 다만, 도주차량에 의한 교통사고 사체, 표류익사체, 암매장 사체는 제외, ⓑ 원거리 도서지역 등 검사가 직접 검시하기에 시간이 현저하게 지연되는 지역의 모든 변사사건, ⓒ 범죄에 기인하지 않은 변사사건, ⓓ 범죄 사실이 특정된 고의 또는 과실에 의한 변사체로서 부검이 필요없거나 유가족이 사인을 다투지 않는 사건 등이다.

사법경찰관은 경찰서장과 검사에게 발생보고를 하고 검사지휘를 받아 의사를 참여시켜 검시를 실시하고 그 결과를 경찰서장과 검사에게 보고하는 동시에 검시조서를 작성한다. 사법경찰관은 의사가 작성한 사체검안서와 촬영한 사진 등을 검시조서에 첨부하여 검시를 완료한다.[101] 이 경우에 범죄에 기인한 사체로 판명이 되면 즉시 수사를 개시한다. 사체는 신고접수 후 12시간 이내에 검시를 완료하고 범죄에 기인한 사체가 아닌 경우에는 검사의 지휘를 받아 유가족에게 인도해야 한다.

② **사법검시Ⅱ**

검시대상은 ⓐ 살인 · 강도살인 · 강간살인 등 중요 강력사건에 기인한 변사사건, ⓑ 범죄기인 여부 또는 사인이 불명하여 부검을 요하는 변사사건, ⓒ 유족이 사인을 다투는 사건, ⓓ 사회이목 집중 변사사건 또는 중요인사 변사사건 등이 대상이다,

사법경찰관은 경찰서장과 검사에게 발생보고를 하고 검사의 지휘를 받아 검시를 실시한다. 그리고 압수 · 수색 · 검증영장을 발부받아 부검을 실시하고 범죄기인한 사체로 판명되면 즉시 수사를 개시한다. 긴급을 요할 때에는 영장없이 부검을 실시할 수 있으며 사후에 영장을 발부받아야 한다. 부검실시 후 의사 기타 감정인의 검증조서와 감정서만을 작성하여 보고하고 검시조서는 생략한다.[102] 사체는 사건접수 후 24시간 이내에 검시를 종료하고 검사의 지휘를 받아 유족에게 인도해야 한다.

---

101) 범죄수사규칙 제32조, 경찰청훈령 제526호, 2008.7.22.
102) 범죄수사규칙 제36조, 경찰청훈령 제526호, 2008.7.22.

6) 행정검시

① 대 상

행정검시는 수재, 낙뢰, 파선 등 자연재해로 인한 사망자 또는 행려병사자로서 범죄에 기인하지 아니한 것이 명백한 사체를 대상으로 한다.

② 처 리

㉠ 지구대장이나 파출소장은 관내에서 변사체가 발견되거나 사체가 있다는 신고를 받았을 때에는 즉시 경찰서장에게 보고해야 한다. 보고를 받은 경찰서장은 변사체가 행정검시 대상에 해당된다고 인정될 때에는 지구대장에게 행정검시를 명하고 명을 받은 대장은 의사를 참여시켜 검시를 실시한다.

㉡ 행정검시를 실시한 지구대장은 행정검시조서를 작성하고 범죄에 기인하지 아닌 것으로 명백히 인정되었을 때에는 경찰서장의 지휘를 받아 사체는 즉시 유족에게 인도하여야 한다. 아울러 사후의 수사 또는 신원조사에 지장을 초래하지 않도록 사체와 특징있는 소지품의 촬영, 지문을 채취해야 한다.[103)]

㉢ 지구대장은 행정검시조서, 의사검안서, 사체인수서를 첨부하여 처리결과를 경찰서장에게 보고해야 한다. 경찰서장은 지구대장이 보고한 변사사건 발생보고서에 행정검시결과 보고서를 첨부하여 행정검시부에 일자 순으로 철해야 한다. 다만, 지구대장은 행정검시 도중 사체가 범죄에 기인한 것으로 의심되면 즉시 서장에게 보고하고 서장은 수사에 착수해야 한다.

7) 발견보고

변사자를 발견하거나 신고를 받은 경찰관은 경찰서장에게 즉시 발생보고를 해야 하며, 변사자 발생보고를 받은 사법경찰관은 즉시 검사에게 보고하여 지휘를 받아야 한다.

8) 검시와 참여인

사법경찰관리는 의사, 검시에 특별한 지장이 없다고 인정할 경우에는 변사자의 가족, 친족, 동거인, 이웃사람 그리고 구·군·읍·면·동의 공무원 등 필요하다고 인정하는 자의 참석을 허용해야 한다.[104)]

---

103) 범죄수사규칙 제35조, 경찰청훈령 제526호, 2008.7.22.

9) 검시의 조사사항

변사자 검시에는 수사간부와 외근 형사, 그리고 과학수사팀이 의사, 기타 가족이나 친족 등의 참여하에 실시한다. 이때 사법경찰관리는 기능별로 상호 협력하여 다음 사항들을 면밀히 조사해야 한다. ① 변사자의 본적, 주거, 직업, 성명, 연령과 성별, ② 변사장소 주위의 지형과 사물의 상황, ③ 변사자의 위치, 자세, 인상, 치아, 전체의 형상, 문신 기타 특징, ④ 사망추정일시, ⑤ 사인 특히 범죄행위 기인 여부, ⑥ 발견일시와 발견자, ⑦ 의사의 검안과 관계인 진술, ⑧ 착의 및 휴대품, 소지품과 유류품, ⑨ 참여인, ⑩ 중독사의 의심이 있을 때에는 그 증상, 독극물의 종류와 중독에 이른 경위 등이 조사되어야 한다.[105]

10) 주의사항

사법경찰관리는 ① 검시 전에 변사자의 위치와 상태 등이 변하지 아니하도록 현장보존을 해야 한다. ② 변사자의 소지 금품이나 기타 유류품으로서 수사에 필요가 있다고 인정될 때에는 이를 보존하는데 유의해야 한다. ③ 잠재지문과 혈흔 및 변사자 지문채취에 유의하고 의사로 하여금 사체검안서를 작성하게 한다. ④ 자살자나 자살의 의심있는 사체를 검시하는 경우 교사자나 방조자의 유무, 유서가 있을 경우 그 진위 조사 등에 주의해야 한다.[106]

11) 부검과 사체인도

① 사법검시 I 과 행정검시

사법검시 I 과 행정검시는 부검을 실시하지 않는 것이 원칙이다. 이 두 유형의 검시는 검시결과 범죄에 기인하지 않은 것이 명백한 것으로 인정되는 경우에 전자는 사건 접수후 12시간 이내에 검사의 지휘를 받아, 후자는 검시를 완료한 즉시 경찰서장의 지휘를 받아 사체를 유가족에게 인도해야 한다. 그러나 검시결과 변사체의 사망이 범죄에 기인한 것으로 인정되는 때에는 부검을 실시해야 하는 문제가 발생한다. 이러한 경우를 「범죄수사규칙」 제56조는 "검시에 연속된 수사'의 문제로 규정

---

104) 범죄수사규칙 제33조, 경찰청훈령 제526호, 2008.7.22
105) 범죄수사규칙 제31조, 경찰청훈령 제526호, 2008.7.22.
106) 범죄수사규칙 제34조, 경찰청훈령 제526호, 2008.7.22.

하고 있다. 사법경찰관리는 검시의 결과 변사체의 사망이 범죄에 기인한 것으로 인정되고 수사에 필요한 때에는 압수·수색·검증영장을 발부받아 검증을 하되 의사 기타 적당한 감정인에게 사체의 해부를 위촉해야 한다.[107] 이때 사체해부는 유족의 의사와 상관없이 실시되며, 긴급한 경우에는 영장 없이 부검을 실시하고 사후에 지체 없이 영장을 발부받아야 한다. 따라서 사법검시I의 경우 사건접수 후 12시간 이내에, 행정검시의 경우 검시 후 즉시 유가족에게 사체인도를 한다는 것은 검시결과 범죄에 기인한 사체가 아닌 것으로 판명 났을 경우에만 적용되는 하나의 원칙에 불과하다.

② 사법검시II

사법검시II는 유가족의 의사에 상관없이 압수·수색·검증 영장을 받아, 긴급한 경우나 범행 중 또는 범행직후의 범죄장소에서 긴급을 요하여 영장을 발부받을 수 없을 때에는 영장 없이 압수·수색 또는 검증을 행할 수 있기 때문에 부검이 끝난 후 검사의 지휘를 받아 사건접수 후 24시간 이내에 사체를 인도하는 원칙이 지켜질 수 있다. 물론 유가족 측이 부검결과에 대해 심각하게 문제를 제기하는 경우에는 사체인도가 더 늦어질 수 있다.

③ 사체의 인도 원칙

사법검시와 행정검시를 불문하고 사체의 인도는 유가족이나 친족 등에게 인도하는 것이 원칙이다. 다만, 사체를 인수할 자가 없거나 그 신원이 판명되지 아니한 때에는 사체 현존지 구청장, 시장 또는 읍·면장에게 인도하여야 한다. 사체는 후일에 대비하여 매장을 원칙으로 한다.[108]

12) 변사자의 수배

신원불상 변사체는 긴급사건 수배에 준하여 수배하고, 「지문 및 수사자료표 등에 관한 규칙」 제18조에 따라 십지지문을 채취·조회하여 신속히 신원을 파악하며, 신원이 확인되지 않는 경우에는 변사자 수배카드를 작성한다.[109] 또한 신원 불명 변사체로서 계속 수사할 필요가 있을 때에는 변사자 수배카드를 작성·관리한다. 경찰

---

107) 범죄수사규칙 제36조, 경찰청훈령 제526호, 2008.7.22.

108) 범죄수사규칙 제37조, 경찰철훈령 제526호, 2008.7.22.

109) 지문및수사자료표등에관한규칙 제18조, 경찰청훈령 제488호, 2006.8.22.

서에서 작성한 변사자 수배카드는 당해 지방청에 송부하고 지방청에서는 그 카드를 보관 관리하면서, 연고자 열람이나 경찰조회에 활용한다.

13) 호적법에 의한 통보

사법경찰관은 검시결과 변사자 신원 불명시 사망지의 지자체에 검시조서를 첨부하여 사망통보서를 송부해야 한다. 그리고 후에 본적이나 사망자 신원 확인시 지체없이 그 내용을 지자체에 추가 통보해야 한다.

(4) 타사건 수사 중 범죄발견

수사기관은 어떤 사건을 입건하여 조사 중에 피의자 자신의 새로운 범죄혐의 또는 다른 사람들의 범죄혐의를 발견하게 되는 경우에 이러한 범죄혐의는 수사개시의 단서가 된다. 새롭게 인지한 범죄사건에 대해서는 별도의 사건번호를 부여하고 인지절차를 밟아 처리하거나 관련 사건으로 합철하여 처리할 수도 있다.

(5) 보도 · 풍설 등

수사기관은 신문이나 방송의 보도내용, 기타 출판물의 기사, 풍설, 세평 등이 범죄에 관련 있을 경우 내사 후 범죄혐의가 발견되면 즉시 수사를 개시한다. 다만, 내사를 빙자하여 막연히 관계인의 출석을 요구하거나 물건을 압수하는 일이 없도록 하여야 한다.[110]

3. 타인의 체험청취에 의한 수사단서

(1) 고소(plaint)

1) 개 념

고소란 피해자 또는 기타의 고소권자가 수사기관에 범죄사실을 신고하여 범인의 소추를 구하는 의사표시로서 이는 수사의 단서가 된다. 따라서 단순한 피해신고는 고소가 아니다. 고소는 비친고죄인 경우에는 수사의 단서에 불과하나 친고죄는 수사의 단서일 뿐 아니라 소송조건이다.[111]

---

110) 사법경찰관리집무규칙 제20조, 법무부령 제629호, 2007.12.31.

2) 고소권자

① 피해자 또는 법정대리인, ② 피해자 사망 경우 배우자, 형제자매, 직계친족(단, 피해자 명시 의사표시 반하지 못한다), ③ 사자명예훼손죄의 경우에는 그 친족 또는 자손, ④ 고소권자가 없는 경우 관계인의 신청에 의해 검사가 10일 이내에 지정한 자, ⑤ 법정대리인이 피의자이거나 법정대리인의 친족이 피의자일 경우 피해자의 친족이 고소가능하다.[112] 그리고 고소권은 일신 전속적이어서 이를 상속·양도하는 것은 허용되지 아니하며, 특허권·저작권과 같이 침해가 계속적인 경우에는 권리 이전에 따라 고소권도 이전된다.

3) 고소와 친고죄

① 고소와 친고죄의 관계

고소사건의 경우에 가장 문제되는 범죄가 바로 친고죄에 해당하는 범죄이다. 친고죄는 고소가 있어야 처벌할 수 있는 범죄로서 친고죄의 경우에 고소는 수사의 단서가 될 뿐만 아니라 소송조건이다. 그렇다고 해서 친고죄만 고소의 대상이 되고 다른 범죄는 고소의 대상이 아니라는 의미는 아니다. 모든 범죄는 고소의 대상이다. 실제로 사기·횡령·배임 등의 재산범죄나 폭행사건 등에 대한 고소가 가장 많다.

② 절대적 친고죄와 상대적 친고죄

절대적 친고죄는 강간죄, 간통, 간음, 성추행, 강제추행, 비밀침해, 모욕, 업무상비밀누설, 사자명예훼손 등과 같이 범죄사실 그 자체가 친고죄로 성립되는 범죄를 말한다. 범인과 피해자 사이의 신분과는 관계없이 친고죄가 성립되는 절대적 친고죄는 피해자나 고소권자가 고소만 하면 수사와 기소가 가능하다. 또한 절대적 친고죄는 주관적 고소불가분의 원칙, 즉 고소나 고소 취소는 모든 공범에게 효력이 발생한다.[113] 객관적 불가분도 적용된다. 즉, 1개 범죄사실에 대한 일부에 대한 고소 또는 그 취소는 범죄사실 전부에 대해 효력이 있다. 그러나 피해자가 동일한 경우에는 이 원칙이 그대로 적용되지만 피해자가 다른 경우에는 피해자 수인 중 1인이 한 고소의 효력은 다른 피해자에 대한 범죄사실에 미치지 아니 한다. 강간죄에 대한 고소는

111) 진계호, 앞의 책, p. 211.
112) 앞의 책, p. 212.
113) 앞의 책, p. 220.

강간과 폭력행위 모두에 미치고 고소를 취소한다고 해서 강간으로부터 폭력이나 협박을 따로 떼어서 처벌하는 것은 불가하다.

상대적 친고죄는 친족 상도례에 해당하는 범죄, 즉 절도, 사기, 공갈, 횡령, 배임, 권리행사방해죄 등으로서 범인과 피해자 사이에 일정한 신분관계(친족관계)가 있는 경우 친고죄가 성립되고 고소가 있어야 수사의 대상이 된다. 주관적 불가분은 적용되지 않지만 객관적 불가분은 적용된다.[114] 그러나 강도죄와 손괴죄는 상대적 친고죄에 해당되지 않는다.

4) 친고죄의 수사

친고죄의 경우 고소권자의 고소없이 수사를 할 수 있는지가 문제가 된다. 친고죄는 고소와 관계없이 범죄는 성립하므로 증거의 수집 기타 사후에 수사가 현저하게 곤란하게 될 우려가 인정될 경우에는 수사를 할 수 있다. 다만, 고소권자의 명시한 의사에 반하여 수사를 할 수 없으며, 사건 수사 중에 친고죄란 사실을 알게 되었을 경우에는 고소권자의 의사를 확인 후 수사계속 여부를 결정한다. 친고죄에 대한 강제수사는 고소를 접수한 후에만 가능하다.[115]

5) 고소의 제한

자기 또는 배우자의 직계존속에 대한 고소는 불가하다. 다만, 성폭력범죄와 가정폭력범죄에 대해서는 자기 또는 배우자의 직계존속에 대해 고소할 수 있다.

6) 고소기간

다른 범죄의 고소기간에는 제한이 없으나 친고죄의 고소는 범인을 알게 된 날로부터 6개월이 경과하면 고소하지 못한다. 다만, 고소할 수 없는 불가항력의 사유가 있는 때에는 그 사유가 없어진 날로부터 기산한다. 즉, 약취 · 유인된 자가 혼인을 한 경우의 고소는 혼인의 무효 또는 취소의 재판이 확정된 날로부터 6개월 이내에 하여야 한다.[116] 한편, 성폭력범죄 중 친고죄는 범인을 알게 된 날로부터 1년을 경과하면 고소하지 못한다.

---

114) 앞의 책, p. 220.

115) 범죄수사규칙, 제68조, 경찰청훈령 제526호, 2008.7.22

116) 형사소송법 제230조, 2007.12.21.

7) 고소의 절차

① 서면 고소

고소는 서면고소를 원칙으로 하며, 수사기관이 고소장을 수리하면 고소인 보충진술조서를 작성하고 고소의 취지, 고소인의 처벌희망여부를 확인해야 한다. 고소・고발은 관할여부를 불문하고 접수해야 한다. 관할권이 없어 계속 수사가 어려운 경우에는 책임수사가 가능한 관서로 인계하여야 한다. 즉, 범죄지 또는 피의자의 거주지를 관할하는 경찰관서, 수사에 적합한 경찰관서 또는 검사가 지휘한 경찰관서나 기관에 이송 또는 인계하여야 한다.[117)]

② 구술고소

구술고소는 피해자가 직접 수사기관에 출석하여 구술로서 범죄사실을 신고함으로써 고소가 성립한다. 이때 수사기관은 고소인 진술조서를 작성하고 피고소인의 인적사항, 범죄사실, 고소의 취지, 피고소인에 대한 처벌희망여부 등을 상세히 청취하여야 한다.[118)]

③ 대리고소

고소는 고소권자를 대신한 대리고소가 가능하며 이 경우에 대리인으로서의 위임장이 필요하다. 대리고소의 경우에도 범죄사실을 위시하여 제반사정을 피해자가 잘 알고 있으므로 피해자 진술을 청취하고 진술조서를 작성해야 한다. 또한 피해자 이외의 고소권자가 고소를 할 경우에는 그 자격을 증명하는 서면을 제출해야 한다.[119)]

8) 고소의 취소

① 1심판결전의 취소

고소는 고소권자가 1심판결 선고 전까지 취소할 수 있다. 단, 한번 취소한 고소사건은 다시 고소할 수 없으며, 반의사불벌죄에도 준용한다(형사소송법 제232조). 고소의 취소는 고유의 고소권자나 대리고소권자 모두 할 수 있다. 다만, 고유의 고소권자는 대리고소권자가 제기한 고소를 취소할 수 있지만, 대리고소권자는 고유의 고소권자

---

117) 범죄수사규칙 제42, 43, 190조, 경찰청훈령 제526호, 2008.7.22.
118) 범죄수사규칙 제43조, 경찰청훈령 제526호, 2008.7.22.
119) 범죄수사규칙 제45조, 경찰청훈령 제526호, 2008.7.22.

가 한 고소를 취소할 수는 없다. 비친고죄의 경우에는 취소기간의 제한이 없다. 비친고죄의 고소는 수사의 단서에 불과하기 때문이다.[120]

② **이혼소송의 제기**

간통죄는 혼인이 해소되거나 이혼소송을 제기한 후에 고소할 수 있으며, 이 경우에 다시 혼인을 하거나 이혼소송을 취하한 때에는 고소는 취소된 것으로 인정된다. 반대로 이혼소송의 제기없이 고소를 한 다음에 혼인이 해소되거나 이혼소송이 제기된 경우에는 그 고소는 그때부터 장래에 향하여 효력이 발생한다.

③ **고소의 취소방법**

고소취소는 서면이나 구술로서 할 수 있으며 공소제기 전에는 수사기관에, 공소제기 후에는 수소법원에 제출해야 하며, 고소의 취소 역시 대리가 허용된다.

④ **고소취소의 효과**

고소를 취소한 자는 다시 고소하지 못한다. 고소를 취소한 때에는 불기소 처분 또는 공소기각의 판결을 하여야 한다.

9) 고소사건의 처리기간

「범죄수사규칙」 제48조에 의하면, 사법경찰관리는 고소사건을 수리한 날로부터 2개월 이내에 수사를 완료해야 하며, 완료하지 못할 경우 그 이유를 경찰서장에게 보고하고 검사의 지휘를 받아야 한다.[121]

10) 고소의 포기

고소의 포기란 친고죄의 경우에 고소기간 내에 고소권을 행사하지 않겠다는 고소권자의 의사표시적 소송행위를 말한다. 반의사불벌죄의 경우에 처음부터 불처벌의사를 표시하는 것도 동일한 성격을 가진다. 고소포기는 고소권자의 고소권 소멸, 고소인의 지위 상실과 같은 효과가 발생한다. 고소권포기의 효과는 원칙적으로 고소취소의 효과와 같다.[122]

---

120) 진계호, 앞의 책, pp. 22-223.
121) 범죄수사규칙 제48조, 경찰청훈령 526호, 2008.7.22.
122) 진계호, 앞의 책, pp. 224-225.

11) 고소의 반려(각하) 사유

① 수사진행이 불필요하다고 인정되는 사건

수리된 고소·고발장의 기재, 고소·고발인의 진술, 피고소·피고발인·참고인의 진술 등에 의하여 고소·고발할 수 없음이 명백하여 더 이상 수사를 진행할 필요가 없다고 인정되는 고소·고발 사건은 반려사유에 해당된다.[123]

ⓐ 고소·고발사건이 특정되지 아니하거나 범죄를 구성하지 아니할 경우, ⓑ 죄가 안됨이 명백한 사건, ⓒ 공소시효가 완성된 사건, ⓓ 동일한 사건에 관하여 확정판결이 있거나 공소가 제기되었음에도 고소·고발된 사건, ⓔ 반의사불벌죄의 경우 처벌을 희망하지 아니하는 의사표시가 있거나 처벌을 희망하는 의사표시가 철회되었음에도 고소·고발된 사건, ⓕ 피의자가 사망하였거나 피의자인 법인이 존재하지 아니하는 사건

② 내사종결된 사건

동일한 사안에 대하여 이미 검사의 불기소처분이 있었거나 혐의없음을 이유로 진정·내사종결되어 다시 수사할 가치가 없다고 인정되는 사건은 각하사유에 해당된다. 동일한 사안에 기본적 사실관계가 동일한 경우를 포함한다. 다만, 고소인 또는 고발인이 새로운 증거가 발견된 사실을 소명할 경우는 예외로 한다.

③ 법률위반 고소·고발사건

고소 또는 고발이 법률에 위반되어 이를 단서로 수사를 개시함이 법률에 위반되는 결과를 초래하는 경우로서 ⓐ 자기 또는 배우자의 직계존속에 대한 고소·고발한 경우, ⓑ 고소를 취소한 자가 다시 고소한 경우 등이 해당된다.

④ 고소권한이 없는 자에 의한 고소

친고죄의 경우에 피해자나 고소권자가 아닌 자가 고소한 경우가 해당된다.

⑤ 고소·고발인의 출석불응이나 소재불명시

고소장 또는 고발장만으로는 수사를 진행할 가치가 없다고 인정되는 경우로서, 수사기관은 주로 고소·고발인이 출석요구에 불응하거나 소재가 불명하여 진술을 청취할 수 없으면 각하처분한다. 이러한 경우에 피고소·고발인이나 참고인을 조사

---

123) 범죄수사규칙 제42조, 경찰청훈령 제526호, 2008.7.22.

하여도 실체적 진실을 규명할 수 없음이 명백해야 한다. 고소인 또는 고발인이 고소·고발사건에 대하여 1회 이상 진술을 하였다가 출석을 회피하거나 소재불명이 된 경우에도 각하사유에 해당함이 명백한 경우에 각하처분한다.

(2) 고발(denunciation)

1) 의 의

고발은 범인 및 고소권자 이외의 제3자가 범죄사실을 수사기관에 신고하여 범인의 소추를 구하는 의사표시이다. 고발도 고소와 같이 처벌을 희망하는 의사표시를 요소로 하므로 피해신고는 고발이 아니며, 고발시 고발인이 표시되어야 하므로 익명의 투서나 밀고는 고발이 아니다.

2) 특 징

고발은 일반적으로 수사개시의 단서에 불과한 것이나, 예외로 소송조건이 될 경우가 있다. 예외적 소송조건은 「관세법」, 「조세범처벌법」 또는 「출입국관리법」의 위반과 같이 공무원의 고발이 있을 때에는 친고죄의 고소와 같이 소송조건으로 된다.

고소는 언제나 권리로서 행사할 수 있고 의무적 성격이 없지만, 고발은 공무원의 경우에 의무적 성격 있다. 공무원은 직무를 행함에 범죄가 있다고 사료한 경우에는 고발의무가 있다. 그러나 직무와 무관한 범죄를 우연히 발견시 고발의무는 없다. 수사공무원은 직무상 인지한 범죄사실에 관하여 고발의 의무가 없다.

3) 고발권의 제한

자기 또는 배우자의 직계존속에 대한 고발은 허용되지 않는다.

4) 고발의 절차 및 처리

① 서면고발장 제출 경우 그 내용을 상세히 하기 위해 보충진술조서를 작성하고 서면에 의한 고발취소장을 제출한 경우 그 취소내용을 명확히 하기 위하여 진술조서를 작성해야 한다. ② 구두고발이 가능하고 접수시는 반드시 진술조서를 작성해야 한다. ③ 고발은 대리로 할 수 없다. ④ 고발은 친고죄의 경우에도 제한기간이 없다. 고소는 친고죄의 경우 제1심판결 선고 후에는 취소할 수 없으나 고발은 그러한 제

한이 없다. 그러나 고발의 경우에도 소송조건이 되어 있는 사건의 경우에는 고소의 제한 규정을 유추 적용함이 타당하다.

5) 고발에 대한 예외

「조세범처벌법」, 「관세법」, 「출입국관리법」, 「독점규제및공정에 관한 법률」, 「하도급거래공정화에 관한 법률」, 「표시・광고의공정에관한법률」, 「물가안정에관한법률」, 「전투경찰대설치법」 위반사범은 소속기관의 고발이 필요하다. 이 가운데 해당 행정기관이 통고처분을 할 수 있는 조세사범, 관세사범, 출입국관리사범의 경우에는 원칙적으로 통고처분절차를 거쳐야 하며, 도주의 염려・징역형 해당・무자력・주소나 거소의 불분명으로 통고처분이 곤란한 때 등 일정한 경우에는 즉시고발을 하게 되어 있다. 또한 범칙사건에 관하여 즉시 수사를 하지 아니하면 증거의 수집 기타 사후에 있어서의 수사가 현저히 곤란하게 될 우려가 있다고 인정될 때에는 아직 세무공무원 등의 고발이 없는 경우일지라도 수사하여 그 결과를 당해 공무원에게 통지하여야 한다.124)

6) 수사민원 상담제

① 경찰서장은 고소・고발관련 상담업무를 수행할 수 있을 정도의 경험 및 소양을 갖춘 퇴직경찰관을 수사민원 상담관으로 지정하여 민원실에 배치한다.

② 민원인의 동의를 전제로 하여 기소유예 이외의 불기소처분 사유에 해당됨이 명백하거나 관할이 없는 경우 또는 진정서로 접수함이 상당하다고 판단되는 경우 고소・고발장을 반려한다.

③ 고소・고발사실이 불명확하거나 불특정되어 있을 경우 고소・고발장 접수를 보류하고 보정요청을 한다.

④ 고소・고발사건으로 접수함이 상당하다고 판단되는 경우 고소・고발장을 접수한다.

⑤ 수사민원 상담활성화로 수사 신뢰도를 향상시킨다. 문맹, 노약자, 장애자 등 사회적 약자들을 대상으로 수사민원 후견인 역할을 수행하고, 고소고발장 검토 및 민사사안에 대한 민원의 민사소송 유도, 법률구조 관리공단과 협조하여

---

124) 범죄수사규칙 제52조, 경찰청훈령 제526호, 2008.7.22.

법률구조활동 전개, 지방변호사 협회와 협력하여 무료 법률상담 실시, 사건처리 절차 및 방향에 대한 친절한 상담으로 수사 신뢰도를 향상시킨다.

7) 고소 · 고발사건 이송 및 촉탁

① 정 의

이송이라 함은 한 경찰관서에서 수사중인 사건을 다른 경찰관서로 옮기는 수사주체의 변경을 말한다. 수사촉탁이란 사건 수사의 일부분에 대하여 다른 경찰관서에 수사를 의뢰하는 것을 말한다.[125]

② 책임수사관서의 원칙

발생한 사건의 범죄지, 피의자 주소 · 거소 또는 현재지 중 어느 한 개의 관할권이 있는 경찰관서는 접수한 사건을 이송하지 않고 수사촉탁 등 공조수사를 활용하여 수사 · 송치함을 원칙으로 한다.

③ 사건의 이송

경찰관서는 필요한 수사를 한 후 다음과 같은 사항에 해당하는 경우에는 사건의 관할권이 있는 경찰관서로 이송할 수 있다. 이송여부를 판단할 경우 사건의 신속 · 공정처리 및 민원인의 편의를 우선적으로 고려하여야 한다.

ⓐ 사건에 대해 일체의 관할권이 없는 경우, 다만, 사건 접수시 관할권이 있었으나 이후 관할권이 없어진 경우는 제외, ⓑ 타 경찰관서로부터 이송요청이 있고 이송의 필요성이 인정되는 경우, ⓒ 이송심의위원회의 이송결정이 있는 경우, ⓓ 기타 사건을 이송해야 할 상당한 사유가 있는 경우, 다만, 이 경우에는 이송심의위원회의 결정을 받아 이송함을 원칙으로 한다.

동일 법원의 관할 내 경찰관서 간에는 이송이 금지된다. 사건을 이송한 때에는 그 사실을 지체 없이 고소 · 고발인에게 통지하여야 한다.[126]

④ 수사의 촉탁

경찰관서는 범죄사건 수사를 하면서 다른 경찰관서에 소재하는 수사대상에 대하여 수사를 촉탁할 수 있다. 다만, 피의자 조사는 현장진출이 곤란한 경우에 한한다.

---

125) 고소 · 고발사건 이송 및 수사촉탁에 관한 규칙 제2조, 경찰청예규 352호, 2006.4.20.

126) 고소 · 고발사건 이송 및 수사촉탁에 관한 규칙 제5조 및 6조, 경찰청예규352호, 2006.4.20.

그러나 동일 지방경찰청 내 또는 경찰청장이 별도 지정한 경찰관서에서는 구치소, 교도소, 대용감방에 수용된 자에 대한 조사를 위하여 수사촉탁을 할 수 없다. 다만, 울릉경찰서는 예외로 한다.[127)]

⑤ 수사촉탁의 처리기한

수사촉탁처리기한은 ⓐ 피의자 조사 1개월, ⓑ 고소인, 고발인, 참고인 등 조사 15일, ⓒ 소재수사, 사건기록 사본 송부 10일로 한다. 처리기한내에 촉탁수사를 완료하지 못하는 경우에는 촉탁한 수사관과 협의하여 처리기한을 연장하고 수사보고를 하여야 한다.[128)]

(3) 자 수

1) 개 념

범인이 수사기관에 자발적으로 범죄사실을 신고하여 수사 및 소추를 구하는 의사표시를 자수라 한다.

2) 특 징

① 범죄사실을 신고하는 시기에는 제한이 없다. 범죄사실 이 발각된 후나 지명수배받은 후에 신고해도 체포전에 자발적으로 신고한 이상 자수에 해당한다.
② 자수의 신고수단이나 방법에는 법률상 특별한 제한이 없으므로 반드시 범인 자신이 신고하지 않고 타인을 시켜 자수할 수도 있으나 제3자에게 자수의사를 전달하여 달라고 한 것만으로는 자수라 할 수 없다.

3) 자수의 수리

범인이 자수하러 오면 수사기관은 자수인 진술조서를 작성해야 한다. 작성시 ㉠ 다른 진범인을 숨기기 위한 술책은 아닌가? ㉡ 자수를 가장하여 중대한 사건을 숨기기 위한 계략이 아닌가? ㉢ 공범관계를 진술할 때에는 고의로 타인을 개입시키는 것이 아닌가? 등에 유의해야 한다.

---

127) 고소・고발사건 이송 및 수사촉탁에 관한 규칙 제14조, 경찰청예규352호, 2006.4.20.
128) 고소・고발사건 이송 및 수사촉탁에 관한 규칙 제16조, 경찰청예규352호, 2006.4.20.

(4) 피해신고

1) 개 념

일반 시민이 경찰관에게 신고하는 살인, 강도, 절도현행범인 도주, 날치기 등은 수사의 단서가 된다. 물론 다른 모든 범죄피해신고 역시 수사의 단서가 된다. 그리고 천재지변, 도로붕괴, 인명구조요청 등 경찰관의 원조요청을 하는 사고신고도 있는데 이러한 경우에는 수사의 단서가 아니고 「경찰관직무집행법」 제5조에 의한 위험방지를 위한 조치를 취해야 한다.

2) 피해신고 처리요령

① 피해신고는 서면으로 제출하는 것이 원칙이나 대부분 112전화 등을 이용한 구술신고가 많다. 피해신고는 사건의 관할여부와 관계없이 즉시 접수해야 한다(범죄수사규칙 제29조 1항).

② 구술신고의 경우에는 신고자가 피해신고서를 작성해야 하며, 피해신고서에 그 내용을 충분히 기재하지 아니하였거나 기재할 수 없었을 때에는 수사기관은 진술조서를 작성하여 보충해야 한다.[129)]

(5) 익명의 신고

경찰은 익명의 신고가 있을 경우 출처를 확인하여 신고사실의 진위 여부를 확인해야 한다. 수사기관은 경솔하게 신고만으로 선량한 사람을 괴롭히거나 무기명이라고 경시하다 의외로 중대한 사건의 단서를 놓치는 일이 없도록 해야 한다.

익명의 신고는 대체로 진정, 탄원, 민원 등으로서 이들에 대해서는 '형사민원 접수처리부'에만 등재하여 별도로 기록을 유지한다.

---

129) 범죄수사규칙 제29조, 경찰청훈령제526호, 2008.7.22.

제5절 임의수사와 강제수사

1. 임의수사

(1) 의 의

임의수사는 강제력을 사용하지 않고 상대방의 동의나 승낙을 받아서 행하는 수사를 말한다. 수사기관은 그 목적을 달성하기 위하여 필요한 조사를 할 수 있다. 다만, 강제처분은 「형사소송법」에 특별한 규정이 있는 경우에 한하며, 필요한 최소한도의 범위 안에서만 하여야 한다. 따라서 강제수사는 예외적으로 법률의 규정이 있을 때에만 할 수 있으며 임의수사가 수사의 원칙이다.130)

「형사소송법」과 「범죄수사규칙」에 의하면, 피의자 또는 참고인 출석요구, 피의자신문, 감정·통역·번역의 위촉, 임의제출물의 압수, 실황조사, 공무소 등의 사실조회, 촉탁수사 등은 임의수사의 대상이다.

당사자의 승낙을 얻어 할 수 있는 것이라면 법률에 특별한 제한이 있는 경우를 제외하고 수사의 목적을 달성하기 위하여 수사기관의 재량으로 필요한 조치를 취할 수 있다(형사소송법 제199조 1항). 임의동행, 승낙유치, 승낙 검증, 거짓말탐지기 검사 등은 상대방의 승낙이 있으면 수사기관의 재량사항이다.

(2) 임의수사의 방법

1) 출석요구

수사기관은 수사에 필요한 때에는 피의자나 참고인의 출석을 요구하여 진술을 들을 수 있다(형소법 제202조 3항, 사법경찰관리집무규칙 제16조 1항). 통상 경찰관은 피의자 또는 참고인 등에 대하여 출석을 요구할 때에는 별지 서식의 출석요구서를 발부하여야 한다. 경찰관은 신속한 출석요구를 위하여 필요한 경우에는 전화, 모사전송, 전자우편, 문자메시지전송 그 밖에 상당한 방법으로 출석요구를 할 수 있다.131) 출석요구를 한 때에는 반드시 출석요구통지부에 등재하여 그 근거를 남겨야 한다.132)

---

130) 진계호, 앞의 책, p. 235. 범죄수사규칙 제6조, 경찰청훈령 제526호, 2008.7.22.
131) 범죄수사규칙 제54조, 경찰청훈령 제526호, 2008.7.22.

2) 피의자 신문

① 피의자 신문과 신문조서 작성

수사기관은 출석요구에 의해 출석한 피의자에 대해서는 진술을 들을 수 있고, 입건된 피의자에 대해서는 반드시 피의자 신문을 하고 신문조서를 작성해야 한다.

② 진술거부권 고지

수사기관은 피의자 신문 전에 미리 진술거부권을 고지해야 하며, 고지를 하지 않으면 증거능력을 상실한다. 고지의 내용은 ⓐ 일체의 진술을 하지 아니하거나 개개의 질문에 대하여 진술을 하지 아니할 수 있다는 것, ⓑ 진술을 하지 않더라도 불이익을 받지 아니한다는 것, ⓒ 진술을 거부할 권리를 포기하고 행한 진술은 법정에서 유죄의 증거로 사용될 수 있다는 것, ⓓ 신문을 받을 때에는 변호인을 참여하게 하는 등 변호인의 조력을 받을 수 있다는 것 등이다.[133]

경찰관은 진술거부권 등을 알려준 때에는 피의자가 진술을 거부할 권리와 변호인의 조력을 받을 권리를 행사할 것인지의 여부를 질문하고, 이에 대한 피의자의 답변을 조서에 기재하여야 한다. 이 경우 피의자의 답변은 피의자로 하여금 자필로 기재하게 하거나 경찰관이 답변을 기재한 부분에 기명날인 또는 서명하게 하여야 한다. 진술거부권고지는 조사를 상당기간 중단하였다가 다시 개시할 경우 또는 담당 경찰관이 교체된 경우에도 다시 하여야 한다.

③ 변호인 참여와 권한

수사기관은 피의자 또는 그 변호인, 법정대리인, 배우자, 직계친족, 형제자매의 신청에 따라 변호인을 접견하게 하거나 정당한 사유가 없는 한 피의자에 대한 신문에 참여하게 해야 한다. 피의자가 선임한 변호인에게 신문일시를 통보하여야 하며, 경찰관은 변호인의 참여신청을 받은 경우에는 변호인과 신문일시를 협의하고 변호인이 참여할 수 있도록 상당한 시간을 주어야 한다. 다만, 변호인이 상당한 시간 내에 출석하지 않거나 변호인 사정으로 출석하지 않는 경우에는 변호인의 참여없이 피의자를 신문할 수 있다.

---

132) 범죄수사규칙 제55조, 경찰청훈령 제526호, 2008.7.22.
133) 범죄수사규칙 제57조, 경찰청훈령 제526호, 2008.7.22.

변호인 참여 신청이 신문방해, 수사기밀 누설 등 수사에 현저한 지장을 초래할 우려가 있다고 인정되는 경우에는 참여를 제한할 수 있다. 변호인의 참여를 제한할 수 있는 경우는 구체적으로 ⓐ 사법경찰관의 승인 없이 부당하게 신문에 개입하거나 모욕적인 언동을 행하는 경우, ⓑ 피의자를 대신하여 답변하거나 특정한 답변 또는 진술번복을 유도하는 경우, ⓒ 부당하게 이의를 제기하는 경우, ⓓ 피의자 신문내용을 촬영, 녹음, 기록하는 경우, 다만, 기록의 경우 피의자에 대한 법적 조언을 위해 변호인이 기억환기용으로 간략히 메모를 하는 것은 제외된다.[134]

④ 변호인의 진술권과 서명

신문에 참여하고자 하는 변호인이 2인 이상인 때에는 피의자가 신문에 참여할 변호인 1인을 지정할 수 있다. 지정이 없는 경우에는 검사 또는 사법경찰관이 이를 직접 지정할 수 있다. 신문에 참여한 변호인은 신문후 의견을 진술할 수 있다. 다만, 신문 중이라도 부당한 신문방법에 대하여 이의를 제기할 수 있고, 검사 또는 사법경찰관의 승인을 얻어 의견을 진술할 수 있다. 변호인의 의견이 기재된 피의자신문조서는 변호인에게 열람하게 한 후 변호인으로 하여금 그 조서에 기명날인 또는 서명하게 해야 한다. 검사 또는 사법경찰관은 변호인의 신문참여 및 그 제한에 관한 사항을 피의자 신문조서에 기재해야 한다.[135]

⑤ 피의자 및 피해자 신뢰관계자 동석

피의자의 직계친족, 형제자매, 배우자, 가족, 동거인, 보호시설 또는 교육시설의 보호 또는 교육담당자 등 피의자의 심리적 안정과 원활한 의사소통에 도움을 줄 수 있는 자는 피의자 신문과정에 동석할 수 있다. 이때에 사법경찰관은 동석신청서 및 피의자와의 관계를 소명할 수 있는 자료를 제출받아 기록에 편철하여야 한다. 다만, 신청서 작성을 위한 시간적 여유가 없거나 조사의 긴급성, 동석의 필요성 등이 현저한 경우에는 예외적으로 동석조사 이후에 자료를 제출받아 기록에 편철할 수 있다.

경찰관은 신청이 없더라도 동석의 필요성이 있다고 인정되는 때에 있어서는 피의자와의 신뢰관계 유무를 확인한 후 직권으로 신뢰관계자를 동석하게 할 수 있다. 다

134) 범죄수사규칙 제59조, 경찰청훈령 제526호, 2008.7.22.

135) 형사소송법 제243조의 2조(변호인 참여 등), 2007.6.2 신설. 범죄수사규칙 제59조, 경찰청훈령 제526호, 2008.7.22.

만, 이러한 취지를 수사보고서나 조서에 기재하여야 한다. 그러나 사법경찰관은 동석자가 수사기밀 누설이나 신문방해 등 수사에 부당한 지장을 초래할 우려가 있다고 인정할만한 상당한 이유가 존재하는 때에는 동석을 거부할 수 있으며, 동석자가 그러한 방해를 하는 경우에는 신문 도중에 동석을 중지시킬 수 있다.[136]

한편, 피해자와 신뢰관계에 있는 자, 즉 피해자의 직계친족, 형제자매, 배우자, 가족, 동거인, 보호시설 또는 교육시설의 보호 또는 교육담당자 등 피해자의 심리적 안정과 원활한 의사소통에 도움을 줄 수 있는 자는 동석할 수 있다. 이 경우 동석의 절차는 피의자와 동일하다.[137]

⑥ 영상녹화

경찰관은 피의자 또는 피의자 아닌 자의 조서를 작성하는 때에는 그 조사과정을 영상녹화 할 수 있다. 이 경우 미리 영상녹화사실을 알려주어야 하며, 조사 개시부터 종료 시까지의 전 과정 및 객관적 정황을 영상녹화 해야 한다. 조사의 객관적 정황확보를 위해 필요한 경우에는 진술자가 조사실에 입실하는 순간부터 영상녹화를 할 수 있다.

경찰관은 피의자 진술을 녹화하는 경우에 다음 사항을 고지하여야 한다. ⓐ 조사실 내의 대화는 영상녹화가 되고 있다는 것, ⓑ 영상녹화를 시작하는 시각 및 장소, ⓒ 조사 및 참여 사법경찰관리 성명과 직급, ⓓ 진술거부권 및 변호인의 도움을 받을 권리, ⓔ 조사를 중단, 재개하는 경우 중단이유와 중단 시각, 중단 후 재개하는 시각, ⓕ 조사 종료 및 영상녹화를 마치는 시각, 장소 등을 고지해야 한다.

피의자 아닌 자의 진술녹화 시에는 조사실 내의 대화가 영상녹화 되고 있다는 사실을 고지하고 서면동의서를 제출받아야 하며 진술거부권과 변호인의 도움을 받을 권리를 고지하는 사항을 제외하고는 피의자 영상녹화 사항이 준용된다.

영상녹화가 완료된 때에는 2부의 영상녹화물을 작성하고 영상녹화물 표면에 사건번호, 죄명, 진술자 성명 등 사건정보를 기재하여야 한다. 영상녹화물 중 1부는 원본으로서 진술자 또는 변호인 앞에서 지체 없이 봉인하고 진술자로 하여금 기명날인 또는 서명하게 하여야 하며 나머지 1부는 부본으로서 수사기록에 편철한다.[138]

---

136) 범죄수사규칙 제61조, 경찰청훈령 제526호, 2008.7.22.
137) 범죄수사규칙 제62조, 경찰청훈령 제526호, 2008.7.22.
138) 범죄수사규칙 제73, 74, 75, 76, 78조, 경찰청훈령 제526호, 2008.7.22.

사법경찰관은 원본을 봉인할 때에 진술자의 기명날인 또는 서명을 받을 수 없는 경우에는 기명날인 또는 서명 란에 그 취지를 기재하고 직접 기명날인 또는 서명한다. 경찰관은 원본을 봉인하기 전에 진술자 또는 변호인의 요구가 있을 때에는 영상녹화물을 재생하여 시청하게 해야 한다. 이 경우 그 내용에 대해 이의를 진술한 때에는 그 취지를 사건기록에 첨부해야 한다.[139]

⑧ 신문조서 열람과 서명

신문조서 작성 후 피의자가 신문조서를 열람하게 하거나 읽어주어야 한다. 피의자가 증감이나 변경을 요구할 경우 이를 조서에 추가로 기재해야 하고, 이 경우 피의자가 이의를 제기하였던 부분은 읽을 수 있도록 남겨두어야 한다. 피의자가 조서에 대해 이의나 의견이 없음을 진술한 때에는 피의자로 하여금 그 취지를 자필로 기재하게 하고 조서에 간인한 후 기명날인 또는 서명하게 한다.[140] 조서작성 장소와 일시를 기록하고, 사법경찰관리가 서명한다.

3) 참고인 조사

① 경찰은 수사에 필요한 때에는 피의자 아닌 제3자(피의자 외의 피해자를 포함한 모든 사람)의 출석을 요구하여 진술을 들을 수 있으며, 이 경우 동의를 얻어 영상녹화 할 수 있다.[141] 이 피의자 아닌 제3자를 참고인이라 한다.

② 참고인은 출석의무나 진술의무가 없고 강제소환이나 신문당하지 않는다. 참고인에 대해서는 참고인 진술조서를 작성하며, 진술거부권을 고지할 필요가 없다.

③ 수사기관의 피해자 조사시 신뢰관계자의 동석이 허용된다. 법원은 피해자가 13세 미만이거나 신체적 또는 정신적 장애로 사물을 변별하거나 의사를 결정할 능력이 미약한 경우에 재판에 지장을 초래할 우려가 있는 등 부득이한 경우가 아닌 한 피해자와 신뢰관계에 있는 자를 동석하게 하여야 한다.[142] 이 규정을 수사기관이 피해자를 조사하는 때에도 준용하도록 하였다.

④ 16세 미만이거나 심신미약자인 경우 피해자의 진술내용과정에 대한 영상녹화

---

139) 형사소송법 제24조의 2, 2007.6.2. 신설. 범죄수사규칙 제79조, 경찰청훈령 제526호, 2008.7.22.
140) 형사소송법 제244조, 2007.6.2 개정.
141) 형사소송법 제21조 제1항, 2007.6.2. 개정.
142) 형사소송법 제163조의 2, 2007.6.2 신설.

를 의무화하고 피해자나 동석한 신뢰관계자가 그 성립의 진정함을 인정하는 경우 영상녹화 진술을 증거로 사용할 수 있으며, 피해자나 법정대리인의 신청이 있는 경우 영상녹화 시 작성한 조서의 사본을 교부해야 한다.[143]

4) 감정 · 통역 · 번역 위촉

① 감 정

경찰은 수사를 위해 필요한 때에는 사체해부, 지문, 필적, 총기 기타의 감별 등 전문적 지식을 요하는 감정을 국립과학수사연구소 기타의 감정기관이나 적당한 학식과 경험이 있는 자에게 경찰관서장의 지휘를 받아 위촉할 수 있다.[144]

사법경찰관이 감정을 의뢰하거나 위촉하는 경우에 감정을 위해 타인의 주거, 간수자 있는 가옥, 건조물, 항공기, 선박, 기차 및 자동차에 들어가야 하거나 신체의 검사, 사체의 해부, 분묘의 발굴, 물건의 파괴를 필요로 할 때에는 감정처분허가신청서를 검사에게 제출하여 관할 법원 판사의 감정처분허가장을 받아 감정인에게 교부하여야 한다.[145]

경찰은 감정을 위촉하는 경우에는 감정인에게 감정의 일시, 장소, 경과와 결과를 관계자가 용이하게 이해할 수 있도록 간단명료하게 기재한 감정서를 제출하도록 요구하여야 한다. 또한 감정인이 여러 사람일 경우에는 공동의 감정서를 제출하도록 요구할 수 있다.[146] 또한 수사기관은 감정인을 대상으로 감정서 설명을 위한 감정인 신문을 할 수 있다.[147]

② 통 역

외국인 피의자 신문시 통역을 통해 피의자 신문조서를 작성해야 한다. 통역에 대해서는 별도로 참고인 진술조서를 작성하되, 그 내용은 통역인에 대한 사항, 통역할 수 있는지, 전에 통역경험여부, 또는 피의자가 진술한 대로 통역하겠다는 등의 요지의 진술이 포함되어야 한다. 피의자신문조서와 참고인 진술조서 말미에 진술자와 통역인이 공동으로 서명해야 한다. 농·아자도 통역에 의해 진술할 수 있다.

---

143) 성폭력범죄의 처벌 및 피해자보호 등에 관한 법률 제21조의 3. 법률 제9110호, 2008.6.13.
144) 범죄수사규칙 제167조, 경찰청훈령 제526호, 2008.7.22.
145) 범죄수사규칙 제167조4항, 경찰청훈령제526호, 2008.7.22.
146) 범죄수사규칙 제168조, 경찰청훈령제526호, 2008.7.22
147) 형사소송법 제171조, 2007.6.2

5) 임의제출물의 압수

임의제출물의 소유자, 소지자, 또는 보관자 등이 임의로 제출한 물건은 영장없이 압수할 수 있다. 이 때 제출자로 하여금 임의제출서를 제출하게 하고 이는 영장에 의한 압수와 동일한 효과가 있으며, 반드시 압수조서와 압수목록을 작성해야 한다. 제출한 물건을 압수한 경우에 그 소유자가 그 물건의 소유권을 포기한다는 의사표시를 하였을 때에는 임의제출서에 그 취지를 기재하거나 소유권 포기서를 제출하게 하여야 한다.[148] 단, 피의자 신문조서와 진술조서에 압수취지를 기재하면 압수조서의 작성에 갈음할 수 있다. 압수목록은 수사기록에 편철하고 피압수자에게도 교부해야 한다.

6) 실황조사

수사기관이 강제력을 사용하지 않고 범죄현장 기타의 장소·물건·신체 등의 존재상태를 오감의 작용으로 실험·경험·인식한 사실을 명확히 하는 것을 실황조사라 하고, 그 결과를 기재한 서류가 실황조사서이다. 실황조사는 거주자, 관리자 기타 관계자 등의 참여를 얻어서 실시해야 하며 그 결과를 실황조사서에 기록해야 한다.[149] 피의자 등이 참여를 거부할 경우에 임의수사의 성격상 실황조사는 불가하다. 수사실무상 검증과 다를 바가 없으나 다만 강제력이 없는 것이 특징이다.

실황조사서에는 객관적으로 기재하여야 하며 피의자·피해자 기타 관계자에 대하여 설명을 요구하였을 경우에도 그 지시·설명의 범위를 넘어서 기재하는 일이 없도록 주의해야 한다. 피의자·피해자 기타 관계자의 지시·설명의 범위를 넘어서 그 진술을 실황조사서에 기재할 필요가 있는 경우에는 미리 피의자에 대하여 진술을 거부할 수 있음을 알리고 또한 그 점을 조서에 명백히 해 두어야 한다.[150] 경찰관은 피의자의 진술에 의하여 흉기, 장물 그 밖의 증거자료를 발견하였을 경우에 증명력 확보를 위하여 필요한 때에는 실황조사를 하여 그 발견의 상황을 실황조사서에 기록해 두어야 한다.[151]

---

148) 범죄수사규칙 제123조, 경찰청훈령 제526호, 2008.7.22.
149) 범죄수사규칙 제136조, 경찰청훈령 제526호, 2008.7.22.
150) 범죄수사규칙 제136조, 경찰청훈령 제526호, 2008.7.22.
151) 범죄수사규칙 제137조, 경찰청훈령 제526호, 2008.7.22.

7) 사실조회

수사기관은 수사상 필요시 공무소 기타 공사단체에 필요한 특정사항을 조회하여 회답을 요구할 수 있다.[152] 범죄경력조회, 전과조회, 신원조회 등을 의뢰받은 기관이나 단체는 회답의무가 있으나 경찰관은 그 이행을 강제할 수 없고, 조회사항이 법령에 비밀로 되어 있을 경우에는 그 사유를 제시하여 거부할 수 있다.

8) 촉탁수사

촉탁수사란 타 수사기관(타서 사법경찰관리)에 일정한 사실의 수사를 의뢰하는 것으로 일종의 공조수사이다. 촉탁사항에는 제한이 없으나 수사의 성질상 직접 수사하여야 할 필요가 있을 경우에는 출장수사를 하여야 한다. 특히 피의자 조사는 현장진출이 곤란한 경우에 한한다.[153]

2. 강제수사

(1) 의 의

강제수사란 상대방의 의사와 관계없이 직접 물리적인 힘을 가하여 수사목적을 달성하는 수사방법으로서 해당 법령에 특별한 규정이 있을 경우에만 허용되며 영장주의를 원칙으로 한다. 「헌법」 제12조 3항에 의하면, 구속 · 체포 · 압수 및 수색 등 강제수사는 긴급체포나 현행범인의 체포 등 사후영장을 청구하는 경우를 제외하고는 반드시 법관이 발부한 영장에 의해 이루어져야 한다고 규정하고 있다.

(2) 체포영장에 의한 체포

1) 요 건

수사기관은 죄를 범하였다고 의심할만한 상당한 이유가 있고 정당한 이유없이 출석요구에 불응 또는 불응할 우려 있는 경우 법원으로부터 체포영장을 발부받아 피의자를 체포할 수 있다. 다만, 50만원 이하의 벌금, 구류 또는 과료에 해당하는 사건에 관하여는 일정한 주거가 없는 경우 또는 정당한 이유없이 출석요구에 불응한

---

152) 형사소송법 제199조 2항, 2007.6.2.
153) 고소 · 고발사건 이송 및 수사촉탁에 관한 규칙 제14조, 경찰청예규 352호, 2006.4.20.

경우에만 체포영장에 의한 체포를 할 수 있다.[154]

2) 체포영장 청구서 기재사항

수사기관은 체포영장을 청구시에 피의자 성명, 주민번호, 직업, 주거 등 피의자를 특정할 수 있는 사실, 변호인이 있는 경우 성명, 죄명 및 범죄사실의 요지, 7일을 넘는 유효기간을 필요로 하는 때에는 그 취지 및 사유, 인치 구금할 장소, 체포의 사유 등을 영장청구서에 기재해야 한다.

3) 체포영장 청구시 첨부할 소류

① 소명자료에 의하여 입증되는 객관적 · 합리적 혐의 입증 서류

고소장, 고소인 보충진술서, 참고인 진술조서, 신고서, 피해신고인의 진술서, 인지보고서, 수사보고서, 범죄경력 조회서, 고발장, 관계기관 공무원등 진술서, 범죄관련 각 증거물에 대한 압수조서 및 목록 등 제시해야 한다.

② 출석요구에 불응하였다는 사실의 소명에 필요한 서류

출석불응의 우려가 있는 경우에는 수배서, 출국예정과 관련된 수사보고서, 출석요구서 사본, 출석요구 통지서 사본, 소재수사결과보고서, 전화 출석요구 수사보고서, 피의자의 신분, 경력, 교우, 가정환경에 관한 수사보고서, 범죄경력조회, 공범자의 진술조서 등을 첨부한다.

4) 집행절차

검사의 지휘에 의해 사법경찰관리가 집행한다. 체포영장 집행시 반드시 이를 제시하는 것이 원칙이며, 사본은 안 되고 반드시 정본이어야 한다. 체포영장을 소지하고 있지 않은 경우에 급속을 요할 때에는 피의자에게 범죄사실요지와 체포영장 발부사실을 고지하고 집행할 수 있으며, 집행완료 후 피의자에게 신속히 체포영장을 제시해야 한다.[155] 미란다원칙을 고지하고 확인서를 받아 수사기록부에 편철해야 한다. 체포영장에 의하여 피의자를 체포한 경우에는 체포 · 구속영장원부에 영장번호, 피의자 죄명, 영장유효기간, 처리상황 등을 기재하여야 한다.

---

154) 형사소송법 제202조의 2, 2007.6.1

155) 형사소송법 제85조, 2007.6.1.

5) 범죄경력조회

사법경찰관은 피의자를 체포 · 구속한 때에는 지문채취, 사진촬영 등 감식자료를 작성하고 범죄경력 조회(수사자료 포함), 여죄조회, 지명수배 · 통보 유무조회 등 수사와 관련된 경찰시스템의 조회를 하여야 한다.[156]

6) 체포통지

사법경찰관리는 체포 · 구속후 24시간 이내에 서면으로 피의자의 변호인에게, 변호인이 없는 경우에는 법정대리인, 배우자 또는 직계친족과 형제자매에게 서면으로 체포사실을 통지해야 한다. 위에 규정한 자가 없어 통지서를 받을 사람이 없을 경우 그 취지를 기재한 서면을 사건기록에 편철해야 한다. 24시간 이내에 서면으로 통지를 할 수 없는 경우에는 일단 전화, 모사전송기 그 밖에 상당한 방법으로 체포통지를 하고 이어 다시 서면으로 통지해야 한다.

이러한 체포통지서는 체포영장에 의한 체포, 긴급체포, 현행범인 체포, 구속영장에 의한 구속 등 모두에 해당된다. 체포통지서에는 피의자 인적 사항, 체포일시 및 장소 및 구금장소, 변호인 선임권, 체포 · 구속의 적부심사청구권, 범죄사실 및 체포의 이유 등이 기재되며, 체포통지서 사본은 사건기록에 편철해야 한다.[157]

7) 사후절차

① 구속영장의 청구

사법경찰관은 체포영장 또는 현행범인으로 체포한 때로부터 48시간 이내에 구속영장을 신청하되 검사의 영장청구 시한을 고려해야 한다.[158] 이 48시간은 검사의 청구제한시간이고, 실무상 48시간 이내에 법원에 영장 청구가 가능하도록 사법경찰관은 검사에게 36시간 이내에 구속영장을 신청하도록 되어 있다(대검예규기획 제346호, 체포구속업무처리지침). 영장이 기각되거나 구속영장 청구를 않을시 검사의 지휘를 받아 즉시 석방해야 한다.

---

156) 범죄수사규칙 제102조, 경찰청훈령 제526호, 2008.7.22.

157) 범죄수사규칙 제97조, 경찰청훈령 제526호, 2008.7.22

158) 범죄수사규칙 제85조, 경찰청훈령 제526호, 2008.7.22

② 체포적부심사의 청구

피의자는 체포적부심사를 청구할 수 있다. 사법경찰관은 체포·구속 적부심사 심문기일과 장소를 통보받은 경우에는 수사관계서류와 증거물에 대한 검사를 거쳐 법원에 제출하고 심문기일까지 피의자를 법원에 출석시켜야 한다. 법원이 석방결정을 한 경우에는 검사의 지휘를 받아 피의자를 즉시 석방하고, 보증금 납입을 조건으로 석방결정을 한 경우에는 보증금 납입증명서를 제출받은 후 검사의 지휘를 받아 석방하여야 한다.[159] 체포적부심사에 의해 석방된 피의자는 도망하거나 죄증인멸의 경우를 제외하고는 동일한 범죄사실로 재체포·구속되지 않는다.[160]

(2) 긴급체포

1) 사 유

긴급체포란 수사기관이 현행범인이 아닌 피의자를 체포영장없이 체포하는 것을 말한다. 사법경찰관은 피의자가 사형·무기 또는 장기 3년 이상의 징역이나 금고에 해당하는 죄를 범하였다고 의심할만한 상당한 사유가 있고 ① 피의자가 증거를 인멸할 염려가 있는 때, ② 도망하거나 도망할 우려가 있을 경우에 긴급을 요하여 판사의 체포영장을 받을 수 없을 때에는 그 사유를 알리고 영장없이 체포할 수 있다(형소법 제200조3의 1항, 범죄수사규칙 제81조).

긴급을 요한다고 함은 피의자를 우연히 발견한 경우 등과 같이 체포영장을 받을 시간적 여유가 없는 때를 말하며, 피의자의 연령, 경력, 범죄성향이나 범죄의 경중, 태양, 기타 제반사항을 고려하여 인권침해가 없도록 해야 한다. 체포시에 반드시 미란다원칙을 고지하고 확인서를 받아 수사기록에 첨부해야 한다.

2) 긴급체포서 작성

사법경찰관이 긴급체포를 하였을 때에는 즉시 체포한 일시·장소, 범죄사실 및 긴급체포한 사유, 체포자의 관직·성명 등을 기재한 긴급체포서를 작성하고 긴급체포원부에 등재하여야 한다. 구속영장 청구에 대비하여 수배조회서, 피해자(신고자, 목격자)등 진술서, 112신고처리부, 증거물, 긴급체포 확인서, 고소·고발인, 고소·

---

159) 범죄수사규칙 제99조, 경찰청훈령 제526호, 2008.7.22.
160) 형사소송법 제214조의 3, 2007.6.1.

고발장, 관계인 진술서, 피의자의 증거인멸의 염려 및 도망 또는 도망의 염려가 농후하다는 점을 부각하는 수사보고서 등을 구속영장 청구기록에 첨부한다. 아울러 긴급체포원부에 사건번호, 피의자 인적사항, 죄명, 긴급체포서 작성연월일, 체포일시와 장소, 체포자의 직위와 성명, 인치 구금한 일시 및 장소 등을 기재한다.

3) 긴급체포승인 건의

사법경찰관은 긴급체포 후 12시간 이내에 긴급체포한 사유와 체포를 계속하여야 할 사유 등을 기재한 긴급체포승인건의서를 작성하여 검찰에 긴급체포 승인을 건의해야 한다. 다만, 급속을 요하는 경우에는 모사전송기로 긴급체포승인 건의를 할 수 있다. 만일 기소중지된 피의자를 당해 수사관서가 위치하는 특별시, 광역시, 도 이외의 지역에서 긴급체포한 때에는 24시간이내에 승인을 건의한다.[161] 만약 승인을 받지 못하면 즉시 피의자를 석방해야 한다. 이후 절차는 체포영장에 의한 체포와 동일하다.

5) 체포 적부심 청구와 재체포의 제한

피의자는 체포적부 심사를 청구할 수 있고, 적부심사에 의해 석방되거나 긴급체포 후 구속영장을 청구하지 않거나 발부받지 못해 석방된 자는 영장없이는 동일한 범죄로 다시 긴급체포하지 못한다(형사소송법 제200조의4 제3항).[162] 따라서 동일한 범죄사실에 관하여 새로운 증거자료를 발견하거나 피의자가 도망 또는 증거를 인멸한 경우에도 긴급체포할 수는 없으나 판사가 발부한 체포영장을 가지고 동일한 범죄사실에 관하여 피의자를 다시 체포할 수 있다.

6) 긴급체포와 영장청구기간

사법경찰관리는 피의자를 체포한 때로부터 48시간 이내에 구속영장을 청구하여야 하며, 영장청구시 범죄인지보고서, 긴급체포서, 피해신고서 기타 필요한 자료를 첨부해야 한다. 이 경우 구속영장을 청구하지 아니하거나 발부받지 못한 때에는 검사의 지휘를 받아 피의자를 즉시 석방해야 한다. 긴급체포후 석방된 자 또는 그 변호

---

161) 범죄수사규칙 제81조, 경찰청훈령 제526호, 2008.7.22

162) 형사소송법 제 200조의 4, 2007.6.1.

인·법정대리인·배우자·직계친족·형제자매는 체포통지서 및 관련서류를 열람하거나 복사할 수 있다.[163] 그리고 사법경찰관은 긴급체포한 피의자에 대하여 구속영장을 신청하지 아니하고 석방한 경우에는 즉시 소속 경찰관서장과 검사에게 보고해야 한다.[164]

(3) 현행범인의 체포

1) 고유한 의미의 현행범인

범죄를 실행중이거나 실행직후인 자를 현행범인이라고 한다. 범죄를 실행중인 현행범은 범죄의 실행에 착수하여 아직 범죄종료에 이르지 아니한 경우를 의미하므로 엄격하게 말하면 미수가 처벌되는 범죄에 한정된다. 따라서 미수범의 처벌 규정이 있는 범죄는 현행범의 체포대상이 되고 미수처벌규정이 없는 범죄는 기수에 이르기 전에 체포 불가능하다.

실행직후란 범죄의 실행행위를 종료한 직후를 말하는 것으로서 결과발생의 유무와 관계가 없으며 실행행위를 전부 종료하였을 것도 요하지 않는다. 실행직후는 행위를 종료한 순간 또는 시간적 근접성뿐만 아니라 장소적 근접성도 포함하는 개념이다. 실행종료 후 30분 이상의 시간이 경과했다든지 실행 후 다른 장소로 상당히 이동한 상태는 실행직후로 보기는 어렵다. 또한 범행 후의 경과, 범인의 거동, 휴대품, 범죄의 태양과 결과, 범죄의 경중 등을 고려하여 합리적으로 판단한다.

2) 준 현행범인

① 범인으로 호창되어 추적되고 있는 자, ② 장물이나 범죄에 사용되었다고 인정함에 충분한 흉기 기타의 물건 소지자, ③ 누구냐는 물음에 도망하려는 자, ④ 신체 또는 의복류에 현저한 증적이 있는 자 등은 현행범인으로 간주한다.[165] 단, 50만원 이하의 벌금, 구류 또는 과료에 해당하는 범죄자는 주거부정일 때에 한하여 현행범인으로 체포할 수 있다. 이러한 제한은 현행범인과 준현행범인 모두에 적용된다.

---

163) 범죄수사규칙 제81조7항, 경찰청훈령 제526호, 2008.7.22.

164) 형사소송법 제200조의 4, 2007.6.2 신설.

165) 형사소송법제211조, 2007.6.1.

3) 절 차

현행범인에 대해서는 누구든지 영장없이 체포가능하다.

① **경찰관 체포시**

미란다 원칙고지(범죄사실, 체포이유와 변호인 선임권, 변명의 기회 등) – 현행범인 체포서 작성 – 현행범인 체포원부 기재 – 체포통지 – 구속영장 신청 또는 석방의 절차에 의해 이루어져야 하며, 현행범 체포시 경찰관은 불심검문과는 달리 소속, 계급, 성명을 고지해야 할 의무가 없다. 미란다원칙 고지는 확인서를 받아 수사서류에 첨부해야 한다. 경찰관이 다른 경찰관서의 관할구역 내에서 현행범인을 체포하였을 때에는 체포지를 관할하는 경찰관서에 인도하는 것을 원칙으로 한다.

② **사인의 체포시**

사법경찰관리가 사인이 체포한 현행범인을 인도받았을 때에는 체포자로부터 성명, 주민등록번호, 주거, 직업, 체포일시 및 장소, 체포의 사유를 청취하여 현행범인 인수서를 작성하여야 한다.[166] 또한 그 내용을 현행범인 체포원부에 기재하여야 한다.

③ **사후절차**

현행범인을 체포한 경우 조사 후 계속 구금할 필요가 없다고 인정할 때에는 소속 경찰서장의 지휘를 받아 즉시 석방해야 한다.[167] 수사기관은 48시간이내에 구속영장을 신청하여야 하며 영장을 신청하지 아니 하거나 영장을 발부받지 못한 경우에는 피의자를 즉시 석방해야 한다.[168] 이 경우 지체 없이 피의자석방보고서를 작성하여 현행범인체포서 또는 현행범인인수서 사본을 첨부한 후 석방사실을 검사에게 보고하고, 석방사유와 일시를 기재한 서류를 사건기록에 편철해야 한다. 현행범을 체포한 경찰관의 진술은 목격자 진술과 같은 증거능력이 있다.

---

166) 범죄수사규칙 제82조 제2항, 경찰청훈령 제526호, 2008.7.22.
167) 범죄수사규칙제 제83조 제1항, 경찰청훈령 제526호, 2008.7.22.
168) 범죄수사규칙 제85조, 경찰청훈령 제526호, 2008.7.22.

(4) 구 속

1) 개 념

구속은 구속영장에 의해 체포 후에 계속되거나 또는 단독으로 행해지는 비교적 장기간의 신체구속을 말하는 것으로서 피의자 또는 피고인의 신체자유를 장기간에 걸쳐 제한하는 대인적 강제처분이다.

구속에는 피고인 또는 피의자를 법원 또는 기타의 장소에 인치하는 구인과 교도소 또는 구치소와 유치장 등에 대한 구금을 포함한다. 구속은 확정판결 이전에 신체를 구금한다는 점에서 미결구금을 뜻하므로 구류와 구별된다(형법 제41조). 피의자의 구속은 구속영장에 의하고. 체포되지 않은 피의자를 법관이 심문하고자 할 때에는 구인영장의 발부에 의한다. 구속은 영장주의의 예외가 인정되지 않으며 어떠한 경우에도 영장에 의해 구속이 이루어져야 한다.

2) 사 유

수사기관은 피의자 또는 피고인이 죄를 범하였다고 의심할만한 상당한 이유가 있고, ① 일정한 주거가 없는 때, ② 증거를 인멸할 염려가 있는 때, ③ 도망하거나 도망의 염려가 있는 경우에 구속영장을 신청할 수 있다. 다만, 50만원 이하의 벌금, 구류 또는 과료에 해당하는 사건에 대해서는 주거불명인 경우(형소법 제201조 제1항)에만 구속영장을 신청할 수 있다.169)

사법경찰관은 구속여부를 판단할 때에는 ① 범죄의 중대성, ② 재범의 위험성, ③ 피해자 및 중요참고인 등에 대한 위해우려, ④ 피의자의 연령, ⑤ 건강상태 그 밖의 제반사항 등을 고려하여야 한다(범죄수사규칙 제85조 제2항).

3) 첨부서류

수사기관은 체포한 피의자를 구속하기 위하여 구속영장을 신청하는 경우에 체포영장, 긴급체포서, 현행범인 체포서 또는 현행범인 인수서를 구속영장청구기록에 첨부해야 한다.170) 구속영장 청구는 체포영장 청구때 보다 더 구체적인 증거를 제출해야 한다. 또한 체포되지 않은 피의자를 구속하기 위하여 사전구속영장을 신청할 수 있다.

169) 형사소송법제70조, 2007.6.1. 범죄수사규칙 제85조 제1항, 경찰청훈령 제526호, 2008.7.22.
170) 범죄수사규칙 제85조 제3항, 경찰청훈령 제526호, 2008.7.22.

4) 구속영장의 집행

구속영장은 사법경찰관리가 집행한다. 집행 시에 피의자 또는 피고인에게 이른바 미란다원칙을 고지해야 한다. 「형사소송법」 제72조 및 「범죄수사규칙」 제98조에 규정된 미란다원칙, 즉 범죄사실의 요지, 구속이유와 변호인선임권, 그리고 변명의 기회를 고지하고 확인서를 받아 수사서류에 첨부한다. 확인서 서명을 거부할 경우 그 확인서 말미에 그 사유를 기재하고 서명 · 날인해야 한다.

경찰관은 다수의 피의자를 동시에 체포 · 구속할 때에는 각각의 피의자 별로 피의사실, 증거방법, 체포 · 구속시의 상황, 인상, 체격 그 밖의 특징 등을 명확히 구분하여 체포 · 구속, 압수 · 수색 · 검증 그 밖의 처분에 관한 서류의 작성, 조사, 입증에 지장이 생기지 않도록 하여야 한다.171)

사법경찰관은 피의자를 체포 · 구속할 때에는 피의자의 건강상태를 조사하고 체포 · 구속으로 인하여 현저하게 건강을 해할 염려가 있다고 안정할 때에는 그 사유를 검사에게 보고해야 한다. 피의자가 도주나 자살 또는 폭행 등을 할 염려가 있을 때에는 수갑이나 포승을 사용하여야 한다.172)

5) 구인의 효과

법원은 구인장에 의해 구인한 피고인을 법원에 인치한 경우에 구금할 필요가 없다고 인정한 때에는 24시간 이내에 석방해야 한다. 법원은 또한 인치받은 피고인을 유치할 필요가 있는 때에는 교도소, 구치소 또는 경찰서 유치장에 유치할 수 있으며 유치기간은 인치한 때로부터 24시간을 초과할 수 없다(형사소송법 제71조의2).

6) 구속의 통지

사법경찰관이 피의자를 체포 · 구속한 때에는 변호인이 있는 경우에는 변호인에게, 변호인이 없는 경우에는 ① 피의자의 법정대리인, ② 배우자, ③ 직계친족과 형제자매 중에 피의자가 지정한 자에게 체포 · 구속한 때로부터 24시간 이내에 서면, 전화 또는 모사전송기 그 밖에 상당한 방법으로 체포 · 구속의 통지를 하여야 한다. 다만, 체포 · 구속통지 대상이 없어 통지를 하지 못하는 경우에는 그 취지를 기재한

---

171) 범죄수사규칙 제95조 제2항, 경찰청훈령 제526호, 2008.7.22.

172) 범죄수사규칙 제95조 제3항 및 4항, 경찰청훈령 제526호, 2008.7.22.

서면을 사건기록에 편철하여야 한다.[173] 체포·구속의 통지는 현행범 체포, 긴급체포, 체포영장에 의한 체포, 구속영장에 의한 구속 모두에 적용된다.

7) 미집행시의 조치

구속영장의 집행이 필요없게 되었거나 집행불능으로 인하여 집행하지 아니한 때에는 사법경찰관리는 검사의 지휘를 받아 영장반환보고서에 영장을 첨부하여 검사에게 반환하고 사건기록에는 반환보고서 및 영장사본을 편철하여야 한다(사법경찰관리 집무규칙 제25조).[174]

8) 구속기간 연장

사법경찰관의 피의자 구속기간은 10일로서 연장이 불가하고 피의자를 검사에게 송치해야 한다. 검사의 구속기간은 10일이지만 상당한 이유가 있을시 판사의 허가를 받아 1차에 한하여 10일 연장 가능하다.[175]

9) 재구속 제한

구속되었다가 석방된 자는 다른 중요한 증거를 발견한 경우를 제외하고는 동일 범죄사실로 다시 구속하지 못한다(형사소송법 제208조 제1항).[176]

(5) 판사의 구속 전 피의자심문

1) 의 의

영장주의가 법관의 사법적 판단에 의해 구속을 규제하는 제도적 기능을 다하기 위해 구속영장을 발부하기 전에 피의자를 판사가 직접 심문하여 억울하게 구속되는 사람이 없도록 하기위한 제도이다.

2) 필요적 구속 전 피의자심문

체포된 피의자에 대하여 구속영장을 청구받은 판사는 지체없이 피의자를 심문하

173) 범죄수사규칙 제97조, 경찰청훈령 제526호, 2008.7.22.
174) 범죄수사규칙 제87조, 경찰청훈령 제526호, 2008.7.22.
175) 형사소송법 제203조 및 205조, 2007.6.1.
176) 형사소송법 제208조, 2007.6.1.

여야 하며, 특별한 사정이 없는 한 영장이 청구된 날의 익일까지 심문해야 한다. 다만, 사전 구속영장이 청구된 때에는 구속 전 피의자심문 시한의 제한은 없으며 피의자가 도망하는 등 심문이 불가능한 경우에는 예외적으로 심문을 생략할 수 있다.[177]

3) 구속 전 피의자 심문 신청 고지

사법경찰관은 구속영장을 신청하는 경우에 피의자에게 사전 고지하고, 변호인이나 변호인이 없는 경우에는 피의자가 지정한 자에게 판사의 심문을 신청할 수 있음을 서면, 구두, 전화, 전보, 모사전송 기타 이에 상당한 방법으로 통지하여야 한다. 심문을 신청할 수 있음을 통지한 때에는 그 사본을 기록에 편철하고, 전화나 전보 등의 방법으로 통지하였거나 통지대상이 없거나 증거인멸 또는 공범의 도망염려 등으로 그 통지가 부적절하여 통지를 하지 아니한 경우에는 그 취지를 기재한 서면을 기록에 편철하여야 한다.

사법경찰관은 피의자, 변호인 등의 구속 전 심문신청 여부를 피의자 신문조서에 기재하여야 한다. 그러나 피의자 신문조서에 심문신청여부를 기재할 수 없는 특별한 사정이 있는 경우에는 신문신청여부에 대한 피의자의 의사를 표시한 확인서를 사건기록에 편철함으로써 피의자 신문조서에의 기재를 갈음할 수 있다.[178] 피의자가 확인서에 서명날인을 거부하는 경우에는 사법경찰관이 확인서 끝 부분에 그 사유를 기재하고 서명 · 날인하여야 한다. 사법경찰관은 피의자 외의 자가 판사의 피의자 심문신청을 한 때에는 신청인으로부터 심문신청서등 심문신청의 의사가 기재된 서면 및 피의자와의 관계를 소명할 수 있는 자료를 제출받아 기록에 편철하여야 한다. 또한 사법경찰관은 피의자심문 결정에 따라 심문기일과 장소를 통지받은 때에는 지정된 기일과 장소에 체포된 피의자를 출석시켜야 한다.[179]

4) 심문조서 작성

피의자 심문은 피의자, 검사 그리고 변호인이 참석하여 상세한 질의답변형태로 이루어지며 향후 정식 공판절차에 증거자료로 제공되므로 법원은 공판조서에 준하

177) 형사소송법 제201조의2, 2007.6.1.
178) 형사소송법 제201조의2 제3항 2007.6.1.
179) 범죄수사규칙 제86조, 경찰청훈령 제526호, 2008.7.22.

는 심문조서를 작성해야 한다.

조서작성의 일반 원칙에 따라 조서 기재내용의 정확성 여부를 진술자에게 확인하고 조서에 간인하여 기명날인 또는 서명을 받아야 하며, 검사, 피의자 또는 변호인이 조서 내용의 정확성에 관하여 이의를 제기한 때에는 그 진술의 요지를 기재하고 법관, 법원 사무관 등이 조서에 기명날인 또는 서명해야 한다. 또한 검사, 피의자, 변호인은 심문과정의 속기, 녹음, 영상녹화를 신청할 수 있으며 사후 속기록, 녹음물, 영상녹화물 사본을 신청할 수 있다.[180]

(6) 체포 · 구속적부심사

1) 요 건

체포영장과 구속영장에 의하여 체포·구속된 피의자는 물론 영장에 의한 체포이외의 체포에 대해서도 적부심사를 청구할 수 있다. 「형사소송법」은 적부심사 청구대상에서 영장요건을 삭제하여 긴급체포나 현행범 체포에 대해서도 적부심사를 허용하고 있다.

2) 청구절차

체포 또는 구속된 피의자 또는 그 변호인, 법정대리인, 배우자, 직계친족, 형제자매나 가족, 동거인 또는 고용주는 관할법원에 체포 또는 구속의 적부심사를 청구할 수 있다.[181] 피의자 이외의 신청권자는 피의자가 명시한 의사에 반하여 심사를 신청할 수 있다. 그러나 피고인은 체포·구속적부심사를 청구할 수 없다.

3) 심사 청구권 고지

피의자를 체포·구속한 수사기관은 체포 또는 구속된 피의자와 피의자가 지정하는 자에게 적부심사를 청구할 수 있음을 알려야 한다.[182] 사법경찰관은 피의자에게 심사청구권을 고지하여 신청여부를 확인하여 피의자 신문조서에 기재하거나 확인서를 받아 사건기록에 편철한다.

---

180) 형사소송법 제201조의2, 2007.6.1.
181) 형사소송법 제214조의2 제1항, 2007.6.1.
182) 형사소송법 제214조의2 제2항, 2007.6.1.

4) 청구의 결정

법원은 청구서가 접수된 때부터 48시간 이내에 체포 또는 구속된 피의자를 심문하고 수사관계서류와 증거물을 조사하고 그 청구가 이유 없다고 인정한 때에는 결정으로 이를 기각하고 이유 있다고 인정한 때에는 결정으로 체포 또는 구속된 피의자의 석방을 명하여야 한다. 심사청구 후 피의자에 대하여 공소제기가 있는 경우에도 또한 마찬가지다.[183]

그러나 다음에 해당할 경우 심문없이 법원은 청구를 기각할 수 있다. ① 청구권자 아닌 자가 청구하거나 동일한 체포영장 또는 구속영장의 발부에 대하여 재청구한 때, ② 공범 또는 공동피의자의 순차청구가 수사방해의 목적임이 명백한 때

5) 재 체포 및 재구속의 제한

체포・구속적부심사 결정에 의하여 석방된 피의자는 도망하거나 죄증을 인멸하는 경우를 제외하고는 동일한 범죄사실에 관하여 재차 체포 또는 구속하지 못한다.

보증금납입 조건부로 석방된 피의자는 다음과 같은 사유에 해당되지 않으면 동일한 범죄사실에 관하여 재 체포・구속되지 않는다. ① 도망한 때, ② 도망하거나 죄증을 인멸할 염려가 있다고 믿을만한 충분한 이유가 있는 때, ③ 출석요구를 받고 정당한 이유 없이 출석하지 아니한 때, ④ 주거의 제한 기타 법원이 정한 조건을 위반한 때 등이다.[184] 그러나 검사 또는 사법경찰관과는 달리 법원은 재 구속 제한규정의 적용을 받지 않으며, 재구속의 제한은 재구속이 제한될 뿐이고 재 구속 되었다고 해서 공소제기가 무효로 되는 것은 아니다.

(7) 압수・수색

1) 의 의

압수・수색은 증거물이나 몰수물의 수집과 보전을 목적으로 하는 대물적 강제처분이다. 압수는 증거물 또는 몰수할 것으로 사료되는 물건의 점유를 취득하는 강제처분이고 수색은 증거물 또는 몰수할 물건을 발견하기 위해 사람의 신체・물건 또는 주거 기타 장소에 강제력을 행사하는 강제처분이다(형사소송법 제219조). 압수・수색

183) 형사소송법 제214조의2 제4항, 2007.6.1.

184) 형사소송법 제214조의3 제1항, 2007.6.1.

은 서로 별개의 처분이지만 실무상 함께 행해지고 압수·수색 영장이라는 단일의 영장을 사용한다(형사소송법 제215조).

압수에는 압류·영치·제출명령이 포함되며, 압류는 물건의 점유취득과정 자체에 강제력이 가해지는 강제처분이며, 유류물과 임의제출물을 점유하는 영치와 일정한 물건의 제출을 명하는 처분인 제출명령은 임의제출방법에 의해 이루어지므로 강제처분에 해당하지 않는다.

2) 압수 · 수색의 요건

① 영장주의 원칙

경찰관은 증거물 또는 몰수할 것으로 판단되는 물건을 압수하거나 타인의 주거, 간수자가 있는 가옥, 건조물, 선차 내에 들어가 수색을 할 때에는 영장을 발부받아야 한다(범죄수사규칙, 제108조).[185] 사법경찰관은 압수·수색영장을 신청할 때에는 수사에 필요한 충분한 범위를 정해야 하고, 수색할 장소·신체 또는 물건, 압수할 물건 등을 명백히 하여야 한다(범죄수사규칙, 제110조). 또한 피의자의 신원, 죄명, 압수수색 사유, 영장의 유효기간 등을 기재한 신청서를 제출해야 한다.

② 강제처분의 필요성과 범죄의 혐의

압수·수색은 그 필요성과 아울러 강제처분에 의하여 해야 될 필요성이 있어야 한다. 또한 범죄혐의는 구속의 경우에 요구되는 정도에 이를 것을 요하지는 않지만, 단순히 범죄를 범하였다고 인정되는 정도이면 충분하다. 압수·수색은 범죄사실의 규명과 피의자 구속 등을 위한 객관적인 증거를 수집하기 위한 강제처분이라는 점에서 구속단계와는 차이가 난다.

③ 소명자료 첨부

사법경찰관은 압수·수색영장을 신청할 때에는 피의자신문조서, 진술조서, 수사보고서 그 밖에 해당 처분의 필요성을 서명할 수 있는 자료를 첨부하여야 한다. 또한 사법경찰관은 피의자 아닌 자의 신체, 물건, 주거 그 밖의 장소에 대하여 압수·수색영장을 신청할 때에는 압수할 물건이 있음을 인정할 수 있는 상황을 소명할 자료를 첨부하여야 한다(범죄수사규칙 제111조).[186]

185) 범죄수사규칙 제108조, 경찰청훈령 제526호, 2008.7.22.

3) 압수 · 수색의 절차

① 영장제시

압수·수색영장을 집행하는 사법경찰관은 영장없이 압수·수색을 하는 경우를 제외하고는 반드시 당해 처분을 받은 자에게 집행 전에 영장을 제시해야 하며, 당해 처분을 받은 자에게 영장을 제시할 수 없을 경우에는 참여인에게 이를 제시해야 한다(범죄수사규칙 제113조).

② 피의자 기타 관계자 참여

수사상 특히 필요한 경우에 피의자 등을 참여하게 해야 한다(범죄수사규칙 제148조). 검사, 피의자 또는 변호인은 압수·수색영장의 집행에 참여할 수 있다. 타인의 주거·간수자 있는 가옥·건조물이나 항공기 또는 선차 안에서의 압수·수색은 주거자나 간수자 또는 이에 준하는 자를 참여시켜야 하고 경찰관의 참여만으로는 수색할 수 없다. 규정된 자를 참여시키지 못할 때에는 이웃사람 또는 시·도 또는 시·군·구 소속 공무원을 참여하게 하여야 한다(범죄수사규칙 제115조).

③ 제3자의 참여

공무소 내부 또는 타인의 주거·간수자 있는 가옥·건조물이나 항공기 또는 선박이나 차량 내 이외의 장소에서의 압수·수색은 되도록 제3자의 참여를 얻어서 해야 한다. 이 경우에 제3자의 참여를 얻지 못할 때에는 다른 경찰관을 참여시켜야 한다(범죄수사규칙 제116조).

④ 참여자 이외의 자에 대한 퇴거조치

압수·수색 집행 중에는 피의자나 참여인 또는 따로 허가를 받은 자 이외의 자는 그 장소에서 퇴거하게 하고, 출입을 금지시킬 수 있고 이에 위반하는 자에게는 퇴거를 명하거나 간수자를 붙여 수색을 방해하지 않도록 하여야 한다(범죄수사규칙 제 117조).

⑤ 건조물이나 기구 및 서류 훼손 금지

사법경찰관리는 시정을 열거나 개봉 기타 필요한 처분을 할 수 있으나 부득이한 사유가 있는 경우이외에는 건조물이나 기구 등을 파괴하거나 서류 기타의 물건을 흩어지

186) 범죄수사규칙 제111조, 경찰청훈령 제526호, 2008.7.22.

지 않게 하여야 하고, 이를 종료하였을 때에는 원상회복하여야 한다(범죄수사규칙 제126조).

⑥ 일시중지 경우 장소 폐쇄 또는 간수자 배치

경찰관은 압수 · 수색에 착수한 후 일시 중지하는 경우에는 그 장소를 폐쇄하거나 간수자를 두어서 사후의 압수 · 수색을 계속하는 데에 지장이 없도록 하여야 한다(범죄수사규칙 제118조). 이러한 상황은 압수 · 수색영장에 야간수색 기재가 없는 경우에 일몰 후에는 수색을 중지하고 영장 재청구 조치를 해야 되는 때에 발생한다.

4) 압수 · 수색 요령과 현장조치사항

사법경찰관리는 사전에 압수 · 수색장소를 정확하게 파악하여 가능한 한 약도를 작성하여 준비한다. 또한 압수 · 수색의 목적물은 실시자 전원이 알 수 있도록 해야 하고 실시인원은 여유 있게 확보해야 한다.

현장에는 우선 건물 주변 출입구에 출입통제요원을 배치하고, 참여인 등의 거동에 주의하여 증거품의 발견 또는 증거인멸 방지에 힘을 써야 한다. 압수물에 대해서는 그 수, 금액, 날짜 등에 대하여 참여인에게 확인시킨 다음에 압수한다. 가능한 한 약도를 작성하여 압수물이 소재한 장소를 기입하여 두고, 증거능력의 확보를 위해 물건 압수시 참여인을 포함시켜 사진촬영을 해 둔다.

5) 압수 · 수색후의 조치

① 수색증명서 발급

압수물이 없을 경우 압수물이 없다는 취지의 수색증명서를 피의자나 참여인 등에게 발급해야 한다(범죄수사규칙 제121조).[187]

② 압수조서 작성과 압수증명서 교부

경찰관은 증거물 또는 몰수할 물건을 압수하였을 때에는 서식에 따라 압수조서와 압수목록을 작성하고 소유자, 소지자, 보관자, 기타 이에 준할 자에게 압수증명서를 교부하여야 한다. 압수조서에는 압수경위, 압수목록에는 물건의 특징을 각각 구체적으로 기재하여야 한다. 다만, 피의자 신문조서, 진술조서, 검증조서, 실황조사서에 압수의 취지 및 경위를 기재하여 압수조서에 갈음할 수 있다. 또한 소유자가 압수물

187) 범죄수사규칙 제121조, 경찰청훈령 제526호, 2008.7.22.

에 대한 소유권 포기의사를 표명할 경우에는 소유권 포기각서를 제출받아 압수조서에 첨부한다(범죄수사규칙 제119조).[188] 그러나 소유권을 포기한 물건도 법관 또는 수사기관은 환부결정을 해야 한다. 압수·수색영장은 집행일시와 집행자의 이름을 적어 수사기록에 첨부한다.

6) 압수수색의 제한

① 우체물의 제한

우체국 등 체신관서에서 소지 또는 보관하고 있는 우체물 또는 전신에 관한 것으로서 피고인이 발송한 것이나 피고인에 대하여 발송된 것 외에는 피고사건과 관련이 있다고 인정되는 것에 한하여 압수 가능하다(형사소송법 제107조).

② 공무상 비밀의 제한

공무원 또는 공무원이었던 자가 소지 또는 보관하는 물건에 관하여 본인 또는 그 당해 공무소가 직무상 비밀이라고 신고시 그 소속 공무소 또는 해당 감독 관공서의 승낙이 있어야 압수 가능하다. 다만, 비밀의 압수에 의해서 국가의 중대한 이익을 해하는 경우를 제외하고는 승낙을 거부하지 못한다(형사소송법 제108조).

③ 업무상 비밀의 제한

변호사, 변리사, 공증인, 공인회계사, 세무사, 대서업자, 의사, 한의사, 약사, 약종상, 조산사, 간호사, 종교에 직위에 있는 자 또는 이러한 직에 있던 자가 업무상 위탁을 받아 소지 또는 보관하는 물건으로 타인의 비밀에 관한 것은 수사기관의 압수를 거부할 수 있다. 다만 그 타인의 승낙 또는 중대한 공익상 필요가 있을 경우에 예외적으로 압수가능하다(형사소송법 제112조).

④ 군사상 비밀의 제한

압수수색의 대상이 군사상의 비밀에 해당할 경우에는 책임자의 승낙이 필요하다. 다만 비밀의 압수로 인해 국가의 중대한 이익을 해하는 경우를 제외하고는 승낙을 거부 할 수 없다(형사소송법 제110조).

---

188) 범죄수사규칙 제119조, 경찰청훈령 제526호, 2008.7.22.

⑤ 공무소 등의 제한

공무소, 군사용 항공기 또는 선차 내에서 압수·수색할 경우 책임자에게 참여할 것을 통지해야 압수수색이 가능하다(형사소송법 제111조).

⑥ 야간집행의 제한

일출전이나 일몰 후 야간집행을 위해서는 영장에 별도의 기재가 필요하다. 예외적으로 도박 기타 풍속을 해하는 행위에 사용된다고 인정되는 장소나 여관, 음식점 기타 공중이 출입하는 장소는 공개된 시간 내에 한하여 허용된다.

7) 압수수색영장에 의하지 아니한 압수수색

① 체포·구속현장에서의 압수수색

「형사소송법」 제200조의2 및 제200조의3, 제201조 또는 212조의 규정에 따라 피의자를 영장에 의한 체포, 긴급체포 또는 현행범인 체포 또는 구속하는 경우에 필요한 때에는 영장없이 다음 처분을 할 수 있다. ⓐ 타인의 주거나 타인이 간수하는 가옥, 건조물, 항공기, 선차 내에서의 피의자 수색, ⓑ 체포현장에서의 압수·수색

② 주거주나 간수자 참여 및 야간집행 제한의 예외

수사기관은 체포·구속현장에서의 압수수색의 경우에 주거주나 간수자의 참여없이 압수·수색·검증을 할 수 있고, 「형사소송법」 제220조의 요급규정에 의하면, 급속을 요하는 때에는 주거지 등 수색시 참여인이나 책임자의 참여 규정에 의한 제한과 야간집행 제한 규정의 적용을 받지 아니한다.

③ 범행 중 또는 범행직후의 범죄현장에서의 압수수색

「형사소송법」 제216조 제3항의 이 규정은 현행범 체포 현장에서의 압수·수색규정과 잘 구분이 되지 않는다. 이 규정에 의하면, 사법경찰관리는 현장에서 긴급을 요하여 법관의 영장을 발급받을 수 없을 때 영장 없이 압수·수색·검증을 할 수 있다. 이 경우 피의자가 현장에 있거나 체포되었을 것을 요건으로 하지 않는다. 그러나 사후에 지체없이 압수·수색영장을 발부받아야 한다.

④ 영장집행, 긴급체포 또는 현행범 체포상황에서의 추적

구속영장 또는 체포영장 집행, 긴급체포, 그리고 형행범체포 상황에서 피의자를

추적하여 건물 내에 따라 들어가 수색할 수 있다. 그러나 사인의 현행범 체포시 타인의 주거를 수색할 수 없다. 피의자의 주거 외 제3자의 주거도 수색대상에 포함된다. 이때 피의자 존재의 개연성이 필요하다. 사후 별도의 압수수색 영장은 필요치 않다. 수색은 반드시 체포 전에 이루어져야 하며, 체포의 성공여부는 문제되지 않는다. 또한 수색과 체포의 시간적 근접성도 문제되지 않는다.

⑤ 긴급체포할 수 있는 자로부터 압수수색

긴급체포에 의해 체포된 피의자가 소유, 소지, 보관하고 있는 물건에 대하여 긴급히 압수할 필요가 있는 경우에는 긴급체포한 때부터 24시간 이내에 한하여 영장없이 압수 · 수색할 수 있다(범죄수사규칙 제124조 제3항).[189)]

⑥ 체포 · 구속현장에서 압수한 물건 계속 압수시

체포 · 구속현장에서 압수한 물건을 계속 압수할 필요가 있는 경우 지체없이 압수 · 수색영장을 신청하여야 한다. 이 경우 압수 · 수색영장의 신청은 체포한 때부터 48시간 이내에 하여야 한다. 신청한 압수 · 수색영장을 발부받지 못한 때에는 압수한 물건을 즉시 반환하여야 한다(범죄수사규칙 제124조 제4항 및 5항).[190)]

8) 압수물 처리

① 자청보관

압수물은 실제로 압수한 수사기관에서 보관하는 것이 원칙이다. 경찰관은 압수물을 보관할 때에는 사건명, 피의자 성명 및 압수목록의 순위번호를 기재한 표찰을 붙여 견고한 상자 또는 보관에 적합한 창고 등에 보관하여야 한다. 현금, 귀금속 등 중요금품은 임치금품과 같이 물품출납 공무원으로 하여금 보관하게 하여야 한다(범죄수사규칙 제127조 제1항 및 2항).

② 위탁보관

압수물은 자청보관이 원칙이지만 운반 또는 보관에 불편한 압수물은 위탁 보관시킬 수 있다. 위탁보관은 검사의 지휘를 받아 간수자를 두거나 소유자 또는 적당한

---

189) 범죄수사규칙 제124조 제3항, 경찰청훈령 제526호, 2008.7.22.

190) 범죄수사규칙 제124조 제4항 및 5항, 경찰청훈령 제526호, 2008.7.22.

자의 승낙을 얻어 보관하게 할 수 있다. 이때 경찰관은 압수물건 보관증을 받아야 한다(범죄수사규칙 제127조 제3항 및 4항).

③ **폐기처분**

경찰관은 위험발생의 염려가 있는 압수물에 대해서는 검사의 지휘를 받아 폐기조서를 작성하고 사진 촬영을 하여 조서에 첨부한 후 폐기처분할 수 있다. 법령상 생산, 제조, 소지, 소유 또는 유통이 금지된 압수물로서 부패의 염려가 있거나 보관하기 어려운 압수물은 소유자 등 권한 있는 자의 동의를 받은 후 검사의 지휘를 받아 폐기할 수 있다.[191)]

④ **대가보관**

경찰관은 몰수하여야 할 압수물로서 멸실, 파손, 부패 또는 현저한 가치 감소의 염려가 있거나 보관하기 어려운 압수물은 검사의 지휘를 받아 매각하여 대가를 보관할 수 있다. 또한 환부하여야 할 압수물 중 환부를 받을 자가 누구인지 알 수 없거나 그 소재가 불명한 경우로서 그 압수물의 멸실, 파손, 부패 또는 현저한 가치감소의 염려가 있거나 보관하기 어려운 압수물은 검사의 지휘를 받아 매각하여 대가를 보관할 수 있다.[192)]

몰수하여야 할 물건이 아닌 이상 멸실, 부패의 염려가 있어도 환가처분이 허용되지 않으며, 몰수대상인 압수물이 동시에 증거물인 때에도 환가처분할 수 있다. 환가처분할 때는 검사, 피해자, 피고인 또는 변호인에게 미리 통지하여야 한다.[193)]

⑤ **환 부**

ⓐ 개 념

압수물의 환부란 압수의 필요가 없게 된 경우에 압수의 효력을 소멸시키고 압수물을 종국적으로 소유자 또는 제출인에게 반환하는 법원 또는 수사기관의 처분이다. 압수물의 환부는 압수를 종국적으로 실효시키는 점에서 압수의 효력이 존속하는 가운데 일시적으로 압수물을 반환하는 데 불과한 가환부와 구별되고 압수물의 환부는

---

191) 형사소송법 제130조 제3항, 신설 2007.6.1. 범죄수사규칙 제128조, 경찰청훈령 제526호, 2008.7.22.
192) 형사소송법 제132조 2009.6.9 개정, 범죄수사규칙 제129조, 경찰청훈령 제526호, 2008.7.22
193) 형사소송법 제135조, 2009.6.9.

피압수자에 대한 반환을 원칙으로 한다는 점에서 피해자에 대해 장물을 반환하는 피해자환부와 구별된다.[194)]

ⓑ 절 차

경찰관은 압수물에 관하여 그 소유자, 소지자, 보관자 또는 제출인으로부터 환부 또는 가환부의 청구가 있거나 압수장물에 관하여 피해자로부터 환부의 청구가 있을 때에는 지체 없이 검사의 지휘를 받아야 한다(범죄수사규칙 제131조). 그러나 환부는 법원 또는 수사기관의 결정에 의한다. 소유자 등의 청구를 요하지 않으며 피압수자가 소유권을 포기한 경우에도 법원 또는 수사기관은 환부결정을 해야 한다.[195)]

ⓒ 필요적 환부

압수물의 환부대상에는 현행범체포나 긴급체포시 물건을 압수했으나 사후에 구속영장을 발부받지 못한 경우의 압수물은 즉시 환부해야 하고, 증거물이 아니거나 몰수대상이 아닌 물건 등 압수를 계속할 필요가 없다고 인정되는 경우 피의사건 종결 전이라도 결정으로 환부해야 한다.[196)] 이를 필요적 환부라 한다.

ⓒ 효 력

환부는 압수의 효력을 해제할 뿐이며 환부를 받은 자에게 실체법상의 권리를 부여하거나 확정하는 효력까지 가지는 것은 아니다. 따라서 이해관계인은 민사소송절차에 의해 그 권리를 주장할 수 있다. 압수장물은 피해자에게 환부할 명백한 이유가 있을 때에는 결정으로 환부할 수 있다.

⑥ 가환부

ⓐ 개 념

가환부란 압수의 효력을 지키면서 압수물을 소유자, 소지자 또는 보관자 등에게 잠정적으로 돌려주는 제도이다. 가환부의 대상은 증거에 사용할 압수물에 제한된다. 그러나 몰수의 대상이 되는 압수물은 환부나 가환부 모두 불가하다.[197)]

194) 진계호, 앞의 책, p. 322.
195) 앞의 책, pp. 322-323.
196) 앞의 책, p. 323.
197) 앞의 책, p. 324.

ⓑ 절 차

가환부는 소유자, 소지자, 보관자 또는 제출인의 청구에 의해 법원 또는 수사기관이 결정으로 처리한다. 그러나 소유권을 포기한 자는 가환부를 청구할 수 없다. 경찰관은 압수물을 가환부할 때 검사의 지휘를 받아야 하며, 법원 또는 수사기관이 가환부의 결정을 할 경우에는 미리 이해관계인에게 통지해야 한다. 따라서 피의자나 피고인에게 의견을 진술할 기회를 박탈한 채 가환부 결정을 하는 것은 위법이다.[198] 증거에 사용될 목적으로 압수한 물건으로서 그 소유자 또는 소지자가 계속 사용하여야 할 물건은 사진촬영 기타 원형보존의 조치를 취하고 신속히 가환부해야 한다.

ⓒ 효 력

가환부는 압수의 효력 자체를 잃는 것이 아니며, 가환부를 받은 자는 압수물에 대한 보관의무를 지게 되고 이를 임의로 처분하지 못하고 법원 또는 수사기관의 요구가 있는 때에는 이를 제출해야 한다. 가환부한 장물에 대해 별단의 선고가 없는 때에는 환부선고가 있는 것으로 간주한다.[199]

(8) 수사상 감정유치

1) 개 념

감정유치는 임의수사의 방법인 감정위촉이 있을 경우에 피의자의 정신 또는 신체에 관한 감정이 필요한 때에는 법원이 감정유치장을 발부하여 피의자를 병원 기타 적당한 장소에 유치하는 처분으로서 피의자의 신체적 자유를 직접 침해하는 강제수사의 방법이다. 감정유치의 목적은 감정을 위한 것이란 점에서 피고인의 도주나 증거인멸의 방지를 위해 행하는 구속과는 구별된다. 그러나 감정유치는 피고인을 일정기간·일정장소에 수용하여 신체자유를 제한한다는 점에서 인신구속과 같은 효과가 있다. 따라서 감정유치는 보석에 관한 규정을 제외하고는 구속에 관한 규정이 준용되며, 감정유치는 미결구금일수의 산입에 있어서는 구속으로 간주한다.[200]

---

198) 앞의 책, p. 324.
199) 앞의 책, p. 324.
200) 앞의 책, p. 502.

2) 청구권자

감정유치장의 청구권자는 검사이므로 사법경찰관은 검사에게 보고하여 법원에 감정유치장을 청구하도록 해야 한다.

3) 집 행

감정유치장은 검사의 지휘에 의해 피의자의 주거지 또는 현재지를 관할하는 경찰서장이 집행한다. 감정유치장의 집행은 구속영장의 집행에 준하므로 구속피고인에게 감정유치장을 발부한 때에는 구금의 경우에 준하여 미리 범죄사실의 요지와 변호인선임권을 알려주고 변명의 기회를 부여하여야 한다. 감정유치장의 집행방법 및 감정유치의 통지는 구속영장의 집행에 준한다.[201)]

① 간수명령

감정유치시 필요한 때에는 법원은 직권 또는 피고인을 수용할 병원 기타 장소의 관리자의 신청에 의하여 사법경찰관리에게 피고인의 간수를 명할 수 있다.[202)]

② 접견교통권의 제한

감정유치에는 구속에 관한 규정이 준용되므로 감정유치기간 중 피고인의 접견교통권과 그 제한은 구속의 경우와 마찬가지로 행하여진다. 그러나 변호인이나 변호인이 되려는 자는 제한 없이 감정유치된 피고인을 접견교통할 수 있다.[203)]

③ 감정유치의 변경

법원은 필요한 때에는 유치기간을 연장하거나 단축할 수 있다. 감정유치기간의 연장이나 단축 또는 유치장소의 변경 등은 결정으로 한다.

4) 해 제

법원은 감정의 완료 또는 유치기간의 만료시에 감정유치를 해제하여야 한다.

---

201) 앞의 책, p. 502.
202) 앞의 책, p. 502.
203) 앞의 책, p. 502.

5) 감정유치(鑑定留置)기간과 구속기간

이미 구속되어 있는 피의자에 대하여 감정유치장이 집행되면 유치기간 동안은 구속이 집행정지된 것으로 간주되어 구속기간이 진행되지 않으며, 감정유치가 취소되거나 유치기간이 만료된 때에는 구속집행정지가 취소된 것으로 간주되어 구속기간이 다시 진행된다. 결국 구속피고인에 대하여 감정유치기간이 구속기간에 산입되지 않으므로 감정유치는 구속연장과 같은 결과를 발생시킨다.[204)]

---

204) 앞의 책, p. 503.

제 2 편

범죄수사기법

■ 제4장 초동수사
■ 제5장 탐문수사
■ 제6장 감수사
■ 제7장 수법수사
■ 제8장 유류품 수사
■ 제9장 장물수사
■ 제10장 알리바이 수사
■ 제11장 공조 및 수배수사
■ 제12장 감시수사
■ 제13장 체 포

Criminal Investigation

제4장

초동수사

제1절 초동수사의 본질

1. 의 의

초동수사(preliminary investigation)는 수사기관이 범죄를 인지하는 방법에 관계없이 범죄를 인지하는 그 순간에 개시되며, 경찰이 범죄현장에 출동하는 것으로 시작된다.[1] 따라서 발생한 범죄사건에 대해 수사기관이 최초로 개시하는 수사이다.

초동수사(preliminary investigation)는 전체수사의 첫 단계로서 사건 발생 초기에 범죄현장에 신속하게 출동하여 현장이나 그 주변에서 범인을 체포하고 현장보존과 현장 관찰을 통하여 증거와 기타 수사자료를 확보하고 현장 주변에서 목격자를 발견하여 범죄사실의 진실을 규명하기 위한 긴급수사 활동을 말한다.[2]

범죄수사는 초동수사와 심층수사(in-depth investigation)로 구분될 수 있다. 초동수사는 경찰관의 범죄현장 신속출동, 가능하다면 현장에서 범인체포, 범죄현장보존, 피해자와 목격자 확인과 진술청취, 그리고 범죄현장 관찰까지를 포함하고, 심층수사는 초동수사에서 확보한 자료를 기초로 하여 다양한 수사활동을 전개하고 과학수사기법 등을 동원하여 수사자료와 증거를 수집하며 범인을 체포하는 수사과정을 말한다.[3]

---

1) Gilbert, *op.cit.*, p. 57.
2) Weston and Wells. *op.cit.*, pp. 17-18.
3) Gilbert, *op.cit.*, p. 57.

2. 초동수사의 중요성

(1) 범죄의 기동화 · 신속화 · 교묘화

현대범죄는 다양한 교통수단의 발달과 이용가능성의 증가로 인하여 범죄현장에서 범행이 신속하게 이루어지고 짧은 시간 안에 다른 지역으로 도주할 수 있기 때문에 초동수사가 신속하게 이루어져야 범인체포가 가능해 진다. 또한 범죄수법이 교묘하고 지능적이어서 경찰이 신속하게 출동하여 범죄현장보존과 엄격한 관찰을 통하여 수사자료와 증거를 수집하지 않으면 조기에 사건해결이 어려워질 수 있다.

(2) 초동수사의 신속성과 사건해결 가능성 증대

범죄현장은 초동수사의 중심이고 출발점이다. 범죄현장은 증거의 보고이며 과학수사의 출발점이다. 그러나 범죄사건 발생 후 시간이 경과하면 피해자와 그 가족, 또는 목격자나 구경꾼, 언론기관의 기자들이 출입하거나 접근하여 범죄현장의 오염, 훼손, 멸실, 변질 및 범인의 도주 등의 문제가 발생하기 쉽다. 이러한 상황에서 경찰의 범죄현장 출동과 현장보존 등의 초동수사가 늦어질수록 범죄현장 훼손이나 변질 정도는 더 심해진다. 따라서 범죄해결 가능성은 사건발생과 경찰의 초동수사 착수 사이의 시간차가 적을수록 높아지고 시간차가 클수록 낮아진다.

(3) 탐문수사의 효율성 향상

초동수사단계에서 중요한 또 하나의 요소는 사람이다. 즉, 범죄현장과 그 주변에서 경찰은 수사정보를 제공할 수 있는 피해자와 목격자 기타 관련자 등을 확보하기 쉽다. 인간의 기억능력의 특성상 사건직후의 기억이 정확하고 또한 그 당시에는 이해관계로 인한 진술 조작이나 사실을 왜곡할 겨를이 없어서 진술의 신뢰성이 아주 높다. 따라서 경찰관은 사건현장에 신속하게 출동하여 피해자 · 목격자 등 참고인을 확보하여 질문을 통한 진술을 청취하고 녹음해 두어야 한다.

피해자와 목격자가 범죄현장에서 확보된다면, 심층수사(in-depth investigation), 즉 앞으로 전개될 수사활동을 위하여 필요한 수사자료를 입수할 가능성이 높다. 특히 경찰이 현장에 도착하면 어떤 목격자들은 범죄현장을 떠나거나 타인과의 이해관계에 의해 진술조작, 목격한 사실을 왜곡하는 경향이 있다.[4] 이러한 목격자의 특징을 방지하기 위하여 경찰은 범죄현장에 신속하게 출동하여 목격자의 현장 이탈과 사실왜곡의 시간을 주지 않도록 해야 한다.

3. 초동수사의 목적

(1) 범인체포

초동수사의 제1목적은 범인을 현장이나 그 주변에서 현행범으로 체포하는 것이다. 범죄신고를 접수한 경찰관은 신속하게 현장에 도착하여 범죄현장에서 범행을 계속 중이거나 도주 중인 범인을 그 주변에서 발견하여 체포해야 한다. 경찰관이 범죄신고 접수후 신속하게 출동하여 범죄현장이나 그 주변에서 범인을 현행범으로 체포했을 때 사건기소 확률이 가장 높아진다.[5] 범죄발생 후 범인을 체포하지 못하는 그 시간적 간격이 길수록 사건기소 확률은 낮아진다.

(2) 범죄현장 보존과 수사자료나 증거 수집

경찰관은 범죄현장에 도착하는 즉시 피해자 등에 대한 구호조치를 취하고 범죄현장에 대한 경찰통제선(police line)을 설치하여 사람의 출입을 통제함으로써 범죄현장의 수사자료나 증거물이 훼손, 변질, 멸실되지 않도록 원상대로 보존해야 한다. 범죄현장 보존은 범인특정과 범죄사실 규명을 위한 수자자료나 증거를 수집하기 위한 것이 그 목적이다.

(3) 범죄현장과 그 주변에서 목격자 확보

수사기관은 범죄현장에서 목격자를 확보하고 범인의 인상착의와 특징, 범인의 차량(만약 있다면), 도주방향(direction of flight) 등에 관한 진술을 청취하고 기록해 둔다. 긴급수사배치 발령을 하거나 도주 중인 용의자의 차량을 추적하는 경우에는 경찰지령실의 무선통신망을 통하여 타 경찰관서에 협조와 수배를 할 수 있도록 자료를 송신한다. 아울러 경찰관은 피해자와 목격자의 인적 사항, 주소, 기타 필요한 자료를 정확하게 확인하여 미래의 접촉을 위하여 가록해 둔다.[6]

---

4) *Ibid.,* p. 59.

5) Gilbert, *op.cit.,* p. 59.

(4) 수사긴급배치에 의한 범인의 조기체포

경찰관이 범죄현장에 도착했으나 이미 범인이 도주한 상태이면 즉시 범인의 인적 사항이나 인상착의를 확인하고 범행 후 도주시간과 범죄의 종류에 따라서 긴급수사 배치 갑호나 을호를 발령하여 범인 추적과 도주로 등에 대한 검문검색을 통하여 범인을 체포해야 한다.

(4) 사건 당시의 상황 확보

경찰관은 범죄현장에 도착하는 즉시 범죄현장 그 자체와 그 주변 상황, 그리고 주변에 있는 사람들의 동태 및 물건의 존재나 이동상황 등에 대하여 사진촬영을 하고 그들의 언동에 대해서는 녹음과 아울러 관찰사실을 기록하고 스케치하여 후일의 수사자료로 관리해야 한다.

4. 초동수사의 방법

(1) 신고의 접수

1) 관할과 사건의 경중 불문 접수

오늘날 범죄수사는 거의 대부분 피해자나 목격자 등의 범죄신고에 의한다. 범죄신고 접수는 수사의 출발점이라고 해도 지나친 말은 아니다. 범죄수사, 특히 초동수사의 성공은 범죄신고를 접수하는 경찰관의 접수기법에 의하여 상당한 영향을 받는다. 범죄신고는 대체로 지방경찰청과 경찰서의 112신고전화를 통하여 접수되고 때때로 경찰서나 지구대의 일반전화, 또는 구두신고에 의하여 접수되기도 한다. 어느 경로를 통하여 범죄피해신고가 접수되든, 최초에 신고를 접수하는 경찰관은 사건 관할 여부와 사건의 경중을 불문하고 접수해야 한다. 이때 접수한 사건이 자기관할이 아닌 경우 일단 현장에 출동하여 필요한 조치를 취한 후 책임관서에 인계하면 된다. 또한 신고 받은 사건을 접수하고 현장에 출동하여 피해자 구호조치 등을 하였으나 범죄에 기인한 사건이 아닌 경우에는 범죄인지를 하지 않으면 된다.[7)]

---

6) *Ibid.*, p. 17.

7) 범죄수사규칙 제29조 및 30조, 경찰청훈령 제526호, 2008.7.22.

2) 사건접수 시간과 발생장소 및 사건 개요 파악

경찰관은 먼저 사건접수 시간, 사건발생일시·장소를 확인하여 기록한다. 그 다음으로 범인·의심스러운 사람 또는 차량의 범죄현장 존재여부, 범인의 성명, 인상착의, 범행수단, 흉기소지여부, 피해사실, 현재상황, 범인의 도주방향과 도주방법 등에 관하여 형식에 구애받지 않고 청취한다.[8)]

3) 신고인의 신고장소와 인적사항 확인

경찰관은 우선 신고인의 주거, 직업, 성명, 연령 등 인적 사항을 확인하고 직접 신고인지 간접신고인지를 확인해야 한다. 범죄신고자는 후에 수사과정에서 유력한 용의자가 된다는 점에서도 그의 인적 사항을 반드시 확인해야 한다.[9)] 동시에 범죄발생 시간과 신고시간, 그리고 사건의 내용을 물어서 사건의 중대성과 긴급성을 파악한다. 또한 신고하는 사람의 신고장소, 신고장소에 계속 있을 지 여부, 아니면 경찰관과 만날 수 있는 장소 등을 확인한다. 범죄신고 접수의 제1의 원칙은 사건개요의 신속한 파악이며 사건의 진실여부는 2차적인 것이다.

3) 범죄피해신고 접수시의 심적 대비

범죄사건 신고시 신고자는 특히 살인이나 강도·강간 등의 강력사건인 경우에 놀라고 겁에 질려 당황하기 마련이다. 물론 야간 침입절도나 폭력사건의 피해자 등도 당황하기는 마찬가지다. 따라서 경찰관은 신고자를 진정시키고 냉정하고 침착하게 접수해야 한다. 또한 신고인의 언동이나 태도를 잘 살펴서 허위신고 여부에도 주의하고, 사건 접수시 선입관을 가져서는 안 된다.

4) 피해자나 발견자 범죄현장 보존요구

경찰관은 신고자의 나이가 적당하고 사려분별력이 있다고 판단되면, 사건현장 보호에 대한 도움을 요청해야 한다. 이러한 요청은 ① 신고자에게 현장에 들어가지 말고 법집행기관의 구성원이나 의사 등 의료진을 제외하고는 외부인의 출입금지 등의

---

8) Vermont J. Geberth, *Practical Homicide Investigation, Fourth Edition*, Taylor & Francis Group LLC, 2006, p. 31.

9) *Ibid.*, p. 32.

조치, ② 범죄현장의 어떤 물건에도 손대지 말고 있는 그대로 보존하는 조치를 주된 내용으로 한다.[10]

(2) 즉 보

1) 112 지령실에 보고

범죄피해자나 목격자 등이 112 전화를 통하여 신고할 경우에는 지방경찰청이나 경찰서의 112지령실에서 바로 접수하여 현장출동 지령과 경찰서장이나 지방경찰청장, 사건의 중요성에 따라서 경찰청장에게 보고하는데 별로 문제가 없다. 그러나 지구대나 경찰서에서 일반전화나 구두신고 접수를 하는 경찰관은 1인 근무시에는 사건의 중대성과 긴급성에 따라서 사건 전체에 대한 구체적인 내용을 다 듣기 전에 "○○에서 ○○사건 발생"이라는 제목하에 "현재사건 청취중 추보하겠음"이라는 내용으로 제1보를 본서의 상황실에 즉보해야 한다.

대체로 지구대에는 경찰관 2인이 내근 근무를 하고 있으므로 1인은 피해내용을 청취 및 수리하면서 복창하고 1인은 발생사건의 간략한 개요를 중심으로 한 1보를 본서의 상황실에 보고한다. 경찰시설 외에서 접수했을 경우 무전이나 휴대전화 등으로 신속하게 보고해야 한다. 제2보 이하는 범인의 추적, 체포, 범인수배를 위해 필요한 사항 및 피해자의 상황을 우선적으로 보고해야 한다. 하지만 이 때에는 경찰서 지령실에서 상황을 장악하여 처리하기 때문에 현장에 출동한 경찰관들이 지령실에 보고만 잘 하면 된다.

2) 경찰서장 등 경찰관서장에 대한 보고

「범죄수사규칙」 제16조에 의하면, 경찰관서장은 관할 구역내에서 보고대상 범죄가 발생하였거나 범인을 검거했을 때에는 보고기준에 따라 신속하게 상급기관에 보고해야 한다. 지구대장·파출소장은 경찰서장에게, 경찰서장은 지방경찰청장에게, 그리고 지방경찰청장은 경찰청장에게 무선·유선·팩시밀리 또는 전산망을 통해 지체없이 보고해야 한다. 단, 필요시 경찰서장은 지방청장과 경찰청장에게 동시에 경비전화로 보고해야 한다.[11] 과거와는 달리 구체적인 시간을 규정하지 않고 '지체 없

---

10) *Ibid.*, p. 32.

11) 범죄수사규칙, 제16조 및 별표1, 경찰청훈령 제526호, 2008.7.22.

이'로 표현하였다는 점이 특징이다. 현실적으로 경찰서에서 발생한 중요사건에 대하여 발생 후 45분 이내에 경찰청장에게 보고하는 것은 거의 불가능하다.

대상범죄는 ① 정부시책에 중대한 영향을 미치거나 사회, 정치적 문제로 대두될 만한 사건, ② 장・차관, 국회의원, 자치단체장, 판・검사, 대학총장과 관련된 사건, ③ 신문・방송에 보도되거나 보도가 예상되는 사건, ④ 경찰관 관련 사건 또는 범죄수사 및 경찰제도, 치안정책결정에 영향을 미치는 사건, ⑤ 외국인이 관련된 사건 중 SOFA대상 사건 또는 국교에 중대한 영향을 끼칠 수 있는 사건, ⑥ 형법・특별형법 중 피해규모, 광역성, 연쇄성, 신분, 수법 등에 비추어 사회이목을 끌만한 중요사건 등이다.[12]

(3) 현장급행

1) 초동수사를 위한 현장출동

「범죄수사규칙」 제155조 제1항에 의하면, 경찰관은 현장에 출동하여 직접 관찰할 필요가 있는 범죄발생을 인지했을 경우에는 신속히 현장에 출동하여 필요한 수사를 행하여야 한다고 규정하고 있다.[13] 출동인원은 최초에 신고를 접수한 경찰관 또는 상황실에서 확인한 자료를 기초로 그 상황처리에 충분한 경찰관들을 출동시켜야 한다. 따라서 범죄신고를 최초로 접수한 경찰관만 출동한다는 오해는 풀릴 수 있다.

경찰관의 범죄현장 출동은 경찰관서의 112지령실의 지시에 의하며 대체로 지구대나 파출소의 외근 순찰경찰관들이 제일 먼저 현장에 출동하고 도착하여 초동조치를 한다. 그러나 시골지역의 경우에는 경찰서와 범죄발생 장소의 거리가 멀어 지구대나 파출소의 외근경찰관들이 범죄현장 초동조치를 하게 되지만, 대도시의 경우에는 경찰서의 외근 형사들도 지구대의 외근경찰관들과 동시에 출동한다. 따라서 외근 형사들이 먼저 도착하는 경우도 많다.

---

12) 범죄수사규칙 제16조의 별표1, 경찰청훈령 제526호, 2008.7.22. ① 내란・외환・국교에 관한 죄, ② 공안을 해하는 죄, ③ 폭발물에 관한 죄, ④ 공무원의 직무에 관한 죄, ⑤ 살인죄, ⑥ 도주와 범인은닉의 죄(유치인 도주 및 사망사고 포함), ⑦ 방화・실화의 죄, ⑧ 통화에 관한 죄, ⑨ 과실사상의 죄(항공기, 선박, 열차 등 대형교통사고 포함), ⑩ 약취와 유인의 죄, ⑪ 강・절도, 폭력(총기이용범죄 포함), ⑫ 교통방해죄 및 대형환경오염범죄, ⑬ 중요 마약・사이버사범. ⑭ 공직선거법, 국민투표법, 집시법 등 기타 중요특별법 위반사건, ⑮ 중요수배자 검거

13) 범죄수사규칙, 제155조, 경찰청훈령 제526호, 2008.7.22.

2) 출발보고와 도착보고 확행

범죄현장으로 출동하는 모든 경찰관은 반드시 112지령실에 출발보고를 해야 하며 현장과 통신연락을 확보하기 위해 무전기와 휴대폰을 휴대해야 한다. 또한 현장에 도착 즉시 112 지령실에 도착보고를 해야 한다. 아울러 초동조치 진행 상황을 중간중간에 보고해야 한다.

3) 경찰관 자신의 안전을 위한 기자재 준비

범죄현장에 출동하는 경찰관은 자신의 안전을 유지하는 것이 아주 중요하다. 범죄자는 체포를 면하기 위해 언제, 어디서든지 경찰관을 급습할 수 있고 기회만 있다면 언제든지 도주를 시도할 수 있다. 2004년 여름 서울 서부경찰서 관내에서 강간범 이○○에 대한 체포를 시도하던 경찰관 2명이 현장에서 범인의 기습공격을 받아 사망한 사건은 경찰관 안전을 위한 사전 대비의 중요성을 일깨워주는 사례이다. 따라서 경찰관은 현장보존과 관찰을 위한 기자재 외에 자신의 안전을 유지하기 위한 권총, 경찰봉, 수갑, 포승 등의 호신장구를 반드시 휴대해야 한다.

4) 신고자에 대한 동행요구와 거동수상자 불심검문

초동경찰관은 현장 출동시 가능하면 신고자에게 범죄현장에 동행할 것을 요구하거나 범죄현장 주변에 복귀하도록 요청하여 수사관으로 하여금 사건에 대한 정보를 수집할 수 있게 해야 한다. 그렇지 않을 경우 신고자가 범죄현장에 들어가서 가치 있는 자료를 훼손할 수도 있으며 신고자에 대한 정확한 신원확인은 그가 진범인 경우도 있고 범인의 인상착의를 목격한 목격자인 경우도 있기 때문에 범인의 조기체포와 후일의 범죄수사에 대단히 중요하다.[14] 또한 범인이 도주하고 있거나 도주한 사건의 경우에 경찰관은 현장으로 급행하면서 범인으로 추정되는 자나 거동수상자가 발견되면 불심검문을 반드시 실시하여 범인검거에 최선을 다해야 한다.

(4) 현장 도착 경찰관의 조치

범죄현장에 제일 먼저 도착하는 경찰관은 주로 지구대나 파출소의 정복경찰관이다. 그러나 때에 따라서는 수사경찰관이 먼저 현장에 도착할 수도 있다. 현장보존

---

14) Geberth, *op.cit.*, pp. 34-35.

절차를 개시하는 책임은 제일 먼저 현장에 도착한 이 초동 경찰관에게 있다.15) 초동경찰관은 지구대장이나 파출소장 또는 경찰서에서 수사간부 등 현장책임자가 도착하기 전까지 현장보존을 위하여 권한 없는 자의 출입을 통제하는 등 현장 책임자로서의 임무를 수행해야 한다. 초동경찰관과 지구대장 등의 현장보존 책임은 경찰서의 수사간부가 현장에 도착할 때 까지이고 그 이후에는 수사간부가 초동수사의 지휘책임을 진다.16)

1) 범죄의 진압 및 범인의 체포

범죄현장에 도착한 경찰관은 범행이 아직도 계속 중일 경우에 현행범으로 체포하고 범죄를 진압해야 한다. 강력사건의 범인은 흉기 등으로 저항할 가능성이 높으므로 체포 시에 위해를 입지 않도록 신중히 접근해야 한다.

2) 피해자의 생사확인과 부상자의 구호

경찰관은 범죄현장에 도착 즉시 도착시간을 메모해 두어야 하며, 범죄사건 개요를 파악하기 위해 범죄현장에 출입 시 반드시 장갑을 끼고 범인의 출입통로라고 의심되는 곳은 피해야 한다.

그러나 일반적으로 범죄현장에 출입하는 경찰관은 장갑을 끼고 출입해야 하는 것으로 알고 있으나 어떤 전문가들은 장갑을 끼면 이것저것 만지게 되고 그 결과 지문이나 혈흔 같은 미세한 흔적들이 파괴된다고 주장한다. 따라서 현장접근이 허용된 사람은 양 손을 호주머니에 넣고 현장에 출입해야 하며, 혈흔이나 체액 때문에 감염 우려가 있는 경우를 제외하고는 현장에서 장갑을 끼지 말아야 한다는 것이다.17)

범죄현장에 최초로 임장한 초동경찰관은 특히 살인, 강도, 강간, 방화 등 강력사건의 경우에 피해자의 생사여부를 제일 먼저 확인하고 살아있다고 추정되는 피해자에 대해서는 즉시 구호조치를 해야 한다. 이때 구호의 대상은 피해자뿐만 아니라 용의자, 경찰관도 포함된다.18) 피해자의 사망여부는 내과의사가 결정권을 가지고 있고

---

15) Eric Stauffer and Monica S. Bonfanti, *Forensic Investigation of Stolen-Recovered and Other Crime-Rlated Vehicles*, Academic Press in Elsevier Inc., 2006, p. 38.

16) Weston and Wells, *op.cit.*, p. 18.

17) 홍성욱 · 최용석 공역, 앞의 책,, p.42.

18) 범죄수사규칙 제156조, 경찰청훈령 제526호, 2008.7.22.

경찰관의 권한사항이 아니다. 그러나 범죄현장의 위급한 상황에서 의사가 현장에 없는 경우가 대부분이므로 경찰관은 피해자의 사망여부가 조금이라도 의심스러운 상황에서는 살아있다고 가정하고 구호조치에 최선을 다해야 한다.[19] 말하자면, 호흡, 맥박, 체온, 동공의 혼탁이나 시반 등에 의해 사망이 확실한 경우를 제외하고는 피해자 구호조치를 해야 한다.

범죄현장의 보존보다는 인명구호가 최우선이다. 부상자 구호는 설령 중요한 수사자료가 멸실 또는 훼손되더라도 우선적으로 취해져야 한다. 피해자 구호는 피해자의 가족이나 관계자들의 협조를 얻어서 하거나 또는 119 구급대나 병원 응급차를 불러서 구호조치를 하도록 한다. 부상자에 대한 응급조치가 시급하지 않다면 초동경찰관은 피해자의 위치에 대한 사진촬영 및 간단한 스케치를 하고 바닥에 위치를 표시해 둔다. 119구급대나 병원 응급차가 부상자를 후송할 때 경찰관 1명은 동행하고 초동경찰관은 현장보존 조치를 한다.

3) 임상조사

119구급대나 병원 응급차를 기다리는 동안 또는 병원으로 후송하는 과정에서 경찰관은 부상자가 사망선언이 임박한(Dying declaration) 빈사상태의 중상자일 경우에는 응급조치를 하고 동시에 적당한 기회에 범인이 누구이며, 범행 원인, 피해자의 주거・성명・연령・피해상황, 목격자, 가족이나 연고자, 기타 사항을 청취하여 두어야 한다.[20] 범죄현장에서 피해자가 생명이 위급한 경우에도 역시 임상조사를 해야 한다. 임상조사시 피해자의 진술은 구두나 문서로 이루어질 수 있다.[21] 이때에 피해자의 진술을 녹음해 두어야 한다. 죽어가는 피해자도 범인에 대해 무엇인가 말하려는 본능이 존재한다. 부상자에게서 사건해결의 단서가 되는 유언이나 중요한 정보를 들을 수 있다. 어떤 여인이 죽어가며 가해자의 이름을 중얼거려 범인이 체포된 사건도 있었다.[22]

---

19) Geberth, *op.cit.*, pp.36-38.

20) 범죄수사규칙 제156조, 경찰청훈령 제526호, 2008.7.22.

21) Geberth, *op.cit.*, p. 51.

22) 홍성욱・최용석 역, 앞의 책., p. 37.

4) 병원 도착 후 조치

병원에 도착한 후 경찰관은 적절한 수순에 따라 피해자의 의복을 벗겨 보관해야 한다. 피해자 의복은 총기나 무기, 흉기 기타 도구들에 의해 생긴 자국흔, 피의자의 혈흔이나 지문, 모발, 정액, 섬유 등 범죄를 입증하기 위한 객관적인 자료를 확보할 수 있는 중요한 유류품이다. 그런데 병원이나 영안실 직원들은 대체로 사망한 피해자 의복을 태우거나 잘라서 버리는 경우가 많아 의복을 확보하기가 대단히 어렵다.[23]

경찰관은 또한 병원의 응급실에서 의사의 진단의견을 듣는 등 후일 문제가 생기지 않도록 하고, 사망시에는 의사가 확인한 시각을 기록해두어야 한다. 피해자의 사망은 현장 임장자의 주관적 판단에 근거해서는 안 되고 의사가 사망을 확인하여야 한다.

(5) 현장 보존

현장보존이란 범죄현장의 상태를 범죄발생 또는 범죄발각 당시 그대로의 상태로 일정기간 보존하는 수사조치를 말한다.

1) 현장 보존을 위한 조치

경찰관은 부상자 구호 즉시 현장보존의 범위를 정하고 경찰통제선, 즉 폴리스 라인을 설치하고 출입금지, 촉수금지 등의 팻말이나 표찰을 사용하여 구경꾼 등 일반인은 물론 피해자나 가족 까지도 출입을 통제한다. 현장통제 경찰관은 수사책임자의 지휘에 의한 현장관찰을 하는 경우를 제외하고는 상급자나 동료 경찰관의 출입도 통제해야 한다.[24] 초동경찰관이 현장에 도착한 후에는 아무것도 범죄현장에서 제거되어서는 아니 되며, 또한 아무것도 범죄현장에 추가되어서도 아니 된다.[25] 통제구역 경비를 위해 배치된 경찰관은 권한 없는 사람들의 출입을 통제해야 한다.

현장 수사관은 필요한 경우에 모든 물리적 증거를 보호하기 위하여 통제구역을 내부통제구역(inner perimeter)과 외부통제구역(outer perimeter)으로 구분하여 통제

---

23) 앞의 책., pp. 36-37.

24) 앞의 책., p. 35. 범죄수사규칙 제158조, 경찰청훈령 제526호, 2008.7.22.

25) Weston and Wells, *op.cit.*, p. 18.

선을 설치할 수 있다. 내부통제구역인 범죄현장은 과학수사요원들과 외근수사요원과 같은 필수요원들에게만 개방된다. 내부통제구역 주변에 설치되는 외부통제구역은 구경꾼과 기자들의 접근을 통제하는데 효과적이다.26) 기자가 현장에 먼저 도착해 있는 경우도 있는데, 이는 이웃주민이 기자에게 전화를 했거나 경찰무전이 도청당했을 경우이다. 현장보존을 하는 초동경찰관은 어떠한 경우라도 사건에 대해 기자에게 말해서는 안 되고, 기자출입증이 있더라도 현장에 기자의 출입을 허용해서는 안 된다.27)

2) 현장보존의 범위

「범죄수사규칙」 제157조에 의하면. 경찰관은 범죄를 실행한 지점뿐만 아니라 현장의 보존의 범위를 현장 보다 넓게 정하여 수사자료의 발견에 대처해야 한다.28) 따라서 범죄현장의 범위는 협의의 범죄현장에 한정되지 않고 되도록 멀리 정한다. 사건에 따라서 범죄 및 현장의 양상 그리고 인원, 장비 등을 고려하여 가능한 한 멀리 보존범위를 지정해야 한다. 후에 현장 책임자의 지시에 의해 범위를 그때그때 축소할 수 있다.

현장보존의 범위는 사건에 따라 다르다. 일반적으로 실내에서 일어난 사건인 경우에는 사건 중심부와 침입구 및 도주로가 포함되도록 설정한다. 실외에서 사건이 발생했다면 보존범위를 넓혀 범인의 이동경로 등 현장이 완전히 통제되도록 설정한다.29) 또한 개방된 공간에서 사건이 발생한 경우에는 입구주변에 장애물(barricade)을 설치하고 경찰관이 출입을 통제해야 한다. 이때 통제경찰관 자신도 지정된 통로로만 통행하고 현장 내부 혹은 경계선 주변을 돌아다니지 말아야 한다.

3) 원상태로 보존

현장을 범행 당시의 상태 그대로 보존해야 한다.30) 대체로 경찰관 이외의 자가 범죄현장 발견을 신고하기 때문에 범죄현장을 원상태로 보존하기 어렵다. 그러나 적

---

26) Eric Stauffer and Monica S. Bopnfanti, *op.cit.*, p. 39.
27) 홍성욱 · 최용석, 앞의 책., pp. 42-43.
28) 범죄수사규칙 제157조, 경찰청훈령 제526호, 2008.7.22.
29) 홍성욱 · 최용석 역, 앞의 책., p. 35.
30) 범죄수사규칙 제160조, 경찰청훈령 제526호, 2008.7.22.

어도 경찰관이 현장에 도착한 이후에는 현장이 그대로 보존되어야 한다. 부상자의 구호, 증거물의 변질・멸실・훼손 예방 등을 위해 특히 부득이한 사정이 있는 경우를 제외하고는 현장에 있는 물건은 원래 위치에서 이동시키지 말고 감식요원이 도착할 때까지 원래 상태를 유지하도록 해야 한다. 현장에 있는 변기, 수도, 타월 등을 사용해서는 안 되고 먹고 마시거나 담배를 피워서도 안 된다.

특히 변사자 신고 사건 현장에 제일 먼저 도착한 순찰경찰관이 현장감식이 있기 전에 사체를 병원으로 옮긴다든지 사인을 조사한다고 사체의 위치를 변경시킨다든지 실내사건의 경우에 출입문들을 흔들어 본다든지 하는 일들이 가끔 발생하는데 이는 수사의 기초지식이 부족한 결과이다.

4) 현장 촉수금지와 물건 유류금지

경찰관은 물론이고 피해자나 그 가족 등 출입자는 사체, 흉기, 현장의 물건에 손을 대서는 안 되고 출입문 등을 함부로 움직이지 말아야 한다. 범죄현장에 최초로 도착한 경찰관이 피해자가 사망했다는 결정적인 증거를 발견한 경우에 누구도 시체에 손을 대서는 안 된다. 피해자의 시체에서 지문, 혈흔, 정액, 모발, 치흔 등을 채취할 수 있으므로 시체 그 자체가 물적인 증거이다. 시체에 대한 감식과 검사는 모든 현장관찰이 끝나고 의사가 현장검안을 완료한 후에만 실행되어야 한다. 이 경우에도 수사간부의 임장 하에 피해자 가족이나 일반시민의 참여 가운데 시신감식이 행해져야 한다.[31)]

로카르(Edmond Locard)가 주장한 「로카르의 교환법칙(exchange principle)」은 범죄현장의 중요성과 원상태로의 보존에 관한 중요한 이론적 근거가 되고 있다. 로카르의 교환법칙이란 범인은 범죄현장에 증거가 될 만한 범적을 남기고, 떠날 때 범죄현장의 어떤 흔적들을 가지고 떠난다는 법칙을 말한다.[32)] 이러한 현상은 운반이론(transfer theory)으로 설명되기도 한다. 즉, 어떤 사람이 범죄현장에 들어올 때 마다 무엇인가를 범죄현장에 가지고 들어오고, 범죄현장을 떠날 때 무엇인가를 가지고 떠난다.[33)] 사람이 범죄현장에 드나들면서 안팎으로 물건을 운반하는 결과를 초래한

31) Geberth, *op.cit.*, p. 52.
32) Weston and Lushbaugh, *op.cit.*, p. 9.
33) Gilbert, *op.cit.*, p. 81.

다. 말하자면, 범인은 범죄현장에 흉기나 혈흔, 지문, 머리카락, 침, 자국흔 또는 담배꽁초, 씹던 껌이나 휴지, 비듬 등을 남기고 범죄현장에 있는 먼지나 흙, 섬유 기타 부스러기나 파편 등을 의복이나 신발에 묻혀서 떠난다. 같은 논리에서 경찰관을 비롯하여 피해자나 가족이 현장에 출입하면 현장에 무엇인가를 남기고 또한 현장에 존재하는 범적들을 묻혀서 나오거나 범적을 훼손하거나 변질, 멸실시키는 결과를 초래할 수 있다. 따라서 경찰관은 범죄현장에 종이조각, 모발, 담배꽁초, 족적, 지문 등을 유류하거나 침을 뱉지 말아야 한다.

5) 파괴적인 신화의 인식

파괴적인 신화(destructive myth)란 정복경찰관들과 수사관들로 가득한 범죄현장에 대한 언론매체들의 잘못된 이미지를 경찰관들이나 일반시민들이 진실이라고 믿어 버리는 현상을 말한다.[34] 이러한 언론매체에 의한 영상이미지는 진실이 아니라 하나의 허구이다.

전문가들은 경찰관들에 의한 범죄현장 오염문제를 계속 지적하고 있다. 이미 앞에서 언급한 로카르의 법칙이나 물질 운반이론은 범죄현장에 출입하는 경찰관들에게도 적용되는 이론들이다. 혈흔, 지문, 모발이나 섬유, 족적같은 범죄흔적 증거는 아주 파괴되기 쉬운 성질의 것이어서 범죄현장에 너무 많은 경찰관들의 출입은 그것들을 멸실, 훼손, 변질 등과 같은 파괴를 초래한다. 범죄현장을 효과적으로 보존하고 처리하기 위해서는 최소한의 경찰관들과 전문가들만이 출입이 허용되어야 한다. 범죄현장은 군중을 위한 장소가 아니라 완전한 증거를 수집하기 위한 장소이다.

6) 현장출입자 및 배회자 조사

초동경찰관은 범죄현장 도착 당시에 현장에 있던 모든 목격자들의 신병을 확보하여 수사경찰관에게 인계해야 한다. 현장 또는 그 근처에 배회하는 자가 있을 경우에는 그들의 성명과 주소 등을 조사하여 후일 수사를 위하여 명확히 알아 두어야 한다.[35] 또한 임장후의 현장출입자는 물론 현장임장 전에 현장에 있었던 자, 사체에 손댄 자 등을 조사하여 그들의 성명, 주소, 출입시간, 이유, 피해자와의 관계 등을

---

34) Gilbert, *op.cit.*, p. 82.
35) 범죄수사규칙 제158조, 경찰청훈령 제526호, 2008.7.22.

확인해 두어야 한다. 초동경찰관은 시신을 발견한 목격자들 중의 한 사람이 사실상 범인일 가능성에 유의해야 한다.36)

초동경찰관은 용의자를 포함하여 목격자들을 서로 분리시켜 관리하거나 서로 사건에 관하여 말을 나누지 못하게 해야 한다. 상황이 허용하는 범위 내에서 목격자들은 범죄현장 외부에 이동시키거나 적어도 범죄현장 중심부로부터 이동시켜야 한다. 목격자들은 수사관들이 현장에 도착하여 수사와 현장관찰에 필요한 기본적인 자료를 수집할 때까지는 경찰관서에 임의동행해서는 아니 된다.

초동조치를 한 경찰관은 조사한 결과를 현장 책임자가 도착하면 간결하게 보고해야 한다. 보고사항은 ① 사체의 본대로의 상태, ② 흉기의 유무와 종류, ③ 재물 물색 유무, ④ 범행추정시각 및 범인도주 추정시각, ⑤ 범인의 인상착의 및 목격자의 발견 여부 등이며 긴급배치여부는 간부의 판단사항이다.

7) 자료의 변질 · 파괴의 방지조치와 사진촬영

경찰관은 범죄현장의 혈흔, 지문, 토사물, 배설물, 족적, 차량흔 등에 대해서는 사람이 손을 대거나 밟지 못하도록 해두는 것만으로 불충분하다. 유류물이나 자국흔 등은 사람이나 광선, 열, 강우, 바람 등에 의해 변질 또는 멸실해 버릴 우려가 있기 때문에 텐트, 판자, 양동이, 세숫대야 등 적당하다고 생각되는 물건으로 수사자료를 덮어두어야 한다.37) 다만, 족적, 신발은 경찰견 활용을 위해 본래 냄새가 중요하므로 냄새가 없는 것으로 덮는다. 아울러 범죄현장과 현장의 물건이나 범적은 전부 사진촬영 및 현장기록과 스케치를 해 두어야 한다.

8) 현장보존을 할 수 없을 때의 조치

경찰관은 부상자의 구호 기타 부득이한 이유로 현장을 변경할 필요가 있는 경우 등 수사자료를 원상태로 보존할 수 없을 때에는 다음과 같은 방법에 의해 원상보존 조치를 한다.38) ① 범죄현장은 변경전에 사진 촬영이나 비디오 카메라로 촬영해 둔다. 사진촬영시 증거물 옆에 자를 놓고 촬영한다. 또한 필요하다고 인정되는 참여인

---

36) Geberth, *op.cit.*, p. 54.

37) 범죄수사규칙 제160조, 경찰처운령 제526호, 2008.7.22.

38) 범죄수사규칙 제161조, 경찰청훈령 제526호, 2008.7.22.

을 함께 촬영하거나 자료발견 연월일시와 장소를 기재한 서면에 참여인의 서명을 받아 이를 함께 촬영하고 참여인이 없는 경우에는 비디오촬영 등으로 현장상황과 자료수집과정을 녹화하여야 한다. ② 범죄현장은 변경하기 전에 분필이나 스프레이로 표시해 두었다가 나중에 도면으로 작성하여 기록한다. ③ 현장 변경 내용은 수첩 등에 기록해 둔다.

9) 범죄현장에 도착한 언론사 기자들 관리

언론사 기자들이 범죄현장에 도착한 경우에 그들은 현장 접근이 금지되고 범죄에 관한 어떤 정보도 제공되어서는 아닌 된다. 특히 경찰이 목격자나 용의자를 확보하고 있는 상황에 있다면, 언론사 기자들이 그들과 접근할 수 있도록 허용되어서는 아니 된다. 사건에 관한 모든 정보는 수사간부나 책임자가 모든 언론사들을 대상으로 동일한 시간에 제공하게 될 것이라고 설득한다.[39]

5. 수사긴급배치

(1) 의 의

「범죄수사규칙」 제171조와 「수사긴급배치 규칙」 제2조에 의하면,[40] 수사긴급배치라 함은 "경찰관서장은 중요사건이 발생하였을 때 적시성이 있다고 판단되는 경우 신속한 경찰력 배치, 범인의 도주로 차단, 검문검색을 통하여 범인을 체포하기 위한 경찰관서간의 협력적인 초동수사 활동"을 말한다.

(2) 수사긴급배치의 발령

범죄현장에 수사과장이 도착하여 현장 수사간부로부터 초동수사상황과 사건개요에 대한 보고를 받고 긴급배치여부에 대한 판단을 한 후에 경찰서장에게 보고한다. 수사과장의 보고를 받은 경찰서장은 긴급배치 발령을 한다. 또한 인접경찰서 등에 대하여 긴급배치를 의뢰할 필요가 있는 경우에는 수사긴급배치 규칙에 따라 긴급사

---

39) Geberth, *op.cit.*, p. 55.

40) 범죄수사규칙 제171조, 경찰청훈령 제526호, 2008.7.22. 수사긴급배치규칙 제2조, 경찰청훈령 제514호, 2007.10.30.

건수배 조치를 취해야 한다. 2개 이상의 인접경찰서에 긴급배치를 발령하는 경우 경찰서장은 긴급배치 수배사항을 관련 경찰서에 통보를 해야 한다. 이때 경찰서장은 우선 긴급배치를 발령하고 사후에 지방경찰청장에게 보고하는 임기응변 조치를 취할 수 있다.

발령권자는 긴급배치를 할 경우에 사건의 종류, 규모, 범인의 인상착의 및 특징, 범행방법, 범인도주로 및 차량이용 등을 감안하여 긴급배치 수배서 서식에 의해 신속히 긴급배치 수배를 하여야 한다.[41]

(3) 발령권자[42]

1) 발생지 관할경찰서장

발생지 경찰서장은 관할경찰서 또는 인접 경찰서에 긴급배치를 시행하는 경우에 발령권한을 가진다. 인접 경찰서가 타 시·도 지방경찰청 관할인 경우도 마찬가지다.

2) 발생지 지방경찰청장

발생지 관할 지방경찰청장은 긴급배치를 관할 전 경찰관서 또는 인접 지방경찰청에 시행하는 경우에 발령권을 가진다.

3) 경찰청장

경찰청장은 전국적인 긴급배치를 시행하는 경우에 발령권을 행사한다.

(4) 종 류[43]

1) 갑 호

① 대상사건

㉠ 살인사건: 강도살인, 강간살인, 약취유인살인, 방화살인, 2명 이상 집단살인 및 연쇄살인, ㉡ 강도사건: 인질강도, 해상강도, 금융기관 및 5천 만 원 이상 다액강도, 총기·폭발물 소지 강도, 연쇄강도, ㉢ 방화사건: 관공서·산업시설·시장 등의 방

41) 수사긴급배치규칙 제4조, 경찰청훈령 제514호, 2007.10.30.
42) 수사긴급규칙 제4조, 경찰청훈령 제514호, 2007.10.30.
43) 수사긴급배치규칙 제3조 별표1, 경찰청훈령 제514호, 2007.10.30.

화, 열차·항공기·대형선박 등의 방화, 연쇄방화, 중요범죄 은익 목적 방화, 보험금 취득목적 방화나 기타 계획적인 방화, ㉣ 기타 중요사건: 총기·대량의 탄약 및 폭발물절도, 조직폭력사건, 약취유인, 구속피고인이나 구속피의자 또는 수형자 등의 도주사건

② 경력동원

형사·수사요원 및 지구대와 검문소 직원은 가동경력 100% 동원된다.

2) 을 호

① 대상사건

㉠ 살인, 강도, 방화, ㉡ 중요 상해치사사건, ㉢ 1억 원 이상 다액절도, 관공서 및 중요시설 절도, 국보급 문화재 절도사건, ㉣ 기타 경찰관서장이 중요하다고 판단하여 긴급배치가 필요하다고 인정하는 사건

② 경력동원

형사·수사요원은 가동경력 100%, 지구대·파출소·검문소 요원은 가동경력 50% 동원된다.

(4) 보고 및 조정

발령권자는 긴급배치 발령 시에는 지체 없이 「긴급배치 실시부」 서식에 의거 차상급기관의 장에게 보고해야 하며, 긴급배치 해제 시에는 6시간 이내에 차상급기관의 장에게 같은 서식을 사용하여 해제일시 및 사유, 단속실적 등을 보고해야 한다. 발령권자의 상급기관의 장은 긴급배치에 불합리한 점이 발견되면 이를 조정해야 한다.[44)]

(5) 긴급배치의 임의적 생략

① 사건발생 후 상당시간이 경과하여 범인을 체포할 수 없다고 인정될 경우, ② 범인의 인상착의가 확인되지 아니하거나 사건내용이 애매하여 긴급배치에 필요한

---

44) 수사긴급배치규칙 제5조, 경찰청훈령 제514호, 2007.10.30.

자료를 얻지 못할 경우, ③ 범인의 성명, 주거, 연고선 등이 판명되어 조기체포가 가능하다고 판단될 때, ④ 기타 사건의 성질상 긴급배치가 필요하지 않다고 인정될 때45)

(6) 긴급배치의 필요적 해제

① 범인을 체포하였을 때, ② 허위신고 또는 중요사건이 아닌 것으로 판단되었을 때, ③ 긴급배치를 계속하더라도 효과가 없다고 인정될 때46)

(7) 긴급배치의 실시

① 범행현장 및 부근의 교통요소, 범인의 도주로, 은신·배회처 등 예상되는 지점 또는 지역에 경찰력을 배치하고 탐문수사 및 검문검색을 실시한다. 배치구역은 되도록 멀리하여 범인의 도주로를 완전히 차단해야 한다. 긴급배치된 경찰관들은 불심검문이나 자동차 검문시 상대방의 공격에 대비하면서 검문해야 한다.47)

② 현재 운용가능한 소수의 경력으로 범인의 도주로를 효과적으로 차단하는 배치방법을 강구해야 한다.

③ 경찰은 범인의 도주경로를 차단하기 위해 범인보다 앞서야 한다. 따라서 범인의 도주장소에서 먼 장소로부터 빨리 배치를 완료해야 한다. 이 지역의 지구대 직원들을 신속하게 배치하는 조치를 취한다.

④ 인접경찰서에 긴급배치 요청을 하고, 도주로 방향에 집중배치 요청을 한다. 범인의 도주속도가 예상외로 빠른 경우 처음에는 광범하게 수배하고, 그 후 상황에 따라 범위를 축소한다.

(8) 긴급배치의 교양·훈련실시

경찰청은 지방경찰청과 경찰서를 대상으로 연 1회 이상, 지방경찰청은 관할경찰서를 대상으로 반기 1회 이상, 경찰서는 자체계획에 의거 분기1회 이상의 긴급배치

---

45) 수사긴급배치규칙 제6조, 경찰청훈령 제514호, 2007.10.30.
46) 수사긴급배치규칙 제12조, 경찰청훈령 제514호, 2007.10.30.
47) 수사긴급배치규칙 제9조, 경찰청훈령 제514호, 2007.10.30.

훈련을 실시해야 한다. 또한 경찰서장은 수시로 긴급배치에 필요한 실무교양 및 훈련을 실시해야 한다.48)

제2절 현장관찰

1. 현장관찰의 개념

현장관찰이란 범죄현장에서 범행과 직・간접적으로 관련된 유형・무형의 증거와 수사단서를 확보하기 위해 인적・물적 상태를 인간의 오감・사진기・녹음기・확대경・현미경・손전등 등의 다양한 수단에 의해 면밀하게 관찰하는 활동을 말한다. 현장관찰은 범죄현장의 물건과 범죄흔적에 대한 무작위적인 탐색이 아니라 오히려 선별적인 관찰이다. 다양한 유형의 범죄현장에서 어떤 종류의 증거와 수사단서를 발견해야 될 것인가의 문제는 다양한 훈련과 경험에 의해서 습득된 수사관의 전문성에 의해 결정된다.49)

2. 중요성

범죄현장은 무언으로 범인과 범죄사실에 대해 무엇인가 말하는 범죄의 흔적이 존재하는 증거의 보고이다. 그러므로 현장관찰은 이러한 증거를 수집하기 위한 활동이며 현장은 시간이 흐르면 범적의 멸실, 변질, 훼손, 그리고 오염 등으로 두 번 다시 초기와 동일한 상태로 관찰할 수 없으므로 사건 발생 초기에 현장보존과 동시에 세밀하게 관찰하는 것이 중요하다.

---

48) 수사긴급배치규칙, 제14조, 경찰청훈련 제514호, 2007.10.30.
49) Weston and Lusbaugh, *op.cit.*, p. 5.

3. 목 적

(1) 사건의 재구성

범죄수사의 목적은 범죄사실의 규명과 범인의 특정과 체포이다. 이러한 목적 달성은 증거에 의하여 이루어져야 한다. 현장관찰의 목적 역시 범죄수사목적 달성을 위한 활동이라는 차원에서 접근되어야 한다. 따라서 현장 관찰은 그곳에서 어떤 범죄가 어떻게 일어났으며 누구에 의해 저질러진 행위인가를 증거를 수집해서 재구성하는 것이 목적이다.[50]

(2) 범행수법 확인

범죄현장은 범죄수법에 관한 흔적을 남긴다. 범죄수법은 범죄를 입증할 수 있는 객관적인 증거는 아니다. 그러나 범죄현장에서 유・무형의 수법이 발견되면 수사의 방향 결정과 수법범죄에 관련된 용의자에 대한 추정을 가능하게 한다.

(3) 범행동기 확인

수사관은 범죄현장에서 흔히 범행의 동기에 관한 수사자료를 발견할 수 있다. 원한이나 치정, 복수 또는 물욕에 관련된 동기의 발견은 용의자의 압축을 가능하게 하고 수사의 방향이 결정된다.

(4) 피해품 확인

범죄로 인한 피해품의 발견은 범인추적에 유력한 증거가 된다. 범죄와 관련된 피해품의 존재 여부는 범행동기를 어느 정도 추정할 수 있게 하고 피해품의 이동을 추적하면 궁극적으로 범인에게 도달할 수 있게 된다.

(5) 증거의 수집

범죄현장 관찰의 주된 목적은 바로 범죄현장에서 범행을 수사할 수 있는 단서와 입증할 수 있는 증거를 발견하고 수집하는 것이다.[51] 범행현장의 증거는 범죄사실

---

50) 홍성욱・최용석 역, 앞의 책., p. 50.

의 입증과 범인의 특정 및 체포를 위한 객관적이고 과학적인 물증이 된다.

객관적인 증거는 수사의 왕이다. 범죄현장에서 증거를 수집하지 못하면 어느 곳에서도 물증 확보를 기대할 수 없다. 특히 범죄현장이나 그 주변에서 목격자를 전혀 확보하지 못하거나 신뢰할만한 증언을 확보하지 못하는 경우에 현장관찰을 통하여 반드시 객관적인 증거를 수집하여 유죄를 입증하고 범인을 체포해야 한다.

(6) 범죄현장의 황금규칙

경찰관은 범죄현장 관찰을 하면서 먼저 현장에 대한 전반적인 사진촬영과 현장기록 등을 한다. 또한 증거를 발견했을 경우에 서둘러 증거를 채취하는 것이 아니라 먼저 현장기록, 사진촬영이나 비디오 동영상 촬영, 도면작성과 정확한 측정 등을 한 후에 조심스럽게 채취한다.[52)]

범죄현장에서 증거를 찾기 위한 관찰을 할 때, 한스 그로쓰(Hans Gross)의 '황금규칙(the golden rule)'은 1906년 아담스와 아담(John Adams and J Collyer Adam)이 '범죄수사학의 체계(System der Kriminalistik)'를 영어로 번역한 이후 미국 수사관들의 행동지침이 되었다. '황금규칙'이란 "범죄현장의 모든 물체는 경찰관의 수첩에 구체적으로 기록되고 사진 촬영을 하기 전에는 그 위치를 변경해서는 아니 되며, 채취하거나 심지어 손으로 접촉하는 것도 아니 된다"는 것을 말한다. 이러한 현장기록과 사진촬영은 후일에 범죄수사와 관련하여 발생가능한 문제에 대비하기 위한 현장보존 자료가 된다.

4. 현장관찰의 일반적 행동지침

(1) 현장은 증거의 보고라는 신념을 견지

범인이나 피해자는 현장에 미세증거물을 남기거나 현장에 있는 미세증거물을 묻혀간다는 로카르의 교환법칙은 "범죄현장은 증거의 보고"라는 사실에 대한 다른 표현이다. 이 미세 증거물은 범행의 재구성과 용의자의 범죄사실을 입증하는 결정적인 단서가 된다. 수사가 진행되면서 증거물의 중요도가 변할 수 있다. 처음에는 별로

---

51) Weston and Wells, *op.cit.*, p. 18.

52) Weston and Wells, *op.cit.*, p. 22.

중요할 것 같지 않던 증거물이 수사가 진행되면서 대단히 중요한 증거물이 될 수 있으므로 작은 증거물이라도 간과해서는 안 된다.

(2) 냉정 · 침착한 관찰

현장에 존재하는 자료들은 대부분 작은 것들이어서 눈에 잘 보이지 않는다. 그러므로 치밀하고 냉정하고 침착하게 관찰해야 한다. 현장관찰요원은 현장관찰에 착수하기 전에 현장에서 한 발짝 물러나 "어떤 방법으로 감식할 것인가?, 사진으로 남길 것은 어떤 것인가?, 증거물이 있을만한 곳은 어디인가?" 등에 대한 체계적인 관찰계획을 세울 정도로 냉정 · 침착한 관찰을 실행해야 한다.53)

(3) 선입관을 피한 객관적 관찰

선입관(prejudice)은 인간행동의 결정에 영향을 미치는 중요한 요인 중의 하나이다. 선입과 또는 편견이라는 말은 Latin어의 프래쥬디시움(praejudicium)에서 유래된 용어로서 세 가지의 의미로 사용되고 있다. 첫째, 비교적 고대에는 과거의 결정과 경험에 기초한 판단에 따라서 형성된 개념이다. 둘째, 영어로 바뀐 선입관이라는 용어는 사실에 대한 적정 조사와 고려 없이 형성된 판단, 즉, 때 이른 또는 조급한 판단에 의해 형성된 개념을 의미한다. 셋째, 과거의 객관적인 근거 없는 판단에 따른 현재 감정의 우호성이나 비우호성을 의미한다. 선입관에 대한 이러한 모든 개념을 종합한 간단한 개념은 충분한 근거없이 타인이나 사실에 대해 우호적이거나 비우호적인 감정을 의미한다.54)

범죄수사에도 수사관의 과거의 경험이나 판단에 기초한 선입관이 상당한 영향을 미친다. 수사관은 범죄의 유형에 따라서, 또는 피해자 또는 신고자가 누구인가? 등에 따라서 과거의 수사경험에서 형성된 선입관을 가지고 있다. 선입관이 성공적인 경우에 수사는 아주 효율적으로 수행될 수 있다. 그러나 선입관은 과거의 경험으로 형성되고 객관적인 근거가 없는 감정적인 요소이므로 실수나 오류를 초래할 가능성이 크다. 따라서 선입관이 수사과정, 특히 현장관찰과정을 지배해서는 안 된다.

---

53) 홍성욱 · 최용석 역, 앞의 책., pp. 52-53.

54) Gordon W. Allport, The nature of prejudice, Reading : Addison-Wesley, 1979, pp. 343-353.

(4) 임무분담에 의한 체계적이고 질서있는 관찰

경미한 범죄인 경우에는 순찰경찰관이나 정보경찰이 현장을 관찰하는 경우도 있다. 절도사건 현장은 대부분 전문적인 과학수사요원이 없이 외근 형사와 순찰경찰관들이 사진촬영과 지문이나 증거물 채취 등 현장관찰 업무를 수행한다. 그러나 살인, 강도, 강간, 방화 같은 강력사건은 전문적인 과학수사요원이 현장관찰을 담당한다. 실제로 살인같은 강력사건은 수사요원과 순찰경찰관, 그리고 과학수사요원, 법의학자 및 기타 전문가들이 참여한다.[55)]

따라서 현장관찰은 수사간부의 지휘아래 수사요원과 순찰경찰관 그리고 과학수사요원 사이에 적절한 임무분담이 이루어져 질서있는 관찰이어야 한다. 현장관찰의 혼란과 중복 등은 경찰관이 지문을 남기거나 현장의 유류물품을 발로서 밟아 훼손시키는 등의 문제가 발생하여 수사자료나 증거의 발견을 불가능하게 한다.

(5) 광범위한 관찰

유류품이나 유류물 기타의 현장자료는 협의의 범죄현장, 즉 범죄가 일어난 장소에만 있다고는 볼 수 없다. 옥외사건은 물론이고 옥내사건의 경우에도 현장에서 상당히 멀리 떨어진 곳에서 범죄에 사용된 흉기나 의류 기타 유류품이 발견된 경우가 적지 않다. 범인은 범행 후 도주하면서 흉기나 의류 등을 버려야 하는 상황에 있는 경우가 많고, 또한 현장에서 상당한 거리를 도주한 후에 마음을 놓는데서 의식적·무의적적으로 유류품을 버리거나 숨기는 일일 발생한다. 따라서 현장관찰은 될 수 있는 대로 협의의 범죄현장뿐만 아니라 현장주변까지 광범위 하게 실시되어야 한다.

(6) 치밀한 관찰의 반복

인간의 주의력과 관찰력에는 한계가 있고, 또한 범죄현장의 관찰대상은 주로 인간의 눈에는 잘 보이지 않는 아주 미세한 물질이나 흔적이므로 현장의 모든 부분을 구석구석까지 반복해서 관찰해야 한다. 일차적인 관찰이 끝난 후에 역순으로 다시 반복적으로 관찰하는 것이 요구된다. 반복적인 관찰 역시 임무분담에 따른 체계적이고 질서있는 관찰이어야 한다.

---

55) 홍성욱·최용석 역, 앞의 책., p. 50.

(7) 관찰수단의 총체적 활용

현장관찰은 인간의 오감에 의한 자연적인 관찰보다 보조수단을 사용하여 실행하는 완전한 관찰을 해야 한다. 확대경이나 현미경, 조명기구, 사진기, 비디오 카메라, 지문현출약품과 지문채취도구, 혈흔 검출시약과 채취용구, 기타 유류품 채취도구와 보관용구 등 모든 보조기자재를 이용해야 한다.

특히 모든 관찰개소는 관찰 당시마다 카메라, 특히 비디오 카메라로 촬영하여 사진이나 동영상으로 남겨야 하고 아울러 범죄와 관련되었다고 의심되는 사항과 범죄현장의 특징에 대해서는 체계적인 기록을 유지해야 한다. 발견된 자료는 정확히 채취한 후 과학수사연구소 등 전문감식이나 감정기관에 의뢰하여 과학적인 검증을 거쳐 객관적인 증거로 확보해야 한다.

(8) 기 타

현장관찰은 범행시와 동일한 조건하에서 이루어져야 하며, 평상시와는 모순되고 불합리한 점의 발견에 관심을 기울여야 한다.

5. 현장기록 방법

범죄현장 관찰 동안에 작성되는 현장기록(field notes)은 현장관찰과 발견되는 증거에 관한 기초기록이다. 그리고 범죄현장을 있는 그대로 잘 나타내줄 수 있는 기록은 노트기록, 현장 사진과 도면이나 스켓치 형태의 그림, 그리고 최근에 많아 사용되기 시작한 비디오 테이프, 컴퓨터 프로그램 등이다. 현장 기록은 수사단서나 범죄의 재구성을 위한 증거로서의 기능을 한다는 점에서 중요한 수사자료이다.

현장관찰의 첫 단계는 현장상황에 대한 기록으로서 그 방법은 다양하다. 일반적으로 현장기록 방법은 ① 범죄현장 전체에 대한 사진촬영 및 비디오 촬영, ② 현장관찰 과정 중에 발견되는 특징에 대한 사진과 비디오에 의한 근접촬영, ③ 현장관찰 도중에 발견된 수사자료와 증거에 대한 스케치, ④ 관찰내용에 대한 노트기록과 도면작성 등으로 요약될 수 있다.[56)]

56) 홍성욱 · 최용석 역, 앞의 책., pp.52-53.

(1) 노트기록

범죄현장 노트기록은 사건수사 동안 수사관이 직접 작성한 비망록(memoranda) 형태이다. 사실 현장노트는 현장관찰 동안에만 작성되는 것이 아니고 수사관이 특정 사건에 배정되고 현장에 도착했을 때부터 현장기록을 하기 시작하여 그 사건이 종결될 때까지 계속 기록을 유지한다.[57] 노트기록은 현장관찰 요원의 가장 중요한 임무이다.

노트기록 방법에 대한 원칙은 다음과 같다.[58] ① 범죄현장에 도착했을 때 범죄현장과 그 주변에 관한 사항을 기록한다. ② 현장관찰 개시 시간, 관찰보조원의 이름, 기상과 조명조건, 현장관찰 지점의 범위, 사용된 특수 감식장비 등을 기록한다. ③ 발견한 모든 유의한 증거물에 대해 상세히 기록한다. 즉, 발견장소와 일시, 발견자의 인적사항, 증거물의 특징 등에 대해 기록한다. 또한 증거물에 대한 처리기법과 정확한 측정결과를 기록해야 한다. ④ 범죄현장에 손상된 물건이나 물체, 가구와 기타 물건들의 흩어진 상태에 대해 기록한다. ⑤ 현장에 존재하는 비정상적이거나 이질적인 현상은 모두 기록한다. ⑥ 유사한 다른 범죄현장에서 보통 발견되는 증거물이 없다는 사실도 기록한다. 즉, 침입구로 추정되는 출입문 등의 관찰 시에 지문 등의 범죄흔적이 발견되지 않을 경우에는 그러한 소극적인 사실도 기록하는 것이 중요하다. ⑦ 기록은 수사자료나 단서를 발견할 그 때 그 때마다 기록한다. 발견한 사실을 기억해 두었다가 후에 기록한다는 것은 잊어버리거나 기억이 흐려져서 정확한 기록을 어렵게 한다. ⑧ 도면이나 수사조서를 작성한다는 생각으로 정확하게 기록해야 한다. ⑨ 기록할 때마다 동시에 사진촬영과 스케치, 도면작성을 하는 것도 정확한 기록을 확보할 수 있는 방법이다.

(2) 사 진

1) 현장사진촬영의 원칙

수사관은 범죄현장을 촬영하기 전에 범죄현장이나 현장의 어떤 물체를 이동시키는 등의 변경을 초래해서는 안 된다. 수사관은 현장관찰단계에서 보존된 현장을 있

57) Weston and Lushbaugh, *op.cit.*, pp.47-48.
58) *Ibid.*, p.38.

는 그대로 사진촬영해야 된다. 항상 구체적이고 개별적인 관찰에 들어가기 전에 현장 전체를 다양한 각도에서 사진 촬영을 하고 특이한 물건이나 증거를 발견한 경우에 우선적으로 있는 그대로를 사진촬영해야 한다.

범죄현장의 사진은 범죄현장 사실에 대한 영원한 기록물이다. 따라서 사진촬영은 미래에 범죄현장의 재구성을 위한 사실을 기록하는 수단이다. 그러나 사진은 현장기록, 정확한 현장측정기록, 그리고 현장 스켓치를 대체하지는 못한다. 사진은 범죄현장을 기록한 다른 형태의 기록물을 보완하는 기능을 한다. 사진은 범죄현장의 미세한 물질과 증거를 기록하고 묘사할 수 있는 가장 용이한 방법이다.[59)]

연속적으로 촬영되는 현장사진은 촬영일시와 일련번호가 부여되어야 한다. 그리고 수사관이 촬영한 사진의 일련번호는 그 자신이 작성한 현장의 노트기록의 일련번호와 연결되어야 한다.

2) 목 적

범죄현장에 대한 사진촬영 목적은 사진이 범죄현장에서 발견한 것에 대한 수사관의 증언을 지지하는 증거로서 사용된다는 데 있다. 사진은 또한 범인의 상습적인 수법과 일련의 범죄 지속과정을 추적하기 위해 사용된다. 범죄현장의 증거에 관한 사진은 발견된 위치와 상태를 입증하고, 미세한 증거물은 사진확대 방법에 의해 확인될 수 있게 한다. 사진은 목격자나 수사요원의 기억을 되살리고 증거물과 현장의 상호관계를 보여주는 기능도 한다. 미국의 경우에 사진은 배심원에게 현장상황을 사실적으로 보여 주기 위해 사용된다.[60)]

3) 유의사항

① 촬영위치

현장의 위치를 있는 그대로 나타낼 수 있도록 촬영해야 한다. 범죄현장의 자연적인 구조 그 자체를 이용하여 촬영하고 촬영대상을 인위적으로 옮겨서 촬영하는 일이 있어서는 아니 된다.[61)] 가옥을 촬영하려면 출입문과 창문의 위치 등이 나타나도

---

59) *Ibid.*, pp. 52-53.
60) *Ibid.*, pp. 52-53.
61) *Ibid.*, p. 53.

록 가옥 외부, 그리고 마당과 뒤뜰, 다양한 방향에서 본 가옥의 모양 등 가옥 주변도 촬영한다. 사건현장과 그 주변의 상황을 정확하게 나타내기 위해 항공사진을 촬영하는 경우도 있다.

② 범죄현장 사진

범죄현장 사진은 마치 눈으로 범죄발생상황을 보듯이 현장을 사진으로 표현하는 것이다. 보통 범죄현장 촬영대상은 일반적인 것으로부터 구체적인 것으로 이동하면서 선정되어야 한다, 따라서 현장사진은 사건현장 전체를 먼저 촬영하고 다음으로 현장의 중요부분을 촬영한다. 살인사건 현장의 피해자 모습 등의 중요부분은 여러 각도에서 촬영하여 범행을 생생하게 보여주어야 한다. 이를 위해 사진을 겹치게 여러 장을 촬영해야 한다. 이를 위해 현장에서 발견한 여러 물체들간의 상관관계를 보여줄 수 있도록 원거리 전경(long range)사진 및 중거리(middle range) 사진 촬영을 우선적으로 실시해야 한다.

원거리 전경사진은 범죄현장에서 발생한 사건에 대한 전반적인 사실을 말하고 있어야 하며, 근접촬영의 대상이 되는 물리적인 증거를 찾을 수 있는 배경으로 기능해야 한다. 중거리 촬영사진은 특이한 증거물이나 범죄현장 중의 중요부분을 대상으로 한다.[62)]

③ 근접사진

근접사진은 범죄현장에서 발견되는 증거물을 촬영대상으로 한다. 이때 증거물 사진은 증거물의 위치, 특징, 그리고 조건 등을 상세하게 나타내는 것을 목적으로 한다. 범죄의 본질적인 요소에 대한 증명, 즉 코르파스 딜릭타이(corpus delicti)의 증명은 근접사진 촬영을 요구한다.[63)] 근접사진의 대상은 범죄현장의 무기나 흉기, 사체의 상처, 침입구의 흔적 등이 된다.

범죄현장의 증거물 촬영은 측정표지(measurement marker)를 사용하여 이루어져야 한다. 측정표지는 자를 주로 사용하지만 객관적인 인식이 가능한 동전같은 것도 사용가능하다. 이러한 측정표지를 증거물 바로 옆에 놓고 촬영해야 증거물의 진짜 크기가 명백해지기 때문이다. 수사관은 일단 증거물을 있는 그대로 한 장의 사진촬

62) Weston and Lushbaugh, *op.cit.*, p. 54.
63) *Ibid.*, p. 53.

영을 하고 다른 한 장은 눈금이 있는 자를 물체 바로 옆에 놓고 촬영하는 방식으로 한 물체를 놓고 두 번 촬영해야 한다. 자와 필름이 평행한 상태로 촬영해야 사진이 선명하고 사진을 확대하거나 1:1 사진을 만들어도 화질이 떨어지지 않는다. 그러나 증거물 위에 자를 대고 사진을 촬영해서는 안 된다. 자는 사진속의 주요 물체의 어떤 부분이 가려지지 않도록 위치해야 된다.

범죄현장에서 촬영되는 많은 사진은 완전한 식별을 요구한다. 사진 식별은 법정에서 증거자료화를 위해 반드시 필요하다. 따라서 증거사진은 식별자료(identification data)가 첨부되어야 한다. 식별자료는 다음과 같다. ⓐ 사진의 대상(subject)을 확인하기 위한 자료, ⓑ 사진촬영 장소 확인 자료, ⓒ 사진촬영자의 신분확인 자료, ⓓ 사건 번호, ⓔ 사진촬영 시간(분까지), ⓕ 사진촬영 일자, ⓖ 사진 일련번호, ⓗ 기상상태, 촬영기구, 셔터 속도, 필름종류, 현상기법 등에 관한 자료 등이다.[64]

④ 증거사진

모든 증거물은 원래 위치를 변경시키거나 치우기 전에 사진으로 촬영해 두어야 한다. 족적, 지문, 혈흔, 총기, 방어손상 등 모든 것을 촬영해야 한다. 그리고 현장관찰이나 감식과정에서 새로운 증거가 나올 때마다 추가사진을 촬영한다.

(3) 현장 스케치

1) 의 의

현장 스케치는 현장 사진 촬영을 한 뒤에 그려진다. 그것은 현장에 대한 개략적인 그림이나 도면과 같은 것이지만, 모든 중요한 대상, 특히 물리적인 증거의 위치를 명확하게 측정하여 그린 현장그림이다. 범죄현장을 스케치하는 기본적인 이유는 사진이나 보고서에 의해서는 이해가 불가능한 범죄상황을 이해가능하게 해 줄 수 있다는 점이다.[65] 현장 스케치는 사진이나 보고서가 밝히지 못하는 범죄상황의 부분을 보충해 주는 기능을 하며, 범죄현장 묘사와 관련하여 보고서보다는 뛰어나지만, 사진보다는 못하다. 그러나 스케치는 그 특유의 장점 때문에 보고서와 사진 모두를 보완할 수 있다. 더욱이 많은 사진들이 왜곡되는 경향이 있는 것과는 달리 스케치는 대상의 진짜 위치를 왜곡하지 않는다는 점도 스케치의 필요성이 인정된다.[66]

---

64) Gilbert, *op.cit.*, pp. 83-84.

65) Weston and Lusbaugh, *op.cit.*, pp. 54-55.

2) 특 징

현장 스케치는 현장에 있는 물체나 물건들의 상관관계를 나타낼 수 있으며 사진보다 훨씬 쉽게 사물의 위치를 나타낼 수 있다. 따라서 현장 스케치는 사진의 이해에 도움을 줄 수 있다. 스케치의 가장 큰 장점은 범죄의 재구성과 관련없는 불필요한 세부사항은 제거될 수 있다는 점이다. 그러나 사진은 그러한 범죄와 무관한 사항들이 제거될 수 없어서 범죄상황의 이해를 복잡하게 한다.67)

현장 스케치는 사건과 관련된 것들만 골라서 선별적으로 그릴 수 있으며, 넓게 흩어진 사물 사이의 거리나 지형 등은 스케치로 정확하게 그려질 수 있다. 또한 사람이나 차량의 이동한 경로는 사진으로 나타낼 수는 없으나 스케치로는 가능하다. 훗날 수사요원의 현장에 대한 기억을 되살리는데 도움이 되고 검사와 판사 및 배심원이 현장을 이해하기 쉽게 한다. 또한 스케치는 피의자나 용의자에게 질문하는데 사용할 수 있으며 수사요원의 증언내용을 뒷받침하는 자료로 사용할 수 있다. 사진, 노트기록(비망록), 그리고 스케치를 함께 사용하면 대단히 좋은 결과를 얻을 수 있다.

(4) 현장 스케치의 유의사항

1) 기록할 내용

수사관은 실제로 범죄현장에서 그림을 그리기 전에 무엇이 스케치에 포함되어야 하는가를 결정해야 한다. 기본적인 원칙은 범죄현장에서 중요한 물체들을 포함시키고 중요하지 않은 대상들은 단순화를 위하여 생략되어야 한다는 점이다. 스케치에서 공통적으로 범하는 실수는 범죄현장을 너무 상세하게 그림으로 나타내려고 할 때 발생한다. 모든 관련 항목들을 포함시키는 것이 중요하기는 하지만, 과도하게 상세한 스케치는 범죄현장을 명백하게 나타내지 못한다. 따라서 적절한 측정이 필요한 물리적 증거 항목과 대규모의 가구들만이 스케치에 포함되어야 한다. 스케치의 유용성은 정확한 측정의 정도에 좌우되는 것이지 스케치 대상들이 어느 정도로 현실감 있게 그려졌는가는 중요치 않다.68)

범죄현장 스케치에 기록되는 모든 측정물들은 고정된 영구적인 물체들만을 대상

66) Gilbert, *op.cit.*, p. 86.

67) 홍성욱 · 최용석, 앞의 책., p. 89.

68) Gilbert, *op.cit.*, p. 86.

으로 해야 한다. 이동가능한 대상물들이 포함된다면, 스케치의 가치는 크게 떨어진다. 예컨대, 수사관의 스케치를 확인하기 위해 범죄현장을 방문한 배심원이 증거의 위치를 표시하기 위해 사용된 물건이 이동되었다는 사실을 발견할 경우에 스케치의 신뢰성은 의문의 여지를 남기게 될 것이다.[69]

아울러 완성된 스케치가 최종보고서로 제출되기 전에 다음과 같은 자료가 포함되어야 한다. 즉, ① 작성 수사관의 인적 사항, ② 현장의 상세한 위치, ③ 스케치 작성 일시, ④ 문자나 번호에 의해 표시되는 중요한 물리적 증거의 위치를 보여주는 증거물 목록, ⑤ 사건번호, ⑥ 나침반 등을 이용한 방위표시, ⑦ 척도표시 등이 포함되어야 한다.[70] 또한 그림이나 도면의 축척을 표시하고 필요한 경우에는 그림 속에 있는 물체나 물건사이의 거리를 기록해야 하며 사물의 위치는 어떤 고정된 기준점으로부터의 거리로 나타낸다.[71] 기호를 사용해서 그림이나 도면속의 사물을 나타낼 수 있도록 범례를 표시해 두면 스케치하기가 쉽고 이해하기도 쉬워진다. 그리고 스케치된 그림이나 도면을 이해하고 훗날 증거로 사용할 수 있는 자료에 대한 내용을 기록한다.

2) 스케치 도구

연필이 펜보다 편리하고 중요한 물체는 색연필로 표시한다. 그러나 초벌 스케치는 연필로 작성하고 최종 스케치는 지워지지 않는 잉크로 작성한다. 동서남북이 표시되어 있는 방안지(graph paper)를 사용하면 그리기 쉽고 축적 및 거리를 손쉽게 확인할 수 있으므로 백지보다는 방안지를 사용해야 한다.

눈금자와 줄자도 필요하며 긴 거리를 측정할 때에는 1～30m 줄자를 사용하고 목수가 사용하는 접이식 줄자도 유용하다. 부동산 업자나 건축업자가 사용하는 가격이 저렴한 적외선 거리 측정장치를 이용하면 실내에서 손쉽게 거리를 측정할 수 있다.[72] 방향을 표시하기 위해 나침반도 필요하다.

---

69) Weston and Lushbaugh, *op.cit.*, pp. 55-56.

70) Gilbert, *op.cit.*, pp. 86-87.

71) 홍성욱 · 최용석, 앞의 책., p. 89.

72) 앞의 책., p. 89.

3) 스케치의 방법

범죄현장이 옥외 또는 옥내처럼 서로 발생장소가 다르고 현장에 놓여 있는 물체나 물건도 서로 다르기 때문에 스케치하는 방법이 달라진다.[73]

① 평면도

개요도 또는 조감도라고도 하는 평면도는 범죄현장 스케치에 가장 많이 사용되는 스케치 방법이다. 사건현장의 바닥에 있는 사물들을 그리는 것이므로 그리기가 간단하고 배심원같이 평범한 사람들을 이해시키기 쉬운 장점이 있다.

② 입면도

범죄현장의 물체나 물건이 수평면 보다는 수직면에 있을 경우에 사용되는 스케치 방법이다. 벽에 혈흔이나 도구흔 등이 있을 경우에 입면도가 필요하다.

③ 전개도

평면도와 입면도를 결합한 방법으로 이 방법은 평면도와 같은 방법으로 그리고, 다만 벽면만 바닥면에 펼쳐서 그리는 방법이다.

④ 3차원 그림

현장을 바닥, 벽면, 그리고 천장 등을 포함하여 그림을 그릴 수도 있으나 전문가가 아니면 사용이 불가능하다.

4) 사물의 위치 표시

현장의 전반적인 배경 그림을 그린 후에 사물의 위치를 정확하게 표시해야 한다. 바닥에 있는 물체는 고정된 두 물체로부터의 거리, 즉 실외사건 현장은 전신주나 건물외벽, 소방급수구, 대형 나무, 기타 공공시설이나 공공표지판, 지역안내판 등을 기준점으로 하고, 실내의 경우에는 출입문이나 벽면, 램프, 침대 등을 기준으로 하여 표시한다.[74] GPS 장치는 현장감식분야에서 멀리 떨어진 물체의 위치 표시에 사용될 수 있다.

---

73) 앞의 책., pp. 89-90.

74) *Ibid.*, p. 86.

5) 증거 채택여부

사진과 마찬가지로 스케치도 신빙성이 있어야 증거로 채택될 수 있다. 자격을 갖춘 사람이 그 스케치가 현장을 있는 그대로 정확하게 그린 것이라고 증언해야만 증거로 채택될 수 있다. 중요사건의 경우 현장에서 스케치한 그림을 토대로 전문가가 미적 요소를 가미해 그리거나 컴퓨터 프로그램을 이용해 다시 그린다. 현장이 대단히 복잡한 경우에는 건축모형을 이용하기도 한다.

(5) 비디오 카메라 촬영

1) 비디오 촬영의 장점

비디오 카메라는 최근에 현장촬영 도구로 널리 활용되고 있다. 그것은 동영상과 해설을 동시에 결합한 기록물의 촬영을 가능하게 한다. 비디오 카메라 동영상은 일반사진에 비교하여 다음과 같은 장점이 있다. ① 비디오 동영상은 사진의 경계선이나 카메라 렌즈에 의한 제한을 받지 않는다. ② 그것은 사진을 현상할 필요없이 직접 그 결과를 보여준다. ③ 동영상은 보는 사람들로 하여금 현장을 있는 그대로 인지할 수 있게 한다. ④ 소리를 동시에 녹음하여 사용할 수 있게 한다. ⑤ 캠코더는 휴대하기 편리하고, 가격도 싸고, 사용자가 조작하기 용이하고 그 영상도 고화질이다. 또한 비디오테이프는 시청을 위해서 대형 스크린 모니터에 쉽게 옮겨질 수 있다는 것도 사진보다 범죄현장을 정확하게 보여줄 수 있다는 장점이 있다.[75] 그러나 비디오테잎이 범죄현장 사진을 대체하지는 않는다. 비디오 테잎과 사진은 상호 연결되어 사용되어야 한다.[76]

아울러 어두운 곳에서도 촬영할 수 있다는 점이 일반 카메라 사진보다 유용하다. 미국의 경우에 피의자 자백이나 목격자 진술은 비디오로 녹화하고 있다. 특히 피의자의 자백은 판사가 그 임의성을 눈으로 확인할 수 있다는 점에서 2005년까지 미국의 많은 법집행기관들은 비디오 녹화를 정책적 차원에서 받아들이고 있다. 워싱턴 DC와 미네소타주에서는 모든 피의자 진술은 가능한 한 비디오 녹화를 하도록 법령에 규정하였다.[77]

---

75) Weston and Lushbaugh, *op.cit.*, p. 59.

76) Geberth, *op.cit.*, p. 157.

77) Gilbert, *op.cit.*, p. 120.

2) 범죄현장 비디오 촬영 목적

비디오테잎은 수사관, 의사, 법의혈청학자 등이 범죄사건에 대한 미래의 검토를 할 수 있도록 전체사건을 보존하는 것이 주된 목적이다. 따라서 비디오 촬영목적은 ① 증거의 식별, ② 범죄현장 발견 당시의 상황, ③ 현장에 관한 어떤 이차적인 의문들, ④ 수사관과 목격자들의 기억상기, ⑤ 다른 미해결 범죄들과 비교, 혈흔과 그 방향 및 장소, 낮과 밤 등 밝기의 상태, ⑥ 나무, 숲, 호수, 초목, 외부지형지물, ⑦ 기상상태, ⑧ 범죄현장 외부 군중집결 상태 등이다.[78]

3) 비디오 촬영기법

비디오 녹화는 전문 촬영요원이 같이 들어가야 하며, 현장이 실내인 경우에는 외부 전경부터 촬영한 후에 실내를 촬영해야 한다. 비디오 카메라에 의해 범죄현장을 촬영하는 동안 감식요원은 현장상황을 설명하는 내용을 녹음해야 한다. 녹음자는 자신의 이름, 일시, 장소, 사건번호 및 기타 확인할 수 있는 정보를 녹음해야 한다. 이때 현장에 있는 다른 요원들의 목소리가 녹음되지 않도록 주의해야 한다.

피의자 진술을 녹화할 때 그의 표정을 녹화하는 것이 중요하다. 흔히 피의자는 수사관의 어떤 질문사항에 대해서는 신경과민이나 불편함을 읽을 수 있는 어떤 몸짓을 무의식적으로 표현할 수 있다. 이러한 장면은 훗날 수사관의 평가와 분석을 위한 자료가 된다.[79]

비디오 테이프는 촬영 당시의 상태를 유지해야만 증거로 채택할 수 있으므로 편집하거나 지워서는 안 된다. 편집된 비디오 테이프는 증거능력을 인정받지 못하나 관할 경찰서에서 감식요원이나 목격자의 기억을 되살리기 위한 수단으로 사용되고 있다. 작은 물체를 확대촬영할 때에는 사진과 마찬가지로 자를 대고 촬영하여 실제 크기를 알 수 있도록 해야 한다.

(6) 컴퓨터에 의한 스케치와 측정모델

최근에 컴퓨터 프로그램을 활용한 범죄현장 묘사는 범죄현장 스케치의 정확성과 용이성을 크게 향상시켰다. 수사관은 컴퓨터 프로그램의 도움으로 일반적으로 발견

---

78) *Ibid.*, p. 153.

79) Geberth, *op.cit.*, p. 157.

된 항목들로부터 증거의 유형과 위치를 표시할 수 있다. 컴퓨터에 범죄현장의 기본적인 측정 내용들이 입력되면, 수사관은 컴퓨터 프로그램을 이용하여 하나의 증거물로부터 다른 증거물까지의 거리를 정확하게 측정할 수 있다. 또한 컴퓨터 스케치는 전통적인 스케치 방법에 의해서는 불가능한 사건현장의 전체를 보여줄 수 있게 하고 현장주변 또는 특정부분을 확대하여 나타낼 수 있다.[80)]

최근에 범죄현장을 2차원이나 3차원으로 나타내는 컴퓨터 프로그램은 현장을 일정 축척으로 그릴 수 있고, 총기사건의 경우에 탄환의 궤적을 나타낼 수 있어 나중에 현장을 재구성하는데 유용하게 사용될 수 있다. 모니터에 현장의 3차원 영상을 띄워놓고 컴퓨터 그래픽을 이용해 이용자가 마치 현장에서 보는 것처럼 나타내는 프로그램도 있다. 이 시스템은 법정에 설치된 스크린에 현장의 모습을 비춰가면서 배심원들에게 현장상황을 설명할 수 있는 장점이 있다.[81)]

컴퓨터에 입력된 축척모형(scale model)은 복잡하거나 중요한 범죄현장을 나타내는 데 필요하다. 사진, 비디오 녹화, 그리고 범죄현장 스케치 등이 범죄현장의 서면화를 위한 중요한 방법이지만, 시각적인 축척모형은 아주 유용한 것으로 판명되었다. 이 모형은 3차원이기 때문에, 범죄현장 전체를 극적이고 명백하게 나타낼 수 있다. 3차원적인 시각적 모형의 창출은 레이저 기술의 사용에 의해 발전하고 있다. 범죄현장의 측정에 레이저 광선 사용은 범죄현장 처리 시간을 크게 감소시키고 정확성을 크게 증가시키는 발전을 가져왔다. 이러한 시스템은 레이저 광선이 범죄현장을 비추고 지나가면 매초에 25,000개의 항목에 대한 측정을 가능하게 한다. 따라서 수사관은 어떤 두 개 이상의 항목들간의 거리나 위치를 포함하는 기하학적 자료 집단을 선별적으로 수집할 수 있다.[82)]

6. 현장관찰 방법

현장관찰은 우선 발견하고 싶은 증거의 유형을 확인하고 그 다음에 체계적인 관찰을 통하여 증거를 발견해야 한다. 책임간부는 성급하게 현장관찰을 시도하지 말고 체계적인 관찰계획을 세워 그에 따라 관찰을 지휘하고 통제해야 한다. 특히 수사관

80) *Ibid.*, p. 87.
81) 홍성욱 · 최용석, 앞의 책., p. 90.
82) Gilbert, *op.cit.*, p. 87.

은 별로 중요하지 않은 것 같지만 사실상 관련이 있을 것 같은 사소한 증거의 발견에도 주의를 기울여야 한다.83)

물리적 증거의 수집은 기본적으로 2단계의 절차를 거쳐서 이루어진다. 우선 수사관은 모든 크고 명백한 증거항목들을 탐색하고 수집한다. 그 다음에 미세한 물리적 증거항목들이 수집된다. 이러한 2단계 수집과정은 더 완전한 현장관찰을 위해 효과적이다. 현장관찰이란 증거는 완전하게 발견되어야 하고 가능한 한 증거물을 손상하거나 오염시키지 않고 처리해야 되는 양날을 가진 칼이다.84)

범죄현장 관찰(또는 수색)방법은 범죄현장의 규모, 장소, 그리고 복잡성에 따라서 선택된다. 실무적으로 말해서 현장관찰 또는 수색이 체계적이고 완전하게 이루어지는 한 어느 방법이 선택되어야 하는 가는 그렇게 중요한 문제가 아니다.85)

(1) 점추적 방법(point-to-point movement)

점추적 방법은 명백하게 증거가 될 수 있는 대상물들을 계속 따라 이동하면서 탐색하는 방법이다.86)

(2) 나선형 관찰 방법(spiral search method)

나선형 현장관찰 방법은 옥내사건과 옥외사건 모두에 적용될 수 있는 방법이다. 그것은 현장의 특정지점에서 시작하여 원을 따라 시계방향 또는 반시계방향으로 돌면서 내부 또는 외부의 특정 지점에 도달하는 관찰방법이다.87)

1) 서클확대 순환방법(ever-widening circle)

서클확대 순환방법은 범죄현장의 중심부에서 시작하여 보존된 현장의 외부경계지점까지 시계방향 또는 반 시계방향으로 이동하면서 현장관찰을 하는 방법을 말한다. 따라서 수사관이 현장을 순환하면서 관찰하는 궤적을 따라가면 점점 원이 커지는 형태를 보이게 된다.

---

83) Weston and Wells, *op.cit.*, p. 21.

84) Gilbert, *op.cit.*, p. 91.

85) Geberth, *op.cit.*, p. 182.

86) Weston & Wells, *op.cit.*, p. 19.

87) Weston and Wells, *op.cit.*, p. 19.

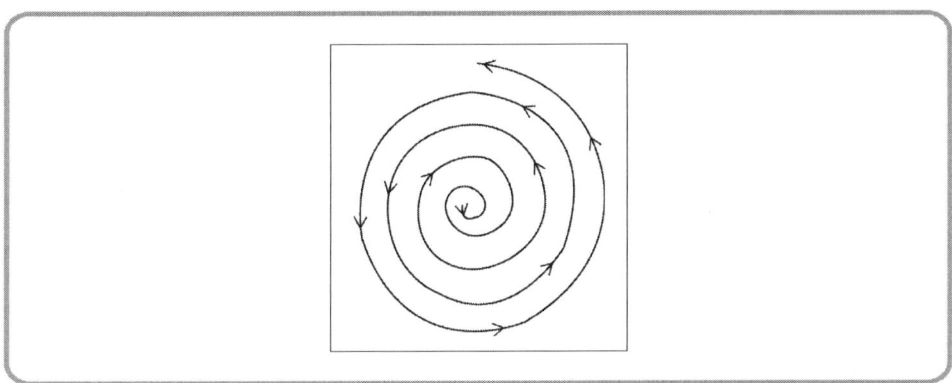

[그림 1] 서클확대 방법

2) 서클축소 순환방법

서클축소 순환방법은 현장의 외부경계 지점에서 시작하여 시계방향 또는 반시계 방향으로 이동하면서 현장 중심부에 도달하는 관찰방법이다. 따라서 관찰의 궤적은 점점 원이 작아지는 형태를 보이게 된다.

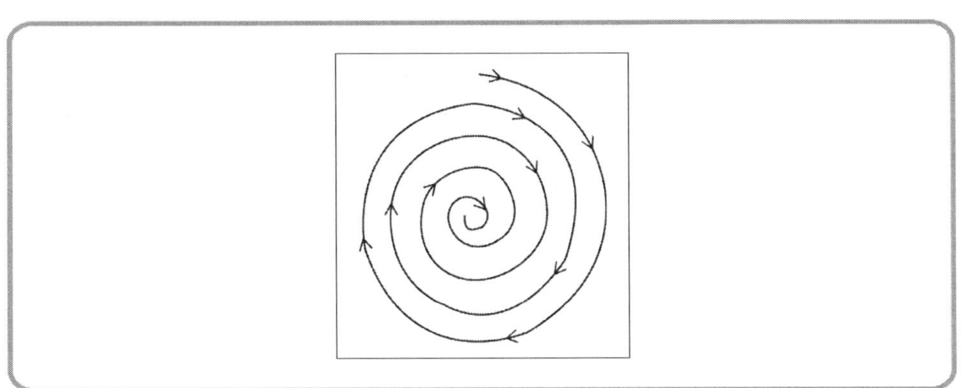

[그림 2] 서클축소 방법

(2) 권역형 또는 구획형 관찰방법(sector or zone search method)

권역관찰 방법은 옥외사건이나 아주 광범한 실내에서 발생한 사건에 유용한 방법이다.[88] 특히 실내에서 발생한 범죄현장 관찰에 효과적이다.[89] 이 방법은 범죄현장

88) Gilbert, *op.cit.*, p. 91.

89) Geberth, *op.cit.*, p. 184.

을 몇 개의 같은 크기의 권역이나 구획으로 나누어 각 권역별로 경찰관을 배치하여 그 권역이나 구획에서 발생한 모든 것에 대한 관찰 책임을 부여하여 관찰하는 방법이다. 또한 하나의 권역은 몇 개의 소 구획으로 나누어 관찰할 수 있다.

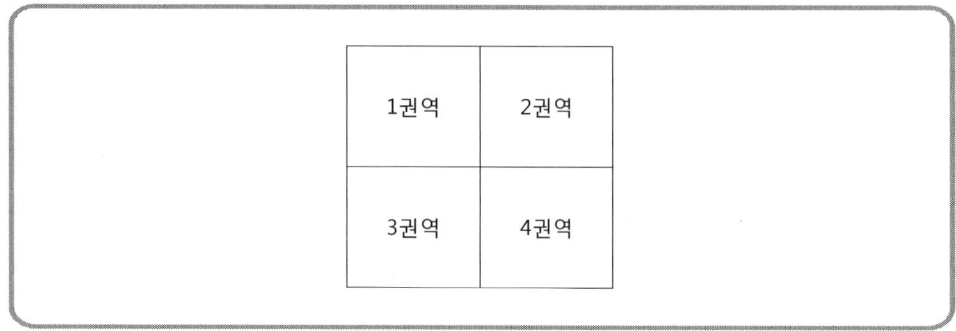

[그림 3] 권역형

(3) 활주로형 관찰방법(strip search method)

활주로형 방법은 지역이 광범하고 개활지역인 경우에 주로 사용된다. 관찰자는 범죄현장의 한쪽 끝에서 시작하여 반대편 끝에 도달할 때까지 직접 걸어서 관찰하는 방법이다. 그리고 다음으로 도착한 끝에서 시작한 쪽으로 되돌아오는 형식으로 이루어지며, 이때 처음 관찰한 노선을 따라 이동하는 것이 아니라 처음에 관찰한 노선에서 오른 쪽 또는 왼쪽을 관찰하면서 이동한다. 활주로 방법은 관찰자들의 수가 어느 정도는 되어야 완성될 수 있다. 물론 관찰자들의 수가 많을수록 범죄현장 전체가 포함될 확률이 높아진다.90)

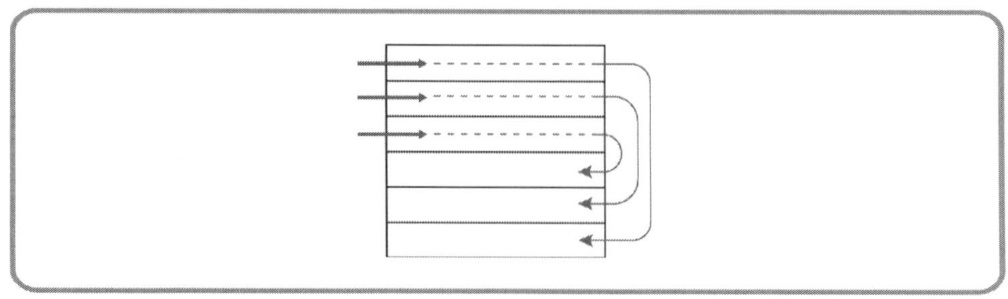

[그림 4] 활주로형

90) *Ibid.*, p.89.

(4) 격자형 관찰방법(grid search method)

격자형 관찰방법이란 범죄현장 전체를 바둑판의 선과 같이 교차시켜 여러 개의 격자를 만들어 관찰 경찰관들이 각 격자를 이동하면서 교차 관찰하도록 하는 방법이다. 실제로 모든 지역이 몇 번에 걸쳐 교차관찰된다. 이 방법은 아주 광범한 범죄현장이나 완전한 형태로 미세한 증거물을 찾아야 하는 범죄현장에 적용된다. 따라서 관찰지역도 광범하고 수색인원도 많이 요구된다. 격자형 관찰방법은 비행기 충돌 사고가 발생한 현장 관찰에 효과적으로 사용된다.[91]

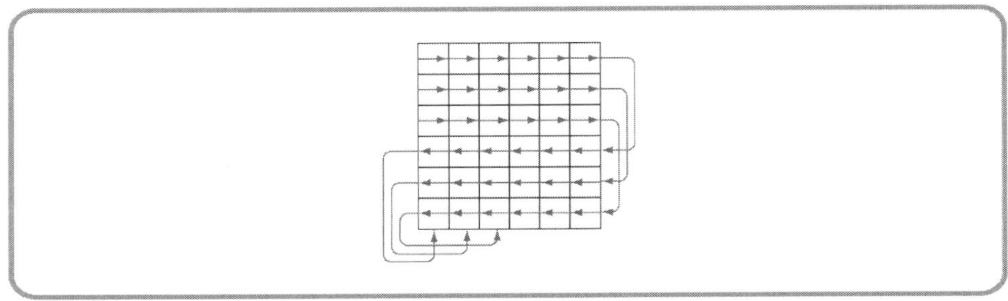

[그림 5] 격자형

(5) 바퀴형 방법(wheel method)

바퀴형 방법이란 관찰자들은 범죄현장의 중심에 집결하여 선박의 조타기나 차륜 모양의 방향으로 이동하면서 관찰하거나 수색하는 방법이다. 이 방법은 관찰자들이 범죄현장 중심부에 모일 때 증거들이 파괴될 가능성이 농후하고 관찰자들이 외부로 이동하면서 관찰이나 수색을 할 때 그들 사이의 거리가 점점 멀어진다는 결점이 있다.[92]

---

91) *Ibid.*, p. 90.

92) Geberth, *op.cit.*, p. 183.

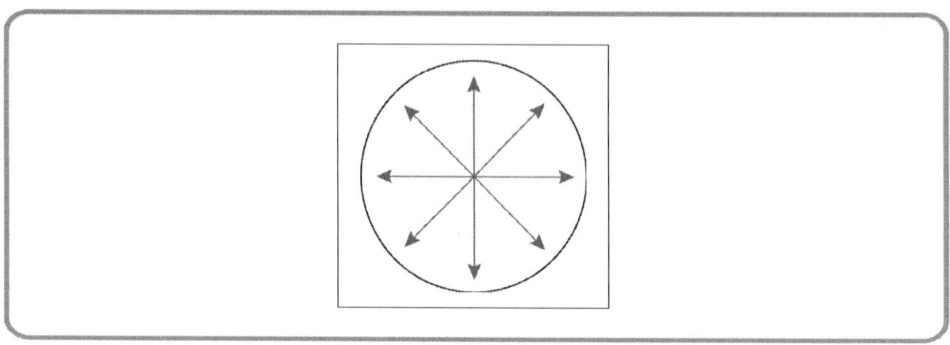

[그림 6] 바퀴형

(6) 선형 방법(line method)

야산이나 들판같은 야외범죄현장은 수목과 지형 때문에 관찰이나 수색이 어려울 수 있다. 이러한 경우에 가장 신속하고 쉬운 방법이 선형 수색방법이다. 경찰관들은 횡대로 열을 지어 지정된 지역을 나란히 앞으로 진행하면서 수색한다.93) 이 경우에 수색에 빠지는 지역이 생기지 않도록 수색인원과 수색선에 대한 사전 지정과 통제가 잘 이루어져야 한다.

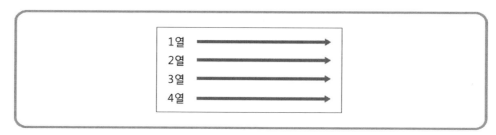

[그림 7] 선형방법

7. 현장관찰의 일반적 순서

현장관찰에 관한 일반원칙이나 순서는 없다. 현장관찰 순서는 범죄현장 상황에 따라 달라진다. 중요한 것은 현장 책임 간부의 현장관찰 순서와 방법에 대한 지식과 직관력이다. 책임간부는 현장관찰에 착수하기 전에 현장 주변에서 한 발짝 물러나

93) *Ibid.*, p. 184.

① 어떤 방법으로 관찰할 것인가? ② 사진으로 남길 것은 어떤 것인가? ③ 증거물이 있을만한 곳은 어디인가? 등을 중심으로 체계적인 관찰계획을 세워야 한다.

(1) 일반적 원칙

범죄현장 상태는 범죄의 종류와 범죄발생 장소에 따라서 다르기 때문에 현장관찰 순서에 대한 단일의 원칙을 제시하기는 어렵다. 현장관찰은 현장보존 다음의 초동수사절차로서 수사관과 과학수사요원 등 비교적 많은 사람들이 참여한다. 따라서 현장관찰 과정에서 중요한 것은 참여자들의 임무분담과 일정한 관찰순서 등에 대한 체계적인 관찰계획을 세워서 실행되어야 한다는 점이다.

현장관찰은 범죄현장 외부에서 시작하여 중심부로 이동, 전체에서 부분으로 이동하면서 이루어져야 한다는 것이 일반적인 원칙이다. 현장관찰의 일반적인 순서를 구체적으로 살펴보면 대체로 다음과 같이 요약될 수 있다.

1) 전체에서 부분으로 이동관찰

수사관들은 가옥 내에서 범죄가 발생한 경우에 가옥외부와 전체구조를 먼저 살펴보고 범죄현장으로 이동하면서 관찰한다. 선박 내에서 범죄가 발생한 경우에는 선박외부, 선박의 전체구조, 그리고 범죄가 발생한 내부격실로 이동하면서 관찰한다.

2) 외부에서 내부로 이동관찰

이 경우에 전체에서 부분으로 이동하면서 관찰하는 순서의 내용과 비슷하다. 야외에서 사건이 발생한 경우에 현장주변을 먼저 보고 범죄현장 내부로 이동하면서 관찰한다. 차량사건의 경우에도 대부분 차량외부부터 감식하고 내부로 이동한다. 뺑소니 사건은 차량외부와 하부관찰이 중요하다. 강간사건이나 살인사건이 차량 내에서 발생한 경우에도 외부관찰을 한 후에 차량내부에서 지문이나 모발, 섬유 등을 발견하기 위한 관찰을 한다.[94)]

3) 위에서 아래로 이동관찰

실내사건의 경우에 범죄현장의 천장이나 벽 등을 먼저 보고 그 다음에 범죄현장

---

94) 홍성욱 · 최용석 역, 앞의 책., pp. 80-81.

바닥을 관찰한다. 야산이나 숲속에서 사건이 발생한 경우 나무 가지와 나무전체를 올려보면서 먼저 관찰하고 그 다음으로 범죄현장을 관찰한다.

4) 좌에서 우로 또는 우에서 좌로 이동관찰

이 경우에 주로 건물이나 주택의 담이나 외벽을 왼편에서 오른 편으로 돌면서 관찰해야 한다고 주장하지만, 오른 쪽에서 왼쪽으로 돌면서 관찰하는 것도 관찰의 질서를 유지한다는 점에서 문제될 것이 없다. 즉, 시계방향 또는 반시계방향 어느 방향으로 돌면서 관찰하든 일정하고 세밀하게 관찰하는 것이 중요하다.

5) 침입구에서 중심부로 이동관찰

주로 주택이나 건물 내부에서 사건이 발생한 경우에 건물외벽이나 출입문 등에서 침입구를 먼저 관찰하고 그 다음으로 중심부인 범죄현장으로 이동한다.[95)]

(2) 범죄현장 관찰순서

1) 현장의 위치 및 주변상황 관찰

수사요원은 현장에 도착하면 범행현장의 내부를 관찰하기 전에 먼저 범죄현장의 위치, 주요지점이나 시설과의 거리관계, 현장주변의 지형, 교통상황, 도로상황, 가옥의 밀집정도, 명암 등 현장 부근의 총체적인 상황을 관찰해야 한다. 즉, 범죄현장의 외부상황을 먼저 관찰해야 한다.

2) 건물 주변의 관찰

범행의 현장이 옥내인 경우는 일단 가옥 주변의 지형적 특징이나 도로상황과 교통상황을 확인하고 가옥의 주변을 좌회 또는 우회하여 침입구나 도주구 등의 존재여부를 상세히 관찰한다. 담장이 있는 주택이면 먼저 담 밖을 좌회 또는 우회하면서 광범위하게 관찰하고, 다음에 마당에 들어와서 입구에서 담 안쪽을 좌회 또는 우회하면서 관찰한다. 담벽에 범인의 침입이나 도주의 흔적 여부를 세밀하게 관찰한 후 건물의 외부를 같은 방법을 돌면서 범죄의 흔적을 관찰한다.

---

95) 앞의 책., p. 57.

3) 현장내부의 관찰

① 옥내의 관찰

건물의 전체적인 구조와 방실의 출입구 등 총체적인 상황을 먼저 파악한 후에 침입구로 인정되는 곳에서 시작하여 그 주변을 관찰하면서 범죄현장 중심부로 이동한다.

② 옥내 현장의 구체적인 관찰순서

㉠ 범죄현장이 되는 방실에서는 입구를 기점으로 하여 내부로 향하여 좌 또는 우회하면서 순차적으로 방실내의 넓이, 형태, 구조 기타 특징을 관찰한 후 세부적으로 관찰한다.

㉡ 입구로부터 좌측벽, 다음에 정면의 벽, 우측벽, 그리고 입구까지 일순하면서 벽면에 혈흔이나 지문 같은 범죄흔적 확인, 가구의 배치, 문단속, 잠금장치 상황과 잠금방법 등을 관찰한다. 이때 우측벽부터 먼저 관찰하면서 좌측벽으로 이동하는 방법으로 관찰할 수도 있다.

㉢ 다음으로 위에서 아래로 순차적인 관찰원리에 따라 방실내의 천장의 상황, 조명기구의 특징과 점멸상태, 벽시계의 파괴나 정지상태, 다음에 방실의 바닥과 마루를 관찰한다.

㉣ 다음은 증거품으로 될 물건, 미세한 범죄흔적을 관찰하여 수집해야 한다. 그러나 현실적으로 관찰순서는 침입구로부터 이동하면서 각 관찰개소마다 흉기나 도구 기타의 유류품, 혈흔이나 지문·머리카락·피부조각·침이나 배설물 같은 유류물, 족적이나 도구흔 등의 자국흔적 등을 상세히 관찰하여 채취한다. 특히 과학수사팀에 의한 현장감식 단계에서의 증거채취는 멸실되거나 손상되기 쉬운 증거부터 채취해야 한다.

야간에 옥외관찰은 고감도 조명장치를 사용해서 할 수도 있지만, 주간만큼 미세한 물체를 관찰하기는 어려우므로 현장통제를 한 후 주간에 다시 시작하는 것이 좋다. 물론 기상상태가 좋지 않다면 고감도 조명이나 휴대용 발전기를 사용하여 충분한 밝기를 확보한 다음에 관찰을 해야 한다.[96]

---

96) 홍성욱·최용석 역, 앞의 책., p. 50.

8. 현장관찰의 착안점과 관찰기법

현장관찰은 범죄의 종류에 따라 순찰경찰관, 수사외근 요원, 그리고 과학수사팀이 각각 또는 합동으로 실시한다. 대체로 단순절도나 폭행사건과 같이 경미하고 빈발하는 범죄에 대한 현장관찰은 순찰경찰관에 의해 수행되고, 다액절도나 강도・강간 등 비교적 심각한 강력범죄의 현장관찰은 수사외근 요원이 담당한다. 살인이나 방화사건 등 아주 심각한 강력범죄의 현장관찰은 현장관찰 수준을 넘어 현장감식 수준에서 과학수사팀이 참여한다.

현장관찰이 문자 그대로 현장관찰 수준이든 감식수준이든 역시 수사활동의 일부분인 이상 수사목적에 따라야 한다. 따라서 현장관찰은 범죄사실의 진실 규명과 범인의 발견・체포를 위한 증거를 발견하는 방향으로 실행되어야 한다. 이러한 목적은 6하의 원칙이나 8하의 원칙을 구성하고 있는 수사요소들을 규명함으로써 달성될 수 있다. 즉, 범인(who), 범행일시(when), 범행장소(where), 범죄사실(what), 범행동기(why), 범행의 수법(how), 그리고 피해자(to whom), 공범(with whom)을 밝힐 수 있는 단서나 증거들을 발견하는 데 관찰이 집중되어야 한다.

(1) 범인에 관한 범적

1) 범인의 생물학적 범적

① 흔적과 자국(imprints and impression)

범죄현장에서 발견되는 자국과 흔적은 범죄현장에 있었던 사람이나 차량을 확인할 수 있는 증거가 된다.[97] 흔적(imprints)은 혈액에 찍힌 지문, 먼지 위에 찍힌 족적, 기름이나 진흙 위에 찍힌 타이어 흔 등과 같이 사람이나 차량의 돌출된 부분에 의해서 어떤 표면위에 남겨진 표시를 말한다. 한편, 자국(impressions)은 사람이나 차량보다 더 부드러운 물질위에 사람이나 물체의 무게에 의해 만들어진 표시를 말한다. 이러한 자국은 눈이나 부드러운 흙위에 찍힌 타이어흔이나 족흔이 대표적이며, 구두흔이나 족흔의 궤적은 사람의 신장이나 몸무게, 이동속도와 이상한 걸음걸이 등에 대한 어떤 단서를 제공한다. 또한 서로 다른 족흔의 발견은 공범의 수를 발

97) Weston and Lusrbaugh, *op.cit.*, p. 37.

견할 수 있는 수사단서가 된다. 그러나 수사기관은 이러한 자국이나 흔적들이 범죄의 증거로 채택되려면 용의자나 용의차량을 발견하고 확보해야 한다.

이러한 흔적이나 자국은 주로 침입구나 물건을 물색한 개소 주변, 그리고 피해자의 저항이 있었던 장소에서 발견되지만, 때로는 범행현장에서 떨어진 주변에서 발견되는 경우도 있다. 특히 지문은 흔적이나 자국형태로 범죄현장에서 발견될 수 있다.

개인의 지문은 수개 월 또는 몇 년 동안 남아 있을 수가 있어서 과거에 다른 일로 범죄현장에 위치한 경우에 지문의 범죄증거능력에 문제가 생길 수 있다. 유리나 도자기 등 매끄러운 물체에 인상된 잠재지문은 보존상태가 좋으면 수 년 동안 남을 수 있으며, 종이에 인상된 지문은 대단히 안정적이어서 종이가 물에 젖거나 훼손되지 않는 한 몇 년 동안 남아 있을 수 있다. 대기에 노출된 물체의 지문은 수개월이 지나도 현출될 수 있다. 오염물과 접촉해서 생긴 지문은 오래 가지 못하며, 혈액, 안료, 잉크, 기름 등이 묻은 손이 물체와 접촉해서 생긴 지문은 보다 오래 남고 보존조건이 좋으면 상당기간 보존될 수 있다.[98)]

② 인간의 체액과 배설물

범죄현장에서 발견되는 혈액이나 혈흔, 타액, 정액, 질액, 땀, 토사물, 대・소변 등 체액이나 배설물은 범인특정이나 용의자 압축을 위한 유력한 증거가 된다. 대부분의 체액은 혈액형 검출이 가능하고, 신선한 혈액과 정액, 일정량의 혈흔과 정액반은 DNA지문 검출에 의한 범인 특정을 할 수 있는 결정적인 증거가 된다. DNA검출은 혈액과 혈흔(백혈구)이나, 정액(정자)과 모근뿐만 아니라 침(saliva), 피부세포(skin cells), 뼈(bone), 이빨(teeth), 인체조직(tissue), 혈액세포가 포함된 오줌(urine)이나 대변(feces)에서도 가능하다.[99)] 문제는 이러한 신체적 유류물은 시간의 경과에 따라 변질, 오염, 훼손, 멸실 등 손상되기 쉽고, 더욱이 미량인 경우가 많아 방심하면 놓쳐버리기 쉽다는 점이다. 따라서 신속하고 세밀하게 관찰 후 수집해야 한다.

③ 모 발

모발은 머리카락뿐만 아니라 몸이나 팔다리, 눈썹과 속눈썹, 그리고 음모까지 포함하는 개념이다. 모발은 범죄현장이나 차량, 피해자나 용의자의 신체 또는 피의자

98) 홍성욱・최용석 역, 앞의 책., p. 112.

99) West and Lushbaugh, *op.cit.*, p. 72.

의 의복, 무기나 둔탁한 흉기와 같은 유류품 등에서 주로 발견된다. 모발은 살인, 강간, 폭행, 강도 그리고 비폭력적인 절도를 포함하는 다양한 범죄에서 발견된다. 인간의 모발은 상당히 일정한 비율로 머리에서 자연탈락하기 때문에 비폭력적인 절도현장에도 존재하고, 폭력범죄의 경우에는 피해자의 저항 등으로 모발이 강제적으로 뽑혀진다. 성범죄는 피해자의 신체에 가해자의 밀착으로 인해 모발이 피해자의 몸에 부착될 가능성이 높다. 또한 폭력범죄의 경우에 범죄에 사용된 무기나 둔탁한 흉기에 모발이 부착될 수 있다.

범죄현장에서 발견된 모발이 용의자의 모발과 동일한 것인 지는 논란의 대상이 되어 왔다. 무죄입증 운동 프로젝트(innocent project)는 모발감정 결과를 토대로 판결된 사건에 대해 미토콘도리아 DNA분석 결과를 제시하여 판결을 뒤집는 일이 발생하면서, 이후 감정인들 사이에는 모발 감정은 현미경 검사와 미토콘도리아 DNA 검사를 병행해야 한다는 공감대가 형성되고 있다. DNA검사가 불가능해 현미경 검사만 한 경우에는 '그 모발은 어떤 특정인의 모발이다'라고 단정지을 수 없다.[100)]

현미경 검사를 한 결과 범죄현장에서 발견한 모발이 용의자의 모발과 다르다면 '용의자는 범인이 아니다'라고 단언할 수 있으나 현장의 모발과 용의자의 모발이 동일할 경우에 '용의자 모발일 가능성을 배제할 수 없다'는 정도로 결론을 내릴 수 있을 뿐이다. 그것은 적극적으로 용의자의 모발이라는 결정을 내릴 수 없고, 단지 모발은 용의자의 모발일 개연성이 상당히 높다는 확률적인 개념에 지나지 않는다.[101)]

현미경 검사는 사람의 모발인 경우 그 모발이 머리카락인지 아니면 신체의 다른 부위에서 빠진 모발인지 밝힐 수 있다. 한 때는 모발 길이를 근거로 성별을 감정하던 시절이 있었으나 오늘날은 그런 감정은 인정되지 않는다. 남자와 여자의 헤어스타일이 유사하여 모발로부터 성별이나 나이를 정확하게 결정하는 것은 거의 불가능하다. 그러나 화학적으로 처리된 모발인지 여부를 감정할 수 있으며, 탈색, 염색, 파마 등의 화학처리가 된 모발과 용의자의 모발을 대상으로 한 화학처리 여부 감정은 가능하다. 모발에 이나 벼룩이 있느냐의 비교감정도 가능하고, 강제탈락한 모발인지 또는 자연탈락된 모발인지를 알 수 있어 이를 근거로 몸싸움이 있었는지를 확인할 수 있다. 강제로 탈락한 모발의 모근에는 세포가 남아 있어 DNA감정과 성별 감정

---

100) 홍성욱・최용석 역, 앞의 책., pp. 185-187.
101) Gilbert, *op.cit.*, pp. 276-279.

을 할 수 있다. 대체로 세포가 남아 있는 모근은 3가닥 이상이면 혈액형은 물론이고 DNA지문 검출이 가능하다.

2) 사회적 범적

범인이 사회생활을 유지하기 위해 필요한 의복이나 휴대품 등이 범죄현장에 의식적・무의식적으로 남게 되었을 경우에 이를 사회적 범적이라고 한다. 일반적으로 사회적 범적은 범인의 유류품을 말한다.

유류품은 범인이 범행 전에 정신적 긴장과 동요로 인해 범행시간을 기다렸던 장소나 범행 후의 흥분이나 피해자의 저항 등으로 인해 침입구 부근, 범행현장, 또는 도주로 주변에 무의식적으로 남기게 된다. 또한 범행후에 범행을 은폐하기 위해 의식적으로 범죄현장이나 현장주변에 유류품을 은닉하거나 방치하는 경우도 있다. 범행현장의 의식적인 은닉장소는 휴지통, 장롱, 기타 가구의 뒤쪽, 의류, 침구 속, 선반 뒤, 천장, 마루 밑, 화장실 등이 해당된다. 현장주변의 의식적인 은닉장소는 쓰레기통, 하수구, 민가의 담 안쪽, 지붕 위, 방화용수의 수중, 공터나 공원의 풀숲, 공중화장실 안, 빈집의 헛간이나 사찰 등이 선택된다.

① 착의 또는 그 일부

범죄현장이나 그 주변에 유류된 범인의 착의와 모자, 장갑, 손수건, 단추, 섬유가닥, 휴지, 흉기, 성냥, 보자기, 마스크, 서류조각, 영수증 등은 범인의 특정을 위한 유류품이다. 특히 개인의 의복에서 떨어진 섬유는 범인특정에 유력한 증거물로 인정되고 있다.

유류품이 범인의 것으로 추정되면 품질, 형태, 사이즈, 사용오염의 정도, 파손수리상태 등을 관찰해서 범인의 성별, 연령, 직업, 신장, 체격 등을 추정하는 수사자료가 된다. 착의에서 소유자 성명, 제조처, 또는 판매점의 마크, 세탁 영수증 등이 발견되면 유력한 수사자료가 된다. 특히 착의 또는 손수건이나 마스크 등에서 땀, 침, 모발, 혈흔, 정액, 때, 먼지, 비듬 등이 많이 부착되어 있으면 범인의 혈액형이나 경우에 따라서는 DNA지문을 검출하여 용의자의 범위를 압축할 수 있다.

② 휴대품이나 범죄도구

흉기, 범행용구, 성냥, 담배꽁초, 마스크, 보자기 등은 품질, 형상, 특징 등을 관찰해서 입수처, 입수 연·월·일, 입수방법, 입수가격, 도난, 유실, 대여 등의 사실을 수사하여 소유자를 밝히고, 지갑이나 수첩, 그리고 영수증 등이 발견되면 범인 발견을 위한 객관적인 수사자료가 된다. 그리고 먹다버린 과일조각이나 버린 껌은 침이나 잇몸에서 생긴 혈흔으로 범인의 혈액형이나 DNA지문을 검출할 수 있으며, 치흔을 검출하여 범인을 추정할 수 있다. 치흔은 개인마다 특이하므로 용의자의 동일성을 확인할 수 있다.

범행에 사용한 도구와 도구흔(tool marks)은 범인을 발견할 수 있는 증거가 될 수 있다. 주거침입절도나 강도 등과 같이 문이나 벽을 파괴하고 침입하는 것과 같이 강제로 범죄현장에 침입하는 범죄의 경우에 침입구에 도구흔이 발견된다. 또한 재물을 보관하는 금고나 상자 등을 열기 위하여 도구를 사용할 경우에도 도구흔이 남는다. 이러한 도구흔이 발견될 경우에 도구흔이 있는 물건을 그대로 수거하거나 물건이 클 경우에는 도구흔이 있는 부위만 따로 절단하여 그 원형을 보존해야 한다. 이때 범죄도구로 의심되는 물건을 발견한 경우에 그 도구를 도구흔에 직접 맞춰 보는 일을 해서는 아니 된다. 그 일치여부는 과학수사반이 감식의 과정을 거쳐 검증해야 한다.[102] 또한 범죄도구로 의심되는 물건을 발견한 경우에 미량의 페인트, 기름, 기타 미세물질을 발견할 수 있다. 따라서 범죄현장에서 공구흔이 명확하지 않은 경우에는 공구흔으로 의심되는 곳에서 미세증거물들을 채취해야 한다. 범죄의심 도구를 발견하여 거기에 묻어 있는 미세물질이 범죄현장에서 채취한 미세물질과 일치하는 것으로 감식과정을 거쳐 확인된다면, 범인특정을 위한 증거로 사용될 수 있다.[103]

③ 먼지, 흙 기타 미세증거물

미세한 물질들은 실험실 검사를 통하여 그 실체와 출처가 확인될 경우에 준 증거로서의 가치를 인정받고 용의자와 범죄를 연결시킬 수 있다. 범죄현장의 토양과 진흙, 차량하부의 부스러기(debris), 특히 사람과 의복에 묻어 있는 다양한 형태의 먼지는 훌륭한 증거자료이다. 미세한 유리조각과 페인트 역시 용의자 발견에 이용될 수 있는 증거자료가 된다. 범죄현장에서 채취한 토양, 유리조각과 페인트와 같은 미세증거물은 용의자가 체포되었을 때 그의 몸이나 옷, 신발에서 그러한 물질 등이 발견될 수 있다. 이러한 경우에 범인은 범죄현장에 있었다는 사실이 입증되는 것이다.

---

102) Weston and Wells, *op.cit.*, p. 31.
103) 홍성욱·최용석, 앞의 책., pp. 245-246.

④ **유류품의 냄새**

범죄현장에서 발견된 옷이나 수건 등의 유류품에서 특이한 냄새가 나거나 부착물이 있는 경우에 범인의 직업을 추정할 수 있고 범인을 발견할 수 있다. 착의나 휴대품에서 비린 고기 냄새가 나면 직업은 어부나 어물상이고, 기름냄새가 나면 공장의 기계공이거나 주유소 종사자, 페인트, 신나, 라카 등에 의해 오염된 것이면 도장공이나 페인트 공장 직공이라는 추정을 가능하게 한다.

⑤ **의심스러운 문서**(questioned documents)

현장에 유류된 편지, 협박문서, 낙서 또는 범행시 범인의 협박이나 대화내용 등은 범인의 지적 수준, 교육정도, 연령층 등에 대한 추정이 가능하여 용의자 선정을 위한 유력한 수사자료가 될 수 있다.

수표를 포함하는 사건의 경우에 수표 그 자체가 중요한 증거품이 되고 자살의 경우에 피해자가 남긴 유서 또한 중요한 증거품이다. 전부 또는 부분적으로 불에 탄 문서는 실험실 기술자들에 의해 복원되어 증거품으로 사용될 수 있다. 불에 타서 숯처럼 까맣게 된 문서(charred)는 복원하여 증거로 사용할만한 가치가 있다. 그러나 까맣게 탄 문서는 보존과 운반이 어렵다는 문제가 있으므로 보존시에 물을 스프레이하고 특수포장을 하여 실험실에 운반해야 한다.[104]그러나 일부 범인은 수사의 방향을 틀리게 할 목적으로 의미를 알 수 없고 논리적으로 모순되는 글을 남기거나 오른 손 잡이가 왼손으로 쓰는 일도 있으므로 주의해야 한다.

3) 전과 또는 상습성의 유무

범죄경력자나 상습범의 범죄수법은 대체로 교묘한 것이 특징이다. 유리창을 깰 때 소음을 줄이기 위해 수건에 물을 적셔 이를 대고 유리를 깨고, 대형금고 털이범은 전문기술이 있는 상습범이 대부분이다.

상습범은 간편하고 값진 귀금속, 특징이 없는 안전한 물건이나 현금을 범행대상으로 선정한다. 이러한 범죄대상을 물색하는 과정이나 행동은 위장되거나 순서적으로 이루어진다는 것이 또 하나의 특징이다.

104) Weston and Lushbaugh, *op.cit.*, p. 43.

4) 범행수법에 의한 범인추정

범행수법으로 보아 전문지식이나 기술이 없으면 실행불가능한 범죄일 경우, 범인은 그러한 전문적 지식이나 기술을 가진 자라고 추정할 수 있다. 특수한 지식이나 기술을 요구하는 범죄는 ① 독극물이나 의약품 사용사건, ② 시한적 장치에 의한 방화・폭발사건, ③ 회계・경리사건, ④ 산소용접기를 사용해서 절단하는 등 특수한 도구를 사용, ⑤ 사제 총기나 손으로 만든 무기 사용, ⑥ 고압선 절취 전선절도, ⑦ 화약류나 화공약품류 사용, ⑧ 지폐・화폐・유가증권・명화의 위변조, ⑨ 특수한 살인 방법에 의한 범행 등이다.

(2) 범행일시에 관한 관찰

범행일시의 추정은 범죄사실의 규명과 범인의 특정에 중요한 수사요소이다. 범행일시는 어떤 자가 용의자로 수사선상에 올랐을 경우 알리바이 수사에 결정적인 단서가 된다. 범행일시는 피해자나 목격자 또는 가족 등 참고인의 진술에 의해 확인되는 경우가 많지만, 이들의 진술이 정확하지 않을 수도 있고, 거짓말을 할 수도 있다. 또는 가족이 외출 중이어서 확인이 불가능할 수도 있고, 목격자가 없는 경우도 있다. 상당한 기간이 경과된 후 발견되는 사건 등은 범행일시를 결정하기 대단히 어렵다. 따라서 범행현장에 존재하는 모든 유류품이나 유류물 및 사체 등에 대한 과학적인 감식을 통해서 범행일시의 추정에 도움이 되는 자료를 발견하는 것이 중요하다.

일반적으로 살인사건의 범행일시는 실내사건을 중심으로 논의 되고 있다. 그러나 그러한 범행일시 추정 방법은 현실적으로 관련 자료가 존재하지 않을 가능성이 더 높다. 따라서 가장 현실적으로 범행일시를 추정할 수 있는 현장관찰이나 감식방법을 살펴 볼 필요가 있다.

1) 실내 살인 사건

일반적으로 실내 사건인 경우에는 다음과 같은 요소들이 범행일시를 추정할 수 있는 수사자료로 거론된다. 그 내용은 ① 범죄현장의 각 종 시계나 피해자가 소지 또는 착용하고 있는 시계의 정지상태가 범행의 충격이나 영향으로 인한 것으로 추정되는 경우, ② 범죄현장의 일력이나 각종 메모, 그리고 출입구에 있는 신문이나 우편물의 투입상황 등에 의해 추정되는 경우, ③ 유류품이나 족흔 등에서 눈・비 등

날씨와 관련된 흔적을 발견하여 범행일시를 추정하는 경우, ④ TV나 라디오의 프로그램 시청 상황이나 세탁물의 건조상태, 주전자, 목욕탕 등의 물의 온도상태, 또는 방실의 청소상태, 가구위의 먼지, 거미줄, 잔이나 병에 들어 있는 물의 증발상태, 꽃병 속 꽃의 건조상태, 음식물 주문 일시 등에 의해 범행일시를 추정하는 경우, ⑤ 침실의 이불속 온도, 피해자의 착의 종류와 상태를 관찰하여 추정하는 경우, ⑥ 식탁에 널려진 식기나 음식물의 종류와 상태에 의해 일시를 추정하는 경우, ⑦ 족흔, 혈흔 등의 온도와 습도, 변색, 응고 등의 상태에 의해 일시를 추정하는 경우 등이다.

2) 실외 시신 발견사건

실외에서 시신이 발견된 경우에는 시신아래 혹은 주변 식물의 생장상태를 보고 시신유기 시간을 추정할 수 있다. 시신에 눌린 식물은 약 1주일이 경과하면 엽록소가 없어지고, 시신아래 깔린 식물과 주변식물의 생장정도를 비교하면 시간경과를 추정할 수 있다. 기후가 바뀌면 시신 아랫부분의 습기와 다른 부분의 습기를 비교해서 시기에 대한 추정이 가능하다. 의복의 부패정도에 의해 시기 추정이 가능하며, 섬유의 부패는 면섬유의 경우에 5~6년, 모 섬유는 8~10년, 가죽 및 견 섬유는 20년 이상이 걸린다.

3) 과학적인 사체감식

실내·외를 불문하고 살인사건의 범행일시는 사체냉각, 사후경직, 사체얼룩, 동공이나 각막의 변화상태, 사체의 부패정도, 음식물의 소화정도와 잔사물의 감식에 의해 추정가능하다.

(3) 범행장소에 관한 사항

범죄수사의 8하 원칙의 요소 중 어디where)에 해당하는 범죄장소는 "범죄자가 왜 그 장소를 범죄장소로 선택했는가?"를 밝힐 수 있는 핵심적인 요소라는 점에서 중요하다. 범죄자는 범죄를 계획적으로 범하는 경우에 체포되지 않고 안전하게 범죄의 목적을 달성할 수 있는 장소를 선택한다. 따라서 범인이 범행장소를 선택한 이유를 밝히게 되면, 범인추정이 가능해진다. 또한 시체를 발견한 수사요원이 실제 범행장소는 다른 곳이라는 사실을 밝히게 되는 경우 그것은 범인과 피해자의 관계를 추정하는 단서가 될 수 있다.

범행장소는 범죄수법과 더불어 연고감이나 지리감에 의한 범인 추정을 위한 유력한 단서가 된다. 범행장소를 범인이 지리적으로 잘 아는 장소라는 사실이 밝혀지면 연고감이나 지리감에 의한 범인추정을 할 수 있는 중요한 단서가 된다. 범행장소와 시체 발견 장소가 다른 살인사건은 대체로 연고감이나 지리감이 있는 범죄자의 소행인 경우가 많다.

(4) 범행동기에 관한 사항

1) 중요성

범죄의 동기(motive)는 사람이 어떤 방법으로 행동하게 하는 원인에 해당한다. 어떤 특별한 범죄행동에 대한 동기는 범죄행동에 대한 자기설명적이라는 점에서 중요한 기능을 한다. 살인, 방화(arson) 그리고 폭발물 사건 등은 범인이 밝혀지지 않은 상태에서 범행의 동기파악이 수사의 성공을 결정한다.[105] 범죄의 동기는 수사요소의 8하 원칙을 구성하고 있는 '왜(why)'에 해당하며 범행일시나 범행장소 등과 함께 수사상 빼놓을 수 없는 요소이다.

따라서 현장관찰과정에서 현장의 상태, 범행의 수단과 방법, 피해상황, 흉기의 종류, 피해자의 평소행동, 현장의 범행 전후의 상황 등에 대해 상세히 관찰·분석하여 범행동기를 규명할 수 있도록 노력해야 한다.

2) 동기 추정위한 자료

① 피해품 유무

범행으로 인한 피해품 유무의 확인은 장물수사를 위해서 뿐만 아니라 범행동기를 추정하기 위해서 꼭 필요하다. 살인사건이 발생한 경우에 금품 물색흔적과 피해가 있으면 물욕이 범죄 동기로 추정되고, 피해품이 없고 사람에게 폭력만 행사했다면 원한이 범죄동기로 추정된다. 피해품이 일반적으로 무가치하지만 피해자에게는 중요한 것이라면, 그 동기는 원한으로 추정된다. 살인이나 강·절도의 경우 피해품이 증서 또는 권리 등 특수한 것이라면 이해관계에 의한 동기 추정이 가능하다.

---

105) Gilbert, *op.cit.*, pp. 49-50.

② 신체적 피해상황

살인사건의 경우에 피해자의 사인, 흉기의 종별, 공격의 부위, 공격횟수, 공격정도, 피해자의 저항 유무 등은 동기추정에 중요한 수사자료이다. 범죄현장을 관찰한 결과 필요 이상으로 수회에 걸쳐 흉기로 난타 또는 칼이나 날카로운 흉기로 수 차례에 걸쳐 잔인하게 공격한 경우는 원한이나 치정이 범죄동기로 추정된다. 피해자가 나체로 살해되었거나 성기 부분 손상이나 강간의 흔적은 치정에 의한 살인으로 판단된다. 살해된 시신의 내부 장기가 없어진 경우는 미신이 살인 동기로 작용한 것으로 볼 수 있다. 그러나 재물절취를 위해 침입한 범죄자가 평소 면식이 있는 피해자의 저항에 직면한다든지 피해자가 범인의 얼굴을 보았다는 이유로 잔인하게 살인하는 경우도 있으므로 수사를 진행하면서 범죄동기를 신중히 판단해야 한다.

③ 우발범죄와 계획범죄에 의한 동기 추정

계획범죄는 원한이나 치정이 범죄의 동기로 작용하고, 대체로 연고감이나 지리감이 있는 자의 소행으로 판단된다. 연고감이나 지리감이 있는 자가 재물을 강취하지 않고 살인만 했다면 원한이나 치정에 의한 계획범죄로 판단가능하다. 계획적인 범죄는 흉기를 사전에 준비하는 것이 특징이지만 흉기가 피해자의 것이라도 발견이 용이하지 않은 상태였다면 계획적인 범죄로 판단할 수 있다.

한편, 우발적인 범죄는 현장에 누구나 쉽게 발견할 수 있는 흉기를 사용하고 대부분 물욕이 범죄동기로 추정된다. 그러나 평소 이성친구나 애인 관계에 있는 자들이 다툼 끝에 우발적으로 범죄를 범할 수 있다. 이 경우에 상대방의 배신에 대한 보복이 동기로 작용할 수 있다. 또는 범죄 동기를 확실하게 알 수 없는 경우도 있으므로 범죄수사 과정에서 입수한 수사자료를 종합하여 검토한 후 범행동기를 추정해야 한다.

(5) 범행수법에 관한 관찰

범행수법은 수사요소의 8하 원칙 중 '어떻게(how)'에 해당하는 범죄행위의 핵심적인 요소이다. 범인은 어떻게, 즉 어떤 범행방법과 수법에 의해 그러한 결과를 초래했는가를 밝혀내는 것이 범죄사실 규명의 핵심이다. 특히 살인사건 수사에서 흔히 제기되는 자살과 타살에 대한 논쟁은 결국 범행방법과 수법의 규명으로 귀결된다.

범행방법이나 수법에 대한 객관적인 규명은 범죄사실의 확인은 물론 범인의 발견과 체포에 도달할 수 있다. 상습범과 범죄경력자들은 침입방법이나 도주방법, 그리고 범행수법이 특이하고 반복적이기 때문에 범죄수법만 확인되면 수법자료 등에 의해 범인 특정과 체포에 도달할 수 있다. 우리나라는 수법범죄를 법규화하여 수법원지와 피해통보표 등을 작성·관리하여 수사에 활용하고 있다.

1) 침입구 부근의 특이성 관찰

범인도 사람이므로 특히 실내 사건인 경우 밖에서 실내로 들어오는 문을 통과해야 한다. 따라서 범인의 침입구가 된 문의 주변에는 수사단서가 될 수 있는 귀중한 자료를 남기는 경우가 많다. 특히 상습범이나 범죄경력자는 교묘하고 특이한 침입방법이나 수법을 동원한다. 예를 들어, 오늘날에는 별로 설득력이 없지만, 돌을 던져 가족의 부재를 확인 한다든지, 범행후 잡히지 않는다는 미신으로 현장에 대·소변을 본다든지, 전화선을 절단한다든지 하는 경우는 범죄경력자의 소행으로 추정된다. 그러나 빈집털이 정도의 단순절도이면 몰라도 강력범죄자들이 DNA가 검출될 수 있는 오늘날 현장에서 대·소변을 보는 범죄자는 찾아보기 힘들다.

그리고 침입수법과 과정이 너무나 쉽게 이루어진 경우는 연고감·지리감이 있는 자가 범인이라는 추정을 가능하게 한다. 또한 외부에서 침입한 흔적이 전혀 없거나 발견 불가능할 경우에 내부자나 내통자의 범행이라고 볼 수 있다.

2) 범행도구의 흔적 및 사용방법

침입구 또는 범죄현장에는 범인이 사용한 도구와 그 사용방법에 대한 자료수집이 가능하다. 현장관찰 결과 침입에 사용한 도구의 종류 및 사용방법 상의 특징이 판명되면 유력한 수사자료가 되고, 범인의 특정 및 체포를 위한 단서가 된다. 또한 피의자를 검거하여 조사시 그 진술의 진실성을 뒷받침하는 자료가 된다. 또한 무기나 흉기 등의 범행도구의 종류와 사용방법상의 범적 역시 범죄사실의 진실규명과 범인특정을 위한 객관적인 증거가 된다. 수사과정에서 발견되는 모든 범적은 사진 촬영해야 하지만, 특히 범행에 사용된 도구 사용과 관련된 범적의 길이·넓이·깊이 등은 사진촬영 및 실측하여 물증으로 보존해 두어야 한다.

3) 도주로의 상황

도주로의 선택도 범인에 따라 특이한 범행방법 중의 하나이다. 대부분의 범죄자들은 도주로를 침입구와 동일한 장소를 사용하지만, 침입구와 다른 도주로를 미리 준비하는 자도 있다. 범인에 따라서는 침입하여 범행에 착수하기 전에 미리 도주로를 만들어 놓기도 하고, 도주할 경우 문을 원상태 대로 닫고 밖에서 문을 잠가두기도 한다. 이러한 범죄자들은 대부분 상습범 또는 전과자들이다.

9. 현장자료의 수집 및 보존

(1) 현장자료의 채취전 현장책임자에게 보고

수사관들과 감식요원들은 1차 현장관찰을 하고 아울러 이 과정에서 사진촬영 및 스케치가 끝나면 현장관찰을 종료하고 증거물들을 채취한다. 수사요원이나 감식요원은 현장에서 자료를 채취하기 전에 지휘자에게 보고하고 그 지휘를 받아 채취하여야 한다.

(2) 증거관리의 연쇄(chain of custody)

수사관이 범죄현장에서 증거물을 발견했을 때 그때부터 법정에 까지 증거의 완전성을 관리할 책임을 진다. 수사관이 증거물의 소재와 소유에 대해 책임을 지는 것을 증거관리의 연쇄라고 한다. 증거의 연쇄가 파괴된다면 그 증거물은 법정에서 증거로서 인정될 수 없기 때문에 증거관리 책임 절차는 대단히 중요하다. 따라서 수사관은 모든 증거가 이동되거나 운반될 때 마다 영수증을 받아야 한다.[106]

(3) 증거물 채취시 일반적 주의사항

물리적 증거물의 수집은 기본적으로 2단계의 절차를 거친다. 우선 수사관은 모든 크고 명백한 증거물을 찾아서 수집한다. 그 다음으로 보다 작은 증거물들이 수집된다. 수집절차의 2분화에 의해 보다 완전한 증거수색과 수집이 가능해진다. 현대의 범죄현장은 양날을 가진 칼과 같다. 즉, 증거는 완전히 수집되고 기록되는 절차를 거쳐 처리되어야 하지만, 오염을 피하기 위해서 가능한 한 증거물에 손을 대지 않도록 해야 한다.

---

106) Gilbert, *op.cit.*, p. 91.

물리적 증거물을 수집하는 방법은 발견되는 증거물의 종류에 따라서 다르다. 특히 모든 고체형태의 물체는 그것이 비록 도구나 깨진 유리나 문 손잡이 일지라도 주의 깊게 다루어야 된다. 그 이유는 잘못다루면 그 물체에 부착되어 있을 수 있는 지문을 지울 가능성이 있기 때문이다. 증거수집을 하는 수사관들은 깨끗하고 가벼운 물질로 된 장갑을 반드시 착용해야 한다.[107] 미세한 증거물을 수집하는 단계에서 수사관들은 섬유, 먼지, 흙, 모발, 유리조각, 액체, 체액, 그리고 눈에 보이지 않는 잠재지문 같은 아주 미세한 증거물들이 유의한 증거가 될 수 있다는 사실을 항상 염두에 두어야 한다.

범죄현장에서 증거시료의 채취와 변질방지, 그리고 증거물의 포장과 송부는 실험실 감정을 위해 과학적으로 처리되어야 한다. 이 부분은 과학수사편에서 구체적으로 다루어질 것이다.

---

107) *Ibid.*, pp. 91-92.

제5장 탐문수사

제1절 탐문수사의 본질

1. 의 의

(1) 개 념

탐문수사란 수사기관이 범죄사건에 관한 정보를 얻기 위해 대면적인 대화를 하는 것을 말한다. 탐문대상이 되는 사람은 범죄나 그 상황에 대한 지식을 가진 사람으로 확인된 개인들이다.[108] 일반적으로 탐문수사는 범죄사건에 대한 증거나 수사자료를 수집하기 위해 범인 이외의 제3자가 직접 체험한 사실이나 견문한 사실을 청취하여 수사자료를 수집하는 수사기관의 활동을 말한다.

그런데 경찰의 탐문수사는 전통적으로 탐문(interviewing)과 심문(interrogation)이라는 두 가지 형태로 나누어진다. 먼저 탐문은 범법자가 아닌 사람에게 질문하는 것과 관련된 수사활동을 말한다. 한편, 심문은 범죄혐의를 받는 용의자에게 질문하는 것과 관련된 수사활동을 말한다.[109] 따라서 탐문수사는 탐문과 심문을 포함하는 의미로 사용된다. 즉, 탐문은 피해자와 목격자 같은 참고인을 대상으로 하지만 용의자를 대상으로 하기도 한다.

---

108) Weston & Wells, *op.cit.*, p. 131.
109) Gilbert, *op.cit.*, p. 101.

(2) 탐문대상에 대한 검토와 영향요인

수사관은 탐문수사를 통하여 수집된 정보를 기초로 자신이 범죄 당시에 현장에 있었던 것처럼 범죄상황을 이해할 수 있을 정도에 도달해야 한다. 따라서 수사관은 탐문을 하기 전에 대상의 신뢰성, 의사능력, 그리고 신빙성을 반드시 검토해야 한다. 범죄 발생 당시에 목격자가 술에 취해 있었다든지 정신이상이나 약물투여 상태에 있었다든지 하는 경우에 탐문정보의 증명력은 인정되기 어렵다.

또한 탐문수사에 의한 정보수집은 다음과 같은 요인들의 영향에 따라 그 성공여부가 좌우되므로 수사관의 대상에 대한 사전 검토와 기술적인 접근이 요구된다. 즉, 1) 탐문대상의 협조적인 태도, 2) 대상의 인지능력, 3) 수사관의 탐문기술, 4) 대상의 정서상태, 5) 수사관의 법적 지식 등에 따라 탐문의 결과가 좌우된다.[110)]

2. 중요성

범죄현장에는 피해자라는 범죄를 직접 체험한 사람이 존재하고 또한 그 가족이나 목격자들이 존재한다. 수사요원은 탐문수사를 통해 이러한 피해자와 목격자 등 참고인들로부터 범죄사건에 대한 직접적인 증거를 수집할 수 있다.

탐문수사는 초동수사 단계의 현장보존과 현장관찰 과정에서부터 전개되는 기본적인 수사활동이다. 범죄현장에 출동한 경찰관은 범죄현장 주변에 모여 있는 사람들이나 배회하는 사람들을 대상으로 범행이나 범인에 대하여 목격하거나 알고 있는 사실을 확보하기 위한 탐문수사를 전개한다. 초동수사과정에서 범인을 체포하지 못하고 범인을 특정할 수 있는 결정적인 증거도 확보하지 못한 경우에는 범인이 체포될 때 까지 탐문수사는 계속된다. 탐문수사 없는 수사는 없다고 할 정도로 탐문수사는 필수적인 수사활동이다.

범죄사실의 진실 파악과 범인특정·체포를 위한 수사단서를 확보하지 못한 경우에 모든 범죄수사에 있어서 탐문수사는 필수적이다. 또한 범죄사건과 같은 사회현상은 사회 전체에 파급되는 경향이 강하여 그 사건에 관한 범죄사실이나 용의자에 관한 정보는 소문이나 파문의 형태로 직·간접적으로 사회전체에 파급되기 마련이다.

---

110) *Ibid.*, p. 101.

그러므로 일반 시민들이 특정 범죄사건에 대해 알고 있는 정보를 탐지하는 탐문수사는 범죄해결을 위해 필수적이고 중요한 활동이다.

3. 탐문의 대상

탐문의 대상은 대체로 범죄피해자, 목격자, 그리고 용의자로 나누어질 수 있다. 그런데 용의자는 범죄를 범한 피의자가 될 수 있는 사람이므로 탐문의 대상이 아니라는 주장이 제기될 수 있다. 피의자 신문은 탐문수사가 아니라고 보기 때문이다. 그러나 범죄 용의자는 여러 명일 수 있으며 그 여러 명 중에서 범인이 누구인가를 확인하는 증거를 수집하는 과정속에 피해자와 목격자 탐문 등이 행해지고 경우에 따라서는 용의자를 직접 대면하여 탐문할 수도 있다. 따라서 용의자도 분명히 탐문의 대상이다.

(1) 피해자(victim)

1) 일반적인 탐문

피해자는 탐문수사의 가장 공통적인 대상이다. 탐문의 대상이 되는 대다수의 피해자는 절도범죄와 같이 범인과 신체적인 접촉없이 피해자화된 사람들이 해당된다. 이들은 범인을 목격한 사람도 있고 그렇지 못한 사람도 있다. 또한 소수의 피해자들은 강도나 강간, 폭력처럼 범인과 직접 신체적인 접촉으로 육체적·정신적 피해를 입은 사람들도 있다.

피해자에 대한 탐문은 ① 범죄의 성질, ② 피해자의 인적 사항과 배경, ③ 피해자의 정서상태 등을 사전에 확인한 후에 실시되어야 한다.[111] 피해자는 범인이나 그 가족의 보복 등의 두려움 때문에 경찰관의 탐문에 반드시 호의적인 것도 아니고 특히 범죄피해로 인해서 정서상의 문제를 겪고 있는 사람들은 경찰관의 탐문을 회피하거나 탐문에 응할 지적·정신적 능력을 결여하고 있기 때문이다.

2) 정서적 영향상태 피해자

범인을 보았지만 신체적 접촉이 없는 피해자는 목격자 탐문과 동일한 방법으로

---

111) Gilbert, *op.cit.*, pp. 101-102.

이루어진다. 빈집털이 절도를 당한 피해자는 집에 돌아와서 피해상황을 발견하고 분노, 두려움, 불안에 빠지게 되지만, 비교적 짧은 시간 안에 정상적인 정서상태로 돌아온다. 그러나 강간, 강도 피해자 같이 범인과 직적 신체적 접촉을 경험한 피해자들은 흔히 장기간의 심각한 정서장애를 경험하게 된다. 전형적으로 범죄발생 초기에 그들은 범죄로 인한 충격이나 고통을 부정한다. 피해자의 또 다른 공통적인 반응은 고통과 수치심, 좌절감과 자기비난, 범인에 대한 공포감, 극한적인 비통함, 심리적 상실감과 침체, 대인기피증, 자살로 나타나기도 한다.

중요한 것은 이러한 상황에서 수사관은 범죄상황에 대한 답변을 강요하는 질문을 해서는 안 된다는 점이다. 이러한 상황에서 수사관은 피해자의 고통과 수치심을 이해하는 행동을 보여주는 것이 최선이다. 피해자가 범죄피해를 인정하고 대화를 할 수 있는 상태로 돌아올 때 까지 수사관의 탐문은 지연되어야 한다.

탐문이 개시된 경우에도 피해자의 정서상태는 오해를 불러 일으킬 수 있으므로 주의해야 한다. 피해자의 탐문에 대한 반응은 ① 완전히 병적으로 흥분한 상태의 반응, ② 어떤 정서적 반응도 나타내지 않는 완전히 조용한 상태를 보여주는 것과 같은 정반대의 반응으로 나타날 수 있다. 이 경우에 외형상의 표정이나 반응은 흔히 속임수에 지나지 않는다는 점이다. 말없이 조용한 피해자는 병적으로 광란상태에 빠진 피해자보다 정서적으로 더 큰 충격상태에 빠져 있다는 것이다. 따라서 수사관이 피해자의 외형상의 표정에 기초하여 결론을 내리는 것은 현명하지 못하다. 수사관은 피해자들의 정서상태를 정확하게 파악하고 그들의 정서를 안정시키는 상담자의 역할도 수행해야 한다.[112)]

(2) 목격자(witness)

목격자는 범죄현장에서 직접 범죄행위를 보거나 인지하여 알고 있는 사람을 말한다. 목격자 증언은 범인체포의 결정적인 증거가 되기도 하지만, 역사적으로 가장 신빙성이 떨어지는 증거이기도 하다. 수사관은 목격자들이 범인을 식별하는데 있어서 절대적으로 신뢰성이 있는 상황이었다고 기억하지만, 후일에 목격자의 진술이 잘 못된 것으로 판명나는 일이 발생한다.

---

112) Gilbert, *op.cit.*, pp. 103-104.

따라서 수사관은 목격자 탐문을 하기 전에 ① 범죄사건 동안 목격자의 의식상태(consciousness), ② 실제로 범죄현장에 목격자가 존재했다는 사실(presence), ③ 목격자의 사건 당시 심리적·정신적 주의력 정도(attentiveness) 등의 세 가지 요건을 확인해야 한다.[113] 즉, 목격자는 사건 당시에 의식적이어야 하고, 사건 발생동안 범죄현장에 있어야 하며, 심리적·정신적으로 주의력이 있는 정상상태이어야 한다.

따라서 수사관은 목격자의 신뢰성을 결정하기 위해서 인지의 정확성에 영향을 미칠 수 있는 다음과 같은 요소들에 관한 지식을 가지고 있어야 한다. 즉, 수사관은 ① 목격자의 신체적 능력(physiological abilities)으로서 시력, 청력, 반응시간의 정상 여부, ② 외부적 요인(external factors)으로서 기상, 사건현장과 목격자 사이의 거리, 목격자와 사건현장 사이의 장애물 존재여부, ③ 범죄에 대한 공포, 불안, 혐오감 등의 정서상태(emotions) 존재 여부, ④ 편견이나 개인적 이해관계와 같은 개인적 심사기준(personal screening) 존재여부 등에 관한 지식을 가지고 있어야 한다. 이러한 요소 중에서 외부요인이 목격자의 정확성을 판정할 수 있는 가장 중요한 요인이다.[114]

목격자 역시 범인이나 이해관계자들의 보복, 사건연루에 따른 불편함 등을 이유로 탐문을 피하거나 거짓답변을 할 수도 있다. 그러므로 수사관은 목격자를 탐문에 끌어들이고 거짓말을 탐지(deception of deception)하는 능력을 개발해야 한다.

(3) 용의자(suspect)

용의자는 범죄혐의를 받는 사람으로서 범인일 수도 있고 무고한 사람일 수도 있다. 따라서 그들은 탐문을 거부하거나 무죄를 주장하기 위해서 탐문에 응할 수도 있다.

용의자 탐문은 탐문전에 완벽한 준비를 필요로 한다. 용의자는 범죄혐의를 받고 있다는 점에서 목격자나 피해자와는 다르기 때문이다. 그러나 용의자 탐문은 범죄현장과는 다른 장소에서 행해지기 때문에 수사관은 충분한 준비시간을 가질 수 있다. 탐문준비는 범죄의 유형, 그 심각성, 피해자의 수, 혐의자에 관하여 이용가능한 정보의 수에 따라서 다르다.

대체로 용의자 탐문에 필요한 준비사항은 다음과 같다. ① 범죄와 관련된 모든 체

---

113) *Ibid.*, pp. 104-105.
114) *Ibid.*, pp. 105-106.

포와 범죄보고서(arrest and offense reports) 검토, ② 용의자에 관한 추가적인 체포정보 확보, ③ 목격자 보고서, ④ 용의자의 배경과 성격 파악, ⑤ 범죄현장 재방문, ⑥ 탐문장소의 고려 등이 준비사항이다.[115)]

탐문장소와 시간은 용의자탐문이 체포 후에 이루어질 수 있기 때문에 신중히 고려해야 될 사항이다. 대부분의 용의자 탐문은 경찰관서에서 행해지며, 경찰관서라는 공식적인 장소는 수사관에게 이점으로 작용한다. 용의자로 하여금 상황의 심각성을 상기시키고, 수사관을 속일 수 있다는 생각을 좌절시킬 수 있기 때문이다. 용의자 탐문은 체포 후 단시간 내에 행해져야 한다. 체포 후 탐문시간이 빠를수록 용의자는 그만큼 속임수 답변이나 조작을 할 시간적 여유가 없어지기 때문에 자발적이고 진실한 답변을 끌어낼 수 있다.

제2절 탐문수사의 종류

1. 범죄현장 탐문

(1) 의 의

범죄현장 탐문은 범죄신고 또는 경찰관이 직접 범죄를 인지하고 출동한 범죄현장에서 피해자와 목격자 등을 대상으로 전개되는 탐문 수사를 말한다. 이러한 탐문은 초동수사 과정의 한 부분이다, 초동수사과정에서 경찰관은 범죄현장과 그 주변에서 피해자와 목격자를 가능한 한 빠른 시간 내에 발견하여 탐문을 실시해야 한다.

시간은 현장탐문의 중요한 요소이다. 따라서 이러한 유형의 탐문수사는 비구조화(unstructured)되고 범죄현장에서 발생한 사실을 정확하게 확인하기 위해 어떤 계획이나 절차 없이 실행된다.[116)]

---

115) *Ibid.*, *op.cit.*, p. 110.

116) Weston and Lushbaugh, *op.cit.*, p. 137.

(2) 현장탐문의 단계

현장탐문은 네 가지 단계로 진행된다. 이 단계는 추적탐문과 유사한 점이 있기도 하지만, 상당한 차이점이 있다는 점에서 별도로 검토할 필요가 있다.

1) 사생활(privacy) 보호와 개방적인 질문의 단계

범죄현장이나 그 주변에서 탐문을 통하여 목격자를 발견한 후 사생활을 보호하고 주변 사람들의 간섭이나 방해를 방지하기 위하여 순찰차나 안전한 장소로 안내하여 당사자가 편안한 마음으로 탐문에 응할 수 있도록 조치를 한다. 질문은 개방적인 질문형태로 시작된다. 즉 "무슨 일이 발생했습니까? 무엇을 보거나 들었습니까?[117]

질문을 받은 상대방은 어떤 방해도 받지 않고 대답할 수 있어야 한다. 이때 노트에 메모를 하거나 녹음 또는 비디오 녹화 등은 금물이다. 그러한 행위는 탐문시간을 느리게 하고 상대방의 집중을 방해한다. 또한 수사관은 상대방의 답변 태도나 표정을 놓치게 되고, 탐문대상은 겁을 먹은 나머지 조심스럽게 되어 수사관이 원하는 것을 정확하게 대답하지 않는다.[118]

2) 답변한 내용의 반복과 목격자의 능력 검증단계

목격자가 질문에 대한 답변을 통해 수사단서가 될만한 정보를 제공하고 수사관이 그 정보를 충분히 이해하는 단계에 도달한 때에 목격자로 하여금 지금까지 답변한 내용을 반복하게 하는 등의 검토과정을 거친다.[119]

답변내용을 반복하는 이 단계에서 수사관은 대화내용을 기록하거나 녹음할 수 있다. 목격자는 범죄사건에 관한 정보를 이미 수사관에게 제공했기 때문에 이 단계에서의 메모나 녹음은 탐문대상자에게 겁을 주거나 답변에 지장을 주지는 않는다. 또한 수사관은 탐문 대상자의 능력이나 신뢰성을 확인하기 위한 질문을 해야 한다. 목격자의 정신적·육체적 능력 또는 피해자나 용의자와의 특수관계로 증언의 신뢰성에 문제가 제기되기 때문이다. 따라서 "당시에 안경을 착용하고 있었느냐? 당시에 술이나 약물을 복용한 상태에 있었느냐? 당신은 피해자나 용의자와 무슨 관계에 있느냐?" 등의 형태로 질문하고 확인해야 한다.

---

117) *Ibid.*, p. 140.
118) *Ibid.*, p. 140.
119) *Ibid.*, p. 140.

3) 탐문내용의 검토단계

이 단계는 수사관이 지금까지 탐문한 내용을 정확하게 기록하고 녹음하였는 가를 상대방과 함께 검토하는 단계이다. 목격자는 이 단계에서 자신의 증언 내용에 대해서 확인하고 잘못된 부분은 수정하고 빠진 부분은 보충하게 된다.[120]

4) 탐문협조에 대한 감사표시와 사후 연락체계 확립 단계

수사관은 탐문을 종결하면서 탐문에 응해준 상대방에게 감사의 표시를 하고 더 추가하고 싶은 내용이 없는지 물어본다. 이 단계에서 수사관은 자신의 명함을 탐문 대상자에게 제공하여 상호 연락과 협력체계를 유지해야 한다. 탐문 대상자는 범죄현장에서의 탐문과정에서 빠트린 중요한 내용을 그 이후에 기억해낼 수 있기 때문이다.

2. 추적탐문

(1) 의 의

추적탐문(follow-interviews)은 범죄현장에서의 초동수사이후에 전개되는 수사활동이다. 추적탐문은 초동수사와 현장탐문에 의해 수사관이 발견한 수사자료를 기초로, 또는 결정적인 수사단서를 확보하기 위해 피해자와 목격자 등 참고인을 발견하고 방문하여 실행된다. 특히 추적탐문은 목격자를 확보하지 못한 사건의 경우에 목격자를 찾아내는 활동이 핵심을 차지한다. 따라서 추적탐문은 범죄수사에 필요한 수사단서나 증거를 확보하기 위하여 피해자・목격자 기타 참고인을 발견하고 질문하는 사전계획과 준비에 따라 전개되는 활동이라는 점에서 구조화된 탐문(structured interviews)이라고도 한다.[121]

탐문수사는 대부분 추적탐문, 즉 구조화된 탐문을 대상으로 하고 있다. 그러나 현장탐문과 추적 탐문은 분명한 차이가 있으므로 구분하여 연구될 필요가 있다.

---

120) *Ibid.*, p. 140.
121) Weston and Lushbaugh, *op.cit.*, p. 137.

(2) 탐문의 준비

1) 대상자 선정

수사요원은 평소에 탐문의 대상이 될 만한 사람이나 장소, 대상업자 등의 기초자료를 조사하여 정리해 두고 사건 발생시 신속히 그리고 빠짐없이 탐문할 수 있도록 준비한다. 그리고 대상자들과 평소에 친밀한 인간관계를 유지하여야 한다.

2) 목적 확정

탐문을 하기 전에 탐문의 목적을 명확하게 설정해 두어야 한다. 사건의 개요와 이미 확인된 사항 등을 기초로 하여 사건의 진상과 범인발견·체포를 위해 무엇을 탐문해야 될 것인가에 대한 목적을 세우고 탐문해야 한다.[122)]

3) 상대자 선정과 분석

① 직접 체험한 자 선정

탐문 대상자는 범죄사실을 직접 체험한 자를 선정하는 것이 원칙이다. 따라서 아이가 본 것을 부모를 통해 청취하는 것은 허용될 수 없다. 이때 부모는 아이가 목격한 사실을 재구성하거나 사실을 왜곡하는 경향이 강하기 때문이다. 아이들은 본대로 이야기 하지만 부모들은 범인이나 용의자의 보복이나 인간관계의 악화 또는 사건에 휘말리는 것을 두려워하여 사실을 왜곡하여 대답하는 경우가 많다.

② 탐문의 우선순위 결정

탐문은 사건과 관련하여 이해관계가 없는 가장 공정한 위치에 있는 사람, 사건과 무관한 사람을 우선으로 해야 된다. 따라서 피의자나 피해자와는 무관한 사람이 탐문의 우선적인 대상이 된다. 사람은 일반적으로 최초 면접자의 말을 신뢰하는 경향이 강하므로 가장 공정한 위치에 있는 사람을 면접의 우선순위에 두어야 한다.

③ 상대방에 대한 심층적 파악

수사관은 탐문의 대상으로 선정된 대상자에 대하여 사전에 연령, 성별, 교육정도, 소속집단, 경력, 직업, 직위 등 개인의 인적사항이나 경력뿐만 아니라 현재의 처지,

---

122) Gilbert, *op.cit.*, pp. 101-102.

기분, 태도, 취미, 요구 등에 관해서도 파악하여 탐문에 대비한다. 상대방의 수준에 맞고 상대방의 입장을 고려하면서 효과적으로 탐문할 수 있다.

4) 계획수립

수사관은 탐문수사에 있어서도 수사활동의 일반원칙이라고 할 수 있는 6하 원칙에 의해 계획을 수립하여 탐문을 해야 한다. 즉, ① 누가(who): 수사요원 또는 의뢰받은 자, ② 언제(when):면접일시는 사건직후, 또는 상대방에게 편리한 시간, ③ 어디서(where): 면접장소는 상대방에게 편리한 장소 선택, 경찰관서나 상대방의 근무처 또는 자택 등은 회피, ④ 무엇을(what): 범죄사실과 범인에 대한 자료, ⑤ 왜(why): 범죄사실과 범인에 관한 정보를 얻기 위해, ⑥ 어떻게(how): 질문방법, 상대방의 질문에 대한 대응방법, 경찰관의 신분 표명 여부 등에 대한 탐문계획을 수립해야 한다.

3. 탐문의 필수요소

(1) 은밀한 탐문

탐문은 경찰관서에서 행해지는 것이 이상적이다. 수사관은 법적으로도 피해자나 목격자 등의 참고인을 경찰서에 출석요구하여 진술을 들을 수 있다. 하지만, 그렇게 하는 것이 항상 가능한 것도, 현실적인 것도 아니다. 모든 탐문의 80% 정도가 비공식적으로 이루어지고 경찰관서 외부에서 실행된다. 범죄현장이나 개인의 집 또는 사업장에서 행해지는 탐문은 은밀하게 행해질 필요가 있다. 이러한 비밀스런 탐문은 개인의 사생활 보장과 밀접한 관계가 있다.

탐문의 은밀성(privacy)은 112순찰차 안이나 다른 사람이 없는 별도의 방에서, 또는 다른 목격자들이나 외부인들이 엿들을 수 없는 차단된 어떤 장소에서 실행되어야 한다, 어떤 장소든 탐문대상이 선택한 편안한 곳을 탐문장소로 선택하되 다른 사람들이 면담 내용을 청취할 수 없고 면담과정에 관여할 수 없는 장소를 선택해야 한다.

은밀한 탐문은 용의자를 포함하여 목격자들이 많을 경우에 더욱 요구된다. 동일한 사건을 목격한 사람들은 물론이고 그들과 용의자 사이에는 서로간의 인지적 차이가 발생할 수 있다. 따라서 특히 범죄현장에서 목격자들과 용의자를 대상으로 탐문을 할 경우에 서로 분리하여 탐문이 이루어져야 진실을 확보할 수 있다. 또한 목격자 분리 탐문은 역전달의 가능성을 방지할 수 있다. 즉, 다른 목격자들의 진술을 엿들은 어떤 목격자는 의도적으로 다른 목격자들과 반대되는 정보를 제공하는 문제가 발생하는데 분리탐문은 이를 방지할 수 있다. 또한 분리탐문은 대상으로 하여금 진실을 밝힐 수 있는 분위기를 조성하고 경찰관과 탐문대상사이에 유대감의 형성, 즉 라포르 빌딩(rapport building)을 가능하게 한다.

(2) 라포르 빌딩(rapport building)

수사관에 대한 탐문대상자의 신뢰감 형성은 탐문의 목적 달성에 영향을 미치는 중요한 요인이다. 피해자나 목격자들은 범인이나 그 이해관계자들로부터 보복을 두려워하고 또한 범죄수사과정에 엮이기를 싫어한다. 그러므로 그들은 목격한 사실을 진술하기를 회피한다.

라포르 빌딩, 즉 신뢰감 형성의 목적은 탐문대상들을 탐문과정과 수사관에 대해서 편안하게 만들어 범죄에 관한 진실된 정보를 전부 말할 수 있는 분위기를 조성하는 것이다. 이러한 목적을 달성하기 위해 수사관은 탐문 대상자에게 호감을 줄 수 있도록 자신의 첫인상 관리에 유의해야 하며, 호의를 베풀어야 한다. 상대방과의 약속한 것을 지키고 추상적인 이야기보다는 수사관의 체험담 등으로 관심을 끌어내야 한다. 또한 필요한 때에는 상대방에 대한 존경과 동정심, 감정이입적인 태도를 가지고 대우해야 한다.

탐문에 들어가기 전에 몇 분 동안은 범죄와 무관한 주제를 화제로 삼는다. 능수능란한 수사관은 상대방이 말하기 좋아하는 주제, 즉 고향 이야기, 날씨, 또는 세상돌아가는 이야기 등을 화제로 선택한다.[123] 상대방의 주의를 환기시키기 위해서는 피부로 느낄 수 있는 인간적인 고뇌와 생명·신체의 고귀함에 대한 이야기를 주제로 삼는다. 이러한 단계를 거쳐 상대방이 긴장상태를 벗어나 질문에 진실되게 대답할 수 있다고 판단될 때 범죄에 관한 질문을 해야 한다. 또한 질문과정에서 함부로 자리를 뜨거나 시선을 다른 데로 돌리는 행위, 또는 언성을 높이거나 얼굴표정의 변화

123) *Ibid.*, pp.138-139.

는 상대방을 싫어한다는 뜻으로 받아들여질 수 있다.

(3) 청취위주의 면담

일반적으로 사람들은 말하기 좋아하고 상대방의 말을 청취하기를 좋아하지 않는다. 그래서 좋은 청취자가 되는 것은 어렵다고 한다. 탐문은 수사관이 묻고 상대가 대답하는 방식으로 이루어진다. 이 경우에 수사관은 주로 상대방의 말을 열심히 청취하는 입장을 취해야 한다. 수사관은 가능한 한 상대방의 말을 중간에서 차단하지 말고 끝까지 경청하는 인내와 열의가 필요하다. 상대방의 말에 동조하고 긍정하는 형식의 간단한 표현으로 면담이 계속될 수 있도록 유도해야 한다.

언어적 표현은 의사전달의 단지 일부분이라는 사실을 인식해야 한다. 타인과의 대화의 약 65%가 비언어적 표현으로 이루어진다. 따라서 탐문과정에서 수사관은 단순한 언어를 뛰어 넘어 상대방의 목소리 크기, 눈빛과 동작, 얼굴표정, 손동작, 그리고 몸동작 등으로부터 의미를 수집해야 한다. 수사관은 말의 내용(what is said)이 아니라 표현방법(how it is said)이 중요하다는 점을 기억해야 한다. 또한 좋은 청취자가 되는 것은 탐문과정에 능동적인 몰입(active involvement)을 요구한다. 즉, 수사관 역시 신체적인 다양한 동작으로 상대방의 말에 동조하는 태도를 보이는 것과 같은 것이 바로 능동적인 몰입이다.[124)]

4. 탐문의 유의사항

(1) 탐문대상자의 거짓답변 판단

목격자뿐만 아니라 피해자도 수사관과의 탐문과정에서 거짓말을 하는 경우가 많다. 빈복적인 연구에 의하면, 심지어 경험많은 수사관들도 이러한 탐문대상자들의 거짓의 탐지(detection of deception)에 성공하는 확률은 50%에 지나지 않는다. 따라서 수사관들의 탐문대상자들의 진실성을 검증할 수 있는 능력을 함양할 필요가 있다.

---

124) *Ibid.*, pp. 140-141.

1) 거짓말의 육체적 표현

사람의 안락수준이나 불안수준은 상대방의 진실성을 확인하려고 할 때 관찰해야 될 가장 중요한 단서들 중의 하나이다. 진실을 말하는 사람들은 긴장감이나 죄의식이 없기 때문에 안락한 표정을 나타낸다. 그러나 거짓말을 하는 사람들은 육체적으로 불안감을 드러낸다.

일반적으로 사람은 거짓말을 하면 순간적인 안색의 홍조나 목소리의 떨림 또는 불안한 표정, 심장박동 속도의 급증, 맥박과 호흡의 증가 등의 신체적 변화를 나타낸다. 비언어적으로는 자세가 흔들리면서 몸을 계속 고쳐 앉고, 발을 가볍게 흔들기도 하고, 무엇을 만지작거리거나 손가락으로 무엇인가를 두드리는 행동을 보이기도 한다. 또한 그들은 불안감을 느끼게 하는 사람, 즉 수사관으로부터 멀리 떨어져 앉는 경향이 있으며, 손으로 이마를 비비거나 얼굴을 문지르고 목을 비비거나 뒷머리를 두드리기도 한다. 또 다른 연구에 의하면, 사람이 긴장상태에서 거짓말을 할 때 눈을 자주 깜박이는 것으로 밝혀졌다. 이를 거짓말의 육체적 표현(physical signs of deception)라고 한다.[125)]

2) 강조(emphasis)

사람은 일반적으로 무엇인가를 강조(emphasis)하려고 할 때 말과 함께 신체의 일부분, 즉 눈썹, 머리, 몸통, 손, 팔, 다리, 발을 같이 사용한다. 그런데 거짓말을 하는 사람은 대부분 손이나 발 등과 같은 비언어적 행동으로 자신의 말을 강조하지 않는다. 그들은 무엇을 말하고 어떻게 속일 것인가를 생각하기에 정신이 없기 때문에 거짓말을 하면서 신체의 일부분을 사용하여 강조할 여유가 없다.[126)]

3) 조화(synchrony)

탐문상황에서 탐문 당사자의 어조는 서로 상대방의 거울이다. 진실된 탐문은 서로 어조 또한 조화를 이루기 마련이다. 대체로 사람들이 서로 진실을 말할 때 대화의 패턴, 앉은 자세, 대화의 빈도, 그리고 일반적인 표현 등에 있어서 일정한 정도의 조화(synchrony)를 이룬다. 이러한 조화가 결여된 대화는 면담자의 불안과 거짓임을

---

125) Weston and Lushbaugh, *op.cit.*, pp. 141-142.

126) *Ibid.*, p. 142.

의미한다. 조화의 결여는 말로는 "나는 그것을 하지 않았다"고 하면서 행동으로는 "나는 그것을 했다"고 말하는 것처럼 머리를 끄덕이는 상황에서 발생한다.[127]

4) 인지관리(perception management)

거짓말을 하는 사람들은 자신들이 범죄와는 무관하다는 것을 시사할 수 있는 언어적 · 비언어적 행동으로 수사관의 인지에 영향을 미치려고 시도한다. 그들이 사용하는 인지관리 표현은 "나는 결코 어떤 사람을 해친 일이 없다", "거짓말은 나의 사전에 없다", "나는 결코 거짓말을 하지 않는다" 등으로서 이러한 말들은 자신이 거짓말을 할 가능성을 암시하고 있다. 또는 "솔직히 말해서", "정직하게 말해서", 그리고 "나는 항상 진실을 말하라는 가르침을 받아왔다" 등과 같은 언명들 역시 수사관의 인지에 영향을 미치기 위해 의도된 것이다. 자신의 편안함을 과시하는 것처럼 하품, 지루함 표시, 긴 의자위에 팔다리 뻗기 등과 같은 비언어적 행동들 역시 인지관리의 사례이다.[128]

(2) 정보의 근원 확인

탐문에 의한 범죄사건 관련 정보의 수집은 그 진실성이 확보되어야 한다. 탐문대상자들은 사실의 왜곡이나 은폐 등으로 거짓정보를 제공하는 경우가 많기 때문이다. 정보의 진실성을 확보하기 위해서는 관련 사건에 대한 간접적인 경험자 보다는 직접적인 경험자를 만나서 탐문하는 것이 최선이다. 이 처럼 정보의 근원이 명확해지면 정보의 진실성을 보장받을 수 있다.

(3) 연속적 실시

하나의 사실이 탐문에 의해 확인되면 그것을 기초로 관련된 모든 사실을 신속하게 연속적으로 탐문함으로써 수사의 선을 확대해야 한다. 예컨대, 거동수상자를 본 사람이 있다면 즉시 그 자의 행적을 탐문하고, 유류품을 습득한 자를 알면 즉시 그 출처를 확인하는 탐문으로 이행하는 등 시기를 놓치는 일이 없도록 연속적인 탐문활동을 행하여야 한다.

---

127) *Ibid.*, p. 142.
128) *Ibid.*, p. 142.

(4) 상대자의 사정이용

탐문의 상대자 중에 사건 용의자 또는 그와 관련된 사람과의 어떤 이해관계나 감정대립 등이 있을 경우가 있다. 예컨대, 사업의 경쟁, 폭력단 상호간의 내분 등과 같은 경우에 상대방의 심리를 이용한다면 탐문수사의 목적을 쉽게 달성할 수 있다. 그러나 이 경우 탐문의 대상자는 전과자 또는 범죄집단의 구성원이 대부분이므로 정보의 신빙성에 대해 특히 유의해야 한다.

(5) 탐문내용의 정확성 검토

탐문에 의해 수집된 정보는 탐문 대상자가 선의의 진술을 하고, 직접 체험한 사실을 진술한다 하여도 사실에 대한 인지적 착오 가능성을 배제할 수 없다. 사람에 따라서는 명확하지 않은 사실을 보충하거나 과장하는 심리가 존재한다. 또는 악의에 의해 자기의 경쟁상대자에게 피해를 입히기 위해 고의로 허위정보를 제공하는 사례도 있다. 따라서 탐문에 의해 확보된 정보는 다각적으로 검토하고 그 정확도를 검증해서 적절히 판단해야 한다.

탐문내용의 정확성은 사용되는 용어의 순서, 거짓으로 보충되는 말 등에 의해 확인될 수 있다. 일반적으로 상대방이 처음에 사용하는 말이 가장 중요하므로 수사관은 상대방이 사용하는 말의 순서나 선택되는 단어에 주의를 집중해야 한다. 특히 탐문대상이 사용하는 "솔직히 말해서", "실제로", "결코" 같은 말은 그 답변의 신빙성의 결여를 의미한다.[129)]

(6) 책임 자각

탐문은 정보협력자를 이용하거나 수사요원 별로 정해진 담당구역을 중심으로 이루어진다. 특히 수사본부가 설치되는 중요사건 발생시 수사요원은 자기담당 지역의 탐문에 대해서는 책임지고 철저하게 탐문해야 한다.

(7) 해당 사건 관련 수집된 자료 비밀 유지

수사관은 탐문대상이 된 범죄사건에 관하여 이미 수집된 자료나 수사관이 알고

---

129) Gilbert, *op.cit.*, p. 118.

있는 사실에 관하여 상대방에게 절대 비밀로 유지해야 한다. 수사관은 범죄사건에 관하여 백지 상태에 있는 것처럼 상대의 이야기를 처음부터 끝까지 인내하면서 성실하게 청취해야 한다. 탐문 대상자는 피의자나 용의자와 비밀리에 만나 경찰의 수사진행 상황과 수사방향을 전달할 가능성을 배제할 수 없기 때문이다.

제3절 탐문방법

1. 직접탐문

직접탐문이란 수사관이 직접 상대자를 만나서 질문과 답변을 통하여 탐문하는 방법을 말한다. 수사관은 탐문 대상자를 직접 만나서 탐문을 할 경우에 자신의 신분을 밝히고 행할 수도 있고 신분을 숨기고 행할 수도 있다.

(1) 신분명시 탐문

다음과 같은 경우에는 수사관이 자신의 신분을 사전에 탐문대상자에게 명시하고 탐문하는 것이 보다 효과적이다. ① 범죄사실이 명백하고 탐문의 상대가 범인과 통모하거나 증거를 인멸할 염려가 없을 때, ② 수사관의 신분을 명시하고 탐문을 행하여도 사후의 수사에 영향이 없을 것이라고 판단될 때, ③ 피해자 가족을 대상으로 탐문을 할 때에는 경찰관의 신분을 밝히고 사정을 말한 후에 협력을 요청한다.

신분명시 탐문은 사건의 성격이나 상대자의 환경에 따라서 수사관보다는 지구대의 정복경찰관이 탐문하는 것이 효과적일 경우가 있다. 이러한 상황에서는 수사본부에 보고하여 지시를 받아 탐문경찰관을 결정해야 한다.

(2) 신분은익 탐문

탐문의 상대가 수사관 또는 경찰관이라는 사실을 알게 되면 경계를 하거나 사실대로 말하지 않을 우려가 있거나 범인과 통모, 즉 범인에게 탐문사실을 알리고 공모하여 수사에 지장을 초래할 위험성이 있을 경우에는 수사관은 신분을 숨기고 탐문하는 것이 효과적이다. 신분 은익 탐문대상은 다음과 같다. ① 피의자의 가족·친족

· 친구 또는 사건에 대한 이해관계가 있는 자들을 대상으로 하는 경우, ② 피의자의 애인이나 동거인을 대상으로 하는 경우, ③ 우범지역, 폭력단 내부, 마약범죄 집단 등을 대상으로 하는 경우, ④ 전과자, 장물취득자 또는 그들의 집합장소를 대상으로 하는 경우, ⑤ 독직범죄(직무상 뇌물범죄), 선거사범 등에 관련된 대상자들을 대상으로 하는 경우 등이다.

그리고 신분을 숨기고 탐문하는 경우에는 다음과 같은 사항에 유의해야 한다. ① 신분을 숨기는 것이 전제가 되는 것이므로 언동, 복장 등에 세심한 주의를 기울여 수사관의 신분노출을 방지해야 한다. ② 신분을 숨기고 다른 직업으로 위장하는 것이므로 관명사칭 등으로 「경범죄처벌법」 등에 저촉되지 않도록 주의해야 한다. 즉, 공직을 직업으로 선택해서는 안 된다. ③ 신분위장 시에는 반드시 수사책임자의 지휘를 받아야 한다.

2. 간접탐문

간접탐문은 직접 탐문이 어렵고 그 효과를 거두기 어렵다고 판단될 경우에 경찰관 이외의 제3자의 협력 얻어서 탐문을 실시하는 것을 말한다. 간접탐문은 협력자를 선택하는 것이 무엇보다 중요하므로 그 자의 인적 사항, 평소의 인간관계, 그리고 사건과의 이해관계 관련성 여부 등을 면밀하게 검토한 이후에 결정해야 한다. 이 경우에 반드시 수사책임자의 지휘를 받아서 실시해야 한다.

3. 탐문수사시 질문의 방식

(1) 질문의 절차

1) 개괄적인 목적의 고지

일반적으로 탐문대상자는 수사관의 방문이나 시간약속에 대하여 왜 그럴까, 목적이 무엇일까와 같은 불안감이나 걱정을 하게 되기 마련이다. 따라서 수사관은 본격적인 면담이 시작되기 전에 상대방을 안심시키기 위해 탐문의 목적을 개략적으로 알려줄 필요가 있다.

2) 전문용어 사용회피 및 암시 · 유도 금지

수사관은 질문시에 사회적 지위 또는 직업에 어울리는 용어를 사용하고 상대자가 이해하기 어려운 전문용어 사용은 피해야 한다. 또한 질문이 무엇인가를 대답하도록 암시하거나 유도하는 내용이 되어서는 안 된다.

3) 침묵의 활용

수사관은 탐문 동안 침묵을 탐문의 도구로서 사용할 수 있다. 일반적으로 탐문대상들은 경찰관의 계속적이고 빠른 질문을 예상하고 있기 때문에, 경찰관이 갑자기 침묵을 지키면 불안해 진다. 따라서 경찰관은 질문을 멈추거나 상대방의 말에 대응하지 않고 이에 불안해 진 상대방이 침묵을 깨고 계속 답변을 하게 만든다. 반대로 상대방이 침묵을 지키는 경우에 경찰관은 "당신은 아직 답변이 끝나지 않았어", 또는 "계속해" 등과 같은 말로 답변을 계속하게 만든다.[130]

(2) 인지적 탐문(Cognitive Interviewing)

1) 의 의

인지적 탐문기법은 1980년대 초기에 개발되어 미국의 형사사법체계 전반을 통하여 빠르게 받아들여지고 있다. 이러한 탐문과정은 인지심리학의 원리, 즉 기억에 대한 과학적인 연구를 강조하는 원리에 기초하고 있다. 수사관은 목격자와 피해자들의 범죄에 관한 정보를 재생하고 정교화하는 탐문기법에 인간의 사물에 대한 인지방법을 활용한다. 이 기법은 주로 탐문에 협조적인 목격자와 피해자들에게 사용된다. 이러한 기법을 사용하면, 수사관은 기억술(mnemonics)을 사용함으로써 계속 기억재생을 향상시키거나 부각시킬 수 있는 질문을 할 수 있다.[131]

2) 인지적 탐문의 단계

인지적 탐문은 4단계로 진행된다. 이를 통하여 수사관은 탐문대상이 범죄사건을 기억해 낼 수 있게 한다.

---

130) Gilbert, *op.cit.*, p. 118.

131) Gilbert, *op.cit.*, pp. 107-108.

① 범죄상황의 재구성

수사관은 범죄사건의 재구성을 위해 탐문대상에게 범죄현장의 물리적 환경의 특징에 대한 자세한 내용을 끄집어 낼 수 있도록 질문을 던진다. 즉, "범죄가 발생한 방실이 무엇과 같았느냐", "그 방 안에 특별한 무엇이 있었느냐", "특별한 가구가 있었느냐" 등과 같은 형식의 질문이 던져진다. 또한 수사관은 기상, 조명, 현장주변 사람들과 차량, 또는 범죄현장에 있었던 다른 특이한 물체 등에 대한 질문도 할 수 있다. 탐문대상들은 범죄당시에 자신들의 행동에 대하여 어떻게 느끼고 생각하는 지에 대하여 기억을 끄집어내야 한다.[132)]

② 모든 정보의 자유로운 대답

인지적 기법은 탐문 동안 대상들이 자유롭게 모든 정보를 제공할 수 있도록 설계되어야 한다. 수사관은 범죄에 관한 정보가 중요한 것인지를 확신하지 못하기 때문에 정보를 말하지 않는 사람이 있다고 설명하고 대상들이 무엇이든지 말할 수 있도록 허용한다. 중요하지 않은 것 같은 정보가 오히려 중요한 것일 수 있다. 사소한 정보라도 말하는 것이 중요하다는 점을 강조한다.[133)]

③ 범죄에 대한 역순 기억(recall of reverse order)

탐문 대상이 하나의 실마리로서는 기억을 되살릴 수 없다면, 다른 실마리로서 기억을 되살리도록 해야 한다. 전통적인 기억 되살리기는 사건의 처음부터 끝으로 이동하는 순서에 따르지만, 이러한 기억 순서가 효과적이지 못할 경우에는 반대순서로 기억 되살리기를 시도해야 한다. 수사관이 반대순서로 사건을 기억해내도록 요구할 경우에 이는 올바른 기억 실마리를 제공할 수 있다. 대상이 범죄사건 동안 가장 인상적이었던 실마리를 기초로 기억이 난다면, 그것을 기초로 시간적으로 사건의 앞뒤로 이동하면서 기억을 생각해 낼 수 있다.[134)]

④ 보는 각도의 변화

수사관은 탐문대상에게 범죄현장에서 취할 수 있는 여러 각도에서 사건에 대한

132) *Ibid.*, p. 108.
133) *Ibid.*, p. 108.
134) *Ibid.*, p. 108.

내용을 기억하도록 요구할 수 있다. 보는 각도가 달라지면 새로운 기억 실마리의 재생이 가능할 수 있다.135)

4. 전체법과 일문일답법

(1) 전체법

전체법은 수사관이 사전에 구체적인 질문 문항을 준비하지 않고 막연하게 질문하는 방식이다. 즉, 수사관은 탐문대상에게 "무엇인가 수상한 점이 없었느냐", "무슨 일이 발생했느냐", "무엇을 보았느냐" 등과 같이 막연하게 질문하는 방식을 전체법이라고 한다.

이때 상대방은 질문에 자유롭게 대답할 수가 있다. 목격자는 아무런 방해없이 자신의 완전한 경험을 대답할 수 있게 된다. 목격자들은 수사관들을 대면하는 상황에서 대부분 긴장한다. 이러한 긴장은 아무런 간섭없이 자유롭게 자신이 목격한 사실을 진술하는 것이 허용될 경우에 해소된다. 따라서 목격자는 자신이 목격한 사실을 있는 그대로 진실되게 대답할 수 있다.

전체법은 상대방에게 질문자가 어떤 대답을 요구하는지에 대한 암시나 유도의 염려가 없다는 점도 하나의 장점이다. 그러나 답변이 비구조적이어서 수사관이 그 내용을 정리하기 곤란하다는 것이 단점이다. 또한 탐문대상은 자유롭게 대답하는 과정에서 자신의 대답이 모호할 경우에 수사관이 더 많은 것을 묻게 될 것이라는 불안감을 느끼게 된다.

(2) 일문일답법

일문일답법은 수사관이 사전에 질문할 문항을 구체적으로 준비하여 질문을 하는 방식이다. 즉, "그때 시각은 몇시였느냐". "도주하는 범인의 키는 어느 정도였느냐", "범인은 어떤 옷을 입고 있었느냐", "범인의 얼굴을 보았느냐"와 같은 형식으로 질문을 한다.

이러한 형식의 질문은 질문내용이 구체적이어서 답변도 간단하게 이루어지므로

135) *Ibid.*, p. 108.

시간적으로 경제적이며 답변정리가 아주 쉽다는 점이 장점이다. 또한 탐문대상도 답변을 분명하게 할 수 있어서 심리적으로 안정감을 가질 수도 있다. 그러나 질문이외의 정보는 얻기 어렵고 질문여하에 따라 암시·유도의 염려가 있다는 점이 단점이다. 즉, "범인이 손에 무기를 가지고 있었느냐"와 같이 질문을 할 경우에 범인이 무기를 소지하고 있지 않았는데도 마음속에서 갑자기 그러한 범인의 모습을 만들어 범인이 무기를 손에 들고 있었다고 대답할 수 있다. 또한 일문일답법은 수사관의 탐문대상에 대한 불신의 표시로 인식되어 상대방의 불쾌감을 야기할 수도 있다.136)

5. 자유응답법과 선택응답법

기본적인 질문방식은 탐문대상의 유형에 관계없이 적용가능하다. 기본적으로 "예 또는 아니오" 식의 응답을 요구하는 질문방식은 결코 사용되어서는 아니 된다. 그러한 질문방식은 가능한 많은 정보를 배제하기 때문이다. 대신에 "그때 무슨 일이 발생했느냐?", 또는 "그때 당신은 무엇을 했느냐?" 식의 개방형 질문방식이 채택되어야 한다.137)

(1) 자유응답법

자유응답법은 수사관이 주관식 형태로 자유롭게 질문하고 탐문대상자 역시 형식에 구애됨이 없이 자유롭게 답변하는 방식이다. 따라서 자유응답법은 전체법과 형식상의 별다른 차이가 없다. 그러나 "무엇을 보았느냐", "어디 가는 버스였느냐", "그것을 본 시각은 언제였느냐" 등과 같이 "무엇", "어디", "언제" 등과 같이 의문사를 수반하는 질문으로 시작된다는 점이 차이점이다.

탐문대상자는 자유롭게 대답할 수 있기 때문에 답변에 대한 암시·유도의 염려가 적다. 그러나 주관식으로 답변하기 때문에 탐문의 시간이 길고 무엇, 어디, 언제로 시작되는 문항 이외의 정보는 얻을 수가 없어 중요사항이 빠질 염려가 있다.

---

136) *Ibid.*, p. 108.
137) *Ibid.*, pp. 117-118.

(2) 선택응답법

선택응답법은 객관식 형태의 문항을 만들어 질문하고 대상자는 객관식 답안 중에 하나를 선택하는 질문방식을 말한다. "그 버스는 동대문행, 강남행, 일산행, 과천행이었느냐", "버스 색깔은 녹색, 청색, 황색, 적색이었느냐" 등과 같은 질문형태이다.

이러한 질문형식은 시간이 절약되고 답변정리가 간단하며 수사상 중요한 사안만을 선택하여 문항을 만들었으므로 중요한 점을 놓치지 않는다는 장점이 있다. 그러나 암시나 유도의 염려가 있으며, 선택된 답 이외의 다른 정보는 파악하기 어렵다.

6. 부정문과 긍정문

부정문과 긍정문 형태는 질문형식이 "예", "아니오" 형태이다. 부정문은 "N은 아니겠지요"와 같이 부정어를 사용하는 형태의 질문이고, 긍정문은 "그는 k였지요", 또는 "그는 N이었지요" 등과 같은 형식의 질문형태이다. 이러한 형식의 질문은 탐문에 시간이 절약되고 답변 정리가 간단하다는 장점이 있다. 그러나 "예", "아니오" 형식의 질문은 답변에 대한 암시나 유도의 염려가 가장 크고, 진실된 범죄정보를 얻기가 가장 어렵다.

7. 거동수상자 목격 탐문방식

수사관은 거동수사자를 목격한 사람에 대해서 질문을 할 경우에 질문방식에 유의해야 한다. 보통 수사관은 "이상한 사람 보지 못했느냐 ?"와 같은 형식으로 질문을 하지만, 범인이라고 해서 전부가 일반시민의 눈에 수상하게 보인다고 할 수 없으며 오히려 그들은 자연스럽게 보이도록 위장하고 다니는 경우가 많다. 수상하다는 것은 수사관의 입장에서 판단할 문제이므로 "누군가가 이쪽으로 가지 않았느냐?" 형식으로 질문하면 사실대로 대답하게 될 것이다. "누군가가 이쪽으로 가지 않았습니까? 처음 보는 사람이 이 길로 가는 것을 보았습니까?" 등의 형식으로 질문하여 답변을 얻은 다음에 더 구체적으로 질문하는 형식으로 진행한다. 수상한 자가 통과한 시간, 착의, 휴대품, 동작 등을 질문해서 구체적인 자료를 수집해야 한다.

8. 최면술에 의한 탐문

(1) 유용성

수사기관은 때때로 범죄정보 수집을 위해 최면술(hypnosis)을 탐문기법으로 활용한다. 오늘날 미국의 경우에 다양한 수사관들은 피해자, 목격자 중심으로 최면술을 사용하고 있으며, 간혹 용의자에게도 사용하고 있다.

최면술은 지금으로부터 오천년 전부터 사용되었으나 오늘날에도 그 개념을 정확하게 정의하기는 어렵다. 최면술은 기본적으로 사람을 깨어있는 상태와 가벼운 수면상태 사이로 만들어 이루어진다. 그러한 상태는 사람으로 하여금 완전한 이완(complete relaxation)과 강력한 집중을 가능하게 함으로써 고도의 암시 감응성(suggestibility)을 촉진시킨다. 범죄수사에 최면술의 사용은 반드시 상대방이 자발적으로 수사관의 요구를 받아들여야 한다.

이러한 최면술이 탐문수사에 성공적으로 사용되기 위해서는 다음과 같은 두 가지 문제가 극복되어야 한다.

① 탐문 대상인 피해자는 범죄를 직접 경험하는 과정에서 정서적 충격상태에 빠졌기 때문에 범죄사건에 대한 상세한 기억을 하지 못하는 경우가 많다, 이러한 경우에 범죄피해는 고도의 외상후증후(trauma)상태로 남아있기 때문에 의식적인 기억은 자기보호의 형태로서 억압된다. 최면술은 무의식속에 잠재하는 이억을 끄집어내기 위한 열쇠로서 작용해야 된다.

② 목격자가 수사상 중요한 내용을 자세하게 기억하지 못하는 것과 관련이 있다. 목격자들은 흔히 자동차의 색깔, 범인의 성별, 의복의 형태와 같은 아주 기초적인 사항들까지도 정확하게 기억하지 못하는 경우가 많다. 이러한 경우에 최면술이 기억을 자극하는데 효과적인 것으로 증명되었다.[138)]

피해자나 목격자들은 최면술 상태에서 긴장이나 걱정에서 자유로워지기 때문에 범죄사건에 대한 정서적인 이미지가 재구성될 수 있다. 법집행 최면술 전문가들은 모든 중범죄의 60%의 경우에 전통적인 탐문수사 기법으로 얻을 수 있는 정보보다 최면술을 통하여 더 많은 정보를 확보한 것으로 평가했다.

---

138) Gilbert, *op.cit.*, pp. 126-127.

(2) 비 판

캘리포니아의 변호사협회는 최면술의 효과성이 과대평가되고 있다고 비판하고 범죄수사에 최면술의 사용금지를 요구하는 집단 청원을 제기했다. 그 결과 캘리포니아 대법원은 최면상태에 빠진 목격자의 증언을 금지시켰다. 많은 다른 주들도 캘리포니아의 뒤를 따랐다. 최면술 수사에 대한 반대는 최면상태에서 탐문대상들의 기억재생이 전적으로 거짓이고 부정확할 수 있다는 전제에 기초하고 있다. 또한 최면술이 특정 기억을 대상의 기억에 이식시켜 자기의 기억으로 받아들이게 한다는 비판도 가해진다.139)

(3) 결 론

최면술이 많은 법정에서 받아들일만한 증거의 표준을 충족시키지 못할지라도, 어떤 수사단서도 없을 경우에 수사의 기초단서를 찾기 위해 유용한 탐문기법이다.140)

9. 마취분석(narcoanalysis)

이른 바 자백약(truth serums) 사용이라고도 하는 마취분석은 일반적으로 탐문기법으로 고려되지 않는다. 마취분석은 잠자는 것과 같은 상태를 만들기 위해 탐문대상의 혈관에 마약합성물을 주사한다. 마약주사를 맞은 대상은 마음의 억제들로부터 편안해지고 그때부터 의식상태속에서 얻을 수 없는 정보들이 표현될 수 있다.

그러나 마취분석은 과학적으로 신뢰하기 어렵고 신체적으로 위험하기 때문에 심리분석이나 정신보건분야를 제외하고는 범죄수사분야에서는 거의 사용되지 않는다. 따라서 어떤 자백약 검증이라도 반드시 내과의사의 참여하에 이루어져야 한다.

마약분석은 탐문대상이 자발적으로 원할 경우에만 사용될 수 있다. 때로는 용의자들이 자신의 무죄를 입증하거나 알리바이를 입증하는데 도움이 되는 기억을 얻기 위해서 마약분석을 요구하기도 한다. 한편, 체면술이 비효과적인 것으로 입증되었을 때 마약분석이 피해자와 목격자들을 대상으로 대안적인 기법으로서 사용되어 왔다.141) 마약분석의 결과는 검사와 변호사가 요구하지 않는 한 일반적으로 범죄사건에 받아들여지지 않는다.

---

139) *Ibid.*, p. 127.
140) *Ibid.*, p. 127.
141) *Ibid.*, p. 128.

10. 대화 내용의 메모와 녹음

(1) 범죄현장 목격자

범죄현장에서 탐문대상이 되는 목격자는 그 과정에서 어떤 방해없이 편안한 마음으로 질문에 답변할 수 있어야 한다. 따라서 질의 답변시 메모나 녹음이 행해져서는 아니 된다. 수사관이 탐문 도중에 상대방의 면전에서 메모를 하거나 녹음을 하는 것은 그의 답변을 방해하는 결과를 초래할 수 있으며, 특히 메모는 상대로 하여금 답변에 조심스럽게 만들고 대화에 집중하지 못하게 할 수 있다.[142] 또한 수사관 역시 메모에 신경 써다 보면 대화내용 전체를 제대로 듣지 못하거나 상대방의 표정 등을 관찰하기 어려워진다.

따라서 범죄현장에서 1차 탐문 과정에서는 메모나 녹음은 금지된다. 그러나 목격자의 탐문을 처음부터 반복하면서 확인하는 단계에서는 상대방의 승낙하에 메모나 녹음이 가능하다. 수사관이 피해자 또는 목격자를 상대로 범죄수사를 위한 정보를 수집하기위하여 탐문을 할 경우에 상대방의 승낙하에 법적으로 메모나 녹음을 못할 이유가 없다. 수사관의 질문에 대한 그들의 답변은 수사과정뿐만 아니라 재판과정에서 증거자료로 사용되기 때문에 그 정확성이 중요하다. 수사관이 탐문 중에 청취한 내용을 탐문 종료 후에 기억에 따라 정리한다는 주장은 그 이유나 근거를 찾아볼 수 없다.

(2) 목격자 추적탐문

추적탐문은 범죄현장에서 발견하지 못한 목격자를 사건 발생 후 상당한 시간 또는 기간이 지난 뒤에 발견하여 탐문을 하는 것이므로 사전에 질문의 유형과 방식을 계획하여 탐문을 할 수 있다.

따라서 수사관은 목격자 탐문 시에 상대방의 승낙을 받아 녹음을 하는 것에 대한 계획을 세워 탐문을 행하는 것이 효과적이다. 물론 대화내용이 녹음되고 있다는 데 대해서 상대방은 조심스럽고 긴장하게 되므로 수사관은 탐문기술과 사전에 철저한 계획아래 메모나 녹음을 해야 된다. 또한 상대방의 승낙을 구하지 않고 몰래 녹음하는 것은 도청에 해당하고, 승낙에 의한 녹음도 영장 없이 이루어진 경우에는 증거로

---

142) *Ibid.*, p. 140.

채택되지 못한다는 문제가 발생할 수 있으므로 충분한 법적 검토를 거친 후에 탐문을 실시해야 한다.

11. 탐문의 종결

수사관은 추적탐문수사 역시 범죄현장에서의 탐문수사와 마찬가지로 대상자와의 면담이 종결되면 감사의 말을 반드시 표명해야 한다. 특히 추적탐문의 경우에는 수사관과의 면담을 기피하는 비자발적인 목격자(unwilling witnesses)나 참고인 등을 수사관이 방문하여 수사자료를 수집하는 활동이므로 감사의 표시는 너무나 당연하다. 유죄입증에 꼭 필요한 증인을 제외하고는 참고인 등이 면담에 응할 법적인 의무는 없다. 감사의 표명은 탐문의 성과와 관계없이 이루어져야 한다.

12. 탐문후의 조치

(1) 탐문내용의 보고

수사관은 탐문을 통해서 얻은 자료에 대해서 그 자료의 중요성 여부에 관계없이 수사간부에게 보고해야 한다. 여러 명의 수사관이 수집한 자료는 개별적으로 사소한 것일 수도 있지만, 종합적으로 검토하면 의외에도 중요한 자료가 될 수 있다.

(2) 진술의 확보

탐문의 결과 확보된 자료가 공소제기와 공판과정에서의 유죄입증을 위한 증거가 될 경우에는 목격자 등의 참고인의 진술을 받아 조서로서 작성해야 한다. 필요할 경우에는 검증을 통한 검증조서나 실황조사를 통한 실황조사서를 작성해 두어야 한다.

(3) 정보제공자 보호

정보원(informants)은 수사 중인 범죄사건에 대한 기초적인 수사단서(basic lead)를 찾는 수사관에게 정보를 제공하는 원천이다. 우리나라는 물론이고 특히 미국의 수사기관은 정보원의 정보제공의 도움을 받아 수사를 진행해 왔다.

정보원들은 일반적으로 익명을 유지하고 싶어 한다. 사실 정보원들은 신고되지 않았거나 발견되지 않은 범죄, 심지어 계획단계에 있는 범죄에 대한 정보를 수사관에게 제공하기도 한다.143) 비록 범죄와 관련된 정보일지라도, 타인의 행동에 관한 비밀을 수사관에게 제공하는 것은 밀고(snitching) 또는 고자질이라고 해서 범죄세계에서는 저주와 공격의 대상이 되어 왔다. 범죄자들은 정보원을 밀고자(snitch, canary), 앞잡이(stool pigeon), 배신자(rat) 등의 이름으로 부르면서 발견되면 불구자로 만들거나 살해하는 등으로 잔인하게 보복한다.

정보원은 수사관과의 개인적인 친분관계에서 순수하게 정보를 제공하는 자도 있지만, 정보제공 대가로 일종의 보수를 받는 자들도 있다. 범인체포를 위한 정보나 미제사건이 된 보석절도사건, 방화사건, 그리고 살인 사건등에 관한 정보제공을 조건으로 대가가 지불된다. 따라서 수사기관은 탐문수사의 성공을 위해서는 정보제공자들의 사생활 보호나 신변보호에 각별한 관심을 기울여야 한다.

제4절 선면수사

1. 의 의

선면수사란 범인의 인상·특징을 알고 있는 피해자나 참고인 등의 협력을 얻어서 불특정 다수인 가운데에서 범인을 특정·발견하거나 이미 확보된 범인의 사진이나 몽따쥬 등을 보고 범인의 특정, 또는 변사체의 사진 등에 의해 그 신원을 발견·확인하는 수사활동을 발한다.

2. 범인식별 방법

(1) 줄 세우기(Line-up) 또는 복수면접

줄 세우기는 피해자 또는 목격자 등에게 범인을 포함한 여러 사람을 보여주고 범인을 식별하는 기법이다. 줄 세우기 또는 복수면접은 용의자 한 사람만을 보여줌으

143) *Ibid.*, p. 101.

로써 발생할 수 있는 암시 감응성의 오류를 피하고 용의자 식별의 정확성을 증가시키기 위해 사용된다.

미국 대법원은 “Wade decision”을 통하여 줄세우기에 의한 범인 식별이 법정에서 증거로서 받아들여지기 위해서는 다음과 같은 조건들이 충족되어야 한다고 결정했다.144)

① 모든 줄세우기 선면은 어느 정도 합당한 수의 사람들이 참여자로서 포함되어야 된다. 일반적으로 이 절차에 용의자를 포함하여 5~9명의 사람들이 줄세우기 선면에 참여한다.

② 줄세우기 선면에 참여한 사람들은 용의자와 동일한 성과 인종, 그리고 비슷한 나이를 가져야 한다.

③ 용의자의 위치는 무작위적으로 선택함으로써 위치 그 자체가 유죄자를 지적하는 일이 없도록 해야 한다.

④ 수사관은 목격자에게 어느 사람이 용의자라고 말해서는 안 된다. 목격자들은 개별적으로 줄에 선 사람들을 관찰해야 한다.

⑤ 목격자는 번호로써 용의자를 식별해야 한다. 경찰은 줄을 세울 때 사람의 이름이 아니라 번호를 부여해야 한다.

⑥ 절차의 공정성을 입증하기 위하여 줄세우기에 참여한 사람들을 대상으로 각각 사진촬영을 해야 한다.

⑦ 수사관은 줄서기에 참여한 사람들에 대한 보고서를 준비해야 한다. 보고서의 내용은 시간과 장소, 모든 참여자들의 상세한 인적 사항, 줄서기 위치 등이 포함되어야 한다.

(2) 현장식별 또는 단독면접

현장식별(field identification) 또는 단독면접은 통상 현장에서 피의자 체포 직후에 범죄 피해자나 목격자에게 피의자만을 보여주고 범인여부를 식별하는 방법이다. 이러한 식별유형은 범행직후에 기억이 생생하기 때문에 그 때 목격자가 범인을 가장 잘 식별할 수 있다는 이유로 채택된다.

---

144) Gilbert, *op.cit.*, p. 458.

현장식별은 범죄현장에서 목격자나 피해자의 범죄사건에 대한 증언이 있은 후에 범인이 바로 체포되어 목격자에게 확인하기 위해 범행현장에 되돌아옴으로써 이루어진다. 이러한 상황에서 많은 목격자들이 범인을 식별하기위해 참여할지라도 공식적인 줄서기 선면은 하지 않는다. 여기에서는 범인 한 사람만이 식별의 대상이 된다.

현장식별은 범행후 현장에서 이루어지므로 식별시간이 문제가 된다. 미국의 법원은 범행후 식별시간에 대한 어떤 한계를 규정하고 있지 않지만, 일반적으로 현장식별은 범행 후 5시간 이내에 이루어져야 한다.[145] 경찰관은 범행현장에서 식별의 대상이 되는 용의자를 목격자에게 실제범인 일 수 있다는 어떤 암시도 해서는 안된다. 현장식별 방법이 채택될 수 있는 요건은 다음과 같다.[146]

① 용의자는 범행직후에 체포되어야 한다.
② 공식적인 고소, 영장 또는 기소가 제기된 상태가 아니어야 한다.
③ 용의자를 대표하기 위한 변호사가 고용되지 않은 상태이어야 한다.
④ 경찰관은 범행혐의를 받고 있는 사람에 대하여 말이나 행동 등의 어떤 암시도 해서는 아니 된다.

3. 선면수사의 방법

(1) 실물에 의한 선면

피해자나 목격자 등이 직접 범인의 얼굴을 보고 확인하는 방법을 말한다.

(2) 사진 등에 의한 선면

피해자나 목격자 등에게 용의자의 사진을 보여주거나 여러 장의 사진 중 용의자를 선정하게 하는 방법을 말한다. 이러한 절차는 용의자가 특정되었으나 체포되지 않은 경우에 전형적으로 실행된다. 사진선면은 경찰관서나 피해자 또는 목격자의 집에서 실행될 수 있다. 용의자의 사진은 다른 사람들의 사진과 함께 선면되어야 한다. 이때 보여주는 모든 사진은 모양, 색깔, 그리고 사진 재료까지 전부 비슷해야 한다. 용의자의 사진을 포함하여 적어도 10장 이상의 사진을 보여주어야 한다. 또한

145) Gilbert, *op.cit.*, pp. 457-458.
146) *Ibid.*, p. 457.

목격자의 경우에는 다른 목격자들이 없는 장소에서 사진을 보여주어야 한다. 목격자는 사진식별시에 사진에 어떤 식별 표시를 해야 하고 법정에 제출위해 보존되어야 한다.147)

(3) 사진 등에 의한 식별

범인의 사진, 몽따쥬, 화상 등으로 경찰관이 불특정 다수인 중에서 용의자를 식별해 내는 것으로 미행·잠복시에 많이 이용한다.

(4) 인상서 등에 의한 식별

용의자의 얼굴형이나 신체적 특징을 글로써 표현한 자료를 이용하여 범인을 식별하는 방법을 말한다.

(5) 변사체의 신원확인을 위한 선면수사

신원을 알 수 없는 변사체의 안면사진을 촬영하여 연고자 등에게 확인하는 방법으로서, 백골사체의 경우 복안법에 의해 작성된 일종의 몽따쥬 사진을 통해 신원을 확인하는 방법을 말한다.

4. 선면수사시 유의사항

① 사건발생 당시와 동일한 조건하에서 실시한다.

② 피해자 등의 주장에 매달리지 말고 반드시 객관적인 증거를 수집하여 그 주장의 진실성을 확인해야 한다.

③ 피선면자와 피해자의 대면적인 단독선면을 금하고 피의자 식별실을 통해 용의자 모르게 선면을 실시해야 한다.

---

147) *Ibid.*, p.459.

제6장

감수사

제1절 감수사의 본질

1. 의 의

(1) 개 념

감수사는 범행에 필요한 지식(knowledge)을 가지고 있는 자를 대상으로 수사를 전개하는 기법이다.[148] 그래서 범인이 피해자와 잘 아는 관계냐, 또는 범인이 범행장소나 그 주변의 지리적 특징을 잘 아는 관계에 있는 사람이냐, 피해품인 재물의 존재와 가치 그리고 접근방법을 아는 자이냐를 대상으로 하여 전개하는 수사를 말한다.

감수사는 범인이 피해자 또는 범행지역과 어떤 연고관계에 있느냐를 기초로 전개하는 수사라는 점에서 일종의 연고수사에 해당한다. 또한 감수사는 연고감이나 지리감에 관련되는 자료를 찾아 범인을 검거하는 수사기법이라는 점에서 횡적 수사의 일종에 해당한다.

(2) 감의 판단

감의 판단은 범인이 피해자나 범행지에 관하여 잘 아는 관계에 있는가를 범행수법이나 범행전후의 행동에 나타난 자료를 기초로 이루어진다. 또한 범행수법에서 범

---

148) Weston and Lushbaugh, *op.cit.*, p. 89.

행동기의 발견은 감의 판단을 가능하게 하는 자료가 된다. 예를 들자면, 잔인한 살인사건의 동기가 원한이나 치정에 의한 복수라는 것이 밝혀지면 범인은 피해자와 잘 아는 연고감의 소유자로 추정된다. 강·절도 사건의 경우 피해자 이외에는 접근이 불가능한 장소에 보관된 귀중품이 단시간에 강취 또는 절취된 경우는 역시 연고감의 소유자가 용의자로 추정된다. 또한 성범죄나 방화 또는 살인사건의 범죄수법이 변태적이거나 기괴한 경우는 용의자는 피해자를 잘 아는 자이다.[149]

2. 감의 종류

(1) 연고감과 지리감

범인이 피해자 및 그 가족, 피해가옥을 잘 아는 관계에 있다는 자료가 발견되면 범인은 연고감이 있는 자라고 추정된다. 지리감은 범인이 범행장소 및 그 주변지역에 대한 지리적 특징을 자세하게 아는 자라는 자료가 발견되면 범인은 지리감이 있는 자라고 추정된다. 대체로 연고감이 있는 자는 지리감이 있으며, 지리감은 연고감에 비해 수사대상도 많고 수사범위도 넓다. 특히 침입절도는 연고감이 있는 경우에는 거의 지리감이 있는 것이라고 추정할 수 있다.

(2) 농감과 박감

농감은 범인과 피해자 또는 범행지역간의 관계가 밀접한 경우를 말한다. 즉 범인이 피해자와 아주 절친하거나 잘 아는 관계, 또는 범행지역과 장소에 대하여 잘 아는 관계를 추정케 하는 자료가 발견되는 경우를 말한다. 박감은 범인과 피해자 또는 범행지역간의 관계를 추정케 할만한 자료가 없거나 밀접한 관계가 아닌 경우를 말한다.

(3) 직접감과 간접감

직접감은 연고감이나 지리감이 범인이 직접 경험한 결과에 의해서 형성된 관계라는 자료가 발견된 경우를 말하고, 간접감은 범인이 타인으로부터 피해자나 범행지역

149) *Ibid.*, p. 89.

에 관하여 전문한 지식을 이용하여 범행을 한 경우를 말한다. 따라서 직접감은 범행현장이나 그 주변에서 감에 관한 수사자료를 발견하기가 용이하나 간접감은 감에 관한 자료가 분명하지 않은 경우가 많다.

3. 감수사의 원리

(1) 범인의 범행대상자나 지역선택의 합리성

범죄자는 체포되지 않고 범행의 목적을 달성하기 위해서 자신이 잘 아는 사람이나 지역을 범죄대상으로 선택할 정도로 합리적이다. 그러나 그러한 범죄대상 선택의 합리성은 범죄현장에 범행수법이나 침입과 도주 등의 범행 전후의 행동에 연고감이나 지리감에 대한 자료를 남기게 된다. 따라서 범죄현장에서 수집된 자료를 검토·추리함으로써 연고감이나 지리감을 판단하여 범인을 발견하고 체포하게 된다.

(2) 범행동기와 의도와 같은 심리적인 행동원리 응용

모든 범죄는 '왜(why)'라는 범죄동기가 존재한다. 동기없는 범죄는 존재하지 않는다고 한다. 특히 감수사는 범죄현장에서 범죄수법 등에서 범죄동기를 발견하는 것이 사건해결의 중요한 단서가 된다. 그래서 감수사는 범죄동기의 발견에 의해 좌우된다고 주장되기도 한다. 살인사건 현장에서 잔인하거나 특이한 범죄수법, 또는 범죄후의 행동 등에서 원한·치정·질투나 시기심에 의한 증오 등과 같은 범죄동기의 발견은 감수사를 위한 수사자료가 된다.

또한 방화범죄는 동기범이라고 할 만큼 그 동기가 범죄발생에 크게 작용하고 범죄 후에 증거가 남지 않는다는 특징으로 인해 수사단서는 범죄동기의 발견에서 찾아야 한다.[150] 원한·치정·복수 등이 범죄동기인 경우에 방화 사건은 연고감 수사를 가능하게 하는 자료가 현장에 존재한다. 즉, 이 경우에 방화 그 자체가 목적일 때에는 위험이나 발각을 두려워하지 않기 때문에 그 수법이 단순하다. 살인 같은 범죄은폐를 목적으로 하는 방화는 면식범에 의한 범행이라는 추정이 가능하고, 살인, 협박, 공갈 등의 범죄수단으로서 방화를 한 경우는 대체로 원한이나 복수라는 동기

150) Gilbert, *op.cit.*, p. 431.

에 의한 범행이라는 추정이 가능하다. 또는 보험금을 노리고 경제성이 없거나 무가치한 건물 또는 시설 등에 방화가 발생한 경우에 경제적 이득이 동기로 작용한 범죄이므로 보험계약 체결과 가치 없는 건물의 존재를 잘 아는 사람이 범인이라고 추정할 수 있다.[151)]

4. 감수사의 가치

(1) 수사방침의 기초

범죄현장관찰이나 탐문수사 등 기초수사를 통하여 범인에 대한 연고감이나 지리감에 대한 자료가 발견되면 용의자 특정과 수사를 위한 유력한 수사의 단서가 된다.

(2) 용의자 판단위한 수사자료

연고감이나 지리감에 관련된 자료는 다른 자료에 의해 용의자로 추정된 자가 자신은 범인이 아니라고 할 경우에 범죄사실을 입증하기 위한 유력한 수사자료가 된다. 예를 들어서, 범죄수법의 잔인성은 용의자가 원한이나 치정관계에 있는 자라는 추정을 위한 수사자료가 되고, 범행후 사체에 대한 특별예우는 용의자가 피해자와 존비속관계에 있는 자라는 수사자료가 된다. 그러나 이러한 수사자료를 정황증거라고 하는 주장은 잘못된 것이다.

정황증거(circumstantial evidence)는 목격자의 증언과 같은 직접적인 증거는 아니지만, 혈흔, 정액, 머리카락, 타액 같은 수사자료를 대상으로 과학적인 검증 과정을 거친 간접적인 증거를 말한다. 직접적인 증거보다는 과학적인 검증을 거쳐 입증된 정황증거는 물증이라는 측면에서 더 객관적인 증거가 된다. 범죄의 정황과 정황증거는 동일한 개념이 아니다.

5. 감수사의 요점

수사관은 감수사를 전개할 경우에 다음과 같은 사항에 유의하여 수사를 진행해야 한다.

---

151) *Ibid.*, pp. 431-432.

(1) 사실에 의거한 정확한 판단

감(鑑)은 "본다, 식별하다"를 의미하는 "볼 감"이라는 용어로서 느낄 감(感)과는 관련이 없다. 인간이 어떤 사물이나 일에 대하여 가지는 감정과 관련된 직관이나 육감 또는 영감은 감수사에서 말하는 감과는 다른 개념이다. 따라서 감수사는 범죄현장이나 탐문수사의 결과 확인된 객관적인 사실을 근거로 하여 연고감과 지리감을 파악하고 수사를 전개해야 한다. 감수사는 객관적인 수사자료를 근거로 한다는 측면에서 과학수사의 일종이라고 한다. 물론 과학적인 감식절차를 거친 증거가 아니라는 점에서 엄격한 의미에서의 과학수사로 보기는 어렵다.

(2) 다른 판단자료와 종합검토

수사기관이 수집한 자료가 일견하여 농감으로 보이는 경우라도 그것에만 의존하지 말고 수법, 장물, 유류물품 기타 수사자료와의 관계를 반드시 종합적으로 검토하여 범죄관련 여부를 판단해야 한다. 연고감이나 지리감은 범인에 대한 주변의 탐문수사에 의해서 더욱 명백하게 되는 경우가 많다. 따라서 이미 앞에서 지적했듯이 감수사는 수사의 수단 중에서 횡적수사에 해당한다.

제2절 연고감 수사

1. 연고감 유무의 수사방법

(1) 범행장소 검토

1) 옥외사건

주택이나 건물의 외부에서 발생한 살인이나 유괴사건의 경우에 그 장소의 지리적·환경적 특징으로 판단해 볼 때 그 장소가 보통때에는 아무도 통행하지 않는 한적한 장소이고 피해자의 동의나 협력없이는 갈 수 없는 장소이면 범인과 피해자가 서로 잘 아는 관계인 것으로 추정할 수 있다.

물론 범인이 피해자를 속이거나 협박 또는 다른 장소에서 살해하고 사체를 운반한 경우도 있으므로 현장주변과 기타 자료를 종합적으로 검토한 후 그러한 상황이 없을 경우에는 우선 면식범의 소행으로 추정할 수 있다.

2) 주택이나 건물내부의 사건

일견 부유한 것 같이 보이지 않는 집이지만, 최근에 부동산이나 동산을 매매하거나 기타 정기적금을 인출하여 현금을 가지고 있는 집에 현금을 절취할 목적으로 침입한 경우는 연고감이 있는 자가 범인이라고 추정된다. 특히 피해자의 집 부근에 유사한 미수사건이 있거나 침입구를 찾은 흔적 또는 동일인으로 보이는 자가 배회한 상황이 있으면 대개 뜨내기로 볼 수 있으나 그러한 상황도 없고 그 밖의 자료로서 미리 피해자 집을 목표로 한 범행이라고 인정되면 대체로 범인은 연고감 있는 자의 범행으로 판단할 수 있다. 또한 야간에 은행이나 새마을 금고 등에서 금고문을 열어 현금을 절취하거나 현금수송 일시에 계획적으로 현금이 탈취된 경우도 연고감이 있는 자의 범행으로 추정할 수 있다.

(2) 침입구 및 침입방법 검토

1) 침입구나 도주로가 특이한 경우

주택이나 건물 내에서의 사건의 경우 범인이 보통사람으로는 쉽게 알 수 없는 침입구나 도주로를 통해서 범행을 하고 도주한 경우, 또는 침입구를 물색하지 않고 바로 목표물에 직행하였거나 침입의 외부흔적이 없는 경우, 그리고 피해자만이 비밀리에 소장하고 있는 권리증서, 서화, 골동품 등을 범행대상으로 한 경우는 연고감이 있는 자의 소행으로 추정된다. 그리고 문자나 숫자를 결합한 번호를 입력하여야 열 수 있는 문을 열고 침입한 경우는 연고감이 있는 자의 범행으로 추정할 수 있다.

2) 난폭한 방법으로 침입

강도범이 노인이나 여자만이 있는 집에 난폭한 파괴방법으로 침입하면 노인과 여자만 있다는 사실을 잘 아는 연고감이 있는 자의 범행으로 추정된다.

3) 접대상태나 숙박상태 유무 검토

사건현장에 손님을 접대한 것으로 추정되는 방석이 놓여 있고 커피 잔이 셋이 있었다고 하면 방문객은 2명으로 피해자와 상당히 친밀한 관계에 있는 이 방문객들이 범인으로 추정된다. 특히 살인사건의 경우 사건현장의 침실이나 침대 기타 상태로 보아 피해자 집에서 자고 간 것으로 인정된다면, 적어도 피해자와 범인은 상당히 잘 아는 면식관계에 있는 자라고 추정된다.

4) 협박 · 폭행 수단 검토

복면강도가 침입하여 흉기를 들이대면서 무언으로 협박하는 경우 또는 범인 중의 한 사람은 가족들을 협박하며 금품을 강요하는데 다른 한 사람은 가족 있는 곳을 회피하려고 하는 경우에는 연고감이 있는 자가 범인으로 추정된다.

5) 현장 위장공작의 유무

범행현장을 마치 범행이 없었던 것처럼 위장을 한 경우는 연고감이 있는 자나 내부소행 또는 허위신고로 추정된다. 또한 물품이 없어진 것을 알 수 없게 공작한 경우는 내부자의 소행이거나 극히 농감을 가진 자의 소행으로서 유사한 사례가 연속적으로 발생되는 경우가 많다. 전형적인 사건은 피고용인의 자기회사 상품 절도 사건이다.

3) 범죄수법과 연고감

연고감이 있는 자의 범죄는 그 수법에 의해 판단될 수 있다. ① 범죄수법이 잔인하고 재물강취가 없는 경우, ② 목을 조른 끈을 풀 수 없게 매거나 칼이나 흉기를 사용시에도 다발공격으로 완전한 절명을 시도하는 경우, ③ 토막살인 같이 사체분해나 매장으로 사체발견을 불가능하도록 시도하는 경우, ④ 사체에 대한 정중한 예우의 흔적, 즉, 사자의 얼굴을 씻기거나 옷을 단정하게 고쳐 놓거나 보자기나 수건, 또는 비닐봉지 등으로 얼굴을 가려 놓은 경우(대체로 배우자나 존속살인과 같은 근친자 범행의 경우), ⑤ 범행장소가 아무도 통행하지 않는 한적한 장소일 경우, ⑥ 돈을 수금하는 날에 범행하거나 은밀하게 숨겨 놓은 돈 보관 장소에 쉽게 접근한 경우, ⑦ 목적물이 있는 곳으로 직행하고 다른 곳은 물색하지 않은 경우, ⑧ 가족 등의 진술에 의해 원한을 살만한 사람이나 최근에 금전 등의 문제로 왕래가 잦은 사람 유무 등에 의해 범인의 연고감 추리가 가능하다.

4) 범행장소와 연고감 추정자료

선택된 범죄장소에서 범인과 피해자가 잘 아는 관계임을 추정할 수 있는 경우 범인에 대한 연고감을 추정할 수 있다. ① 누가 보아도 그 집이 주변의 집에 비해 부유하게 보이지 않는데도 침입해서 거액을 요구한 것이라면 그 집 사정을 알고 있는 연고감이 있는 자이다. ② 야간에 어둡고 한적한 장소에 유인되어 살해된 사건은 연고감이 있는 자의 소행이다. ③ 피해자가 가보지 않았거나 잘 모르는 외딴 장소에서 사건이 발생했다면, 피해자가 범인을 따라 별 저항없이 현장에 까지 갔다는 것으로서 서로 잘 아는 사이라는 사실을 추정케 한다. ④ 물건 탐색의 흔적이 없이 바로 피해품이 있는 장소로 직행한 경우는 연고감이 있는 자의 소행이다. ⑤ 배우자나 존속에 대한 살인은 죄책감등으로 시체의 얼굴을 계속 보는 것 자체가 고통이므로 시체분해나 매장 등으로 시체를 유기하여 범행장소와 사체발견 장소가 달라진다.

2. 연고감 적격자의 수사

(1) 연고감 적격자에 관한 수사자료

범죄현장관찰과 탐문수사를 통하여 수집한 수사자료를 토대로 범인에 대한 연고감이 확인 되면 그 연고감에 적합한 사람에 관한 자료를 수집해야 한다. 연고감에 따른 수사대상자를 발견할 수 있는 자료는 일차적으로 살해된 피해자의 일기나 메모지 등이므로 소각되기 전에 신속히 발견하여 확보해야 한다. 또한 범죄현장이나 그 주변에서 발견한 유류물품이나 목격자의 증언을 통해 용의자를 압축해야 한다.

(2) 연고감 수사대상자

① 연고감 수사의 대상자는 가족, 친족 또는 동거인, 친구 등의 관계에 있거나 있었던 자, ② 금전관계나 사업관계, 직장관계로 잘 아는 관계에 있거나 물품거래 또는 다양한 배달원 등으로 출입관계가 있거나 있었던 자, ③ 지연·혈연·학연 등으로 면식 관계 또는 교류관계에 있거나 있었던 자 등이 수사대상이 된다.

(3) 연고감 적격자 수사방법

1) 피해자나 목격자 중심의 탐문수사

연고감 수사적격자 중에 범행의 동기를 가진 자, 범행기회를 가진 자를 중심으로 용의자를 색출하는 수사를 추진해야 한다. 연고감 수사는 피해자, 그 가족, 목격자 또는 친족이나 친구 등을 상대로 한 탐문수사를 통하여 용의자를 발견하여 압축해야 한다. 특히 최근에 피해자와 접촉관계가 많았던 사람들을 대상으로 탐문수사를 전개한다.

2) 물증 확보를 통한 입증

감수사는 피해자나 그 가족 등으로부터 범죄사실과 용의자를 파악하는 경우에 무조건 피해자의 기억에만 매달려서는 안 된다. 즉, 피해자로부터 면식유무, 또는 출입관계자 등을 조사하는 경우에 "본적이 있는 자 같다", 또는 "말소리가 들어 본 소리 같다" 등과 같이 부정확한 대답을 들을 수 있다. 이때 피해자의 진술을 그대로 받아 들인다면 범죄의 진실을 발견하는데 실패할 수 있다. 따라서 반드시 범죄현장이나 그 주변에서 수집한 혈흔이나 지문, 모발, 장문이나 족적 등과 같은 유류물, 흉기, 착의, 수첩, 휴지나 장갑, 단추 등 유류품에 대한 검증을 통하여 용의자를 특정하여 체포해야 한다.

3) 호기심에 의한 추궁금지

감수사는 현장에서 연고감 여부를 추정할 수 있는 수사자료를 근거로 수사를 전개하지만, 대부분의 사건이 원한이나 치정, 질투와 시기심에 의한 복수가 동기로 작용한 잔인한 사건이 많아 흥미롭고 호기심이 가는 사건이다. 따라서 수사에 아무 필요없는 사사로운 개인 문제에 대해서 흥미나 호기심으로 질문해서는 안 되고 탐문내용에 대한 비밀의 엄수와 신중한 언동이 요구된다.

4) 수사관 자신의 종합판단

피해자 등에게 "누군가 용의자는 없습니까" 등으로 처음부터 상대방의 판단을 요구해서는 안된다. 이는 상대방의 선입감의 작용을 불러 일으켜 아무런 관계없는 사람을 용의자로 추정할 수 있다. 따라서 용의자 선정은 수사관이 수집한 수사자료를 종합적으로 검토하여 판단해야 한다.

제3절 지리감 수사

1. 지리감 유무의 수사방법

지리감 유무의 판단은 대개 다음과 같은 방법이 활용되지만 뜨내기의 범행인 경우에도 사전답사 등으로 계획적인 범행을 할 때에는 지리감에 의한 범행과 구별하기 어려운 때도 있다. 따라서 수사자료를 종합적으로 검토하여 신중하게 판단해야 한다.

(1) 범행장소의 검토

범행이 이루어진 장소는 그 복잡한 지리적 조건으로 그 장소에 대해 정통한 자가 아니면 범행이 불가능한 장소라고 판단되면 지리감이 있는 것으로 판단이 된다. 아무나 알 수 없는 길을 통하여 범죄를 범했다면 바로 지리감이 있는 자의 범행으로 추정된다.

변사체가 특히 산이나 들판, 공원 등 야외에서 발견된 경우 피해자가 저항한 흔적이 없거나 현장에 혈흔이나 유류품 등이 없이 깨끗하고, 피해자가 발견현장에 나타날 별다른 사유가 없거나 주변에 대한 지리감이 전혀 없는 경우 등은 범죄현장은 따로 있다고 추정할 수 있다.

(2) 범행 전후의 행동 검토

범인의 범행 전후의 행동, 즉 "범행 전에 범인이 은신·휴식한 장소"를 검토하거나 "범행 후에 범인의 도주로나 배회장소"를 검토하여 지리감을 판단할 수 있다. 따라서 다음과 같은 사실은 지리감 판단의 근거가 된다. ① 범인이 침입구나 도주로 등을 찾은 흔적이 없는 경우, ② 복잡한 도로를 쉽게 빠져 도주한 경우, ③ 다른 곳에서 온 사람은 알 수 없는 가건물, 창고 같은 곳에 은신 또는 휴식한 것으로 보이는 경우, ④ 미리 범행현장 부근의 사람들의 동태를 파악한 후 안전한 방법으로 현장에 들어갔다가 범행 후 도주하였을 경우

(3) 교통기관 이용상황 검토

범인이 범행후 도주시에 지역 교통수단의 발착시간, 운행시간, 운행계통 등을 사전에 알고 그것을 교묘히 이용한 경우는 지리감이 있는 것으로 판단된다.

(4) 범죄대상 선택상황 검토

범행대상의 선택시에 특정지역을 정기적으로 통행하는 자를 대상으로 선택하였을 경우에 지리감이 있는 자의 범행으로 판단된다.

(5) 범인의 언어 검토

범인이 범행 중 또는 범행전후에 그 지역에 익숙한 자가 아니면 알 수 없는 장소나 그 지역 특유의 지리적 특징에 관한 말을 했거나 그 지역 특유의 사투리를 사용했다면, 지리감이 있는 것으로 추정된다.

2. 지리감의 적격자 수사

(1) 지리감 적격자에 대한 자료 수집

지리감 수사대상자는 ① 범행지 부근에 거주 또는 거주하였던 자, ② 범행지 부근에 통근, 통학 또는 기타의 일로 내왕한 일이 있는 자. ③ 범행지 부근의 공사장 등에서 일을 하거나 범행지 부근에서 행상, 신문이나 식당 배달원 등으로 내왕한 일이 있는 자. ④ 범행지 부근에서 범죄의 전력이 있는 자나 우범자 등이 해당된다.

(2) 지리감 적격자 수사방법

① 지리감 수사 대상자가 사건발생 시간대에 범행장소 부근을 배회한 사실 유무를 탐문수사 · 행적 수사 등을 통하여 확인해야 한다.

② 지리감 수사대상은 그 범위가 광범하므로 수사누락이 없도록 수사담당 구역을 정하여 책임 있는 수사를 해야 한다.

③ 지리감 수사를 효율적으로 추진하기 위하여 평소에 관내의 범행전력자, 우범자, 거동수상자의 전입 등의 실태를 파악해 두어야 하며, 탐문수사를 위한 협력자를 광범위하게 확보해 두어야 한다.

제7장

수법수사

제1절 수법수사의 본질

1. 의 의

(1) 범죄수법의 개념

범죄수법이란 반복적인 범인의 범행수단·방법 및 습벽에 의하여 범인을 식별하려는 인적특징의 유형기준을 말한다.[152] 범죄자들은 범행시에 체포의 불안감으로 인해 자신이 가장 쉽게 범행목적을 달성할 수 있는 수법을 사용하는 경향이 강하다. 따라서 범죄자들이 반복적으로 사용하는 범죄수법은 개인의 범죄기술이나 습벽 등에 따라 서로 다른 특이한 수법으로 나타난다. 범죄수법에 대한 식별은 바로 개개 범죄자를 발견할 수 있는 유력한 기준 또는 정형이 된다.

(2) 수법수사의 개념

수법수사란 범죄수법자료를 활용하여 범죄수사를 실행하는 수사를 말하고 수법수사의 대상이 되는 범죄를 수법범죄라고 한다.[153] 즉, 수법수사란 범인이 일정한 수법을 반복하여 사용하는 특징을 이용하여 이러한 수법유형을 수집하여 분석·대조함으로써 범인을 발견·체포하는 수사활동이다.

---

152) 범죄수법공조자료관리규칙 제2조, 경찰청훈령 제472호, 2005.12.20.
153) 범죄수법공조자료관리규칙 제2조, 경찰청훈령 제472호, 2005.12.20.

(3) 수법수사의 필요성

범죄현장에서 지문이나 혈흔같은 유형의 자료를 발견하지 못하고 무형의 자료인 수법만 발견되는 경우가 많아 수법에 의해 범인을 추리하고 검거하는 것이 불가피하다. 우리나라는 수법수사의 대상이 되는 수법범죄를 규정하여 이러한 범죄가 발생할 때 마다 수법자료를 활용하여 범죄수사를 실행할 수 있도록 하고 있다. 수법수사 자료는 범죄발생시마다 작성되는 수법원지와 피해통보표로서 경찰청에 수사종합 검색시스템에 입력되어 있어 수법범죄 수사를 위한 기초자료로서 활용되고 있다.

2. 범죄수법의 특성

범죄수법이란 말을 제일 먼저 사용한 사람은 19세기 말 오스트리아의 범죄학자겸 예심판사 한스 그로쓰(Hans Gross)이다. 그는 범죄수법의 특성을 개인적인 특징 내지 습성이라고 규정하고 또한 반복성과 필존성이라고 주장했다.

(1) 정형성과 반복성

범행에 성공적인 범죄수법은 일정한 정형으로 고정되는 경향이 강하고, 그 수법은 거의 변화없이 계속 반복적으로 사용된다. 따라서 범죄수법은 일종의 전문화된 범인의 개인적 습벽이나 특이 수법의 형태로 남는다.

(2) 필존성

한스 그로쓰(Hans Gross)는 당시에 범죄 정보원이 제공하는 정보에만 의존하는 탐문수사에서 벗어나 범죄현장 중심의 과학수사의 중요성을 최초로 주장한 것으로 유명하다.[154] 범인은 범죄현장에 수사자료가 될만한 물품이나 수법에 관련된 흔적을 반드시 남긴다. 따라서 완전범죄는 없다는 것이 그의 주장이다. 범죄현장에 범적의 필존성은 "로카르의 교환법칙"에서도 잘 설명되고 있다.

그로쓰는 강도살인의 경우에 완전범죄의 요건을 다음과 같이 제시했다. ① 흉기는 현장의 것 사용, ② 알리바이 완전 조작, ③ 피해자 완전 살해, ④ 특징있는 물건

---

154) Gilbert, *op.cit.*, p. 21.

에 손대지 않으며, ⑤ 지문, 족적 기타 증거물이 될 것을 일체 현장에 남기지 않는다 등이다.

3. 범죄수법의 관찰

(1) 범죄수법 관찰의 중요성 인식

수사기관은 범죄현장관찰시 혈흔, 지문, 족적, 흉기 등 범죄와 관련된 유형적인 자료 발견과 채취에 관심을 집중하고 무형의 유류물인 범죄수법의 파악에 대해서는 소홀히 하는 경향이 있다. 그러나 오늘날 범죄현장에서 유형적인 증거물을 전혀 발견할 수 없는 경우가 많아 무형의 수법을 파악하여 범인을 추리하고 체포에 이르는 수사가 불가피하다. 특히 수법수사는 상습범죄의 수사에 효과적인 수사기법이다. 범죄자는 자신이 범행에 성공한 수법을 계속 반복적으로 사용하는 경향이 강하기 때문이다.

(2) 범죄수법 파악을 위한 현장관찰 착안점

1) 범행장소의 선정

범인은 체포되지 않고 쉽게 범죄목적을 달성할 수 있는 장소를 선택하는 것이 범죄자의 합리적인 선택이므로 범인 자신이 경험하여 잘 알고 있는 장소를 선택하기 마련이다. 침입절도의 경우 범죄자들이 선택하는 범죄장소는 각각 빈집, 학교나 공장, 회사나 공공기관, 또는 아파트 등 범죄자마다 다르다.

2) 침입구 선정 및 침입방법

범인이 주택이나 건물 등에 침입한 침입구는 범인마다 특이하다. 어떤 자는 개방된 문을 이용하는가 하면, 배기구 또는 도시가스 배관을 타고 들어오는 자도 있다. 또는 출입문의 잠금장치를 풀거나 파괴하고 침입하기도 하고, 유리문이나 출입문을 특이한 방법으로 파괴하고 침입하는 등 범인마다 특이한 침입 수법을 사용한다.

3) 폭행 · 협박수단

강도같은 강력범죄는 범인마다 상습적으로 사용하는 폭행·협박수단이 특이하다.

범죄자의 상습성을 판단할 수 있는 수법은 다음과 같다. ① 피해자 협박시 특정 단체나 지명 또는 특이한 용어 사용, ② 가성 등 음성상의 특징이나 사투리 등 특이한 언어 사용, ③ 폭행·협박에 사용한 흉기의 특이성, ④ 피해자의 결박방법과 결박사용도구 등이 상습성 판단 수법에 해당된다.

4) 범행시간

범인이 선택하는 시간이 범인마다 다르고 반복적으로 그 시간대를 범행시간으로 선택하는 습벽이 있다. 즉, 심야나 새벽시간, 오전이나 초저녁 시간대, 또는 공휴일의 가족의 외출시간대 등 범인마다 범행시간이 각각 다르다.

5) 공범자의 유무

범인 중에는 단독 범행보다는 공범자와 함께 반드시 범행을 하는 자가 있는가하면, 어떤 사람은 단독으로 범행을 하는 특성이 있다. 따라서 공범자의 유무는 범인의 성격에 따라서 상이하므로 범인식별 자료로 이용가능하다.

6) 말 투

사기나 강도 등과 같이 범인과 피해자가 직접 대면관계 속에서 범행이 이루어지는 상황 속에서는 범인과 피해자간에 많은 대화가 교환되는 경우가 대부분이다. 그 대화 도중에 범인이 사용하는 말투 속에는 사투리, 직업, 경력, 거주처 등을 판단하는 자료를 얻을 수 있다.

7) 목적물

범인 중에는 현금만을 목적으로 하는 자, 팔기 쉬운 물건만 목적으로 하거나 아무거나 닥치는 대로 훔치는 자 등 목적물의 선택에도 특징이 있다. 그러나 상습범죄자는 대체로 현금이나 보석류 등을 선택한다.

8) 물색방법

범인 중에는 목적물이 보관되어 있을 것 같은 개소만 물색하는 자가 있는가 하면, 아무데나 마구잡이로 찾아다니는 자도 있다. 또한 목적물을 찾은 후에 그대로 내버려두기도 하고 원상으로 정리해 마치 아무 일도 없는 것처럼 위장하기도 한다.

9) 특벽 및 특이수단

범인은 범행 중, 범행 전 또는 범행 후에 특이한 행동이나 특이한 수단을 사용한다. 또는 도주를 용이하게 하고 범죄의 발각을 지연시키려는 특이한 수단을 취하는 경우도 있다. 또는 미신행위 같은 행동을 하기도 한다. 이러한 행동들은 범인마다 특벽이나 특이수단으로 나타난다.

제2절 수법범죄의 대상과 수법자료

1. 수법범죄

수법원지에 포함되는 수법범죄는 다음과 같다.

① 강도, ② 절도, ③ 사기, ④ 위·변조(통화, 유가증권, 우표, 인지, 인장, 문서), ⑤ 약취·유인, ⑥ 공갈, ⑦ 방화, ⑧ 강간, ⑨ 위의 각 범죄 중 특별법에 위반하는 죄(예: 성폭력범죄), ⑩ 장물 등이 대상범죄이다.[155)]

2. 수법수사 자료

수법수사 자료는 수법원지와 피해통보표, 그리고 공조제보 등이 해당된다.

(1) 수법원지

1) 의 의

수법범인의 인적 사항, 인상특징, 수법내용, 범죄사실, 직업, 사진, 지문, 필적 등을 수록한 기록지 또는 이를 전산입력한 자료를 말한다.[156)]

2) 작성대상

작성대상은 수법범죄 피의자를 검거하였거나 인도받아 조사하여 구속 송치할 경

155) 범죄수법공조자료관리규칙 제3조, 경찰청훈령 제472호, 2005.12.20.
156) 범죄수법공조자료관리규칙 제2조, 경찰청훈령 제472호, 2005.12.20.

우 및 불구속 피의자라도 재범의 우려가 있다고 인정되는 자, 농아자로 9개 수법범죄를 범하여 구속된 자 전원 등이 해당된다.[157]

3) 폐 기

수법원지가 다음에 해당될 때에는 전산자료를 삭제하고 이를 폐기해야 한다. ① 피작성 수법범죄자가 사망하였을 때, ② 피작성 수법범죄자가 80세 이상이 되었을 때, ③ 수법원지 작성 후 10년이 경과하였을 때, 다만, 수법원지만 폐기하고 전산입력자료는 삭제하지 아니한다. ④ 작성자의 수법분류번호가 동일한 2매 이상의 원지가 있을 경우 1매를 제외한 자료는 폐기한다.[158]

4) 수법원지 작성시 유의 사항

① 피의자의 여죄가 있고 그것이 범죄수법 소분류가 각각 상이한 유형의 수법일 때에는 그 수법마다 수법원지를 작성해야 한다.

② 수법원지 작성자는 범인을 수사하거나 조사 송치하는 경찰공무원이 직접 작성하고 날인해야 하며 범죄사건부 해당란에 수법원지 작성여부를 표시해야 한다.

③ 수사주무과장은 사건송치기록 검토후 수법원지 작성누락 여부 및 작성된 수법원지 내용의 오기나 기재사항 유무를 검토하여 교정하고 작성 책임자 인에 직접 날인해야 한다.

④ 후일 조사상 참고가 될 만한 사항도 기재하고 수사자료표의 지문번호를 기록해야 한다.

5) 수법원지 조회에 의해 확인가능한 사항

① 동일수법 또는 유사수법의 용의자, ② 범인의 도주시 배회처, ③ 범인의 직장 경력, ④ 여행성 범인 여부, ⑤ 범인의 필적 대조, ⑥ 범인의 장물처분방법 및 처분처, ⑦ 범인의 친족과 지인 등 연고관계, ⑧ 범인의 인상 특징과 현장지문이나 준현장지문이 있을 경우 지문대조, ⑨ 수사경찰관은 필요한 때에는 수법원지를 직접 열람하거나 범인을 목격한 목격자에게 수법원지에 첨부된 피의자의 사진을 열람(수사종합검색시스템 열람)하게 할 수 있다.

---

157) 범죄수법공조자료관리규칙 제3조, 경찰청훈령 제472호, 2005.12.20.

158) 범죄수법공조자료관리규칙 제12조, 경찰청훈령 제472호, 2005.12.20.

(2) 피해통보표

1) 의 의

피해통보표란 수법범죄가 발생하였으나 그 범인이 누구인지 판명되지 아니하였을 때에 해당 사건의 피해자, 범인의 인상, 신체 기타 특징, 범행수법, 피해사실, 용의자 인적사항, 피해품 ,유류품 등 수사자료가 될 수 있는 내용을 수록한 기록지 또는 이를 전산입력한 자료를 말한다.[159]

2) 피해통보표 작성대상범죄

대상범죄는 기본적으로 수법원지 작성 대상범죄와 동일하며 경찰서장은 수법범죄의 신고를 받았거나 또는 인지하였을 때에는 지체없이 "수법 · 수배 · 피해통보 전산자료 입력코드번호부"에 수록된 내용에 따라 피해통보표를 작성하여 전산입력 해야 한다. 다만, 당해 범죄의 피의자가 즉시 검거되었거나 피의자의 성명 · 생년월일 · 소재 등 정확한 신원이 판명된 경우에는 제외한다.[160]

3) 피해통보표의 작성시 유의사항

① 피해통보표는 반드시 범죄현장 임장 수사경찰관 또는 고소 · 고발 사건의 경우에는 당해 사건 담당수사경찰관이 즉시 1매를 작성하여 전산입력하고 작성대장에 등재한다. ② 피해통보표를 작성한 경찰서는 수법소분류별, 작성일자 순으로 정리 · 보관한다. ③ 피해통보표를 작성하였을 때에는 범죄사건부에 그 작성여부를 표시하여야 한다. ④ 피해자의 진술을 맹신하지 말고 세밀한 현장관찰로 수법의 위장 부분이나 불합리한 점 등 범죄수법을 세밀하게 파악하여 기재한다.

5) 피해통보표의 활용

피해사건의 수법내용 및 피해자의 주소와 성명을 알 수 있고, 검거피의자의 여죄와 피해품(장물)을 일괄파악 할 수 있다.[161] 연속다발할 경우 피해통보표를 일괄 검토하여 수사방침 수립자료를 얻을 수 있고 범인의 추적수사가 가능하다.

---

159) 범죄수법공조저료관리규칙 제2조, 경찰청훈령 제472호, 2005.12.20.

160) 범죄수법공조자료관리규칙, 경찰청훈령 제472호, 2005.12.20.

161) 범죄수법공조자료관리규칙 제8조, 경찰청훈령 제472호, 2005.12.20.

6) 피해통보표의 삭제

① 피의자 검거시, ② 피의자 사망시, ③ 피해통보표 전산입력후 10년 경과시 삭제한다.[162)]

(3) 공조제보

1) 의 의

공조제보라 함은 경찰관서 상호간에 범인, 여죄, 장물을 발견하고 범인을 검거하기 위하여 필요한 수사자료를 서면, 영상 또는 전산자료로 행하는 수배, 통보, 조회 등을 말한다.[163)]

2) 공조제보의 종류

지방경찰청장 및 경찰서장은 발생사건의 범인검거 또는 검거피의자의 여죄 및 장물 등의 발견을 위하여 다른 경찰관서에 수배·통보·조회를 할 때에는 서면, 전신 전산기 등으로 신속히 공조제보를 하여야 한다.[164)] 따라서 특정된 범인검거를 의뢰하는 지명수배, 출석요구를 의뢰하는 지명통보 등도 가능하다. 특히 수법범죄에 관한 공조제보의 종류는 다음과 같다.

① 수법조회

경찰공무원은 수법범죄가 발생하였으나 즉시 범인을 검거하지 못하고 수사중인 사건에 대하여는 유형의 유류물 외에도 무형의 범행수법 등을 수집·분석한 후 수사종합검색시스템에 전산입력되어 있는 수법원지에 기록된 사항을 활용하여 동일수법조회를 실시함으로써 동일 범인인지를 조회한다.

② 여죄조회

피의자를 검거하여 그 여죄 및 범죄수법의 동일성을 다른 경찰관서에 발견을 의뢰하는 것을 여죄조회라 한다. 또한 여죄조회는 검거한 수법범인의 인적 특징을 토대로 수사종합검색시스템과 범죄정보관리 시스템(CIMS)을 활용하여 조회할 수 있

---

162) 범죄수법공조자료관리규칙 제12조, 경찰청훈령 제472호, 2005.12.20.
163) 범죄수법공조자료관리규칙 제2조, 경찰청훈령 제472호, 2005.12.20.
164) 범죄수법공조관리규칙 제9조, 경찰청훈령 제472호, 2005.12.20.

으며, 전산입력되어 있는 피해통보표를 활용하여 수사중인 범인 또는 용의자 및 장물 범죄수법 등의 동일성을 확인할 수 있다.

③ **사건수배**

사건수배는 범죄가 발생하였으나 그 범인을 모를 경우에 그 범인의 검거를 다른 경찰관서에 의뢰하는 것을 말하지만, 수법범죄의 경우에도 사건수배를 하여야 한다.

④ **장물수배**

수사중인 사건의 장물에 관하여 다른 경찰관서에 그 발견을 의뢰하는 것을 장물수배라고 하며, 수법범죄의 경우 피해통보표에 수록·전산입력된 피해품은 장물수배로 본다.

⑤ **장물조회**

장물로 인정되는 물건을 발견하고 그 피해자의 발견을 의뢰하는 것을 장물조회라고 하며, 수법범죄의 경우 장물조회는 피해통보 전산시스템을 활용, 전산입력되어 있는 피해통보표의 피해품과 고유번호, 품명, 재료, 중량 등 특징을 대조·검색하는 것으로 이루어진다.165)

⑥ **참고통보**

어떤 경찰관서에서 수집한 범죄수법에 관한 참고자료를 범죄수사 관할 경찰관서에 통보하는 것을 말한다.

(4) 기 타

지문자동검색시스템(AFIS)과 수사종합검색시스템을 통하여 수법범죄를 검색하고 조회할 수 있다. 이 부분은 과학수사편에서 구체적으로 다루어질 것이다.

---

165) 범죄수법자료공조관리규칙 제11조, 경찰청훈령 제472호, 2005.12.20.

제8장 유류품 수사

제1절 유류품 수사의 본질

1. 의 의

유류품 수사란 범죄현장 또는 그 부근에 남아 있거나 떨어져 있는 흉기, 의류, 휴지, 수첩, 영수증, 담배꽁초, 버린 껌 등의 유류품과 다양한 자국흔(imprints and impressions)을 수집하여 검토하거나 전문가의 감정 또는 과학적 검증을 거쳐 범인을 특정하고 체포하는 수사기법을 말한다.

2. 종 류

유류품은 협의의 유류품과 광의의의 유류품으로 나누어지며 유류품수사는 협의의 유류품을 대상으로 한다.

(1) 협의의 유류품

1) 사회적 범적

협의의 유류품은 범인이 소지 또는 휴대하고 있던 흉기, 착의, 휴지, 수첩, 담배꽁초, 지갑 등 범죄현장과 그 부근에 떨어져 있거나 남겨져 있는 물건 등을 말한다. 이러한 의미의 유류품은 범인이 사회생활 과정에서 착용하거나 휴대 또는 사용하는 물건 등을 말한다.

2) 자국흔

범인이 현장 및 그 부근에 남겨놓은 족적, 물흔, 차량흔, 도구흔, 교흔(치흔) 등 유류품과 같이 수사할 수 있는 자국이나 흔적을 말한다. 그러나 지문, 장문, 맨발의 족문, 정액, 혈흔, 토사물, 배설물, 침, 인체조직, 장기조직 등의 신체적인 소산물은 협의의 유류품에 포함되지 않는다.

(2) 광의의 유류품

광의의 유류품은 협의의 유류품과 유류물을 포함한 개념이다. 즉, 사회적 범적과 범인의 신체에서 분비된 체액·배설물이나 지문 등과 같은 생물학적 범적을 포함하는 개념이다.

3. 유류품의 특징과 가치

(1) 범인의 직접 추정자료

1) 유류품에서 범인의 추정

범죄현장에서 발견한 유류품, 예컨대, 옷, 수첩, 영수증 등에 범인의 성명이 기입되어 있을 경우 직접 범인을 추정할 수 있다. 또한 범인의 가족 및 친구 등의 성명이 기입되어 있는 유류품을 발견했을 경우에는 그들의 인적사항을 확인하는 탐문수사과정을 통하여 범인을 추정할 수 있다.

2) 범죄도구와 용의자 추정

범죄현장에서 범죄도구를 발견했을 경우 범죄도구의 그 마모정도나 파손상태 등은 범인 특정을 위한 유력한 증거물이 된다. 절도사건이나 금고털이 사건의 경우에 범죄에 사용된 도구의 조각을 현장에서 발견하고 후일 나머지 도구의 부분과 결합한 결과 같은 도구라는 것이 확인될 경우에 그 도구소유자를 추적하여 범인에게 도달할 수 있다. 강도나 살인의 경우에 피해자의 몸이나 범죄현장에서 절단된 칼날을 발견할 수 있는데 칼의 나머지 부분을 발견하여 결합한 결과 정확하게 잘 들어 맞을 경우에 역시 용의자 추정이 가능해진다.[166]

3) 유류품에서 발견된 유류물에 의한 용의자 추정

유류품, 즉 범죄현장과 그 주변에서 발견한 옷이나 지갑, 수첩, 휴지, 깨진 유리조각, 병이나 유리컵, 종이, 신문지, 포장지, 고무장갑 내부, 담배갑, 성냥갑 등에 지문이 남아 있을 가능성이 높다. 흉기나 범죄도구, 옷이나 휴지, 종이 등에는 혈흔, 정액, 타액, 모발, 기타 미세증거물이 묻어 있을 수도 있다.[167] 또한 이쑤시개나 이쑤시개로 사용된 성냥개비에서도 혈흔에 의한 DNA를 추출할 수도 있다.[168]

4) 족적과 용의자 추정

족적은 주로 신발이 토양, 모래, 진흙, 눈 등의 물체 위에 찍히는 눌림흔과 먼지, 밀가루, 혈액, 수분 등이 묻은 신발로 딱딱한 표면을 밟았을 때 만들어진다. 범죄현장이나 그 주변에서 발견된 이러한 족적은 그 무늬가 현저하고 특이하면 용의자의 신장이나 성별, 장애여부, 부상여부, 주취여부 등 용의자 추정을 위한 유력한 증거가 된다. 특히 맨발바닥이나 양말을 신은 발로 매끈한 표면에 찍힌 족문은 지문과 같은 가치있는 증거이다. 신발의 크기와 모양, 뒤꿈치나 바닥의 무늬가 상세히 찍히지 않아 증거가치가 별로 없는 경우라도 수사사의 방향을 잡기 위한 단서가 될 수 있다.[169]

5) 치흔과 용의자 추정

범죄현장이나 그 주변에서 먹다 남은 음식물이나 버린 과일에 치흔이 발견될 경우 용의자 발견을 위한 유력한 증거가 된다. 또한 피해자의 몸에서는 피의자의 치흔이, 피의자의 몸에서는 피해자의 치흔이 발견될 수 있다. 인간의 치아구조는 사람마다 특이하여 범인이 버린 것으로 추정되는 과일이나 피해자 또는 피의자의 몸에서 치흔이 발견되면 용의자로 압축된 사람 및 피해자의 치아와 비교함으로써 그 동일성을 확인할 수 있다.

166) 앞의 책., p. 189.
167) 앞의 책., p. 182.
168) 앞의 책., p. 172.
169) 앞의 책., p. 227.

(2) 범인의 속성 추정자료

범인의 속성이란 범인이 누구인가를 특정하는 증거물은 아니지만, 범인이 소유하고 있는 특성을 의미한다. 따라서 범인의 혈액형, 연령, 신장, 체격, 직업, 습관 등은 범인의 정체성과 관련된 중요한 속성이다. 이러한 범인의 속성은 범죄현장이나 그 주변에서 발견되는 담배갑, 담배꽁초 및 담뱃재 등에 의해 확인될 수 있다. 담배갑이나 꽁초는 용의자가 사용하는 담배이름을 알 수 있는 자료로서 담배이름을 알면 용의자 추정이 가능하다. 담배꽁초는 닌히드린용액으로 지문이 현출될 수 있으며, 꽁초에 묻은 침에서 혈액형을 검출할 수 있다. 담뱃재는 용의자가 파이프 담배를 피우는지 혹은 일반담배를 피우는 지 알 수가 있어서 용의자의 습성을 추정할 수 있다.[170)]

또한 현장이나 그 주변에서 발견된 의류 등은 그 크기나 디자인, 색상 등을 통해 용의자의 연령, 신장, 체격 등을 추정할 수 있으며, 옷에 묻어 있는 페인트가루나 금속가루, 또는 짧은 머리털 같은 미세증거물은 용의자의 직업을 추정할 수 있는 수사자료이다.

(3) 범인의 행동추정

범죄현장 주변에서 범인이 범행시간을 기다리면서 버린 담배꽁초가 많은 경우 그의 조심스런 행동을 추정할 수 있으며, 또한 범죄현장에서 범인의 것으로 추정되는 흉기나 옷이 발견되면, 범인은 피해자의 저항에 당황했거나 도주하기에 바빴다는 것으로 추정된다. 또는 출입구에 남겨진 족적의 방향에 따라서 침입구 및 도주구의 방향을 추정할 수 있다.

(4) 범행상황 등의 추정자료

범죄현장과 그 주변에 흩어져 있는 족적에서 범인의 범죄대상 물색행동을 추정가능하고, 서로 다른 족적이 발견되면 여러 명이 범행을 했다는 사실 및 공범자의 수도 추정가능하다. 흉기가 발견되면 흉기를 범죄에 사용한 방법 및 흉기의 소유자가 누구인가를 판명하여 우발적 또는 계획적 범행인지를 판단가능하다. 차량흔이 있으면 차량의 종류와 차의 특징을 판단할 수 있다.

---

170) 앞의 책., p. 172.

4. 유류품 수사의 기초

유류품 수사는 수사경찰관들이 범죄현장에 출동하는 단계에서부터 범죄현장이나 그 주변에서 범인의 물건으로 추정되는 유류품을 어떻게 발견할 것인가의 문제이다. 수사경찰관이 유류품을 어떻게 발견하느냐 하는 것은 그것이 발견될 가능성이 농후한 장소를 집중적으로 관찰하는가에 달려 있다.

(1) 유류품의 확정

유류품은 범인과 범죄의 관련성을 확인하는 중요한 증거이다. 따라서 수사관이 그것을 어디서 발견하고 그것이 어떻게 범인의 유류품인지를 입증하는 것이 중요하다.

1) 시간적 관계

범죄가 심야에 발생했을 때에는 범인은 범행시간이 될 때까지 그 주변에서 기다리는 경우가 많다. 따라서 범행시간을 기준으로 사전에 범행시간을 기다릴만한 주변 장소에서 담배갑, 성냥갑이나 성냥개비, 담배꽁초, 신문지, 잡지, 휴지 등을 발견해야 한다.

2) 장소적 관계

범행장소와 그 부근에는 신발, 착의, 모자, 휴지, 단추, 손수건 등이 발견되는 경우가 많다. 초동수사 단계의 현장관찰 과정에서 현장과 그 주변에 대한 철저하고 반복적인 관찰에 의해 유류품이나 자국흔 발견에 최선을 다해야 한다.

3) 범인의 도주로 주변

범인은 도주하는 중에 흉기나 피묻은 옷, 또는 강간사건의 경우에 자신의 팬티나 피해자의 팬티 등을 풀숲이나 외딴 장소에 버리는 경우가 흔히 발생한다. 특히 피해자나 경찰관에게 추적당하는 경우에는 도주경로 부근에 소지품을 유기하거나 버리는 경우가 많다.

4) 과학적인 감정으로 확인

발견한 유류품이 범인의 것인지에 대한 진정성 여부를 확정할 수 없는 경우에는 과학수사연구소 등의 과학적인 감식시설을 이용하여 검증을 거쳐 확인해야 한다.

(2) 유류품 수사의 착안점

1) 동일성

① 범행과 유류품과의 관련성

범행장소나 그 주변에서 발견한 흉기, 의류 또는 담배꽁초 등이 범행에 사용되었거나 범행과 관련되어 발생한 유류품이라는 사실이 명확하게 밝혀져야 한다. 흉기의 경우에는 피해자의 상처부위와의 일치성이 객관적으로 검증되어야 하고, 의류와 담배꽁초에서는 용의자의 것으로 추정되는 지문이나 혈액형이 검출되거나 DNA지문이 검출되는 등으로 과학적으로 검증되어야 한다.

② 피해자의 진술 통한 확인

피해자의 진술 또는 피해상황을 통하여 유류품의 범행관련성을 확인할 수 있다. 결국은 피해자의 진술을 통하여 유류품의 발생과정과 그 존재상태, 그리고 특징 등을 확인해야 한다.

2) 관계성 검토

① 범인과 유류품과의 관련성

현장에서 발견된 유류품을 범인이 소유 또는 휴대하고 있었던 것이라면, 범인과 물건의 관련성이 입증되어야 한다. 즉, 범인의 지문이 흉기에 남아있거나 옷에 성명이 기재되어 있을 경우에 범인과 유류품의 관련성이 입증되는 것이다.

② 관계성 확인 방법

㉠ 범인이 유류품 및 그의 일부라고 인정할만한 것과 동종의 물건을 소유 또는 휴대하고 있다는 사실이 확인되어야 한다. ㉡ 유류품에 특별한 물질, 즉 머리카락, 섬유, 체액, 페인트 등이 부착되어 있을 경우에 범인의 물건이나 체액이라는 사실이 확인되어야 한다. ㉢ 유류품에 존재하는 사용버릇을 가지고 있는 인물이라는 사실이 확인되어야 한다. 흉기를 사용하여 발생한 피해자의 상처자국이 왼손잡이라든지 현장에 떨어져 있는 메모가 왼손잡이라든지 하는 경우이다. ㉣ 범인이 범행시간에 근접하여 현장 및 그 부근에 있었다는 사실이 범행장소나 그 주변의 유류품에 의해 확인되어야 한다.

3) 기회성 검토

범행현장에 남겨진 물건을 범인이 유류한 것이라면 범인이 현장에 갈 수 있었고 그 물건을 현장에 유류할 기회가 있었다는 것을 탐문수사와 알리바이 수사에 의해 수집한 정황자료에 의해 증명해야 한다.

4) 완전성(보전성) 검토

유류품이 과연 범행시와 동일한 성질·상태로 보전되고 있는가를 세밀히 검토하여야 한다. 즉, 범인이나 다른 사람의 손에 의해 유류품이 훼손되거나 자연적으로 변질되지 않고 범행시와 같은 성질을 가지고 있는가를 확인해야 한다.

제2절 유류품 수사의 기법

1. 유류품 수사의 실행

(1) 유류품의 출처 추적

범행현장에서 발견된 흉기는 물론이고 다양한 유류품은 그 출처를 추적하면 범인에 까지 도달할 수 있다. 즉, 흉기나 의류 등을 제작한 업체나 판매처를 통해 구입한 사람을 추적하면 결국 범인에까지 도달할 수 있다.

(2) 피의자와 유류품의 관계 입증

탐문수사에 의해 범인의 행적을 탐문하여 용의자를 발견하고 행적수사를 통해 용의자와 유류품과의 관계를 입증함으로써 범인을 검거할 수 있다.

(3) 유류품을 소지·휴대하고 있었던 자에 대한 탐문

수사관은 유류품 또는 유류품의 원색사진을 들고 탐문수사를 통하여 탐문대상들에게 "이 물품을 본적이 있었는가, 누가 가지고 있었는가"를 확인하여 범인을 발견해야 한다. 이때 용의점이 농후한 자에게 사진을 제시하면 증거를 인멸할 우려가 있으므로 제시방법을 신중하게 검토해야 한다.

(4) 유류품의 부착물과 같은 재료 소지 · 사용자 탐문

수사경찰관은 현장에서 발견한 유류품에 부착된 물질을 소지 · 사용하고 있는 자들을 대상으로 탐문한다. 예컨대, 현장에서 발견한 의류에서 특수한 잉크나 페인트가 묻어 있거나 페인트가 묻은 테이프 같은 것을 발견한 경우에는 잉크 제조업체나 페인트 제조공장, 또는 공구에 테이프를 감아 페인트를 사용하는 도장관계 직공 등을 대상으로 탐문수사를 전개하여 용의자를 발견한다.

(5) 유류품 발견자 수사

유류품은 현장 및 그 주변에서 일반 통행자가 습득하여 소지하고 있는 경우가 있으므로 탐문수사를 통하여 유류품 소지자를 발견하고 회수를 하여 수사자료로 확보해야 한다. 이를테면 범인이 도주하면서 현장주변에서 장갑을 떨어뜨린다든지 신발을 벗어버리고 도주하는 경우에 이러한 유류품을 일반통행인이 습득하는 경우가 있다.

(6) 유류품 수배

수사관이 범죄현장이나 주변에서 범인의 것으로 추정되는 유류품을 발견했을 경우에 그 출처를 추적하여 용의자를 발견하기 위해서는 필요한 범위 내에서 타서 및 타 지방청 또는 대상업자 등에 대해 유류품 출처에 대한 수배조치를 취해야 한다. 특히 대상업자에 대한 수배는 유류품의 형태와 특징을 기재한 서류수배에만 그치지 말고 탐문수사를 병행하여 실시해야 한다.

2. 유류품 수사상 유의사항

(1) 유류품 진정성에 대한 이면수사 실시

수사경찰관이 확보한 유류품에 대해 피의자는 물론 피해자를 포함한 참고인의 진술이 엇갈리거나 진정성이 의심스러운 경우가 있다. 이러한 경우에 수사경찰관은 유류품의 진정성을 확인하기 위한 이면수사를 철저히 수행해야 한다.

(2) 수사의 능률적 수행

유류품의 출처와 이동경로에 대한 수사는 장기간을 요하므로 수사의 능률성을 위해 전문지식 소유자를 통해 유류품과 같은 재료나 제품을 보유하고 있는 제조공장, 물건의 특징, 판로, 판매량 등에 대한 자문을 구한 후에 그 자문내용에 따라 집중적인 탐문수사를 실시해야 한다. 그리고 장부와 서류에 의해 판매처 등을 조사하는 경우에는 협조를 구하고 이중장부까지도 볼 수 있도록 철저하게 수사해야 한다.

(3) 파편적인 유류품 보존과 나머지 연결부분 발견 수사

범죄현장에서는 옷소매나 의류조각, 쇳조각, 칼 끝부분, 신발끈, 유리조각, 공구조각과 같은 전체의 일부분만 발견되는 경우, 이러한 일부분에 해당하는 유류품도 보존한 후 광범위한 수색과 탐문수사를 통하여 나머지 다른 부분을 발견해야 하고 아울러 그 출처를 확인해야 한다.

(4) 대상업자 별로 전문지식 소유자 명부작성 활용

수사경찰은 범죄현장에서 주로 발견되는 유류품과 관련된 제조업체나 판매업체별로 관련 전문지식을 가진 업자를 선정해서 명부를 작성해두면 탐문수사를 능률적으로 실행할 수 있다.

제9장 장물수사

제1절 장물수사의 본질

1. 의 의

장물수사는 피해자를 통해 범죄피해품이 발생한 것을 확인하고 그 종류와 특징을 구체적으로 파악함과 동시에 이동경로를 추적하여 탐문수사, 장물수배, 장물수배서의 발행, 불심검문, 장물조회 등을 통하여 장물을 발견하여 회수하고 아울러 범인을 발견하고 체포하는 수사방법이다.

2. 중요성

장물의 식별은 피해품의 회복과 범인의 성공적인 체포 가능성을 향상시키는 수사기법이다.[171] 장물아비로부터 범인을 추적하는 것은 범죄현장에 어떤 지문이나 흔적이 남지 않았을 경우에 사용할 수 있는 유일한 방법이다.[172]

(1) 합리적 수사의 진행

수사경찰관은 장물의 종류와 특징을 구체적으로 파악하여 그 이동경로를 수사함으로써 그 소재를 밝히고 소유자와 처분자를 추적하면 범인에 도달할 수 있다. 장물

---

171) Gilbert, *op.cit.*, p. 192.

172) Weston and Lushbaugh, *op.cit.*, pp. 283-284.

은 도범수사의 가장 기본적인 수사단서이며 결정적인 증거자료이다. 피의자가 장물을 자신이 절취한 도품이라고 자백을 하면 범죄사실을 인정할 수 있는 객관적인 증거가 된다. 따라서 장물수사는 범행의 증거가 되는 장물을 확보하고 범인을 특정하는 합리수사이다.

(2) 피해회복의 추진

오늘날 범죄수사는 범죄사실의 진실 규명과 범인체포와 기소 그리고 처벌만이 유일한 목적이 아니라 피해자 보호도 중요한 목적으로 대두되고 있다. 특히 강·절도 같은 재물범죄는 범죄 피해품을 회복하여 피해자를 보호하는 것이 아주 중요하다. 따라서 장물수사는 범인의 발견·체포뿐만 아니라 피해품을 회수하여 피해자에게 반환하는 활동까지 포함한다.

3. 평소의 준비

(1) 제 자료 정비

수사기관은 장물수사의 기초가 되는 재물 피해신고의 정확한 접수를 위한 표준양식의 준비, 장물수배와 수배서 작성에 필요한 법적·실무적 지식의 습득과 작성준비, 피해품 대장의 정리 기타 공조제보와 관련된 자료를 정비해 두어야 한다.

(2) 각종 물품에 대한 식별 지식의 습득

장물은 너무나 다양하고 복잡하다. 장물수사의 효율성은 장물의 종류와 특징을 구체적으로 파악하는 것이 무엇보다 중요하다. 그러므로 평소에 장물도감을 기초로 하여 주로 장물의 대상이 되는 물품에 대한 여러 가지 지식을 사전에 습득하는 노력이 요구된다.

미국의 대다수 경찰기관들은 재물에 특정 표시를 하여 이 재물이 강·절도 등으로 장물이 되었을 경우에 식별할 수 있는 어떤 유형의 프로그램을 운용하고 있다. 재물에 대한 특정 표시는 ① 범죄자의 절도포기, ② 수사기관의 장물여부 확인용이, ③ 회복된 재물의 피해자에 대한 효율적인 환부, ④ 범인으로부터 장물아비에게 장물양도 저지 등의 기능을 한다.[173]

(3) 장물의 유동실태 파악

1) 장물의 유출경로 파악

장물수사는 우선 장물의 유출경로부터 파악하는 것이 중요한데 유출경로는 정상경로와 비정상경로로 나누어진다.

① 정상경로

장물유통의 정상경로는 매각경로와 담보경로로 나누어지며, 매각경로는 고물상, 소매점, 장물아비, 중고차 매매업소, 가전제품 수리점 등이 해당되고, 담보경로는 전당포, 사금융업자 등이 해당된다. 따라서 수사경찰관은 매각과 담보경로 상에 있는 대상들을 집중적으로 수사해야 한다.

② 비정상경로

비정상적인 경로는 소비, 증여, 기타 경로로 나누어지며, 소비는 범인이 직접 소지하거나 숙식비, 유흥비 또는 도박밑천으로 사용하는 것을 포함하고, 증여는 가족이나 애인, 친구 등에게 선물 등의 형식으로 이루어진다. 기타 장물을 유실하거나 폐기하는 경우도 있으며 채무변제로 사용되기도 한다.

2) 장물의 원거리 반출경로

지능적인 범죄자들은 경찰의 수사망을 피하기 위해 장물을 원거리로 반출하는 경우가 많다. 따라서 이에 대비하기 위해 관내의 교통수단의 종류와 역이나 터미널, 관련 영업소, 수하물 보관소 등에 대해 사전에 파악하여 항상 수사상 협조가 이루어지도록 연락체계를 유지해야 한다.

3) 장물의 변개

지능적인 절도범과 장물범죄자들은 장물의 원형을 고치거나 위장하여 장물수사를 방해하기도 한다. 즉, 장물의 부속품을 바꾸거나 해체하기도 하며 상표번호를 고치거나 금, 은, 동 등은 즉시 녹여서 원형을 몰라보게 한다. 따라서 수사관은 장물의 의심이 되는 물품을 발견한 경우에 그 원형의 변개여부를 반드시 주의 깊게 관찰해야 한다.

---

173) *Ibid.*, p. 192.

4) 장물아비 실태파악

수사관은 장물을 발견한 경우에 절도범만을 수사하는 것으로 거치지 말고 장물아비를 추적하여 장물죄 피의자로 검거해야 한다.

제2절 장물수사의 방법

1. 장물수사의 기초

(1) 피해품의 확정

1) 피해자가 일반가정인 경우

피해자가 일반가정인 경우에는 조사대상을 광범위하게 선정하여 수사를 전개해야 한다. 피해자는 놀라고 당황하여 피해금품에 대해 알고도 진술 못하는 것이 일반적인 현상이므로 피해자 외에도 그 가족, 동거인, 고용인 등을 참여하게 하여 조사해야 한다. 또한 그 집에 내왕이 잦은 사람 및 친족 등도 선정하여 조사하는 것이 효과적이다.

2) 피해자가 사무소 또는 사업장인 경우

일반회사나 공공기관의 경우에 피해자들이 사실 이상으로 피해품을 과장하거나 피해금품 중의 일부만을 축소하여 신고하는 경우가 많아 장물수사에 혼란을 초래한다. 따라서 수사관은 관계장부와 사업대장 등을 제출받아 피해금품을 확인하고, 피해자뿐만 아니라 대표자로부터 종업원에 이르기까지 광범하게 조사해야 한다.

(2) 피해품의 특징파악

① 시계, 카메라, 전기제품 같은 것은 피해자에게 물품목록을 보여주면서 동일 물품을 확인하거나 유사물품을 보여주고 다른 특이점을 설명하도록 한다. 물품의 일련번호가 확인되면 피해품 확인에 아주 효과적이다. ② 귀금속, 장식품의 경우에는 피해자에게 그림을 그리게 하거나 제조처, 구입처, 수선소 등을 탐문수사에 의해 확인

한다. ③ 카메라, 전기제품, 장식품, 기성복 등은 그것을 포장한 상자 등이 있으면 그것을 이용하여 제품의 종류와 특징을 확인한다.

2. 장물수배

(1) 의 의

장물수배란 특정 경찰관서가 수사 중인 사건의 장물에 대해 다른 경찰관서에 그 발견을 요청하는 수배를 말한다.[174] 즉, 모든 경찰관서에서 수배된 장물을 발견하면 즉시 수배 경찰관서에 통보를 요구하는 공조수사를 말한다.

(2) 방 법

경찰관서는 장물수배를 할 때에는 발견해야 할 장물명칭, 모양, 상표, 품질 기타 특징 등을 명백히 제시해야 하며, 사진, 도면 또는 동일한 견본 조각 등을 첨부하는 등의 필요한 조치를 해야 한다. 또한 피해통보표에 수록·전산입력된 피해품은 장물수배로 본다.[175]

(3) 장물수배서

1) 의 의

장물수배서란 경찰서장이 수사상 필요하다고 인정할 때에는 장물을 신속히 발견하기 위해 장물처분과 관련있는 영업주, 즉 전당포주나 고물상, 금은방 또는 중고차 거래처나 수리점 등에게 해당 장물을 소유 또는 소지하고 있거나 받았을 경우에 즉시 경찰관서에 신고하도록 의뢰하는 피해품의 통지서를 말한다.

2) 종 류

① 특별중요장물 수배서(범죄수사규칙 제183조 제1항 1호, 제2항)

수사본부를 설치하여 수사하고 있는 사건에 관해 발부하는 경우의 장물수배서로

---

174) 범죄수사규칙 제182조, 경찰청훈령 제526호, 2008.7.22.
175) 범죄수법공조자료관리규칙 제10조, 경찰청훈령 제472호, 2005.12.20.

서 홍색용지를 사용한다. 그러므로 홍색 수배서라고도 한다.

② 중요장물 수배서(범죄수사규칙 제183조 제1항 2호, 제2항)

수사본부를 설치하고 있는 사건 이외의 중요한 사건에 관하여 배부하는 장물수배서로서 청색수배서라고도 한다. 중요장물수배서는 대개 다음과 같은 피해품에 대해 작성하여 배부한다. ㉠ 중요문화재 기타 이에 준하는 피해품, ㉡ 외교사절 등에 관련된 사건의 피해품 기타 사회적 영향이 큰 사건의 피해품, ㉢ 살인, 강도 등의 중요사건에 관한 피해품, ㉣ 다액절도 또는 특이한 수법이나 상습범에 해당되는 침입절도사건의 피해품, ㉤ 기타 중요 또는 특이사건의 피해품

③ 보통장물 수배서(범죄수사규칙 제183조 제1항 3호, 제2항)

별로 중요하지 않은 기타 사건에 관하여 배부하는 장물수배서로서 백색용지를 사용한다. 따라서 백색수배서라고도 한다. 또한 보통장물 수배서 중 시계·보석류, 사진기류, 의류, 사무기류 등 간이한 그림 또한 문자만으로 표시할 수 있는 것에 대하여는 이를 종합한 종합장물 수배서를 발부한다.

3. 장물조회

(1) 의 의

장물조회란 경찰관서에서 장물로 인정되는 물건을 발견하고 그 피해자의 발견을 의뢰하는 것을 말한다. 즉 범죄수사, 탐문수사, 불심검문 기타 직무집행중인 경찰관이 장물의 의심있는 물품을 발견시 지방경찰청 수사과 수법주무계에 무전기나 경비전화로 조회하여 장물여부를 확인하는 활동을 말한다.

(2) 방 법

수사관이나 일반 경찰관이 장물여부의 조회를 하는 경우 범죄정보관리시스템(CIMS)을 활용하여 전산입력되어 있는 피해통보표의 피해품, 고유번호, 품명, 재료, 중량 등을 조회한다.[176]

---

176) 범죄수법공조자료관리규칙 제11조, 경찰청훈령 제472호, 2005.12.20.

제3절 장물수사의 실행

1. 일반적 수사

피의자 또는 장물을 특정하지 않고 장물수사 대상업자 또는 대상자 등에 대하여 수사를 하고 장물을 발견하여 그것을 단서로 범인을 검거하려는 수사를 일반수사라 한다.

(1) 전당포 등에 대한 수사

1) 대상업소 탐문

수사관은 불특정 사건의 장물수사를 위해 전당포, 금은방, 고물상 등에 수시로 방문하여 취급품의 종류, 수량 및 거래가격 등을 조사하여 장물로 인정되는 상당한 이유가 있는 물품에 대해 장물조회를 실시하고 관련수사를 실행한다.

2) 거래장부와 보관물품 등의 검사

전당포나 금은방, 고물상 등의 거래장부를 점검하여 장물로 의심되는 물건을 발견해야 한다. 경찰관이 이러한 현장에 임하여 검사하는 활동을 임검이라는 말로 마치 압수·수색을 하는 것과 같은 의미로 사용되면서 경찰관이 전당포나 금은방 또는 고물상 등을 수시로 방문하여 거래장부와 보관물품 등을 마음대로 검사할 수 있는 것처럼 설명되고 있는데 이는 잘못된 것이다.

특정업소의 거래장부와 보관물품을 검사하는 행위는 반드시 업소관계자의 사전 승낙을 얻어서 해야 하는 임의수사에 해당한다. 수사경찰관이 대상업소의 승낙을 받지 못하면 압수·수색영장을 발부받아야 한다. 물론 대상업소는 장물인줄 모르고 거래했을 수도 있으므로 관계자를 잘 설득하여 협조를 구해야 한다.

3) 업자로부터의 정보수집

거래장부와 보관물품 등에 대한 검사와 함께 영업주와 종업원 등으로부터 보관품의 주인, 매각자들의 거래당시의 특이상황, 매각자와 관련된 정보 등을 청취하고 매각처분과 관련된 문의가 있었는 지를 확인한다.

4) 기타 업자에 대한 수사

종래에는 전당포와 고물상 등이 장물의 주된 거래대상이었으나 오늘날에는 사금융업자, 귀금속·의류품 가공업자, 카메라·전기기구 수리업자, 식료품 판매업자 등 허가유무를 불문하고 일반업종에 대한 탐문을 통하여 장물을 발견해야 한다.

(2) 장물아비(취급자) 수사

상습범의 장물은 장물아비(fen)에게 매각되는 경우가 많다. 장물아비가 취급하는 장물은 발견하기 어려우므로 평소부터 실태파악과 동향을 주시하고 탐문수사를 통해 장물의 거래사실을 확인해야 한다.

(3) 피해자 확인

수사경찰관이 장물로 인정되는 물품을 발견함으로써 피해자가 판명된 경우에는 일련의 기호·번호 등에 의해 특정할 수 있을 때에는 문제없지만, 의류, 보석류, 시계 등과 같이 같은 종류의 물건이 많아 틀리기 쉬우므로 반드시 피해자로 하여금 현물을 확인시킬 필요가 있다. 이 경우에 바로 물품을 제시하지 말고 그 물품의 모양, 특징, 중량 등을 물어 어느 정도 동일성을 확인한 뒤에 물품을 제시해야 한다.

2. 특별수사

(1) 특정장물의 수사

장물에 대한 특별수사는 특별중요장물수배서, 중요장물수배서 등의 장물 기타 다액절도사건 등의 장물을 대상으로 수사가 진행되는 것을 말한다.

1) 장물의 특징파악

특정장물을 발견하기 위해서는 그 장물의 특징을 파악해야 하며, 또한 장물과 같은 종류의 물품품목이나 장물수배서 등을 활용하여 수상한 물품을 확인하고 수배해야 한다.

2) 중점적 수사

장물과 같은 종류에 해당되는 물품의 유통경향과 경로를 파악하여 중점적으로 수사해야 한다. 수사부서 전체를 동원하는 일제수사 시 대상업체 전체를 수사대상으로 하여 특정장물과 같은 종류의 물품은 전부 직접 확인해야 한다.

(2) 범인 상대 장물수사

① 범인의 자백은 없으나 여죄가 있는 것으로 추측되면 거주지, 관계 거소 등을 수사하여 피해품을 발견해야 한다.
② 중요한 수사항목은 소지물품의 수사, 주택이나 숙박업소 등의 수사, 교우관계자 그리고 장물관계자에 대한 탐문수사 등이다.

3. 장물발견 후의 수사

(1) 발견후의 조치

장물수사 담당자가 장물을 발견한 경우에는 장물압수에 필요한 조치를 취하고 관계서류를 작성하여 지체없이 서장에게 보고해야 한다. 관계서류는 ① 장물발견 수사보고서, ② 피해확인서, ③ 전당포에서 받은 물품에 대한 자술서 또는 매입자술서, ④ 관계자의 진술서 또는 자술서, ⑤ 기타 참고사항 등이다.

(2) 장물소지자 등에 대한 조사

1) 고의여부 조사

장물을 발견한 경우에는 절도 본범의 수사만으로 끝내지 말고 장물 소지자 또는 소유자가 장물이라는 사정을 알고 구입하였는지의 여부를 수사하여 장물죄의 피의자로 검거한다. 소지자는 대부분 모르고 샀다고 변명하므로 장물인지를 알고 샀다는 고의성을 밝혀야 한다.

2) 고의입증 방법

① 부자연스러운 정황

물품의 종류의 특이성, 가격, 처분자의 범죄경력, 아침이나 심야와 같은 취급시간, 가격표가 붙어 있는 신품, 동종의 물품의 도난사건발생, 부자연스러운 거래장소 등의 정황에 의해 고의를 입증한다.

② 절도 본범의 진술

절도 본범의 진술을 토대로 장물아비가 장물이라는 점을 알고 있었다는 것을 입증하고 기타 입증자료를 확보하여 증명해야 한다. 즉, 본범과 장물아비의 면식관계, 장물임을 암시 또는 명시한 점, 장물성에 대하여 증거인멸의 모의를 한 점 등에 의해 장물임을 증명해야 한다.

3) 장물처분자에 대한 수사

장물처분자가 반드시 범인이라고 단정할 수는 없다. 장물처분자가 타인으로부터 처분을 의뢰받았거나 습득, 횡령하는 경우가 있으므로 이에 대한 수사를 할 필요가 있다.

제10장 알리바이 수사

제1절 알리바이 수사의 본질

1. 의의 및 중요성

(1) 의 의

알리바이(alibi)는 범죄혐의자가 범죄가 행하여진 시간에 범죄현장 이외의 장소에 있었다는 사실을 주장하는 현장부재증명을 말하는 것으로, 피의자가 주장하는 알리바이의 존재여부를 확인하는 수사활동을 알리바이 수사라 한다.

(2) 알리바이 수사의 중요성

1) 알리바이는 무죄의 절대적 증거

수사관이 수집한 증거는 목격자의 증언과 같은 직접적인 증거(direct evidence)가 아니라 간접적인 증거인 정황증거(circumstantial evidence)만 있을 경우에 범죄혐의자의 알리바이는 정황증거를 부정하는 절대적인 증거가 된다. 여기에서 말하는 정황증거가 목격자의 증언에 대비되는 간접증거인 혈흔이나 지문 등을 의미하는 것이라면 문제는 좀 복잡해진다. 즉, 범죄현장에서 용의자의 혈흔이나 지문이 채취되었더라도 용의자의 알리바이가 객관적으로 입증되었다면, 용의자는 무죄가 된다는 말이 된다. 이런 경우는 좀처럼 발생하기 힘들다. 이러한 경우에 현장에서 발견된 혈흔은 다른 사람이 계획적으로 용의자의 혈흔을 현장에 묻혀 놓았다든지 지문의 경우에는 용의자가 다른 일로 다른 시기에 현장에 지문을 남겨 놓은 결과라고 볼 수밖에 없다. 그러나 현장에서 용의자의 DNA지문이 검출되는 혈흔을 발견하였을 경우에 용의자의 알리바이가 성립하는 경우는 거의 없을 것이다. 지문 역시 마찬가지다.

알리바이는 경우에 따라서 직접적인 증거, 즉 목격자의 증언까지 무너뜨릴 수 있다. 목격자의 증언이 언제나 진실이라고 보기는 어려우므로, 실제로 가장 많이 틀리는 증거가 바로 목격자의 증언이므로 객관적으로 입증된 알리바이가 증명력을 인정받을 수 있다. 직접적인 증거까지 거론되는 것으로 보아 위에서 거론된 정황증거는 우리가 일반적으로 말하는 범죄상황을 의미하는 정황(circumstances)이 아니라 간접증거로서의 정황증거를 지칭함이 분명하다.

2) 범죄혐의자 유죄입증과 범죄현장 존재 증명

범죄자의 알리바이 입증은 모든 정황자료의 증거능력을 부정한다. 따라서 수사관은 범죄혐의자에 대한 정황자료를 더 신뢰할 수 있고 용의자의 알리바이가 허위라고 생각된다면, 그 알리바이가 위장된 것이라는 객관적인 증거를 확보하여 용의자의 현장존재증명을 하는 것이 알리바이 수사의 본질이다.[177)]

2. 알리바이의 태양

범죄자들은 자신이 범죄혐의를 받고 있다는 사실을 알게 되면 자신은 범죄발생 당시에 다른 장소에 있었다는 주장을 하는 알리바이를 위장하거나 조작한다. 알리바이 수사는 이러한 알리바이 위장이나 조작을 밝혀내는 것이 주된 목적이다.[178)]

(1) 절대적 알리바이

범죄 시각에 혐의자가 범죄현장과는 다른 장소에 있었다는 사실이 목격자의 증언, 사진이나 동영상, 공적인 기록 등과 같은 객관적인 증거에 의해 명백하게 입증되는 경우에 알리바이는 절대적인 증거가 된다.

---

177) 정황증거는 지문, DNA지문같은 과학적인 검증을 거친 물증을 말하므로 정황증거라는 말 대신에 단순히 정황만을 의미하는 정황자료로 사용함이 타당하다.

178) Weston and Lushbaugh, *op.cit.*, p. 89.

(2) 상대적인 알리바이

상대적 알리바이는 그것이 성립할 수도 있고 부정될 수도 있다. 수사관은 용의자가 주장하는 상대적 알리바이의 객관성을 추적하여 반증을 제시해야 한다.

1) 범행발생 전에 마지막 발견장소

범죄 혐의자가 범행발생 전에 마지막으로 다른 장소에서 발견된 시간에 의하면 그 시간부터 범죄현장에 도달할 수 없다는 계산이 나오는 경우, 예컨대, 범행발생 시간은 23:00시였으나 용의자는 22:50분에 범행발생 장소에서 30분 이상 걸리는 장소에서 최후로 발견되었다고 주장하는 경우는 상대적 알리바이에 해당된다.

2) 범행발생후 최초로 발견장소

범죄 혐의자가 범행발생 후 최초에 다른 장소에 나타난 시간으로 보아 범행 후 그 장소에 도달할 수 없다는 계산이 나오는 경우, 예컨대, 범행은 서울 강남의 한 아파트에서 23:00경에 발생했으나 용의자는 범죄발생 후 최초로 23:10분경 분당에 있는 친구를 만나고 있었다고 주장하는 경우는 상대적 알리바이에 해당된다.

(3) 위장 알리바이

범죄 용의자가 사전에 계획적으로 특정장소에서 다른 사람들에게 큰 실수를 한다든지 다른 사람들의 시선을 받는 행동을 하는 방법으로 자기의 존재를 확실히 인상 깊게 해놓고 그 사이에 아주 짧은 시간 내에 범행장소로 이동하여 범행을 한 후에 범행을 부인하는 경우는 위장알리바이로서 알리바이가 부정된다. 예컨대, 23:00경 강남에서 발생한 살인사건으로 용의자가 된 N은 나는 22:00부터 24:00까지 식당에서 회식 중이었다고 주장하거나 극장에 있었는데 그때 내가 실수를 해서 극장 종업원의 옷에 커피를 쏟은 일이 있다고 주장하는 경우 등이다.

(4) 청탁알리바이

범인이 범행 후에 자신의 범행사실을 숨기기 위해 가족・동료・친지에게 누가 물으면 어느 시간・어느 장소에 같이 있었다는 약속 또는 청탁을 해 놓은 경우는 청탁알리바이로서 알리바이는 부정된다.

3. 알리바이 수사의 착안점

(1) 기억의 문제

알리바이 수사는 범죄혐의자나 참고인 등의 기억의 확실·불확실의 문제가 핵심이 되는 경우가 많다. 또한 기억이 확실하다해도 사실의 이면이 존재한다는 점을 수사의 초점으로 삼아야 한다.

(2) 기회의 문제

범죄를 범할 기회를 가진 사람의 식별은 확실한 수사단서이다.179) 범죄발생시간이나 그 시간대에 범죄현장에 존재할 기회는 바로 범죄자가 될 가능성을 입증하는 것이다. 따라서 알리바이 수사는 용의자가 범행시간에 범행현장에 존재할 기회와 그 가능성에 관련된 증거를 확보하는 것이 중요하다.

(3) 시간과 장소의 문제

알리바이 수사는 범죄현장과 용의자의 소재장소 및 소재시간을 확정하는 것이 범행입증에 중요한 요소이다. 범행당시에 용의자가 범행장소로부터 아주 먼 거리에 있었느냐, 또한 그 장소에 소재한 시간이 범행시간과 아주 가까운 시간이었느냐에 따라 알리바이가 인정되고 그 반대의 경우에는 알리바이는 부정될 가능성이 높다.

제2절 알리바이 수사의 초점

1. 범행시간의 확정

범죄용의자의 알리바이 입증과 반증문제는 범행시간이 확정되어야 수사가 가능하다. 사실 목격자가 없는 살인사건, 또는 사건이 오래 경과되어 범행시간을 알기 어려운 살인사건은 다양한 과학적인 감식방법에 의해 범행시간을 확정하는 것이 아주 중요하다.

---

179) *Ibid.*, pp. 88-89.

2. 체류 · 출현장소와 시간의 확정

용의자가 범행실행 전에 마지막으로 나타난 장소와 시간, 범행 후에 최초로 나타난 장소와 시간을 정확하게 확인해야 한다. 특히 혐의자가 상대적 알리바이를 주장하는 경우가 대부분이므로 실행 전 마지막 출현장소와 시간 및 실행 후 최초로 나타난 장소와 시간을 객관적으로 입증해야 한다. 이러한 출현장소와 시간 확정은 제3자에 대한 탐문수사에 의존할 수밖에 없다.

3. 이동시간의 정확한 추정

용의자가 범죄실행 시간에 있었다는 장소 또는 범행시간 후에 있었다는 장소와 현장까지의 거리, 그리고 이동하는데 소요되는 시간을 도보와 오토바이, 차량 등 다양한 각도로 심층적으로 수사해야 한다.

4. 범죄의 태양 고찰

우발적인 범죄보다는 계획적인 범죄는 알리바이 위장이나 청탁이 필연적으로 개입된다. 그러나 혐의자가 위장알리바이나 청탁알리바이를 진실인 것처럼 하기 위한 교묘한 행위를 하면 할수록 수사관은 알리바이의 진실을 발견하는 것이 용이하다. 위장 또는 청탁알리바이는 관련된 제3자가 여러 명이기 때문에 수사관이 주도면밀하게 접근하여 관찰하면 어느 한사람에게서 진술의 모순이나 불합리한 점이 발견되어 알리바이 위장이나 청탁에 관련된 조작 내용을 더 쉽게 간파할 수 있다.

5. 알리바이 공작의 유무 검토

혐의자가 범행 전에 알리바이를 공작하거나 자신이 용의자로서 수사대상이 되고 있다는 사실을 감지하고 사후에 알리바이를 위장하는 등의 공작을 하는 경우가 있으므로 그 공작유무를 여러 사람을 상대로 다양한 각도의 탐문수사에 의해 입증해야 한다.

6. 알리바이 허위여부 증명

수사관은 용의자가 알리바이를 주장할 경우에 참고인 등으로부터 각종 증거를 수집하여 알리바이의 허위여부를 확인해야 한다. 특히 여러 사람의 참고인을 대상으로 될 수 있는 한 넓게 증거를 수집해야 한다.

제11장

공조 및 수배수사

제1절 공조수사

1. 의 의

공조수사란 경찰관서 상호간 피의자 체포·출석요구·조사, 자료수집, 참고인 출석요구·조사, 압수·수색·검증, 수배, 통보, 조회, 촉탁 또는 합동수사를 하는 것을 말한다.[180] 이러한 공조수사는 범인체포, 여죄조회, 범죄경력조회, 장물수배 및 조회, 신원불상자의 신원확인, 그리고 궁극적으로 범인검거와 범죄구증을 목적으로 한다. 따라서 공조수사는 과학적이고 종합적이며 입체적인 일련의 조직수사 활동이다. 과거에는 공조수사를 수배 그 자체로 이해했으나 고도 정보사회에 따른 정보의 신속성 및 영속성이 긴요해짐에 따라 공조수사는 조회를 더 중요시한다.

2. 성 질

(1) 과학적 수사

공조수사는 과학적인 수사, 즉 ① 합리적이고 타당한 수사, ② 자백을 강요하지 않는 수사, ③ 범죄에 대한 과학적 증거제시, ④ 선 증거수집 후 범인체포, ⑤ 인권보장을 지향한다.

---

180) 범죄수사규칙 제170조, 경찰청훈령 제526호, 2008.7.22.

(2) 종합적 수사

공조수사는 다양한 수사방법을 동원하여 범죄수사의 목적을 달성해야 한다. 즉, 어느 하나의 수사에 매달리는 것이 아니라 유류품 수사, 탐문수사, 감수사, 수법 수사, 장물수사, 수배수사, 과학수사 등 모든 수사방법을 동원하여 증거를 발견하고 범인을 체포해야 한다.

(3) 조직수사

공조수사는 개별적 경찰관서에 의한 수사가 아니라 모든 경찰관서와 경찰관들이 협력체계를 형성하여 당해 사건수사에 관심을 기울여 사건을 해결하는 조직수사이다. 더 정확하게는 서로 다른 경찰관서간의 협력적인 수사가 바로 공조수사이다.

(4) 입체수사

공조수사는 공명심 때문에 다른 경찰관서를 수사에서 배제하거나 타 경찰관서의 사건을 경시하는 풍조를 탈피하여 종합적이고, 조직적이고, 계속적인 수사를 지향하는 입체수사이다.

3. 공조수사의 종류

(1) 평상공조

평상공조는 수배, 통보, 조회, 촉탁 등과 같이 평소 예견가능한 일반적인 공조수사를 말한다.

(2) 비상공조

비상공조란 중요특이사건 발생 등 특수한 경우의 공조수사로서 수사긴급배치, 수사본부 설치 운영, 특별사법경찰관리 등과의 합동수사 등이 그 예이다. 비상공조에는 정·사복, 내·외근 등 부서와 관할에 관계없이 경찰관이 총동원되는 것이 보통이다.

(3) 활동공조

활동공조는 현재 제기되는 당면문제에 대한 공조수사 활동으로서 수사긴급배치, 불심검문, 미행, 잠복 등이 해당된다.

(4) 횡적 공조

횡적 공조는 경찰관서간·부서간, 그리고 동료 경찰관 상호간에 이루어지는 대내적 공조수사를 말하고, 주로 정보의 교환, 수사자료의 수집 활용, 수배통보, 촉탁 또는 합동수사 등이다. 횡적 공조는 대외적으로도 이루어지는데 특별사법경찰관리와의 수사협조 및 경찰 유관기관, 단체, 개인과의 수사협조, 나아가 인터폴 수사공조 같은 국제형사기구와의 형사공조 등이 있다.

(5) 종적 공조

종적 공조는 상·하급관서는 물론이고 경찰관서내의 상·하급 부서 또는 상·하급자 상호간의 상명하복관계를 의미한다.

(6) 자료공조

경찰이 처리한 모든 수사자료와 정보를 자료화하여 다양한 범죄사건 수사에 활용할 수 있도록 하는 공조제도로서 다양한 조회제도는 이러한 수사자료 제도에 의해 가능해진다. 자료공조는 모든 수사공조의 기본이 되며 이상향이다.

대표적인 수사자료의 예를 들자면, ① 범인발견을 위한 수법원지, ② 여죄·용의자·장물발견을 위한 피해통보표, ③ 범인·여죄발견 및 검거를 위한 지명수배·통보자 전산 입력요구서, ④ 범죄경력 확인을 위한 수사자료표, ⑤ 신원불상자의 신원확인을 위한 주민원지 등이 있다.

4. 조직수사

(1) 의 의

조직수사란 수사기관의 조직력을 최대로 활용하는 형태의 수사활동을 말한다. 주로 수사공조제도, 조회제도, 각종 자료감식시설 등의 활용, 수사본부의 운영 등이 조직수사에 해당한다.

(2) 수사본부의 운영

1) 의 의

살인 등 중요사건이 발생한 경우에 특히 수사를 통일적·집중적으로 추진할 필요가 인정될 때에는 수사본부를 설치한다. 수사본부는 ① 비상설, ② 통일적, ③ 강력한 수사수행력을 특징으로 한다.

2) 수사본부의 설치

수사본부의 설치·해제 및 그 구성원의 임명 권한은 지방경찰청장에게 있다. 국가기관간 공조수사가 필요한 경우에 지방경찰청장은 관계기관과 합동수사본부를 설치·운용할 수 있으며 수사본부의 조직, 설치장소, 인원구성, 수사분담 등에 관하여 상호 협의하여 운용한다. 국가기관간 공조수사가 필요한 경우라 함은 ① 군탈영병, 교도소나 구치소 또는 법정 탈주범 추적수사 등 수개의 국가기관이 관련된 사건, ② 마약, 총기, 위폐, 테러수사 등 관계기관간 정보교류 및 공조수사가 특히 필요한 사건, ③ 기타 경찰청장이 필요하다고 인정한 사건 등이다.[181]

3) 편성 및 임무[182]

① 수사본부장

수사본부 수사요원을 지휘·감독하여 수사본부를 운영하고 관리하는 수사본부장은 다음과 같다. ㉠ 서울지방경찰청 수사부장, 경기 지방경찰청은 해당부장, 타 지방경찰청은 차장, ㉡ 지방청 형사(수사)과장 또는 사건관계 과장, ㉢ 사건관할지 경찰서장, ㉣ 합동수사본부의 경우에는 기관별 대표자를 합동수사본부장으로 한다.

② 부본부장

본부장을 보좌하며 수사본부 운영관리에 원활을 기하고 인접 지방경찰청·경찰서

181) 수사본부운영규칙 제3조, 경찰청예규 제305호, 2002.6.20.

182) 수사본부규칙 제6조-12조, 경찰청예규 제305호, 2002.6.20.

간의 공조수사지휘의 임무를 수행한다. 부본부장은 앞에서 언급된 각급 본부장의 차하위 직위에 있는 자, 즉 ㉠ 지방경찰청 주무과장이나 관할지 경찰서장, ㉡ 지방경찰청 주무계장이나 관할지 경찰서 형사(수사)과장 등이 부본부장이 된다.

③ 홍보관

홍보관은 본부장이 총경, 경정, 경감급으로 임명하며 사건내용과 수사협조사항에 대한 대외적 홍보임무를 수행한다.

④ 분석연구관

분석연구관은 수사경력이 많은 경정, 경감, 경위 급으로 임명되며, ㉠ 사건분석 연구검토, ㉡ 합리적으로 수사계획 수립, ㉢ 수사상 문제점 도출하여 보완책 제시, ㉣ 검증조서 작성 및 송치시까지 수사지침 제시 등을 임무로 한다.

⑤ 지도관

지도관은 경정, 경감, 경위급이 임명되며 분석연구관의 분석을 토대로 수사를 효율적으로 추진하기 위해 수사반원 지도, 수사방향 제시, 공조수사조정 등 사건을 조기에 해결할 수 있도록 지도한다.

⑥ 관리반

관리반은 경정, 경감, 경위급이 임명되며, 그 임무는 ㉠ 사건기록 및 부책관리, ㉡ 압수물, 증거물 등 보관관리, ㉢ 공조수사와 수사상황 보고, 시달 등 관리업무 등이다.

⑦ 수사반

수사반은 경감, 경위급이 임명되며 수사계획에 따라 여러 개 반으로 편성되고 증거수집 및 범인검거 활동을 하는 실질적인 수사임무를 수행한다.

3) 수사본부요원 파견 요청

수사본부장은 인접경찰서장 등에게 수사요원의 파견을 명하거나 요구할 수 있으며, 특수업무의 효율적 수행을 위하여 국가공무원법상 다른 국가기관원이나 국가기관외의 기관·단체의 임·직원을 파견 받을 필요가 있을 경우에 관계기관 등의 장에게 파견을 요청할 수 있다.[183)]

4) 대상사건

① 살인, 강도, 강간, 약취유인, 방화, ② 피해자가 많은 업무상 과실치사상사건, ③ 조직폭력사건 중 중요하다고 인정되는 사건, ④ 국가중요시설물 파괴 및 인명피해가 발생한 테러사건, 또는 그러한 테러가 예상되는 사건, ⑤ 기타 사회적 이목을 집중시키거나 중대한 영향을 미칠 우려가 있다고 인정되는 중요사건 등이 대상이다.[184)]

5) 설치장소

수사본부는 사건 발생지의 경찰서나 지구대, 또는 파출소에 설치함을 원칙으로 한다. 다만, 관계기관과 공조를 위하여 필요하거나 사건내용에 따라 다른 곳에 설치하는 것이 적당하다고 인정될 때에는 다른 장소에 설치할 수 있다.

6) 해산권자

지방경찰청장이 해산권자이며 ① 범인을 검거하였을 때, ② 오랜 기간 수사하였으나 사건해결의 전망이 없을 때, ③ 기타 특별수사를 계속할 필요가 없게 되었을 경우에 수사본부는 해산할 수 있다.[185)]

7) 계속수사

수사본부장은 사건을 해결하지 못하고 수사본부를 해산할 경우에는 그 사건수사를 계속 담당하여야 할 해당과장, 경찰서장에게 관계서류, 증거물 등을 인계하고 수사중 유의해야 할 사항을 알려주어야 한다.

사건을 인계받은 해당과장 또는 경찰서장은 수사전담반으로 전환하여 운영하고 수사전담반을 운영해야 할 필요성 감소시 연 4회 이상 수사담당자를 지명하여 특별수사를 하여야 한다. 다만, 수사결과 범인을 검거할 가망이 전혀 없는 사건은 지방경찰청장의 승인을 얻어 수사전담반 또는 수사담당자에 의한 특별수사를 생략할 수 있다.[186)]

---

183) 수사본부운영규칙 제7조의2, 경찰청예규 제305호, 2002.6.20.

184) 수사본부운영규칙 제2조, 경찰청예규 제305호, 2002.6.20.

185) 수사본부규칙 제18조, 경찰청예규 제305호, 2002.6.20.

186) 수사본부운영규칙 제20조, 경찰청예규 제305호, 2002.6.20.

제2절 수배수사

1. 의 의

수배수사란 피의자 및 수사자료를 발견하고 확보하기 위하여 다른 경찰관서에 대해 수사상 필요한 조치를 의뢰하여 경찰의 조직력을 활용하는 수사활동을 말한다.

2. 수배수사의 종류

(1) 긴급사건수배

1) 의 의

긴급사건수배는 범죄수사에 있어서 다른 경찰관서에 긴급조치를 의뢰할 필요가 있을 때에 발생한 사건에 관계없이 즉시 긴급배치 또는 긴급수사 기타 필요한 조치를 요구하는 수배를 말한다.[187]

긴급사건 수배는 범인을 체포할 수 있는 상태하에 있는 경우는 물론이고 그러한 경우에만 국한하지는 않는다. 피의자의 성명이 명백함을 요하지는 않지만 피의자의 성명이나 이명 등 특정할 수 있는 사항이 명백한 경우에도 긴급사건 수배에 의한 체포를 요구할 수 있다. 이러한 경우에는 대체로 구속영장을 발부받아 다시 지명수배를 해야 한다.

2) 수배의 방법

긴급사건 수배는 긴급사건 수배서에 의하여 수사긴급배치, 긴급수사 기타 긴급조치를 의뢰하는 방법에 의해 이루어진다. 또한 긴급사건수배는 그 성질상 전화를 이용하여 이루어지지만, 상황에 따라 무전, 모사전송 기타 편리한 방법에 의한다. 긴급사건 수배를 접수한 경찰관서는 즉시 수배조치를 취해야 한다.

---

187) 범죄수사규칙 제172조, 경찰청훈령 제526호, 2008.7.22.

(2) 사건수배(협의의 사건수배)

1) 의 의

사건수배란 수사 중인 사건의 용의자와 수사자료 기타 참고사항에 관한 통보를 요구하는 수배를 말한다.[188] 긴급수사배치가 범인의 퇴로를 차단하여 추적과 불심검문으로 범인을 즉시 검거하는 것을 목적으로 하지만, 사건수배는 전국 또는 필요한 범위 내에서 발령하여 수사에 필요한 자료 기타 참고사항에 대한 통보를 요구한다는 점에 차이가 있다.

2) 방 법

① 사건수배는 당해사건의 개요 및 통보를 요구하는 사항을 명백히 하여 이루어져야 한다. 예컨대, 신원불명의 타살사체에 대하여 신체적 특징 등을 적시하여 해당자의 발견을 의뢰한다든지, 약취・유인의 염려가 있는 행방불명자의 특징을 명시하여 해당자의 발견을 의뢰한다든지, 범죄현장에서 발견된 유류품에 대하여 소지자, 사용자, 제조자, 판매점 등의 발견을 의뢰하는 경우와 같다.

② 수배의 방법 및 형식에 대한 특별한 규정이 없으나 서면, 전화 기타 가장 적당한 방법에 의해 행해진다. 수법범죄에 대한 공조제보는 관할 지방경찰청에서 공조제보를 작성하여 타 경찰관서에 송부한다. 급속을 요하는 경우에는 모사전송 또는 전화 등을 활용한다.

3) 조치요령

① 수배를 접수한 경찰은 통보를 요구한 사항에 대하여 신속히 필요한 수사조치를 취하고 필요에 따라 그 결과를 통보한다.

② 사건수배의 송부를 받은 시・도 지방경찰청은 용의자 수사에 필요한 사항을 회보하고 해당 사실을 수법원지의 여죄란에 기록한다.

③ 처리를 마친 사건수배서는 작성 년도 별로 구분하고 다시 범죄수법별 기준표의 소분류에 의하여 보관한다.

---

188) 범죄수사규칙 제171조, 경찰청훈령 제526호, 2008.7.22.

(3) 참고통보

1) 의 의

참고통보는 다른 경찰관서에 수사 등의 의뢰를 하는 것이 아니라 반대로 다른 경찰관서에 수사상의 자료를 제공하고 원조하기 위한 통보를 말한다.

2) 대 상

경찰관서장은 다른 경찰관서에 관련된 범죄사건에 대하여 그 피의자, 증거물 기타 수사상 참고가 될 사항을 발견하였을 때에는 지체 없이 적당한 조치를 취하는 동시에 그 취지를 당해 경찰관서에 통보해야 한다. 또한 수배를 받은 사건뿐만 아니라 수배를 받지 않았을 경우라 하더라도 수사나 예방에 참고가 될 사항을 발견·입수하였을 때에는 관계 경찰관서에 그 사항을 통보하도록 규정하고 있다.[189]

(3) 지명통보

1) 의 의

지명통보란 특정한 피의자의 소재가 불명한 경우 다른 경찰관서에서 그를 발견하는 경우 그 피의자에 대한 출석요구를 의뢰하는 제도이다. 다만, 기소중지 의견으로 사건을 송치할 때에는 지명수배를 하여야 한다.[190]

2) 대 상

① 법정형이 장기 3년 미만의 징역, 금고 또는 벌금에 해당하는 죄를 범하였다고 의심할만한 상당한 이유가 있고 수사기관의 출석요구에 응하지 아니하고 소재수사 결과 소재불명인 자. ② 법정형이 장기 3년 이상의 징역, 금고에 해당하는 죄를 범하였다고 의심되더라도 사안이 경미하거나 기록상 혐의를 인정하기 어려운 자로서 출석요구에 불응하고 소재가 불명인 자. ③ 사기·횡령·배임죄 및 「부정수표단속법」 제2조에 정한 죄의 혐의를 받는 자로서 초범이고 그 피해액이 500만원 이하에 해당하는 자. ④ 구속영장을 청구하지 아니하거나 발부받지 못하여 긴급체포되었다

189) 범죄수사규칙 제185조, 경찰청훈령 제526호, 2008.7.22.
190) 범죄수사규칙 제179조, 경찰청훈령 제526호, 2008.7.22.

가 석방된 지명수배자[191]

3) 지명통보자 소재발견시 조치사항

① 지명통보자를 발견한 경우 피의자에게 지명통보된 사실과 범죄사실, 지명통보한 관서 등을 고지하고 발견일자로부터 1개월 이내에 통보관서에 출석하거나 사건 이송신청을 하겠다는 내용이 기재된 지명통보자 소재발견 보고서를 3부 작성하여 1부는 피의자에게 교부하고, 1부는 소재발견서에 보관하며, 1부는 통보관서에 송부한다.

② 소재를 발견한 지명통보자에 대하여 지명통보가 여러 건인 경우에는 각 건마다 지명통보자 소재발견 보고서를 작성해야 한다.

③ 지명통보자 소재발견 보고서를 송부받은 통보관서의 사건담당자는 즉시 지명통보 피의자에게 피의자가 출석하기로 확인한 일자에 출석하거나 사건이송신청서를 제출하라는 취지의 출석요구서를 발송해야 한다.

④ 지명통보 피의자가 정당한 사유없이 확인한 일자에 출석하지 아니하거나 사건이송 신청을 하지 아니한 때에는 체포영장에 의한 지명수배 절차에 따른다. 이 경우 체포영장청구기록에 지명통보자 소재발견 보고서, 출석요구서 등 지명통보된 피의자가 본인이 확인한 일자에 정당한 이유없이 출석하지 아니하거나 사건 이송 신청을 하지 아니하였다는 취지의 소명자료를 첨부해야 한다.

⑤ 지명통보 피의자가 통보관서에 출석하거나 이송신청에 따른 이송관서에 출석하여 조사에 응한 때에는 조사한 사법경찰관은 즉시 지명통보를 해제해야 한다.

4) 지명통보자에 대한 특칙

다음 어느 하나에 해당하는 범죄로 기소중지된 자를 발견한 발견관서의 경찰관은 통보관서로부터 사건송치의견서를 모사전송 등의 방법으로 송부받아 피의자를 조사한 후 귀가조치하고 조사서류만 통보관서에 이송한다. ① 행정기관 고발사건 중 법정형이 2년 이하의 징역에 해당하는 범죄, ② 「향토예비군설치법」 위반 중 예비군 편성신고 불이행, 동원연기 사유 해제후 신고미필의 범죄, 다만, 피의자가 상습적인 법규위반자 또는 전과자이거나 위반사실을 부인하는 경우에는 그러하지 아니하다.[192]

---

191) 범죄수사규칙 제179조, 경찰청훈령 제526호, 2008.7.22

(4) 지명수배

1) 의 의

지명수배란 경찰관서가 다른 경찰관서에 특정 피의자에 대하여 그의 체포를 의뢰하여 그 인도를 요구하는 제도로서 특히 기소중지의견으로 사건을 송치할 때에는 지명수배를 해야 한다.

2) 대 상

① 법정형이 사형, 무기 또는 장기 3년 이상의 징역이나 금고에 해당하는 죄를 범하였다고 의심할만한 상당한 이유가 있어 체포영장 또는 구속영장이 발부된 자, 다만, 사형, 무기 또는 장기 3년 이상의 징역이나 금고에 해당하는 죄를 범하고 증거인멸이나 도망 또는 도망의 염려가 있는 경우에는 지명수배를 한 후 신속히 체포영장을 발부받아야 하며, 그렇지 못한 경우 지명수배를 해제해야 한다.

② 지명통보의 대상인 자로 지명수배의 필요가 있어 체포영장 또는 구속영장이 발부된 자.

③ 긴급사건수배에 있어서 피의자의 성명 등을 명백히 하여 그 체포를 의뢰한 경우[193]

3) 지명수배자 소재발견시 조치사항

기소중지한 자를 발견하였을 때에는 즉시 수사에 착수하고 기소중지자 소재발견 보고서에 의하여 관할 지방경찰청 또는 지청의 검사에게 보고해야 한다.

① 지명수배자의 소재를 발견하였을 경우에는 피의자에게 체포영장 또는 구속영장을 제시하고 범죄사실의 요지, 체포 또는 구속의 이유와 변호인을 선임할 수 있음을 고지하고 변명의 기회를 준 후 지명수배자를 체포 또는 구속하고 확인서를 받아 피의자와 확인서를 수배관서에 인계해야 한다.

② 체포영장 또는 구속영장을 소지하고 있지 않은 경우라도 급속을 요하는 때에는 피의자에게 범죄사실의 요지와 영장이 발부되었음을 고지하고 체포 또는

192) 범죄수사규칙 제181조, 경찰청훈령 제526호, 2008.7.22.
193) 범죄수사규칙 제173조, 경찰청훈령 제526호, 2008.7.22.

구속할 수 있다. 이 경우 사후에 신속히 영장을 제시해야 한다.

③ 체포영장 또는 구속영장을 발부받지 아니하고 지명수배한 경우에는 피의자에게 긴급체포한다는 사실을 고지하고 범죄사실의 요지, 체포의 이유와 변호인을 선임할 수 있음을 고지하고 변명의 기회를 준 후 지명수배자를 긴급체포하여 확인서를 받고 긴급체포서를 작성한다.194)

④ 도서지역에서 지명수배자 등을 발견한 경찰관서는 지명수배자의 소재를 계속 확인하고 수배관서와 협조하여 검거시기를 정함으로써 검거 후 구속영장 청구시한(체포한 때로부터 48시간)이 경과되지 아니하도록 하여야 한다.

⑤ 검거된 지명수배자를 인수한 수배관서의 사법경찰관은 24시간 이내에 체포 또는 구속의 통지를 해야 한다. 다만, 지명수배자를 수배관서가 위치하는 특별시, 광역시, 도 이외의 지역에서 검거한 경우에는 검거관서에서 통지를 해야 한다.195)

⑥ 지명수배자를 검거한 경찰관은 구속영장 청구에 대비하여 피의자가 도망 또는 증거를 인멸할 염려에 대한 소명자료 확보를 위하여 필요하다고 판단되는 경우에는 체포의 과정과 상황을 자세히 기재한 지명수배자 체포보고서를 작성하여 이를 수배관서에 인계하여 수사기록에 편철하도록 하여야 한다.

5) 지명수배자 인수

① 수배관서는 다음과 같은 사안을 제외하고는 지명수배자를 검거한 경찰관서로부터 인수해야 한다. 다만, 당해관서가 서로 합의한 때에는 이에 따른다. ㉠ 검거관서의 관할 구역안에서 수배를 받은 범죄의 죄종 및 죄질이 동등 또는 그 이상의 다른 범죄를 범한 경우, ㉡ 검거관서에서 지명수배자와 관련된 범죄로 이미 정범이나 공동정범인 피의자의 일부를 검거하고 있는 때, ㉢ 지명수배자가 단일사건으로 수배되고 불구속 수사대상자로서 검거관서로 출장하여 조사

194) 범죄수사규칙 제174조의3항, 경찰청훈련 제526호, 2008.7.22.
법정형이 장기 3년 이상의 징역이나 금고에 해당하는 범죄혐의로 기소중지된 범죄자는 지명수배절차에 관한 예규에 의해 체포영장이 발부된 경우에만 지명수배를 할 수 있다는 주장이 있으나 훈령인 「범죄수사규칙」 제174조 3항에는 영장발부 없이 지명수배를 할 수 있다고 규정하고 있다.

195) 범죄수사규칙 제174조, 경찰청훈령 제526호, 2008.7.22.

한 후 신속히 석방함이 타당한 경우

② 검거한 지명수배자에 대하여 지명수배가 수건인 경우에는 다음 각호의 수배관서 순위에 따라 검거된 지명수배자를 인계받아 조사해야 한다. ㉠ 공소시효만료 3개월 이내이거나 공범에 대한 수사 또는 재판이 진행중인 수배관서, ㉡ 법정형이 중한 죄명으로 지명수배한 수배관서, ㉢ 검거관서와 동일한 경찰관서의 관할 구역에 있는 수배관서, ㉣ 검거관서와 거리 또는 교통상 가장 인접한 수배관서.

③ 긴급체포한 지명수배자를 석방한 경우에는 영장을 발부받지 아니하고 동일한 범죄사실에 관하여 다시 지명수배하지 못한다.

④ 지명수배자를 검거한 경우 수배관서는 검거한 때로부터 48시간 이내에 영장을 청구할 수 있도록 36시간 이내에 검사의 지휘를 받아야 한다.[196]

5) 중요지명 피의자 종합수배(공개수배)

① 의 의

중요지명피의자 종합수배는 지명수배피의자 중 전국적으로 강력한 조직적 수사를 행할 필요가 있다고 인정되는 중요범죄를 범한 지명수배피의자에 대하여 경찰청의 중요지명피의자 종합수배에 등재하여 행하는 공개수배이다.

② 수배요령

㉠ 중요지명피의자 종합수배는 ⓐ 강력범, ⓑ 중요폭력 및 도범, ⓒ 기타 중요범죄의 피의자로서 지명수배 후 6월이 경과되어도 체포하지 못한 자에 대하여 지방경찰청장이 매년 5월20일과 11월20일에 연 2회에 걸쳐 중요지명피의자 종합수배자를 선정하여 피수배자의 최근 사진과 함께 종합수배신청서로 경찰청에 종합수배 요청을 하면 경찰청장이 선정하여 매년 6월과 12월 연2회에 중요지명피의자종합수배서를 작성하여 전국에 공개수배한다. 또한 지방경찰청장이 필요하다고 인정할 때에는 위의 중요범죄 피의자에 대하여 자체 종합공개수배를 할 수 있다.[197]

---

196) 범죄수사규칙 제175조, 경찰청훈령 제526호, 2008.7.22.

197) 지명수배규칙 제9조, 경찰청 예규 제365호, 2006.12.26.

㉡ 종합수배서에 강력범죄피의자로서 공개수배를 필요로 한다는 취지를 명시한 대상에 대해서는 1회에 20명을 넘지 않는 한도로 공개수배서를 붙인다.

㉢ 사건수배에 있어서 피의자의 인적 사항이 명백히 밝혀져 긴급한 공개수배가 필요하다고 인정될 때에는 공개수배할 수 있다.[198)]

(5) 수배 등의 해제

경찰은 수배나 통보에 관계된 피의자가 다음에 해당할 경우에는 즉시 그 해제조치를 해야 한다. 장물수배의 해제에도 적용된다. ① 피의자를 검거한 경우, ② 사건이 해결된 경우, ③ 피의자가 통보관서에 출석하거나 이송신청에 따른 이송관서에 출석하여 조사에 응한 경우, ④ 체포영장 또는 구속영장의 유효기간이 경과되어 체포영장 또는 구속영장의 재발부를 받지 아니하거나 받지 못한 경우, 기타 구속·체포할 필요가 없어진 경우, 다만 이 경우에는 지명통보로 한다. ⑤ 지명수배자 또는 지명통보자의 사망 또는 공소권이 소멸된 경우에는 해제조치를 해야 한다.[199)]

3. 범죄수사 위한 조회

(1) 개 념

조회란 범죄수사의 목적을 달성하기 위해 미확인된 범죄의 의심있는 사실을 발견한 후에 평소 수집·분석하여 놓은 자료와 대조·확인하여 범죄사실을 확실히 하는 것을 말한다.

(2) 수배와의 구별

수배는 범죄가 발생하였을 경우에 용의자의 발견·체포 기타 수사자료 발견 등의 조치를 타 경찰관서에 의뢰하는 것을 말한다. 하지만, 조회는 특정범죄에 관련된 용의자 또는 수사자료를 이미 확보한 후에 구체적으로 그 진실여부를 객관적인 자료시스템 등과 대조하여 확인하는 활동을 말한다.

---

198) 범죄수사규칙 제178조, 경찰청훈령 제526호, 2008.7.22.

199) 지명수배규칙 제10조, 경찰청예규 제365호, 2006.12.26.

(3) 조회의 종류

1) 범죄경력 조회

신원 및 범죄경력에 관하여 수사자료표 및 전산입력된 범죄경력자료를 열람·대조 확인하는 방법으로 지문 또는 컴퓨터로 조회한다. 수사자료표는 수사기관이 피의자의 지문을 채취하고 피의자의 인적 사항, 죄명, 입건일자, 처분, 선고결과 등 수사경력이나 범죄경력에 관한 사항을 작성한 표를 말한다. 이 중 전산입력된 범죄경력자료는 수사자료표중 ① 벌금 이상의 형의 선고·면제, ② 선고유예, ③ 보호감호, ④ 치료감호, ⑤ 보호관찰, ⑥ 선고유예 실효, ⑦ 집행유예 취소, ⑧ 벌금 이상의 형과 함께 부과된 몰수·추징·사회봉사명령·수강명령 등의 선고 또는 처분에 관한 자료를 말한다.[200]

그러나 다음과 같은 대상들은 수사자료표의 작성 대상에서 제외된다. ① 즉결심판 대상자 또는 즉결심판 결과에 불복하여 정식재판 청구 피의자. ② 고소·고발사건에 대하여 혐의없음, 죄안됨, 공소권없음, 각하의 불기소 의견 및 참고인 중지의견으로 송치된 피의자, ③ 단순물적 피해 교통사고를 야기한 피의자로서 피해자와 합의 또는 공제조합에 가입하여 공소권 없음으로 송치된 피의자, ⑤ 형사미성년자 등은 제외대상이다.[201]

2) 수사경력 조회

신원 및 수사경력은 수사자료표 및 전산입력된 수사경력자료를 열람·대조하여 조회할 수 있다. 전산입력된 수사경력자료는 수사자료표 중 벌금미만의 형의 선고 및 검사의 불기소 처분에 관한 자료로서 범죄경력자료를 제외한 나머지 자료를 말하는데 수사경력조회의 핵심자료이다. 이 수사경력조회는 지문이나 컴퓨터를 활용한다.[202]

3) 특기사항 조회

범죄자가 수사과정에서 또는 유치장에서 도주, 자해기도, 흉기저항 등의 전력에 대하여 수사자료표 및 전산입력된 특기사항자료를 열람·대조하는 방법으로 조회할 수 있다.[203]

---

200) 지문및수사자료표등에관한규칙 제2조, 경찰청훈령 제488호, 2006.8.22.
201) 지문및수사자료표등에관한규칙 제4조, 경찰청훈령 제488호, 2006.8.22.
202) 지문및수사자료표등에관한규칙 제2조, 경찰청훈령 제488호, 2006.8.22

4) 신원확인 조회

신원을 확인할 필요가 있는 피의자, 변사자 등에 대하여 주민등록증발급신청서, AFIS(지문자동검색 시스템), E-CRIS(전자수사자료표시스템) 등에 의해 신원을 확인하는 조회를 말한다. AFIS는 주민등록발급신청서, 외국인지문원지, 수사자료표를 이미지 형태로 전산입력하여 필요시 단말기에 현출시켜 지문을 열람하고 대조할 수 있다. E-CRIS(Electronic Criminal Record Identification System)는 관련 DB자료 및 생체지문인식기로 신원을 확인하고 필요사항을 전산입력하는 등 수사자료표를 전자문서로 작성, 실시간 경찰청에 전송·관리하는 시스템이다.[204)]

5) 지명수배(통보)조회

경찰관은 피의자를 체포 또는 구속하거나 불심검문이나 통고처분 또는 민원업무를 처리하면서 지명수배 또는 지명통보 중인지의 여부를 조회할 수 있다.

6) 수배차량 조회

도난차량, 무적차량, 번호판 도난·분실, 범죄차량을 대상으로 온라인조회 단말기를 활용, 수배여부를 확인한다.[205)]

7) 긴급사실 조회

수사상 필요한 인물을 대상으로 신상과 행적을 알고 싶은 경우에 경찰 경비전화를 통해 확인한다.[206)]

8) 기 타

장물조회, 범죄수법조회, 여죄조회 등이 있다.

---

203) 지문및수사자료표등에관한규칙 제2조, 경찰청훈령 제488호, 2006.8.22.
204) 지문및수사자료표등에관한규칙 제2조, 경찰청훈령 제488호, 2006.8.22.
205) 범죄수사자료 조회규칙 제3조, 경찰청예규 제348호, 2005.12.20.
206) 범죄수사자료 조회규칙 제3조, 경찰청예규 제348호, 2005.12.20.

제12장 감시수사

제1절 감시수사의 본질

1. 의 의

감시(surveillance)는 수사단서를 발견하기 위해서 수사관들이 사람과 장소에 대하여 관찰하는 활동을 말한다.[207] 그 주된 목적은 범인, 용의자 또는 죄를 범할 우려가 있는 자 등과 같은 사람이나 일정한 장소를 감시함으로써 범죄증거 및 수사자료의 수집 또는 범인의 발견과 체포를 위한 구체적인 정보를 수집하는데 있다.

2. 감시수사의 종류

감시수사는 감시 대상을 무엇에 의해 감시하느냐, 즉 감시수단에 따라 시각적 감시(visual surveillance), 청각적 감시(audio surveillance), 그리고 접촉감시(contact surveillance)로 나누어진다.[208]

(1) 시각적 감시

시각적 감시는 범인이나 용의자. 자동차 또는 특정장소에 대하여 눈으로 감시하

207) Weston and Lushbaugh, *op.cit.*, p. 115.
208) *Ibid.*, pp. 115-121.

는 방법을 말한다. 물론 시각적 감시는 쌍안경, 특수망원경, 특수카메라 등을 활용하여 감시대상을 감시한다. 시각적 감시는 경찰수사관들이 가장 많이 사용하는 감시방법으로서 이동감시 수단인 미행과 고정감시수단인 잠복이 있다.

(2) 청각적 감시

청각적 감시는 감시대상의 행동을 사람의 귀로 청취하여 감시하는 방법으로서 전형적으로 전화도청(wiretapping)과 전자장치에 의한 도청(eavesdropping)이 있다.[209] 도청은 불법이기 때문에 감시수단으로서 사용될 수 없다.

그러나 중요범죄 수사나 국가안전보장에 관한 정보수집을 위하여 필요한 경우에는 감청이 법적으로 허용된다.[210] 감청이란 전기통신에 대하여 당사자의 동의없이 전자장치나 기계장치 등을 사용하여 통신의 음향이나 문자, 그리고 영상을 청취 · 공독하여 그 내용을 지득 또는 채록하거나 전기통신의 송 · 수신을 방해하는 것을 말한다. 따라서 수사관은 약취 · 유인 등의 중요범죄를 수사할 경우에 법원의 영장을 받아 범인의 통화내용을 감청하는 방법으로 감시할 수 있다.

(3) 접촉감시

접촉감시는 어떤 형광물질을 사람의 손이나 옷에 묻혀서 감시 대상자와의 연결관계를 입증하는 증거를 제공하는 기술을 사용하는 감시기법이다.[211] 광범위하고 생생한 청색, 오랜지 색 또는 녹색의 형광색깔 접촉은 그 형광물질에 접촉된 사람은 범인과의 관계를 부정하거나 합리적인 설명을 하기 어렵다. 접촉감시기법은 시각적 감시가 실현불가능할 경우에 유용하다. 추적약품은 자외선(ultraviolet) 광선아래에서만 볼 수 있게 된다.

형광물질에 접촉된 사람은 자신의 옷이나 손에 형광물질이 접촉된 사실을 모른다. 수사관은 접촉감시를 위해 적절한 염료, 파우더, 풀, 크레용, 또는 펜을 선별하여 사용하면 된다. 미국에서는 이러한 접촉감시의 변형으로 도난당하기 쉬운 물품이나 액체에 추적 형광물질을 첨가하여 사용하기도 한다. 또한 백화점 등에서 물품을 구입

---

209) *Ibid.*, p. 118.

210) 통신비밀보호법 제5조, 2008.12.9

211) Weston and Lushbaugh, *op.cit.*, *Ibid.*, p. 121.

시에 떼어내는 꼬리표를 달고 나가는 고객이 있을 경우에는 경보가 울리고 절도 여부를 확인하는데 사용되며, 특정기관에 사용하는 휘발유에 염료를 첨가해서 휘발유 유출 여부를 확인하기 위해서 사용된다.

제2절 감시수사의 기법

1. 미 행

(1) 의 의

미행(tail)은 수사관이 이동하면서 시각적으로 범죄혐의자 등을 추적하는 감시활동(moving visual surveillance)을 말한다.[212] 미행은 수사관이 범인이나 용의자 등을 뒤에서 눈으로 확인하면서 상대방이 모르게, 즉 상대방에게 감지당하지 않으면서 추적하는 감시활동으로 도보로 걸어서 또는 자동차를 타고 또는 자동차와 도보를 결합하여 상대방을 추적하는 감시활동이다. 미행은 사람, 즉 범인, 용의자나 우범자 등을 감시대상으로 한다는 점이 특징이다.

(2) 도보미행

1) 단독미행

① 단독미행은 수사관 1명이 사람(범인이나 용의자 등)을 눈으로 보면서 몰래 추적하는 것으로서 상대방에게 들키는 것을 방지하기 위해 맞은 편 보도에서 미행하는 등으로 미행위치의 변화를 시도하는 것이 필요하다.

② 맞은 편 도로에서 도로횡단을 하는데 시간이 걸리거나 교통량이 많아 미행대상자가 한눈에 잘 보이지 않는 경우에는 대상자와 동일한 방향의 보도를 따라 뒤에서 미행을 해야 하며 이 경우에도 미행거리에 변화를 주어야 미행대상에게 감지되지 않는다.

212) *Ibid.*, pp. 115-116.

2) 공동미행

공동미행은 말 그대로 수사관 2명이상이 범인이나 용의자 등의 상대방에게 감지되지 않고 눈으로 보면서 추적하는 것으로서 수사관 1명은 미행대상자 바로 뒤(close contact position)에서 은밀하게 추적하고, 다른 수사관 1명은 맞은편 보도를 따라 적당하게 미행하는 방법이다. 미행감지를 방지하기 위해 상황에 따라서 적당한 시기에 수사관 2명의 미행위치를 교대할 필요가 있다. 두 사람의 수사관이 앞서거니 뒤서거니 하는 식의 위치교대 미행(leapfrogging technique)은 동일한 사람이 계속 추적하지 않기 때문에 용의자에 의한 미행감지 기회를 감소시킨다는 점에서 중요하다.[213)]

3) 적당한 거리

도보미행시 미행대상자와의 거리는 20~50m 후방이 효과적이다. 그러나 미행거리는 미행장소의 교통량, 통행인파, 명암 등 상황에 따라 대상자를 놓치지 않을 정도의 거리를 유지하는 것이 중요하다.

4) 보행속도

미행하는 수사관의 보행속도는 미행 대상자와 같은 정도가 좋다. 그러나 수사관의 보행속도가 전적으로 미행대상자와 같은 보조이면 미행대상자에게 감지당하기 쉽고 주위의 제3자에게도 부자연스럽게 보여 시선을 끌게 되거나 방해를 받을 수도 있다. 따라서 적절히 미행속도를 조절할 필요가 있으며 미행대상자가 미행유무를 확인하기 위해 갑자기 걸음을 멈추거나 뒤를 돌아다보는 경우에는 같이 멈추어 서지 말고 같은 속도로 앞으로 걸어가야 한다.

5) 시선의 방향

수사관은 미행대상자와 시선이 마주치지 않도록 대상자의 눈의 위치보다 낮은 곳에 시선을 유지해야 한다. 대상자가 갑자기 뒤를 돌아보는 경우에도 시선이 마주치지 않도록 유의해야 한다.

---

213) *Ibid.*, p. 116.

6) 지형지물의 이용

수사관은 미행중에 입간판이나 전신주 등을 이용하여 몸을 숨기면서 미행하는 것이 효과적이다. 그러나 일부러 은신한다는 것은 부자연스러우므로 특별한 경우를 제외하고 자연스럽게 미행하고 지형지물에 은신하는 것은 피해야 한다.

7) 건물의 모퉁이 길을 도는 요령

미행대상자가 건물의 모퉁이 길을 돌아갈 때에는 도주의 가능성이 농후하므로 보폭을 넓혀서 접근하며, 또한 모퉁이에 먼저 도착한 대상자가 숨어 있는 것도 고려하여 신중히 행동해야 한다.

8) 열차 · 버스 등을 이용할 경우

① 미행대상자의 행선지를 탐지하여 중도에서 도주하는 것에 대비한다. ② 수사관은 대상자보다 나중에 승차함으로써 대상자의 도주를 예방하고 승강구가 몇 개 있을 경우에는 다른 승강구를 이용하여 승차한다. ③ 승차시간에 늦지 않도록 유의하고 승차 후에 차내를 주의 깊게 살피지 말아야 한다. ④ 대상자와 같은 편이나 뒷좌석에 앉아 그 자의 손이나 발을 보거나 차 유리에 반사되는 영상을 보면서 지속적으로 대상자를 감시한다. 특히 중도에서 발차 순간에 갑자기 하차하여 다른 차로 갈아타는 자도 있다. ⑤ 대상자 보다 먼저 하차해서는 안 된다. 대상자는 하차하지 않고 그대로 도주하는 경우도 있다.

9) 택시 등을 이용하는 경우

미행대상자가 택시 기타 자동차를 이용하여 이동할 경우에는 수사관도 택시나 자동차를 이용하여 미행해야 한다. 이러한 경우에 수사관은 택시기사에게 사정을 알릴 필요가 있다. 그러나 무리한 요구로 교통위반이나 교통사고를 발생시키는 일이 없도록 주의해야 한다.

10) 엘리베이터를 이용하는 경우

미행대상자가 엘리베이터를 이용하려고 하는 경우에 수사관은 대상자 뒤쪽에 다른 사람들 사이에 끼어 있으면 되지만, 다른 대기자가 없을 경우에는 가까운 곳에서 물건 등을 구경하는 척하면서 감시하고 엘리베이터를 탔을 때에는 감지당하지 않도록 주의해야 한다. 공동미행의 경우에는 전원이 같이 엘리베이터를 타면 감지될 염려가 있으므로 상황에 따라서 교대로 단독 미행을 하는 것이 좋다.

11) 극장 입장 경우

수사관은 대상자 보다 한 발 앞서 극장에 입장하여 감시하거나 대기하다 뒷 따라서 또는 적당한 간격을 두고 입장하여 감시한다. 좌석은 대상자의 뒤쪽이나 옆쪽 등 감시하기 용이한 장소를 선택한다.

12) 상점 등에 들어갔을 경우

상점 등에는 사람이 많아 혼잡하므로 대상자와 같이 입장하여 접근 미행을 실시해야 하며 음식을 주문하면 같이 음식을 주문하는 식으로 미행한다. 용의자들은 백화점과 같은 상점에 정문으로 들어가서 뒷문이나 옆문, 또는 자하실 입구를 통하여 도주함으로써 수사관을 따돌리는 경우가 많다.[214)]

13) 타인과 대화를 나누는 경우

미행대상자가 다른 사람과 대화를 나누는 경우에는 가능한 한 대화내용을 확인할 수 있도록 노력해야 하며, 공동미행의 경우에는 1인은 계속 미행하고, 나머지 1인은 대상자와 대화를 나눈 자를 뒤 따라가 적당한 곳에서 질문하여 그 대화내용을 확인해야 한다. 이때에는 그 사람의 인적 사항과 대상자와의 관계 등을 검토하여 수사자료로 삼아야 한다.

14) 일정한 지역을 배회하는 경우

대상자가 역구내나 공원의 광장 등에서 누군가 사람을 만나기 위해 배회하고 있을 때, 단독미행은 대상자에게 이상한 느낌을 줄 수 있기 때문에 가능하면 많은 미행원이 적당한 방법으로 감시해야 한다. 때로는 이러한 상황에서 미행보다는 잠복감시로 전환하는 것이 더욱 효과적일 수 있다.

---

214) *Ibid.*, p. 116.

15) 대상자가 시비를 걸어온 경우

미행 중 대상자가 갑자기 질문을 걸어오면 미행이 감지된 것으로 보고 미행원을 교체해야 한다. 공동미행 경우에는 1인은 교체하고 나머지 1명은 계속하여 미행해야 한다.

16) 대상자를 놓쳐 버린 경우

미행 중에 감지당하거나 대상자를 놓쳐 버린 경우에는 대상자를 발견하기 위하여 다음과 같은 조치를 취하여야 한다. ① 지휘간부에게 보고하여 지시를 받아야 한다. ② 대상자의 행선지를 추정가능하면 신속히 그곳으로 가서 잠복감시에 들어간다. ③ 대상자를 놓쳐버린 그 부근에서 잠복감시에 들어가 대상자가 다시 나타나기를 기다린다. ④ 대상자가 이용한 교통기관의 하차역 또는 승차역에서 잠복감시한다. ⑤ 대상자의 주소나 배회처 등에서 계속 잠복감시를 한다.

대상자가 미행을 감지한 것이 확실한 경우에는 긴급한 경우를 제외하고 일단 미행을 중지하고 대책을 검토함으로써 다음기회를 기다린다.

(3) 자동차 미행방법

1) 의 의

자동차 미행은 2대 이상의 자동차에 2~3명이 한 팀을 이루어 무전기나 휴대폰 등으로 서로 연락을 취할 수 있는 체제를 갖추어야 하며 미행도중에 가끔 미행위치를 교대하는 것이 효과적이다. 미국의 경우에 경찰차량에 GPS를 설치하여 약 50미터 이내에 있는 다른 경찰차량과 용의차량의 위치를 확인하면서 미행할 수 있다.[215] GPS는 근접미행이 요구되는 도박이나 마약거래 등의 고도의 조직범죄에 관한 용의자들의 차량을 미행하는데 효과적이다. 또한 미행감시 차량이 두 대이상의 용의차량을 근접감시할 필요가 있을 경우에도 효과적이다.

2) 교통량 적은 경우

교통량이 적은 교외나 시골 등에서는 대상 자동차를 너무 근접하여 미행하면 감

215) *Ibid.*, p. 117.

지당하기 쉽기 때문에 충분한 거리를 유지하여 미행하고 경우에 따라서는 제3자의 자동차를 중간에 넣어서 은폐하는 것도 좋다. 교차로나 커브 길에서 갑자기 옆길로 사라지는 경우에 대비하기 위해 거리를 좁혀야 한다. 직선 코스에서는 대상차량의 전방으로 나아가 후사경(back mirror)을 이용하여 감시하는 것도 좋으나 감지당할 염려가 크다.

3) 교통량이 많은 도심지의 경우

교통량이 많은 도심지 등에서는 될 수 있는 대로 근접하여 미행하는 것이 좋다. 교차로나 횡단보도에서는 정지신호나 도로 횡단자 때문에 놓치는 경우 많으므로 충분히 주의하여 근접 미행해야 한다.

4) 자동차 미행의 유의사항

① 미행수사관의 수는 1대에 3명(운전자1명, 감시자2명)으로 하고 전원 운전면허 취득자로 한다.

② 교통사고가 발생하지 않도록 주해야 하며, 특별한 경우를 제외하고는 교통법규를 준수해야 한다.

③ 교통사고 등 돌발사고에 대비하고 미행 전에 대상자동차의 종류, 연대, 차량번호, 기타 특징 등을 정확하게 파악한다.

④ 대상차량에 승차하고 있는 대상자의 거동도 항상 감시하고 후사경을 사용하여 역 미행당하지 않도록 유의한다.

⑤ 대상차량의 행선지가 확인된 경우에는 대상차량의 전면에서 후사경(back mirror)을 통하여 감시하는 것이 효과적이다.

⑥ 미행 중에 일어난 일에 대해서는 즉시 메모하고, 다른 미행차량에도 알려준다.

⑦ 2대 이상의 미행차량이 동원 된 경우에는 가끔 차량의 위치를 교대하면서 감시한다.

⑧ 대상차량의 속도 가감이 심한 경우는 미행여부를 확인하는 행동으로 볼 수 있다. 이때에 속도를 변경치 말고 종전과 같은 속도를 유지해야 한다. 대상자동차가 시계에서 사라진 경우 속도를 높여 추적을 시작하고 대상차량이 도중에 정차하거나 옆길에 은신하는 가능성에 대비하여 주위에 대한 경계를 충분히

해야 한다. 정차하거나 속도를 늦추고 있는 대상차량을 발견하게 되면 같은 속도로 통과하여 상당한 거리까지 전진한 후에 주유소에 정차하거나 고장수리를 가장하는 행동 등의 방법으로 적당한 시기에 대상차량을 보내거나 통과하는 것을 기다려서 추적한다.

⑨ 대상차량이 갑자기 유턴하는 경우에는 미행하는 차량은 같이 갑자기 유턴해야 할 경우도 생긴다. 따라서 미행차량은 대상차량을 바로 뒤따르지 말고 적당한 장소에서 유턴하거나 좌회전과 우회전을 거듭한 후에 미행해야 한다. 물론 차량 2대의 공동미행인 경우에는 1대는 앞으로 진행하고 나머지 1대는 적당한 방법으로 차를 돌려 미행을 계속한다.

⑩ 대상자동차가 주차 혹은 정차한 경우에는 미행하는 감시차량은 약간 떨어진 위치에 주・정차하여 감시해야 한다. 교통량이 많으면 가능한 한 대상차량에 접근하여 주・정차하고 주변 통행차량이 적을 때에는 감시가능한 범위 내에서 될 수 있는 한 떨어져서 감시한다. 주・정차 위치는 대상차량의 전방이나 후방도 상관이 없으나 대상차량이 출발할 경우에 대비하여 주・정차의 방향을 결정하되 교통량이 많지 않고 방향전환이 용이한 장소에는 대상차량의 반대쪽에 주・정차하고 그렇지 않을 경우에는 대상차량과 같은 쪽에 주・정차한다. 그러나 2대로 미행하는 경우에는 도로 양쪽에 따로 따로 주・정차하는 것이 효과적이다. 대상자가 하차하는 경우에는 미행하는 수사관도 즉시 하차하여 도보미행을 하고, 대상자의 일부가 하차하고 일부가 승차하고 있는 경우에는 미행 수사관도 같은 방법으로 나누어 미행감시한다.

2. 잠복감시

(1) 의 의

고정장소 시각적 감시(fixed visual surveillance)라고도 하는 잠복(stakeout)은 범죄증거와 수사자료 수집, 범인 발견 또는 은신처 확인, 용의자 발견 등을 위해 범인이나 용의자 등의 배회처, 일정한 장소 또는 특정지역에서 주로 건물이나 주택 내에 위치하여 감시하는 수사방법이다.[216] 오늘날 잠복은 소형트럭이나 캠프용 트레일러, 특히 수사관들의 승용차가 주된 잠복장소가 되고 있다. 잠복은 사람, 즉 범인, 용의자나 우범자 또는 사건 관련자 등의 배회처나 은신처와 같은 일정장소를 감시한다는 점이 특징이다.

(2) 잠복감시 대상 선정

잠복감시의 대상은 특정 장소이다. 범인 또는 용의자 기타 사건에 관계가 있다고 생각되는 자의 집이나 사무실 또는 배회처로 인정되는 장소가 잠복감시의 대상이다. 일반적으로 범인이나 용의자가 배회하거나 은신하는 장소는 다음과 같다.

① 가족이나 친척의 집, ② 애인이나 동거인 또는 내연관계에 있는 사람의 집, ③ 공범자 또는 친지의 집, ④ 수하물보관소나 운송회사 사무실, ⑤ 전당포, 고물상, 사채업자 사무실, 기타 중고물품 취급점포, ⑥ 예금을 찾거나 수표를 찾기 위한 은행이나 우체국 등 금융기관 등이다.

(3) 구체적인 방법

1) 외부감시

외부감시란 범인 등의 배회처 주변에서 출입상황을 감시하는 것을 말한다. 대상자에게 감지되지 않도록 주변의 건물이나 가게 기타 적당한 장소를 선택하여 고정감시를 하고, 장시간 잠복이 필요할 때에는 인근 건물의 옥상을 빌려서 이용하는 것이 효과적이다. 고성능 망원경이나 카메라 등을 사용하여 감시를 하고, 대상자뿐만 아니라 그 가족 기타 출입자들에 대한 감시도 철저히 수행한다.

잠복감시는 대체로 외부감시를 말하고, 내부감시는 극히 예외적인 경우에 한하여 선택된다. 외부감시는 다음과 같은 사항에 유의하여 실시해야 한다.

① 장소선정

잠복 장소는 시간적인 여유가 없을 정도로 긴급한 경우를 제외하고는 반드시 사전에 현장을 답사하여 보다 적합한 장소를 선정해야 한다. 감시 대상가옥의 출입구가 여러 개일 경우에는 출입구별로 잠복감시 수사관을 배치하여 감시하는 것이 원칙이다. 필요에 따라 맞은 편 상점이나 인근 주택 혹은 방을 빌려 사용하는 것도 효과적이다. 용의자 등으로부터 감지되지 않기 위하여 잠복장소를 이동하거나 건물을

216) Weston and Wells, *op.cit.*, p. 165.

임대하여 사용하는 것이 효과적이다.[217]

외부감시의 적합한 장소는 다음과 같다. 특히 오늘날 승용차의 일반화로 수사관들이 자신의 승용차를 이용하여 잠복감시를 하는 경우가 더 많다는 점에서 잠복감시 장소를 고려해볼 필요가 있다. ㉠ 대상자에게 감지당하지 않을 안전한 장소, ㉡ 대상자나 관계자의 출입상황을 감시할 수 있는 장소, ㉢ 뒷골목, 제방, 교량입구, 역 등 대상자가 통과하는 길목 , ㉣ 즉시 추적이 편리한 장소, ㉤ 대상자의 도주차단 가능한 장소, ㉥ 잠복감시가 용이하고 보고 및 연락이 용이한 장소 등이다.

② 신분위장 및 변장상의 주의사항

잠복 수사관은 권총, 호신용 장구뿐만 아니라 카메라, 망원경, 무전기 등을 외부에서 감지하지 못하도록 휴대하거나 소지하고, 장시간 잠복에 대비하여 변장뿐만 아니라 행동위장을 위한 준비를 철저히 해야 한다. 잠복하기 적합한 장소가 없을 경우에는 그 지역의 동사무소 직원이나 회사원, 수금원, 노무자 등으로 위장하여 잠복감시를 한다. 잠복기간이 짧을 경우에는 신문이나 잡지 등을 읽는 것처럼 하며 감시한다.

③ 연속적인 감시

부득이한 경우를 제외하고는 반드시 1개소에 2명 이상을 배치하여 범인이나 용의자의 불의의 기습에 대비하고 근무자의 연락이나 용변 기타의 용무로 부득이 자리를 이탈할 경우에도 감시의 공백이 발생하지 않도록 해야 한다. 또한 장기적인 감시근무는 감시자의 교대근무를 위해서도 2명 이상이 필요하다.

④ 야간 잠복감시상의 주의사항

야간은 대상자 감시가 어렵다는 문제가 있으므로 감시가 용이한 장소를 선정해야 한다. 특히 다음과 같은 사항에 주의해야 한다.

㉠ 야간에는 흰옷 등 눈에 띄기 쉬운 밝은 복장은 착용하지 않는다. ㉡ 하천, 도랑, 쓰레기통 등 조건이 나쁜 장소라도 가리지 않고 잠복장소로 이용한다. ㉢ 검은색의 운동화나 농구화 등 소리가 나지 않고 간편한 신발을 착용한다. ㉣ 대상자를 검문할 경우에는 1명은 질문하고 다른 1명은 배후에서 대상자의 도주나 반격에 대비한다.

---

217) *Ibid.*, p. 165.

⑤ 기타 유의사항

㉠ 민가의 방에서 잠복감시할 경우에는 실내를 어둡게 하고 필요에 따라 유리창, 문틈, 문구멍 등을 이용하여 감시한다. ㉡ 무전기, 망원경, 특수망원경 등 수사용 장비를 활용한다. ㉢ 외부감시에는 대상자의 거동에 주의하고 필요하다면 대상자를 미행한다. ㉣ 감시원이 감지당하지 않았나 하고 머뭇거리는 행동은 오히려 부자연스럽다. ㉤ 외부감시는 주변장소에 적합하고 자연스럽게 실행하고 특히 감시 장소 밖에서 들어오는 대상자에게 발견되지 않도록 주의한다. ㉥ 감시장소에서 책임분담 및 연락신호 방법 등에 대해 미리 확실한 계획을 세워야 하며, 특히 미성년자 유괴사건 등의 경우에는 범인과 접촉하는 피해자 가족 등과 사전에 구체적으로 협의해야 한다. ㉦ 잠복장소 철수시 감시장소에 휴지나 담배꽁초 등 감시흔적을 남기지 않는다.

2) 내부감시 방법

내부감시는 감시대상자 등과 직간접으로 관계있는 자의 협조를 얻어 그들의 주택 등에 들어가서 감시하는 방법으로서 내부감시는 여러 가지 위험이 존재하므로 외부감시와 병행하여 실시하는 것이 효과적이다. 내부감시의 주의사항은 다음과 같다. ① 내부감시는 수사상 꼭 필요한 경우, 즉 범인 체포 등에 한해서만 실시한다. ② 가족의 수, 그 상황, 주택의 구조 및 부근의 지리적 상황 등을 충분히 조사하여 실태를 파악함으로써 불의의 사태와 순간적으로 취해야 할 행동까지 미리 검토한다. ③ 가족 또는 그 가옥의 소유자, 관리자 등을 설득하여 협력을 당부한다. ④ 잠복감시하고 있는 것을 대상자가 감지하지 못하도록 해야 하며, 잠복수사관의 출입을 자제하고 부득이 출입하는 경우에는 잡상인 등으로 위장한다. ⑤ 쓸데없는 잡담 등으로 가족에게 잠복수사관의 의중이 알려지지 않도록 주의한다. ⑥ 가족의 거동 특히 그 외출, 내방자, 전화 등에도 주의함으로써 대상자와 연락하여 수사에 방해가 발생하지 않도록 한다.

3. 고정감시와 유동감시의 혼합방법

(1) 방 법

용의자 등에 대한 감시는 도보미행과 자동차 미행 모두 고정감시와 같이 사용하면 효과적인 경우가 있다. 즉, 범죄현장 주변에 잠복으로 고정감시를 하면서 용의자 등에 대한 유동감시를 같이 사용하는 방법이다.

(2) 유용성

혼합감시는 일련의 범죄를 범한 범죄자들을 범죄현장에서 체포하는데 효과적이다. 야간에 몇 군데 연쇄적인 방화를 하고 정상적인 수사단서로는 추적할 수 없는 변태적인 방화범은 방화의심장소와 이미 발생한 장소를 중심으로 잠복과 유동감시에 의해 체포할 수 있다. 절도와 연쇄강간을 하는 범인체포 역시 잠복과 유동감시가 효과적인 방법이다.[218)]

218) Weston and Lushbaugh, *op.cit.*, pp. 117-118.

제13장

체 포

제1절 의 의

1. 개 념

체포란 수사관이 죄를 범하였다고 의심할만한 상당한 이유가 있는 피의자를 법적인 요건에 따라 일정시간 동안 구속에 선행하여 피의자의 신체의 자유를 박탈하는 강제수사를 말한다. 형사소송법적으로 인정되는 피의자의 체포를 위한 강제수사는 체포영장에 의한 체포, 현행범인 체포, 긴급체포, 구속영장에 의한 체포 등으로서 각각 영장이 발부되었거나 그 법적인 요건이 갖추어져야 한다.

2. 중요성

피의자 체포는 범죄사건의 수사에 있어서 가장 중요하고도 핵심적인 부분이다. 범죄사실을 입증하고 범인을 특정할 수 있는 객관적인 증거를 확보한 경우에도 범인을 체포하지 못하면 성공적인 수사로서 인정받지 못한다. 경찰기관의 효과성은 경찰기관 전체는 물론이고 경찰관 개인의 경우에도 피의자 검거율에 의해 평가된다. 검거율이라는 기준이 공정하거나 논리적이라고 말할 수는 없지만, 객관적인 평가기준으로 계속 사용되고 있다.[219] 또한 피의자 체포는 범인으로부터 범죄사실을 입증

---

219) Gilbert, *op.cit.*, p. 63.

할 수 있는 증거를 확보할 수 있는 좋은 기회이기도 하다. 피의자 체포 당시에 신체수색과 주거수색 등으로 증거수집이 가능하다.220)

그러나 수사관의 입장에서 범인체포나 용의자 체포는 그들의 저항이나 도주 등으로 많은 위험을 내포하고 있다는 점에서 체포의 기술이 요구된다. 많은 경찰관들이 범인을 체포하는 과정에서 상대방의 기습적인 공격으로 생명을 잃거나 중상을 입은 역사가 기록되고 있다.

제2절 체포요령

1. 기본적 요령

(1) 경찰장구나 무기휴대 등 철저한 준비 후 체포

수사관들은 살인·강도·강간·유괴·조직폭력·마약 등 흉악범을 체포하는 경우에는 물론이고 단순폭력이나 치기사범들을 체포하는 경우에 언제나 자신의 안전을 확보할 수 있는 경찰장구나 무기를 휴대하고 체포를 시도해야 한다. 특히 수사관들은 개인 총기를 경찰서의 상황실에 보관하여 두고 상황실장의 결재를 받아 출고해야 하는 불편을 이유로 무기를 휴대하지 않고 피의자 체포를 하는 경우가 빈번하다. 상황실장은 총기의 입고와 출고를 확인할 뿐 수사관들이 출고를 요구하면 이를 통제하는 경우는 거의 없다. 범죄자들은 경찰관에게 빈틈이 보이면 언제든지 경찰관에게 극한적인 공격을 가할 수 있는 존재이다.

「경찰관직무집행법」 제10조의2와 10조의4에 의하면, 경찰관은 법정요건에 해당하는 경우 피의자체포를 위하여 수갑·포승·경찰봉, 또는 무기를 사용할 수 있다. 물론 위해를 수반하는 무기사용은 적합성, 필요성, 상당성과 같은 경찰비례의 원칙을 준수해야하고 보충성의 원칙을 지켜야 한다. 그러나 범인의 항거가 없더라도 체포·억제 등 확실한 공무집행을 위해서는 권총을 겨누거나 경고사격을 가하는 것은 허용된다.221)

---

220) Weston and Lushbaugh, op,cit., pp. 172-173.

(2) 배후나 측면에서 접근 체포

피의자의 위치·자세 등을 고려하여 주의 깊게 접근하여 체포해야 한다. 특히 좁은 실내에서 체포할 경우에 조심해야 한다. 범죄자들은 언제든지 기습적인 공격을 가할 수 있는 범법자들이므로 특히 상대방의 손의 위치를 주의 깊게 관찰하면서 접근해야 한다. 손이 호주머니나 옷 속에 들어가 있는 경우에는 손을 밖으로 노출시켜 체포해야 한다. 체포시에는 정면을 향하는 것을 피하고 가급적 배후나 측면으로부터 재빨리 접근하여 체포하는 것이 효과적이다.

(2) 건물 내에서의 체포

1) 출입구 등에서 잠복감시

피의자는 항상 도주할 생각을 하고 있으므로 체포시 출입구와 창문 등에 잠복감시를 해야 한다. 특히 2층 이상의 건물에서는 지붕에서 지붕으로 건너뛰거나 비상계단을 이용하여 도주하는 경우가 있으므로 옥상이나 지붕으로 연결된 계단입구에 경찰관을 배치해야 한다.

2) 건물 내 진입시 하나의 입구만 사용

건물 내에 경찰관들이 진입할 경우 원칙적으로 동시에 둘 이상의 입구를 사용해서는 안 된다. 여러 개의 입구를 사용하면 진입작전의 혼란을 초래하거나 도주할 곳을 잃은 피의자들의 극렬한 저항으로 사고가 발생할 위험이 존재한다. 특히 야간 작전시 주의해야 한다.

3) 건물 내 진입시 직접 입구 접근 금지

경찰관은 건물 내에 접근할 경우 벽·담·울타리 등에 몸을 숨기면서 목표건물 또는 방실에 접근한다. 입구에 도착한 후 출입문의 뒤를 반드시 확인하고 실내의 상태를 재빨리 살피는 것이 중요하다.

---

221) 조철옥, 경찰학개론, 대영문화사, 2008, pp. 181-183

(3) 가두 체포 요령

1) 체포장소 선정

수사관이 피의자를 길거리에서 발견했다면 혼잡한 장소를 피하고 다른 사람의 눈에 띄지 않도록 체포해야 한다. 특히 교통이 빈번한 큰 길이나 교차로, 절벽, 강변 등 위험한 장소에서의 체포는 부득이한 경우를 제외하고는 피해야 한다.

피의자 체포는 직접적인 통제의 원칙(the doctrine of immediate control)이 강조된다. 이 원칙은 피의자를 체포할 경우에 반드시 피의자에 대한 신체수색과 주거수색 등의 충족을 요구한다. 즉, 수색이 정당화되는 장소가 바로 체포장소가 되어야 한다는 점을 강조한다. 따라서 가두체포는 피의자나 그 주변 공공장소가 수색가능한 장소이어야 한다.[222)]

2) 통행인 등에 대한 위해방지

통행이 많은 장소나 인가가 밀집한 장소 등에서 피의자를 체포하는 경우 일반인에 대한 위해방지를 위해 되도록 경찰관 지원을 요구하여 절대 우월한 인원으로 확실하게 피의자를 제압해야 한다.

3) 자동차 엔진정지와 하차요구

자동차나 오토바이 등에 승차하고 있는 피의자를 체포할 경우 특히 사고 방지에 주의해야 한다. 따라서 차량을 확실히 정차시킨 다음 접근하여 엔진 정지와 하차를 요구하는 등 사고방지에 주의하여 체포해야 한다.

(4) 교통수단 안에서 체포하는 경우의 요령

1) 충분한 인원으로 접근체포

열차나 지하철 또는 버스 같은 교통수단 안에서 피의자를 체포하는 경우 피의자가 그 교통수단에서 뛰어 내리거나 격투할 경우에 밖으로 떨어지는 등의 사고가 일어나기 쉬우므로 되도록 여유 있는 인원으로 그리고 충분히 피의자에게 접근한 다음에 재빨리 체포한다. 또한 다른 승객에게 위해가 미치지 않도록 충분히 주의한다.

---

222) Weston and Lushbaugh, *op.cit.*, p. 173.

2) 승무원과의 협조 확보

열차나 지하철 안에서 피의자를 체포해야 될 경우 사전에 승무원등에게 연락하여 협력을 구한 후에 체포를 시도한다.

3) 참고인 확보

소매치기, 들치기 등의 치기사범이나 폭행과 상해 등 현행범인을 지하철이나 버스 안에서 체포하는 경우 피해자는 물론 범행목격자 등 참고인을 반드시 확보해야 한다.

(5) 신체의 수색

1) 근 거

「경찰관직무집행법」 제3조 제3항에 의하면, 경찰은 불심검문시 신체를 수색하여 흉기소지 여부를 조사할 수 있다. 또한 「형사소송법」 제219조에 의하면 사법경찰관은 실제 체포현장에서 피의자의 신체를 수색할 수 있다.

2) 신체수색 순서

① 체포술에 따라 손들어, 벽에 손대고 엎드려 등을 활용함으로써 상대방로부터 공격을 받지 않고 체포하도록 한다.

② 흉기의 소지여부에 대해 신체 상부로부터 하부로 향하여 순서 있게 조사하고, 흉기를 소지하고 있을 것이라는 전제 아래 두발, 모자, 옷깃, 복부, 구두창 등에 대한 수색을 한다. 또한 흉기 외에 자살에 쓰일 염려가 있는 약물 등에 대한 수색을 한다.

2. 체포상황 등의 기록

(1) 제포상황 기록

체포의 장소, 시간, 저항유무, 체포시 상황 등을 체포보고서에 상세히 기록함으로써 그 적법성과 타당성을 증명해야 한다. 또한 피의자를 체포 · 구속할 때에는 피의자의 건강상태를 조사하고 체포 · 구속으로 인하여 현저하게 건강을 해할 염려가 있다고 인정할 때에는 그 사유를 경찰서장과 검사에게 보고해야 한다.

(2) 체포절차 준수 및 확인서 작성

범죄자를 체포하는 사법경찰관은 체포시에 상대방에게 반드시 자기신분을 고지해야 한다. 또한 범죄자에게 범죄사실의 요지 등 미란다 원칙을 고지하고 확인서를 받아두어야 한다. 영장을 제시해야 할 경우에는 반드시 영장을 제시하고 현행범인 체포와 긴급체포시에는 그 법적 요건을 준수해야 한다.

3. 연행과 호송

① 피의자를 체포하여 연행할 때에는 도주, 증거인멸, 자살, 피습, 탈취 등에 주의해야 한다. ② 즉시 상사에게 보고하여 경찰차량의 지원을 얻어 확실히 연행해야 하며, 경우에 따라 경찰차량이 아닌 다른 차량을 이용한다. ③ 피의자의 명예를 존중하여 수갑 위에 손수건 등을 덮어 되도록 눈에 보이지 않도록 하는 동시에 연행 도중에 수갑의 잠금 여부를 점검해야 한다. ④ 피의자에게 증거물, 흉기 등을 절대로 들게 해서는 안 된다. ⑤ 상대방보다 앞서서 가지 말고 상대방이 자주 사용하는 팔을 생각하여, 그 우측 후방 또는 좌측후방에서 감시하여 돌발적인 도주 또는 반격에 대비해야 한다. ⑥ 사람이 붐비는 곳이나 어두운 곳 등은 피하고 경찰서 등에 도착하기 직전 주변이 혼란한 틈을 이용하여 도주를 기도하는 일이 많으므로 경찰관이나 민원인들의 출입이 많은 경찰서 입구 부근에서 특히 주의해야 한다.

제 3 편

과학수사

- 제14장 과학수사의 기초
- 제15장 사체현상과 사망원인분석
- 제16장 법의학
- 제17장 지문감식
- 제18장 자국흔 감식
- 제19장 물리분석분야
- 제20장 약독물 및 마약류 감정
- 제21장 범죄심리분석 기법
- 제22장 기타 감정기법

Criminal Investigation

제14장

과학수사의 기초

제1절 과학수사의 출현

1. 배 경

과학수사(Criminalistics)는 법과학(Forensic Science)으로 더 잘 알려져 있으며, 과학수사학자는 바로 법과학자를 말한다. 1900년대 전까지는 범죄수사는 거의 전적으로 사람들 사이의 상호작용, 즉 범인 · 피해자 · 목격자 또는 정보원과 수사관사이의 상호작용에 의존하고 있었다. 말하자면, 수사관은 피해자, 목격자 의 진술과 피의자의 진술, 또는 정보원의 제공정보에 의해 수사를 전개했다.

그러나 1893년 오스트리아의 치안판사겸 범죄학 학자인 한스 그로쓰(Hans Gross)가 저술한 독일의 교과서인 "과학수사 체계를 이해하기 위한 입문서(Handbook for Understanding a System for Criminalistics)"에 과학수사를 최초로 소개함으로써 범죄수사는 새로운 전기를 맞게 되었다.[1] 즉, 당시까지 피의자의 자백이나 목격자의 증언 또는 정보원의 정보에 의존했던 범죄수사의 방향이 과학적으로 증거를 수집하고 검증하여 범인을 특정하고 체포하는 방향으로 전환하는 전기를 맞게 되었다. 이러한 영향으로 인해 1900년대 초기에 유럽의 전체국가를 통하여 많은 범죄실험실이 생겨났으며, 1923년에 미국 로스앤젤리스 경찰국에 최초로 법과학 실험실이 설치되면서 여러 지역에서 그 뒤를 따랐다. 약 90년이라는 비교적 짧은 기간 동안 과학수

---

1) Gilbert, *op.cit.*, pp. 14-15.

사는 범죄수사의 필수적인 부분이 되었으며, 과학적인 기법에 의해 검증된 증거는 범죄자의 유죄를 입증하는 객관적이고 결정적인 증거로 인정받기 시작했다.

2. 과학수사와 법과학

과학수사란 범죄수사에 자연과학 분야의 지식을 적용하는 수사기법을 말한다. 즉, 의학, 화학, 물리학, 생물학 그리고 수학 등이 법과학의 중추학문이 되고 있다.[2] 과학수사는 자연과학에 의해 물리적 증거의 인정, 식별, 개별화, 그리고 평가지향적인 전문직이며 과학적인 분야이다. 즉, 범인을 발견하고 증거를 수집하여 범죄사실의 진상을 밝히는 수사활동에 자연과학적 지식·기술과 감식시설, 장비, 기자재 등을 최대한으로 활용하여 물리적 증거의 진실성을 감정하는 수사를 가리키며 피의자의 자백이나 목격자의 증언, 또는 정보원의 범죄정보에 의존하는 수사방식과는 대립되는 개념이다. 과학수사는 경찰관들이 범죄현장에서 수집한 증거를 과학적으로 감정하는 범죄실험실(crime laboratory)을 중심으로 이루어지며 이를 법과학 실험실(forensic laboratory)이라고 한다. 따라서 실험실 전문가들은 바로 법과학자들이다.[3]

3. 과학수사의 범위

(1) 법의학적 감정·감식

1) 사체의 검안 및 부검에 의한 사인규명

변사체의 검안, 부검 및 장기조직 검사에 의한 변사체의 사인규명과 사망시간 추정은 법의학적 감정·감식에 해당된다. 즉, 시반, 사체냉각과 강직, 동공의 혼탁 등에 의한 사망시간 추정, 그리고 사체의 해부와 장기조직 검사 등을 통한 의학적 사인규명을 하는 활동이 해당된다.[4]

---

2) *Ibid.*, p. 14.

3) Weston and Wells, *op.cit.*, p. 74.

4) 양태규, 과학수사론, 대왕사, 2004, pp. 44-46.

2) 치흔 · 치아감정에 의한 개인식별

치흔 · 치아감정은 피해자나 피의자의 몸이나 의복에서 발견되는 치흔 및 치아를 치의학적 지식에 의해 감정하여 연령, 성별감정, 용의자선정 등 개인의 식별을 하는 분야를 의미한다.

3) 체액 및 인체조직 검사에 의한 개인식별

체액 및 인체조직 감정은 모발 · 정액 · 타액 · 혈흔 및 혈액, 또는 인체조직이나 장기조각, 뼈조각 등의 감정에 의한 혈액형, DNA지문 등을 검출하여 개인식별을 하는 분야를 말한다.

(2) 물리학적 감정 · 감식

1) 유류품 · 자국흔적 감식통한 객관적 증거 검증

유류품 · 자국흔적 감정은 범죄현장과 그 주변에서 발견한 사회생활에서 사용하는 다양한 물건이나 자국흔적 · 페인트 · 종이 · 토양 · 섬유 · 유리 · 총기 · 폭발물 · 유류 등의 감식을 통하여 그 소지자나 소유자 또는 출처를 밝히는 분야이다.

2) 교통사고 현장감식과 증거물 검증

교통사고 현장감식은 교통사고시의 속도, 도로상태, 역학관계 등의 조사와 사고현장에서 수집한 증거물에 대한 감정을 통하여 사고원인 규명을 하는 분야이다.

3) 화재감식

화재감식은 화재현장에서의 발화원 조사와 현장에서 채취한 증거물 감식을 통하여 화재의 원인을 규명하는 분야이다.

4) 총기 · 화약감정

총기 · 화약감정은 범죄현장의 실탄, 탄피, 총기부품에서 화약 검출 등의 감식을 통하여 총기의 종류와 발사거리, 발사각도 등을 규명하는 분야이다.

(3) 생화학적 감정 · 감식

생화학적 감정 · 감식은 부정의약품, 독극물, 마약류 등의 약물감정, 혈액의 성분감정으로 일산화탄소중독사나 음주여부를 검증하는 분야이다.

(4) 문서감정

문서감정이란 문서의 필적과 사용 잉크 등을 분석하여 문서작성자의 식별과 문서위조여부 감정, 그리고 문서내용 분석에 의한 문서작성자를 식별하는 분야이다.

(5) 지문감정

지문감정은 잠재지문과 현재지문을 채취하고 AFIS를 활용한 감정을 통하여 용의자 식별을 하는 분야이다.

(6) 성문분석

성문감정은 전화녹음 등의 성문을 분석하여 용의자를 식별하고 대화내용을 분석하는 분야이다.

(7) 중성자방사화 분석

중성자방사화 분석이란 모발, 토양, 페인트, 화학물질, 유리 등에 대한 화학적 · 물리적 분석 대신에 중성자를 이용하여 방사선 동위원소의 양을 분석함으로써 모발의 개인식별, 독성물 검출, 공업제품의 동일성 및 환경오염원을 추적하는 분야이다.

(8) DNA지문감식

DNA지문감식이란 인간의 혈흔, 정액, 타액, 모발, 뼈조각, 인체조직, 장기조각 등을 채취하여 유전공학적 기법에 의하여 DNA지문을 검출하여 범인 및 동일인 여부를 식별하는 분야이다.

(9) 심리분석

심리분석이란 거짓말 탐지기 등 기기를 이용하거나 최면술 등을 이용하여 진술의 진위를 판단하는 분야이다. 또한 범죄유형분석 기법(criminal profiling)을 이용하여 용의자의 유형을 분석할 수 있다.

4. 미래의 과학수사

(1) 현대 범죄수사의 필수적인 역할

과학수사 감정실은 일반적으로 세 가지의 내재적인 어려움을 겪고 있다. ① 법과학 감정실에 제출되는 엄청난 량의 증거물과 지속적인 증가, ② 마약분석과 관련된 많은 시간과 예산의 지출, ③ 항상 정답을 제시한다는 대중매체의 과학수사학자에 대한 이미지, 즉 과학수사 감정소는 TV 프로그램에서 30~60분 이내에 모든 범죄를 실제로 해결한다는 이미지 등에 의해 과학수사 실험실은 어려움을 겪고 있다.

그러나 이러한 난관에도 불구하고 과학수사 실험실은 계속 대중들을 황홀하게 하고 현대범죄 수사에 필수적인 역할을 하게 될 것이다. 법원은 피의자의 자백이나 목격자의 증언보다는 물리적 증거의 중요성을 계속 강조하기 때문이다. 많은 경찰관들이 범죄현장 수사의 전문교육을 받게 되고, 많은 증거물들이 국가의 법과학 실험실에 감정을 위해 제출될 것이다. 따라서 더 많은 과학수사학자, 감정의 정확성, 특정 용의자를 범인으로 특정할 수 있는 새로운 감정기법의 개발 등이 필요해진다. 법과학자들의 영역이 성장하지 않는 한, 범죄수사는 증가하는 범죄와 법원의 요구조건을 충족시킬 수 없다.

(2) 미래의 과학수사기법

용의자와 범인을 연결시키는 적극적인 증거는 지문이나 DNA가 검출될 경우에만 절대적인 증거로 인정받을 수 있다. 따라서 미래의 과학수사는 다음과 같은 분야의 수사기법 개발이 요구된다.

1) 생물측정학(biometrics)의 분야

① DNA분석기법의 정확성과 적용영역의 확대

생물측정학은 특별한 생물학적 물질을 범죄의 증거에 연결시키는 어떤 형태의 식별방법이나 기술개발과 관련된 분야이다. 초기의 이러한 형태의 식별방법은 지문,

눈의 홍채를 통한 식별, 또는 성문식별등이었다. 그러나 현대 생물측정학은 DNA분석기법의 개발에 관심을 집중하고 있다.

비교적 일반화된 수사기법인 DNA연구는 그 정확성과 적용범위를 확대하는데 집중되고 있다. 전통적인 DNA감정기법을 뛰어넘는 기법이 바로 미토콘도리아 DNA 분석 기법이다. 미토콘도리아 DNA는 세포의 핵 외부에 존재하고, 그것이 들어 있는 증거샘플은 과학수사학자들로 하여금 전통적인 증거 샘플보다 더 많은 DNA를 검출할 수 있게 한다. 또한 미토콘도리아 DNA는 핵 DNA와는 달리 아주 미세한 증거물로부터 추출할 수 있으며, 오래되고 보존상태가 좋지 않은 물질로부터 추출될 수 있다. 과학수사학자들은 잠재지문으로부터 미토콘도리아 DNA를 추출할 수 있게 되었다. 이것은 개인식별을 위한 지문 융선의 수가 부족한 잠재지문의 경우에 특히 중요하다. 미래에는 눈과 머리색깔, 인종, 성별, 그리고 나이까지도 DNA증거로부터 식별할 수 있게 되었다.

② 눈의 홍채 분석

미래에 생물측정학적 식별기법의 개발은 눈의 홍채를 통한 식별기술이다. 홍채식별 기술(Iris recognition technology)은 케임브리지 대학 교수인 존 도우먼(John Daugman)에 의하여 개발되었다. 홍채는 동공의 탄력, 색상, 그리고 연결을 통제하는 조직이다. 그것은 지문 융선의 무작위성과 같이 고도의 개별적인 유형영역을 형성하는 복잡하고 특수하게 짜여진 모양을 하고 있다. 홍채유형의 특이성은 도우먼에 의해 개발된 사진부호화 기법(photographic coding technique)을 통해서 기록될 수 있다. 개인의 홍채 코우드는 데이터베이스에 저장되어 개인의 동일성을 식별하기 위해 비교될 수 있다. 통제된 연구에 의하면, 생물측정학적 기법의 신뢰도는 10억 명의 눈을 비교하여 단지 한 사람만이 오류가 생길 수 있다는 것으로 밝혀졌다. 홍채식별기술은 현재 중동과 유럽의 공항, 그리고 국경통과 지점에서 사용되고 있으며, 미래에 미국의 범인체포 절차의 기준이 될 것이다.

③ 전자적인 뇌파측정 기법

법과학자들은 거짓말 탐지기 대신에 거짓말을 할 때에 뇌파의 변화를 전자적으로 측정하는 기법을 개발하기 위해 힘을 기울이고 있다. 전자뇌파측정 기법은 인간이 거짓말할 때 뇌파의 변화 유형을 측정하는 방법이다. 이 기법은 사람이 특별한 사람이나 물체를 보여 줄 때에만 반응을 보이는 특이한 전자적 뇌파를 분리하는 것으로 범행관련 유무를 확인한다. 즉, 용의자에게 피해자의 살해관련 사진들을 보여주고 그의 뇌파가 반응을 하는 것이 기록되면 그의 범죄관련성이 확인되는 것이다.

④ **디지털 증거(digital evidence)**

새로이 출현하는 기술은 디지털 증거를 활용하는 기법이다. 디지털 증거란 일반적으로 디지털 형태로 확보될 수 있는 모든 증거를 말한다. 이것은 컴퓨터 시스템, 비디오, 휴대폰, 무선호출기, 디지털 사진기, 또는 팩시밀 등으로 얻어지는 증거에만 한정되는 것은 아니다. 미래에 디지털 증거는 DNA와 같은 정도로 형사사법체계에 영향을 미치게 될 것으로 예상된다.

⑤ **미생물학적 기법**

미생물학적 기법은 용의자 식별을 위해 적용가능한 개인의 몸에 있는 미생물을 수사하기 위한 기술을 개발하는 것을 말한다. 이 기법은 개인이 특정 시간 동안 머물렀던 장소에 특이한 미생물적인 박테리아를 남긴다는 가설에 기초하고 있다. 이러한 미생물이 채취되어 식별된다면, 그 미생물을 가진 용의자는 그 장소에 있었다는 사실이 입증된다.

제2절 과학수사와 감식수사

1. 의 의

과학수사와 감식수사는 엄격한 의미에서 구분된다. 과학수사는 법과학 실험실에서 전문가들이 그들의 자연과학적 지식과 기법을 활용하여 범죄현장에서 경찰관이 수집한 물리적 증거들을 감정하고 평가하는 활동을 말한다. 한편, 감식수사는 범죄현장에서 경찰관들이 범인을 특정하고 범죄를 입증할 수 있는 물리적인 증거를 과학적인 기법에 의해 발견하고 수집하여 법과학 실험실에 감정을 의뢰하는 활동을 말한다. 따라서 감식수사는 과학수사를 위한 자료, 즉 물리적 증거나 미세한 물질들을 제공하는 과학수사의 전 단계 활동에 해당된다.

법과학자, 현장감식요원, 지문현출요원 등은 과학적 기술을 적용하여 범죄사건을 해결하는 사람들이다.[5] 과학수사는 범죄현장의 감식수사과정에서 경찰관들이 물리적 증거들을 역시 과학적으로 수집하여 보전하고 법과학 실험실에 송부해야 효과적인 감정을 할 수 있다. 따라서 감식수사와 과학수사는 하나의 연결된 수사과정이다.

2. 감식수사의 중요성

과거의 범죄수사는 주로 범인의 자백, 피해자나 목격자의 증언에 의존하여 이루어졌다. 그러나 임의수사와 무죄추정을 이념으로 하는 오늘날 범인의 자백이나 신뢰성이 의문시 되는 목격자의 증언만으로는 유죄를 인정하지 못하며 객관적·구체적 물증에 의해서만 범죄가 입증된다. 따라서 과학적으로 감정된 물증만이 범죄를 입증할 수 있는 증거가 될 수 있으므로 물증확보를 위해서는 범죄감식을 떠나서는 과학수사를 논할 수 없다.

(1) 과학수사의 중추

범죄사실의 입증은 목격자의 증언과 물증에 의해 이루어진다. 현대의 범죄는 사회의 복잡성과 범죄수법의 고도화로 인해 목격자를 확보하기가 거의 불가능하고 따라서 물증의 수집·보전과 증명력을 확보하기 위해서는 범죄감식활동이 사건해결의 중추적인 위치에 있다.

(2) 물증확보의 수단

로카르(Locard)의 교환법칙은 범죄현장의 중요성과 범적의 필존성을 강조한다. 즉, 범인은 범죄현장에 무엇인가를 남기고 또한 무엇인가를 가지고 떠난다는 의미에서 증거물의 교환이 이루어진다. 이 법칙은 범인이 아무리 교묘하게 범행을 할지라도 범죄현장에 섬유나 먼지·토양같은 미세증거물과 자국흔 등의 범적을 남기고 또한 범죄현장의 미세한 부스러기 등을 가지고 떠난다. 이러한 미세한 범적은 바로 감식수사에 의해서 범죄를 입증하는 물증이 된다.

5) 홍성욱·최용석 역, 앞의 책., p. 16.

(3) 유형적 · 무형적 자료의 채취수단

범죄현장 감식은 일차적으로 지문, 혈흔, 체액, 자국흔, 대·소변, 신체조직 등 유형적 자료를 발견하고 채취하는데 중점을 두지만 범죄수법이나 동기와 같은 무형적 자료를 채취하고 감정하는 것도 중요하다.

(4) 증명력 판단의 근거

범죄현장의 미세한 범적은 감식수사에 의해 과학적으로 채취되고 과학적인 감정을 거치면 범죄사실과 범인에 대한 실체적 진실을 증명할 수 있는 증거가 된다. 이 증거가 범죄에 대한 증명력을 가지는 근거는 바로 과학적인 감정과정을 거쳤다는 점이다. 여기에서 주의할 것은 범죄감식은 증거능력 판단의 근거가 아니라는 점이다. 증거능력은 증거가 적법한 수단이나 방법, 그리고 절차에 의해 이루어졌는가를 기준으로 하기 때문이다. 고문이나 도청에 의해 수집된 증거가 아무리 실체적 진실을 증명하는 증명력을 가지고 있다 해도 그 수집과정이 불법이기 때문에 증거능력은 부정된다.

3. 범죄감식의 분류

(1) 자료감식

1) 의 의

수사기관이 전국에서 수집한 기초자료를 컴퓨터 등에 수록하여 집중관리함으로써 범인의 추정이나 수사자료의 판별 등에 활용하는 감식을 자료감식이라 한다.

2) 자료감식의 종류

자료감식은 ① 지문자료에 의한 신원·범죄경력조회, ② 피의자 사진에 의한 범인추정, ③ 수법원지에 의한 용의자 추정, ④ 자국흔 자료에 의한 용의자 추정 등이 해당된다.

(2) 기술감식

1) 의 의

기술감식은 법의학, 물리학, 화학, 심리학 등 자연과학이나 사회과학의 지식과 기술, 최신기자재 등을 활용하여 현장에서 수사자료 등을 채취·검사하고 감정하여 범인발견·범증확보를 위한 수사활동을 말한다.

2) 기술감식의 종류

기술감식은 다양한 과학적인 기법과 기자재를 사용하여 증거시료를 채취하고 특정물체를 감식하여 증거를 추출하는 경우를 말한다. 즉, ① 잠재지문, 자국흔, 혈흔, 모발, 섬유, 미세물질 등의 채취·검사 및 감정, DNA지문감정, ② 화재감식과 사진촬영, ③ 말소문자의 현출, ④ 거짓말 탐지기 검사, ⑤ 필적감정 등이 해당된다.

제3절 현장감식

1. 의 의

현장감식이란 범죄현장에서의 범죄흔적, 유류물 그리고 범죄수법 등 범죄와 관계되는 모든 유형적·무형적 자료를 발견·수집하여 이를 과학적 기술과 기법을 통해 검사·감정하거나 감정의뢰하는 수사활동을 말한다. 이러한 감식과정은 범인의 신체·신체적 특징, 범죄수법 등을 파악하여 범인특정에 필요한 증거를 제공한다. 현장감식은 과학수사의 중추로서 이는 감식요원의 현장감식만으로 달성되는 것이 아니며 초동수사 과정의 현장보존부터 현장감식에 포함된다.

2. 현장감식의 기초

현장감식은 범죄현장에서 과학적인 기법에 의해 객관적인 증거를 발견하려는 수사활동이므로 첫째, 범죄감식은 범죄현장과 그 주변을 포함하여 광범하게 이루어져야 한다. 둘째, 현장감식은 원칙적으로 외부에서 내부로 향하는 순서에 따라 반복적으로 철저하게 이루어져야 한다. 셋째, 장갑 등을 착용하고 모순·불합리한 점의 발견에 집중하고 발견·채취한 자료는 보관용기에 보존하여 즉시 감정부서에 송부해야 한다. 넷째, 발견·채취한 자료는 변형, 변질, 파괴 등이 없도록 냉장보관하는 등의 과학적인 조치를 하고 사진·기록 등에 의한 확실한 입증조치를 취해야 한다.

3. 현장감식의 순서

현장감식은 우선 경찰통제선을 설치하고 정복경찰관을 배치하여 현장출입통제를 한 후 일정한 순서에 따라 실시되어야 한다.

(1) 간부의 현장관찰

현장감식은 지방경찰청과 경찰서의 관련 책임간부의 현장관찰에서부터 시작된다. 즉, 지방경찰청의 과학수사팀 및 형사주무계의 책임간부, 관할 경찰서의 강력팀이나 폭력팀의 경위 이상의 책임간부가 사건의 개요를 신속하게 파악하는 것에서부터 현장관찰이 시작된다.

(2) 사진촬영

범죄현장 감식을 할 때 수사요원은 모든 증거의 수집이나 채취 이전에 반드시 사진촬영을 제일 먼저 해야 한다. 수사요원은 다른 감식작업에 우선하여 현장책임자의 지휘하에 범죄현장과 그 주변을 있는 그대로 사진촬영을 해야 하고, 개별 증거를 발견하고 채취할 때에도 먼저 사진촬영을 해야 한다.

(3) 채증감식

수사관은 범죄현장에서 멸실이나 파괴, 변질 우려가 있는 증거물에 대해서는 사진을 촬영하는 채증활동보다 앞서서 채취하거나 채증활동과 병행해서 실시할 수 있다. 즉, 혈흔이나 지문감식, 그리고 사체감식은 사진촬영과 동시에 감식을 실시해야 한다.

(4) 범죄수법의 검토

현장감식은 유형적 자료의 채취를 우선하지만 범죄동기나 범죄수법같은 무형적 자료를 발견하고 채취하는 것도 중요하다.

(5) 현장자료의 채취

1) 일반적 유의사항

① 변질 · 파괴되기 쉬운 증거물 우선 채취

변질되거나 파괴되기 쉬운 증거물부터 우선 채취하여 자료의 파괴, 변질, 멸실이 없도록 유의한다. 채취용기는 잘 건조된 유리병이나 비닐제 용기 및 봉투를 사용하여 일점씩 따로 보관하고 냉장보관을 원칙으로 한다. 검은 색의 증거물은 백지에, 흰 것은 흑색 용지에 담아서 포장하고, 변질이나 휘발우려가 있을 경우에는 차광성 용기에 넣어 밀봉한다.

② 자료별 채취 및 대조시료 채취

동일사건에서 발견한 증거물질이 서로 다를 경우에는 자료별로 채취하여 관계사건명, 물품명, 채취일시, 장소, 수량, 채취자, 참여인 이름 등을 보관용기 외부에 기록하여 보관하고 비교 · 대조 등을 필요로 하는 경우 반드시 대조시료를 채취한다.

③ 핀셋을 이용한 채취 자제

과일 등에 이빨의 형태가 남아 있는 때에는 탈지면으로 타액을 흡입시키고 실리콘 러버로서 치흔을 채취한다. 핀셋을 사용하여 채취할 때에는 자료의 손상에 주의하고 가급적 나무젓가락을 사용하고 채취시에 인위적으로 가하여진 변화에 대하여는 상세히 기입한다. 탄환은 핀셋으로 채취하면 탄환표면의 흔적이 파괴되기 쉬우므로 가급적 장갑을 낀 손가락으로 채취한다.

④ 전량채취

증거물 채취시 가급적 전량을 채취하고 수집된 증거물은 직사광선을 피하고 습기가 차지 않는 건조한 곳에서 다루어야 한다.

⑤ **방부제 사용**

증거물이 장기조직이나 인체조직(기관)일 경우에는 10% 포르말린 용액 또는 알코올에 보관하여야 한다. 그러나 혈액형이나 독극물 분석용 시료에는 부패방지를 위해 방부제인 알코올이나 포르말린용액을 첨가해서는 절대 안 되며 시료 채취 즉시 특사, 즉 경찰관이 직접 감정부서에 전달해야 한다.

⑥ **채취용기 밀봉과 개별포장**

유리병 또는 플라스틱 병을 사용할 때에는 물로 깨끗이 세척하여 사용하고, 깨끗한 콜크 마개나 테프론 마개로 밀봉해야 한다. 밀봉 즉시 취급자 또는 책임자가 밀봉한 개소마다 날인해야 한다. 감정용 증거물은 각각 개별 포장을 하여 마멸이나 파괴를 방지해야 한다. 개별 포장된 것을 종합하여 다시 포장한 경우 용기와 용기, 증거물과 증거물의 마찰을 피하고 틈마다 솜 또는 천을 끼운다.[6] 모발, 섬유, 페인트 조각, 금속가루, 먼지나 재 등과 같은 미세증거물은 항상 이중포장해야 한다. 즉, 미세증거물을 적당한 용기에 넣고 밀봉한 다음 이 용기를 보다 큰 용기에 넣는다. 총기는 포장하지 않고 용기 안에 단단히 고정시킨다. 그리고 탄환과 탄피는 부드러운 물질로 개별적으로 포장한다. 불에 탄 종이는 단단한 상자에 담고 네면을 솜으로 막는다. 또는 공기를 넣어 부풀린 비닐봉지에 넣어 밀봉할 수 있다.[7]

2) 입증상 조치

① 채취하기 전에 제3자를 참여시킨다. ② 사진촬영을 한다. 이때에 입회인을 참여시키거나 서명한 표찰을 함께 넣어 촬영한다. ③ 현장채취 자료에 대한 스케치나 도면 등의 기록을 반드시 남긴다.

3) 증거물 송부

① 수집·채취된 증거물은 최단시간 내에 송부해야 한다. ② 부패·변질이 우려되는 감정물은 경찰관이 직접 감정의뢰기관에 제출해야 한다. ③ 부득이 우송하게 될 경우에는 포장된 외부에 "지급"이라고 기록 후 송부한다. ④ 증거물 송부시 전체

6) 홍성욱·최용석 역, 앞의 책., p. 157.
7) 앞의 책., pp. 91-93.

증거물 목록 및 수사진행 과정, 용의자·피의자 진술, 목격자 진술 등 사건과 관련된 내용을 가능한 한 상세히 적어보낸다. 또한 우송시에는 포장 후 책임자가 반드시 완전히 포장되었는지를 확인해야 한다.

4. 현장사진 감식

(1) 의 의

범죄현장 사진은 법적인 증거로서 제시될 수 있는 영원하고 포괄적인 성격의 증거물이다. 사진은 범죄가 발생한 전체 지역과 세부장소, 쉽게 파괴될 수 있는 증거물까지 증거기록으로서 촬영할 수 있다는 점에서 중요하다. "한 장의 사진은 수 천 마디의 말보다 가치가 있다". 사진은 촬영하는 그 순간의 시간을 영원한 기록으로 남기고, 아주 쉽게 없어지기 쉬운 증거물을 오래 동안 보존할 수 있게 한다.

현장사진 감식은 범죄현장에 유류된 각종 자료와 증거물 및 범죄상황과 사람의 인상을 사진촬영하여 이 사진을 기초로 범죄의 증거와 범인을 감식하는 활동을 말한다.

(2) 대 상

사진감식의 대상이 되는 사진은 ① 범죄혐의를 입증하기 위해 내사 또는 수사 중 촬영한 사진, ② 증거물, 범죄현장의 상황, 피의자 또는 용의자 인상 등을 촬영한 사진, ③ 감정, 감식 및 현장검증 사진 등이 해당된다.

(3) 범죄현장 사진의 특성

범죄수사에 있어서 감식대상이 되는 증거물로서 사진은 다른 증거물에 비하여 다음과 같은 특성을 가지고 있다. ① 범죄관련 사진은 기초적이고 보편적으로 활용가능한 가장 강력한 과학수사의 수단이다. ② 문서나 언어에 의한 의사전달보다 훨씬 객관적이고 전체적인 의사전달 수단이다. ③ 눈으로 본 일이 없거나 설명이 곤란한 사물에 대한 정확한 묘사 수단이다.[8] ④ 수사관과 목격자의 기억을 새롭게 하고 간

---

8) 사법연수원, 과학수사론, 2009. p.395.

과하거나 망각할 수 있는 주요 세부사항에 대한 기억을 되살리는 기능을 한다. ⑤ 부상과 상처의 객관적인 사실 그 자체를 입증하는 증거이다.

(4) 범죄현장 사진촬영 방법

1) 위치촬영

현장의 위치를 확인 가능 하도록 촬영한다. 가옥의 촬영경우에 정원, 뒤뜰 등 각 방향에서 본 모양 등 가옥 주변촬영은 물론 문, 창문의 위치 등이 나타나도록 촬영한다. 사건현장과 그 주변의 상황을 정확하게 묘사하기 위해 항공사진을 촬영할 수도 있다.

2) 현장촬영

현장사진은 마치 눈으로 보듯이 현장을 묘사해야 한다. 실내 살인사건의 경우에 바닥에 쓰러진 피해자의 모습을 여러 각도에서 촬영한다. 따라서 사진을 겹치게 여러 장 촬영하고, 현장의 물체들간의 상관관계를 알아 볼 수 있도록 전경 및 중거리 촬영도 한다.[9] 원거리(전경)사진은 범죄현장에서 무엇이 발생했는가를 전체적으로 말해주고, 물리적 증거항목으로서의 근접촬영 대상을 찾을 수 있는 배경이 된다. 중거리사진은 특별한 증거물이나 범죄현장의 중요부분의 촬영에 초점을 맞춘다.[10] 현장사진은 일련번호를 부여하여 현장 전체를 이해할 수 있도록 해야 한다.

3) 근접촬영

전경 및 중거리 사진뿐만 아니라 근접사진(close-up photograph)도 촬영해서 현장을 보다 명확하게 나타내야 한다. 근접사진은 증거물의 위치, 성질, 상태 등을 세밀하게 기록하기 위하여 촬영된다. 현장사진 촬영시에 사용된 사진의 척도가 발견당시의 현장 그대로 재구성하는 것을 방해한다는 문제를 야기한다. 따라서 현장사진, 특히 근접사진 촬영의 경우에 한 장은 원래 상태로 촬영하고, 다른 한 장은 자를 대고 촬영하는 방식으로 한 물체를 두 번 촬영해야 한다.[11] 자와 필름이 평행되게 해야

9) 홍성욱 · 최용석 역, 앞의 책., p.84.
10) Weston & Lushbaugh, *op.cit.*, pp. 53-54.
11) *Ibid*, p. 53.

사진이 선명하고 사진을 확대하거나 1:1 사진을 만들어도 화질이 떨어지지 않는다.12)

4) 입회인과 눈금자 포함 촬영

증거물 등의 촬영에는 입회인 또는 입회인이 서명한 표찰을 함께 놓고 촬영하고 흉기·창상(상처)·자국흔(족흔적) 등의 증거물은 mm까지 표시된 자를 놓고 촬영한다. 부주의로 임장자 또는 감식기자재 등 범행과 아무 관계없는 것을 넣고 촬영해서는 아니된다.

5) 1회의 촬영으로 완성

현장 사진촬영은 외부에서부터 중심부를 향하여 순차적으로 진행하고 1회의 촬영으로 목적을 달성해야 한다. 즉, 현장 사진은 수일에 걸쳐서 촬영하여서는 안 된다. 현장기록사진은 임장 당시의 촬영이 실패하면 다시 현장을 복원시켜 촬영하여도 아무런 가치가 없다. 또한 사진이 법정에 제출되기 위해서는 가장자리에 공간이 만들어짐이 없이 밀착인화되어야 한다.

6) 도구흔 촬영과 잠재지문촬영

도구흔적의 촬영은 근접촬영과 원근촬영을 동시에 하고 잠재지문을 촬영할 경우에는 분말살포과정에서 지문이 손상될 우려가 있으므로 분말살포 전에 반드시 촬영을 해야 한다.

7) 구경꾼 촬영

살인, 강도, 방화 등의 강력사건이나 절도사건 현장에는 구경꾼이 범죄현장 주변에 모여 있는 경우가 많다. 이러한 구경꾼 중에 용의자, 특히 화재사건일 경우 범인이 자신의 방화결과를 주시할 수 있으므로 구경꾼들에 대한 촬영도 필요하다.

12) 홍성욱·최용석 역, 앞의 책, p. 84.

(5) 현장지문의 사진촬영방법

1) 다수의 지문촬영

지문이 많을 경우에는 일련번호를 붙여서 전체지문을 개별적으로 촬영하고 발견개소를 기록해 둔다.

2) 기름지문

기름지문 현출개소나 지문 전체가 기름으로 되어 있는 지문의 경우에는 형광사진 촬영법이 효과적이다. 다만, 굴곡이 명료한 기름지문이나 먼지지문의 경우에는 사광선을 이용하여 촬영하면 효과적이다.

3) 지문의 바탕색깔 감지되지 않는 필름사용

닌히드린 또는 초산은용액에 의한 검출지문은 보통 판크론급의 필름을 사용하고, 혈액지문이나 인주지문 등 적색의 지문촬영은 현출개소의 바탕색이 밝을 경우 적색계통이 감지되지 않는 프로세스급 필름 재료를 사용해야 한다.

(6) 시체에 대한 사진촬영 방법

① 끈에 묶인 사체에 대해서는 그 상태 및 묶여진 방법, 매듭 등 전체가 누락됨이 없도록 촬영한다. ② 신원불상의 변사자 촬영은 가능한 한 생전상태에 가깝게 얼굴이 나타나도록 촬영해야 한다. ③ 손졸림사는 손톱 등의 자국이 잘 나타나도록 여러 각도에서 촬영한다.

(7) 자국흔적(족흔적)에 대한 사진

① 증거가치를 해치지 않는 위치를 선정하여 입회인표를 넣어 촬영한다. ② 타이어 흔은 반드시 담배갑, 줄자 등 사후에 길이를 명확히 알 수 있는 물체를 옆에 놓고 촬영한다. 족적, 타이어 흔 등을 석고로 채취하기 어려울 경우 감정용 사진기로 촬영한다. ③ 젤라틴으로 채취가 곤란한 흔적, 족적 등은 정확한 L자형 정규 자 및 줄자를 인상면과 동일면상에 놓고 촬영한다.

(8) 비디오 카메라 촬영[13)]

1) 비디오테이핑의 장점

① 범죄현장, 특히 살인사건 현장을 더 현실적이고 생생한 화면으로 제공한다. ② 화면의 영상대로 사건을 설명할 수 있다는 점에서 현장의 분위를 체감할 수 있게 한다. ③ 용의자나 피의자의 진술을 녹화하는데 사용될 수 있다. 특히 피의자가 후일에 자신의 진술을 바꾼다든지 경찰관 앞에서 한 자백을 후일에 뒤집는다든지 하는 경우에 사용될 수 있다. 경찰은 피의자의 진술을 녹화하기 전에 미란다 원칙을 고지해야 하며, 배경에 보이는 시계를 포함시켜 전체 심문시간을 녹화해야 한다. ④ 비디오촬영은 사망선언을 녹화하기 위하여 사용될 수 있다. 흔히 병원에서 치료받던 피해자가 치명상으로 곧 사망할 것 같다는 진단이 내려진 경우에 수사관은 피해자의 사망선언에 관한 법적인 절차를 비디오로 녹화할 수 있다. ⑤ 피의자를 포함한 복수의 사람들을 대상으로 실시하는 줄세우기 선면수사과정에 대한 비디오촬영은 피의자의 정확한 위치를 식별할 수 있게 하는 효과적인 방법이다. ⑥ 비디오 캠코더는 매초 30프레임의 비디오테잎을 녹화할 수 있다. 이것은 인간의 시각 범위와 지속성을 보충함으로써 전체 범죄현장을 탐색할 수 있으며 아주 미세한 부분까지 포함시킬 수 있다. 또한 녹화 당시 놓쳤던 물질들 역시 테이프에 보존될 수 있다.[14)]

2) 촬영방법

① 외부에서 내부로 향한 촬영

현장이 실내인 경우 외부 전경부터 촬영한 후 실내를 촬영한다. 비디오 카메라를 촬영하는 동안 감식요원은 현장상황을 설명해 이를 녹음해야 한다. 이때 말하는 사람의 이름, 일시, 장소, 사건번호 및 기타 나중에 알아볼 수 있는 정보를 함께 녹음한다.

② 비디오테이프 편집 불가

비디오테이프는 촬영 당시의 상태를 유지해야만 증거로 채택될 수 있으므로 편집하거나 지워서는 안 된다. 편집된 비디오테이프는 감식요원의 기억을 되살리기 위한 수단으로만 사용한다.

---

13) 홍성욱 · 최용석 역, 앞의 책., p. 88.
14) Geberth, *op.cit.*, pp. 152-153.

③ 작은 물체는 자를 대고 촬영

작은 물체를 확대 촬영할 때에는 사진과 마찬가지로 자를 대고 촬영해 실제 크기를 알 수 있도록 해야 한다. 또한 상하 좌우로 비디오 카메라를 움직여 물체의 상대적인 위치를 나타낼 수 있도록 해야 한다.

5. CCTV 영상판독시스템

(1) 의 의

CCTV 영상판독시스템이란 방범용 CCTV카메라로 녹화된 비디오 테잎 등을 통하여 용의자의 행동을 정밀검색·분석하고 이를 최종사진 등으로 출력하여 수사에 활용하는 시스템이다.

(2) 특 징[15)]

① 다양한 방식으로 녹화된 CCTV 영상물을 재생한다. ② VHS비디오테잎 및 디지털파일의 고속·정밀검색이 가능하다. ③ 디지털 입출력 및 사진·비디오테잎의 출력이 가능하다. ④ CCTV는 원거리에서 인체에 근접하지 않고도 관찰할 수 있으며, 다수인에 의한 동시관찰이 가능하다. ⑤ 특정대상에 대한 집중적인 감시 및 무인감시가 가능하다. ⑥ 영상신호의 기록을 계속적으로 재생할 수 있으므로 반복관찰이 가능하고 CCTV의 종류에 따라 센서를 이용하여 열·적외선이나 움직임을 감지·관찰하는 것도 가능하다.

(3) 유의사항

① 비디오 증거물 회수시 당사자의 협조를 받아 출납전표 및 근무일지 등을 확인하여 시간 및 용의자 인상착의 등을 잘 기록하여 의뢰한다. ② 증거자료로 활용키 위해서는 압수영장을 발부받아 압수한다. 필요시 복사본을 작성하여 두고 사건종료시 까지 원본테이프는 보관한다. ③ 복사본은 원본 화질의 70%에 지나지 않으므로 반드시 원본으로 판독 의뢰한다.

---

15) 조성은, CCTV 영상화질 향상 프로그램 개발에 관한 연구, 중앙대학 첨단영상대학원, 석사논문, 2005.

(4) 판독절차

① CCTV로 촬영된 녹화테이프를 회수하여 시간·장소 및 용의자 인상착의를 파악한다. ② 촬영된 테이프를 재생하여 용의자의 행동을 검색·분석한다. ③ 필요한 영상을 포착하여 사진으로 작성한다. ④ 판독한 사진을 수사활동에 활용한다.

(5) 신 기법

기존방법은 감정자료의 해당이미지를 비디오 프린터를 이용하여 단순출력하여 확인하는 것에 지나지 않았다. 그러나 신기법은 CCTV에 찍힌 사람의 식별, 동일인여부 등을 신속하고 정확하게 확인할 수 있는 기법이다.[16)]

1) 프리미어를 이용한 영상이미지 캡춰

프리미어 전자장치(premier electronics)는 CCTV의 화면상태의 밝기를 높여주는 장치이다. 프리미어는 높은 품질의 디지털 동영상과 비디오를 만들 수 있게 해주는 편집도구이다. 이 장치는 프리미어의 캡춰기능을 이용하여 1초당 30프레임까지 처리할 수 있어 좋은 영상자료 추출이 가능하다. 원본화상의 상태가 좋지 않을 경우 원하는 특정부분 등을 가공하여 수사자료로 이용할 수 있다.

2) 포토샵(photoshop)을 이용한 영상 이미지 밝기 조절기능

CCTV에서 추출한 이미지가 매우 밝거나 어두운 상태일 경우 해당부분의 영상을 개선해주는 기능을 말한다. 포토샵기능의 이미지, 어드저스트(adjust), 커브(curve) 기능 등을 이용하여 어두운 부분의 영상을 밝게 처리하여 주며, 너무 밝은 경우도 영상개선을 통하여 열악한 이미지를 보완, 개선할 수 있다.

3) 포토샵을 이용한 콘트라스트 조절 및 선명도 개선

실제로 녹화된 영상이 주위의 환경과 테잎의 반복사용, 장시간 녹화 등으로 식별할 수 없는 경우가 많은데 이러한 경우에 프레임(frame)단위로 콘트라스트 조절 및 샤픈(sharpen)기능의 언샤프 마스크(unsharp mask)기능을 이용하면 인물의 식별기

---

16) 사법연수원, 앞의 책., p. 400.

능을 증진할 수 있다. 언샤프 마스크는 윤곽이 뚜렷한 선명한 사진을 얻을 수 있는 기능을 한다.

4) 포토샵 색상기능

인물의 특정부분의 특정색상을 빼거나 특정색을 삽입하여 동일인 여부 및 차량번호 등 물체의 특징점을 찾을 수 있다.

5) 포토샵을 이용한 영상의 확대출력, 해상도 증가기능

원하는 특정부분을 확대할 시 통상적으로 픽셀(pixel)이 확대되어 확대된 부분의 형태를 판별할 수 없지만, 포토샵의 이미지 사이즈(image size) 기능에서 해상도를 5단계씩 높여가며 비디오, 디인터레이스(deinterlace)기능을 이용하면 이러한 해상도 문제가 해결되며 확대출력을 하여도 원본 이미지에 대한 손상이 없다.[17]

제4절 수사자료 검색시스템

1. 수사종합검색 시스템

(1) 의 의

수사종합검색 시스템(CRIFISS: Criminal Filing Search System)은 별도 운영되어 오던 수법범죄, 마약범죄, 변사관리, 조직폭력영상시스템을 통합하여 구축되고, 운전면허사진, 수형자료, 차적조회, 수배여부 조회, 가출인, AFIS 등 경찰 제 조회시스템과 연계하여 운영되고 있는 종합검색 시스템이다.

17) 픽셀은 TV나 사진전송 또는 화상신호를 컴퓨터에 입력하려고 주사할 때 화상으로 분해하는 최소의 점, 즉 공간적 화상의 구성요소를 말하고 그 수가 많을수록 화상의 해상도가 좋아진다. 디인터레이스는 흔히 찾을 수 있는 아날로그 텔레비전 신호와 같은 비월주사하는 영상을 비월주사가 아닌 방식으로 변환하는 과정이다.

(2) 수법범죄 조회

① 수법범죄가 발생한 경우 범인의 얼굴을 모르고 있는 상황에서 동일범 여부에 대한 조회가 가능하다. 즉 범인의 몽타쥬 등을 시스템 속에 입력되어 있는 수법원지에 부착된 동일인상 착의의 사진과 대조하여 용의자 동일성 조회를 할 수 있다. 또한 범죄자의 성명 또는 이명을 통하여 성명을 조회하고, 공범관계를 조회할 수 있다.

② 수법범죄가 발생하였을 때 피해통보표에서 동일수법조회를 함으로써 수사에 활용할 수 있다.

(3) 수사종합검색 시스템의 활용

① CCTV 몽타쥬 등과 동일인상 착의 사진 대조, ② 문신 등 신체적 특징을 활용하여 용의자 검색, ③ 연고선, 배회처, 친인척 관계 검색, ④ 음성조회를 통한 동일인 대조는 불가능하다.

2. 범죄정보관리 시스템

(1) 의 의

수사지식자료, 범죄통계자료, 수사자료 등 각종 범죄정보가 컴퓨터 네트워크상에서 종합적으로 데이터베이스화된 것이 범죄정보관리 시스템(Criminal Information Management System: CIMS)이다. 사건수사, 범죄통계, 범죄분석, 수사지식정보, 형사사법정보망이 연계 통합된 CIMS는 광범한 경찰수사 정보망으로서 사용자인 경찰관 개개인이 PC에서 직접 필요한 자료에 접근하여 신속하고 정확한 정보를 손쉽게 검색할 수 있도록 구축된 사용자 중심의 정보관리시스템이다.

(2) 특 징

① 사건수사, 범죄통계, 범죄분석, 여죄추적(피해통보표 등)으로 구성되어 있다. ② 경찰관서에서 처리하는 사건자료를 데이터베이스화하여 체계적으로 관리하고 분석한다. ③ 범죄통계원표와 컴스텟의 통합운영 및 활용을 위해서 구축된 시스템이다. ④ 범죄정보관리시스템에서 제공하는 통계자료는 국회 등 외부기관 제공, 실적

평가 자료, 추세분석자료로 활용되며, 그리고 경력배치자료, 조직·예산·인사자료 기타 신원조회자료 등으로 활용된다. ⑤ 개인의 주민등록번호나 성명을 입력하여 ⓐ 수사대상자 조회, ⓑ 수용자 조회, ⓒ 유치인 조회 등의 사건조회에 활용된다.

(3) 응용통계 메뉴

① 일일 범죄발생 동향을 산출할 수 있으며, ② 죄종/죄명별로 발생, 검거, 입력 일자별 산출이 가능하다. ③ 5대, 7대, 9대 주요범죄를 구분하여 각각 발생, 검거, 입력 일자별 산출이 가능하다. ④ 외사범죄를 국적별, 체류목적별 발생, 검거, 입력 일자별 산출이 가능하다.

(4) 사건수사 시스템

① 유치인 입·출감 사항은 전국 조회가 가능하지만 사건송치부는 해당 경찰서만 조회할 수 있다. ② 기존에는 교통사고도 접수했지만 현재 교통사고는 접수하지 않는다. ③ 사건종결기능은 내사종결, 이송, 송치, 미제편철과 추송도 포함된다. ④ 입건처리된 사건은 초기접수정보를 수정할 수 있다.

3. 마약류범죄 종합영상 시스템

(1) 의 의

마약류 범죄 종합영상시스템이란 마약류 범죄의 국제화, 광역화, 조직화에 대비하여 전국의 마약류범죄에 관한 정보수집분석과 공조수사체제를 마련하고 재범방지를 위한 지속적 사후관리를 위하여 구축된 정보전산망이다.

(2) 전산화 대상

① 마약: 앵속, 아편, 헤로인, 코카인, 기타 마약, ② 대마: 대마초, 대마수지, 해쉬쉬, 해쉬쉬 미네랄 오일, ③ 향정신의약품: 필로폰, LSD, 향정신성의약품원료, 기타 향정약품, MDMA, 엑스터시, 물뽕, 야바, ④ 유해화학물질: 본드류, 부탄가스, 신나류, 기타 유해물질 등이다.

(3) 활용가능영역

① 마약류 사범: 내·외국인 마약전과자에 대한 인적 사항 및 전과내용, ② 마약류범죄에 관한 정보: 검거관서, 범죄유형, 범죄수법, 범죄사실, 입수 마약류 품명 및 수량 등. ③ 각종 마약범죄 통계분석: 죄명별 단속실적, 유형별, 지방청별 단속실적 등이 해당된다.

4. 지문자동검색 시스템

(1) 개 념

지문자동검색시스템(Automatic Fingerprint Inspection System)이란 개인의 인적 사항 및 십지지문이 채취되어 있는 주민등록발급신청서를 고속의 내용량 컴퓨터에 이미지 형태로 입력하여 필요시 단말기에 현출시켜 지문을 확인하거나 변사자 인적 사항 및 현장지문 등을 자동으로 검색하여 동일인 여부를 확인하는 체계로서 과학수사센터에서 운영한다.

(2) 유용성

AFIS는 범죄현장 등에서 채취한 잠재지문을 시스템에 입력되어 있는 지문과 비교하여 일치하는 경우 용의자를 식별하고, 변사자의 십지지문을 채취하여 신원확인 등을 자동으로 신속하고 정확하게 할 수 있다는 점에서 지문검출에 의한 범죄수사에 혁명적인 변화를 가져왔다. 다시 말해, 지문을 쉽게 검색할 수 있고, 10분 이내에 충분히 검색할 수 있을 정도로 효율적이다.[18)]

최근에는 전자지문채취 기법이라는 라이브스캔(Livescan)이 AFIS에 도입되고 있다. 이 기법은 손가락을 리더기에 넣으면 지문 이미지가 캡쳐되어 지문카드가 출력되는 방법으로서 손가락에 잉크를 묻히지 않고 고화질의 지문카드를 만들 수 있는 기법이다. 이렇게 출력한 지문카드를 AFIS 데이터베이스에 입력하여 사용한다. 쉽게 말해서, 손에 새까만 잉크를 묻혀 수동적으로 채취한 지문보다는 전자적으로 채취한 지문을 사용하면 더 선명하고 정확한 지문검색 자료가 된다는 것이다.[19)]

---

18) 홍성욱·최용석 역, 앞의 책., p.110.
19) 앞의 책., p.110.

(3) 문제점

AFIS에 의한 지문검색이 반드시 정확하고 결정적이지는 않다. 그 정확도는 채취한 잠재지문의 선명도에 의해 결정된다. 채취한 잠재지문이 선명하지 않은 경우 AFIS에서 검색결과 현장지문과 일치하는 지문을 찾지 못할 수도 있다.[20] 실제로 비슷한 여러 사람의 지문이 검출되는 경우가 발생한다. 따라서 입력되는 표준지문과 범죄현장에 존재하는 잠재지문의 선명한 현출과 정확한 채취가 요구된다.

---

20) 앞의 책., p.110.

제15장

사체현상과 사망원인분석

제1절 시체의 현상

1. 초기현상

시체의 초기현상이란 사람이 사망한 후 체온의 냉각, 사체건조, 각막의 혼탁, 시체얼룩, 시체경직, 그리고 시체의 자가용해 등 시체의 부패 전 단계까지를 초기현상이라고 한다.

2. 후기현상

시체의 후기현상은 부패, 미라화, 시체밀랍, 백골화 등 시체가 부패하면서 주변의 외부환경적 영향으로 인하여 부패의 특이한 현상이 발생하거나 부패이후의 백골화 현상 등을 말한다.

제2절 사체의 초기현상

1. 사체냉각(algor mortis)

(1) 특 징

사람이 사망하면 신체적 대사작용은 중지되기 때문에 사망후 시체의 체온은 즉시 하강하기 시작한다. 사체의 냉각은 체온이 주변의 물체로 열이 전도되는 현상이다. 사체의 체온은 주변의 대기온도에 도달할 때까지 하강한다. 보통 그 시간은 18~20시간 정도 걸린다.[21] 그러나 체온하강 속도는 사망 당시의 체온, 주변기온과 날씨, 입고 있는 옷이나 시신을 덮어 놓은 상태 등에 의해 달라진다.

체온은 사망 후 10시간 이내에는 매시간 1℃하강하고, 10시간 이후에는 매시간 0.5℃씩 하강한다.[22] 체온은 체온계를 가지고 직장(항문)을 통하여 측정할 수 있다. 수사관이 시체의 겨드랑이에 손 바닥을 올려 놓았을 때 온기가 있으면 사망한지 2~3시간 정도 되었다는 것을 알 수 있고, 차고 축축할 경우에는 사망한 지 18시간에서 24시간 정도 되었다는 것을 의미한다.[23]

사망시간 추정과 관련하여 체내온도(core body temperature)는 사망시간의 측정에 있어 보다 신뢰할 수 있는 지표중의 하나로 인정되고 있다. 사람의 간(liver)에 체온계를 투입하여 측정하는 체내 온도는 사망 후 18시간까지는 사망시간을 가장 신빙성있게 추정할 수 있는 수단이다. 수사관은 간의 체내 온도를 범죄현장의 주변 온도와 비교하여 사망시간을 추정할 수 있다.[24]

(2) Moritz 공식에 의한 사망경과시간 추정방법

모리츠 방법은 시체의 곧창자(직장)의 온도를 측정하여 사망경과 시간을 측정하는 방법으로서 직장(항문) 온도를 측정할 때에는 길이가 30cm정도 되는 온도계를 이용하여 손가락 세마디 이상 깊숙이 항문에 삽입하여 30분 단위로 1시간 동안 시

21) Weston and Lushbaugh, *op.cit.*, p. 198, 홍성욱·최용석 역, 앞의 책., p. 436.
22) 사법연수원, 앞의 책., p. 475.
23) Geberth, *op.cit.*, p. 236.
24) *Ibid.*, p. 236.

작온도, 중간 온도, 마지막 온도와 같은 형식으로 측정한다. 주의할 점은 사체의 체온은 사후 16~17시간이 경과하면 이미 주위의 온도와 같아지므로 이 시간 이전에 측정하여야 한다.

Moritz 공식은 사후경과시간 = (37℃ − 곧창자온도) ÷ 0.83 × 상수(겨울0.7, 여름 1.4, 봄·가을1.0)로 나타내어진다.

(3) 헨스게(Henssge)표에 의한 사후경과시간 추정법

헨스게 표 역시 직장(항문으로부터 10cm) 온도를 이용하여 사후경과시간을 추정하는 방법으로서 주변온도, 변사자 체중, 변사자의 착의 상태나 공기흐름 유무 또는 물에 젖었는지 유무 등 체중보정을 위한 각종 변수를 정확하게 파악하여야 한다. 이 헨스게표는 주변 온도가 23℃ 초과할 때와 23℃이하일 때 사용하는 두 종류가 있다. 헨스게표는 모리츠공식보다 곧창자 온도 하강에 영향을 미치는 여러 가지 변수를 보다 상세히 반영한다.

2. 사후건조

사후건조란 사람이 사망하면 피부에 수분이 공급되지 않기 때문에 피부는 습윤성을 잃고 건조하게 되는 현상을 말한다. 특히 피부, 입술, 항문 등 외부에 노출되어 있는 부분이 피혁상, 즉 가죽같이 빳빳해지는 상태가 되고, 이에 의하여 사후 경과시간을 측정할 수 있다.

3. 사후경직(rigor mortis)

(1) 의 의

사후경직이란 사망 직후에 근육 내에 일어나는 화학적 변화와 관련된 근육의 경직현상을 말한다. 즉 신체 근육 전체가 뻣뻣해지는 현상을 사후경직이라 한다.[25] 이는 근육을 움직이는 데 사용되는 효소가 부족해지면서 골격근이 더 이상 움직이지 않게 되고, 온도가 낮아지면서 단백질이 응고하기 때문이다.

---

25) *Ibid.*, p. 236.

사람이 사망후 근육수축의 에너지원인 단백질로 구성된 아데노신삼인산(adenosine triphosphate: ATP)의 생산이 중단되어 근육내 근육수축을 담당하고 있는 단백질 성분의 근섬유인 액틴(Actin)과 미오신(Myosin)이 영구히 결합하여 액토미오신(Actomyosin)을 형성함으로써 근육의 경직이 일어나는데 이를 사후경직이라고 한다.

(2) 특 징

사후경직은 보통 사후 2~4시간 이내에 일어난다. 사람들이 일반적으로 생각하는 것과는 달리 사후경직은 사체 전체를 통하여 동시에 발생한다. 사망직후 처음에는 시신의 근육이 부드러워진다. 뒤이어 발생하는 사후경직은 턱, 목에서 시작하여 머리와 발로 진행되며 사후 약 8~12시간 안에 사체 전체가 거의 완전히 경직된다. 사후 18~36시간이 경과하면 점차 경직이 풀리기 시작하는데 사후 48~60시간이 경과되면 경직은 완전히 사라지고[26] 그 순서는 경직이 나타나는 순서와 동일하다.[27] 초기 사후 경직단계인 시신을 제외하고는 일단 사후경직이 풀리면 다시 경직되지 않는다.

① 급사체는 시체경직 지속시간이 길고, ② 근육이 발달할수록 경직정도가 강하고 빠르게 형성되고 ③ 만성질환 환자나 노인, 유아에게는 약하게 나타나고 빨리 풀리고, ④ 사망전에 고열·경련이나 심한 근육활동, 감전이나 근육수축제 사용후에는 사체경직이 빠르고 강하게 나타난다.[28]

사망직후에 바로 관절이 경직된 상태는 즉시적 사후경직이라고 하며 이는 사망전의 공포나 긴장으로 인한 근육의 수축이 있었던 사람의 경우에 나타난다. 화재사는 열로 인하여 근육이 딱딱해지고 이를 냉동하면 한냉강직이 나타난다. 영유아의 사체에서는 영유아 특유의 피하지방의 특성인 불포화지방이 굳으므로 단단하게 느껴진다.[29]

사후경직은 많은 변수가 원인으로 작용하기 때문에 사망시간 추정에 가장 정확성이 떨어지는 척도이다. 사후경직에 관한 이론들은 다음과 같은 특이한 현상들을 제시한다. 첫째, 비만상태의 사람은 반드시 사후경직이 나타나는 것이 아니며, 마른 사람의 사후경직은 보다 빠르게 나타난다. 둘째, 고온은 사후경직을 촉진하고 저온은

26) *Ibid.*, p. 236.
27) Weston and Lushbaugh, *op.cit.*, p. 198.
28) 사법연수원, 앞의 책., p. 472.
29) 앞의 책., p. 473.

사후경직을 지연시킨다. 셋째, 격투나 신체충격은 보통 사후경직을 촉진시킨다. 넷째, 유사한 환경속에 있는 두 개 이상의 사체인 경우에도 사후경직이 동일한 시간에 나타나지는 않는다.30)

(3) 카다베릭 스파슴(cadaveric spasm)

어떤 경우에 손이나 팔의 경직은 사후 즉시 일어날 수 있다. 이러한 현상이 바로 카다베릭 스파슴으로 알려져 있으며 흔히 사후경직과 혼동된다. 즉, 사망 당시 손에 총이나 칼을 가진 사람들이 사망시의 순간적인 경련으로 인하여 사망 후에도 그것들을 놓지 않으려고 꽉 잡을 경우에 대부분 발생하는 현상이다. 또한 총기로 자살한 사람들도 사후에 손에 총기를 놓지 않고 꽉 붙잡고 있는 것으로 알려져 있다. 수사경찰의 입장에서 죽은 사람이 손에 무기를 꽉 잡고 놓지 않는다는 지식은 중요하다. 이러한 지식은 사람이 사망 당시에 무기를 소지하고 있었다는 사실을 분명하게 해주기 때문이다. 수사경찰은 이러한 사후 경련에 의한 경직상태를 인위적으로 되풀이 할 수는 없다. 사후경련에 의한 손의 경직현상은 시체의 부패시까지 계속된다. 즉, 사체의 손에 꽉 잡힌 무기나 흉기는 사체의 부패시에 일어날 때에 풀어진다. 이러한 카다베릭 스파슴 현상은 수 많은 사건에서 발견되었으나 법의학자들은 이러한 현상을 인정하지 않으려 한다.31)

(4) 나이스튼(Nysten)의 법칙

나이스튼의 법칙이란 일반적으로 사체경직의 순서에 관한 법칙으로서 그 순서는 ① 턱・목뼈관절(2～3시간 내외), ② 어깨관절, 팔(4～5시간 내외), ③ 다리(7～8시간 내외), ④ 손가락・발가락(10～12시간 내외)으로 진행한다. 그리고 턱관절 경직이 풀어지기 시작은 ① 30시간 내외, ② 팔의 경직이 풀어지기 시작은 36시간 내외, ③ 다리의 경직이 풀어지기 시작은 48시간 내외이다.

---

30) Geberth, *op.cit.*, p. 238.

31) *Ibid.*, p. 238.

4. 각막의 혼탁

각막의 혼탁이란 사망 후에 각막이 우유빛깔이나 구름색깔처럼 혼탁해지고 눈동자에 피막이 생기는 현상을 말한다. 이런 현상은 눈꺼풀이 감겨있는 지 여부, 온도, 습도, 환기 여부 등에 따라 달라지지만, 보통 30분에서 수 시간 이내에 일어난다. 이런 다양한 요인의 영향을 받는 관계로 동공의 혼탁은 사망시간을 추정하는 신빙성 있는 근거로 인정받지 못한다.[32)]

각막은 12시간을 전후하여 흐려져서 24시간이 되면 현저하게 흐려지고 48시간이 되면 불투명해진다는 주장도 있다. 대체로 24시간 이내에 각막의 혼탁이 발견된다.

5. 시체얼룩(postmortem lividity)

(1) 의 의

사람이 사망하여 혈액순환이 멈추면 중력의 영향으로 혈액은 신체 중 가장 낮은 부분으로 가라앉게 되는 형액침전 현상으로 시체의 하부에 청색 혹은 적자색(blue or reddish) 얼룩이 나타나는데 이를 시체얼룩(시반)이라고도 한다. 시체가 누운 상태라면 시반은 뒤통수부위, 등부위, 팔・다리 뒷 부분에 생긴다. 시반은 당연히 시체의 아래쪽에 생기지만 바닥에 눌린 부위는 혈관도 눌리므로 시반이 생기지 않는다. 시반은 사망 시간 추정을 가능하게 하고 또한 사후에 시신이 이동되었는지 여부를 확인할 수 있게 한다는 점에서 범죄수사에 중요하다.[33)]

(2) 특 징

1) 시체얼룩의 형성

시체얼룩은 사망후 약 30분에서 1시간 경과시 점의 형태로 나타나기 시작해서 3∼4시간 후에 뚜렷하게 나타난다.[34)] 8∼12시간에 거의 다 완성되고 고정된다. 시반고정 시간은 사후 8∼10시간이라는 주장도 있다. 시체얼룩은 사후 15시간 전후에

---

32) 사법연수원, 앞의 책., p. 436.

33) Geberth, *op.cit.*, p. 240.

34) Weston and Lushbaugh, *op.cit.*, pp. 198-199.

최고조에 이른다.[35] 주위온도가 높을수록 시반은 빠르게 나타난다. 시반은 멍 혹은 검푸른 반점과 혼동될 수도 있으나 부검을 통해 이들을 구분할 수 있다. 멍은 응고 혈액이 닦이지 않지만 시반은 피가 응고한 것이 아니므로 잘 닦인다.

2) 시체얼룩의 색깔

시체얼룩은 일반적으로 암적색의 색깔을 띠나 ① 일산화탄소 중독 사망・청산칼리 중독사망・동사인 경우는 선홍색 얼룩, ② 염소산칼륨에 의한 중독 사망은 연한 갈색의 얼룩이 나타난다. 동사 등 저체온사와 청산칼리 중독사는 손톱이 청자색, 일산화탄소 중독사는 손톱 색깔이 적색을 띤다.

3) 사후경과시간과 시반의 발생위치 변화

시신이 옮겨지거나 위치가 바뀌면 시반의 위치가 바뀔 수 있다. 사후 4~5시간 이내에 시신의 위치가 바뀌면 처음 생겼던 시반이 사라지고 시신의 아랫부분에 새로운 시반이 생긴다. 그러나 사후 10시간까지는 처음 생겼던 시반이 사라지고 아랫부분에 새로운 시반이 생긴다는 주장이 있으며, 또한 처음에 생겼던 시반이 완전히 없어지지 않고 약해진다는 주장도 있다.

4) 양쪽 시반 형성

사망 후 7~10시간이 경과한 후에도 시신을 옮기면 점차 약해지기는 하지만, 새로운 시반이 계속 생긴다. 그러나 처음에 생긴 시반은 이때까지도 변하지 않고 남아 있는 경우가 많아 시체의 아래 위에 시반이 형성된다. 피를 많이 흘린 경우에는 시반이 약하게 나타난다.[36]

5) 침윤성 시체얼룩

사후 10시간이 경과하면 자가용해가 시작되어 적혈구가 혈관벽을 통과하여 주위 조직으로 침입하게 되는데 이를 침윤성 시체얼룩이라 한다. 침윤성 시체얼룩이 형성되면 체위를 변경시켜도 시체얼룩은 소멸되지 않는다.

---

35) 사법연수원, 앞의 책., p. 475.
36) 홍성욱・최용석 역, 앞의 책., pp. 436-437.

6) 시체얼룩의 고정

사후 8~10시간이 경과하면 시반은 고정되고 그 이후에는 시신의 위치를 변화시켜도 결코 시반은 이동하지 않는다.[37] 따라서 일반적으로 사망후 10시간까지는 체위를 바꾸면 처음에 생긴 시반이 없어지거나 약해진다.

7) 목맴시체의 얼룩의 위치

목맴 시체는 주로 시체의 아랫부분인 손, 발의 끝에서부터 얼룩이 형성되기 때문에 등 부위에 시체얼룩이 있다면 이는 타살로 볼 수 있다.

(3) 시체얼룩과 피부밑 출혈의 차이

1) 사체얼룩

사체얼룩은 사체가 땅과 같은 바닥과 접촉한 저부위에 나타나는 사후현상을 말한다. 사후 5~10시간 이내에는 손가락으로 누르면 하얗게 일시적으로 지워지며 이를 지압퇴색이라고 한다. 사체얼룩은 피가 응고한 것이 아니므로 피부를 절개하여 닦으면 닦인다. 또한 모세혈관이 파괴되지 않아서 혈구나 파괴물이 없다.

2) 피부밑 출혈

피부밑 출혈이란 생존 중에 일어나는 활력반응의 결과이다. 활력반응이란 사망하기 전에 어떤 외부요인이 작용하면 생체는 그것에 반드시 반응하고 이 반응의 결과는 사후에도 소멸되지 않는 현상을 말한다. 즉, 신체의 고・저부위에 관계없이 둔기에 의한 타격을 받으면 그 부위에 피하출혈이 나타난다. 이 경우에 혈액이 응고된 상태이기 때문에 지압을 해도 지워지지 않고, 조직간에 혈액이 응고되어 있어서 닦이지 않으며. 모세혈관이 파괴되어 혈구나 파괴물이 있다.

6. 자가용해

실질장기나 연조직 등의 단백질분해효소, 지방질분해효소, 탄수화물분해효소 등에 의해 사체가 분해되어가는 과정을 자가용해라 한다. 부패와는 다른 개념으로서 세균

---

37) Geberth, *op.cit.*, p. 240.

의 관여 없이도 사람의 세포 가운데에 존재하는 각종 효소에 의하여 자가용해가 일어나 세포구성 성분은 분해되어 변성되고 세포 간 결합의 붕괴로 조직은 연화된다.

7. 위장관 내용물을 통한 사망시간 추정

(1) 의 의

위장관 내용물에 의한 사망시간 추정은 보통 위의 내용물을 대상으로 검사를 하는 것을 의미하지만, 또한 사체 내부의 소화된 물질이나 소화되지 않은 물질을 대상으로 한다는 점이 중요하다. 병리학자에게는 위나 상부 십이지장에 음식물이 발견되면, 사망원인에 관한 정보를 얻게 되고, 수사관에게는 식탁위의 음식물이 피해자의 식사시간에 대한 정보를 제공한다.

(2) 사망시간 추정

① 위내에 음식물이 가득하고 전혀 소화되지 않은 경우는 식사직후에 사망한 것으로 추정된다. ② 위 및 십이지장에 음식물이 남아 있고 소화가 어느 정도 진행된 경우는 식후 약 2~4시간 후 사망한 것으로 추정된다. ③ 위는 비어 있고 십이지장에 음식물의 일부가 남아 있는 경우는 식후 약 4~6시간 후에 사망한 것으로 추정된다. 사람이 음식을 먹은 후 보통 4~6시간이 지나면 음식물은 완전히 소화되고 위는 비게 된다. ④ 위 및 십이지장이 전부 비어 있으면 식후 적어도 약 12시간 이후에 사망한 것으로 추정된다.38)

38) *Ibid.*, p. 242.

제3절 사체의 후기현상

1. 부 패

(1) 의 의

사체의 부패(putrefaction)는 자가용해와 부패균의 작용으로 인하여 인체 내부에 존재하는 질소화합물이 분해되는 현상을 말한다. 자가용해나 부패는 화학적 과정이기 때문에 고온에서 촉진되고 저온에서 늦어지며 영하의 온도에서는 중지된다. 부패균은 사체의 부드러운 조직을 액체와 가스로 전환한다.

사체부패는 사후경직(rigor mortis)과 마찬가지로 많은 변수의 영향을 받기 때문에 사망시간 추정은 정확하지 않은 수사자료이다. 사체부패에 의한 사망시간 추정은 사체 해부와 범죄현장에서 수집한 다른 자료와 종합적으로 검토되어야 한다. 심지어 동일한 환경조건에서 동일한 원인으로 발생한 사체의 경우에도 하나의 사체는 부패가 아주 빠르고 다른 사체는 아주 느리게 나타난다.39)

2. 부패의 3대 조건

(1) 공기의 유통정도

공기의 유통이 좋을수록 부패속도는 빠르다. 시체의 부패는 공기 중에서 가장 빠르고 물속 또는 흙속에서는 느리다. 대기 중의 1주일간 부패정도는 물속에서 2주일간, 땅속에서는 8주일간 경과된 것과 같다. 이를 Casper의 법칙이라 한다.

(2) 온도와 습도

온도가 20~30도일 때 부패가 가장 빠르다. 온도가 그 이상이면 건조현상이 생긴다. 습도는 60~66%일 때 부패에 가장 적합하다.

39) Geberth, *op.cit.*, p. 244.

3. 특 징

(1) 사천왕 현상

부패는 사체의 아랫배가 푸르게 변하면서 시작하고, 사후 3~5일이 경과하면 사체는 얼굴과 목부위가 암녹색 또는 검정색이 되면서 전신이 부풀어 오르고 안구와 혀의 돌출, 눈꺼풀, 입술 등이 부풀어 올라 커져서 이른바 사천왕 현상이 나타난다. 코와 입에서는 붉은 색의 부패액이 흘러나와 피가 나오는 것으로 오인되기도 한다.

(2) 특유의 냄새와 부패망

부패된 시체에서는 황화수소와 암모니아가스 등 부패가스로 말미암아 특유의 냄새가 난다. 또한 전신이 부풀어 오르고 피부가 벗겨지거나 물집이 생긴다. 혈관은 혈색소와 황화수소(부패가스)의 결합으로 검정 또는 암녹색의 나뭇가지 모양이 되는데 이를 부패망(arborization)이라고 한다. 머리카락이나 손·발톱이 빠지고 햇빛에 노출된 부위는 가죽처럼 갈색이나 검은색으로 단단해지고, 뇌조직은 죽처럼 변한다.[40)]

(3) 기온과 부패

부패속도는 주변환경에 따라 다르다. 한 여름에는 하루 이틀에 심하게 부패하고 겨울에는 몇 달이 걸릴 수도 있다. 따라서 부패는 20~30℃에서 잘 일어나며, 5℃이하에서는 거의 일어나지 않고 0℃이하에서는 시체의 분해작용이 정지된다.

(4) 사체부패와 구더기

① 사후 30분 이내에 파리가 알을 산란하기 시작한다. ② 알이 부화하여 구더기가 생겼을 경우는 12~24시간 내외, ③ 배꼽 주위 및 사타구니의 피부가 부패로 변색되고 여러 곳에 부패(수)포가 생기면 사후경과 시간은 2~3일 내외, ④ 구더기가 번데기로 되었을 경우는 7~14일 내외, ⑤ 번데기가 파리로 되었을 경우는 12~14일, ⑥ 번데기가 빈 껍질로 된 경우는 3주 이상이다.[41)]

---

40) 사법연수원, 앞의 책., p. 473.
41) 앞의 책., p. 475.

4. 부패의 유형

(1) 대기속의 부패

사체부패는 사망 당시에 자가분해와 박테리아의 활동 결과로서 시작된다. 자가분해(decomposition)는 신체조직의 연화와 액화를 초래하는 신체의 화학적 붕괴를 의미한다. 박테리아는 신체조직을 액체와 기체 형태로 변화시킨다.

부패는 사망 직후에 시작되어 보통 24시간 이내에 눈에 띌 정도가 된다. 24시간 이내에 하복부와 사타구니의 피부부터 피부의 변색이 현저하게 나타난다. 피부가 녹자색이나 청녹색으로의 변화는 36시간 이내에 현저하게 나타난다. 박테리아의 활동은 시신을 부풀게 하고 악취를 풍기는 가스를 생산한다.[42] 특히 성기, 음낭, 가슴 및 기타 부드러운 피부가 부풀어 오른다. 지상시체의 백골화는 몇 주에서 1년 내외이다.

피부에서 수액으로 가득 찬 수포와 가스가 나오기 시작하고 시간이 지나면서 점차 검은 색으로 변한다. 조직이 분해되면서 생성된 물질이 입, 코, 항문을 통해 나오기 시작하고 3일 이내에 시신 전체에서 부패의 징후가 나타난다. 찬 공기는 자가분해를 방해하고 기온이 높아질수록 자가분해를 촉진한다.[43]

(2) 물속의 부패

물속은 외부에 비해 온도가 낮고 산소가 부족하기 때문에 부패속도가 느리다. 시신은 물보다 비중이 크기 때문에 처음에는 물속에 가라앉지만, 따뜻한 물속에서 3~4일, 차가운 물속에서 일주일 정도 잠겨있으면 시신에서 가스가 발생해 시신이 물위로 떠오른다. 가스의 영향으로 피부조직이 터지면서 시신은 다시 물속으로 가라앉는다. 그러나 시신은 다시 가스의 영향으로 떠오르고 가라앉는 과정을 반복한다.[44]

(3) 땅속의 부패

땅을 얕게 파고 시신을 넣은 후 흙을 얇게 덮은 경우에는 시신이 대단히 빨리 부

---

42) Geberth, *op.cit.*, p. 243.

43) Weston and Lushbaugh, *op.cit.*, p. 199. 홍성욱 · 최용석 역, 앞의 책., p. 437.

44) 홍성욱 · 최용석 역, 앞의 책., p. 437.

패한다. 1~3년 이내에 조직은 사라지고 뼈는 훨씬 오래 남는다. 부패에 걸리는 시간은 토양의 종류, 수분의 양, 배수상태 등에 의해 달라진다. 습지에 묻힌 시신은 수년이 지나도 비교적 잘 보존되며, 점토에 묻힌 시신은 다른 토양에 묻힌 시신에 비해 서서히 부패한다.[45)]

(4) 미라화(Mummification)

미라화는 밀랍화와 정확히 반대현상이다. 따뜻하고 건조한 장소에서 건조한 공기가 일정하게 순환되면 사체의 체액이 빨리 흡수되기 때문에 부패가 지연되면서 사체가 딱딱해지고 마르는 미라화가 시작될 수 있다. 미라화는 고온 건조지대에서 사체의 건조가 부패·분해보다 빠를 때 생기는 시체의 후기현상이다. 또한 시신이 따뜻하고 건조한 기후조건에 위치하거나 건조하고 공기가 잘 통하는 땅에 묻혀 있으면 미라화가 될 수도 있다. 성인의 미라화는 약 3개월이 걸린다.

(5) 사체밀랍(Adipocere)

시체밀랍은 화학적 분해에 의해 사체가 고체형태의 지방산 혹은 그 화합물로 변화한 상태로서 사체 피부가 미끄럽고 비누같은 물질로 변화하는 것을 말한다. 보통 사체의 얼굴과 엉덩이 부분에 잘 나타나지만 다른 부분에도 나타나는 경우도 있다. 고약한 냄새가 나고 물에 잘 뜬다.

사체밀랍화는 비정형적 부패형태로 늪이나 진흙이 많은 연못 또는 수분이 많은 땅 속에서 발생한다. 습지, 축축한 토양, 물속 등에 방치된 시신은 사체밀랍으로 시체지방이 생성되며 지방으로 덮인 내부는 잘 보존되어 외형이 그대로 유지되는 특징이 있다. 이러한 밀랍화는 대부분 따뜻한 기후에서 발생하고 사망 후 약 6~8주가 경과하면 시체지방이 생기기 시작하는 것을 알 수 있으며, 약 18개월에서 2년이 지나면 시체지방의 생성이 완료된다.[46)] 시신이 지하실이나 기타 습한 곳에 방치되어 있으면 곰팡이로 완전히 뒤덮여 검게 보일 수 있다.

---

45) 앞의 책., p. 437.
46) 앞의 책., p. 439.

(6) 백골화

백골화는 부패가 진행되어 뼈만 남게 되는 상태를 말하며 백골화되는 시간은 주변환경에 따라 다르지만 소아는 사후 4~5년, 성인사체는 7~10년 후에 완전히 백골화된다. 지상사체의 백골화는 몇 주에서 1년, 땅속 사체의 백골화는 3~5년 정도로 알려져 있다.47)

제4절 법의곤충학

1. 의 의

법의곤충학(forensic entomology)은 사람의 사망시점 혹은 살해된 장소의 확인을 도와주기 위하여 곤충의 서식과 성장단계를 연구하는 분야이다. 시신에 서식하는 곤충의 종류나 곤충의 접근순서에 따라 사망시간을 추정할 수 있으며 또한 시신이 발견된 장소에서 살해되었는지 또는 유기되었는지 여부를 추적할 수 있는 단서를 확보할 수 있다.48) 즉, 야산이나 공원에서 발견된 시체에 집파리의 알, 구더기, 번데기가 발견되면 집이나 건물안에서 살해되어 시체가 유기된 것임을 추정할 수 있다.49)

2. 시체곤충의 종류

(1) 시식성 곤충

시식성 곤충(necrophagous insects)이란 시체를 직접 먹고 사는 파리나 딱정벌레 같은 곤충을 말한다. 이러한 종류의 곤충들은 가장 먼저 시체에 접근해 오고 시체를 서식지로 삼아 시체를 먹고 산다. 대표적인 곤충은 집파리, 푸른등금파리, 검정빰 금파리, 그리고 딱정벌레 목의 송장벌레 과의 일부 곤충과 수시렁이 과에 속하는 딱정벌레 등은 시체가 있는 곳이면 10분 이내에 나타난다.50)

---

47) 사법연수원, 앞의 책., p. 475.
48) 앞의 책., p. 439.
49) Geberth, *op.cit.*, p. 249.

(2) 포식성 곤충(predating insects) 및 기생성 곤충(parasite)

포식성 곤충이란 시체를 먹지는 않지만 시체에 모여든 시식성 곤충들을 잡아먹거나 그것에 기생하는 곤충들을 말한다. 따라서 포식자와 먹이 또는 숙주와의 생태적 관계를 파악한다면 사망 시간의 추정이 가능하다. 일부 파리중에는 유충시기에는 시식성이지만 성충이 되면 포식성으로 섭식형태가 바뀌는 경우도 있다.

(3) 잡식성 곤충

잡식성이란 원래 시체를 먹는 종류는 아니지만 일단 시체에 접근하면 시체와 그에 서식하는 곤충들을 가리지 않고 먹어치우는 곤충들을 말한다. 이 잡식성 곤충은 때로는 시체나 그 주변에 서식하면서 서식성 종을 대량으로 포식하는 수도 있어 시체의 분해속도에 영향을 미치는 경우도 있다.

(4) 외인성 곤충

외인성이란 원래 시체를 먹거나 시체서식 곤충을 잡아먹는 포식자는 아니지만, 그러한 곤충들이 서식하는 장소에 시체가 있으면 시체를 그들의 서식환경으로 삼는 곤충들을 말한다. 해안이나 습지에 살고 몸은 납작한 원통형이며 빛깔은 황갈색인 톡토기 종류나 거미종류가 일시적인 포식자로 발견된다. 또는 시체에 생기는 곰팡이 등에 모이는 균식성 종들도 있다.

(5) 사고성 곤충

사고성 곤충이란 수분을 얻기 위해서 또는 휴식을 위한 장소로서 우연히 시체에 접근하거나 주변의 서식처에서 사고나 바람에 날려 시체에 떨어진 경우처럼 시체와는 원칙적으로 생태적 관계가 없는 종류이다.

---

50) 사법연수원, 앞의 책., pp. 439-440.

3. 시체 곤충의 생태적 특징

(1) 일반적 특징

시신의 부패는 곤충 및 구더기 등에 의해 촉진된다. 곤충과 동물의 시신 공격은 신체골격 유지기간을 2달 이상 감소시킨다.51) 성인의 시신은 2개월 이내에, 그리고 어린이의 경우에는 1개월 이내에 완전히 부패하여 뼈만 남는다. 일반적으로 시신을 가장 먼저 공격하는 곤충은 파리로서 사망하기 전부터 눈, 코, 입 등이나 상처부위 등에 알을 낳기 시작하여 사망하면 더욱 적극적으로 알을 낳는다. 실내에 방치되었던 시신에는 집파리들이 알을 낳고, 실외에서는 주로 금파리, 녹색병파리, 쉬파리 등이 알을 낳는다.52)

(2) 파리의 서식특징

① 파리는 온대지방에서는 16~19℃정도에서 활발하게 활동하고 이보다 높거나 낮으면 둔화된다. 일몰 후에는 거의 활동하지 않는다. 또한 우천시에 파리의 행동은 극히 둔화되어 시신에 거의 접근하지 않는 생태적 특징이 있다. 그러나 밤에도 조명으로 낮과 같은 도시에서는 밤에도 활동하는 경우가 있다.

② 파리는 주로 신체의 노출된 부위나 수분이 유지되는 부위를 택하여 산란한다. 즉, 눈, 귀, 코, 입, 항문, 생식기 또는 상처 부위에 몰려들어 알을 낳는다.

③ 파리의 종이나 지역의 기후 등에 따라 다소의 차이가 있지만, 얕게 묻힌 시신에도 알을 낳는다. 산란한지 8시간 내에는 변화가 없지만, 10~24시간(또는 1~2일) 후에는 알에서 구더기가 나와 바로 시신의 해체작업에 착수하고, 8~14일(10~14일) 후에는 번데기로 된다. 그리고 8~16(10~14일)일 후에는 번데기에서 파리가 나오고 파리는 다시 시신에 알을 낳는 과정이 반복된다. 이 과정은 2주일에 한 번씩 반복된다. 이들의 성장속도는 전적으로 주변 온도에 좌우되므로 정확한 온도를 측정하여 사후경과 시간을 산정해야 한다.

④ 파리는 반복적으로 산란을 하므로 한 시체에서 발견되는 같은 종의 구더기들에서도 발생시기가 서로 달라 생장선 역시 다르다. 따라서 발생시기가 각기

51) Weston and Lushbaugh, *op.cit.*, p. 199.
52) 홍성욱 · 최용석 역, 앞의 책., p. 439.

다른 구더기들을 분리하여 정확한 사망시간을 산출하는 것이 중요하다.

⑤ 구더기를 채취하여 정확한 사망시간을 추정하기 위해서는 가능한 많은 구더기를 채취하여 끓는 물에 넣어 죽인 후 팸펠(pampel)용액이나 알코올과 포르말린을 1:4로 섞은 고정액에 넣어 곤충학자에게 송부하여 감정을 의뢰한다. 이때 살아있는 구더기를 통제표본으로 채취하여 다른 용기에 넣어 감정 의뢰한다.

⑥ 시체 주변이나 시체로부터 어떤 번데기가 있으면 채취하여 독립된 용기에 넣어 감정을 의뢰한다. 번데기는 최소한 약 2주간의 시간이 흘렀다는 것을 말해주는데 최종결정은 곤충학자에게 의뢰해야 한다.

(3) 파리의 발생학적 변화에 대한 카말(A.S. Kamal)의 실험결과

① 1950년 워싱턴에서 카말은 27℃에서 서로 다른 금파리 알을 가지고 실험한 결과 주로 산란 후 15～25시간 사이에 부화한다는 사실을 발견하였다.

② 카말이 27℃에서 금파리 및 쉬파리 13종에 대하여 실험한 결과 어린 구더기는 썩은 시체를 먹기 위하여 3번 허물을 벗는 형태적 특징을 가지며, 그 제1령의 기간은 주로 22～28시간이고, 제2령의 기간은 주로 11～22시간이며, 제3령은 주로 80～112시간이었다.

③ 알에서 성충이 되기까지는 10～27일 걸렸고 파리성충의 수명은 17～39일이었으며, 번데기에서 나온지 5～18일이 지나면 알을 낳는 것으로 관찰되었다.

④ 알만 있고 구더기 발생이 없다는 것은 일반적으로 알들이 산란된 지 8시간이 경과되지 않았음을 의미한다. 파리는 어두우면 거의 활동하지 않으므로 해 뜬 이후 파리가 시체에 알을 낳았을 것으로 추정되며 따라서 피해자는 해뜨기 전 밤과 새벽 사이에 살해되었을 것이다. 만약 피해자가 전날 해지기 전에 살해되었다면 당시의 기상이 맑았던 점으로 보아 시체에서 파리의 알과 구더기도 함께 발견되었을 것이다.[53]

(4) 송장벌레 기타 동물의 시체공격

① 곤충은 시신에 살거나 시신에서 증식하는 딱정벌레류에 해당하는 송장벌레가

53) 문태영, 법의곤충학 사례 Ⅷ, 수사연구 제22권 5호, 수사연구사, 2004.5, pp. 76-77.

있다. 송장벌레는 시신을 먹으면서 생존한다. 송장벌레는 시신이 발생하면 10분 이내에 접근하여 시신 내에 은거한다.

② 매장되지 않은 시신은 쥐, 까마귀, 갈매기, 물속에서는 게, 가제나 새우, 칼치 등의 물고기나 불가사리 등이 공격하여 손상을 입힌다. 뱀장어는 시신의 구멍난 부분을 은신처로 사용하지만, 시신을 먹지는 않는다. 특히 쥐는 코, 귀, 손가락 등 튀어나온 부분을 물어뜯어 마치 방어손상 같은 손상흔이 나타난다. 이런 손상흔은 비교적 빨리 말라 방어 손상흔인지 아니면 동물에 의한 손상흔인지 알아내기 어려우므로 발견 즉시 법의학자에게 검사를 의뢰해야 한다.[54)]

(5) 시료의 채취

① 곤충을 채집하여 법곤충학자에게 보낼 때에는 먼저 에틸아세테이트에 적신 솜을 넣은 살충병 속에 곤충을 넣어 죽여야 한다. 곤충이 죽어 움직이지 않으면 75% 에틸알코올 용액에 넣어 보존한 후 감정소에 보낸다. ② 곤충알, 유충, 번데기, 구더기 등은 70~80% 에틸알코올 용액에 담가 죽인 후 그대로 보존하여 감정을 의뢰한다.[55)] ③ 구더기를 채집하여 산채로 펨펠용액에 넣어 보관하면 내장기관이 잘 고정되어 해부후 관찰이 용이하다. ④ 금속핀셋을 사용하면 표피가 약한 곤충이나 구더기가 손상되므로 채집전용 핀셋이나 화구용(그림그릴 때 쓰는) 붓을 사용하여 채집한다. 그리고 현장의 온도는 가장 가까운 기상대에서 제공한 온도와 발견장소에서 자기온습도계를 이용하여 측정한 온도를 결합시켜 회귀분석한 온도로 한다.

4. 약물중독사와 시체곤충과의 관계

(1) 살충제 중독사

살충제인 말라티온 성분이 시신에 남아 있더라도 시신이 부패하면서 살충제 억제효과 보다 곤충을 끌어들이기에 좋은 조건이 형성되어 곤충 접근 시간이 조금 길어질 뿐 구더기는 여전히 관찰된다.

---

54) 홍성욱 · 최용석 역, 앞의 책., p.441.

55) 앞의 책., p. 441.

(2) 코카인 중독사체

구더기가 코카인 중독 사체를 먹은 경우 먹이 섭취 활동이 활발해져 성장속도가 빨라진다. 그러나 시간이 흘러 코카인 섭취가 중단되고 구더기의 몸속에 코카인이 분해되어 제3령인 번데기 단계가 될 무렵에는 성장속도가 정상으로 돌아온다.

(3) 구더기 분석

시신에서 채집한 구더기를 분석하면 시신의 비장이나 조직샘플을 검사했을 때와 같은 결과를 얻는 경우가 있어 사인 판명에 도움이 될 수 있다. 정확한 사후경과시간 추정을 위해 약물중독으로 사망한 변사자가 복용한 약물도 같이 감정해야 한다.

제5절 질식사의 자·타살 감식

1. 의 의

질식사(asphyxia)란 사람의 호흡과정에서 산소와 이산화탄소의 교환이 중단되어 인체의 무산소증이 발생함으로써 생명의 영구적 중단을 의미한다. 질식은 그 원인에 따라 외질식과 내질식으로 구분되며 법의학에서는 외질식에 의한 사망만을 질식사라 한다. 질식사는 무증상기, 호흡관란기, 경련기, 무호흡기, 종말호흡기 순으로 진행된다. 질식사는 목맴과 교살·액살이 대표적인 형태로서 목맴은 자살로 위장한 타살에 의한 경우가 흔히 발생한다는 데에서 사체감식에서 주의해야 될 부분이다.

2. 질식사 또는 내인성 급사의 3대 징후

질식사, 즉 목맴, 교살, 액살과 같은 외부의 힘에 의한 질식사는 물론이고 심장마비 등과 같이 인체의 내부요인에 의한 내인성 급사의 경우에도 다음과 같은 3대 징후가 나타난다.

(1) 점 출혈(점모양의 출혈)

질식사 등의 급사나 세균성 바이러스 감염질환에 의한 급사의 경우에 점막 밑, 장막 밑의 모세혈관의 파열로 인한 점출혈이 발생한다. 점출혈은 외부에서는 눈, 내부에서는 폐에서 흔히 발견되며 교살의 경우에 가장 많고 뚜렷하게 나타난다.

(2) 혈액의 암적색 유동성

일반적으로 사체의 혈액은 응고하나 질식사의 혈액은 응고되지 않으면서 그 색깔은 암적색을 띤다.

(3) 실질장기(내장)의 울혈

질식사의 경우에 뇌, 뇌막, 폐, 간, 신장의 혈관, 혀뿌리 등에 울혈을 보이고 특히 폐에서 현저하다. 울혈이란 정맥의 협착이나 막힘으로 인하여 혈관의 일부에 정맥성 혈액의 양이 증가되어 있는 상태를 말한다.

(4) 기타 징후

질식사는 현저한 시체얼룩, 혀의 돌출, 대소변의 누출, 정액누출, 안면의 울혈, 기도 내 포말형성 등이 나타난다.

3. 질식사의 종류

(1) 목맴(의사)

1) 의 의

목맴(hanging)이란 줄의 양족 끝을 높은 곳에 고정시키고 올가미를 만들어 목에 걸고 체중을 이용하여 줄을 잡아당김으로써 사망에 이르는 질식사를 말한다. 목을 매고 줄을 잡아당기는 즉시 사람은 줄에 목이 졸려 뇌에 혈액공급이 중단됨으로써 의식을 잃고 동시에 공기 공급이 차단되어 호흡을 하지 못하게 된다. 그러나 심장은 계속 박동하므로 수 분 후에 실제로 사망하게 된다.

의사(목맴)는 목을 매단 상태로 사람의 몸이 어딘가에 매달려 있을 때에만 목매는 효과가 나타나는 것은 아니다. 줄을 목에 감고 어떤 물체에 사람이 기대져 있거나 무릎을 꿇었거나 앉아 있거나 누운 자세에서도 목매는 효과가 나타난다. 일단 목이 졸리기 시작하면 미주신경 장애가 급속히 나타나 그 누구라도 조여진 올가미에서 빠져나오지 못한다.[56] 어린이들이 목에 올가미를 하면 어떤 일이 일어나는지 알아보려고 장난치다 사망하는 사례가 많다. 아파트 방문의 손잡이를 이용하여 올가미 줄을 걸어 자살하는 사건이 흔히 발생한다.

2) 특 징

① 끈이나 밧줄로 매달아 자살한 경우는 끈 자국이 목 주위에 깊이 파여져 나타나고 목의 가장 높은 위치에 생긴다.[57] ② 목맴은 자살인 경우가 대부분이고 삭흔(끈자국)이 생기고 삭흔 주변에 검고 푸른 피부밑 출혈과 피부까짐이 생긴다. 피부출혈은 목을 맬 당시에 피해자가 살아 있었다는 것을 입증하는 증거이다. 그러나 오랫동안 물속에 잠겨 있거나 시신이 부패하면 삭흔이 사라질 수도 있다. 목맴의 경우 팔, 다리 및 삭흔 바로 윗부분에 시반(시체얼룩)이 생기며 이때 시신의 등 부위가 시반색으로 변하여 있다면 살해후 시신을 매달았을 가능성이 높다.[58] 또한 사후경직이 빠르게 나타난다. 혀가 밖으로 나오고 눈알은 울혈로 인하여 돌출되는 경우가 많다. ③ 줄에 매달린 사람의 손가락이 올가미와 목 사이에 끼워 있을 수 있다. 이는 올가미를 느슨하게 하려고 한 것이 아니라 올가미가 당겨진 후 손가락을 빼지 못하여 생기는 현상이다. ④ 목맴 타살은 흔치 않지만 어린이나 의식을 잃은 사람 혹은 자신을 방어할 능력이 없는 사람에게 사용할 수 있다. 또는 사람을 이미 다른 방법으로 살해한 후에 자살을 위장하기 위하여 목맴을 시도할 수 있다. 이러한 경우 피해자 몸에는 삭흔 이외의 다른 상처가 있을 수 있다. ⑤ 목맴의 경우 오른손잡이는 보통 목 오른쪽에, 왼손잡이는 왼쪽에 매듭이 위치한다. 이러한 위치가 바뀌었다면 타살을 의심할 수 있다. ⑥ 질식사한 사람은 소변 또는 정액을 누출하고 시체얼룩은 끈과 같은 자살도구 보다 위에 있는 머리에 나타나고, 또한 중력 때문에 시체의 하부인 손·발에 생긴다.[59] ⑦ 얼굴과 눈꺼풀결막이 창백하다.

---

56) 홍성욱·최용석 역, 앞의 책., p. 460.

57) Geberth, *op.cit.*, p. 344.

58) 홍성욱·최용석 역, 앞의 책., pp. 4610-462.

59) Geberth, *op.cit.*, p. 344.

(2) 교살(끈졸림사)

1) 의 의

교살(strangulation)이란 끈, 즉 허리띠, 수건, 밧줄, 빨랫줄, 전깃줄 기타 이에 준하는 도구를 사용하여 피해자의 목을 졸라매어 질식하게 함으로써 죽음에 이르게 하는 행위를 말한다.

2) 특 징

① 교살은 피해자의 목부위에 뚜렷한 끈자국이 남기 때문에 피해자의 목 부위를 검사하여 판별할 수 있고, 범행에 사용한 끈이 대개 현장에 남아 있는 경우가 많다. 대부분이 타살이다. 대체로 피해자의 목에 찰과상, 타박상 또는 손톱자국이 남는다. ② 끈자국의 위치는 목맴보다 낮게 형성되며 끈이 목부위를 수평으로 돌아가며 목둘레에 생긴다. 여러 개의 끈자국이 발견되기도 하며 끈의 매듭위치에서 피부까짐이 발견된다. ③ 범인이 피해자를 공격하는 동안 피해자 목의 앞부분이나 뒷부분에 범인의 손톱자국이 남는 경우가 많고, 목, 인후, 후두의 내부구조에 손상을 초래한다.[60] ④ 눈의 각막과 안구에 점출혈, 혀의 돌출과 정액누출은 목맴과 유사하나 끈자국 주변에서 피해자의 저항으로 인한 방어손상인 손톱자국이 발견되는 경우가 있다. 그러나 피해자를 뒤쪽에서 덮치거나 취침상태, 무의식상태 혹은 항거능력이 없는 사람의 목을 조른 경우는 방어손상이 나타나지 않을 수도 있다.[61]

3) 주의사항

① 피해자의 사망이 명백하고 직접적인 인명구조 방법을 사용할 필요가 없는 경우에 시신과 범죄현장에 대한 사진촬영을 하기 전에는 시신이나 사용된 줄, 또는 끈 등에 손을 대거나 물건을 처리하는 등의 현장훼손행동을 해서는 안 된다. ② 목 주위에 있는 물질을 제거할 필요가 있는 경우에도 끈이나 그 매듭에 손을 대서는 안 된다. 대신에 매듭에 변화를 일으키지 않는 부분을 잘라내는 식으로 처리해야 한다. 올가미를 잘랐을 경우에 줄의 끝은 본래 위치를 보여줄 수 있도록 줄에 연결되어야 한다. ③ 그러한 절차는 사체 해부를 담당하는 병리학자에 의해 이루어져야 하며,

---

60) Geberth, *op.cit.*, p. 341.

61) 홍성욱・최용석 역, 앞의 책., pp. 452-463.

피해자가 살아 있을 가능성이 존재하지 않는 한 현장에서 시신의 목에 걸려 있는 올가미를 제거할 필요가 없다.62)

(3) 액살(손졸림사)

1) 의 의

액살이란 손이나 팔로 피해자의 목을 눌러 압박함으로써 질식하게 하여 죽음에 이르게 하는 행위를 말한다.

2) 특 징

손졸림사는 기도를 중심으로 한쪽방향에는 엄지손톱, 다른 한쪽 방향에는 나머지 손톱자국이 남게 된다. 범인이 오른 손잡이이면 엄지손톱흔은 기도의 오른쪽에, 왼손잡이이면 왼쪽에 생긴다. 피부에는 손가락으로 움켜진 흔적이나 손가락이 미끄러지면서 피부가 벗겨진 흔적이 생기는 경우가 종종 있다. 보통 목을 조르기 전에 몸싸움이 먼저 일어나므로 얼굴에 할퀸 흔적이나 혈흔, 의복에 특이 손상흔 등이 생길 수 있다.63)

(4) 익 사

1) 의 의

익사(drowning)란 액체가 기도를 통해 흡입됨으로써 공기가 폐에 들어가지 못하게 되어 질식하여 사망에 이르는 것을 말한다. 여기서 액체란 반드시 물만을 의미하는 것이 아니라 진흙, 슬러지 및 기타 점성이 있는 물질이 포함된다. 또한 익사란 몸 전체가 물속에 잠겨 있어야 하는 것도 아니다. 입과 코만 물속에 잠겨 있으면 익사할 수 있다.

일반적으로 물속에서 사망하면 이를 모두 익사라 하는데 이는 잘못된 것이다. 예컨대, 목욕하다가 심장마비, 뇌출혈, 쇼크 등에 의해 사망할 수도 있기 때문이다. 또한 익사는 수중에서 쇼크사 하는 건성익사와 물을 흡입하여 익사하게 되는 습성익

62) Geberth, *op.cit.*, p. 344.
63) 홍성욱 · 최용석 역, 앞의 책., p. 462.

사로 구분된다.

또한 물에서 발견한 사체가 모두 익사는 아니다. 즉, ① 입수 시기가 생전인지 사후인지, ② 만약 사체에 손상이 있다면 생전에 생긴 것인지 아니면 사후에 생긴 것인지, ③ 사망원인이 익사라면 사망의 종류는 무엇인 지 등을 확인해야 한다.

2) 익사의 특징

① 자 살

자살은 익사자의 의복이 벗겨져 있거나 수심이 깊어 돌이 많은 바닥에 충돌할 위험성이 적은 지역에서 빠져 사망한 경우가 대부분이다.

② 타살에 의한 익사

타살은 자살과는 반대로 피해자가 옷을 입고 있고 비교적 얕은 물에서 발견된다. 또한 다른 사람에 의한 것으로 추정되는 외상 등이 피해자의 몸에 남아 있는 경우가 많다. 익사 이외의 다른 사인이 없다면 타살의 가능성은 상대적으로 낮아지고 보통은 어린아이에게만 이런 종류의 타살이 가능하다.

③ 과실에 의한 익사

사고사인 경우는 피해자가 물가의 바위나 돌에 미끄러진 흔적이 있고 물에서 빠져나가려고 허우적거리다 피해자의 손의 피부가 벗겨지고 손톱이 부러지거나 찢겨지는 등의 상처가 발견된다.

④ 플랑크톤의 발견

익사의 진단은 익사체가 부패한 뒤에 발견되는 경우가 많고, 부검소견이 다르므로 기본적으로 다른 원인을 배제함으로써 추정할 수 있는 배제적 진단이다. 여러 가지 검사방법이 있지만 익사를 확정할 수 있는 방법은 없다. 플랑크톤이 검출되었다고 해서 익사라고 단정할 수 없고, 검출되지 않았다고 해서 익사가 아니라고 할 수 없다.

익사는 대체로 익사자의 기관 및 폐장 내에 플랑크톤 및 부유생물 등의 이물질을 발견할 수 있다. 그러나 사후투수인 경우에도 폐와 위장 내에 물이 들어갈 수 있으며 이 물로 인해 위장내의 음식물 중에 들어 있는 플랑크톤이 검출될 수 있다. 따라서 피해자의 폐와 위장 내에 플랑크톤이 있더라도 이를 익사로 추정할 수 없다. 또

한 플랑크톤의 검출여부가 익사의 결정적인 증거가 될 수도 없다.[64)]

⑤ 사체의 부상

익사체의 20~30%는 가라앉지 않고 뜬다. 수흡성 익사의 경우 사람이 물에 빠져 익사를 하면 일단 가라앉았다가 여러 조건에 따라 복부팽만으로 여름철에는 약 2~3일, 겨울철에는 5~7일, 몇 주, 또는 심지어 3~4개월 뒤에 떠오르기도 한다. 그러나 사후투수일 경우에는 몇 시간이 지난 후 바로 수면으로 떠올랐다 다시 가라앉기 때문에 자·타살의 구별이 가능하다.

⑥ 익사추정 의학적 소견

ⓐ 익사한 사람을 물 밖으로 꺼내면 물속에서 숨을 못 쉬게 되면서 생긴 물과 점액으로 구성된 백색 거품(white foam)이 입 주변과 콧구멍에서 나오는 경우가 많고 이 거품에는 점성 물질이 들어 있기 때문에 상당한 시간 동안 없어지지 않는다.[65)] ⓑ 기도나 기관지에 점액성 거품, 진흙, 모래가 발견되며, ⓒ 익사자의 폐에 특이한 익사폐 현상이 나타나며, ⓓ 손이나 발에 해초, 쓰레기나 뻘 같은 주위의 물체를 잡고 있으며, ⓔ 호흡근육의 출혈이나 관자뼈(측두골) 암석부위 속 출혈, 코의 나이비굴 안의 익수, 구토, 대소변과 정액누출 등이 발견된다.[66)]

⑦ 수중사체의 특징

원인이 무엇이든 수중 사체는 ⓐ 고개를 숙이고 팔다리를 자연스럽게 앞으로 모은 기마자세, ⓑ 수중사체의 체온의 하강속도는 공기 중에 비하여 20배 빠르고 고인 물보다는 흐르는 물속에서 더욱 빠르다. ⓒ 체위의 변화와 수중의 고른 압력으로 시반이 없거나 미약하다. ⓓ 닭살이 형성된다. ⓔ 표모피(漂母皮, washerwoman's hand) 형성, ⓕ 부패와 사체훼손 등이 발견된다.[67)]

또한 수중사체는 며칠이 경과되면 손이 부풀어 오르고, 5~6일 이내에 몸에서 피부가 분리되며, 8~10일 정도되면 손바닥 피부와 손톱이 분리되고 몸에 해초의 증식이 발생한다.[68)]

---

64) 사법연수원, 앞의 책., p. 494.
65) Geberth, *op.cit.*, p. 345.
66) 사법연수원, 앞의 책., p. 494.
67) 앞의 책., pp. 494-495.

4. 목맴의 자 · 타살 구분

(1) 장소상황

거짓 목맴의 경우 범죄를 은폐하기 위한 불안 때문에 사실과는 어울리지 않게 현장을 과도하게 꾸미는 경향이 있다.

(2) 매단점

거짓목맴의 경우 사체에서 끈을 풀었을 때 매단점에서 끈의 섬유가 발견되지 않거나 매단점에서 묻을 수 있는 물질이 끈에서 발견되지 않을 때에는 타살의 의심이 있다. 또한 거짓목맴에서는 매단점과 목부위간의 끈 길이가 너무 짧거나 길때가 있으므로 목을 맨 과정과 연관시켜 그 정도의 길이가 목을 매는데 합당한지 검토해야 한다.

(3) 사용된 끈의 종류

거짓목맴은 주변에서 흔히 보지 못하는 이상한 끈을 사용한다. 이 경우는 타살의 의심을 해야 한다.

(4) 끈을 맨 방법

타살은 거의 대부분 한 번만 끈을 감으며 여러 번 감는 경우는 드물다. 자살은 대개 한번 감기는 하나 한번 이상 감는 경우도 흔히 발견된다. 그리고 매듭, 올가미 형태가 특수할 때에는 일단 타살 의심을 한다.

(5) 삭흔(끈자국)

1) 끈과의 일치여부

목맴은 목에 걸려 있는 끈과 끈 자국이 일치한다. 거짓목맴은 이미 다른 끈으로 교살 후에 목맴을 위장하는 것이므로 끈과 일치되지 않는 끈자국과 이물질을 발견하는 경우가 있다. 또한 끈을 졸라 살해후에 목맴으로 위장했을 경우에는 이중 끈자국을 발견할 수 있다.

---

68) Geberth, *op.cit.*, pp. 253-254.

2) 끈자국의 위치

삭흔은 목맴의 경우에 목을 매는 순간 끈이 아래턱에 걸려 더 이상 올라가지 못할 때 까지 올라간다. 따라서 자살은 끈 자국이 목의 앞부분에서는 수평이고, 아래턱의 구석에서 귀 뒤에 끈의 자취가 있다. 끈 자국은 목 앞부분에서 현저하고 뒷면에서는 거의 없으며 그 형태는 비스듬히 위쪽으로 향하여 뒤통수의 위쪽을 통과한다. 끈자국이 서로 엇갈린 형태를 보이는 경우는 없다. 그러나 목맴의 경우는 반사적으로 끈을 제거하려고 할 때가 있으므로 자기 손톱에 의해 목부위에 손톱자국이나 손에 의한 타박상이 생길 수 있다.

거짓 목맴은 끈 자국이 자살보다 아래에 있다. 따라서 교살은 끈이 목 부위를 수평으로 일주하며 뒷목부위보다 앞 목 부위의 위치에 끈자국이 더욱 뚜렷하게 나타난다. 이 경우에 끈을 여러 번 회전하였을 때에는 회전 수에 따라 여러 개의 끈 자국이 형성되며 끈 자국의 주행이 단절되고 여기에서 피부까짐을 본다면 이는 끈의 매듭위치를 말해준다. 끈 자국이 서로 엇갈린 형태가 발견되며, 특히 타살은 끈으로 목을 졸라 살해하는 동안 피해자의 저항에 의해 끈자국 주변에서 방어손상(저항흔)인 피해자의 손톱자국이나 손에 의한 타박상이 흔히 발견된다.

(6) 눈의 점출혈

자살은 눈에 점출혈이 적고 얼굴은 창백하며 발등이 암적색을 띤다. 타살은 눈에 점출혈이 많고 얼굴은 일반적으로 암적색으로 부종상(부어오른 상태)을 보인다. 또한 교살의 경우에 얼굴과 눈꺼풀 결막에 청색증과 점출혈이 나타나고 눈, 귀, 코 등에 울혈이 심하게 나타난다.

(7) 시체얼룩

목맴은 체위에 합당한 하반신에서 사체얼룩을 볼 수 있지만, 거짓목맴에서는 체위에 합당하지 않는 부위, 즉 등 뒤에서 발견된다.

(8) 피부 밑 출혈

자살의 경우에 수족에 피부 밑 출혈이 있으면 이는 경련할 때 주위에 부딪친 것으로 물체에 부딪친 자취를 볼 수 있다. 타살은 수족에 피부 밑 출혈이 있어도 주위의 물건과 부합되는 흔적을 볼 수 없다

(9) 배설물

목맴은 대변이나 정액의 배설을 사체 바로 밑에서 발견할 수 있다. 그러나 거짓 목맴은 사체 밑에서 발견되지 않고 다른 곳에서 발견되는 경우가 대부분이다.

제6절 신체손상에 의한 자·타살 감식

1. 의 의

법의학적으로 손상은 외력에 의한 인간 신체에 대한 파괴를 말한다. 외력은 외부에서 사람에게 가해지는 물리력을 말하고 따라서 손상이란 둔기 혹은 예리한 흉기 등에 의해 발생되는 외상을 의미한다.

2. 손상의 유형

(1) 벤상처(절창)

절창(cutting wounds)이란 면도칼, 나이프, 깨어진 유리 등 예리한 도구에 의해 조직의 연결이 절단된 손상을 말한다. 절창은 손상 부위가 매끈하고 예리하게 나타나며 일반적으로 상처의 깊이보다는 길이가 더 길다. 절창은 보통 피부와 바로 밑의 조직에 상처를 남기는 것이지만, 뼈나 인체기관에 가볍게 상처를 낼 수도 있다.[69] 일반적으로 흉기가 처음 닿은 부분에 절창이 가장 깊게 생기고, 타박상이 같이 존재하면 절창은 살아 있을 때 생긴 것으로 추정된다. 그러나 절창 모양만으로는 생전의 것이지 사후의 것인지 확인하기 어렵고 또한 어떤 물체에 의한 손상인지에 대한 정확한 정보를 얻기 어렵다.

---

69) Geberth, *op.cit.*, p. 331.

(2) 찔린 상처(자창)

자창(stabbing wounds)은 끝이 뾰족하고 예리한 가늘고 긴 흉기, 즉 단도, 나이프, 과도, 가위, 송곳 등으로 피해자의 신체에 찔려서 생기는 손상을 말한다. 자창은 조직과 뼈를 통과하여 인체의 중요장기에 까지 상처를 입힐 수 있는 심각한 상처이다. 자창은 구멍형태로 열려 있을 수도 있고 좁고 닫힌 형태로 남아 있을 수도 있다. 자창의 모양은 어떤 종류의 무기나 칼날이 사용되었는가를 가리킬 수 있다. 그러나 실탄흔처럼 자창은 피부의 신축성으로 인해 실제 사용된 칼날의 크기보다 작을 수 있다. 때때로 칼자루는 피부에 타박상을 입히고 식별가능한 흔적을 남길 수 있다.

자창의 특징은 ① 상처는 폭보다 깊이가 더 깊다. ② 피부 바로밑의 기관이나 뼈에 손상을 입힌다. ③ 상처 내부에는 출혈이 많지만 외부에는 출혈이 전혀 없거나 거의 없다. ④ 상처모양은 사용된 무기의 종류를 알 수 있게 한다. ⑤ 피해자가 범인과 격투를 벌이는 경우에 손이나 팔에 방어흔이 남는다. ⑥ 자창이 피해자 몸의 여러 곳에 생겼을 경우에 신체 부위마다 신축성의 차이로 인해 상처의 깊이를 근거로 흉기의 길이를 확인하기는 어렵다. 복부와 가슴은 그 신축성에 상당한 차이가 있어서 복부에는 자창이 깊고 가슴에는 자창이 얕다.[70]

(3) 큰 칼 상처(할창)

도끼, 검, 커다란 칼, 전투용 도끼 등 무겁고 큰 흉기로 피해자를 내리쳐서 생기는 손상을 할창이라고 한다. 주로 도끼 종류에 의해 생긴다. 보통 할창은 절창과 비슷하지만 상처주변에 고리모양의 타박상이 생긴다.[71]

(4) 타박상(좌상)

1) 좌 상

타박상(blunt force injuries)은 둔기 등에 의한 외부의 충격을 받아 그 압력으로 조직이나 장기가 손상을 입은 상처로서 주로 아랫부분에 뼈가 있는 조직에 만들어진다. 타박상은 출혈증상을 발생시키는데 출혈부가 덮여 피부로 덮여 있으면 멍이라

---

70) *Ibid.*, pp.334-336.

71) 홍성욱・최용석 역, 앞의 책., P.448.

부른다. 타박상은 그 부위가 부풀어 오르고 붉은 색으로 변한다. 그 후 검푸른 색, 혹은 보라색으로 변하고 서서히 강한 녹색이나 노란 색을 띤 갈색으로 변한다. 아주 드물게 흉기로 가격한 경우 흉기 가격면과 똑 같은 모양의 타박상이 생기는 경우도 있으며, 시신에 타박상이 있다면 그 타박상은 그 사람이 살아 있을 때 형성된 것으로 추정된다.

또한 가격부위와 다른 부위에 타박상이 생기는데 뒤통수를 가격하면 눈 가장자리에 멍 자국이 생기고 목을 조르거나 기타 방법으로 질식사 하면 혈관내의 혈압이 비정상적으로 높아져 얼굴에 멍 자국이 생길 수 있다. 독극물에 중독되거나 혈액이 감염되어 혈관이 손상을 입어도 얼굴에 멍 자국이 생길 수 있다.[72]

2) 좌열창

좌열창(lacerations)은 타박상의 일종으로서 망치, 야구방망이, 곤봉, 돌덩이, 유리병 등과 같은 둔기로 뼈와 가까이 있는 피부를 내리칠 때 가장 흔하게 생기는 손상을 말한다. 둔기에 의해 찍힌 좌열창은 피부에 생길 수 있고 내부의 조직에 생길 수도 있다.[73] 좌열창은 그 모양이 우둘투둘하고 불규칙적이며 상처부위가 벌어지고 모서리 부분이 부풀어 오르며 상당한 양의 출혈이 수반된다. 상처모양이 가격하는 물체 모양대로 생기는 경우는 거의 없지만 가격물에 의한 찍힘흔이 생길 수 있다. 직선형태의 좌열창이 나타나는 경우가 종종 있다.[74]

3) 찍힌 상처(chopping wounds)

찍힌 상처는 도끼 같은 날을 가진 무거운 물체에 의해 가격을 받아 생긴 상처로서 찍힘흔이라고도 한다. 도끼에 의해 찍힌 상처는 피부 깊숙이 침투하고 타박상과 인체 내부에 구조적 손상을 초래한다. 즉, 도끼는 깊이 파인 상처와 타박상 그리고 내부조직에 구조적 손상을 초래한다.

둔기공격은 피해자의 머리를 주로 목표물로 하고. 머리상처는 좌열창으로 나타나지만, 눈에도 외상을 입히는 결과를 초래한다. 그러나 심각한 머리 상처는 좌열창이

---

72) 앞의 책., p. 444.

73) Geberth, *op.cit.*, p. 336.

74) 홍성욱 · 최용석 역, 앞의 책., p. 445.

나 눈의 외상을 반드시 수반하는 것이 아니다.[75] 즉, 머리에 가격을 당한 사람이 아무런 외상이 없는 것으로 나타났으나 뇌출혈로 인해 후에 사망하는 일이 발생한다. 후두엽의 상처가 전두엽의 상처보다 더 치명적이다. 많은 중요장기가 있는 복강부위에 대한 타박상은 심각한 내부출혈로 사망에 이르게 한다. 가장 흔한 취약 부위는 비장이다. 그러나 복부 타박상으로 간, 창자, 방광이 손상을 당하기 쉽다.

3. 흉기에 따른 분류

(1) 둔기에 의한 손상

흉기에 의한 사망 중 특히 야구방망이, 곤봉, 석괴, 유리병 등에 의한 손상은 ① 찰과상 등의 피부까짐, ② 모세혈관(때로는 정맥)의 파열에 의한 타박상, 멍 등과 같은 피부밑출혈, ③ 출혈이 보이는 좌창과 같은 찍힌 상처, ④ 피부가 찢어지는 찢긴 상처, ⑤ 내장파열, ⑥ 골절, ⑦ 뇌진탕 등의 외부소견이 발견된다.

(2) 예기에 의한 손상

1) 벤상처(절창사)

① 의 의

면도날, 나이프, 도자기 또는 유리병의 파편, 예리한 금속판, 종이 등의 날이나 날카로운 면으로 신체를 베어 피부의 조직이 손상된 것을 말한다. 피부까짐은 없다.

② 상처모양

상처모양은 원기둥이거나 직선형이다. 상처각은 양측이 모두 예리하고 상처바닥은 상처구멍의 길이에 비하여 대체로 짧다. 예리한 칼에 의한 자창은 그 상처크기가 일반적으로 칼의 폭보다 크게 나타나고 특히 양날 칼인 경우에는 상처가 더욱 커진다. 흉기가 회전하며 빠지면 각이 지거나 둥그런 상처가 생긴다. 한쪽 날의 흉기인 경우는 V자 모양의 손상흔이 생긴다. 끝이 무딘 흉기의 경우에 외부상처는 흉기의 폭보다 좁게 생긴다.[76]

---

75) Geberth, *op.cit.*, *op.cit.*, pp. 338-339.
76) 홍성욱 · 최용석 역, 앞의 책., p. 447.

2) 큰칼 상처(할창사)

① 의 의

도끼, 낫, 식도 등과 같이 비교적 크고 무거운 흉기로 입힌 상처로서 할창으로는 통상 자해하기 어렵다고 인정된다.

② 특 징

할창은 일반적으로 도끼 등에 의해 생기고 흔하지는 않지만 커다란 칼, 검, 전투용 도끼 등에 의해 생길 수 있다. 보통 할창은 절창과 모양이 비슷하지만 상처 주변에 고리 형태의 타박상이 생기고 흉기와 뼈가 만날 경우에 뼈가 부서지는 현상이 나타난다. 흉기 날에 어떤 손상흔이 있을 경우 뼈에 공구흔이 나타날 수 있고 이를 이용하여 범행에 사용한 흉기를 확인할 수도 있다.

할창사는 대개 타살이다. 도끼 살인은 주로 머리 부분에 여러 방향의 상처가 생기고 피해자가 잠들거나 묶인 상태에서 가격당하면 한 방향으로만 상처가 생길 수 있다. 일반적으로 범인은 도끼머리로 먼저 가격한 후 날 부위로 가격한다. 드물게 자살인 경우는 이마나 뒤통수에 할창이 생긴다. 대부분 첫 번째 가격은 비교적 약하기 때문에 피부 겉면만 약간 손상되고 이어서 더 세고 정확하게 가격하여 치명상을 입는 경우가 많다.77)

3) 찔린 상처(자창사)

① 의 의

송곳같이 끝이 뾰족하고 가늘고 긴 흉기의 끝에 찔려 피부조직의 연결이 손상된 것을 말한다.

② 특 징

피부에 형성된 상처가장자리의 길이(폭)보다 체내로 들어간 상처면의 길이가 길다. 찔린 입구 주변에서 멍이 발견되면 이는 흉기를 잡고 있던 손이나 주먹에 의해 발생했을 가능성이 높고, 상처입구 주변에서 피부출혈이나 피부까짐이 발견되면 이는 흉기의 날이 전부 피부에 삽입되어 흉기의 손잡이나 손 또는 주먹 등에 의해 발생한 것으로 본다.

---

77) 홍성욱 · 최용석 역, 앞의 책., p. 448.

4. 총기에 의한 손상

(1) 의 의

총기에서 발사된 총알에 의하여 생긴 손상을 총알상처라 한다. 총알이 피부를 뚫고 들어간 부위를 총알입구(사입구), 뚫고 나온 부위를 사출구라 하며, 체내로 지나간 길을 사창관이라 한다. 총기에 의한 손상사의 경우 시입구, 사출구, 사창관이 모두 있는 관통총알상처가 대부분이나 발사각도 등에 따라 반드시 그렇지는 않다.

(2) 발사거리에 따른 사입부의 특징

1) 접 사

접사(contact shot)란 총구를 피부에 밀착시켜 발사된 경우를 말한다. 접사는 총기에서 발사되는 가스가 총알과 함께 사입구 속으로 들어갔다가 다시 바깥쪽으로 밀려 분출되고 이 힘에 의해 피부나 의복이 파열되기 때문에 상처구멍이 불규칙한 형태 또는 분화구 모양으로 보이고 총알의 직경보다 커진다. 또한 신체의 피격부위와 사입구 내에까지 매흔, 금속입자, 화약잔사분말이 묻어 있다. 접사의 경우 총구 모양이 피부에 찍힐 수도 있다. 그러나 그을음이나 화약 입자가 묻어 사입구 주변이 검게 보이는 현상이 나타나지 않는 경우도 있다.[78]

2) 근접사

근접사란 피부에 총을 밀착시키지 않고 약 0.5～1cm이내에서 발사한 경우를 말한다. 접사와는 달리 상처가장자리가 파열되지 않고 총알에 의한 전형적인 상처구멍을 본다. 또한 사입구 주변의 피부나 의복이 검게 변하는 소륜(불탄 자국)이 생기고 총구에서 분출되는 불꽃의 영향으로 사입구 주변에 있는 모발이나 섬유 등이 오그라드는 경우도 있다. 상처구멍의 크기가 총알의 직경보다 일반적으로 작다.

3) 근 사

근사란 권총은 약 30～45cm, 장총은 약 1～2m이내의 거리에서 발사된 것을 말

---

78) 앞의 책., pp. 453-454.

한다. 총알입구는 원형상을 이루고 주위에는 표피박탈륜, 오염륜, 화약입자, 발사잔사분말, 화약연기 등이 부착되어 있다. 특히 그을음의 부착상태는 거리가 멀수록 직경은 커지고 밀집도는 감소하기 때문에 거리 추정에 도움이 된다.

4) 원 사

원사란 45cm이상의 거리에서 발사된 것을 말한다. 근접사에서 나타나는 특징이 별로 나타나지 않는다. 근사와 달리 폭발에 의한 열 및 실탄발사에 의한 연기의 부착현상을 발견할 수 없으며, 탄환자체에 의한 변화, 즉 상처구멍에 상처가장자리, 녹이나 기름같은 오물륜과 박탈륜(까진바퀴)만을 볼 수 있다. 상처부위에서 완전연소 또는 미연소된 화약입자가 부착되어 있으므로 현미경으로 조심스럽게 관찰하면 미연소된 화약입자의 색상과 모양을 확인할 수 있고 이를 통하여 사용한 화약의 종류를 구분할 수 있다.[79]

5) 엽총에 의한 손상

산탄총이 약 1m 이내에서 발사된 경우에는 탄환이 채 퍼지지 않아 탄환이 모여 있다. 발사거리가 약 10~20cm인 경우에는 원형으로 상처가 생긴다. 이보다 발사거리가 멀어질수록 상처 모양은 불규칙하게 형성된다. 발사거리가 2~3m까지는 가운데 주 사입구가 생기고 주변에는 흩어진 산탄이 관통한 사입구가 형성된다. 발사거리가 이보다 멀어지면 산탄끼리의 가격이 점점 멀어져 발사거리가 약 9m이상 되면 산탄은 30~40cm 가량 퍼지게 된다.[80]

6) 공기총

공기총은 총알상처의 수, 총알의 종류 및 발사방향은 알 수 있으나 화약의 폭발력에 의하여 총알이 발사되는 것이 아니므로 화약가스에 의한 그을음 부착 등을 볼 수 없어 발사거리를 추정할 수 없다.

---

79) 앞의 책., P.454.
80) 앞의 책., P.457.

5. 치 흔

(1) 의 의

이빨에 의해 물린 자국을 치흔, 또는 교흔이라 한다. 인간의 치아는 개인별로 특이하여 치흔에 의하여 개인의 동일성 식별이 가능하다. 그러나 사람이 물때 피부의 변형이 일어나고 가해당시와 체포 당시에 발치 및 치료 등으로 치흔이 서로 다를 수 있으므로 반드시 법치의사에게 감정을 의뢰하여야 한다.

(2) 특 징

치흔은 하나하나의 치아 또는 위턱 또는 아래턱의 치열군과 일치한다. 물린 손상은 대부분 피부출혈을 동반하는 반달모양의 피부까짐으로 나타난다. 성범죄의 경우 피해자의 신체부분에 가해자의 치흔, 가해자의 신체부분에 피해자의 이빨자국을 볼 수 있고, 윤간사건의 경우 가해자의 손과 발에 볼 수 있는 억압손상, 가해자의 등부위와 허벅지 등에 저항손상 등이 생긴다.

6. 손상사의 자 · 타살구분

(1) 사용흉기

자살에 쓰인 흉기는 거의 하나이고 몸 가까이에서 발견된다. 타살은 2개 이상의 흉기에 의한 벤상처가 발견되고 흉기가 사체에서 멀리 떨어져 있는 경우가 많다.

(2) 손상부위

자살은 자해가 가능한 부위인 목, 가슴. 명치부분 등 급소에서 손상이 발견되고 늘 쓰는 손의 반대편에 기점이 있다. 자살하는 사람은 일반적으로 흉기를 쥔 손의 반대방향에 손상을 가한다. 즉, 오른 손 잡이는 일반적으로 목의 왼쪽 부분을 베고 왼손잡이는 목의 오른 쪽을 벤다. 그러나 범인이 피해자를 뒤 쪽에서 공격할 때에는 피해자가 자살하는 것과 같은 방법으로 공격을 한다는 점에서 상처 위치만으로 자·타살 여부를 구분하기 어렵다. 따라서 다른 자료에 의하여 자·타살 여부를 확인해야 되고 타살사건으로 확인 되는 경우에도 범인이 오른손 또는 왼손잡이인 지를 확인해야 한다.

타살은 신체의 어느 부위에도 가능하나 특히 목덜미, 뒷머리 등에 손상이 발견된다. 타살에 의한 절상은 일반적으로 칼을 든 자세와 상처 부위가 부자연스럽거나 상처부위가 피해자의 오른 손잡이 또는 왼손잡이 여부와 일치하지 않는다.

(3) 손상의 수

자살의 경우는 손상의 수가 적고 치명상의 숫자는 1~2개에 불과하다. 타살은 치명상의 숫자가 여러 개인 경우가 많다. 타살의 경우에 자창은 일반적으로 여러 곳에 산발적으로 생기고 피해자가 방어를 시도한 경우 이런 현상이 더욱 현저하다. 피해자가 누워있는 자세로 공격당한 경우를 제외하고는 자창은 일반적으로 신체와 비스듬한 방향으로 만들어진다. 깊은 상처가 여러 개 있고 등에 상처가 있다는 것은 변사자가 살해되었다는 것을 의미한다.

(4) 손상의 방향

자살은 손상이 비교적 집중되어 있으면서도 상호 평행한 방향을 취한다. 타살의 경우는 손상들이 불규칙하고 여러 방향을 이루는 경우가 많다.

(5) 손상의 형태

자살은 날이 있는 도구를 사용하기 때문에 벤상처, 찔린 상처가 많다. 찢긴 상처와 벤상처는 자·타살 모두에서 발견할 수 있지만, 그 정도가 매우 깊거나 크다면 타살로 본다. 즉, 상처가 대단히 깊거나 불규칙하게 만들어져 있으면 타살을 의심할 수 있다.

타살은 다양한 흉기를 사용하므로 벤상처, 찔린 상처 외에 멍, 찢긴 상처, 큰칼상처 등 손상형태가 다양하다. 또한 칼을 찌르거나 뺄 때 벤상처와 피부까짐이 생긴다.

(6) 주저흔과 방어흔

자살은 주로 목이나 손목 안쪽을 베지만 다른 부위를 벨 수도 있다. 일반적으로 자살은 치명적이지 않은 절창이 서로 평행하게 여러 개 나타나거나 손에 혈액이 부착되어 있는데 이를 '주저흔'이라고 부른다. 치명적인 절창에 앞서 이런 주저흔이 나타났다면 자살에 의한 절창으로 추정된다. 그러나 절창의 순서는 부검의사만이 판단할 수 있으므로 의사의 부검에 따라야 한다.[81)]

타살의 경우에 범인이 칼로 공격할 때 피해자가 칼날을 움켜 잡아 손 안쪽을 심하게 베이는 손상흔이 생기고 범인이 둔기로 공격하는 경우 이를 손으로 막으려다 손, 머리, 목이나 팔 등에 심한 상처가 생길 수 있다. 또는 피해자가 자신을 방어하느라고 가해자를 공격하면서 생기는 방어손상, 즉 가해자를 주먹으로 가격하다 생기는 관절손상, 손톱으로 할퀴다 생기는 손톱흔이 생길 수 있다.[82)]

(7) 착의와의 관계

자살은 옷을 걷어 올리고 맨살에 손상을 가하므로 옷에는 손상의 흔적이 없다. 타살은 옷을 입은 상태에서 상대방의 공격을 받게 되므로 옷에도 손상이 발견된다.

(8) 총상사의 경우

자살은 총기가 사자의 손 주변에 있다. 총알상처는 대부분 급소부위이며 접사가 보통이다. 또한 사자의 손이나 옷소매 등에 화약의 잔재가 묻어 있다.

타살의 경우에 총상은 급소부위에 한하지 않으며, 근사, 원사인 경우가 대부분이다. 또한 사자 이외의 근처 물체에도 탄흔이 남아 있는 것이 보통이다. 사자의 주변에 총기는 발견되지 않는다. 그러나 자살로 위장하기 위하여 사자의 손에 총기를 쥐어 놓거나 그 옆에 놓아둘 수 있다. 이러한 경우에 카다베릭 스파슴 현상으로 자살자는 총을 움켜쥐고 놓지 않지만, 타살자는 쉽게 놓는다. 법의학적으로는 카다베릭 스파슴이 부정되지만, 범죄현장에서는 흔히 발견된다. 결국 자·타살의 구분은 총기 등에서 지문의 검출, 혈흔이나 모발 채취 등에 의해 입증되어야 한다.

---

81) 앞의 책., pp. 445-446.

82) 앞의 책., p. 449.

제7절 화재사

1. 의 의

화재사란 화재로 인하여 사람이 사망하는 것을 말한다. 화재사의 원인은 연기에 의한 질식, 일산화탄소 중독, 건물 높은 곳에 추락하는 물체에 의한 손상, 건물 기둥이나 가구에 의한 압사 등 다양하다. 이러한 경우 사람은 불에 직접 타서 사망하기 전에 이미 사망한 상태에 있는 경우가 대부분이다. 또한 불과 직접 접촉에 의한 화상사(contact burns), 끓는 물과의 접촉으로 인한 화상사(scalding burns) 등도 화상사의 일종이다. 그러나 화재사의 원인은 법의학자만이 사인을 알 수 있다. 법의학자만이 화재 당시에 피해자가 살아 있었는지 여부를 결정할 수 있다.

2. 특 징

(1) 투사형 자세와 골절상

불에 탄 사체는 대체로 투사형 자세, 즉 몸을 웅크린 권투선수같은 자세를 하고 쓰러져 있는데 이는 열에 의하여 근육이 수축되기 때문이다. 사체의 피부와 연조직에는 균열이 생기고 심한 경우에는 베인 상처나 찔린 상처로 오인될 수도 있다. 뼈의 골절이 발생할 수 있고 화재 속에서 두개골 내부의 압력이 비정상적으로 팽창하여 두개골이 흩어질 수 있다.

(2) 사지 손상 우선성

화재속에서 사람의 사지가 가장 먼저 손상되므로 시신이 심하게 탈 경우 사지는 다 타버리고 몸통만 남을 수 있다.

(3) 신생아와 성인의 차이

신생아는 일반 난로에서 약 2시간이면 일부 뼈를 제외하고는 완전히 타지만 성인은 2시간 안에 완전히 타려면 약 1,250℃ 정도로 가열해야 하고 이 경우에 일부 뼈만 남게 된다.[83]

(4) 화재 발생 당시 피해자 생존판단

화재사는 사람을 태워서 살해한 것일 수도 있고 다른 방법으로 살해한 다음 불로 태운 결과일 수도 있다. 법의학자는 화재발생 당시 피해자의 생사를 판단할 수 있다. 이 경우 피해자의 기도, 콧구멍 주변, 코안에서 연기흔적(smoke strains)이나 검댕이 발견되지 않는다면 불이 나기 전에 이미 사망한 것으로 인정된다. 또한 피속에는 일산화탄소의 농도가 높아진 상태이고, 피부가 붉게 변하고 물집이 생겨 있으면 화재 당시에 살아 있었다는 증거이다. 살아 있는 사람이 화재로 사망한 경우에는 권투형 자세(pugilistic attitude)를 취하고 피부에는 화상으로 인한 균열흔이 발견된다. 이는 살아 있는 사람의 근육이 열에 수축반응을 한 결과이다.[84] 이미 죽은 사람의 근육은 열에 수축반응을 하지 못한다.

(5) 끓는 물 화상(scalding burns)

끓는 물 화상은 끓는 물에 사람이 빠지거나 뒤집어 쓸 경우에, 또는 끓는 물의 증기에 노출되어 발생한다. 이러한 화상사는 대부분 끓는 물에 빠지는 형태에서 발생하고 보통 사고사이다. 그러나 때때로 가족살인과 아동학대와 같은 살인의 경우에 사용되는 수법이기도 하다.[85]

(6) 타살에 의한 화재사의 범적

시신 아래쪽에는 화염의 영향을 덜 받아 연소되지 않은 피부가 남아 있을 수 있고 몸에 꼭 붙는 의복 아래쪽 피부도 화염의 영향을 덜 받을 수 있다. 이러한 경우에 타지 않은 피부에는 외력에 의한 손상흔이 선명하게 남을 수 있다. 시신 아래쪽에 타지 않은 의복에서 혈흔이 발견될 수도 있으며, 손목과 발목 주변에 탄화되지 않은 부위가 있을 경우 변사체는 불이 나기 전에 묶여 있었을 가능성이 있다. 또한 교살에 의한 사체를 불에 태웠을 경우 목을 감았던 끈은 불에 타서 없어지지만 목에는 삭흔(끈의 흔적)이 선명하게 남을 수 있다.[86]

---

83) 홍성욱 · 최용석 역, 앞의 책., pp. 468-469.

84) Geberth, *op.cit.*, pp. 348-350.

85) *Ibid.*, p. 350.

86) 홍성욱 · 최용석 역, 앞의 책., pp. 468-469.

제16장

법의학

제1절 법의학 일반

1. 의 의

법의학(Forensic Medicine)의 의미는 범죄와 같은 법적으로 문제되는 사항을 의학적인 지식과 기술을 기초로 하여 감정하고 해결하는 학문이다. 법의학은 의학적인 지식과 기술은 물론 자연과학적인 지식과 기술을 적용하는 분야라는 주장이 있으나 이는 법과학(Forensic Science)과의 구분을 하지 못한 오류이다.

2. 법의학의 종류

(1) 법의병리학

법의병리학(Pathology)이란 변사체의 부검이나 검안을 중심으로 사인, 사망의 종류, 사후경과시간, 살해방법, 사용흉기 및 사용독극물을 규명하는 분야를 말한다.

(2) 법의혈청학

법의혈청학(Forensic Serology)이란 법의학의 검사대상 중 사람의 체액이나 인체조직, 장기조각, 뼈조각 등의 증거물을 혈청학적인 실험방법에 의해 감정 및 연구하는 학문으로서 범인특정과 친자감정에 활용된다. 최근에는 혈액, 정액, 침 등에서 유전자지문을 검출하여 피해자 신원확인, 친자감정, 범인특정을 하는 분야를 법의 유전학(Forensic Genetics)이라고 한다.

(3) 임상법의학

임상법의학이란 의료와 진료의 적정여부를 판단하는 분야로서 의료법학이라고도 한다. 의료사고시의 질병 또는 손상과 사인과의 관계, 의료행위와 사인과의 관계, 의료행위의 과실여부 등을 판단하는 법의학 분야이다.

(4) 법의독물학(Forensic Toxicology)

법의독물학이란 인체에서 1) 주취증명, 2) 사망이나 중독의 원인이 된 약물이나 독극물의 검출과 증명, 3) 마약류 등 남용물질의 검출과 증명, 4) 환경오염물질의 증명, 5) 화재현장에서 소사나 가스중독 사망의 증명, 6) 화재현장에서 인화물질의 증명 등을 하는 분야로서 최근에 각광을 받는 분야이다.[87)]

(5) 법치의학

법치의학이란 치아의 형태나 치료한 방법에 따라 대형참사 등에서 신원을 확인하거나 또는 성범죄 등에서 찾아낸 치흔에서 범인이나 용의자를 확인하는 분야이다.

(6) 배상의학

배상의학이란 교통사고와 산업재해의 후유증과 관련하여 신체장애 평가, 사회적 기능의 감퇴(능력 감퇴, 노동력 상실). 피해자의 사회적 불이익을 의학적으로 평가하여 손해배상의 범위를 결정하는 분야이다.

(7) 법의정신과학(Forensic Psychiatry)

법의정신과학이란 개인의 정신상태가 법적인 책임능력을 평가하는 문제가 되었을 경우 정신분석 전문의의 감정을 통하여 해결하는 분야를 말한다.

---

87) 사법연수원, 앞의 책., p. 457.

제2절 법의 혈청학

1. 개념적 특징

법의혈청학은 항원(세균이나 독소)과 항체의 특이한 반응원리를 이용하며, 인체에서 분리된 혈액은 물론 각종 인체조직과 인체분비액에 존재하는 혈액형이나 유전자 지문을 검출하여 범인특정을 가능하게 하는 학문분야이다. 따라서 법의학은 혈청학을 포함하는 더 넓은 개념이다.

2. 법의학과의 구분

(1) 법의학

법의학 분야의 증거물은 사람의 인체에서 유래되는 혈액이나 정액, 타액, 대소변, 토사물 등 각종 물질, 인체조직, 손톱, 골편, 체모 등과 함께 변사체, 각종 창상, 시반이나 각막의 혼탁, 사체강직, 사체냉각, 눈의 점출혈 등을 포함한다. 그러나 범죄현장의 토양, 섬유물질, 문서, 사진 등은 화학이나 물리학의 분석대상으로 법과학의 영역에 속한다.

(2) 법의 혈청학

법의 혈청학의 증거물은 사람의 인체에서 유래되는 혈액, 정액, 타액, 소변, 인체조직, 골편, 모발 등을 대상으로 한다. 즉, 혈액세포를 포함하고 있는 물질이 대상이 되고 혈액형과 DNA유전자를 검출하는 자료들이 주된 대상이다. 따라서 법의학적 검증 대상이 되는 증거물은 법의 혈청학의 검증 대상물의 범위보다 더 넓다.

3. 증거물의 채취 방법

(1) 대상증거물

검증의 대상이 되는 물질은 혈흔, 정액, 대소변, 침 등 체액과 모발, 뇌, 심장, 폐장, 간장, 신장 등 실질장기와 인체 조직 등이 해당된다.

(2) 상처부위와 정상조직 채취

각종 흉기나 무기 등에 의해 생긴 상처부위, 즉 창상 부분을 검증대상으로 해야 하며, 특히 감전사가 의심될 경우에는 감전된 부위가 중요하다. 어느 경우나 상처부위를 검증할 경우에는 정상조직을 포함하여 더 넓게 절제해야 한다. 평소 지병이 있는 사체라도 변사의 의심이 있는 경우에는 병으로 인해 생긴 부위, 즉 병변(炳變) 중심부위만을 절제하여 보내면 감정 불능이 되는 경우가 있다. 따라서 항상 병변부위 주변부를 포함하여 충분한 시료를 채취해야 한다.

(3) 변질 · 파괴우려 시료 즉시 감정의뢰

혈흔이나 침 등 변질·파괴우려 시료는 우선적으로 채취하고 냉장보관하여 즉시 감정의뢰한다. 피해자 몸에 나타난 치흔 역시 시간이 경과하면 소멸할 수 있으므로 빠른 시간 내에 즉시 감정을 의뢰해야 한다.

(4) 사진과 부패사체의 감정

사진감정은 부패한 변사체의 신원을 범죄수사차원에서 확인할 필요성이 있는 경우에 실시된다. 이를 위해서는 촬영한지 5년 이내의 사진이어야 한다.

또한 유골만 있는 사체에 대한 성별 및 연령 감정시는 위턱뼈 또는 아래턱뼈를 송부해야 한다. 슈퍼임포즈(Superimpose) 감정을 위해서는 현장에서 발견된 머리뼈와 동일인이라고 추정되는 사람의 최근 사진을 함께 의뢰해야 한다.

(5) 인체조직 감정의뢰

인체조직을 감정의뢰할 경우는 반드시 방부처리를 해서 송부한다. 이 경우 방부제는 10%의 포르말린 용액을 사용한다. 이는 시판되고 있는 포르말린 원액을 물과 1:9의 비율로 희석한 것으로서 이것을 구하기 어려운 경우에는 80% 이상의 에틸알코올로 구성된 알코올을 사용할 수 있으나 이 경우에는 그 다음날 한번 새로 갈아 넣어야 한다.

제3절 법의혈청학의 대상

법의혈청학적 증거물의 대상은 인체에서 유래된 각종 물질, 즉 ① 혈액, 타액, 정액, 땀, 소변 기타 인체배설물, ② 모발, 골편, 치아, 인체의 장기편과 피부조각 등이 해당된다.

1. 혈액 및 혈흔

(1) 혈흔 형태분석

범죄현장의 혈흔의 분포유형은 특히 살인사건 동안 발생한 행동을 해석하는데 유용하다. 그것은 범죄행위 동안 범인과 피해자의 상대적 위치를 확인할 수 있게 한다. 혈흔증거 해석의 전문가로 알려진 과학수사학자 허버트 레온 맥도넬(Herbert Leon MacDonnell)이 혈흔형태를 분석하기 위해 제시한 일반적인 규칙은 다음과 같다.[88)]

1) 혈흔모양에 따른 방향, 속도, 각도, 거리 추정

범죄현장의 혈흔 모양은 혈흔이 생길 당시 출혈부위(피해자의 몸)에서 혈액이 이동한 방향, 이동속도, 접촉각도, 이동거리 등을 추정할 수 있게 한다. 그러나 혈액이 150~180cm 이상의 높이에서 떨어진 경우에는 혈흔의 직경만으로는 이동거리를 추정할 수 없다. 그 이상의 높이에서 피가 떨어지면 혈흔의 직경 변화가 거의 없기 때문이다. 또한 혈흔 모양으로 시체 혹은 혈흔이 부착된 물체가 원래 위치에서 다른 위치로 이동했는지를 알 수 있다.

2) 혈흔부착 표면의 특성 파악

혈흔이 부착된 표면특성을 정확하게 파악하는 것이 중요하다. 그 특징을 파악하지 못한 상태에서 혈흔 가장자리 모양만으로 혈흔이 생길 당시의 정황을 추정할 수는 없다. 특히 혈흔 가장자리가 톱니모양인 경우에는 혈흔이 부착된 물체의 표면특성을 정확히 알아야만 거리 추정이 가능하다.

---

88) 홍성욱 · 최용석 역, 앞의 책., pp. 200-202, Gilbert, *op.cit.*, p. 276.

피가 어떤 물체에 부딪힌 후 2차로 흩어지는 거리(비산거리)는 낙하거리보다 접촉면의 거칠기에 더 많이 좌우된다. 접촉면이 거칠수록 혈액은 더 잘게 부서져 퍼진다. 즉, 피가 약 45cm 높이에서 딱딱한 판자 위로 떨어지면 상당히 많이 흩어지고 유리나 부드러운 물체위에 떨어지면 30m 높이에서 떨어져도 거의 비산되지 않는다.

3) 혈흔에 의한 사용흉기 분석

범죄현장의 몇 개의 혈흔만으로 혈흔의 생성과정을 판단할 수는 없다. 아주 미세한 혈흔은 처음에 떨어진 모혈흔에서 분리되어 생긴 것일 수도 있다. 그러나 커다란 모혈흔 없이 직경 3mm 이하(0.03mm 이하까지 가능)의 혈흔이 수 백 개 있다면, 이는 혈액에 어떤 충격이 가해져 비산되어 생긴 것이라고 볼 수 있다. 총기의 탄환과 같이 충격물체의 속도가 빠를수록 혈흔의 직경이 작아지고 충격속도가 느린 도끼나 망치로 내려친 경우는 혈흔의 직경이 크다.

4) 스패터(spatter)와 캐스트오프(cast-off)의 구분

스패터는 혈액에 외력이 가해져 흩어질 때 생기는 혈흔을 말하고 캐스트오프는 혈액이 묻은 흉기를 휘두를 때 생기는 혈흔을 말한다. 스패터는 일정 크기를 갖고 눈물방울처럼 끝이 일정 방향으로 점점 좁아지는 형태를 나타내는데 끝이 좁아지는 방향이 혈액의 진행방향이다. 한편 캐스트오프는 좁고 긴 올챙이 모양으로서 머리부분이 확연히 나타나는데 이 경우 끝이 날카로운 쪽이 혈액의 출발 방향이다. 이때 모혈흔 주위의 가까운 곳에 새끼혈흔이 항상 존재한다.

5) 충격각도와 혈흔의 양

충격각도에 따라서는 과격 반대방향에 혈흔이 생길 수 있다. 그러나 역방향의 혈흔은 정방향의 혈흔에 비해 그 양이 훨씬 적다. 산탄총 살인사건의 경우에 이런 현상이 자주 발견된다.

6) 나이와 기타 외부기온과의 관계

혈흔의 모양은 나이나 성별과는 무관하다. 사람의 체온은 누구나 동일하고 혈액이 외부에 노출되는 시간이 아주 짧기 때문에 대기온도, 압력, 습도 등도 혈흔 형성에 거의 영향을 미치지 못한다.

(2) 혈흔의 식별

혈흔은 육안으로 확인 가능한 경우와 불가능한 경우로 구분된다. 육안으로 확인 가능한 혈흔은 면봉으로 채취하여 감정하면 된다. 문제는 눈에 보이지는 않지만 미량의 혈흔에서도 혈액형은 물론 DNA지문도 검출할 수 있다는 점이다. 따라서 눈에 보이지 않는 혈흔을 찾아내고 채취하는 검사방법이 아주 중요하다.

1) 혈흔의 색깔

혈흔의 색깔은 여러 가지 요인의 영향으로 다르게 나타난다. 비교적 신선한 혈액이 마른 경우는 녹(rust)과는 다른 약간 광택이 나는 적갈색을 띤다. 그러나 아주 미세한 혈흔이 마른 경우는 녹회색으로 나타나고, 햇빛, 열, 바람 등의 영향을 받으면 광택이 사라지고 잿빛으로 변한다.

혈흔은 암적색, 검은 색, 녹색, 청색, 회백색 등으로 나타날 수도 있다. 금속면에 부착된 혈흔은 변색속도가 빠르고 섬유의 경우에는 그 속도가 느리다. 혈흔이 아닌 것처럼 보이는 물질이 혈흔일 수 있고, 혈흔처럼 보이는 물질이 혈흔이 아닐 수 있으므로 색상만 보고 혈흔 여부를 판단해서는 안 된다. 혈흔으로 의심되는 시료는 반드시 채취하여 감정해야 한다.[89]

2) 혈흔 발견가능 장소

혈흔은 눈에 보이지 않는 장소에서 흔히 발견된다. 범죄현장의 서랍, 책, 문의 손잡이, 세면대, 쓰레기통 등은 혈흔이 발견될 수 있는 물건이나 장소이다. 또한 수건이나 천 조각, 마룻 바닥, 타일과 타일 사이, 비닐장판 아랫 부분 등도 발견 가능장소이며 의복의 안팎, 소매안쪽, 주머니안쪽, 피의자의 몸도 가능 장소이다.

축축한 지면, 나뭇잎, 나뭇가지, 침대와 매트리스, 그리고 그 주변에서도 혈흔이 발견될 수 있다. 그러나 범행에 사용한 칼에서 혈흔이 검출되지 않을 수 있다는 점을 기억해야 한다. 칼을 뽑을 때 상처부위의 피부에 의해 혈액이 닦일 수 있기 때문이다. [90]

---

89) 홍성욱·최용석 역, 앞의 책., p. 207.
90) 앞의 책., pp. 207-208.

(3) 혈흔의 검출

1) 의 의

범죄현장에 있는 혈흔의 존재여부를 눈으로 확인하기 불가능할 경우에 혈흔 검출 시험이 필요하다. 특히 이 방법은 범인이 사건현장을 청소했거나 혈액과 유사한 색깔을 띠는 녹물이나 쵸코우유 등과 같은 물질과 혈흔을 구분하기 위하여 사용되는 화학반응 기법이다.

2) 혈흔 검출 순서

첫째, 육안으로 혈흔부착 여부 및 부착상태 관찰, 둘째, 혈흔으로 의심이 가는 부위에 대해 과연 혈흔인가를 증명하는 혈흔 예비시험과 확인시험실시, 셋째, 혈흔으로 증명되면 사람의 혈흔인가를 증명하는 인혈증명시험을 실시한다. 마지막으로 사람의 혈흔으로 증명된 다음에는 혈액형 검사를 실시한다.

(4) 혈흔예비시험

1) 루미놀(Luminol) 시험

① 육안확인 불가능 혈흔 발견

루미놀 용액 시험은 육안으로 발견하기 어려운 혈흔을 식별하기 위해서 범죄현장에서 쉽게 사용할 수 있는 시험방법으로서, 혈흔이 약 1만~2만배 정도 희석되어도 효과가 나타난다. 따라서 혈흔 검사부위가 넓거나 범인이 현장을 청소한 경우에도 사용할 수 있는 방법이다. 오래된 혈흔에 더 잘 반응한다.

② 루미놀 시약의 성분

루미놀 시약은 루미놀 1g, 무수탄산나트륨 50g, 30% 과산화수소수 150ml를 증류수 1000ml에 차례로 혼합하여 완전히 용해시켜 제조된다. 이 시약은 4℃의 냉장고에 보관하면 약 1주일 정도 사용이 가능하다. 주의할 점은 증류수에 무수탄산나트륨을 조금씩 넣으면서 혼합시켜야 한다.

③ 사용방법

루미놀 시약은 제조후 끓어오르는 변화를 보이는데 이 경우 어느 정도 안정화시킨 후 사용해야 한다. 루미놀 시약은 반드시 어두운 암실에서 분무기에 넣어 분무하여 사용해야 한다. 시약이 혈흔의 혈색소와 접촉하면 5초 이내에 보라색(violet)의 형광 빛을 발하게 된다.[91]

④ 혈흔아닌 물질에 형광반응

루미놀 시약은 인혈뿐만 아니라 동물 피에도 반응한다. 또한 혈흔이 아닌 타 물질에도 형광색 반응을 한다. 반응을 하는 물질은 금속류로는 동판, 놋그릇, 식품류로는 무즙, 고구마즙, 우유, 커피, 화학약품의 경우는 무수탄사소다, 무수아유산소다, 유산동, 유산제1철, 유산제2철, 염화제1철, 염화제2철, 유산니켈, 초산코발트, 과망간산칼륨, 적혈염 등이다.

2) 류코 말라카이트 그린 시험

① 의 의

류코말라카이트 그린(Leuco Malachite Green: LMG) 시험이란 육안으로 혈흔 모양이 발견되는 경우에 실시되는 시험방법을 말한다. 이를 무색말라카이트 그린이라고도 하는데 류코(leuco)가 백색(white)이라는 뜻에서 연유한 것 같다.

② 성 분

류코말라카이트 그린(綠)1g, 빙초산100ml. 증류수 150ml를 혼합시킨 다음 3%과산화수소수를 4:1 용량으로 혼합시켜 사용한다. 4℃ 냉장고에 보관하면 약 1주일 사용이 가능하다.

③ 사용방법

혈흔으로 의심되는 물질을 식염수에 적신 거름종이나 면봉으로 채취하여 백색종이 위에 놓고 무색 말라카이트 그린 시약을 떨어뜨리고 그 위에 3% 과산화수소수를 첨가하면 혈흔은 즉시 초록색을 띤 청색(greenich-blue color)을 나타낸다.[92] 혈액이 약 1만 배 정도 희석되어도 검출이 가능하다. 그러나 소량의 혈흔을 식별하여 DNA 감정 시료를 채취할 경우에는 LMG는 사용되어서는 안 된다.

---

91) Geberth, *op.cit.*, p. 577.
92) *Ibid.*, p. 577.

3) 벤지딘 검사법

벤지딘 색깔 반응 테스트(Bengidine color reaction test)는 전통적으로 범죄현장과 실험실에서 혈흔검출을 위해 사용되어왔다. 그러나 벤지딘이 암유발 물질을 함유하고 있는 것으로 밝혀져 최근에는 사용되지 않는다.[93)]

① 벤지딘 시험은 혈흔 위에 찍힌 잠재 족적이나 불선명한 족적이 장시간 경과된 경우에 사용된다.

② 벤지딘 시약은 벤지딘 알코올 포화용액에 식초산 몇 방울을 가한 후 3%의 과산화수소와의 비율을 7:3 또는 8:2의 비율로 혼합한다.

③ 혼합액을 그라마토 그라피 분무기로 족적에 살포하면 남청색의 색깔이 나타난다.

4) 페놀프탈레인 검사법

페놀프탈레인 검사법(phenolphthalein)은 벤지딘 검사법을 대신하여 출현한 기법이다.[94)] 이 기법은 혈액에 대한 선택성과 감도가 아주 좋아 일반적으로 많이 사용된다. 식염수(saline solution)에 적신 면봉으로 혈흔 의심물질을 묻혀 그 위에 페놀프탈레인 시약 한 방울을 떨어뜨리고 그 다음에 3% 과산화수소수 한 방울 첨가하면 혈흔은 15초 이내에 핑크색을 띠다 적색으로 변한다.[95)] 이 시약은 채소같은 물질에도 반응하는 문제가 있다.

5) 오소톨리딘 검사법(Othotolidine test)

오소톨리딘 검사법은 식염수에 적신 면봉을 혈흔 의심흔적위에 문질러 물질을 채취한다. 오소톨리딘 시약 한 방울을 면봉위에 떨어뜨리고 그 다음에 3% 과산화수소수 한 방울을 첨가하면 혈흔은 강력한 청색을 띠게 된다.[96)]

6) 테트라메틸벤지딘 검사법(Tetramethylbenzidine test: TMB)

TMB는 혈액속의 혈색소와 반응한다. 혈흔이 있는 표면에서 약 25.4cm 떨어져 2~3번 가볍게 분문기로 시약을 뿌린다. 혈흔 부위는 초록색을 띤 청색(Greenish blue)으로 변한다. 과잉분무는 혈흔부위를 진청색으로 변하게 한다.[97)]

---

93) Gilbert, *op.cit.*, pp. 274-275.

94) *Ibid.*, p. 275.

95) Geberth, *op.cit.*,, p. 577.

96) *Ibid.*, pp. 577-578.

7) 헤마글로 검사법(Hemaglow test)

헤마글로 시약은 혈액속의 단백질에 반응한다. 특히 이 시약은 루미놀과 달리 일반 세제에는 반응하지 않는다는 장점이 있다. 혈흔은 시약의 작용으로 아주 밝은 적색으로 변하고 일반 사진기로 촬영할 수 있다.[98]

8) 류코크리스탈 바이올렛 검사법(Leucocrystal violet: LCV)

LCV는 혈흔을 진한 보라색으로 변화시키는 새로 개발된 강력한 혈흔 식별시약이다. LCV는 더 이상의 혈흔 검사를 할 필요 없이 현장에서 채취한 혈흔 식별결과를 법정에서 인정받는 강력한 시약이다. 그러나 LCV는 소량의 혈흔을 가지고 DNA 감정을 할 필요가 있는 경우에는 사용되어서는 안 된다.[99]

9) 플루오레신 검사법

플루오레신(Fluorescein)이라는 화학적 합성물은 혈액속의 헤모글로빈과 산소사이에 반응이 일어나도록 촉매작용을 한다. 이 시약은 어두운 곳에서 사용하면 혈흔이 형광을 발하게 된다. 장점은 시약을 1회 사용하고 자외선을 투사하면 몇 시간 동안 형광을 발하는 것과 같은 형광흔적을 생산한다.[100]

(5) 혈흔확인시험

1) 헤모크로모겐 결정체 시험

예비시험에서 혈흔 양성반응을 나타낸 부위에 대한 헤모크로모겐(hemochromogen) 결정체 시험을 통해 혈흔을 확인해야 한다. 혈흔이라면 붉은 색깔의 국화 꽃술모양의 결정체가 현미경에서 관찰된다. 혈액이 200배 이상 희석되면 검출이 곤란하다.

2) 성별구분

혈흔을 현미경으로 관찰하면 여성혈흔에서는 남성혈흔에서 거의 관찰되지 않는 돌기 모양의 백혈구 세포액이 있어 남·녀 구분이 가능하다.

---

97) *Ibid.*, pp. 578-579.

98) *Ibid.*, p. 579.

99) *Ibid.*, p. 579.

100) *Ibid.*, p. 579.

(6) 인혈증명시험

인혈증명시험은 증거물의 혈액이 사람혈액 또는 동물혈액인지 여부를 검사하는 시험을 말한다. 소량의 혈흔만 있어도 시험이 가능하지만 반드시 피의자나 용의자의 대조혈액과 함께 시험하여 시험 방해 물질이 존재하는지 확인해야 한다.[101]

미국의 경우에 약 24종의 동물 혈청이 시판되고 있어 이를 이용해 인혈검사가 가능하다. 법과학감정소에서는 사람 및 개, 고양이, 토끼, 소, 말, 사슴 등 동물의 항혈청을 주로 사용하고 있다. 즉, 사람 혈액을 토끼 등 동물에 면역주사해서 만든 항사람 면역혈청을 이용하여 인혈인지를 확인할 수 있다. 이 면역혈청은 사람혈액에만 선택적으로 반응한다.

(7) 혈액형 검사

혈흔은 범인과 범죄사실을 밝힐 수 있는 객관적인 범적이다. 혈흔은 혈액형, 성별, DNA 지문 등을 검출할 수 있는 수사자료가 되기 때문이다. 혈액형은 ABO식, MN식, RH식 혈액형(C, c, D, E, e)으로 구분된다. 최근에는 개인 식별을 위해 세 가지 혈액형의 감정 필요성이 증가하고 있다. 사람 혈액으로 판명이 되면 제일 먼저 ABO식 검사를 실시하고 그 다음으로 MN식과 RH식 검사를 추가로 실시한다.

(8) 혈흔 채취와 보존

혈흔은 현장에서 발견되는 여러 증거물 중 가장 변질되기 쉬운 물질이다. 그것은 채취와 보존방법에 따라 그 사용가치가 수일에서 수개월 간의 차이를 보인다. 그늘진 곳에서 자연 건조시켜 종이봉투에 넣어 냉동보관하면 수개월동안 증거가치를 유지한다. 유동혈액 역시 냉동보관해야 부패속도를 늦추고 증거물로 사용될 수 있다.

1) 유동혈액

① 다량의 유동혈액

유동혈액이 많을 경우 점안기(eyedropper) 또는 피하주사기(hypodemic syringe)로 채취하여 살균된 용기(5cc 이상)에 넣어서 감정의뢰한다. 채취된 혈액을 실험실에 즉

---

101) 홍성욱 · 최용석 역, 앞의 책, p. 211.

시 옮기거나 냉장보관한다. 그러나 유동혈액을 얼게 하는 냉동보관은 금물이다.[102] 유동혈액은 장기간 냉장보관시 변질의 문제가 발생하므로 즉시 감정의뢰하는 것이 효과적이다. 혈액의 오염을 방지하기 위하여 EDTA같은 항응고제를 사용할 수 있다.

② 소량의 유동혈액

소량의 유동혈액은 100% 면봉 또는 거즈를 사용하여 시료를 채취한다. 이것을 공기속에서 완전히 건조시킨 후 살균된 시험관이나 깨끗한 용기에 넣어서 보존한다.[103] 소량의 유동혈액을 채취하여 간단하게 보존하는 방법은 거름종이나 면봉, 또는 면 거즈 등을 혈액 위에 올려놓고 혈액을 흡수시켜 이것을 건조시켜 냉장고에 보존한다. 또는 깨끗한 순면 천 조각을 0.5cm 크기의 사각형 형태로 잘라 혈액위에 올려놓고 혈액을 흡수시켜 핀셋으로 이를 끄집어내어 시험관에 넣은 후 시험관 마개를 열어두고 공기 중에서 건조시켜 냉동고에 보관하면 된다.[104]

2) 마른 혈흔

① 비다공성 표면(nonporous surface)부착 혈흔

충분한 혈흔이 비다공성 표면위에 부착되어 있을 경우에 일단 혈액이 굳어서 떨어지는 상태라면 면도날, 메스, 혹은 깨끗한 주머니 칼로 떼어낸 후 살균된 용기에 보관한다.[105] 또는 깨끗한 종이에 옮겨 혈흔이 떨어지지 않도록 종이를 접어 봉투에 넣고 밀봉한다. 하나 이상의 흔적으로부터 혈흔을 채취할 경우에 사용하는 면봉, 면도날, 외과용 메스, 기타 사용도구 등은 각 시료마다 별도의 것을 사용해야 한다. 한 번 사용한 도구는 절대로 다시 사용해서는 안 된다.[106]

마른 미세 혈흔을 긁어서 채취할 수 없는 경우에는 약 0.5cm 크기의 천 조각에 생리 식염수를 묻힌 후 핀셋으로 혈흔 부위에 천을 대고 문질러 채취한다. 혈흔이 채취되면 천에 검붉은 색이 베어든다. 이 천을 살균된 시험관에 넣고 마개를 열어두고 건조시켜 냉동고에 보관한다.

---

102) Geberth, *op.cit.*, p. 574.
103) *ibid.*, p. 574.
104) 홍성욱 · 최용석 역, 앞의 책., p. 209.
105) Geberth, *op.cit.*, p. 576.
106) *Ibid.*, p. 576.

② 다공성 표면 부착 혈흔

혈흔이 종이나 섬유, 목재같은 작은 구멍이 많은 물체위에 부착된 경우에는 부착된 물체 그 자체를 채취하여 살균된 용기에 넣어 포장하여 실험실에 의뢰한다. 물체가 너무 크거나 운반하기 어려운 경우에는 부착된 혈흔 부분과 혈흔이 없는 그 인접부위를 대조시료로서 절단하여 실험실에 분석 의뢰한다. 이 대조시료는 혈흔 부착부위에 혈흔 감정에 방해되는 물질이 있는지 여부를 확인하는데 사용된다.

절단이 불가능한 물체에 혈흔이 부착되어 있고 긁어서 채취할 수 없는 경우에는 100% 면봉이나 거즈를 증류수에 적셔 혈흔을 채취한다. 이 경우에 혈흔이 없는 인접부위를 대조시료로서 채취해야 한다. 혈흔을 채취한 면봉이나 거즈는 공기에 건조시켜 살균된 시험관이나 용기에 넣어 포장한 후 실험실에 의뢰한다.[107)]

3) 부착혈흔의 종류에 따른 처리방법

① 의복이나 천 등에 부착된 혈흔

혈액에 젖은 의복은 그늘진 곳에서 자연 건조시킨 후 혈흔 부착부위에 원을 그려 표시하고 깨끗한 종이를 사이사이에 끼워서 혈흔이 다른 부위와 겹치지 않도록 포장한다. 젖은 상태로 포장하거나 신문지에 포장하는 것은 금물이다.

부착된 혈흔이 쉽게 떨어질 것 같으면 이를 채취한 후 별도로 포장하여 혈흔이 부착되어 있던 물체와 함께 보낸다. 공기가 통하도록 포장하고 비닐봉지에 넣어 밀봉하거나 종이로 단단히 포장하면 쉽게 부패할 수 있으므로 느슨하게 포장해야 된다. 부착된 혈흔 그 자체를 감정소에 시료로 보낼 때 증거물뿐만 아니라 혈흔이 부착되지 않은 인접부위를 깨끗한 천으로 문질러 대조시료를 채취하여 보내야 한다.

② 카펫이나 매트리스에 부착된 혈흔

혈흔이 카펫이나 매트리스에 부착된 경우에 부착물체를 운반하기 불가능하므로 0.5cm 천조각으로 혈흔을 채취하여 건조시켜 보관하거나 혈흔이 부착된 부위를 잘라내어 포장을 해서 채취부위를 표시하여 법과학감정소에 보낸다. 이때 혈흔이 부착되지 않은 인접 부위도 대조시료로 함께 채취하여 보내야 한다.

---

107) *Ibid.*, p. 576.

③ 흉기 등에 부착된 혈흔

칼날이나 손잡이에 부착된 혈흔은 부착부위를 건조시킨 다음 깨끗한 비닐로 포장한다. 이 때 혈흔 부위에 너무 밀착되지 않도록 주의해야 한다.

④ 손톱에 부착된 혈흔

가능한 범위에서 손톱 끝부분에서 안쪽으로 적당한 길이로 잘라 비닐종이에 싸서 포장한다. 너무 깊게 자르면 피해자의 혈흔이 묻어나오므로 범인의 혈흔검출이 불가능할 수 있다.

⑤ 아스팔트나 벽면에 부착된 혈흔

아스팔트나 벽면과 같이 혈흔이 부착된 물체가 고정되어 운반이 곤란한 경우 거즈 또는 면봉이나 면으로 된 천조각에 생리식염수를 묻혀 부착된 혈흔을 닦아 그늘에서 건조시켜 검사 의뢰해야 한다. 이때 거즈 대신 솜을 사용해서는 절대 안 되고 또한 알코올을 사용해서도 안 된다.

4) 침투혈흔

사건현장의 땅 바닥에 스며든 혈흔은 그 부분의 흙을 채취하여 그늘에서 건조시킨 다음 포장한다. 다른 흙과 섞이지 않도록 한다.

2. 타 액

(1) 타액(saliva)의 출처

타액(침)은 범인과 피해자의 몸 그 자체, 그리고 범죄현장에서 발견된 유류품이나 물체 등에서 흔히 얼룩의 형태로 존재한다. 타액은 담배꽁초에서 가장 많이 발견되지만, 범인에게 물린 자국이나 범인이 핥은 장소, 침대나 침대보 또는 이불이나 담요, 모자, 손수건, 마스크, 휴지나 수건, 칫솔, 병의 주둥이, 컵이나 캔, 껌, 우표 등에서 채취될 수 있다.[108] 타액은 범인의 혈액형과 성별, 그리고 유전자 지문 추출이 가능하다는 점에서 중요한 증거물이다.

---

108) Gilbert, *op.cit.*, p.273.

(2) 타액(타액반)의 검사방법

1) 타액 유무 증명

① 자외선 검사방법

육안으로 타액을 식별할 수 없는 경우에 자외선 투사기로 암실 내에서 증거자료에 자외선을 비쳐 형광을 발하는 부위를 확인한다. 이때 형광을 발하는 물질은 타액 외에도 정액, 질액, 접착제, 풀 등이 있으므로 주의해야 한다.

② 전분소화효소(아밀라아제) 검출시험

자외선을 투사할 경우에 일단 형광을 발하는 물질에 대하여 타액임을 확인하기 위해서는 다시 타액에 함유되어 있는 전분 소화효소인 아밀라아제 검출시험을 실시하여 타액의 존재를 증명해야 한다. 검사대상인 타액반을 전분용액에 넣어서 전분이 소화되는지의 여부를 검사하는 방법이다.[109)]

2) 사람타액 증명시험

타액의 존재를 확인한 경우에 개나 고양이 같은 동물의 타액이 범죄현장에 존재할 수 있으므로 사람 타액을 토끼에 면역주사하여 만든 '항사람 타액면역혈청'을 이용하여 사람의 타액인지를 확인한다. 이 항사람 타액면역혈청은 사람의 타액에만 반응한다.

3) 혈액형 검사와 개인식별 검사

ABO식 혈액형 검사 등으로 혈액형을 검사하고 누구의 타액인지를 확인하는 개인식별 검사를 한다. 혈액형 검사는 분비형과 비분비형 검사, 루이스식 검사. ABO식 혈액형 검사가 가능하다.

(3) 타액의 채취 및 보관요령

타액(침)의 채취방법은 타액의 성질과 타액이 부착된 표면의 성질에 따라서 달라진다. 타액이 부착된 표면은 크게 다공성 표면과 비다공성 표면으로 대별된다.

---

109) 양태규, 앞의 책., p.627.

1) 다공성 물체의 타액

① 옷이나 종이, 목재, 마분지(판지) 같은 다공성 물체(porous items)에 유동성 타액이 부착된 경우에는 다른 물체에 이를 흡수시켜 채취한다.[110] 유동성 타액은 깨끗한 유리병에 넣어 낮은 온도 상태, 즉 얼음상자에 넣어 운반한다. 그러나 유동타액 역시 공기에 건조시켜 종이봉지에 넣어 냉동보관한 후 운반하는 것이 원칙이다.

② 다공성 물체 위의 타액반은 인접한 부분까지 조금 넓게 절단하여 채취한다. 물기가 있는 타액반은 건조시켜 포장해야 한다.

③ 타액반이 부착된 물체 전체를 채취가능한 경우에는 전체를 채취하여 감정의뢰한다. 이 경우에도 타액반에 물기가 있는 경우에는 건조시킨 후 포장해야 한다.

④ 담배꽁초나 휴지, 또는 헝겊 등에 부착된 타액은 그늘에서 완전히 건조시킨 다음 부착물체 전체를 포장하여 냉동 보관한다. 타액 얼룩이 여러 개일 경우에는 서로 분리해서 포장함으로써 접촉되지 않도록 해야 한다. 또한 타액 부착 부위를 연필로 원을 그려 위치를 표시하여 채취하고 타액이 부착된 물체가 클 경우에는 혈흔과 마찬가지로 그 주변부를 포함하여 오려서 채취하고 포장하여 냉동 보관한다.

2) 비다공성 물체의 타액

① 쇠붙이나 유리 등 비다공성 물체(nonporous item)에 부착된 타액은 타액이 부착된 물체 전체를 수거할 수도 있고, 타액이 부착된 부분을 중심으로 인접부분까지 절단하여 채취할 수도 있다.[111]

② 비다공성 물체에 부착된 타액은 포장시에 포장제와의 마찰로 인하여 훼손이나 제거되기 쉽다는 문제가 있으므로 주의해야 한다. 이 경우에도 포장하기 전에 반드시 공기중에서 건조시켜야 한다.

③ 혈흔과 마찬가지로 물기가 있는 타액은 보관해서는 안 된다. 증거물인 타액과 대조가능한 용의자나 피의자의 타액도 대조시료로서 채취하여 보관해야 한다.

---

110) Geberth, *op.cit.*, p. 584.

111) *Ibid.*, p. 584.

(4) 타액의 유용성

타액은 PCR같은 고도로 민감한 DNA검출기법의 출현으로 인하여 오늘날 수사관들에게는 보다 유용한 증거물이 되고 있다. 타액에 존재하는 DNA는 용의자의 구강에서 면봉으로 채취되는 상피세포 안에 존재한다. 사실 이러한 증거시료 채취는 많은 용의자를 검사하는데 사용되는 주된 방법이다. 타액을 면봉으로 구강에서 채취하여 DNA를 검출하는 방법은 혈액 채취에 비해 강제적이지 않고 쉽고 신속한 방법이다.112)

3. 정 액

정액은 혈흔 다음으로 살인사건 현장에서 많이 발견되는 체액이다. 정액은 사람의 혈액형은 물론이고 DNA유전자를 검출할 수가 있어서 성범죄자의 특정에 아주 중요한 자료가 된다.

(1) 정액의 증거 가치

정액(semen)은 정자(spermatozoa)를 포함하고 있는 남자의 재생산 액체를 말한다. 정자의 존재와 모양은 범죄단서로서의 정액의 가치에 대단히 중요하다. 정자는 일반적으로 신선한 정액에는 1ml 중 약 8천만 내지 1억 2천만 마리가 존재할 정도로 엄청나게 존재하지만 현미경의 도움 없이는 볼 수 없다.

사정된 정자는 여성의 몸안에서 15시간까지 활동적인 상태로 존재한다. 그러나 여성의 몸안에서 24시간이 지나면 일반적으로 비활동 상태가 되고 완전히 용해된다. 여성의 몸내부가 아닌 곳에 존재하는 정액반에서 정자는 상당히 긴 기간 동안 손상되지 않은 원래 상태로 존재할 수 있다. 그러나 정자의 생존기간은 여성의 질내에서는 72시간 또는 그 이상 생존한다는 주장도 있다. 또한 사체에서는 보존상태에 따라 1~2주 후에도 정자가 검출될 수 있으나 사체가 부패되면 일반적으로 정자도 같이 소실된다.

모든 정액이 정자를 포함하고 있는 것은 아니다. 정자 세포는 극히 깨어지기 쉬운

---

112) *Ibid.*, p. 585.

성질을 가지고 있어서 부적절하게 처리하면 쉽게 파괴될 수 있다. 또한 어떤 사람은 무정자증이나 성병으로 인하여 정자가 없거나 부족현상이 발생할 수 있다. 범죄현장이나 사람의 몸에서 채취된 정액이 DNA검출 검사를 받아야 한다면, 먼저 그것이 정자를 함유하고 있는 지 검사를 받아야 한다. DNA세포를 함유하고 있는 것은 정액이 아니라 정자세포이다.[113]

(2) 정액검사 방법

1) 정액의 발견 장소[114]

① 피해자

정액은 피해자의 몸 내부나 외부에서 발견될 수 있다. 이때 발견되는 정액은 증거로서의 가치가 인정되는 경우가 많다.

② 피의자나 용의자

정액은 피의자의 몸 외부에서 발견될 수 있다. 이러한 증거물은 범죄증거로서의 가치를 인정받지 못한다.

③ 범죄현장

정액은 범죄현장의 특정장소나 물체에서 발견된다. 범죄현장에 있는 침대시트, 수건, 종이로 된 수건, 화장지나 휴지 등에서 정액반이 발견된다. 성폭력의 증거로 보이는 정액얼룩이 남아있는 장소는 법과학 전문가들의 분석에 의해 구체화되거나 밝혀져야 한다. 과학적인 감정을 거친 범죄현장의 정액은 당연히 증거로서 인정받는다.

2) 정액 확인 방법

정액이 의복, 손수건, 휴지 등 어떤 물체에 부착된 후 건조되어 있는 상태를 정액반이라고 한다. 일반적으로 정액검사는 정액반이 대상이 된다. 정액반의 감정순서는 ① 육안관찰, ② 자외선 투사기에 의한 관찰, ③ 정자의 관찰, ④ 효소검출시험법, ⑤ 사람정액증명시험, ⑥ 혈액형 검사시험의 순서로 이루어진다.

---

113) Gilbert.*op.cit.*, pp. 304-305.
114) *Ibid.*, p. 305.

① **육안관찰**

정액반은 육안으로 황회백색의 색깔을 띤다. 강간의 경우 범인이 콘돔을 사용했거나 무정자증인 경우 또는 정관수술이나 질외 사정을 했을 경우에는 정자가 검출되지 않는다. 그러나 정관수술후 2개월 반까지는 정자가 배출된다.

② **자외선 투사방법**

정액반이 육안으로 관찰되지 않을 경우 정액반을 암실에서 자외선 투사기에 의해 투사하게 되면 정액반 주위에서 형광색깔이 나타난다. 이 경우에 형광은 어떤 세탁용 세제와 많은 다른 물질에 의해서도 발생하기 때문에 식별이 잘못될 수 있다. 범죄현장에서 정액반 발견을 위해서 수사관들은 휴대용 자외선 등(검은 빛)을 사용한다.[115] 그러나 자외선은 DNA구조를 파괴하거나 변형시킬 수 있다.

③ **정자의 관찰**

금방 배출된 정액은 40배의 일반 현미경으로 관찰하면 쉽게 정자를 발견할 수 있지만, 정액반은 정자를 발견하기 어려운 경우가 많다. 따라서 다음과 같은 몇 가지 방법을 사용한다.

㉠ 직접관찰

정액반 부위를 절단하여 증류수를 가하여 정액반 침출액으로 만든 다음 400배의 일반현미경으로 관찰한다.

㉡ 염색법에 의한 관찰

직접관찰로 정자가 발견되지 않을 때 염색에 의해 관찰한다. 즉, 바에키(Baechi) 염색법 또는 코린스토키(Cor-in-storckis)염색법 등에 의해 염색을 한 다음 일반 현미경의 400배에서 관찰한다. 바에키 염색법에서는 정자의 머리부분은 적색, 꼬리부분은 청색으로 염색되어 관찰되며, 코린스토키 염색법에서는 정자의 머리부분은 적색 또는 엷은 적색으로 관찰된다.[116]

④ **인산염 시험법(효소검출시험)**

정액이 옷이나 특정 물체에서 발견될 경우에는 현미경 검사를 위해 액체로 바꾸

---

115) *Ibid.*, p.306.
116) 양태규, 앞의 책., p. 629.

어야 한다. 이때 가장 일반적인 화학적 시험방법은 인산염 테스트(acid phosphatase test)로 알려져 있다. 이 검사는 전립선에 의해 분비되는 인산염 효소가 정액속에 존재하는지 여부를 확인한다.[117] 정액에는 인체의 다른 부분에 비하여 특이한 인산염 효소를 지니고 있기 때문에 이 효소가 존재하는 정액반(Seminal strains)은 검사에 의해 양성일 경우 보라색을 띠게 된다.

⑤ 사람정액 증명시험

정액반응 시험에서 양성반응이 나타날 경우에는 사람정액을 토끼에 면역주사하여 항사람 정액 면역혈청을 만들어서 사람정액 여부를 검사한다. 이 면역혈청은 사람 정액에만 반응을 하며, 사람 정액으로 확인될 경우에는 ABO식 혈액형 검사를 통해 혈액형을 검출한다.

2) 정액의 채취방법

① 유동성 정액

유동성 정액은 점안기나 피하주사기로 채취하여 살균된 시험관에 옮겨서 보관한다, 유동성 정액이 아주 소량일 경우에는 면봉이나 면 거즈로 채취한다. 이 경우에는 즉시 공기 중에서 건조시켜 살균된 용기에 넣어서 보존한다.[118] 축축한 정액이 완전히 마르기 전에 포장된다면 변질과 분해가 발생한다.[119]

② 정액반

정액반이 의류, 휴지, 팬티 등에 부착된 경우에는 부착물체 전체를 수거하여 정액 부착부위가 파괴되거나 오염되지 않도록 깨끗한 종이를 사이에 끼워 포장을 해야 하며 반드시 증거물 전체를 손상시키지 않고 의뢰해야 한다. 인체에 부착된 정액반은 증류수에 적신 100% 면거즈를 사용하여 부드럽게 채취하고 공기 중에서 건조시킨 후 살균된 시험관이나 용기에 보존한다.[120]때때로 자외선이나 가변광원이 정액반을 찾는데 사용된다. 그러나 많은 경우에 어떤 세정제에 사용되는 형광물질이나

---

117) Gilbert., p. 305.

118) Geberth, *op.cit.*, pp. 581-582.

119) Gilbert, *op.cit.*, p. 306.

120) Geberth, *op.cit.*, p. 582.

많은 다른 물질 역시 형광을 발하는 사실 때문에 정액반 발견에 실패한다. 또한 자외선은 DNA의 구조를 파괴할 수 있다.121)

모든 정액반 증거물은 종이로 포장하고 운반용기 역시 종이로 만들어진 것이어야 하며 플라스틱 용기는 피해야 한다. 후자는 정액반의 오염을 야기할 수 있기 때문이다.122)

③ 질액과 혼합된 정액

여러 개의 면봉을 준비하여 질 심층부위, 중간부위, 질 외벽 등에서 체액을 고루 묻혀내어야 한다. 또한 질액과 혼합되어 있는 정액의 혈액형 추정 감별을 필요로 할 때는 반드시 피해자의 혈액을 약 1~2ml(약 1cc)를 채취하여 함께 의뢰한다. 정액과 질액이 혼합된 혼합액으로 정액의 혈액형만 선택적으로 판정하기는 어려우므로 피해자의 혈액형 검사가 필요하다.

④ 콘돔의 흔적 증거

범죄자들은 DNA 식별에 관한 일반적인 지식을 학습하게 됨에 따라 범죄현장에 체액을 남겨두지 않기 위해 매우 조심하는 등 지능적으로 행동한다. 강간범 역시 DNA 식별 가능성을 피하기 위해 콘돔을 사용한다. 라스베가스 메트로폴리탄 경찰국의 연구에 의하면, 최근에 강간범의 34%가 콘돔을 사용한 것으로 밝혀졌다.

그러나 콘돔이 DNA 프로파일에 필요한 정액을 발견하지 못하게 할지라도, 그 사용으로 가치있는 흔적 증거들이 역시 남을 수 있다. 콘돔 제조자들은 제조회사별로 특이한 자연적 물질과 합성물질을 사용하여 콘돔을 생산한다. 즉, 다양한 윤활제, 분말, 살 정자제(spermicides) 등을 사용한다. 이러한 물질들이 콘돔에 남아있어 수사관들이 이 물질들을 이용하여 범인을 추적할 수 있다. 콘돔 잔류물이 의사들에 의해 확인되면, 개별화된 범죄흔적들은 강간범의 코르파스 딜릭타이(corpus delicti), 즉 범죄주체를 확보하는데 필요한 범죄증거를 제공할 수 있다. 연쇄강간범의 범죄행위는 사용한 콘돔 잔류물을 비교함으로써 단일범의 소행으로 밝혀질 수 있다.123)

또한 콘돔의 특별한 상표는 용의자를 범죄현장과 연결시킬 수 있는 범죄흔적이

---

121) *Ibid.*, pp. 582-583.

122) Gilbert, *op.cit.*, p. 306.

123) *Ibid.*, p.306.

될 수 있다. 즉, 용의자가 사용한 콘돔과 같은 상표를 가진 콘돔이 그의 자동차나 집에서 발견된다면, 그것은 용의자가 범죄현장에 있었다는 증거가 될 수 있다.

4. 모 발

(1) 의 의

모발은 네 가지 주요 부분으로 구성되어 있다. 첫째, 두피(cuticle)는 이중적인 각질로 구성되어있는 외부표면을 말한다. 둘째, 피질(cortex)은 모발의 중심을 둘러싸고 있는 가늘고 긴 세포들로 구성되어 있다. 셋째, 수질(medulla)은 모발의 중심부를 말한다. 넷째, 모근(root)은 모낭에 부착되어 있는 머리의 뿌리부분으로서 DNA가 풍부한 물질로 구성된 둥근형태이다.124) 이 모두가 중요하지만 특히 DNA가 풍부한 모근이 중요하다.

모발은 어린아이나 노인층보다 젊은 층의 모발에는 수질이 많으며, 머리카락은 다른 부위의 모발에 비해 광택이 좋다. 또한 모발은 멜라닌 색소의 양에 따라 다른 색을 나타내는데 색소의 양이 많으면 흑갈색, 색소가 적으면 갈색, 색소가 없으면 흰색 모발이 된다.

범죄증거로서 모발은 그 출처가 대부분 분명하게 밝혀질 수 있으나 모발시료는 의미있는 비교분석을 하기에는 아주 제한적이다. 따라서 모발만으로는 어떤 결정적인 결론을 내릴 수 없다.125) 즉, 모발은 특정인의 모발이라는 절대적인 식별능력이 없고 특정인의 모발에 유사하다는 식별만 가능하다. 따라서 모발은 용의자 배제에 주로 사용된다.

(2) 범죄현장과 모발의 존재

1) 비폭력 및 폭력범죄 현장에 존재

모발증거는 일반적으로 살인, 강간, 폭력, 강도, 교통사망사고 그리고 절도 등 다양한 형태의 범죄현장에서 발견된다. 인간의 모발은 상당히 일정한 비율로 머리에서

---

124) *Ibid.*, p.277.
125) Geberth, *op.cit.*, p.590.

자연탈락한다. 따라서 범인은 절도와 같은 비폭력범죄 현장에도 모발을 남길 수 있다. 한편, 모발은 성범죄와 같이 범인과 피해자 간의 근접 폭력행위 동안에 강제적으로 뽑혀질 수 있다. 또한 모발은 무기나 둔기를 사용하는 폭력범죄의 경우에 그 범죄도구의 표면에 부착되어 있을 수 있다.[126)]

2) 모발 또는 섬유의 범죄수사 용도

① 범죄현장의 범위 결정에 도움이 된다. ② 범죄현장에 있었던 사람들을 발견할 수 있게 한다. ③ 용의자와 흉기를 연결시킨다. ④ 목격자의 진술을 지원한다. ⑤ 범죄현장 출입구 및 도주로를 확인할 수 있게 한다. ⑥ 피의자, 피해자, 범죄현장 기타 범죄도구 등의 위치를 확인가능하게 한다.[127)]

(3) 모발의 유용성

1) 모발형상에 의한 개인식별

모발은 직상모, 파상모 등으로 구분되며 직상모는 길고 직선형태이며, 파상모는 물결모양으로 그 길이는 비교적 짧고 곡선이나 나선형태를 이루며, 구상모는 짧고 많은 수의 모발이 밀집하여 직경 1~3cm의 나선상 다발의 형태를 이룬다. 따라서 그 형상만으로도 개인식별이 가능하다. 그러나 현미경으로 모발의 형상을 검사하는 경우, 모발은 특정인을 식별할 수 있는 적극적인 증거물은 될 수 없으며, 다양한 분석기법을 통하여 상당한 확률을 가지고 누구의 소유인가를 밝힐 수 있을 뿐이다.[128)]

2) 혈액형 검출과 유전자 지문검출

모발에 모근이 부착되어 있을 경우 혈액형 검사와 DNA지문 검사가 가능하다. 물론 혈액형은 모근이 없는 모발에서도 가능하다. 특히 강제로 뽑혀진 모발의 모근은 DNA를 검출할 수 있고 또한 혈액형과 성별 구분이 가능하다.[129)] 그러나 자연탈락된 모발은 모근이 없는 경우가 많다. 또한 모발은 DNA 감정을 통하여 산 사람과

---

126) Gilbert, *op.cit.*, pp. 276-277.
127) Geberth, *op.cit.*, p. 587.
128) *Ibid.*, p. 277.
129) 홍성욱·최용석 역, 앞의 책., pp. 187-188.

변사자 식별 모두에 도움을 줄 수 있다. 친자확인이나 변사자의 신원확인 등이 대표적인 사례이다.

3) 마약류 사용여부 검사

마약성분은 혈액을 따라 순환하다 모발에 스며들어 머물게 된다. 그 이유는 모발이 바로 인체의 쓰레기통으로 기능하기 때문이다. 즉 사람 몸에 들어 온 마약물질은 최종적으로 머리카락 속에 머물게 된다.[130] 따라서 모발은 필로폰 및 MDMA(엑스터시) 투약검사 등을 위한 자료가 된다. 소변은 약 72시간이 지나면 약물이 배출되기 때문에 한시적이지만, 모발에는 약물이 장기간, 즉 1~2년 동안 까지도 축적되어 있어서 중요한 시료가 된다. 따라서 모발은 마약투약자의 사용 역사를 제공한다.

4) 유골만 남은 시신의 경우 유력한 수사자료

모발은 범죄수사에 있어서 주요한 증거가 아닐 수도 있고 수사의 초기 단계에 발견되지 않을 수 있다. 그러나 모발은 인체가 매장되거나 화장으로 파괴된 후에도 발견될 수 있다. 범죄수사와 관련하여 인체의 다른 부분이 전부 분해된 경우에도 모발은 완전한 상태로 남아 있어 유력한 수사자료가 될 수 있다.

(4) 모발감정

1) 사람 모발 여부 검사

모발 같은 물질이 발견되면 최초의 검사는 모발인지 여부를 검사해야 한다. 때때로 섬유가 모발로 보여 수집되기도 한다. 이러한 경우에 모발과 섬유사이의 차이는 현미경 검사에 의해 쉽게 밝혀질 수 있다. 모발이라는 사실이 밝혀지면 그 다음은 그것이 사람의 것인지 또는 동물의 것인지 분류해야 한다. 대부분의 경우에 동물의 털은 사람 모발 보다 상당히 두텁다. 또한 사람 모발의 수질을 구성하고 있는 물질은 분리된 모양이거나 때로는 내부에 아무런 물질도 없는 경우도 있다. 그러나 동물털의 수질은 연속된 형태이다.[131]

사람 모발인 경우 그 모발이 머리카락인지 신체의 다른 부위에서 빠진 모발인지 밝

---

130) Geberth, *op.cit.*, p. 589.
131) *Ibid.*, pp. 278-279.

힐 수 있다. 한 때는 모발이 길면 여성, 짧으면 남성이라고 감정하기도 했으나 남녀의 헤어스타일 구분이 없는 오늘날에는 모발의 길이로는 남·녀 감정이 불가능하다.132)

2) 모발상태 검사

모발의 탈색, 염색, 파마 등의 화학처리 여부를 감정하여 용의자의 모발과의 동일성을 확인할 수 있다. 또한 현미경에 의한 모근 검사에 의하여 강제탈락된 모발인지 자연탈락 모발인지를 감정할 수 있고 이를 근거로 범인과 피해자 간의 격투나 몸싸움이 있었는지 알 수 있다. 특히 강제로 뽑힌 모발감정은 성폭력이나 살인 또는 강도 같은 폭력범죄현장에서 격투가 있었다는 것을 알 수 있고 특히 강간이 의심되는 범죄의 경우에 강간이라는 사실을 알 수 있다.

(3) 모발의 채취와 보관

1) 부착물체와 분리 금지

모발이 어떤 물체나 물질에 부착되어 있는 경우에 수사관은 모발을 그 물체나 물질로부터 분리하려고 해서는 안 된다. 모발은 혈액이나 유리잔, 또는 금속으로 된 물체에 부착되어 있을 수 있다. 이때 모발이 부착된 물체들을 조심스럽게 포장하여 감정실험실에 보내야 한다.133)

그러나 모발이 사람 몸이나 거대한 물체에 부착되어 있는 경우에는 모발의 물체 부착상태를 상세히 기록하고 사진촬영을 하는 동시에 즉시 채취한다. 특히 교통사고에서 차체에 부착된 모발은 무리하게 채취하면 사고 당시에 생긴 손상인지 구분하기 어렵게 된다.

2) 모발의 보관

범죄현장의 바닥 등에 떨어져 있는 모발은 핀셋으로 집어서 살균된 유리병이나 플라스틱 용기에 채취하여 보관해야 한다.134) 이때 모발이 구부러지거나 꺾이지 않도록 주의해야 한다. 모발을 깨끗한 종이에 접어서 넣고 다시 종이봉투에 넣어 포장

132) 홍성욱·최용석 역, 앞의 책., p. 187.
133) Gilbert, *op.cit.*, p. 278.
134) *Ibid.*, p. 278.

한 후 각각 봉투에 표시하는 것도 하나의 보관방법이다. 한 곳에서 여러 개의 모발을 수거한 경우에 이들을 분리하지 말고 같은 봉투에 넣어 포장하여 법과학 감정소에 보낸다. 이 때 모발은 마스킹 테이프(masking tape)나 셀로판 테이프를 사용하여 채취할 수 있다. 한편, 여러 곳에서 여러 개의 모발을 수거한 경우에는 각각 다른 봉투에 포장하여 표시를 한다.

3) 대조 샘플의 채취

① 모발이 범죄현장에서 회수될 때에는 피해자, 그 가족, 범죄현장 주변에 머문 모든 다른 사람 또는 범죄현장을 자주 방문한 사람 등으로 부터 충분한 대조샘플을 채취해야 한다. 또한 피의자를 체포했을 경우에 피의자의 머리의 전후좌우에서 모발을 대조샘플로서 25개 정도(24~48개 정도) 채취한다.[135] ② 채취된 모발은 따로따로 포장하여 섞이지 않도록 하고 각각 식별할 수 있는 표식을 한다. 음모의 경우 음경이나 음핵의 상하좌우에서 각각 5~10개씩 채취한다. ③ 또한 혈액형 감정과 유전자 지문 검출을 위한 수사자료로 쓰일 모발은 반드시 4cm이상의 모발을 모근까지 채취하는 것이 원칙이다. 어떤 이유로 모근이 있는 모발을 채취할 수 없는 경우에는 모근에 아주 가까운 위치에서 머리를 자르는 것으로도 충분하다. 모근이 있는 모발은 공기 중에 건조시킨 후 포장하여 감정의뢰해야 한다.[136] ④ 모발 채취방법은 피채취자가 자발적으로 직접 뽑도록 하는 것이 좋다. 거부할 경우에는 압수·수색 영장을 발부받아 신체검색의 차원에서 모발을 채취한다.

4) 사진촬영과 스켓치

모든 모발은 채취하기 전에 반드시 그 장소를 스케치하고 사진촬영을 한 후에 채취되어야 한다.

---

135) 홍성욱·최용석 역, 앞의 책., p. 188.
136) Geberth, *op.cit.*, p. 589.

5. 대 · 소변

(1) 의 의

분뇨는 ① 범인의 혈액형, ② 범인의 생활환경과 섭취음식물의 종류, ③ 사건의 종류 및 상황 등을 확인하기 위한 자료로 사용된다. 일반적으로 분뇨는 혈액형 검사 자료로 사용되지만, 대소변 모두 혈액세포가 포함되어 있을 경우에 DNA유전자 지문 감정이 가능하다.

(2) 대변 감정

1) 소화잔사물 관찰

① 대변 일부를 채취하여 거즈에 싸서 물을 빼 버리면 유형성분이 남게 된다. 이 유형성분을 육안이나 현미경으로 음식물의 종류를 추정할 수 있지만, 현미경 관찰에 의해서만 가능할 때가 많다. ② 배추, 무, 가지 등은 소화가 잘 되지 않아서 조직세포의 원형이 그대로 유지되며, 토마토, 수박, 참외, 포도, 깨 등은 그 씨를 통해 구분된다. 또한 수박, 토마토, 고추 등은 붉은 색의 색소를 띤다.

2) 개인식별

화학적 검사에 의한 분변의 증명, 사람분변의 증명, 혈액형 검사 등에 의해 개인식별이 이루어진다.

3) 대변 채취방법

대변채취는 대량 채취 시에는 작고 깨끗한 스푼으로 떠서 공기 중에서 건조한 후 살균된 용기에 보존하여 의뢰한다. 소량 채취 시에는 증류수에 100%면봉이나 거즈를 적셔 채취한 후 공기 중에 건조시켜 살균된 시험관에 보관하여 의뢰한다.137)

① 감정목적에 따른 채취

대변을 채취할 때는 감정목적에 따라 채취방법을 달리해야 한다. 혈액형 감정은 대변의 표면에서 채취, 섭취음식물의 종류 감별은 대변 내부의 것을 채취, 기생충

---

137) *Ibid.*, p. 585.

감별은 대변의 각 부분을 조금씩 채취한다.

② **병이나 비닐봉지에 채취**

대변을 채취할 경우에는 청결한 병, 나무상자나 종이상자, 비닐봉지에 담아서 부패하지 않도록 밀봉하여 포장한다. 부득이한 경우 2개의 유리병에 상당량을 채취하여 그 중 1개는 10% 포르말린 용액을 가하여 방부처리하고 나머지 1개는 원형대로 포장하여 송부한다.

③ **24시간 이내 감정의뢰**

대변은 부패하기 쉬우므로 감정을 의뢰하고자 할 때에는 가급적 채취 후 24시간 이내에 하여야 한다.

(3) 소변검사

1) 소변의 감정

소변은 혈액형과 유전자 지문, 즉 DNA지문을 검출할 수 있는 시료라고 하나 혈액세포가 포함되지 않은 소변의 경우에 DNA 검출은 사실상 불가능하다. 소변이 과학수사관련 가장 유용한 분야는 바로 마약류 복용 감정 시료로 사용할 때이다. 또한 소변에서 독물이나 약물을 검출하여 사건의 종류 및 상황을 추정할 수 있으며, 소변 중에는 당이나 단백질 검출여하에 의해 범인이 당뇨병 또는 신장질환 환자인지를 추정할 수 있다.

2) 소변의 채취와 의뢰

① **약물 배설시간 이내에 채취**

마약류 복용여부 감정을 위한 시료채취는 복용 약물에 따른 배설시간 이내에 채취하여야 한다. 대체로 마약류 배설시간은 3~4일이므로 그 이전에 채취하여야 한다. 물론 대마는 배설시간이 7~10일 정도로 길고 중독자의 경우는 30일까지 간다. 필로폰의 경우도 중독자는 배설시간이 7~10일까지 간다.

② **소변반흔의 채취**

의복류에 부착된 소변 반흔은 절단하여 그늘에서 말려서 보존하고, 소변의 반흔이 운반할 수 없는 물체에 부착되었을 경우에는 반흔부위를 절단하여 보관한다. 절단이 불가능할 때에는 그 물건 전체를 운반하여 감정의뢰하거나 중류수로 적신 거즈 등으로 닦아 그늘에서 말려 보존한다.

③ 신속한 감정의뢰

기온이 높은 여름철에는 채취 후 수일이 경과하면 소변이 부패할 우려가 있으므로 즉시 냉장고에 보관하고 신속히 감정의뢰한다.

④ 흙이나 눈속의 소변채취

소변이 흙 또는 눈에 배설되었을 때에는 그 부분의 흙 또는 눈을 채취하여 청결한 병에 담아 냉장고에 보존하여 의뢰한다.

제4절 유전자 지문감식

1. 유전자와 DNA지문

(1) 의 의

DNA(Deoxyribonucleic acid)는 인체의 모든 세포의 핵속에 존재하며 인체의 모든 구성요소의 구조와 기능을 지배하는 유전부호를 가지고 있기 때문에 흔히 인체의 청사진으로 묘사된다. 인간은 특유의 DNA를 보유하고, 다른 동물들도 그들 특유의 DNA를 보유하고 있다. 사람의 경우에 꼬여진 긴 로우프를 닮은 이중 나선형 형태인 DNA는 사람마다 특이한 형태를 이루고 있어서 어떤 사람도 일란성 쌍둥이를 제외하고는 동일한 DNA 순서를 공유하지 않는다.[138]

개인의 이러한 독특한 유전자 유형이 범죄수사에 있어서 피의자나 용의자의 동일성 식별을 위해 사용되고 있다. 우리는 범죄수사와 관련하여 DNA지문을 정확하게 이해해야 할 필요가 있다. DNA는 유전정보를 소유하고 있는 것과 소유하지 않는 것으로 나누어진다. 유전정보를 소유하지 않는 DNA는 돌연변이나 변형으로써 정크

138) Gilbert, *op.cit.*, p. 270.

DNA(Junk DNA) 또는 쓰레기 DNA라고도 한다. 인간 DNA의 0.1%에 지나지 않는 이 정크 DNA는 사람마다 특이한 구조를 가지고 있어서 이것을 검출하고 분석하여 범죄의 증거로 사용하고 있다. DNA지문은 바로 이 정크 DNA를 말한다. DNA지문에 의한 동일성 식별은 지문보다 더 강력한 객관적인 증거의 지위를 차지하기 시작했다.

DNA는 단백질과 결합한 형태로 세포의 핵 속에 있는 염색체에서 발견할 수 있는 유기물질이다. 핵이 있는 모든 세포 안에는 염색체라고 부르는 작은 조직이 들어 있고, 이 안에는 DNA가 들어 있다. 그러나 오늘날 세포의 핵이 아니라 세포질 속에 존재하는 미토콘트리아 DNA가 발견되어 범죄수사에 광범하게 활용되기 시작했다.[139)]

(2) DNA 검출 세포유형

DNA가 존재하는 다양한 세포유형에 존재하는 핵은 다음과 같다. ① 인체에 들어오는 병원균을 죽이는 항체를 생산하는 백혈구 세포, ② 인체의 내부와 외부를 연결하는 상피세포(epithelial cells), ③ 인간의 재생산을 하는 정자세포 등으로 한정된다.[140)]

(3) DNA의 구조와 기능

1) 핵(nuclear) DNA

① 세포핵과 염색체

핵 DNA는 세포의 핵 속에 존재한다. 그것의 반은 어머니, 그리고 나머지 반은 아버지로부터 유전되는 이중의 형태를 가지고 있다. DNA는 히스토운(histones)이라는 단백질과 결합한 형태로서 세포의 핵속에 존재하고 이를 염색체라고 한다. 이 염색체는 DNA를 둘러싸고 있다. 즉, 염색체 안에 DNA가 존재한다.

인간의 경우 염색체는 23종이 존재하며 크기에 따라 1~22번까지 번호를 붙이며 23번째 염색체는 성을 결정하는 성 염색체로서 X · Y 염색체로 분류된다. 1~22번까지는 체세포 염색체, 23번째의 X · Y 염색체는 성염색체라고 한다. X 또는 Y염

---

139) *Ibid.*, p. 270.

140) Geberth, *op.cit.*, pp. 534-536.

색체는 아버지로부터, X염색체는 어머니로부터 유전된다. 이처럼 인간은 부모로부터 각각 한 쌍의 염색체를 물려받기 때문에 결국 하나의 세포에 존재하는 염색체는 23쌍으로서 총 46개의 염색체를 지니게 된다.[141]

② 뉴클레오티드(nucleotide)와 염기

DNA 본래의 형태는 뉴클레오티드와 설탕과 인산염으로 알려진 질소를 포함하는 염기로 구성된 이중의 나선형 형태로 존재한다. 염기는 아데닌(A: Adenine), 사이민(T: Thymine), 구아닌(G: Guanine), 사이토신(C: Cytosine)이라는 네 가지 종류로서 DNA는 이러한 염기가 선택되어 일렬로 연결되어 있는 꼬여진 실과 같은 아주 작은 물질이다. 염기는 무작위로 짝을 이루는 것이 아니라 아데닌은 항상 사이민과 짝을 이루고, 구아닌은 사이토신과 짝을 이룬다. 결과적으로 염기배열은 A-T와 T-A, G-C와 C-G의 형태로 쌍을 이룬다.

인간 게놈은 약 60억 개(6 billions)의 염기를 포함하며. 그 배열은 인간 세포의 유전적 구조를 결정한다.[142] 이 염기배열이 인간의 생명을 유지하는 정보와 자손에게 물려줄 유전자 정보를 담고 있다.[143] 따라서 개인 간의 DNA지문이 동일할 확률은 1개의 DNA 시료를 사용했을 경우 약 3억분의 1 이하에 해당한다.

2) Y-염색체 DNA

인간의 Y 염색체는 그 규모가 약 6천 만 개에 이른다. 핵 DNA와는 달리 Y 염색체 DNA는 아버지로부터 아들에게 유전되는 부계 유전자이다. 이는 보통 반수체 유전형태(haploid fashion)라고 한다. Y 염색체는 남성에게만 있으므로 동일 부계로 계속 전달되어 돌연변이가 없는 한 동일 부계에서는 같은 Y 염색체를 가지게 된다. Y STR DNA에서도 동일 부계는 같은 유전자를 가진다. Y염색체는 성을 결정하며 발생기의 배아세포에 Y 염색체의 존재는 남아가 되고, 그것이 없으면 여아가 된다.[144]

따라서 Y 염색체 DNA는 친부친자 확인은 물론 직계존비속이 아닌 형제 확인에 효과적이다. 성폭행 사건의 경우에 다량의 여성 DNA와 소량의 남성 DNA가 섞여

---

141) *Ibid.*, p. 536.
142) Geberth, *op.cit.*, p. 536.
143) 사법연수원, 앞의 책., p. 125.
144) Geberth, *op.cit.*, p. 539.

있을 때 체세포 염색체 STR을 분석하게 되면 여성의 유전자형만 분석되고 남성 유전자형은 검출되지 않을 수도 있다. 이러한 경우에 선택적으로 Y 염색체 STR 분석을 시도한다.[145)]

3) 미토콘도리아 DNA

미토콘도리아 DNA는 세포질속의 미토콘도리아라는 물질 내에 존재하는 유전자이다. mtDNA는 유전자 부호 37, 16,569개의 염기쌍으로 구성된 원형의 유전자로 존재한다. 또한 모계 유전에만 관여하는 반수체 유전자 형태이다. 따라서 같은 모계의 모든 개인들은 공통적인 mtDNA를 가지게 된다.

4) DNA 다형성(polymorphism)과 DNA 유전자

인간 유전자의 99.9%는 진화과정을 통하여 보존되어 온 형태로 존재한다. 인간이 살기 위해서 먹고, 숨쉬고, 음식을 에너지로 전환하는 등은 필수적이며 공통된 생존과정이다. 따라서 이러한 과정은 모든 인간에게 유전적으로 보존되어 왔다.[146)]

그러나 인간에게 유전적으로 보존되어 온 유전자에 돌연변이나 변형이 발생하고 이는 DNA 다형성의 근거가 된다. DNA 다형성은 인간 유전자 내의 돌연변이나 변형을 의미하고 다양한 또는 많은 형태(many forms)를 의미한다. 즉, 인간 유전자는 돌연변이나 변형으로 인하여 여러 가지 형태로 존재한다.

인간 생존에 중요한 유전자 내부에 돌연변이나 변형의 발생은 유전자 부호(coding)와 그 기능을 결정하는 특정 단백질의 변화를 초래하는 현상을 말한다. 여기에서 중요한 사실은 유전자의 돌연변이나 변형의 형태가 바로 DNA 지문 감정을 위한 법의학적 기초가 된다는 점이다. 즉, 인간 유전자 내부에 부호화된 보존 유전자 영역(coding region)은 어떤 구조적 차별성이 없기 때문에, 법의학적 감정을 위한 어떤 자료로서의 가치가 없지만, 비 부호화된 변형은 사람마다 다르기 때문에 법의학적 기초자료가 된다.

법의학적 감정 자료로서의 가치를 가지는 DNA는 유전자의 나머지 0.1%, 즉 약 60 억 개의 염기가 유전자 분자의 다형성으로 나타나고 개인간의 유전자 변형을 형

145) 사법연수원, 앞의 책., pp. 134-135.
146) Geberth, op.cit., p.538.

성한다. 이러한 유전자 다형성은 유전자의 다 유형 대립형질(multiallelic variants)의 형태로 존재하는 것으로서 유전자의 대안적인 형태를 말한다.[147] 따라서 다 유형 대립형질 유전자는 동일 유전자의 많은 변형을 의미한다. 유전자 다형성은 순서 다형성과 길이 다형성의 두 가지 형태로 존재한다. 유전자의 순서가 다른 순서 다형성은 유전자 순서조합내의 변형으로 나타나고, 유전자의 길이가 다른 길이 다형성은 DNA의 물리적 길이의 변형으로 나타난다.[148]

5) 정크 DNA(Junk DNA)와 유전자 지문

정크 DNA는 유전자로서의 기능을 하지 못하는 쓸모없는 유전자를 말한다. 바로 이 쓸모없는 정크 DNA가 범죄수사의 증거로서 활용된다. DNA 다형성 중에 약 5%(또는 2%)는 유전자로서의 부호가 부여되지만, 나머지 95%(또는 98%)는 유전자로서 기능을 하지 못하기 때문에 흔히 쓰레기 또는 정크 DNA로 불리어진다. 정크 DNA는 유전자 영역에서 그 역할과는 반대로 상당한 정도의 길이 다형성을 포함하는 것으로 밝혀졌다.[149] 이 비부호화 영역(noncoding regions)은 무작위로 반복되는 DNA 순서의 형태를 가진 가변성 연쇄반복(variable number of tandem repeats: VNTR)이 존재하는데 이를 STR(Short Tandem Repeat)이라고도 한다.

염기서열이 무의미하게 반복되는 STR은 그 연속적으로 반복되는 염기 숫자가 사람마다 달라 길이 다형성에 의해 개인을 식별하게 된다. 유전자 연구자들은 바로 이 비부호화 영역이 길이 다형성에 의해 개인마다 특이하다는 사실을 발견했다. 이것이 오늘날 DNA 지문(DNA Fingerprints)이라고 부르는 개인식별 증거자료이다.

생물학자나 의사에게는 정크 DNA가 쓰레기일지라도 법의학자나 과학수사학자들에게는 사건해결의 열쇠를 쥔 소중한 자료영역이다. 사람마다 특이한 유전자 구조가 바로 이 정크 DNA 상에 많이 분포되어 있기 때문이다. 모든 유전자 감식의 기초이론은 바로 정크 DNA 중에서 어떤 부분을 어떻게 분석하느냐의 문제에 해당된다.

---

147) 대립형질이나 대립유전자(allele)란 사람에 따라 특정 유전자 좌(자리)에 포함되어 있는 서로 다른 형질을 가진 개별 유전자를 말한다. 사람의 머리색깔 유전자 좌에 있는 곱슬머리와 직모 형질이 존재하는 것과 같은 것이다. 어떤 유전자 좌에서 대립유전자의 종류가 많고 대상 인구 집단에 고르게 퍼져 있을수록 개인 식별능력이 높아진다.

148) Geberth, *op.cit.*, p.538.

149) *Ibid.*, p.539.

전체 DNA의 일백만 분의 일도 안 되는 부분을 분석하면서 세계의 모든 사람을 다 가려낼 수 있을까 하는 의문이 생긴다. 실제로는 범인이 아니면서도 분석한 DNA 유전자 유형이 우연히 범인과 같아 용의자가 될 수 있다는 개연성이 존재한다. 그러나 법과학자들은 여러 가지 확률이론과 통계기법을 적용하여 DNA 감정 결과가 오류로 나타날 가능성을 무시해도 좋을 만큼의 수준까지 감식하는 기술을 개발했다.

(3) DNA지문 감정과 범인특정

1) 증거물과 대조시료의 DNA지문 비교

DNA지문 감정은 범죄현장에서 채취한 혈액, 모발(모근포함), 정액(정자포함) 및 신체조직의 일부로부터 DNA를 분리하여 그 유형을 분석한 후 피의자나 용의자의 대조시료와 비교하여 동일인 여부를 식별하는 기법이다.

2) 유전자 검출 증거물의 확대현상

DNA지문 감정은 혈액(적혈구는 제외), 정액(정자포함), 타액(구강세포 포함), 모발(모근포함), 신체조직, 뼈, 치아, 장기조각, 손톱, 대・소변(혈흔포함)은 물론이고 비듬까지도 감정대상으로 하는 과학수사 기법으로 자리잡고 있으며 감정기법은 점점 발전되어 가고 있는 추세이다.[150)]

(4) DNA지문 분석에 의한 신원확인

DNA지문 분석에 의한 신원확인은 최근 DNA지문 분석기법의 눈부신 발달로 거의 모든 항공기 사고, 화재사고 등에서 나타나는 탄화된 시신과 부분시신에서도 유전자형이 검출되고 있다. 특히 미토콘도리아 DNA지문 분석방법 및 다양한 분석기법의 개발로 고도로 부패되거나 심하게 훼손된 부분시신, 모근이 없는 모발, 치아, 뼈 등에서도 DNA지문의 분석이 가능해져 법의학적 적용범위가 크게 확대되고 있으며, 기존의 불가능했던 시료에서도 유전자 검출이 가능해지고 있다. 신원확인을 위한 DNA지문 분석과정은 다음과 같다.[151)]

---

150) 홍성욱・최용석 역, 앞의 책., p. 214.
151) 양태규, 앞의 책., pp. 376-377.

1) 검사 증거물 채취

① 사체에서의 검체채취

사체의 혈액, 조직, 뼈, 치아, 모발 등이 채취의 대상이 되지만, 가능한 한 변사체의 혈액을 채취한다. 완전히 백골화된 사체는 시체의 뼈, 즉 대퇴골 관절부위로부터 약 20cm와 치아 4~5개를 채취한다.

② 유가족 채혈 및 가계도 작성

신원불상자에 대한 신원확인은 유가족과의 유전자 일치에 의해 결정되므로 그 가족에 대한 채혈 및 가족의 가계도를 확인해야 한다. 유가족 채혈 우선순위는 다음과 같다.

ⓐ 부모가 모두 생존시 부모의 혈액을 모두 채취하고 부모 중 한명만 생존시 생존부모의 혈액을 채취한다. 자녀가 있는 경우는 변사자의 배우자 및 자녀의 혈액을 같이 채취한다. ⓑ 부모가 사망하고 자녀가 있는 경우는 변사자의 배우자 및 자녀들의 혈액을 채취한다. ⓒ 부모가 사망하고 자녀가 없는 경우는 형제·자매 중 한 사람의 혈액을 채취한다. ⓓ 부모, 형제자매, 배우자 및 자녀가 없는 경우는 모계, 즉 이모, 외삼촌, 외할머니의 혈액을 3~5cc 채취하여 감정 의뢰한다.

(5) DNA지문 프로파일링(DNA profiling)

1) 범죄자 프로파일링

프로파일(profile)은 개인의 신상에 관한 특징을 나타내는 개요를 말한다. 다시 말해, 그것은 개인의 신체적·성격적·활동적 특징과 역사를 보여주는 개요를 의미한다.

범죄자 프로파일링(criminal profiling)은 '범행에 책임있는 사람의 유형을 파악하는 것을 돕기 위해 범죄행동을 수사하고 조사하는 과정' 또는 '사건의 특성분석에 기초한 범죄자의 묘사를 가능케 하는 시도', '범죄현장, 피해자 그리고 다른 수집 가능한 증거들에 대한 아주 상세한 평가를 토대로 알려지지 않은 범죄자의 묘사를 추정할 수 있도록 하는 경찰수사 활동의 접근방법' 등으로 정의할 수 있다.[152] 따라서 그것은 범죄사건과 범죄수법의 특징, 피해자의 특징, 범죄의 동기에 기초한 범죄자

152) 임준태, 프로파일링, 대영문화사, 2009, pp. 140-142.

심리, 기타 수집된 증거, 범행후의 범죄자의 행적 등을 토대로 범죄자의 유형을 분석하는 수사기법이라고 정의될 수 있다.

2) DNA지문 프로파일링

DNA지문 프로파일링은 개인의 DNA지문 유형을 정리한 자료를 토대로 범죄자 유형을 분석하는 기법을 말한다. DNA지문 프로파일링은 1970년대에 친부확인 사건에 처음으로 사용된 이후 범죄수사에도 확대 적용할 수 있는 기법으로 계속 개발되어 왔다.

1985년 영국의 유전학자 제프리스(Dr. Alec Jeffreys)는 개인의 DNA지문을 기초로 동일성 식별이 가능하다는 사실을 내용으로 하는 DNA지문 프로파일링 기법, 즉 DNA지문 유형분석기법을 발표했으며, 1987년에 영국의 브리스톨 크라운 법원(Bristol Crown Court)은 강간범을 징역형으로 선고할 때 DNA 증거를 기초로 세계 최초의 유죄판결을 하였다. 같은 해 영국은 연쇄살인범의 유죄 입증에 DNA지문 사용을 공개함으로써 DNA 유형분석기법은 전 세계에 법과학 절차로서 확립되었다.[153]

2. DNA 검출기법

DNA 검출은 순수한 DNA 분자를 검출하기 위하여 다른 세포물질로부터 DNA가 분리되는 과정이다. 일반적으로 DNA 검출 방법은 1) 유기적 검출방법(organic extraction), 2) 첼렉스 검출방법(Chelex extraction), 3) 마그네틱 비드 검출방법(magnetic bead extraction) 등으로 나누어진다.

(1) 유기적 검출방법

유기적 검출방법은 가장 오래되고 공통적인 검출방법이다. 이 방법에서 세포벽과 핵의 얇은 막은 효소의 사용을 통하여 분해된다. 여기에 유기 용매의 혼합물을 첨가하면 분해된 수용성 맨 위층에 DNA가 분리된다. 이 층의 DNA는 순수한 DNA만 걸러서 집중시키는 여과장치에 옮겨진다. 이 방법은 길고 노동이 많이 요구되지만, 질이 낮은 DNA 시료를 처리하여 순도가 높은 DNA를 생산할 때 유용하다.[154]

---

153) Gilbert, *op.cit.*, p. 271.

(2) 첼렉스 검출방법

첼렉스 검출방법(Chelex extraction)은 유기적 검출방법보다 간단하고 신속하게 DNA를 검출할 수 있다. 1991년에 도입된 이 방법은 검출단계가 적고 따라서 검출단계 동안 교차 오염(cross contamination)기회를 최소화한다. 이 방법은 조잡하지만 안정적으로 소량의 DNA를 검출할 수 있다. 따라서 유기적 검출방법에 비해 DNA가 순수하지도, 집중되지도 못하다는 결점을 가지고 있다. 그러나 이 방법은 특히 피해자와 용의자의 대조시료로서 제출된 혈흔이나 구강세포 채취 면봉과 같은 간단한 시료에서 DNA를 검출할 경우에 신속하고 신뢰성이 높은 방법이다.

(3) 마그네틱 비드 검출방법

법의학 실험실에서 사용하는 가장 능률적인 방법이 바로 마그네틱 비드에 의한 DNA 검출이다. 이 방법에서 마그네틱 비드는 다른 세포 물질과 반응하지 않고 고도로 특이한 DNA 결합 피막으로 입혀진다. 이 비드의 작용으로 DNA를 제외한 다른 모든 물질은 제거되고 고도로 정제된 DNA만 검출된다. 이 방법의 최대 장점은 자동화가 쉽고 모든 유형의 시료에서 DNA를 검출할 수 있다는 점이다.[155)]

3. DNA지문 분석기법

범죄현장에서 채취한 인간의 생체 시료는 DNA분자의 검출과 계량화를 거쳐 개인을 식별할 수 있는 DNA지문 분석과정을 거쳐야 한다. DNA지문 분석을 위한 분석기법은 대체로 1) 제한효소 절편 길이 다형성, 2) 중합효소 연쇄법, 3) 미토콘도리아 DNA 분석방법 등이 활용되고 있다.

(1) 제한효소 절편길이 다형성(RFLP: Restriction Fragment Length Polymorphism)

DNA 영역에는 염기 배열이 반복적으로 나타나는 구간이 있으며 이 구간을 가변

---

154) Geberth, *op.cit.*, p. 544.
155) Geberth, *op.cit.*, pp. 544-545.

성연쇄반복(VNTR)이라 부르고 이를 이용한 분석방법이 RFLP 방법이다. 인간의 DNA는 아데닌(A), 구아닌(G), 타이민(T), 사이토신(C)라는 염기의 무작위 배열로서 이러한 염기배열이 연속적으로 반복되는 숫자는 사람마다 다르므로 VNTR 영역의 길이가 달라지고 이러한 차이를 분석하여 개인식별 수단으로 사용하는 방법이 바로 RFLP이다.

혈흔, 정액, 타액, 기타 생체증거물을 화학적으로 처리하여 DNA를 뽑아 이 DNA 추출물을 겔(gel) 위에 올려놓고 전압을 걸어주어 DNA를 분석한다. DNA를 분석하는데 문제가 없을 경우 이 DNA 시료에 제한효소를 넣어준다. 제한효소는 DNA의 특정부분하고만 선택적으로 반응해 이 부분만 절단하는 효소 작용을 한다. 따라서 제한효소를 여러 가지 넣어 줄 경우 수백만 개의 DNA 조각이 생기고 이를 전기영동방법으로 길이에 따라 분리한다.[156] 생체증거물의 양이 너무 적거나 분해된 경우에는 분석하지 못할 수도 있다. 따라서 생체시료의 양이 많아야 하고 시간이 너무 오래 걸린다는 문제가 있다.[157]

(2) 중합효소 연쇄반응(PCR)방법

1) 개 념

PCR 방법은 1993년에 노벨상을 받은 미국의 화학자 물리스(Kerry Mullis)에 의해 1983년에 개발된 기법이다. DNA는 세포 내에서 자연적으로 자신을 복제한다. 따라서 인간의 조직세포내에 존재하는 DNA는 전부 동일하다. PCR(polymerase chain reaction)은 세포의 DNA 자기복제능력의 원리를 이용한 기법이다. 이 기법을 이용하여 실험실에서 DNA증거물을 대상으로 무한정의 복제를 할 수 있다. 이러한 기술적 발전은 법의학 및 범죄수사와 범죄해결 방법에 있어서도 혁명적인 변화를 가져왔다.

중합효소 연쇄반응이란 인간의 체액이나 조직에서 검출된 짧은 DNA 가닥을 사전 설계된 온도에 맞춰 인위적으로 가열과 냉각을 거치는 3단계 과정으로 이루어진다. 하나의 시험관에서 1000억(100billion) 개의 DNA를 복제하기 위하여 요구되는

156) 전기영동방법이란 DNA 감정장치에 전기를 통과시켜서 DNA 추출뿐만 아니라 DNA를 크기에 따라 분리하는 방법을 말한다.

157) 홍성욱·최용석 역, 앞의 책., p. 215.

모든 구성요소들이 포함된다. 이때 중합효소의 작용으로 DAN가 복제되면서 동일한 DNA의 수가 엄청난 숫자로 늘어난다.[158]

2) 3단계 증폭과정(amplification process)

① 1단계: 단선화(Denaturation)

복제과정에 들어가기 전에 이중나선형 DNA는 '디내츄레이션'으로 알려진 과정에 의해서 단일의 가닥으로 분리되어야 한다. 단선화(한 가닥화)는 약 45초 이상 94~95℃ 사이의 온도로 DNA 시료를 가열함으로써 이루어진다.

② 2단계: DNA의 원형화 위한 프라이머의 냉각

DNA 프라이머(primer)[159]로 알려진 길이 20 염기(20 bases)에 해당하는 한 가닥의 DNA의 작은 조각은 미리 설정된 온도에 따라 시료를 냉각함으로써 DNA의 특별한 영역을 구역화한다. 이때 최적 온도보다 낮은 온도는 인위적인 염기배열을 초래하고, 너무 높은 온도는 DNA 증폭을 불가능하게 한다.

③ 3단계: DNA 프라이머의 확대

DNA 확대는 DNA의 복제에 필요한 최적온도인 72~78℃에서 수행된다. 반응은 냉각-안정 효소의 작용으로 발생하며, 단선화, 냉각, 확대의 약 30순환을 거쳐 충분한 DNA 원형이 복제되고 이것들을 이용하여 증폭된 DNA를 확인하고 DNA 유형의 형성을 확인하게 된다.[160]

3) 장 점

PCR방법은 DNA를 수 시간 안에 10억 배 이상으로 증폭할 수 있기 때문에 ① 오염된 시료, ② 질이 떨어진 시료, ③ 적은 량의 증거물, 즉 모발, 편지지나 우표 뒷면에 묻은 타액, 비듬 등의 증거물, ④ 오래된 증거물에서 DNA를 검출할 수 있는 장점이 있다.[161]

---

158) Geberth, *op.cit.*, pp. 549-550.
159) 프라이머는 고분자 합성반응의 개시에 필요한 미량의 고분자 DNA를 의미한다.
160) Geberth, *op.cit.*, p. 551.
161) 홍성욱 · 최용석 역, 앞의 책., p. 214.

(3) 다중(multiplex) PCR 분석법

단일의 DNA 영역에서 유전자 유형을 형성하는 것은 범죄에 관련된 개인들을 확인하기에는 불충분할 수 있다. 다수의 개인들이 단일의 DNA 영역에서 동일한 유전자 프로파일을 공유할 확률이 높기 때문이다. 따라서 몇 개의 DNA 영역이 분석되어야 한다. 1998년에 개발된 다중 PCR 기법은 단일의 PCR 과정을 통하여 다수의 DNA영역을 동시에 증폭가능하게 한다.162)

(4) STR 다중 PCR 분석법

1) 의 의

STR DNA의 다중 PCR 분석은 오늘날 법의학 DNA 실험실에서 가장 공통적으로 사용되는 기술이다. 인간의 DNA를 구성하고 있는 30억 개의 염기 중 유전정보를 포함하지 않는 비 부호화 영역(non coding region)이 약 98%에 이르며, 이 영역에는 특정한 염기서열이 무의미하게 반복되는 부분이 있는데 이를 STR(Short Tandem Repeat)이라고 한다.163)

이 STR 유전자의 특징은 특정한 염기서열이 반복적으로 나열되어 있으며 그 반복횟수가 개인마다 또 동일 개인 내에서도 상동염색체(쌍을 이룬 염색체) 간에 서로 다르게 배열되어 있을 수 있다. 따라서 특정 STR 유전자 위치를 선택적으로 PCR 하게 되면 해당부분의 염기 숫자의 차이에 따라 길이 다형성이 식별되게 된다. 이 길이에 의해 DNA의 개별성을 구분할 수 있다. 비교적 작은 규모의 STR 유전자 표지는 몇 개의 DNA 영역을 다중 PCR기법으로 작동가능하게 하며 이 기법은 질적으로 저하된 DNA 시료의 분석에 아주 적합한 기법이다.164) 미국의 FBI는 여러 사람의 DNA를 복제할 경우에 STR 다형성 PCR 분석기법을 사용하고 있다.

2) 장 점

STR 다형성 PCR 기법은 자동화가 가능하여 많은 량의 증거물을 단기간 내에 처리할 수 있고 변별력이 높은 장점이 있다. 이 방법에 의하면, 특정 개인의 DNA를

---

162) Geberth, *op.cit.*, p. 551.
163) 사법연수원, 앞의 책., p. 129.
164) Geberth, *op.cit.*, p. 552.

증거물의 DNA와 비교하여 단 한 개의 유전인자의 차이가 발견되면 그 두 DNA는 동일성이 인정되지 않는다.165)

(5) 미토콘도리아 DNA 분석방법

1) 개 념

미토콘도리아는 대부분 세포의 세포질에 존재하는 물질로서 세포가 필요로 하는 에너지를 공급하는 역할을 한다. 미토콘도리아 DNA(mt-DNA)는 세포의 핵 밖의 세포질 속에 존재한다. 핵 DNA에 비해 분자크기가 훨씬 작고 그 형태는 나선형이 아니라 원형이다. 이 세포질속에 존재하는 mt-DNA는 모계에만 존재하며 이를 분석하여 개인식별이나 범죄수사에 활용한다.

한 개의 세포 당 수백 내지 수천 개의 미토콘도리아가 존재하므로 mt-DNA를 다수 복제할 수 있다. 그러나 핵은 세포내에 한 개 존재하고 따라서 한 개의 핵 DNA를 복제할 수 있을 뿐이다. 따라서 아주 저급한 증거물의 경우에 mt-DNA를 얻을 기회는 핵 DNA보다 훨씬 크다. 이와 같은 모계유전, DNA 분자의 다형성, 그리고 다량의 복제가능성과 같은 내재적 특징은 mt-DNA를 핵DNA 검사에 대한 강력한 대안으로 부각시킨다.166)

2) DNA 분석방법

미토콘도리아 분석과정은 STR 분석방법과는 다르다. 그러나 mt-DNA의 다변수 영역은 범죄현장의 시료로부터 추출된 DNA의 양으로부터 증폭되어야 한다. mt-DNA는 STR DNA 구조와 마찬가지로 염기서열 구성과 그 길이가 다르기 때문에 PCR과 같은 가열과 냉각을 순환하는 온도 사이클 과정을 거쳐서 유전적 염기구조가 구체화 되어야 한다.

미토콘도리아 DNA분석은 다음과 같은 두 가지 방법으로 나누어지는데 모두 개인식별에 필요한 염기서열의 다양성을 가진 mt-DNA의 한 부분인 조절부위(D-loop region)분석을 기초로 하는 방법이다.

① 첫째 방법은 미토콘도리아 DNA의 시료를 PCR로 증폭한 뒤 그 부분의 염기

---

165) Weston and Lushbaugh, *op.cit.*, pp. 71-72.
166) Gerberth, *op.cit.*, pp. 539-540.

배열을 직접 분석하여 차이를 밝히는 분석방법이다.

② 또 하나의 방법은 DNA 분자의 단편 고정방법(Dot Blot)으로서 PCR로 증폭된 DNA 분자를 단일 가닥으로 분리한 후 이를 얇은 막 위에 고정시켜서 DNA 염기배열을 확인하는 방법이다.[167)]

한편, 증폭된 DNA 단편의 확인은 다양한 방법으로 이루어질 수 있다. 그러나 가장 많이 사용되는 기법은 모세관 전기영동 기법(CE: capillary electrophoresis) 이다. 이 기법은 증폭된 DNA 단편을 크기에 의해 분리하는 방법으로서 작은 단편은 분자 여과기로 기능하는 좁은 모세관을 통하여 큰 단편보다 더 빠르게 이동한다. DNA 분리를 위한 CE 방법은 상당히 새롭고 비교적 간단한 것이 특징이다. 더 중요한 것은 이 기법의 전체과정, 즉 시료 투입으로부터 산출까지 완전히 자동화되고 있다는 점이다. 또한 단일의 시료 또는 다수의 시료 모두에 이용가능하다.[168)]

3) 유용성

미토콘도리아 DNA 분석은 일반적으로 ① 감정물이 오래되거나 부패가 심해 STR DNA 분석법에 의해 유전자형 검출이 실패한 경우, ② 실종자와 친모관계(미토콘도리아 DNA는 모계유전만 관여), ③ 형제자매 관계를 밝히는데 사용되고 신속하고 경제적인 방법이다.[169)] ④ 하나의 세포 안에 많은 미토콘도리아가 존재하기 때문에 조직, 뼈, 치아, 모발 등 핵 속의 DNA의 양이 매우 적은 경우에도 미토콘도리아 DNA를 검출할 수 있다. 또한 핵 DNA가 거의 없는 탈락된 모발 등에서도 DNA 유형을 분석할 수 있는 가능성이 높다. ⑤ 미토콘도리아 DNA 방법은 여러 사람의 체액이 섞인 경우에도 DNA를 검출할 수 있는 장점이 있다. 그 이유는 미토콘도리아 DNA는 어머니에게서만 유전되므로 핵 DNA에 비해 분석결과가 훨씬 간단하기 때문이다. 즉, 한 개 이상의 미토콘도리아 DNA 유형이 검출되었다면 그 증거물은 한 개 이상의 생체시료가 혼합된 증거물이라는 사실을 의미한다. 그러나 핵 DNA는 양친으로부터 유전되기 때문에 여러 사람의 체액이 섞여 있을 경우 DNA 지문을 구분하기가 복잡해진다.[170)] ⑥ 또한 대량재난사고의 경우에 신원확인 대상

---

167) 홍성욱 · 최용석 역, 앞의 책., p. 215.
168) Geberth, *op.cit.*, p. 552.
169) 사법연수원, 앞의 책., pp. 137-138.
170) Gilbert, *op.cit.*, pp. 215-216.

자의 검체가 다양하게 존재하므로 미토콘도리아 DNA분석을 하며, 백골화된 사체의 경우에도 미토콘도리아 분석기법이 사용된다.[171)]

4) SNP 기법

최근에 STR 대신에 SNP(Single Nucleotide Polymorphism)가 신원확인을 위한 새로운 마커 시스템으로 제안되고 있다. 단일염기 다형성 기법인 SNP는 유전자 부호화 영역(coding region)에 존재하는 단일 염기의 변이를 분석하여 비교함으로써 개인의 신체적 특징이나 인종 구분 등을 가능케 하는 법 과학 분야의 차세대 기술이다.[172)]

SNP는 돌연변이에 의하여 특정 DNA 부분의 염기가 바뀌어 있는 현상이므로 STR분석과는 달리 DNA를 크기별로 분리할 필요가 없다. STR이 직렬염기 서열의 반복횟수 차이에 의한 길이 다형성을 나타내는 DNA 부분인 반면에 SNP는 특정 부분의 뉴클레오티드가 바뀐 염기 다형성으로 나타난다. STR이 한 유전자좌 당 많은 대립유전자가 존재하는 반면 SNP는 보통 2개, 최대 4개의 대립유전자에 그친다. 따라서 SNP는 다른 분석기법보다 시료준비와 분석 과정을 자동화하기가 용이하다는 장점이 있다. SNP는 특성상 변별력은 STR에 비해 떨어지지만 분석과정이 상대적으로 빠르고 간편하여 향후 사건현장 감식 키트로의 발전이 가능할 것으로 예상된다. 이럴 경우 현재의 STR 위주의 데이터베이스에 SNP 프로필 자료를 추가할 필요성이 생길 수 있다.[173)]

(6) 분석방법의 선택

유전자 분석방법은 증거물의 유형과 질, 그리고 DNA 유형을 검출할 수 있는 능력에 의해 결정된다. 유전자 검출 대상 시료는 세 가지 범주로 나누어진다. 즉, 1) 비혼합된 고수준의 DNA: 혈액(백혈구), 정액(정자포함), 타액(상피세포 포함), 모근 포함 모발, 피부세포, 2) 혼합된 고수준의 DNA: 성폭력과 관련된 체액, 3) 고도로 저급화된 저수준의 DNA: 뼈와 치아, 고도로 분해된 조직세포, 절단된 모발 등으로 나누어진다.[174)]

---

171) 양태규, 앞의 책, p. 378.

172) 사법연수원, 2009, pp. 148-149.

173) 황만성, 2007, pp. 191-192.

174) Geberth, *op.cit.*, pp. 558-559.

4. DNA분석을 위한 증거물의 채취 및 보존

(1) DNA지문분석을 필요로 하는 사건

DNA지문 분석법은 고도의 기술을 필요로 하며 또한 시약등 비용이 고가이므로 반드시 다음과 같은 경우에 한하여 DNA 지문분석을 의뢰해야 한다.[175)]

① 어떤 사건에서 혈액형이 동일한 피해자와 피의자가 모두 피를 흘려 흉기 또는 의복 등에 묻은 혈흔이 과연 누구의 피인 지를 반드시 식별할 필요가 있는 경우, ② 강간 피해자인 여성과 피의자의 혈액형이 동일한 경우 현장에서 검출된 정액이 과연 위 피의자의 정액인지 증명을 필요로 할 때, ③ 혈액형 검사로는 친생자 유무가 증명되지 않을 때, ④ 토막난 사체유기사건에서 토막난 사체조직이 동일인의 것인지를 확인할 필요가 있을 때, ⑤ 살인, 강도, 강간 등 강력사건 현장에서 혈흔, 정액, 모발 등이 채취되었을 경우 등이 해당된다.

(2) DNA지문분석이 가능한 시료

1) DNA분석 대상 시료의 종류

① 검출 가능 시료

DNA 유전자 지문은 사람의 피부세포, 혈액 및 혈흔 (적혈구 제외), 정액 및 정액반(정자존재), 타액 및 타액반(상피세포 포함), 모발(모근 포함), 장기조각, 뼈조각, 손·발톱(혈액세포 포함), 대·소변(혈흔 포함), 인체조직, 치아 등에 포함되어 있다. 그러나 일반적으로 모발은 추출할 수 있는 DNA의 양이 너무 적고 대·소변이나 손·발톱은 혈액세포가 없을 경우에는 DNA검출이 사실상 불가능하다. 사람의 비듬도 DNA 검출이 가능하다.[176)]

② 검출 불가능 시료

혈흔이나 혈액, 또는 정액이 용혈(적혈구의 파괴 또는 분해현상), 부패, 희석, 오염된 경우, 그리고 오래 방치된 장기조직편 등에서는 DNA분석이 불가능한 경우가 많다. 그러나 적혈구는 DNA 검출과 무관하고, 미국에서 개발한 PCR방법은 오염된 증거물에서도 거의 DNA검출이 가능하다.

---

175) 양태규, 앞의 책., p. 363.
176) 홍성욱·최용석 역, 앞의 책., p. 214.

2) DNA분석시 시료의 채취량

① 신선혈흔 및 정액반: 1cm×1cm, ② 혈액: 1-3ml, ③ 모근부착 머리카락: 최소한 3개 이상, ④ 인체조직: 주로 심장, 간 또는 뇌의 약 5~10g, ⑤ 근육: 주로 허리, 척추 주위, 또는 대퇴부 심부근육을 약 5~10g, ⑥ 뼈: 대퇴부 약 10cm 정도를 채취해야 한다.[177] 그러나 PCR방법은 비듬 같은 미세물질에서도 DNA검출이 가능할 정도이므로 증거물의 채취량 문제는 점점 감소하고 있다.[178] 즉, 앞에서 열거된 증거물의 양보다 적은 양으로도 DNA 검출이 가능하다.

(2) DNA지문분석을 위한 증거물 채취 및 보존요령

DNA 검출을 위한 증거물 채취방법은 ① 거즈 등에 묻히기(swabbing), ② 절단하기(cutting), ③ 전량 회수하기(recovery of entire item) 등으로 대별된다.

1) 거즈 등에 묻히기 및 건조

거즈 등에 증거물을 묻혀서 채취하는 방법은 가장 공통적인 방법이다. 이 방법은 혈액이나 습기가 있는 혈흔 및 정액 또는 타액이 작은 구멍이 없는(비다공성)물체의 표면에 부착되어 있을 경우에 사용된다. 물론 마른 혈흔이나 정액반 또는 타액반이 운반불가능한 물체위에 부착되었을 경우에도 사용된다.

현장감식반은 증류수(생리식염수)를 깨끗한 거즈나 면봉(cotton swab)에 소량 적신 다음 증거물을 채취하여 공기 중 그늘에서 완전히 건조시킨 다음 통풍이 잘 되는 종이봉투에 넣어 신속히 송부해야 한다. 채취된 증거물은 밀봉된 비닐봉투나 플라스틱 용기에 채취해서는 아니 된다.

시료의 량이 충분할 경우에 면봉 전체 또는 다수의 면봉을 사용하여 채취하고, 작은 시료나 통제시료(시료가 부착되지 않은 인접부분)의 경우에는 면봉의 끝에 집중적으로 채취해야 한다. 일반적으로 법의 생물학자들은 면봉의 끝 1/3부분에 있는 시료를 검출대상으로 선택한다. 그러므로 면봉의 끝에 시료를 집중시키는 것이 중요하다.[179]

177) 현장감식전문과정, 경찰수사보안연수소, 2006, p. 391.
178) 홍성욱·최용석 역, 앞의 책., p. 214.
179) Geberth, *op.cit.*, p. 542.

2) 증거물 절단(cutting)에 의한 채취

증거물 절단 방법은 증거시료 전체를 채취하기가 불가능할 경우에 사용된다. 특히 증거물이 다공성 물체에 부착되어 있을 경우에는 증류수를 묻힌 면봉에 의한 채취는 충분한 시료 채취를 불가능하게 하기 때문에 절단방법 사용이 불가피하다.[180] 즉, 증류수를 묻힌 면봉으로 증거물을 채취하면 증거물이 면봉의 수분으로 인해 물체의 작은 구멍으로 빠져 버리기 때문이다.

3) 부착물체 전량 회수하기

운반 가능한 물체에 부착된 증거물 채취의 경우에는 부착 물체 전체를 회수하여 검사 의뢰해야 한다. 특히 피해자, 용의자 또는 목격자의 옷에 부착된 증거물은 부착된 흔적 그 자체가 DNA 증거보다 더 검사의 대상이 될 수 있는 유형의 부분이므로 증거물만을 제거하여 채취해서는 안 된다. 또한 법의학 실험실의 통제된 환경속에서 보다 완전한 검사를 위해서는 가능하다면 시료 전체를 채취하는 것이 최선이다.[181]

4) 모든 시료의 건조에 의한 보존

시료의 채취방법과는 관계없이 모든 시료, 채취한 면봉, 그리고 모든 다른 습기있는 증거물은 포장하기 전에 공기속에서 완전히 건조해야 한다. 특히 혈흔과 정액반은 건조된 상태에서 냉장고에 보존했을 경우 1~2년 경과한 후에도 DNA분석이 가능하다. 젖어 있거나 습기가 있는 증거물은 플라스틱으로 만든 용기나 봉지 등에 포장해서는 안 된다. DNA를 파괴할 가능성이 있는 박테리아가 생길 수 있는 환경을 만들 수 있기 때문이다.[182] 따라서 모든 증거물은 완전히 공기에 건조시켜 통풍이 잘 되는 종이에 포장하여 이름표를 붙여야 한다. 이렇게 할 경우에 DNA는 심지어 실온(room temperature)에서도 광범한 손상의 위험없이 몇 년 동안 저장될 수 있다. 따라서 냉동 보관된 증거물은 1~2년보다 더 오랜 세월이 흘러도 DNA 검출이 가능하다.

성공적인 DNA검출은 증거물의 크기와 그 상태의 문제이지 그 나이, 즉 얼마나 오랜 세월이 경과한 증거물인지는 큰 문제가 되지 않는다. 8년 이상이 된 증거물에

---

180) *Ibid.*, p. 542.
181) *Ibid.*, pp. 542-543.
182) *Ibid.*, p. 543.

서 DNA가 검출되고 있으며, 2천4백년이 된 이집트의 미이라(mummy)에서도 DNA가 검출되기도 하였다.[183] DNA를 검출하기 위한 증거물의 장기간 저장은 4℃이하의 온도 또는 전문가들에 의한 냉동보관을 하면 된다.

5) 유동혈액

유동혈액은 항응고제인 EDTA(에틸렌 다이아민 테트라 아세트산)가 들어 있는 시험관에 채혈하여 4℃이하의 서늘한 곳에 보존하면서 운반해야 한다.[184]

6) 시약의 최소화

혈흔 예비시험시에 사용되는 루미놀시약을 너무 많이 분무하면 유전자형 분석에 장애가 되므로 루미놀시약은 최소량을 분무해야 한다. 정액반 여부를 검사하는 예비시약인 SM 테스트 시약 역시 최소량을 사용하는 것이 바람직하다.

7) 모근있는 모발채취

모발은 특히 뿌리세포가 다치지 않도록 주의를 기울여 채취하여 운반해야 한다. 따라서 스카치테이프나 풀 등으로 모근 부위를 붙여서 포장하지 말아야 한다.

8) 시료채취 우선순위 결정

범죄현장에서 하나의 검사목적을 위한 증거물의 채취는 다른 목적을 위한 증거물 채취를 방해하는 경우가 많다. 특히 범죄현장의 잠재지문 채취와 DNA 시료 채취는 밀접한 관계가 있다. 범죄현장의 출입구 부근의 문이나 창문 등에는 잠재지문이 대부분 남아 있는 경우가 많다. 이러한 경우에 DNA 증거물 발견과 채취는 잠재지문 검사 없이는 불가능하다. 따라서 대부분의 경우에 DNA 시료 채취로 인해 잠재지문을 파괴하기 때문에 잠재지문 시약검사가 먼저 실행되어야 한다.[185]

하나의 증거물 검사로 인하여 다른 유형의 법의학 증거물을 제거할 수 있는 경우에는 수사관과 실험실 전문가들은 개방적인 의사전달을 통하여 어느 증거물이 과학적 증거 검출의 가능성과 충분한 증명력을 가지고 있는지를 결정해야 한다. 따라서

183) Gilbert, *op.cit.*, p. 272.
184) 양태규, 앞의 책., p. 364.
185) Geberth, *op.cit.*, pp. 543-544.

경찰 수사관은 증거물의 성질에 관하여 실험실에 정보를 전달하기 위한 모든 노력을 기울여야 한다.

5. DNA 데이터베이스 이론

(1) 의 의

현대 법과학에서 가장 활용도가 높고 정확하다는 유전자감식도 범죄수사에 있어서 만능은 아니다. 사건현장의 증거물에서 완벽한 범인의 DNA지문을 검출하고도 해당되는 용의자의 것과 대조가 불가능하다면 DNA지문은 무용지물이 된다. 이러한 한계를 극복하기 위하여 DNA 데이터베이스를 구축할 필요가 생긴다.

DNA 데이터베이스는 DNA 감식을 통해 얻은 많은 사람들의 DNA 다형성, 즉 다양한 DNA 유형을 저장한 데이터베이스를 말한다. 이러한 의미의 DNA 데이터베이스는 국가기관이 범죄수사 목적으로 범죄자들의 DNA 감식 결과를 저장한 것을 의미한다. 따라서 유전자 정보를 파악하기 위하여 DNA 검사를 하여 그 결과를 저장하는 것은 DNA 데이터베이스에 포함되지 않는다. 즉, 범죄수사목적이 아닌 유전자 정보은행은 과학적 연구와 새로운 치료방법의 개발 등을 목적으로 한 생명공학 및 의료관련 연구소나 의료기관 또는 유전자 정보의 분석을 이용하여 상업적인 이익을 얻으려는 민간사업체에 의해 수집되는 것을 말한다.[186)]

(2) 유전자 그물망(mass screening) 수사

유전자 데이터베이스가 도입되지 않았던 시절에도 유전자감식의 효용성 확대를 위한 노력은 계속되었다. 그 최초의 시도는 유전자감식 역사의 초기인 1987년 영국에서 일어난 강간 살인사건에서 찾아볼 수 있다. 이 사건에서 범인의 정액을 채취하여 DNA지문을 검출한 후 이 유전자와 일치하는 범인발견을 위하여 범죄발생지역 주민 1,600 여명에 대한 유전자 감식을 실시하였고 결국 진범을 찾아내었다.

그러나 이러한 그물망 수사는 투입되는 인력이나 비용면에서 비경제적이고 범인이 일정지역 사람이어야 하고 샘플채취 과정에서 대상자의 동의를 얻지 못하는 경

186) 이상용, 범죄수사목적의 유전자 정보은행 설립에 대한 비판적 검토, 형사정책연구, 제15권 제3호, 2004 가을호, pp. 125-156.

우 강제로 샘플을 채취할 명분이 없어서 그 효용성이 제한적일 수 밖에 없다. 따라서 국가가 일정한 법률을 제정하여 DNA자료를 일괄 관리하는 것이 범죄수사를 위하여 훨씬 효율적이고 인권보호적인 측면에서도 효과적일 것이다.[187)]

(3) DNA 데이터베이스의 필요성

1) 범인검거 및 수사효율성

DNA 데이터베이스는 DNA 감식기술을 토대로 하여 자료의 수집과 축적을 바탕으로 대량검색을 통하여 개별사건 마다 DNA 감식을 해야 하는 비효율성을 극복하려는 것이다. DNA 데이터베이스를 이용한 범인식별은 범죄현장에서 채취한 생체증거물로부터 검출한 DNA 지문을 특정 용의자에게서 추출한 DNA 지문과 대조하지 않는다. 오히려 그러한 용의자가 없을 때 범죄현장에서 채취한 생체증거물에서 추출한 DNA지문과 데이터베이스에 저장되어 있는 자료를 대조하여 일치하는 DNA 유형을 발견함으로써 효율적으로 범인식별을 하게 된다.

범죄현장에서 지문을 찾아내기는 대단히 어렵지만 DNA를 검출하기 위한 증거물은 강력범죄의 특성상 범죄현장에서 발견되는 경우가 많다. 이때 해당 용의자의 DNA 유형이 이미 데이터베이스화되어 있다면, 범인검거는 신속하게 이루어져 수사의 효율성을 달성할 수 있게 된다.

2) 범죄예방 효과

데이터베이스를 통한 범인검거 사례가 증가할수록 자신의 유전자형이 입력되어 있는 사람은 검거의 두려움으로 범행을 그만두게 되므로 결과적으로 범죄예방효과가 발생한다.

3) 피해자나 무고한 사람의 인권보호 장치

범인이 조기에 검거된다면 정신적 고통을 받고 있는 피해자나 그 가족의 인권이 보호된다. 더구나 무고한 사람들이 용의선상에 오르는 일이 최소화되어 이로부터 얻는 사회적 효과는 매우 크다.

---

187) 앞의 책., pp. 158-159.

(4) 데이터베이스의 입력정보

DNA 데이터베이스에는 범죄성향이나 그 어떤 개인의 신체적 특성에 관한 정보도 수록되지 않는다. 입력되는 DNA정보는 DNA 전체가 아닌 극히 일부분에 대한 분석결과이며 그것도 개인의 신체적 특성과 관련된 어떠한 정보도 포함되지 않는다. 입력되는 DNA 정보는 신원확인의 목적으로만 사용될 수 있는 일련의 숫자코드에 불과하다. 말하자면, 전자 주민등록증이나 전자여권과 비슷하다. 수사자료로 비유하자면 지문이나 사진 그 이상도 그 이하도 아니다.[188)]

(5) 지문데이터 베이스와 DNA데이터 베이스의 비교

1) 범죄현장에서 증거물 발견 가능성

DNA 증거물은 지문에 비하여 범죄현장에서 발견될 가능성이 높으며 사건 실체에 더 가까운 정보를 제공한다. 실제로 강력범죄현장에서 혈흔, 정액, 모발이나 살점 등이 흔히 발견된다. 그러나 계획범죄의 경우 범인이 장갑을 착용하기 때문에 범죄현장에 지문을 남기지 않으며, 우발적인 범행의 경우에도 현장에 지문이 남더라도 잠재지문의 완벽한 현출은 현실적으로 거의 불가능하다.[189)]

2) 수사단서로서의 가치성

사건현장에 존재하는 지문은 그 지문의 소유자가 어떤 이유에서든 현장에 존재했었다는 정보 외에는 아무것도 제공할 수 없다. 성폭행 현장에 남은 지문은 성폭행을 설명해 주지 못하지만 정액흔에서 검출된 DNA는 적어도 사정행위를 입증해주는 단서가 된다. 살인현장에서 채취한 혈흔에서 검출된 DNA지문이 피해자 이외의 제3자의 것이라면 이것은 용의자의 DNA지문이라는 유력한 수사단서가 된다.

3) 정확성과 신속성

범행현장에서 발견된 잠재지문은 부분적이고 불완전한 경우가 많아 만인부동의 고유특성에도 불구하고 지문데이터 베이스 검색시 복수의 용의자가 검색될 가능성이 상존한다. 또한 지문은 이미지 형태로 저장되는 정보이므로 컴퓨터에 의한 동일

---

188) 앞의 책., pp. 160-161.
189) 앞의 책., p. 162.

성 추정 지문이 검색되어도 육안확인 작업이 별도로 필요할 수도 있다. 반면에 DNA의 경우 사건현장에서 발견된 감정물에서 얻은 유전자형은 일련의 숫자 코드로서 하나의 텍스트로 저장되며 따라서 검색이 매우 신속, 정확하게 이루어질 수 있고 복수의 용의자가 검색될 가능성이 거의 없다.190)

4) 검색된 정보의 확장 응용성

범죄현장의 증거물에서 검출된 유전자형과 정확하게 일치하는 입력자료는 데이터베이스에 없으나 유사한 유전자형이 검색되는 경우 입력된 자의 혈족이 사건관련자일 가능성을 두고 수사를 전개할 수 있게 된다. 지문의 유사성은 혈연관계와 관련이 없지만 DNA의 경우는 유사성의 정도에 따라 혈연관계와 관련이 있음을 이용할 수 있다. 가계탐문(familial searching)이라 하여 영국, 미국 등에서 실제로 수사에 이용되고 있다. 영국의 2002-2003통계에 의하면, 범죄현장으로부터 DNA나 지문이 100% 완전하게 검출이 된 경우 그것들과 일치하는 용의자를 찾는 비율, 찾은 용의자의 기소 등 처분한 비율을 비교한 결과 DNA가 지문에 비하여 두 배 이상의 증명력을 보여주었다.191)

(6) DNA 데이트베이스의 구성

DNA 데이터베이스는 ① 범죄자 데이터베이스(offender DB), ② 미제사건 데이터베이스(forensic DB)로 대별된다.192)

1) 범죄자 DB(offender DB)

범죄자 DB란 범죄자들의 유전자형이 입력되어 저장되어 있는 DB를 말한다. 어떤 사람을 입력대상으로 할 것인지는 법률에 의하여 유죄확정자만을 할 것인지 피의자도 포함시킬 것인지 결정되어야 한다. 데이터베이스의 효과는 입력된 범죄자 수가 많을수록 증가하므로 너무 적은 규모의 범죄자 수로는 실효를 거두기 어려운 점을 감안하여 입력대상자의 범위를 신중하게 결정할 필요가 있다. 범죄자의 정보는

---

190) 사법연수원, 앞의 책., p. 163.
191) 앞의 책., p. 163.
192) 앞의 책., p. 164.

익명으로 하는 것이 일반적이며 이 경우 범죄자의 이름대신 신원코드가 입력되고 신상정보를 포함한 인적사항 관련 데이터베이스는 별도로 마련하여야 한다.

2) 미제사건 DB(forensic DB)

사건현장의 증거물로부터 범인의 것으로 추정되는 유전자형은 확보되었으나 용의자를 확보하지 못한 경우 그 유전자형을 사건코드와 함께 입력한다. 사건 감정물로부터는 범인의 유전자형 외에 피해자의 유전자형이 함께 검출되는 경우가 많은데 이 경우 피해자의 유전자형은 수록되지 않는 것을 원칙으로 한다.

(7) 데이터베이스에 의한 검색

데이터베이스에 유전자형 자료가 추가될 때 마다 그것과 일치하는 기존의 유전자형이 있는지에 대한 검색이 실행된다. 이러한 유전자형 일치(match 또는 hit)를 검색하는 종류는 다음과 같다.[193)]

1) 미제사건-미제사건 일치(stain-stain match 또는 forensic hit)

미제사건 관련 유전자형이 추가될 때 마다 미제사건 DB내에서 일치하는 유전자형이 있는지 검색하여 일치하는 유전자형이 있을 경우 동일범에 의한 범행임을 확인할 수 있다.

2) 범죄자-미제사건 일치(person-stain match 또는 offender hit)

① 범죄자의 여죄확인

범죄자의 유전자형이 추가 입력될 때마다 미제사건 DB와 비교검색을 통하여 유전자형이 일치할 경우 특정 범죄자의 알려지지 않은 여죄를 확인할 수 있다.

② 미제사건 유전자형에 의한 용의자 식별

미제사건 관련 유전자형이 추가 입력될 때마다 범죄자 DB와 비교검색을 통하여 일치하는 유전자형이 발견될 경우 해당사건의 용의자가 판명된다. 데이터베이스의 기대효과 중 가장 핵심적인 부분이다.

---

193) 앞의 책., pp. 164-165.

3) 용의자 신병확보와 유전자감식

유전자형이 데이터베이스 검색을 통하여 일치될 경우 확인된 용의자의 인적사항 DB추적을 통하여 용의자의 신병이 확보될 수 있다. 용의자의 신병이 확보되면 다시 용의자로부터 샘플을 채취해 범죄현장의 DNA지문과 용의자의 DNA지문의 일치여부를 확인하기 위한 유전자감식을 실시하여 본격적인 수사단계로 넘어간다.

6. DNA 데이터베이스 구축을 위한 법제화

(1) 미국의 CODIS

1) 구축 배경

미국은 1989년 일부 주를 중심으로 주 단위의 유전자 데이터베이스를 구축하기 시작하였다. CODIS는 FBI가 제안하고 후원한 DNA 통합검색 시스템(Combined DNA Index System)의 약자로서 그 기본개념은 AFIS와 유사하다. 이 프로그램은 1994년 제정된 「DNA 식별법(DNA Identification Act」에 의해 전국적으로 확대되었으며 FBI에게 국가 형사사법체계를 위한 DNA 데이터베이스를 확립하기 위한 권한을 부여하게 되었다. 1998년 국가단위의 국가 DNA 지표 시스템(NDIS)이 구축되었다.

2) 프로그램 구성 지표

오늘날 미국의 모든 50개 주가 CODIS 프로그램에 가입하고 있으며, 정확히 1개의 NDIS, 53개의 SDIS, 122개의 LDIS로 구성되어 있다. 이 프로그램은 두 가지의 주된 DNA지표로 구성되어 있다. ① 하나의 지표는 범죄현장에 관련된 증거로부터 검출된 DNA 유형을 포함하는 법의학적 지표이며, 법의학적 데이터베이스로서 미제사건 데이터베이스를 말한다. ② 다른 하나의 지표는 범죄자 데이터베이스로서 제한된 유죄 범죄자들로부터 검출한 DNA 유형을 포함하는 유죄 범죄자 지표이다.

제한된 유죄범죄자(Qualified convicted offender)란 법적으로 범죄자에 대한 DNA 기록의 확립을 허용하는 연방, 주 또는 지방법정에서 유죄선고를 받은 개인을 말한다. 범죄자 데이터베이스와 법의학적 데이터베이스에는 FBI가 지정한 13개의 체세포 염색체 STR DNA에 대한 유전자형이 숫자코드로 입력되어 있다.

3) 시스템의 구조

CODIS는 세 개의 계층구조로 되어 있다. 즉, 그 계층구조는 ① 국가 DNA 지표 시스템(NDIS), ② 주정부 DNA 시스템(SDIS), ③ 지방정부 DNA 지표 시스템(LDIS)의 위계로 계층화 되어 있다. 2005년 현재 176개 감정기관에서 데이터베이스를 운영하고 있으며, FBI, 경찰, US 육군, 푸에르토리코 등이 이 데이터베이스를 활용한다. CODIS에 참여하는 각 실험실은 그 법적 요구조건에 따라서 그 DNA유형을 관리할 수 있으며, 또한 다른 실험실과 전자적으로 그 유형을 비교할 수 있다.[194]이 시스템은 미국 내 뿐만 아니라 캐나다, 상당수의 유럽국가, 싱가폴 등에도 보급되어 사용되고 있다. 미국은 데이터베이스 구축을 전제로 CODIS 사용을 원하는 국가에 무상으로 제공하고 있다.

CODIS가 나오기 전에는 유전자형이 일치하는 지를 담당자가 직접 확인해야 했지만, 오늘날에는 용의자 DNA유형을 국립 DNA 데이터베이스에 입력하여 컴퓨터로 검색함으로써 용의자의 DNA유형이 과거 전과자의 DNA 유형과 일치하는 지를 확인할 수 있다.[195] 초기 CODIS에는 RELP 분석결과를 입력했으나 오늘날은 RELP 대신 PCR을 사용하는 STR 분석결과를 입력하는 것으로 대체되고 있다. STR은 자동화가 가능하여 많은 양의 증거물을 처리할 수 있고 사람들끼리의 변별력이 높은 장점이 있다.

4) 각 계층별 데이터베이스의 입력자료

① LDIS

최하위계층인 LDIS에는 범죄자 데이터베이스는 없으며 범죄현장에서 검출된 법의학적 데이터베이스만 입력하며 자료를 정기적으로 SDIS에 전송(upload)한다.

② SDIS

중간계층인 SDIS에는 법의학적 데이트베이스로서 LDIS에서 전송된 자료와 주 감정기관에서 직적 감식한 자료를 입력하여 운용한다. 범죄자 데이터베이스는 해당 주의 법률에서 지정된 범죄자의 DNA 자료를 입력하며 NDIS에 정기적으로 전송한

---

194) Geberth, *op.cit.*, pp. 555-558.
195) 홍성욱, 최용석 역, 앞의 책., p. 215.

다. 범죄자 데이터베이스는 첫째, 유죄선고된 범죄자는 모든 주에서 입력 대상이며, 둘째, 피고인은 일부 주에서 특정범죄자에 대해서 체포자료 입력이 가능하며, 2006년 연방법의 개정에 따라 NDIS로 전송도 가능하게 되었다. 셋째, 용의자의 경우 체포되지 않은 일부 용의자에 대하여도 자료 입력이 가능한 주가 있으나 현재까지는 NDIS에 전송하지는 못한다. SDIS에서도 DNA 일치검색이 이루어진다. CODIS 자체가 검색기능이 있는 소프트웨어이므로 사람과 현장증거의 일치(person-stain)를 확인하는 범죄자 적중 검색(offender hit), 범죄현장 증거자자료간의 일치(stain-stain)를 확인하는 법의학적 적중 검색을 실시한다.

한편, FBI 실험실도 SDIS의 하나로 간주되며 연방교도소 수감중인 유죄 범죄자 데이터베이스와 연방범죄에 해당하는 법의학적 데이터베이스 자료를 입력하며 NDIS에 전송한다.[196]

③ NDIS

모든 LDIS와 SDIS의 자료는 NDIS에 전송된다. 단, 전송될 수 있는 자료의 범위는 연방법에 의한다. NDIS 차원의 검색은 일주일 단위로 정기적으로 이루어지며, 검색결과 일치된 자료는 네트워크에 의해 해당자료를 최초로 입력한 감정기관으로 보낸다.[197]

5) 국가적 실종자 DNA 데이터베이스

DNA 데이터베이스는 실종자 식별을 위해서 사용될 수 있다. 이상적으로 개인의 DNA는 신원을 결정하기 위한 가장 실용적인 자료일 수 있다. 그러나 실종자 DNA는 반드시 이용가능한 것이 아니다. 실종자 식별은 부모로부터 유전받은 DNA를 통하여 이루어진다. 국가 실종자 DNA 데이터베이스는 CODIS를 통하여 확립되어 왔다.[198] 따라서 CODIS에 없는 DNA는 가족으로부터 자발적으로 제공된 DNA 시료를 데이터베이스와 비교하여 식별된다. 실종자 데이터베이스에는 STR 유전자형과 함께 미토콘드리아 유전자형이 같이 수록된다.

---

196) 사법연수원, 앞의 책., pp. 180-181.
197) 앞의 책., p. 180.
198) Geberth, *op.cit.*, p. 558.

(2) 한 국

1) DNA 데이터베이스 구축의 배경

범죄수사목적으로 개인의 DNA 정보를 수집하여 보관하는 DNA 데이터베이스 시스템 구축은 개인에 대한 국가의 통제, 감시가능성의 증대, 인권침해 가능성 등을 이유로 부정적인 견해가 지배적이었다. 그럼에도 불구하고 범죄수사에 있어서 DNA 데이터베이스의 효용성을 이유로 DNA 데이터베이스를 구축해야 한다는 주장도 꾸준히 제기되어 왔으며 경찰과 검찰 등 수사기관은 범죄자 DNA 데이터베이스 구축을 위한 자료를 준비해 왔다.

우리나라에서는 검찰과 경찰이 DNA 데이터베이스 시스템의 주도권을 놓고 다툼을 벌여 왔다.[199] 2005년 이전에는 DNA 데이터베이스의 주체에 관한 경찰과 검찰의 대립으로 구체적인 관련 법안의 마련이 큰 난관에 부딪히기도 했다. 경찰청은 1991년 8월 그 산하에 국립과학수사연구소 유전자 분석실을 설치하여 2005년 중반까지 124,933건에 대한 DNA 감정업무를 수행한 것으로 밝혀졌다. 특히 2001년에는 최초로 DNA 감정건수가 1만 건을 돌파하여 11,551건에 이르렀으며, 이후에도 계속 증가하여 2004년에는 23,698건, 2005년에는 31,704건의 DNA 지문 분석을 실행하였다. 1996년까지 1,500건의 유전자감식자료를 데이터베이스화하였으며[200] 이 데이터베이스화는 이후에도 지속되고 있을 것으로 추정된다.[201]

검찰 역시 다음과 같은 사실에 비추어 볼 때 DNA 데이터베이스 확립을 위한 준비를 하고 있다는 사실을 알 수 있다. 즉, 검찰은 1992년부터 수사기관으로부터 의뢰된 사건 감정물인 DNA 샘플에 감식 후에도 분류번호를 붙여 실험용 튜브에 수용액 상태로 10년간 냉동보관 한다고 밝혔으며, 유전자 감식의 결과도 보관하고 있는 것으로 밝혀지고 있다. 또한 DNA 샘플과 감정서를 새로운 용의자가 검거되어 다시 확인이 필요한 경우를 대비해서 보관한다는 것이다.[202]

---

199) 정용기, 유전자정보은행의 운영과 인권보호, 용인대학 논문집 제25집, 2007, p. 124.
200) 유영찬 · 장영민, 경찰과학수사의 발전방안에 관한 연구: 유전자은행의 설립과 활용을 중심으로, 치안논총 제14집, 1998, p. 470.
201) 황만성, 유전자감식 정보의 형사절차상 활용방안, 형사정책연구 제18권 제1호, 2007, pp. 186.
202) 앞의 책., pp. 186-187.

2) 범죄자 DNA 법 입법예고

우리나라는 2009년 5월 29일 범죄자의 DNA 데이터베이스 시스템을 구축하여 강력범죄 수사에 활용하기 위하여 「DNA 신원확인정보의 이용 및 보호에 관한 법률」을 입법 예고하였다. 일명 범죄자 DNA법이라고도 하는 이 법률은 흉악범 근절을 위한 대책의 하나로서 살인, 강도, 강간·성추행, 방화, 약취·유인, 체포·감금, 상습폭력, 조직폭력, 마약, 청소년 대상 성범죄 등 재범의 위험성이 높은 범죄를 범하고 형이 확정된 수형자나 구속된 자의 DNA를 추출하여 데이터베이스화하는 것을 내용으로 하고 있다. 또한 범죄현장의 DNA 감식시료에서 취득한 DNA 정보를 수집·관리하는 것을 목적으로 한다.

이 법률은 DNA 데이터베이스의 관리기관을 검찰청과 경찰청으로 이원화하고 있다. 즉, 검찰총장은 이 법률에 규정된 범죄로 형을 선고받아 그 형이 확정된 수형자에 대한 DNA 신원확인 정보업무를 총괄하여 관리하고, 경찰청장은 위와 같은 유형의 범죄로 구속영장이 발부된 피의자 및 범죄현장 등에 유류된 성명불상자에 대한 DNA 신원확인 정보를 총괄하여 관리한다.

이러한 범죄자 데이터베이스화와 관련된 입법화는 개인의 인권침해 논란이 항상 걸림돌이 되고 있다. 따라서 이 법률은 DNA 데이터 신원확인 정보에 개인식별을 위해 필요한 사항만을 포함하도록 하고 그 외의 정보는 포함하지 못하도록 하고 있다. 또한 DNA 정보는 수사나 재판 등의 경우에 한하여 이용하도록 하고 있다. DNA 감식시료는 구강점막 채취방식 등 신체와 명예의 침해를 최소화하는 방법으로 채취하고, 대상자가 DNA 시료 채취를 불응하는 경우에는 관할 지방법원 판사로부터 영장을 발부받아 채취하게 함으로써 인권보호에 중점을 두고 있다. 대상자들의 인권침해를 방지하기 위하여 수형자 등이 재심에서 무죄, 면소, 공소기각의 판결을 선고받은 때에, 그리고 구속피의자 등이 불기소처분을 받거나 법원 등에서 무죄, 면소, 공소기각 판결 등을 선고받은 때에는 직권 또는 본인의 신청으로 DNA 신원확인 정보를 삭제하도록 규정하고 있다.

제17장

지문감식

제1절 지문에 대한 기초지식

1. 의 의

지문은 사람의 손가락 끝마디(지두)의 손바닥쪽 구상부(bulb)에 특이한 융기선 또는 점으로서 형성된 각종 문형 및 인상을 말하고, 융기선 또는 점을 융선이라고 한다.[203] 지문이란 본래 손가락에 형성된 융선을 말하는 것이지만 실무상으로는 지문 그 자체뿐만 아니라 종이나 기타의 물건에 찍힌 것도 포함한다.

2. 지문의 특성

(1) 지문의 구조

지문은 손가락 끝 부분의 피부가 돌출된 부분인 융선과 융선 사이의 들어간 골의 형태로 구성되어 있다. 융선은 폭이 넓거나 좁은 선으로 연결되어 마치 1개의 선과 같이 보이지만, 여러 개의 융선들이 모여 조합을 이루어 외형상 그렇게 보일뿐이다.

(2) 개인의 동일성 식별 지표

범죄수사의 주요 과제는 범인을 확인하는 것이다. 수사관이 인지한 대부분의 범

---

203) 지문및수사자료표등에관한규칙 제2조, 경찰청훈령 제488호, 2006.8.22.

죄사건은 범인의 인적 식별이 이루어지지 않은 상태에서 출발한다. 피해자나 목격자에 의해 피의자가 특정된 경우에도 그들이 제공한 정보를 확인하기 위한 식별절차가 요구되기도 한다.

피의자 식별은 적극적인 식별과 정보추적이라는 두 가지 기본적인 유형에 의해 이루어진다. ① 적극적 식별(positive identification)은 질문의 여지가 없이 개인을 식별하는 정보, 즉 객관적인 증거에 의한 개인식별을 말한다. 또한 특정 개인에 관련되고 발생한 것으로서 법적으로 증거능력이 인정되는 정보를 말한다. ② 추적정보(tracing information)는 개인의 인적 동일성을 추적할 수 있는 모든 단서를 말하고 결정적이고 객관적인 증거의 수준에 이르지 못한 모든 다른 정보를 말한다.[204)]

지문은 전통적으로 개인의 동일성을 식별할 수 있는 단일의 가장 적극적인 지표이다. 그 이유는 지문의 만인부동, 즉 지문이 동일한 사람은 이 세상에 존재하지 않는다는 특징과 종생불변, 즉 지문은 평생 동안 변하지 않으며, 상처나 마멸에 의해 일시적 손상, 절손이 되지만 가벼운 경우에는 동일한 특징의 문형이 재현된다는 특징 때문이다.

3. 지문의 효용

지문은 범죄자 특정을 위한 가장 가치있는 증거이다. 범죄현장에서 지문을 발견하고 채취하는 경찰수사관은 발견된 모든 종류의 지문을 보존해야 한다. 별로 중요하지 않을 것 같은 아주 부분적인 지문일지라도 후에 용의자의 지문과 비교할 때 가치있는 증거가 될 수 있다.

지문채취기법 중에 분말법은 법의 혈청학적 분석에 방해를 하지 않지만, 닌히드린 용액법과 같은 화학적 수단들은 DNA나 혈청학적 검사에 방해가 될 수 있다. DNA는 지문으로부터도 검출될 수 있으며, 현재의 기술발전의 추세로 보면 조만간에 새로운 검출기법을 실용화할 것으로 보인다.[205)]

---

204) Gilbert, *op.cit.*, p. 442.
205) Geberth, *op.cit.*, p. 609.

(1) 신원 및 범죄경력의 확인

지문채취대상 범죄의 피의자가 체포된 경우에 지문을 채취하여 지문조회자료로서 전산입력하여 보존한다. 이러한 범죄자가 다시 범죄를 범하여 체포된 경우에는 보관자료와 대조함으로써 당해 피의자의 범죄전과 및 성명, 생년월일, 본적지 등을 밝혀낼 수 있다.

(2) 변사자의 신원확인

살인사건이나 변사사건으로 신원불상의 변사체가 발생하였을 경우 변사자의 지두가 완전히 부패하지 않았을 때에는 십지지문을 채취하여 지문자동검색시스템을 통하여 대조함으로써 신원확인이 가능하다.

(3) 범죄현장의 지문채취에 의한 피의자 식별

범죄현장에서 발견한 잠재지문이나 현재지문을 채취하여 AFIS를 통하여 대조함으로써 범인을 특정할 수 있다. 과학수사에 있어서 가장 중요한 지문의 효용이다.

(4) 피지명수배자의 발견

지명수배된 자의 지문을 채취하여 지문자료에 '지명수배중'임을 기입해 놓음으로써 그 수배자가 다른 사건으로 체포되거나 불심검문시에 자신의 신원을 속이거나 위명 등을 제시할 경우에 지문대조에 의해 신원확인이 가능하다.

제2절 범죄현장과 지문

1. 현장지문

현장지문이란 범죄현장에서 채취한 지문을 말한다. 범죄현장에 존재하는 현재지문과 잠재지문 모두가 현장지문이다.

2. 준 현장지문

준 현장지문이란 범죄현장은 아니더라도 범죄현장과 관련있는 범인의 침입경로, 도주경로 및 범죄예비장소 등에서 발견된 지문 또는 전당포, 금은방 등에 비치된 거래대장에 찍힌 지문 등 피의자를 발견하기 위해 범죄현장 이외의 장소에서 채취한 지문을 말한다.

3. 현장지문의 종류

(1) 현재지문(visible fingerprints)

1) 정상지문

정상지문은 현재지문의 한 형태로서 유색물질이 묻은 손가락으로 다른 물체를 만지거나 접촉함으로써 생기는 지문을 말한다. 즉, 범죄현장의 먼지, 혈액, 잉크, 페인트, 다양한 가루, 기름, 검댕(soot) 등이 손가락에 묻은 상태에서 다른 물체에 손가락을 접촉함으로써 생긴 지문으로 육안에 의한 식별이 가능한 지문을 말한다. 정상지문의 가장 공통적인 형태는 먼지지문이다.[206)]

2) 역지문

역지문이란 페인트, 점토, 비누, 그리스(grease) 같은 부드러운 물질이 묻어 있는 물체를 접촉함으로써 생긴 지문을 말한다. 조형지문(plastic fingerprunts)이라고도 하며 이 역시 눈으로 식별가능하다는 점에서 현재지문에 해당된다. 압착지문이라고도 하는 조형지문(plastic fingerprints)의 경우 융선형태는 고랑과 이랑이 반대로 나타난다. 즉, 지문은 융선사이의 골이 지문형태로 나타난다.

(2) 잠재지문(latent fingerprints)

지문이 손가락 끝의 분비물, 즉 땀 구멍을 통해 분비되는 기름이나 염분과 탄수화물·단백질이 혼합된 잔류물에 의해 현장의 물체위에 부착된 것으로서 다양한 시약 등을 사용하여 가공·검출하지 않으면 육안으로 볼 수 없는 지문을 잠재지문이라고

---

206) Geberth, *op.cit.*, p. 610.

한다.[207]

잠재지문은 주로 매끈한 물체 표면, 종이 등에서 발견되어 채취되지만, 직물, 나뭇잎, 거친 물체, 물에 젖은 종이나 금속 등에서도 검출되고 채취된다. 잠재지문은 고체법, 액체법, 기체법, 광선법, 이미지 프로세싱 등의 다양한 기법에 의해 현출되고 채취된다.

(3) 관계자지문

현장지문 또는 준현장지문 중에서 범인 이외의 제3자가 남긴 것으로 추정되는 지문을 관계자지문이라고 한다.[208]

(4) 유류지문

현장지문 또는 준 현장지문 중에서 관계자 지문을 제외하고 남은 지문으로서 범인 지문으로 추정되는 지문을 유류지문이라고 한다.[209]

제3절 지문의 분류

1. 헨리식과 함부르그식 분류법

지문의 분류법은 헨리(Henry)식 분류법과 함부르그(Hamburg) 분류법으로 나누어진다. 주로 영미계에서는 헨리식을 사용하며 세계적으로 가장 널리 사용된다. 함부르그식 분류법은 함부르그 경찰청에 근무하던 로셔(Rosher)가 창안한 분류방법으로서 한국의 십지지문분류법은 함부르그식을 기본으로 하여 우리나라 실정에 맞게 수정 보완하여 사용하고 있다. 우리나라 국민의 지문은 제상문 50.8%, 와상문 45.2%, 궁상문 3.1% 순이다.

---

207) Gilbert, *op.cit.*, p. 446.

208) 지문및수사자료표등에관한규칙 제2조, 경찰청훈령 제488호, 2006.8.22.

209) 지문및수사자료표등에관한규칙 제2조, 경찰청훈령 제488호, 2006.8.22.

2. 지문 및 수사자료표등에 관한 규칙상 분류210)

(1) 궁상문

지문의 융선이 좌측 또는 우측으로부터 흐르기 시작하여 그 형상이 활모양 또는 파도모양을 형성하고 모두 반대방향으로 흐르는 융선으로서 처음 출발한 장소로 되돌아오지 않는 문형을 궁상문이라 한다. 궁상문은 보통궁상문과 돌기궁상문으로 구분된다.

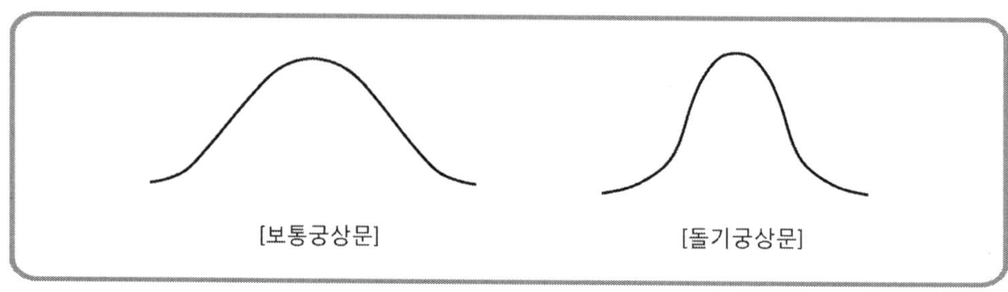

(2) 제상문

제상문이란 지문의 융선이 좌측 또는 우측에서 흐르기 시작하여 말발굽 모양의 제상선으로 형성되며, 융기선 중 적어도 1개는 다시 원래 시작한 쪽에 되돌아오는 지문형태를 말한다. 제상문은 중심부로부터 보아서 좌측이든 우측이든 기울어진 쪽에 반드시 한 개의 각이 있다.

1) 갑종제상문

우수의 지문을 찍었을 때 삼각도가 우측에 , 좌수의 지문을 찍었을 때 삼각도가 좌측에 있으면 이것은 갑종제상문이다

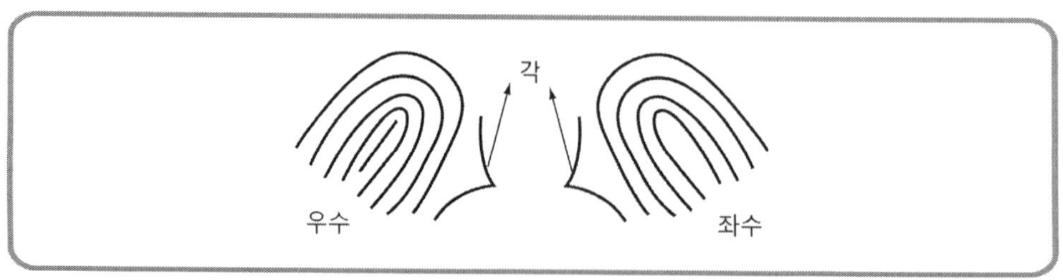

210) 지문및수사자료표등에 관한 규칙 별표1, 경찰청훈령 제488호, 2006.8.22.

2) 을종제상문

우수의 지문을 찍었을 때 삼각도가 좌측에, 좌수의 지문을 찍었을 때 삼각도가 우측에 있으면 이는 을종제상문이다. 우리나라의 경우 갑종 대 을종의 비율이 1:16이 될 정도로 을종제상문이 대부분이다.

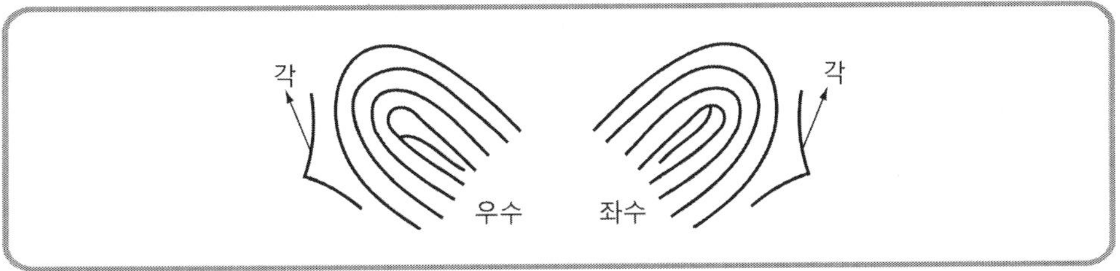

(3) 와상문

와상문이란 지문의 중심부가 한 바퀴 이상 돌아가는 와상선, 원형으로 생긴 환상선, 말발굽같은 제상선 혹은 기타 융선이 독립 아니면 혼합하여 형성되고 좌측과 우측에 각각 1개씩 삼각도를 가진 지문형태를 말한다.

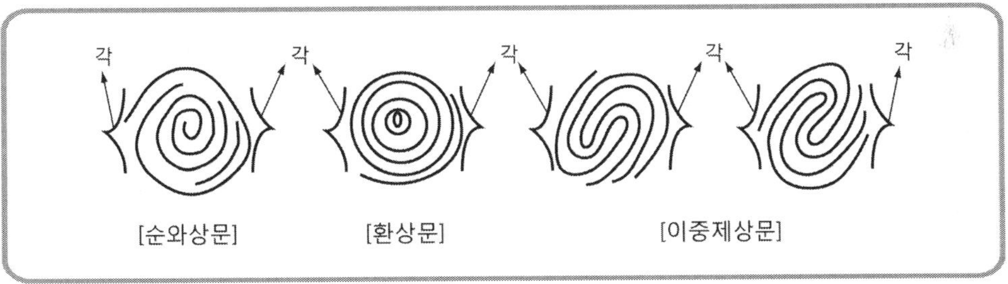

(4) 변태문

선천적으로 지문이 나타날 손가락 전체가 점이나 단선 또는 기타 융선으로 형성된 변태적인 문형으로서 궁상문, 제상문, 와상문 중 어느 문형에도 속하지 않는 형태로서 분류번호를 부여할 수 없는 지문을 말한다.

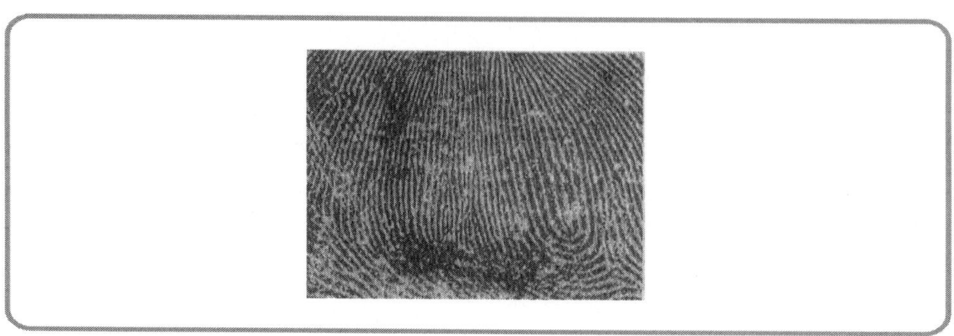

3. 지문관련 중요 용어[211)]

(1) 중핵제상선

중핵제상선이란 여러 개의 말발굽 모양의 제상선중에서 가장 중심부에 있는 제상선을 말하고 제상선의 가상반원에 다른 융선이 교차하거나 외측으로부터 접촉되어 있을 때에는 그 다음 제상선이 중핵제상선이 된다.

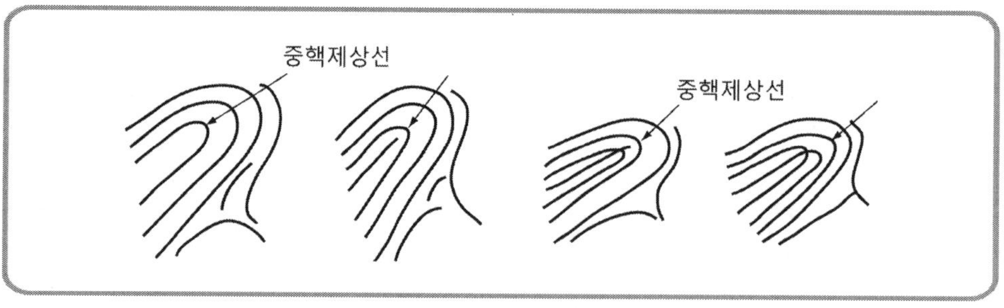

(2) 가상반원과 가상반원선

중핵 제상선의 상부에 가상원을 그린 후 그 원을 2등분하는 직선을 그었을 때 그 상부의 반원을 가상반원이라 하고 그 선을 가상반원선이라고 한다. 다만, 가상반원선에 이르지 못한 제상선은 제상선으로 볼 수 없다.

211) 지문및수사자료등에관한 규칙 별표1, 경찰청훈령 제488호, 2006.8.22.

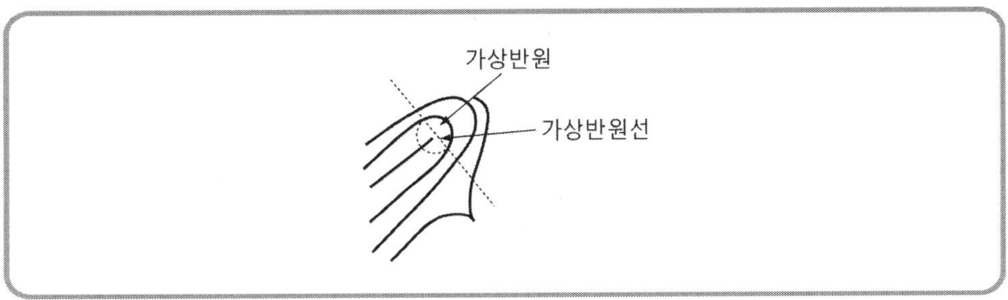

(3) 봉상선

봉의 모양으로 형성된 융선을 말하고 일반적으로 중핵제상선의 가상반원선내에 형성된 융선이나 점을 말한다. 제상문의 경우에 지문의 제일 중앙에 돌출된 직선이나 점형태의 융선이 봉상선이다.

[봉상선]

(4) 내 단

제상문의 경우 중핵제상선의 가상반원선내에 있는 융선을 말하며 을종제상문 분류상 필요한 기준점을 말한다. 중핵제상선안에 여러 개의 융선이 존재할 경우 일반적인 지정 기준은 첫째, 제일 높은 것, 둘째, 각(외단)으로부터 먼 것, 셋째, 높이가 같은 경우 가운데 것 중에서 외단으로부터 먼 것이 내단이 된다.

1) 중핵제상선 내에 아무 것도 없을 경우

중핵제상선을 포함한 가상의 반원을 연결하여 가상반원을 그리면, 즉 그림의 a와 b와 같은 직경이 생기는데 a, b중 각(외단)으로부터 먼 점a가 내단이 된다. 이를 제상내단이라 한다.

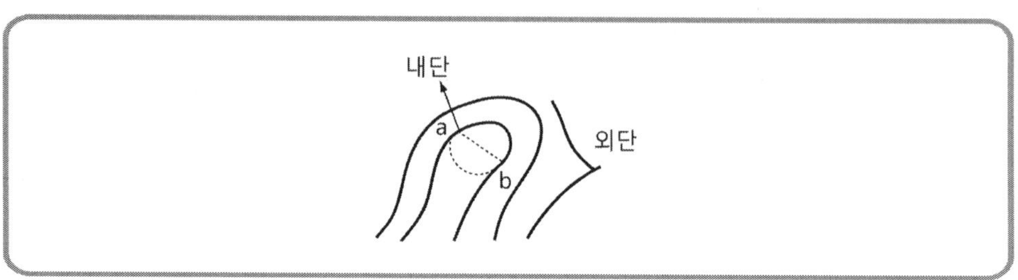

2) 중핵제상선 내에 1개의 봉상선 존재

중핵제상선내에 1개의 봉상선이 있고, 그 첨단이 가상반원의 직경을 통과한 경우 이 봉상선의 첨단이 내단이 되며 봉상내단이라 한다. 내단이 되는 점, 단선, 호상선, 조상선, 봉상선 등의 융선이 중핵제상선의 가상반원선에 도달하면 그것이 내단이 된다. 또한 중핵 제상선 내에 봉상선이 1개 있으나 가상반원선에 미달되는 경우로서 이때에는 가상반원의 직경 ab 중 각으로부터 먼 점 a가 내단이 된다. 호상선은 가상반원에 미치지 못하는 짧은 곡선을 이룬 융선을 호상선이라 하고 봉상선의 끝이 낚시 모양의 융선을 조상선이라 한다.

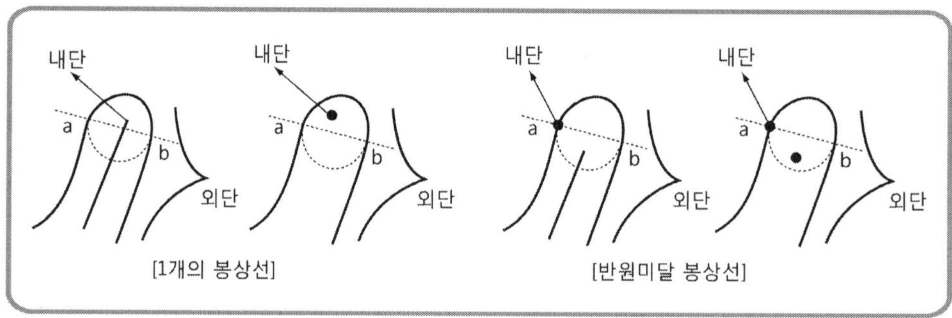

[1개의 봉상선] [반원미달 봉상선]

3) 중핵제상선 내에 높이가 다른 2개 이상의 봉상선 존재

중핵제상선의 가상반원선에 도달하거나 가상반원선 안에 높이가 다른 봉상선이 2개 이상 있을 경우에는 제일 높은 봉상선, 즉 직선, 점, 호 등의 꼭지점이 내단이다.

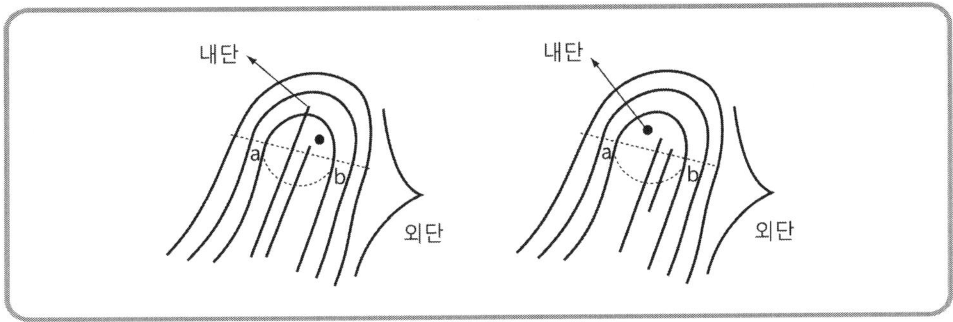

4) 중핵제상선 내에 높이가 같은 2개의 봉상선 존재

중핵제상선 내에 높이가 같은 2개의 봉상선이 존재할 경우에는 각으로부터 먼 봉상선의 꼭지점을 내단으로부터 한다.

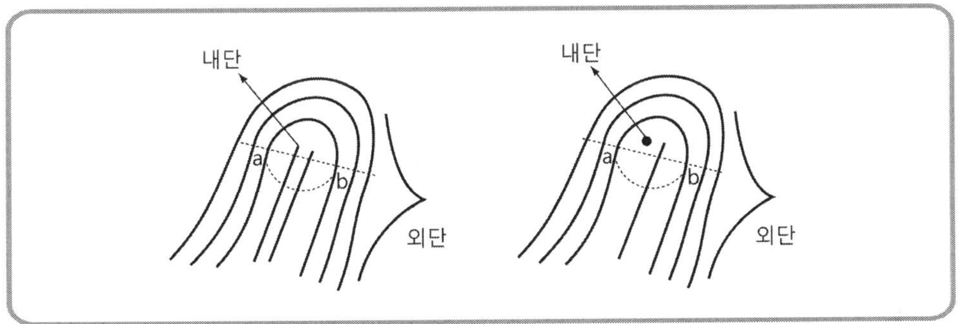

5) 높이가 동일한 봉상선이 3개 이상 존재

높이가 같은 봉상선이 3개 있을 경우에는 제일 가운데 것이 내단이 되고 이처럼 높이가 같은 봉상선이 1,3,5 등의 홀수로서 존재할 경우에는 기준에 관계없이 제일 가운데 것이 내단이 된다.

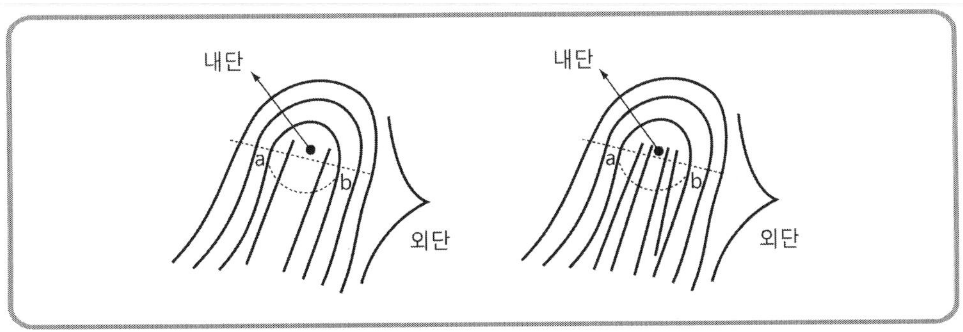

6) 높이가 같은 봉상선이 4개 존재

이러한 경우에는 우선 가운데 2개 중에서 각으로부터 먼 것이 내단이 된다. 봉상선이 6, 8일 경우에도 동일한 방법으로 내단이 결정된다.

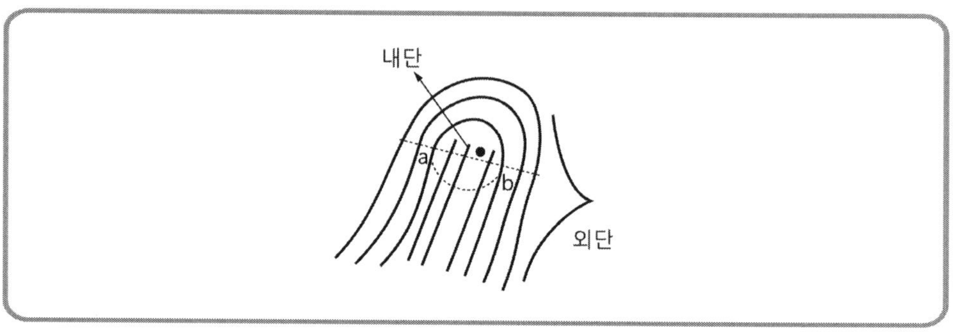

7) 교차내단

중핵제상선의 가상반원내에서 2개 이상의 제상선이 교차하였을 때 교차점을 내단으로 하고, 수 개의 교차점이 존재할 경우에는 봉상내단의 예, 즉 제일 높은 교차점이 내단이 된다.

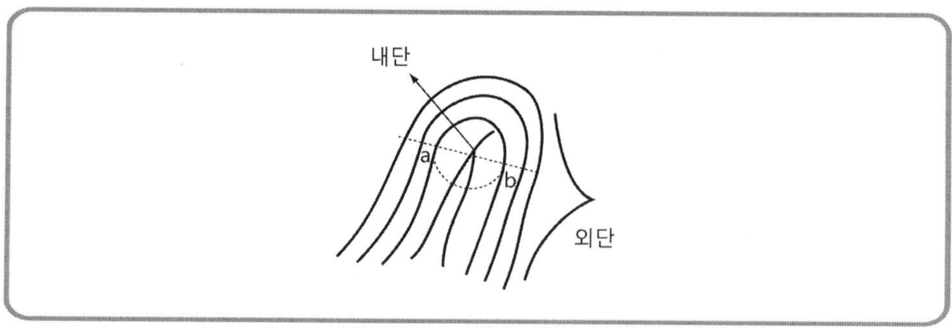

(5) 외 단

제상선이 흐르는 반대 측에 형성된 삼각도(각)로서 을종제상문의 분류에 필요한 기준점이 되는 것을 외단이라 한다. 각은 중심부로부터 제일 가깝고 완전한 각을 택한다.

1) 접합외단

삼각도의 외측을 흐르는 2개의 융선이 접합하였을 때 그 접합점을 외단으로 한다.

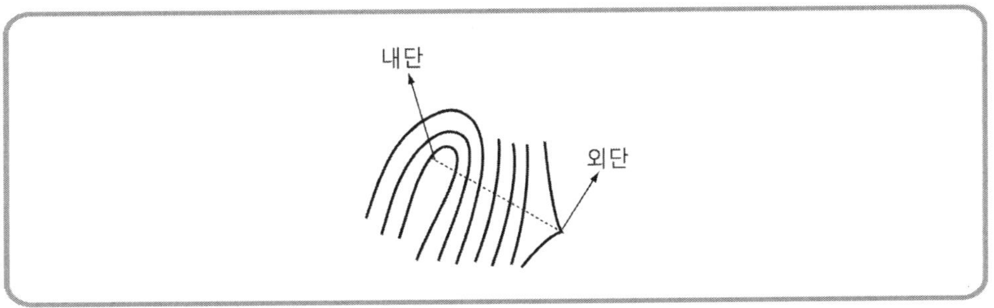

2) 병행외단

삼각도의 외측을 흐르는 2개의 융선이 평행선을 이룬 경우 가상정점으로부터 내단을 향하여 가상직선을 그어 처음 만나는 교차점을 외단으로 한다. 병행각에 점이 있으면 점 자체가 외단이 된다.

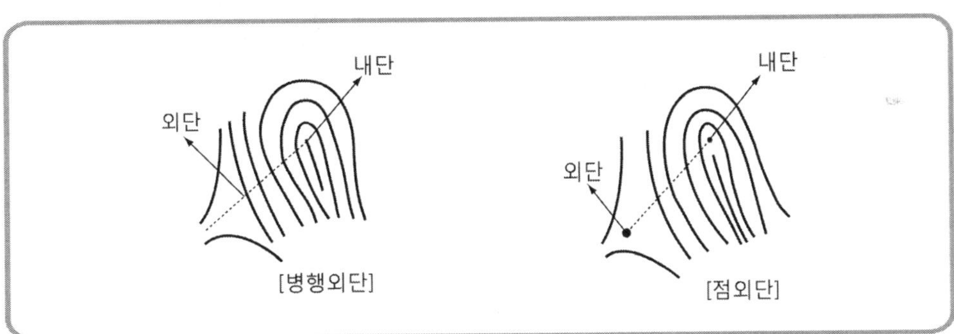

[병행외단] [점외단]

3) 개재외단

병행외단의 병행선 사이에 개재선이 있을 때에는 가상정점으로부터 병행선과 가상직선을 그었을 경우 개재선과의 교차점을 외단으로 한다. 개재선이란 병행융선사이에 존재하는 몇 개의 융선을 말한다.

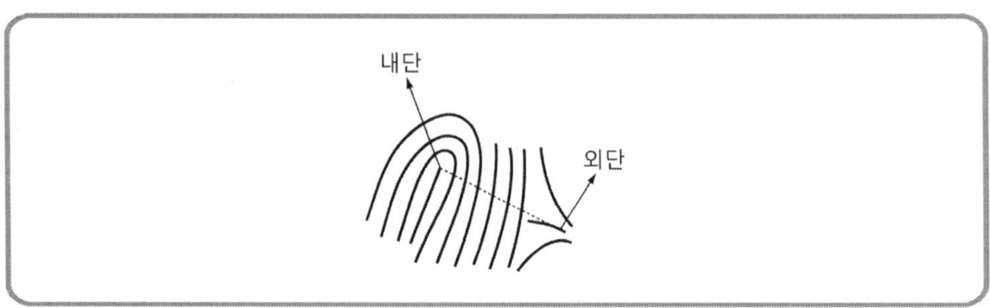

(6) 삼각도(delta)

삼각도란 지문을 구성하고 있는 2개의 융선이 외측에서 만나거나 나란히 가면서 형성된 삼각형 모양을 말한다. 말발굽 모양의 제상문은 융선이 흐르는 반대측에 1개 형성되고, 소용돌이 형태의 달걀모양을 한 와상문은 중심부 좌우측에 2개 이상의 삼각도가 형성된다.

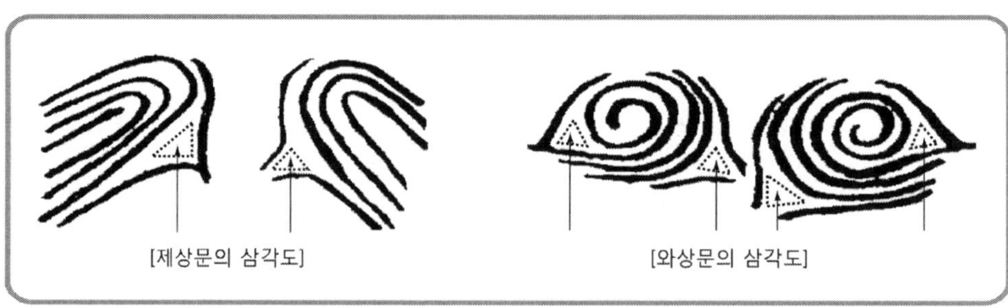

[제상문의 삼각도] [와상문의 삼각도]

(7) 기준각

기준각이란 2개 이상의 삼각도를 가진 와상문에서 중앙으로부터 가장 먼 곳에 있는 좌우측의 삼각도를 말한다.

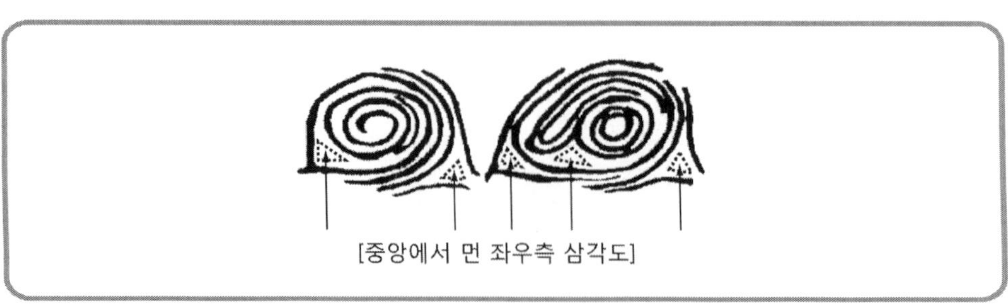

[중앙에서 먼 좌우측 삼각도]

(8) 추적선과 기점

1) 추적선

추적선이란 와상문 분류 시 종점을 정하기 위한 것이며 좌측 삼각도 하변을 형성한 융선(하부융선)이 우측기준각 내측 또는 외측에 이르기까지 추적되는 선을 말한다.

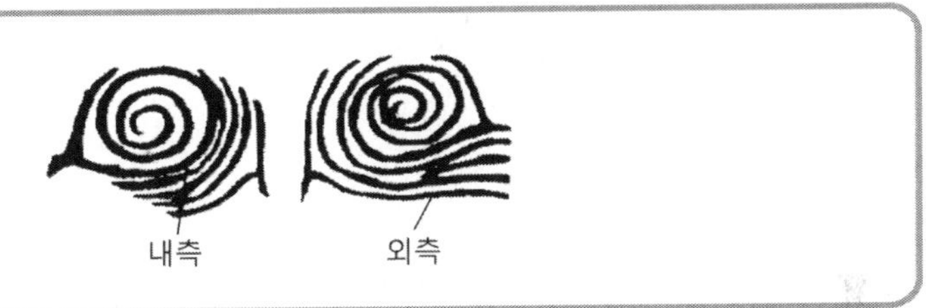

2) 추적선의 기점

추적선의 기점이란 좌측기준각(삼각도)에서 추적선이 시작되는 점을 기점이라 한다. 좌측기준각의 접합시는 접합점을 기점으로 하고 병행하였을 때에는 병행을 시작한 하변의 1점을 추적선의 기점으로 한다.

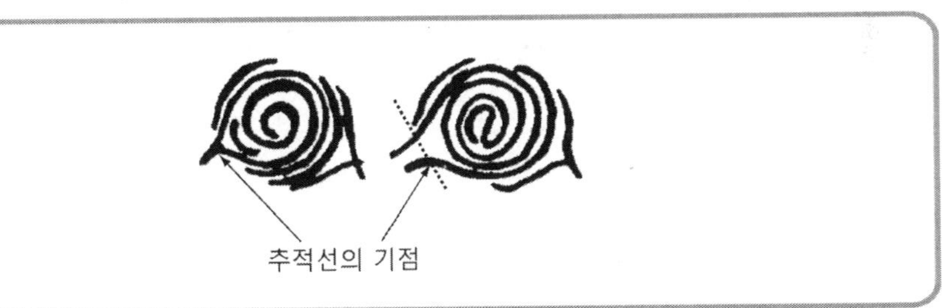

3) 추적선의 종점

우측기준각(삼각도)에서 추적선을 향하여 가상의 직선 또는 수직선을 그었을 때 그 선과 추적선이 교차되는 점을 추적선의 종점이라 한다.

① 추적선이 우측기준각에 닿았을 경우

추적선이 우측기준각(삼각도)에 닿았을 때에는 그 기준점을 종점으로 한다.

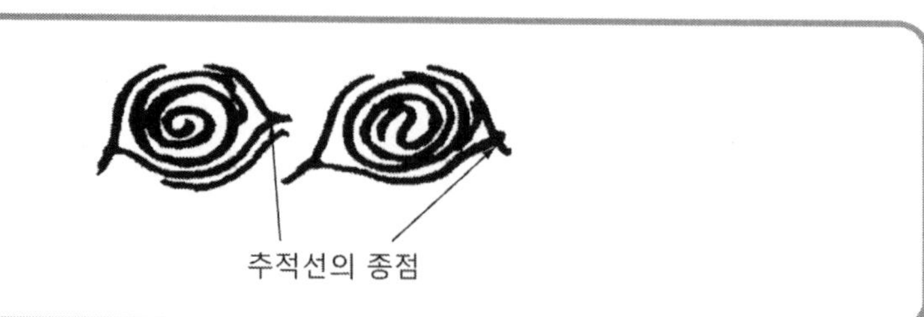

② **추적선이 우측기준각의 내측으로 흐른 경우**

이러한 경우에는 우측기준각을 2등분하는 가상의 직선을 그어 그 가상직선과 추적선의 교차점을 종점으로 한다.

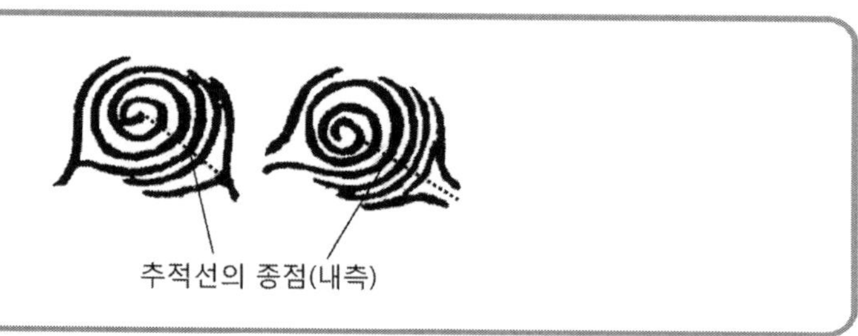

③ **추적선이 우측기준각의 외측으로 흐른 경우**

우측기준각이 접합하였을 경우는 그 접합점에서, 병행하였을 경우는 가상정점에서 수직선을 그어 추적선과 수직선의 교차점을 종점으로 한다.

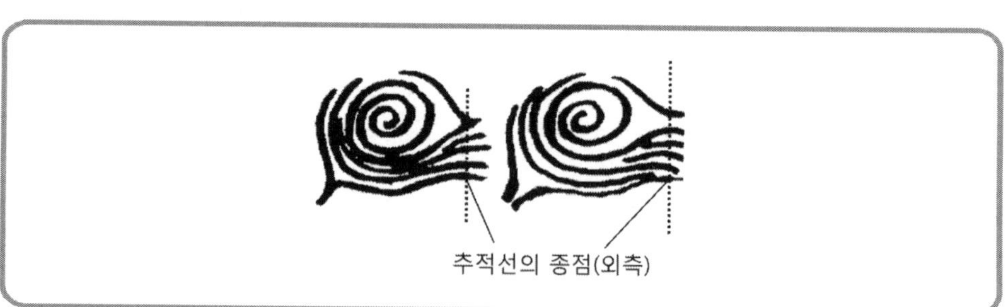

(9) 기준점

기준점이란 와상문의 분류상 필요한 기준이 되는 점을 말하며 우측기준각(삼각도)에서 기준점을 정한다.

1) 접합기준점

우측삼각도를 형성하는 2개의 융선이 접합하였을 때는 그 접합점을 접합기준점으로 한다.

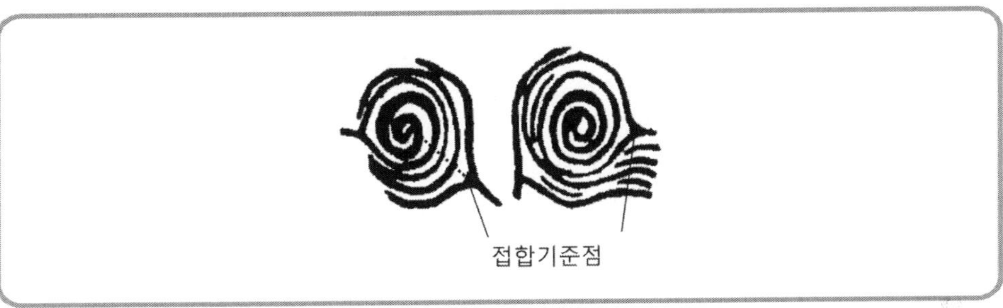

2) 병행기준점

우측삼각도를 형성하는 2개의 융선이 병행 할 때에는 가상정점에서 추적선을 향하여 우측기준각을 2등분한 가상의 직선 또는 수직선을 그어 최초로 교차되는 점을 병행기준으로 한다.

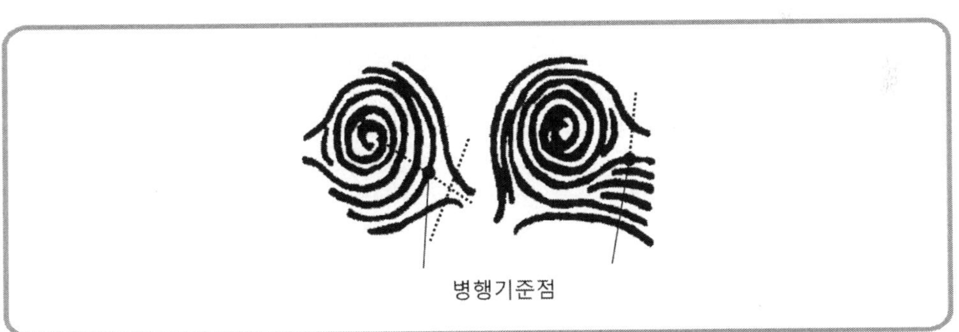

3) 개재기준점

병행선 사이에 개재선이 있을 때에는 가상정점에서 추적선을 향하여 가상의 직선 또는 수직선을 그어 개재선과 교차되는 점을 기준점으로 한다. 개재선이 홀수일 경우는 중앙의 개재선으로, 짝수일 때는 중앙 2개의 개재선 사이에 가상의 직선 또는 수직선을 그어 최초로 교차되는 점을 기준점으로 한다.

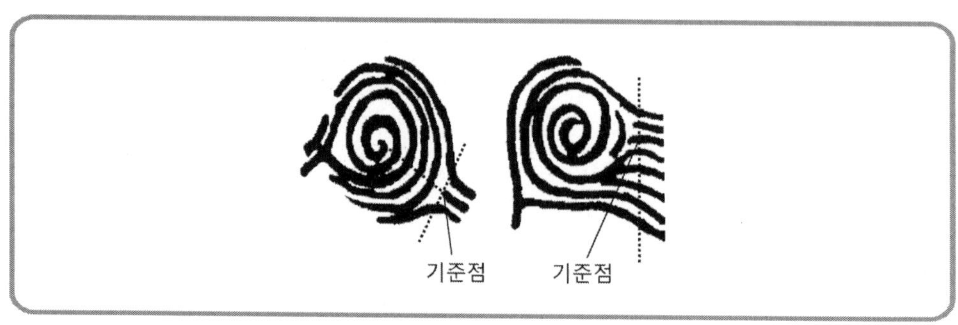

4. 십지지문의 분류방법

지문은 융기선의 배열 상황에 따라 궁상문(弓狀紋) · 제상문(蹄狀紋) · 와상문(渦狀紋)의 3종으로 크게 나누며, 경찰지문 분류에서는 제상문과 와상문의 두 가지를 다시 각각 5종 및 3종으로 세분류하고 1에서 9까지의 지문값[指紋價]을 부여하여 분류한다. 또한 지두절단, 손상지문, 변태문은 특이한 분류기호를 부여하여 관리한다.

(1) 분류번호 1: 궁상문

궁상문은 전부 분류번호가 1이다. 지문을 채취하여 그 문형이 궁상문이면 그 밑에 바로 1을 기록한다. 보통궁상문이든 돌기궁상문이든 모두 분류번호1을 부여한다. 또한 지문의 숫자와도 무관하다.

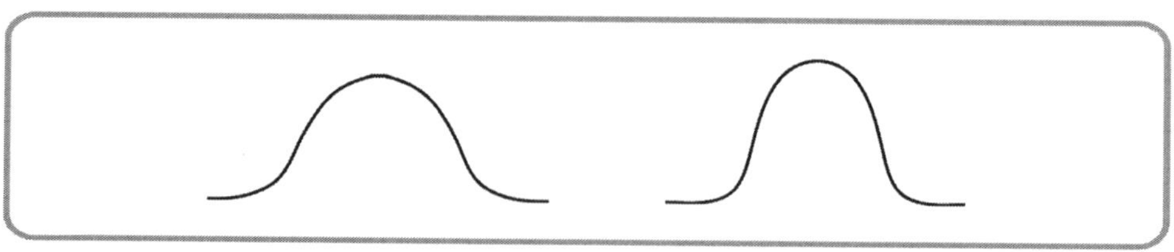

(2) 분류번호(2): 갑종제상문

삼각도가 우수의 우측, 좌수의 좌측에 있는 갑종제상문의 분류번호는 2이다. 내단과 각 사이의 융선의 수와 무관하다.

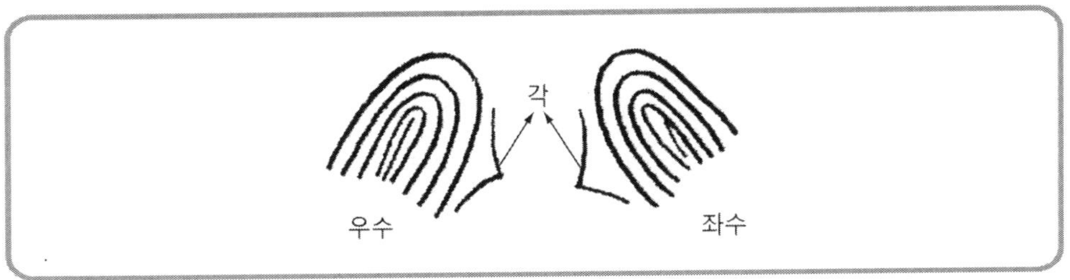

(3) 을종제상문: 분류번호 3-6

을종제상문은 많은 사람들이 해당되기 때문에 여러 개의 제상선 중 제일 가운데에 있는 제상선을 중핵제상선이라 하고, 중핵제상선 안에 선이 들어 있을 때 기둥같은 선이라 하여 봉상선이라 한다. 봉상선의 끝을 여기서는 내단이라 한다.

을종제상문일 경우에 우선 내단과 외단을 정하고 내·외단을 연결하여 내·외단은 계산하지 말고 그 가상의 직선에 접촉된 융선의 수를 세어서 그 수의 증가에 따라 분류번호는 (3),(4),(5),(6)을 부여한다.

1) 분류번호 3

을종제상문 중 융선의 수가 7개 이하인 경우

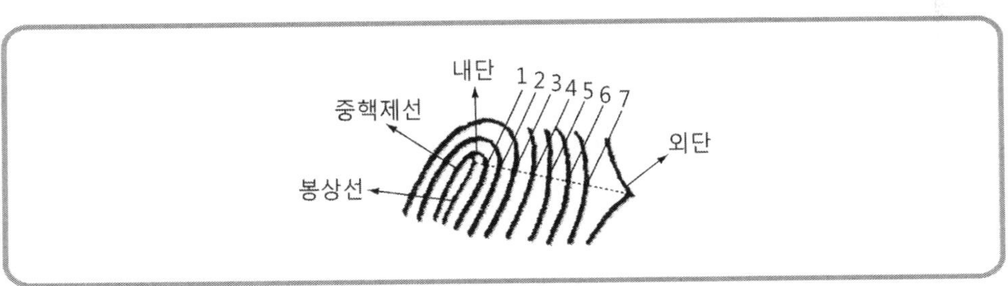

2) 분류번호 4

을종제상문 중 융선의 수가 8~11개인 경우

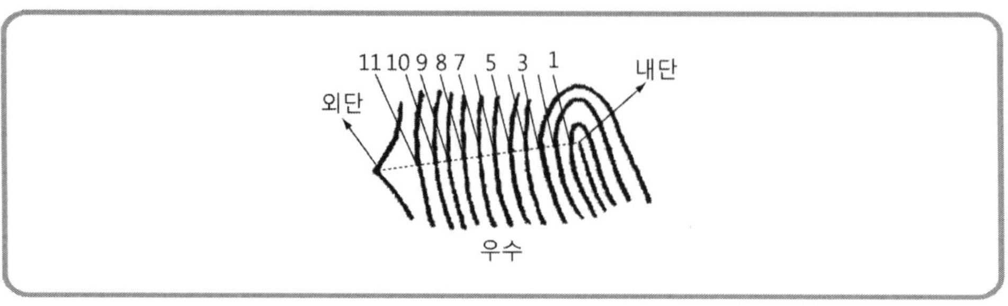

3) 분류번호 5

을종제상문 중 융선의 수가 12~14개인 경우

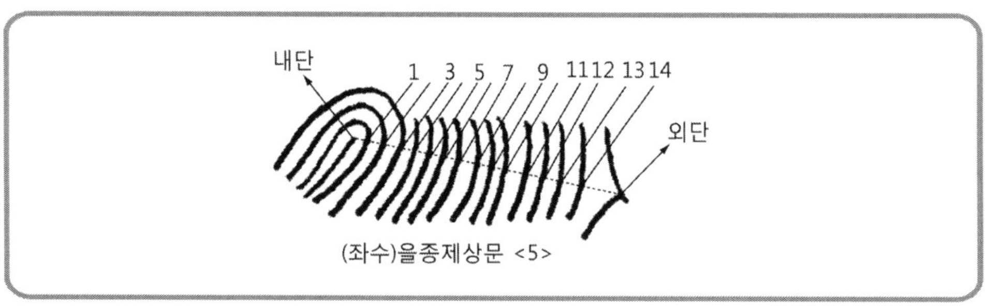

(좌수)을종제상문 <5>

4) 분류번호 6

을종제상문 중의 융선의 수가 15개 이상인 경우

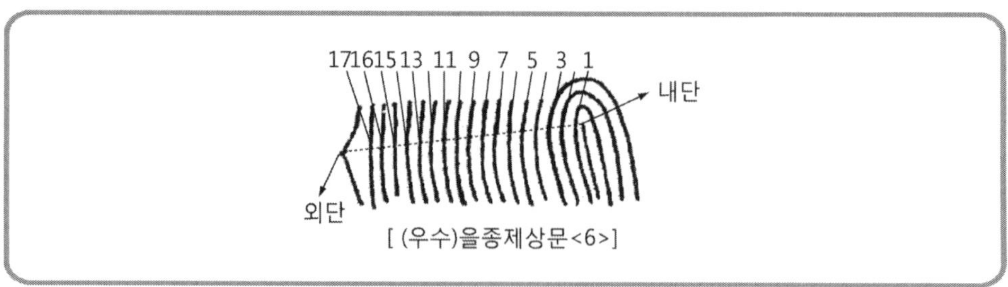

[(우수)을종제상문<6>]

(4) 와상문

와상문은 분류번호 7, 8, 9 중 어느 하나에 해당한다. 와상문일 경우에는 좌수든 우수든 불문하고 반드시 좌측각의 밑의 선을 시발점으로 하는 추적선을 우측각 쪽으로 추적하여 추적선의 종점을 구해야 한다.

추적선을 우측각 쪽으로 추적해 보면 우측각 내측으로 흐르는 경우와 우측각 하측으로 흐르는 두 가지 형태가 있는데 추적선의 종점을 구하는 방법은 다음과 같다.

① 와상문에서 우측각은 지문을 분류할 때 융선 계산의 기준이 되므로 우표준점이라고 한다. 추적선이 우측각 내측으로 흐르는 경우에는 우측각을 이등분하는 이등분선을 연장하여 추적선과 접촉되는 점이 추적선의 종점이다. 이 사이의 융선의 수에 따라 분류번호가 주어진다. ② 추적선이 우측각 하측으로 흐르는 경우에는 우측각에서 직하선을 연장하여 추적선과 접촉되는 점을 추적선의 종점으로 한다.

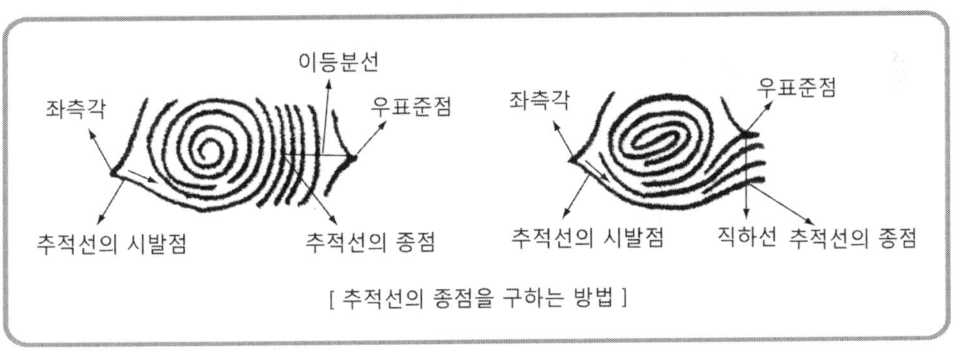

[추적선의 종점을 구하는 방법]

1) 분류번호(7): 상류와상문

상류와상문은 와상문 중 추적선이 우측각 내측으로 흘러서 추적선의 종점과 우표준점 사이의 이등분선상에 접촉된 융선의 수가 4개 이상 있을 때를 말한다.

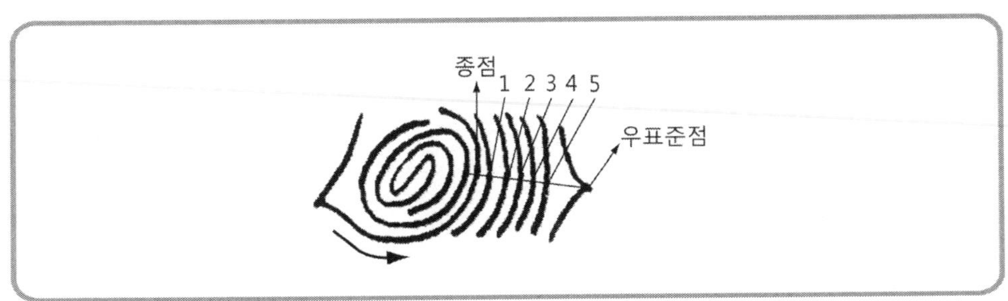

2) 분류번호(8): 중류와상문

중류와상문은 와상문 중 좌측추적선의 종점과 우측표준점사이에 접촉융선이 없거나 추적선이 우측각 내측 또는 하측으로 흘러서 추적선의 종점과 우표준점 간의 융선의 수가 3개 이하일 때를 말한다.

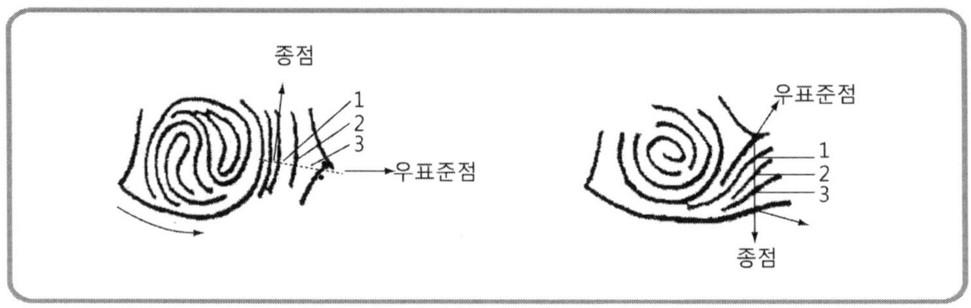

3) 분류번호(9): 하류와상문

하류와상문은 와상문 중 추적선이 우측각 하측으로 흘러서 추적선의 종점과 우표준점 간의 융선의 수가 4개 이상일 때를 말한다.

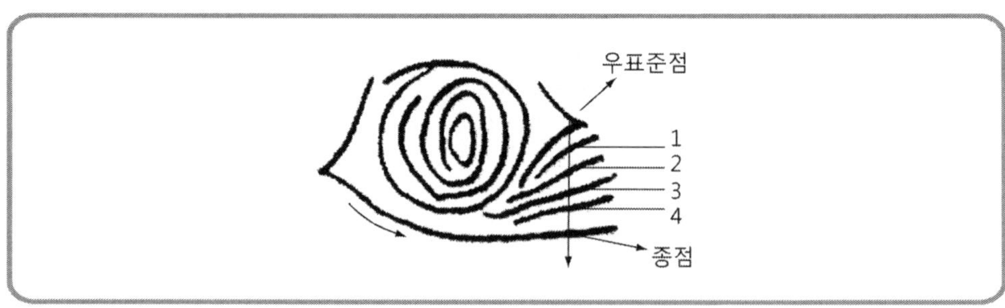

(5) 분류번호(0): 지두절단

지두절단, 즉 손가락 첫 마디가 절단되면 그 다음 마디의 지문은 만인부동이 될 수 없다. 그러므로 손가락 한 마디 이상이 절단된 것은 분류번호(0)이다.

(6) 분류번호(0): 손상지문

손가락 첫 마디 이상이 화상, 동상, 수술, 칼로 베어 지문의 융선이 몇 개 밖에 나타나지 않아 궁상문인지 와상문인지 분별을 할 수 없을 때의 지문이 손상지문이다. 손상문 분류시 손가락 한 마디가 전부 손상에 의하여 무슨 문형인지 알 수 없을 때

⊙을 부여하고 부분적인 손상으로 궁상문, 제상문, 와상문 중 어느 문형인 지 분별할 수 있고 어느 정도 분류 가능할 경우에는 추정적인 분류를 해서라도 해당되는 분류번호를 부여하여야 한다.

(7) 분류번호(9): 변태문

선천적으로 지문이 나타날 부분에 점이나 단선 또는 기타 융선으로 형성된 변태적인 문형으로서 궁상문, 제상문, 와상문 중 어느 문형에도 속하지 않는 지문으로서 이 경우에 9에다 점을 찍어 분류한다. 손가락 한마디 전체가 변태문이 아니라 부분적인 변태문일 경우에는 손상문 분류방법에 따라야 하며, 무조건 분류번호 9를 부여하면 안된다.

손가락이 6개인 육손이나 손가락 두 개가 붙어 있는 합지일 경우에는 굵은 손가락의 지문으로 분류한다. 그러나 굵은 손가락의 지문이 불선명할 경우에는 가는 손가락의 지문으로 분류한다.

제4절 지문채취와 보존

1. 현장지문의 보존

(1) 현장지문 등 파괴방지

범죄현장에 존재하는 현장지문은 눈에 보이지 않고 손에 닿기 쉬워 쉽게 파괴 될 수 있다. 따라서 수사요원은 현장에서 책임간부의 통제에 따라 행동하고 장갑을 착용하고 있더라도 물체에 함부로 손을 대서는 안 된다.

(2) 수사관 자신의 현장지문 유류방지

현장에서 수사를 벌이는 형사의 지문이 유류지문으로 채취되는 경우가 많이 발생한다. 이러한 경우 유류지문으로 취급되어 지문확인 작업 등에 시간과 노력을 낭비하게 되고, 수사상 차질을 초래하게 된다. 따라서 형사가 현장에 지문을 유류한 경우에는 책임자에게 즉시 그 사실을 보고해야 한다.

(3) 지문채취의 우선성

현장의 흉기 기타 물건 등 증거자료들은 지문채취와 혈흔감정 등의 대상이 되는데 이러한 경우 반드시 지문채취를 먼저 실시해야 한다. 혈흔 감정을 먼저 할 경우 지문이 멸실되거나 훼손될 수 있다.

2. 현장지문 발견방법과 증명력 보존

(1) 발견방법

통상 현장지문은 침입구, 물색개소, 도주구 등에 유류된 경우가 많다. 장갑흔이 발견되더라도 포기하지 말고 현장지문을 발견하기 위해 철저히 검색해야 한다. 무의식중에 장갑을 벗고 범행을 계속하는 경우가 있다. 회중전등, 거울같은 것을 이용하여 육안으로 지문을 식별하도록 노력해야 한다.

(2) 현장지문의 보존

1) 사진촬영

지문은 증거의 왕이라고 한다. 현장에서 발견하거나 시약으로 현출한 지문은 현재지문이나 잠재지문을 불문하고 사진촬영을 하여 보존하는 것이 원칙이다.

2) 지문부착 장소와 입회인 확인

채취한 지문은 범죄현장, 채취장소, 채취물건과의 연관성이 명확하게 확인되어야 한다. 현장감식의 결과 지문이 발견되었을 경우 필히 채취에 앞서 입회인의 확인이 필요하고, 지문검출시 검출한 물체의 존재장소를 명확히 하기 위해 채취에 앞서 사진촬영을 해야 한다. 이는 어떤 물체에서 현출한 지문인지를 사진으로 보여줄 수 있기 때문에 법정에 증거로 제시하기 쉽다. 또한 사진촬영을 해도 대상물체를 변형시키는 일은 없으므로 처음 찍은 사진이 잘못 나온 경우 다시 촬영할 수 있다.[212)]

---

212) 홍성욱 · 최용석 역, 앞의 책., p. 111.

3) 촬영방법

사진촬영은 자를 대고 실제지문과 동일한 1:1배율로 촬영해야 한다. 사진은 검은 바탕에 흰색 또는 흰 바탕에 검은 색으로 현상한다. 지문을 잘 보이게 하려고 분말법 등으로 현출하다보면 지문이 훼손될 수 있으므로 현출기법을 사용하지 않고 육안으로 확인할 수 있는 지문이라면 나타난 그대로 촬영한다. 조명을 잘 조절하면 카메라로 직접 촬영할 수 있다.

1차 촬영 후 분말법 등으로 지문을 보다 선명하게 만든 후 다시 촬영한다. 과학수사 장비 판매업체에서 지문촬영용 광원이 장치된 지문카메라(확대카메라)를 사용하면 효과적이다.

사진촬영을 할 때 현장지문을 검출한 물건에 사건명, 사건발생 년월일, 피해자, 채취 년월일, 입회인 성명, 채취자의 성명을 기재한 표찰을 첨부해야 한다. 동일한 물건・장소에서 수 개의 지문을 검출하였을 때에는 지문에 번호를 매긴 후 사진촬영을 해 두어야 한다.

(3) 물체에 인상된 지문의 보존가능기간

조형지문은 지문이 남겨진 물체가 존재하는 한 영구히 보존가능하다. 곡물이나 가루, 검댕 등의 오염물이 묻은 손에 의해서 생긴 지문은 오래가지 못하며, 혈액, 안료, 잉크, 기름 등이 묻은 손에 의해 생긴 지문은 오염물질 지문보다 오래 남고 보존조건이 좋으면 상당기간 보존될 수 있다.

유리, 도자기 등 매끄러운 물체에 남겨진 잠재지문은 보존상태가 좋으면 수 년 간 남을 수 있다. 외부의 대기에 노출된 물체일지라도 수개월이 지난 후에도 지문을 현출할 수 있다. 종이에 인상된 지문은 대단히 안정적이어서 종이가 물에 젖거나 훼손되지 않는 한 몇 년 동안 남아있을 수 있다.

3. 현재지문 채취법

(1) 먼지가 쌓인 곳에 인상된 지문의 채취

먼지지문은 사진촬영, 전사법, 실리콘러버법 등으로 채취할 수 있다.

1) 사진촬영에 의한 방법

현재지문이 먼지에 인상된 경우 채취하기 전에 우선 사광선이나 역광선을 이용하여 융선과 고랑이 잘 대조되도록 조명을 조절한 후 사진 촬영을 해야 한다. 자를 대고 실제크기를 확인할 수 있도록 촬영한다.

먼지가 묻은 물체에 인상된 조형지문(plastic fingerprints)은 지문검사 대상이 되는 물체가 이동가능한 것이라면 지문이 훼손되지 않도록 보존하여 물체 그 자체를 법과학감정소로 보낸다. 그러나 이동이 불가능한 물체인 경우에는 사광선을 이용하여 사진촬영을 한다.

2) 전사법에 의한 채취방법

① 전사법은 오늘날 가장 보편적인 지문채취방법으로서 주로 평면체에서 검출된 지문채취에 사용된다. 지문 전사판은 특수 투명테이프로서 보통 폭이 2~5cm의 롤 형태이다.

② 지문채취시에 필요한 만큼 잘라 쓸 수 있으며 전사판의 접착면을 지문이 검출된 분분에 한쪽 끝에서부터 가만히 덮은 후 손가락으로 윗면을 부드럽게 눌러서 채취한다. 젤라틴지에 전사하는 경우 힘을 주면 고랑부분이 없어져 지문이 잘 나타나지 않기 때문에 힘을 너무 많이 주지 않도록 주의해야 한다. 이때 분말을 뿌려 지문을 현저하게 한 후에 채취할 수도 있으며 공기가 들어가지 않도록 주의해야 한다.

③ 다음으로 젤라틴지에 초산비닐이나 염화비닐 용액을 뿌려 피막을 만든 다음이 전사테이프를 사용한 분말색상과 대조를 이루는 색상의 지문카드에 붙인다. 대지에 붙여버린 경우에도 즉시 사진촬영해 두어야 한다.[213]

---

213) 양태규, 앞의 책., p. 300.

3) 실리콘 러버법에 의한 채취법

① 변사체 지문이나 공구흔 채취

방문 손잡이나 흉기 또는 범행도구 위에 부착된 지문은 사진으로 촬영하기도 어렵고 전사지로 채취하기도 어렵다. 실리콘 러버법은 부패한 변사체의 지문이나 도구흔 채취에 주로 사용되며 검사물체가 둥근 구면체 또는 울퉁불퉁한 요철면체일 경우에 적합한 방법이다. 역시 분말을 사용하여 지문을 현출시킨 후 채취하는 것이 효과적이다.

② 사용방법

실리콘 러버에 촉매(경화제)를 혼합하여 이것을 흔적면에 가볍게 발라서 채취하는 방법으로서 가죽이나 직물같은 천연적인 형태로 있는 흔적의 경우에는 부적당하다. 실리콘 러버는 백색과 흑색 등이 있으나 먼지의 색상에 따라 적당한 색깔의 것을 선택하여 사용한다. 먼지가 두껍게 쌓였을 때나 먼지의 질에 따라서 채취가 곤란한 경우가 있으므로 그러한 경우에는 실리콘 스프레이로 미리 피막을 만든 후에 채취하면 된다.[214)] 사용법은 다음과 같다.

㉠ 실리콘을 약 5%의 경화제와 혼합하여 사용하며 이때 기포가 생기지 않도록 주의해야 한다.

㉡ 1~2분간 잘 혼합한 후 기포가 들어가지 않도록 흔적면에 골고루 발라준다. 젤라틴지와는 달리 지문이 인상된 면을 볼 수 없기 때문에 힘을 너무 준다든지 전사밀림이 생기지 않도록 주의해야 한다.

㉢ 실리콘 러버가 굳은 후에 조심스럽게 떼어낸다.

㉣ 떼어낸 실리콘 러버에 지문잉크를 바른 후 전사법으로 지문을 채취한다.

(2) 먼지가 묻은 손가락에 의하여 인상된 지문채취

1) 사진촬영에 의한 방법

사광선이나 역광선을 이용하여 자를 대고 실물 그대로의 크기로 사진촬영을 한다. 육안으로 지문이 희미한 경우에는 먼지의 종류에 따라서 자외선이나 적외선을 이용하면 효과를 얻을 수 있다.

---

214) 앞의 책., p. 301.

2) 전사판 또는 실리콘 러버법

먼지문은 손가락에 의해 인상된 지문채취는 전사판과 실리콘 러버법 모두 사용가능하다. 그러나 실리콘 러버법이 더 효과적이다.

3) 불선명한 먼지지문의 화학적 검출방법

육안으로 잘 보이지 않는 불선명한 먼지지문은 지오시안칼슘 10g을 10cc의 증류수에 용해시켜 여기에 10cc의 농염산과 아세톤을 가하여 사용하면 적갈색으로 지문이 검출되므로 이것을 사진촬영한다. 이 방법에 의해 검출된 지문은 시일의 경과에 따라 퇴색되기 때문에 즉시 사진촬영을 해야 한다.

(4) 기름위에 인상된 지문의 채취

1) 사진촬영에 의한 방법

투명한 기름이나 백색의 기름 등에 인상된 지문은 융선과 고랑이 현저하지 않은 경우가 대부분이므로 분말을 뿌려 피막을 만들거나 옥도가스를 뿌려 착색시킨 후에 촬영하는 것이 효과적이다.

사진촬영시 조명을 장시간에 걸쳐 사용하면 그 열로 인하여 기름이 녹을 수도 있으므로 주의해야 한다. 분말을 뿌릴 경우에 기구를 지문에 가깝게 대고 뿌리지 말고 조금 떨어진 높이에서 뿌려 그 떨어지는 분말에 의하여 피막이 생기게 한다.[215]

2) 전사판에 의한 채취방법

기름의 색깔에 따라 반대색의 지문검출용 분말을 선정하여 그 분말을 뿌리는 기구를 사용하여 지문위에 조용히 뿌려서 분말에 의한 피막을 만든 후 전사판으로 전사한다.

3) 실리콘 러버에 의한 채취방법

먼지지문의 채취방법과 마찬가지로 지문현출용 분말을 뿌려 지문을 현출시킨 후 채취한다. 기름의 질이 아주 부드러울 경우에는 실리콘 러버법으로는 채취하기 어렵다.

---

215) 앞의 책., p. 302.

(5) 기름이 묻은 손가락에 의하여 인상된 지문

1) 사진촬영에 의한 방법

육안으로 불투명한 지문은 자외선을 투사하여 촬영하면 선명한 사진을 얻을 수 있다. 그러나 채취대상이 밝은 색인 경우에는 좋은 결과를 얻을 수 있으나 어두운 색인 경우에는 좋은 결과를 얻기가 어렵다.[216)]

2) 전사판에 의한 채취방법

기름이 묻은 현장지문에 지문검출용 분말을 뿌려서 피막을 형성한 후 젤라틴지로 전사하여 채취한다. 분말을 다량으로 과다하게 뿌리지 않아야 한다.

3) 실리콘 러버에 의한 채취방법

채취과정은 전사판에 의한 채취방법과 마찬가지로 지문검출용 분말을 뿌려 현출시킨 후 채취한다.

(6) 부드러운 물질 위에 인상된 지문

버터, 마르지 않은 페인트, 점토, 초콜렛 등 부드러운 물질위에 인상된 지문은 먼지지문과 마찬가지로 쉽게 훼손될 가능성 때문에 전사판으로는 채취하기 곤란하다. 따라서 실리콘 러버법이 효과적이다.

(7) 혈액으로 인상된 지문의 채취

혈액지문은 사진촬영, 전사법으로 채취하고, 실리콘 러버법으로는 채취할 수 없다.

1) 사진촬영에 의한 방법

혈액으로 인상된 지문은 사진촬영, 특히 칼라사진촬영에 의하는 것이 적합하다. 그러나 혈액에 인상된 지문이 빨간 적색일 경우에는 약물을 분무하여 청색의 지문으로 현출시켜 사진촬영한다. 특히 약물을 사용하여 색깔을 바꿀 경우 나중에 혈액검사에 지장을 초래하므로 혈액지문 외에 다른 혈흔이 없을 경우에는 채취하지 말고 법의담당자와 협의해야 한다.[217)]

---

216) 앞의 책., p. 302.

2) 젤라틴지 등에 의한 채취방법

혈액 지문이 현저하고 혈액지문 이외에 다른 혈액이나 혈흔이 있을 경우에는 전사판으로 채취할 수 있다. 그러나 혈액지문이 불선명하거나 혈액지문 이외에 혈액이나 혈흔이 없을 경우에는 혈액지문에 약간의 온도를 가한 후 전사판으로 채취하여 창호지 등에 붙여서 약물을 가하여 발색시킨다.

4. 잠재지문 채취법

잠재지문은 우선 육안으로 식별가능하게 한 후 사진촬영 또는 전사판에 의해 채취해야 한다. 잠재지문 검출방법은 고체법, 액체법, 기체법, 강력순간 접착제법, 오스믹산 용액법, 진공금속지문채취법, 광선법, 화염법 등이 있다.

(1) 고체법

1) 의 의

고체법은 분말법이라고도 하며 미세한 분말을 지문이 인상되었다고 생각되는 물체위에 뿌리면 그 분말이 지문의 분비물에 부착되어 잠재지문이 검출되는 방법이다.

2) 대상물체

분말법은 유리, 도자기, 니스 등을 칠한 가구류, 금속류, 셀로판지, 플라스틱 등 주로 표면이 비교적 평탄하고 매끄럽고 딱딱한 물체 위에 남아 있는 지문채취에 적당하다.

3) 분말의 종류

은색, 흑색, 적색, 회색, 백색 등의 분말과 자석분말 등이 사용된다. 그러나 지문현출용 분말은 대상물체에 따라서 사용될 수 있도록 많은 다른 색깔의 분말로 제조되어 사용된다.[218] 분말법은 낙타털, 유리섬유, 깃털이나 나일론으로 만든 지문채취용 붓, 백색이나 흑색의 전사판, 가위 등이 필요하다.

---

217) 앞의 책., p. 303.

218) Geberth, *op.cit.*, p. 612.

은색 분말이나 백색분말은 어두운 색깔의 물체에, 흑색분말이나 회색분말은 밝은 색 물체에, 적색분말은 황·청색 물체에, 그리고 자석분말은 다양한 종류의 물체에 인상된 지문을 현출할 경우에 사용한다. 자석붓에 자석분말을 묻혀 지문을 현출하는 자석분말법은 물체위에 분말이 과잉되게 남지 않고 따라서 깨끗한 상태를 유지한다는 장점이 있으나 철을 함유하는 물체에 사용될 수 없고 가격이 너무 비싸다는 단점이 있다.[219] 그러나 실무에서는 은색분말은 흡착력이 너무 강해 잘 사용하지 않고 백색분말과 흑색분말을 주로 사용한다.

형광분말을 사용하는 경우도 있다. 이는 분말을 돈이나 문서 또는 절도 다발 장소에 미리 발라두거나 스프레이로 뿌려두면 범인이 이 물체들을 만진 경우 이 부분에 자외선을 비추면 지문이 나타나고 특수카메라로 촬영할 수 있다.[220]

4) 사용방법

① 쇄모법

쇄모법은 일반적으로 사용되는 방법으로서 붓을 이용하여 분말을 물체위에 바르는 방법이다. 분말은 가능한 한 적은 량의 분말을 일정한 용기에 넣은 후 분말을 모필 끝에 묻혀 가볍게 털고 검체의 한쪽에서부터 가볍게 곡선을 그리며 발라 주면 지문이 현출된다. 젖어 있거나 기름이 묻은 붓은 사용할 수 없으며, 검사물체 위에 분말을 뿌리거나 톡톡 털어서는 안 된다. 너무 많은 분말을 사용하면 지문의 융선 사이로 분말이 들어가 지문이 번질 수 있다.

② 롤(roll)법

물체위에 분말을 적당히 뿌린 후 물체를 기울이거나 돌리거나 하는 방법으로 분말을 물체 전면에 닿게 하는 방법이다.

③ 분사법

분말용 분무기를 사용하여 분말을 검사물체 위에 뿜는 방법이다

---

219) *Ibid.*, p. 613.
220) 홍성욱·최용석 역, 앞의 책., p. 102.

5) 전사방법

① 평면체 현출지문 전사판사용

현출된 지문을 전사하기 전에 필히 사진촬영을 하고, 젤라틴지를 사용하여 전사한다. 전사판의 대지를 벗겨내고 현출된 지문이 확실히 전사되도록 밀리지 않게 여러 번 문질러 전사한 후 대지의 한쪽으로부터 가만히 붙인다.

② 구면체나 요면체의 현출지문 실리콘 러버 사용

요철면체의 지문은 실리콘 러버법으로 전사한다. 검체가 요철인 경우에는 기포가 들어가지 않도록 러버를 붓고, 검체의 한 쪽으로부터 가만히 눌러서 전사한다. 굳어진 후에 실리콘 러버를 가만히 떼어낸다.

6) 채취상의 유의사항

① 젤라틴지는 전사면보다 약간 큰 것을 사용한다.

② 젤라틴지는 점착면에 손을 대면 지문이 인상되므로 주의해야 하며, 일광이나 열기에 의하여 그 점착면이 용해되어 사용할 수 없게 되므로 보관에 주의해야 한다. 검체에 열이 있을 때에는 열이 식어질 때를 기다리든지 젤라틴지의 사용을 피하고 실리콘 러버를 사용한다.221)

③ 종이나 판지같은 다공성(구멍이 많은) 물체에 손가락이 접촉하여 생긴 지문은 분말법으로 현출되지 않는다. 이러한 경우에는 요오드법, 닌히드린용액법, 질산은법을 사용한다.222)

(2) 액체법

1) 의 의

액체법은 지두(손가락 끝 부분)의 분비물 중의 염분, 단백질 등에 화학적 반응을 일으켜서 지문을 검출하는 방법으로서 ① 닌히드린 용액법, ② 초산은 용액법, ③ 아미도블랙, ④ DFO, ⑤ 형광검사, ⑥ 몰리브댄 현탁액, ⑦ 수단 블랙 등이 있다. 주로 종이류에서 지문검출을 할 경우에 효과적인 방법이다.

---

221) 양태규, 팡의 책., p. 305.

222) 홍성욱・최용석 역, 앞의 책., p. 102.

2) 종 류

① 닌히드린(Ninhydrin) 용액법

ⓐ 발색반응과 대상물체

닌히드린 용액법은 땀속에 포함되어 있는 아미노산에 0.5%의 닌히드린 용액을 작용시켜 루헤만 퍼플(Ruhemann's Purple)이라고 하는 자청색(보라색)의 발색반응을 일으키는 방법이다. 수표나 각종 종이류, 판지, 목재 등에 남아 있는 지문을 현출할 경우에 유용하다. 따라서 닌히드린 용액법은 종이지문 채취의 왕이라고 한다. 검사 대상물체는 건조된 상태를 유지하고 있어야 한다.

ⓑ 검출방법

닌히드린 용액을 스텐레스 용기에 붓고 검체를 담가서 적신 후 2분이 경과되면 용액이 증발한다. 이것을 전기다리미나 적외선 램프로 약 1분간 가열하면 잠재지문이 검출된다. 온도를 올려주면 반응이 빠르게 나타난다. 닌히드린 용액에 염화아연 용액을 분무하고 레이저를 투사하면 검체면에서 발색하는 형광에 의한 방해를 피할 수 있다. 또한 검사물체에 질산카드뮴 용액을 분무한 후 이를 액체 질소에 담가 냉각시킨 상태에서 레이저를 투사하면 검체 면에서 발생하는 형광에 의한 방해를 피할 수 있다.[223)]

잠재지문이 부착된 종이류는 파손이 되지 않는 한, 지문의 아미노산이 무한한 기간 동안 남아 있게 된다. 닌히드린 용액법은 30년 이상된 종이의 잠재지문을 현출시켜 왔다.[224)] 닌히드린 법으로 자주색이나 보라색으로 현출된 지문은 전사방법으로 채취할 수 없으며 사진촬영을 해야 한다.

ⓒ 유의사항

닌히드린 용액법의 결점은 아미노산의 양이 온도에 따라 차이가 많이 나기 때문에 지문현출이 온도의 영향을 많이 받는다는 점이다. 겨울철의 지문에는 아미노산이 거의 없고 여름철에는 너무 많은 량의 아미노산을 포함하고 있다는 것이 문제이다. 또한 닌히드린 용액은 인화성이 강한 약품이므로 라이터나 성냥불을 사용해서는 안된다.

---

223) 앞의 책., p. 104.
224) Gilbert, *op.cit.*, p. 447.

닌히드린 용액법은 종이류를 대상으로 하지만 아트지와 유지에 사용해서는 안 된다. 닌히드린 제조시 오존 등 환경오염물질 발생 방지 및 잉크가 번지는 것을 막기 위해 3M 사에서 제조·판매하는 HFE-7100을 용매로 사용한다. 닌히드린 용액은 차광된 병에 넣어 될 수 있는 한 냉암소에 보관하고, 닌히드린을 바르는 모필이나 기구는 전용의 것으로 하여 다른 데는 사용해서는 안된다.

② 초산은(Silver nitrate) 용액법

ⓐ 발색반응과 대상물체

초산은 용액법은 초산은(질산은) 용액을 땀 속에 함유되어 있는 염분과 작용시킨 후 태양광선에 건조시켜 자색으로 잠재지문을 현출하는 방법이다. 협박서신이나 불온유인물 등과 같은 종이류, 목재에 사용된다.

ⓑ 사용방법

5g의 초산은 용액을 100cc의 증류수가 들어 있는 스텐레스 용기에 붓고 검체를 담가서 끄집어낸 후 5~10분 경과되면 액체의 물방울이 건조된다. 이것을 약 3~-4분간 햇빛에 노출시켜 지문이 자색으로 현출되면 중지한다. 현출된 지문은 사진촬영하고 전사판은 사용할 수 없다.

ⓒ 유의사항

시약을 만들 때에 반드시 증류수를 사용한다. 기재는 사용후 반드시 물로 씻고 다른 시약이 묻은 기재와 혼합해서 사용하면 안 된다. 또한 초산은은 일광에 약하므로 반드시 냉암소에 보관한다.

③ PD(PD: Physical Developer, SPD:Stabilized Physical Developer)

최근에 은을 사용하는 시약으로 개발된 PD(Physical Developer)는 기존 질산은 용액법의 단점을 보완하기 위해 개발되었다. 이 시약은 젖어 있거나 물속에 잠겨 있던 종이, 판지, 목재 등 작은 구멍이 많은 물체에서 지문을 현출하기 위해 사용된다. 지문에 포함된 염분에 작용하여 지문이 흑회색으로 현출된다.[225] 특히 질산은 용액으로 현출된 지문의 감도를 향상시켜주는 시약으로 사용될 수 있다.

---

225) 홍성욱·최용석 역, 앞의 책., p. 104.

④ **몰리브덴 현탁액**(SPR: Small Particle Reagent)

몰리브덴은 합성세제 용액에 이황화몰리브덴을 섞어 현탁액으로 만들어진 시약으로 지문에 포함된 지방에 작용하여 회색을 나타낸다. 비닐봉지, 기름종이, 유리, 페인트, 음료수 캔, 벽돌, 물에 잠겼던 총기나 자동차, 건물의 외벽, 금속과 녹슨 금속 등에서 지문을 현출하는데 사용된다. 육안으로 지문을 확인할 수 있고 사진으로 촬영할 수도 있다.226)

⑤ **수단블랙**(Sudan Black)

수단블랙 용액은 지문에 포함된 지방성분에 작용하여 청색의 지문이 현출된다. 유리, 플라스틱, 금속 등 비다공성 물체에서 지문을 현출하는 방법이다. 그러나 사용이 어렵고 검은색 물체에서는 지문이 잘 현출되지 않는 단점이 있다.227)

⑥ DFO(Diazafluoren)

DFO는 닌히드린처럼 사용하는 시약이다. 이 시약은 지문의 땀속에 함유된 단백질과 반응해 적색형광을 발하며 닌히드린 용액보다 감도가 뛰어나다. DFO로 현출하면 육안으로 지문이 보이는 경우도 있으나 여기에 고출력 빛을 투사하면 감도가 훨씬 좋아진다. DFO와 닌히드린을 함께 사용할 수 있는데 이때에는 DFO부터 사용해야 한다.228)

⑦ **젠티안 바이올렛**(Gentian violet) **혹은 크리스탈 바이올렛**(Crystal violet)

젠티안 바이올렛과 크리스탈 바이올렛은 지문의 지방성분과 반응해 보라색을 발한다. 접착테이프 접착면에 부착된 지문을 현출하는데 좋은 방법이다. 이 염색시약은 독성이 있으므로 적절한 환기시설을 갖춘 실험실에서 사용해야 한다. 염색시킨 후 레이저를 투사하면 감도가 좋아지는데 특히 주황색 레이저를 사용하면 최상의 감도를 얻을 수 있다.229)

---

226) 앞의 책., pp. 104-105.
227) 앞의 책., p. 105.
228) 앞의 책., p. 102.
229) 앞의 책., pp. 103-104.

⑧ **아미도블랙(Amido Black)**

아미도 블랙은 혈액에 있는 단백질을 진청색으로 변색시키는 염색시약으로 지문의 땀속에 함유된 단백질성분과는 반응하지 않으므로 다른 현출시약과 함께 사용할 수 있다. 단백질 염색제로 널리 사용되며 훨씬 감도가 좋은 쿠마지 블루(Coomasie brillient blue: R250)를 함께 사용할 수 있다. R250 역시 혈흔의 단백질에 잘 반응하는 시약이다.[230] 그러나 이 방법은 혈흔 채취와 같은 다른 법의학적 검사에 방해가 될 수 있으므로 법의학자와 먼저 상의한 후 이 방법을 사용해야 한다.[231]

(3) 기체법

기체법은 ① 옥도가스법, ② 강력접착제법, ③ 오스믹산 용액법, ⑤ 진공금속 침착법 등이 있다.

1) 옥도가스법(아이오딘 기체법)

① **의 의**

옥도가스법(Iodine fuming)은 잠재지문 현출을 위해 사용된 가장 오래되고 일반적인 방법이다. 이 기법은 일반적으로 잠재지문이 부착되어 있는 것으로 의심되는 종이류를 대상으로 사용된다. 사용법은 옥도가스를 잠재지문의 지방분에 작용시켜 다갈색으로 착색시켜 지문을 현출시키는 방법이다. 주로 종이류, 나무류, 초자(유리)류, 도자기류 등에 유용하다.

② **방 법**

옥도결정을 유리관 안에 넣은 후 열을 가하면 고체에서 증기상태로 변한다. 이 증기상태의 옥도가스를 잠재지문이 부착된 물체에 접촉시키면 지문의 지방에 작용하여 다갈색의 지문을 현출시킨다. 만약 검출된 지문이 퇴색·소멸된 경우 옥도가스를 다시 작용시키면 몇 번이라도 지문을 검출할 수 있다. 특히 밀폐된 방안에 서류를 매달아 놓고 옥도결정을 넣은 유리관에 열을 가하면 잠재지문이 현저하게 현출된다.[232]

---

230) Geberth, *op.cit.*, p. 615.
231) 홍성욱·최용석 역, 앞의 책., p. 102.

지문이 검출되면 옥도가스가 날아가기 전에 즉시 사진촬영을 하고 전사판은 비효과적이다. 그렇다고 전사판에 의한 채취가 불가능한 것은 아니다. 그러나 전사판에 의한 지문채취는 실패할 경우 더 이상 옥도가스 방법으로 지문을 현출할 수 없다는 문제가 발생한다.

③ 유의사항

ⓐ 옥도가스 사용법은 다른 방법에 영향을 주지 않으므로 최초의 검출수단으로 사용하는 것이 적당하다. 따라서 전분을 바른다든지 특수한 피막을 만드는 방법은 그 후에 지문을 검출할 수 없게 하므로 절대로 피하지 않으면 안된다. ⓑ 특히 주의할 점은 옥도는 진동에 의하여 알미늄 분말과 혼합되면 열을 발생할 위험이 있으므로 운반이나 보관시에 은색분말과 동일한 장소에 보관하여서는 안 된다.

2) 강력접착제법(cyanoacrylate fuming technique)

① 의 의

시안화 아크릴레이트 증기기법(Cyanoacrylate fuming)은 보통 강력접착제 방법(superglue method)으로 알려져 있다. 이 기법은 어떤 유형의 접착제들이 증발할 동안 시안화 아크릴레이트 에스테르를 배출하는 것을 이용한다. 강력접착제는 실온에서 사용되며 그 증기는 염분, 지방분, 단백질 등과 화학반응을 일으켜 백색으로 지문을 현출한다.

② 대상물체

강력접착제의 증기는 무기, 플라스틱 용기나 유리 등과 같은 물체표면에 부착되어 있는 잠재지문을 뚜렷하게 현출시킨다. 이 증기는 구멍이 없는 철제류, 초자류, 피혁류, 플라스틱류, 비닐류, 알루미늄류 물체 등의 표면에 있는 잠재지문을 현출하는데 효과적이지만, 다공성의 물체에는 비효과적이다.[233]

③ 방 법

10갤런 크기의 어항이나 대형 유리병을 사용하며 유리병의 바닥에 은박지를 깔고

232) Gilbert, *op.cit.*, p. 447.

233) Gilbert, *op.cit.*, p. 448.

검사물체가 작을 경우에는 강력순간 접착제를 2~10방울을, 클 경우에는 30~40방울 등 적당량을 떨어뜨린다. 검사물체를 유리병 안 받침대에 매달고 공기가 차단되게 스카치테이프 등으로 밀봉한다. 2시간 내지 수일이 소요되므로 정기적으로 점검한다. 백색으로 현출되면 사진촬영하거나 분말을 뿌려 전사법으로 채취한다. 흔히 레이저 광선을 사용하여 현출된 잠재지문을 더욱 뚜렷하게 한다.234)

3) 오스믹산(Osmic acid) 용액법

① 의 의

오스믹산 용액법이란 오스믹산의 증기에 의해 지방분이나 단백질, 염분 등에 화학반응을 이용하여 흑색의 지문을 현출하는 방법이다.

② 대상물체

고체, 액체, 기체법으로 지문현출이 불가능한 습기있는 지류(종이류), 장기간 경과된 문서, 화장지류, 과일류, 각종 테이프류, 피혁류, 스티로폴류, 나뭇잎사귀 등에서도 지문추출이 가능하다. 그러나 유리시험관에 넣을 수 없는 대형물체에 부착된 지문은 현출 불가능하다.

③ 방 법

오스믹산 1g과 사염화탄소 40cc, 증류수 100cc를 몇 분간 혼합한 용액을 컵에 옮겨 유리시험관 바닥에 놓는다. 증거물을 시험관 안에 매달고 스카치테이프 등으로 밀봉한다. 2시간에서 수일이 소요되므로 정기적으로 점검이 필요하고 지문이 흑색으로 현출되면 사진촬영한다. 검사물체가 구면체로서 사진촬영이 곤란한 경우에는 분말을 발라 전사판으로 채취할 수 있다.235)

4) 진공금속 침착(vacuum metal deposition: VMD) 지문채취법

진공금속 침착법이란 진공금속 지문채취기를 사용하여 지문을 채취하는 방법으로서 범죄현장의 증거물을 장비의 진공통에 넣고 진공상태에서 금과 아연을 증발시켜 도금형식으로 증거물에 입혀 유류지문을 현출하는 방법이다. 이 기법은 매끈하고 흡

---

234) Gilbert, *op.cit.*, p. 448.
235) 양태규, 앞의 책., p. 312.

수성이 없는 물체, 폴리에스테르 재질 등의 플라스틱류, 카메라 필름이나 사진, 매끈한 천, 가죽이나 비닐, 고무 등에 효과적이다.

이 기법은 강력접착제보다 효과가 크고 오래된 지문도 현출이 가능하다. 그러나 장비가격이 비싸고 진공용기가 크지 않아 용기에 들어가지 않는 큰 물체는 검사가 불가능하다.[236)]

(4) 화염법

화염법이란 병속에 마그네슘, 나프탈렌, 송진, 유지 또는 양초 등을 넣고 불을 붙여 생긴 그을음을 잠재지문이 있는 대상물에 부착시켜 지문을 검출한 후 사진촬영을 하거나 젤라틴지, 셀로판테이프 등에 전사하는 방법이다. 금속 등 타지 않는 거친 면에 접촉된 잠재지문의 채취에 효과적이다.

(5) 레이저 광선

1) 지문현출 원리

레이저(Light Amplication by Stimulated Emission of Rdiation)란 '전자파의 유도방출에 의한 광증폭'을 의미한다. 레이저 광선 기법은 인간의 땀속에 존재하는 형광효과를 활용하는 기법으로서 특히 현장에서 최고의 효과를 발휘할 수 있다. 따라서 잠재지문에 레이저 광선을 비추면 지두의 분비물의 형광성분으로 인해 형광빛을 발하게 된다. 또는 잠재지문이 부착된 위치에 형광분말을 살포한 뒤에 레이저광선을 투사하면 지문이 형광으로 현출된다. 지문이 현출되면 특수 카메라를 사용하여 촬영한다.

2) 유용성

현재의 모든 방법 중에 레이저광선 기법은 다른 방법으로는 탐지불가능한 잠재지문, 오래된 지문, 또는 울퉁불퉁한 물체에 부착된 지문을 찾는데 가장 효과적인 것으로 밝혀지고 있다. 또한 이 기법은 지문을 파괴하지 않아 증거를 원형 그대로 유지하게 하는 효과가 있다.[237)]

---

236) 홍성욱・ 최용석 역, 앞의 책., p. 106.

237) Gilbert, *op.cit.*, p. 449.

3) 유의사항

최근 레이저나 가변광원은 지문뿐만 아니라 미세증거물이나 혈흔, 정액 등의 생체시료, 자국흔 등을 찾아내는 중요한 보조수단으로 사용되고 있다. 그러나 모든 레이저나 가변광원이 잠재지문을 현출하는데 적합한 것은 아니다. 레이저의 파장에 따라 어떤 시약을 사용하여 지문을 형광 빛으로 현출할지를 결정해야 한다. 레이저 파장에 따라 어떤 시약은 형광을 내고 어떤 시약은 형광을 내지 않는다. 레이저 사용시 시력손상이 우려되므로 시력보호장구를 착용해야 한다.

(6) 휴대형 스펙트럼 또는 가변광원

휴대형 스펙트럼 또는 가변광원 기법은 레이저와 마찬가지로 잠재지문, 혈흔이나 정액 등의 생체시료, 먼지와 섬유 같은 미세증거물, 족적과 같은 자국흔적을 검출하는데 효과가 있다. 가변광원은 파장 범위가 넓은 대신 출력이 레이저만큼 강하지는 않다.[238] 그러나 가변광원은 레이저보다 가격이 저렴하고 크기가 작아 휴대가 간편한 장점이 있다.

1) 스펙트럼 광선을 이용한 고체(분말)법

기존의 분말 대신 각종 색깔의 형광분말을 지문이 유류되었다고 추정되는 비다공질의 고체물체에 뿌려 분비물에 부착시켜 잠재지문을 현출시키는 방법이다. 형광 분말의 색깔은 감정물의 색깔과 반대되는 분말을 사용한다. 감정대상물이 지문시험관에 들어가지 않을 경우에 이용되며 형광분말에 의해 지문이 현출된 곳에 스펙트럼 광선을 투광하면서 지문 옆에 자를 놓고 디지털 카메라로 촬영한다. 특히 울퉁불퉁한 물체에 인상된 지문채취시 효과적이다.[239]

2) 스펙트럼 광선이용 기체법

① 형광분말 이용 강력순간접착제법

시험관이나 가스 분사기 등을 이용하여 강력접착제법에 의해 잠재지문의 융선을 현출시킨 후 현출된 지문에 기존의 흑색·은색 등의 비 형광 분말 대신 분홍색, 연

---

238) 홍성욱·최용석 역, 앞의 책., pp. 108-109.
239) 이한영 등, 과학수사론, 경찰수사보안연수소, 2001, pp. 500-501.

두색 등의 형광분말을 칠하고 스펙트럼 광선을 이용, 지문을 확인하면서 지문 옆에 자를 놓고 촬영한다.

② **형광염료 이용 강력순간접착제법**

강력순간접착제 처리 후 형광염료를 지문에 바른 후 스펙트럼 광선을 투사하여 현출된 지문 옆에 자를 대고 촬영한다.

3) 스펙트럼 광선을 이용한 액체법

① **DFO 용액법**

수표 등 각종의 다공성 물질인 종이류에 DFO 용액으로 지문을 현출시켜 스펙트럼 광선을 투사하면서 사진 촬영한다. 특히 감정물체가 흑색종이류나 무늬색 때문에 닌히드린이나 초산은 용액으로 지문이 보이지 않을 때 DFO 형광용액처리를 하면 형광으로 인해 지문을 볼 수가 있다.

② **혼합 DFO 용액법**

DFO 분말과 아세톤을 혼합하여 만든 용액을 5초 동안 감정물체에 분사한 후 다리미나 100℃ 열처리관으로 지문을 현출시킨 뒤 한 번 더 반복한다. 시약처리가 끝난 후 스펙트럼 광선을 투사하여 지문을 확인 한 뒤 사진기 렌즈에 오렌지 필터를 부착 후 광선을 비추면서 확대 사진 촬영한다.[240]

4) 주의사항

① 스펙트럼을 이용하여 지문을 현출 시는 반드시 형광분말이나 형광용액을 먼저 처리하여야 한다. 비형광물질이나 비 형광용액을 처리한 후 형광분말이나 형광용액을 처리하게 되면 형광이 죽어 스펙트럼을 비추어도 형광이 나타나지 않는다.

② 고체물체에 강력본드로 처리하지 않고 형광분말로만 처리하면 지문이 없어지므로 주의해야 한다.

③ 현장에 남겨진 원래 지문 크기가 나타나야 AFIS에 의한 검색이 가능하므로 스펙트럼으로 현출된 지문은 반드시 자를 놓고 촬영한다.

---

240) 앞의 책., pp. 510-515.

④ 가변광원 역시 사용할 때에는 고출력 빛으로 인해 눈이 피로해지고 시력이 손상될 수 있으므로 이 장비 취급자는 시력 보호장구를 착용해야 한다.[241)]

(7) 이미지 프로세싱(image processing)

이미지 프로세싱 기법은 선명도가 떨어지는 지문을 가시화시킬 수 있는 기법이다. 이 기법은 지문을 고해상도 비디오카메라로 촬영하여 컴퓨터에 입력함으로써 컴퓨터는 카메라로 촬영한 많은 회색 색조를 구분할 수 있고 다양한 방법으로 디지털 영상을 처리하여 지문을 현출시킬 수 있다. 특히 직물과 같은 물체에 부착된 지문처럼 융선을 육안으로 관찰하기 어려운 경우에 이 방법을 사용하면 효과적이다.

가시광선, 적외선, 자외선, 고출력등, 레이저, 필터 투과광 등 다양한 빛을 사용하면 지문을 가시화할 수 있다. 또한 지문을 디지털화한 후 컴퓨터 소프트웨어로 처리하면 아주 효과적이다.[242)]

(8) 감열 · 감압지에 대한 지문채취법

철도나 지하철 등의 승차권이나 워드프로세서 등의 사무용지, 은행번호표 등의 감열지는 종이류의 지문검출에 가장 적합한 방법으로 인정되어 온 닌히드린법이 사용될 수 없다. 감열지는 닌히드린을 용해하는데 쓰이는 아세톤이나 알코올에 의해 흑색으로 변하여 지문이 검출되지 않기 때문이다.

감열지 지문현출은 보통 자석분말법, 옥도가스법, 오스믹산법, 질산은법 등에 의해 가능한 것으로 알려지고 있다. 그러나 다음과 같은 새로 개발된 기법이 이용되고 있다.

1) 침투화선지 밀착법

아세톤 100ml에 닌히드린 5g을 용해시킨 용액을 화선지에 침투시킨 다음 건조시켜서 반응지를 작성하고 이 반응지를 지문부착 감열지에 밀착시켜 지문을 검출하는 방법이다.

---

241) 앞의 책., p. 509.
242) 홍성욱 · 최용석 역, 앞의 책., pp. 109-110.

2) NON 분말법

NON분말 0.5g을 핵산 100ml에 용해한 용액에 감열지로 만든 승차권 등을 담근 후 자연건조를 하면 지문이 현출된다. 대량의 자료를 대상으로 사용된다.[243)]

(9) 복식검출법

지문을 채취할 때 경우에 따라서 2가지 이상의 검출법을 사용하는 방법을 복식검출법이라고 한다. 이때에는 광선이용－기체법－고체법－닌히드린법－초산은용액법의 순서로 사용한다.

(10) 사람 피부의 잠재지문

1) 의 의

수십 년 동안 수사관들과 과학수사학자들이 사람피부에 부착된 잠재지문을 검출하는 방법을 찾으려고 노력해 왔다. 비교적 최근까지 사람 피부의 잠재지문을 현출시키는 방법을 발견하지 못하였다. 거의 모든 성범죄와 살인이나 강도 같은 상당한 수의 강력범죄사건의 경우에 피해자의 피부에 범인의 점재지문이 남겨진다. 따라서 피해자의 시신이나 몸 그 자체가 증거물이 된다.

2) 방 법

1970년대에 최초로 개발된 방법은 미세한 납가루를 피해자의 피부에 입혀서 지문을 현출하는 기법이다. 이 방법은 오늘날의 기준에 의하면, 지문 현출은 아주 한정적이어서 성공적인 기법이 되지 못하였다. 그러나 이 기법은 피부에 직접 자석분말(magnetic powder)을 적용하는 것과 같은 더 효과적이고 간단한 기법을 개발하는 기반이 되었다.

미국에서 최초로 사람 피부로부터 채취한 지문에 기초하여 기소한 범죄사건은 플로리다의 북쪽 해수욕장에서 3명을 살해한 살인사건이다. 1978년 3명의 피해자를 대상으로 이루어진 수사는 헬스클럽에서 잔인하게 살해된 시신을 확인했다. 헬스클럽의 범죄현장에서 이루어진 이 수사는 자석분말 방법을 사용함으로써 피해자의 몸

243) 양태규, 앞의 책., pp. 313-314.

에서 잠재지문이 성공적으로 채취되었다.

수사관은 우선 잠재지문이 의심되는 피해자의 피부에 솔을 이용하여 자석분말을 가볍게 발랐다. 잠재지문이 현출되자 지문을 채취하기 전에 사진 촬영을 하였으며, 마지막으로 전사테이프를 이용하여 잠재지문을 채취할 수 있었다. 즉, 이 기법은 자석분말 투여, 사진촬영, 전사판으로 채취하는 것으로 진행된다.[244] 사체의 피부에서 잠재지문 검출은 사후 약 4시간 이내로서 체온이 어느 정도 남아있을 경우에 효과적이다. 검출피부는 털이나 주름살, 습기 등이 없어야 한다.

그러나 자석분말 방법이 많이 사용되지만, FBI는 이 방법을 강력접착제 증기 방법과 결합하여 사용하기를 권고한다. 가열된 강력접착제에서 생기는 증기를 사람의 피부에 접촉시킨 후 그 다음에 자석분말이나 형광분말을 잠재지문의 현출에 사용하면 효과적이다. 레이저 광선 기법 역시 사람의 피부 잠재지문 현출에 효과적이다.

3) 특 징

연구에 의하면, 사람 피부로부터 잠재지문의 현출은 나이 많은 사람보다는 젊은 사람에게서 성공적으로 이루어진다. 또한 여성의 피부는 남자보다 털이 적고 보다 부드럽기 때문에 잠재지문 현출에 더 적합하다.[245]

(11) 사체의 지문채취

1) 직접 채취법

① 사후 얼마 안 된 사체의 경우 알코올로 손을 세척한 후 로울러로 시체의 손가락에 지문잉크를 골고루 묻히거나 유리판 위에 지문 잉크를 골고루 묻혀 지문을 채취한다.

② 부패된 사체의 손가락 지두에서 지문채취 경우에는 ⓐ 습기 또는 건조로 인하여 부패된 손가락 표피나 속살지문을 에틸알코올 등의 약품에 담근 다음 화장지로 습기를 제거하고, ⓑ 스폰지를 이용하여 부패된 손가락 표피에 지문잉크를 묻혀, ⓒ 얇은 종이를 손바닥 또는 약솜 등에 대고 2~3회 회전 압날하여 지문을 채취한다.[246]

---

244) Gilbert, *op.cit.*, p. 449.
245) Gilbert, *op.cit.*, p. 449.

2) 간접채취법

실리콘 러버로 채취하고 요철이 심한 손, 미이라화한 손, 물에 젖어 불은 손 등을 대상으로 한다.

① 손을 알코올 등으로 닦아 낸 다음 흑색 또는 백색의 실리콘 러버와 경화제를 혼합하여 검체에 사용하고 10분 정도 되면 굳게 된다.

② 피막이 형성되면 벗겨서 지문잉크를 바른 뒤 지문을 채취한다.

3) 피부형성제 주사

부패 또는 지나치게 탈수된 사체의 경우에 주사기를 사용하여 피부형성제를 각 손가락의 피하에 주사하여 피부를 평평하게 한 후 지문을 채취한다. 주사하기 전에 오물이나 기름기를 제거하기 위하여 세척제로 사체의 손가락을 깨끗이 닦아야 한다. 주사바늘은 손가락의 첫 관절 마디 밑이나 손가락 끝에다 주사한다. 그 다음에 직접 채취 또는 실리콘 러버 방법으로 채취한다.[247]

5. 수사자료표

(1) 의 의

수사자료표란 수사기관이 피의자의 지문을 채취하고 피의자의 인적 사항, 죄명, 입건관서, 입건일자, 처분·선고결과 등 수사경력 또는 범죄경력에 관한 사항을 작성한 표로서 경찰청이 관리하는 것을 말한다. 작성권자는 사법경찰관이다.

(2) 범죄경력 자료와 수사경력자료

범죄경력자료는 수사자료표 중 벌금 이상의 형의 선고·면제, 선고유예, 보호감호, 치료감호, 보호관찰, 선고유예실효, 집행유예취소, 벌금 이상의 형과 함께 부과된 몰수, 추징, 사회봉사명령, 수강명령 등의 선고 또는 처분에 관한 자료를 말한다. 수사경력자료는 수사자료표중 벌금 미만의 형의 선고 및 검사의 불기소처분에 관한 자료 등 범죄경력자료를 제외한 나머지 자료를 말한다.[248]

---

246) 양태규, 앞의 책., p. 317.

247) 앞의 책., p. 318.

(3) 활 용

수사시 피의자의 상습성, 우범성 판단에 위 수사자료표에 의한 전과기록을 활용하고 재판시에도 형을 가중하거나 집행유예를 판단하는데 활용된다. 즉, 수사자료표의 관리로 범죄수사나 재판, 신원조회에 적극 활용할 수 있다.

(4) 작성원칙

1) E-CRIS 이용 작성원칙

수사자료표는 E-CRIS를 이용, 전자문서로 작성함을 원칙으로 하며 다만, 입원 교도소 수감, 해상, 원격지 기타 불가피한 사유로 피의자가 경찰관서에 출석하여 조사받을 수 없는 경우에는 종이수사자료표를 이용하여 작성하되 이를 과학수사팀으로 송부하여야 한다.

2) 정해진 서식에 작성

피의자의 신원이 확인된 경우에는 제1호 서식에 작성하고, 다음의 경우에는 제2호 서식에 작성한다. ① 주민등록증 미발급자, 외국인, 이 경우에 주민등록번호가 미부여된 내국인 남자는 '생년월일-1000000', 여자는 '생년월일-2000000', 외국인 남자는 '생년월일-5000000', 여자는 '생년월일-6000000'으로 작성한다. ② E-CRIS로 동일인 여부가 판명되지 않는 경우, ③ 주민조회시 지문가치번호가 없거나 '000000-000000'인 경우, ④ 지두의 손상이나 절단 등으로 지문가치 번호를 정정할 필요가 있는 경우

(5) 작성대상

1) 모든 피의자

수사자료표는 원칙적으로 모든 피의자를 대상으로 한다. 피의자를 입건한 경우 수사자료표 1매를 작성하고, 주민등록증 미발급자나 미소지자에 대하여는 수사자료표와 십지지문원지를 작성하여 지체없이 경찰청에 송부해야 한다.

---

248) 지문및수사자료표등에관한규칙 제2조 제2항 · 제3항 · 제4항, 경찰청훈령 제488호, 2006.8.22.

2) 작성제외 대상자

① 즉결심판대상자 및 즉결심판에 불복하여 정식재판을 청구한 피고인, ② 사법경찰관이 수리한 고소·고발사건에 대하여 혐의없음, 죄가 안됨, 공소권 없음, 각하의 불기소 의견 및 참고인 중지의견으로 송치하는 사건의 피의자, ③ 단순 물적 피해 교통사고를 야기한 피의자로서 피해자와 합의하였거나 종합보험 또는 공제조합에 가입하여 공소권없음으로 처리할 사건의 피의자. ④ 형사미성년자인 피의자, 가정법원에 송치한 사건, 촉법소년(만 12세 이상 14세 미만)[249]

3) 작성대상자

① 피의자가 그 신원을 증명하는 자료를 제시하지 아니하거나 제시하지 못한 때, ② 피의자가 제시한 자료에 의하여 피의자의 신원을 확인하기 어려운 때, ③ 피의자를 구속한 때, ④ 수사상 특히 필요하다고 인정하여 피의자의 동의를 얻은 때, ⑤ 인지사건 중 불기소 처분에 해당하는 피의자, ⑥ 인적 피해 교통사고로 종합보험·공제조합 미가입자, ⑦ 단순 물적 피해 사고 중 피해자와 미합의사건. 다만, 고소 또는 고발사건 중 혐의없음, 공소권 없음, 죄가 안됨, 각하, 참고중지에 해당하는 피의자에 대하여는 수사자료표 작성과 지문채취를 하지 아니한다.[250]

(6) 수사자료표 작성시 지문을 채취할 형사피의자 범위

① 형법위반 피의자, ② 38개의 법률 위반자: 대표적으로 「집시법」, 「총포·도검·화약류등단속법」, 「공직선거법」, 「출입국관리법」, 「국가보안법」, 「폭력행위 등 처벌에 관한법률」, 「특가법」, 「의료법」, 「약사법」, 「마약류관리에 관한 법률」, 「외국환거래법」, 「보안관찰법」, 「조세범처벌법」, 「관세법」 등 38개 법률, ③ 피의자가 지문의 직접 채취대상에 해당하지 아니하는 경우에도 다음 각호의 1에 해당하는 때에는 지문을 직접 채취할 수 있다. ㉠ 피의자가 그 신원을 증명하는 자료를 제시하지 아니하거나 제시하지 못하여 동일인임을 확인할 수 없는 때, ㉡ 피의자를 구속하는 때, ㉢ 수사상 특히 필요하다고 인정하여 피의자의 동의를 얻은 때, ㉣ 피의자가 제시한 자료에 의하여 피의자의 신원을 확인하기 어려운 때[251]

---

249) 지문및수사자료표등에관한규칙 제4조, 경찰청훈령 제488호, 2006.8.22.

250) 지문을채취할형사피의자의범위에관한규칙 제2조, 법무부령 제598호, 2006.4.24.

(7) 수사자료표 폐기사유

① 중복 기재된 수사자료표를 정리한 경우, ② 주민조회상 사망자로 분류된 경우, ③ 사법경찰관이 수리한 고소 및 고발 사건에 대해 기소의견으로 송치한 후 검찰로부터 혐의없음, 공소권없음, 죄가안됨, 각하의 불기소처분결과 및 참고인 중지 처분결과와 함께 수사자료를 폐기하도록 통보받은 경우, ④ 수사자료표의 원본을 마이크로필름 또는 전산자료의 형태로 별도 보존·관리하는 경우 등이다.

(8) 범죄경력·수사경력 조회 및 회보제한

다음에 해당하는 경우에 그 전부 또는 일부에 대하여 조회목적에 필요한 최소한의 범위 내에서 할 수 있다. ① 범죄수사 또는 재판에 필요한 경우, ② 형의 집행 또는 사회봉사·수강명령의 집행을 위하여 필요한 경우, ③ 보호감호·치료감호·보호감찰 등 보호처분 또는 보안관찰업무의 수행을 위하여 필요한 경우, ④ 수사자료표의 내용을 확인하기 위해 본인이 신청한 경우, ⑤ 외국인의 체류허가에 필요한 경우, ⑥ 각군 사관생도의 입학 및 장교의 임용에 필요한 경우, ⑦ 현역병 및 공익근무의 입영에 필요한 경우, ⑧ 국가정보원법에 의한 신원조사를 하는 경우, ⑨ 공무원 임용, 인·허가, 서훈, 대통령표창, 국무총리 표창 등의 결격사유 또는 공무원 연금 지급제한 사유 등을 확인하기 위해 필요한 경우, ⑩ 그 밖에 다른 법률에서 범죄경력 및 수사경력 조회와 회보를 하도록 규정하고 있는 경우[252)]

---

251) 지문을채취할형사피의자의범위에관한규칙, 제2조, 법무부령 제598호, 2006.4.24.

252) 형의실효등에관한법률 제6조, 법률 제8891호, 2008.3.14.

제18장

자국흔 감식

제1절 개념적 기초

1. 의 의

범죄현장에는 인간이나 물체에 의해 만들어진 자국(imprints)과 흔적(impression)을 발견할 수 있다. 이 자국과 흔적은 범죄현장에 있었던 사람 또는 차량을 식별하기 위한 수사자료나 증거가 된다.

자국은 인간의 발, 차량의 타이어나 돌출부분, 범죄도구나 현장의 물체 이동 등에 의해 범죄현장에 남겨진 범적들이다 이러한 자국에는 피나 먼지, 진흙, 페인트 등 다양한 물질이 묻은 발자국, 타이어에 기름이나 진흙이 묻어 생긴 타이어흔, 범죄현장에서 사용된 공구흔(도구흔), 이빨에 의해 생긴 치흔(교흔) 등이 있다.[253]

흔적은 아주 부드러운 물질위에 사람이나 물체에 의해 만들어진 범적을 말한다. 즉, 사람의 신체부위나 차량의 타이어 등이 눈이나 부드러운 먼지, 연토, 진흙 위에 남겨진 흔적으로서 눌림흔이라고도 한다.[254]

이러한 자국과 흔적을 족흔적이라는 용어로 표현하고 있는데 아마 사람의 족적과 각종 물체나 도구의 흔적을 합하여 족흔적이라고 정의하고 있는 것으로 보인다. 그러나 족흔적이라는 용어자체가 족적만을 의미하는 것과 같은 혼란을 초래할 수 있

253) 임준태, 법과학과 범죄수사, 21세기사, 2007, p. 207.
254) Weston and Lushbaugh, *op.cit.*, pp. 37-40.

고 또한 별로 설득력도 없다. 따라서 자국흔으로 통일하는 것이 타당할 것으로 보인다.

2. 자국흔의 종류

(1) 족 적

족적은 사람이 토양, 모래, 진흙, 눈 등의 조형 가능한 물체를 밟았을 경우에 생기는 눌림흔 혹은 신발바닥에 흙, 먼지, 밀가루, 혈액, 수분등과 같은 부드러운 물질이 묻은 상태에서 딱딱한 표면을 밟았을 때 생기는 먼지족적의 형태로 나타난다.[255] 또한 맨발바닥 혹은 양말을 신은 발로 매끈한 표면을 밟아 생긴 잠재족적도 있다.[256] 맨발족적은 지문과 동일한 증거능력이 인정된다.

(2) 타이어흔과 차량흔

타이어흔이란 범죄현장이나 그 주변에 생긴 자동차, 자전거, 오토바이 등의 타이어의 이동과정에서 생긴 흔적을 말한다. 또한 범죄현장에 남겨진 차량흔, 차량이 범죄현장에 있는 다른 차량이나 물체와 접촉하여 생긴 찰과흔도 자국흔에 해당된다.

(3) 공구흔

공구흔 또는 도구흔은 범죄현장에서 사용된 도끼, 드라이버, 칼이나 망치, 가위, 절단기, 펜치, 드릴 등에 의해 생긴 흔적을 말한다.

1) 공구의 형태흔

공구의 형태흔이란 공구의 형태 및 크기만 나타나는 공구흔을 말한다. 이것은 용의자가 공구를 범행에 이용했을 가능성을 확인할 수는 있지만 용의자가 소지하고 있는 공구와 현장의 공구사이의 동일성 여부를 최종적으로 확정하는 수단으로 사용할 수는 없다.

---

255) Geberth, *op.cit.*, p. 616.
256) 홍성욱・최용석 역, 앞의 책., p. 227.

2) 공구의 손상흔

공구의 손상흔이란 공구가 부러지거나 조각난 것과 같은 어떤 손상흔적이나 기타 미세 줄무늬나 톱니 형태로 남는 공구흔을 말한다. 이 손상흔은 용의자의 소지공구와 범죄현장의 공구의 동일성여부를 확정하는 결정적인 증거가 될 수 있다.

(4) 장갑흔

장갑흔이란 장갑 그 자체에 존재하는 특이한 흔적을 말한다. 가죽장갑의 표면에는 특이한 문양이 있다. 직물장갑은 생산방법 및 실의 모양에 따라 표면흔이 다르게 나타난다. 이처럼 장갑의 주름 형상이나 직조흔을 이용해 범인의 소유 장갑과 현장의 장갑의 동일성 여부를 감정할 수 있다.

(5) 치아와 치흔(교흔)

사람의 치아구조나 형태는 개별적으로 특이하다. 따라서 변사자의 치아를 조사하면 신원확인에 필요한 여러 가지 단서를 얻을 수 있으며, 피해자의 몸이나 범인의 몸에 남아 있는 치흔, 먹다 버린 과일에 남은 치흔은 범인식별을 위한 증거가 된다. 특히 치아는 시신의 부패, 화재, 화학물질의 접촉 경우에도 거의 변형되지 않으므로 부패된 시체나 비행기 사고, 폭발이나 대량재해 또는 화재사고로 손상된 시체의 신원확인에 유용한 단서가 된다.

(6) 기타 자국흔

범죄현장의 유류품이나 유리 · 고무 · 나무 기타 물건의 절단면에 생기는 줄흔, 우마의 족흔 등이 있다. 그러나 지문, 필적, 인영(도장자국), 탄흔은 제외된다.

(7) 인상형태에 의한 분류

1) 입체 자국흔

연한 지면, 모래, 흙, 눈 등을 밟아서 생긴 족적이나 타이어흔 등 입체적인 자국으로 된 자국흔으로 육안으로 확인이 가능하다.

2) 평면 자국흔

마루, 종이, 포목. 편지, 단단한 지면, 유리, 비닐관, 콘크리트, 아스팔트, 금속 등에 평면적으로 찍힌 흔적을 말한다.

3) 현재자국흔과 잠재자국흔

현재자국흔은 육안으로 확인가능한 흔적으로 혈액, 유지, 염료, 진흙 등에 의해서 생긴 경우를 말한다. 한편 잠재자국흔은 육안으로 볼 수 없거나 선명치 못한 것으로 특수약품처리 등에 의해 확인이 가능한 흔적을 말한다.

3. 현장 자국흔의 증거가치

(1) 족 적

범죄현장에서 채취된 족적은 범행상황 및 범인에 관한 상황, 즉 ① 범인의 수, ② 범인의 대기장소, 침입구, 침입경로, 침입방법, 도주로와 도주방향의 확인, ③ 범행대상에 대한 물색상황 및 범행의 위장여부, ④ 범인의 신장 및 신체의 특징, 즉 한쪽은 족적이 깊게 파인 경우는 절름발이, 보폭이 서로 다를 경우에는 부상을 당하거나 술에 취한 경우이고, ⑤ 범인의 직업, 즉 신발 밑바닥 가운데 부분이 손상되었거나 마멸이 현저한 것은 건축공사 등에서 철근 위를 다니는 직업인, 그리고 보장이 긴 것은 군인, 발끝을 안쪽으로 오므리거나 팔자걸음으로 걷는 경우는 보각이 큰 레슬링이나 유도선수일 가능성이 높다는 것 등을 추정할 수 있다. ⑥ 맨발의 족적은 지문과 같은 정도의 범인 특정 증거자료가 된다.

(3) 차량흔

타이어흔, 즉 타이어 문양, 윤간거리, 축간거리 등으로 차종, 차명, 형식, 제조회사. 판매경로 등을 파악할 수 있어 용의자치량 발견에 유력한 자료가 된다. 또한 도주방향과 대략적인 사고경위를 추정할 수 있다. 그러나 타이어흔은 음주운전 여부나 운전행태를 식별할 수 있는 자료가 될 수는 없다.

(4) 공구흔

범죄현장에서 발견된 각종 공구흔, 즉 도구흔은 범인특정과 범죄수법 규명을 위한 수사자료 및 증거자료로 활용된다. 도구흔은 피의자의 도구와 대조함으로써 수사자료 및 증거자료로 활용될 수 있다.

(5) 치흔(교흔)

1) 치아의 증거가치

치아의 개수, 배열상태, 치과질환, 빠진 이, 깨지거나 쪼개진 이 등과 치료상태, 틀니나 의치의 수와 사용물질 등은 신원확인에 도움이 된다. 사람마다 치아의 상대적 위치, 폭, 치아사이의 거리 등이 다르고 이러한 특징이 치흔에 나타날 수 있다. 또한 치아 일부가 떨어져 나갔거나 마모된 경우 또는 치과 보철물 등에 의해 치아 형태가 변형된 경우에도 이런 흔적이 치흔에 나타난다.

치흔은 강간, 살인사건 등의 피해자 혹은 피의자 피부에 생길 수 있으며, 주먹으로 치아나 의치를 가격할 경우에 손에 치흔이 생기거나 피부속에 치아나 의치 조각이 발견될 수 있다. 이러한 경우에 치흔이나 치아 조각은 용의자를 특정하는 단서가 될 수 있다. 치흔은 보통 앞니에 의해 만들어지므로 앞니의 배열 특징을 확인하는 것이 중요하다.

치아는 생전의 X선 사진이 있으면 사후 사체의 X선 사진을 찍어 이와 대조 검사하여 개인 식별을 할 수 있다. 치과의사의 도움을 요청하여 치과치료의 특징 등을 찾는 것도 개인식별을 위해 효과적이다. 치아감정은 나이 추정이나 성별 추정도 가능하다. 치아는 한 개만 남아 있어도 연령추정이 가능하고 치아가 많으면 감정결과의 신뢰도는 높아진다.257)

2) 치흔에 의한 타액채취

버터, 치즈, 과일, 초콜릿, 껌 등과 같은 부드러운 음식물에도 치흔이 남을 수 있다. 이러한 음식물의 치흔에는 타액이 남아 있을 수 있으므로 면봉이나 거즈 등으로 먼저 타액을 채취하여 혈액형과 DNA검출을 하여 용의자 대조시료와 비교함으로써 피의자 특정을 할 수 있다.258)

---

257) 앞의 책., pp. 138-139.

제2절 현장 자국흔 채취

1. 족적의 채취와 보존

족적(족흔)을 포함한 다양한 자국흔의 채취는 무엇보다 먼저 범죄현장에서 정확하게 그 위치를 찾아 실제 모양과 크기를 있는 그대로 측정하고 채취하는 것이 중요하다. 따라서 모든 자국흔은 자를 대고 사진촬영을 하고 수사관의 현장노트에 기록해야 한다. 또한 공구흔은 발견한 공구 그 자체를 실험실에 감정의뢰한다.[259]

(1) 사진촬영

1) 두 개의 자를 대고 수평적 · 수직적 촬영

입체흔, 평면흔 등 모든 흔적은 우선 사진촬영 후 다른 방법으로 채취하는 것이 원칙이다. 입체적 족적 촬영은 두 개의 자를 사용하여 하나의 자는 족적의 길이를 잴 수 있도록 대고, 다른 하나는 뒤꿈치 부근에 수직으로 대어 깊이를 잴 수 있어야 한다. 이때 카메라는 족적 바로위에 설치된 삼각대에 고정하여 족적을 수직으로 촬영할 수 있어야 한다.[260] 평면흔은 족적의 길이만 측정하는 자를 대고 촬영하면 된다.

2) 미세흔 촬영

필름은 미립자 필름처럼 미세흔도 촬영가능한 필름을 사용하고 흑백사진과 칼러사진 모두 촬영해야 한다. 고해상도 디지털 카메라도 유용하다. 그러나 저가 카메라는 적합하지 않다.

3) 눈위의 족적 촬영

눈이나 땅에 족적이 깊이 찍힌 경우에도 입체흔과 마찬가지로 수평자와 수직자 두 개를 대고 촬영한다. 이때 족적이 생긴 후에 족적위에 다른 물체가 들어가 있으면 이들을 핀셋이나 종이조각으로 제거하되 족적의 미세흔이 손상되지 않도록 주의

---

258) 앞의 책., pp. 239-240.

259) Weston and Lushbaugh, *op.cit.*, pp. 37-38.

260) 앞의 책., p. 232.

해야 한다. 족적이 나뭇잎이나 풀잎위에 생긴 경우에 이들을 제거하지 않고 촬영해야 한다.

딱딱한 눈 위에 생긴 족적은 알루미늄 분말을 뿌린 후에 촬영하고, 부드러운 눈 위에 생긴 족적은 알루미늄 분말을 솔이나 붓에 묻혀 가볍게 칠한 후 촬영하면 선명한 사진을 얻을 수 있다.[261]

4) 물이 고인 족적 촬영

족적위에 물이 고여 있으면 피하주사용 주사기나 작은 펌프로 물을 빼낸 후에 촬영해야 한다.

5) 직사광선 이용

족적은 입체로 찍히기 때문에 조명을 잘 조절해야만 사진에 미세흔이 선명하게 나타난다. 직사광선을 이용하면 족적의 음영이 분명하게 나타나 좋은 사진을 얻을 수 있다.[262] 따라서 흐린 날씨나 야간에는 인공조명이나 플래시를 이용해야 한다.

(2) 치과용 석고에 의한 채취

1) 용 도

일반적으로 족적을 채취할 때에는 치과용 석고를 사용하며 최근에는 파라핀, 황, 석고, 실리콘 러버 등은 잘 사용하지 않는다. 치과용 석고는 황산칼슘이 주성분으로서 평면족적, 모래·진흙·연토 등이나 눈 위에 입체상태로 인상된 족적 및 타이어흔 채취 등 거의 모든 자국흔의 채취에 사용된다. 또한 족적에 물이 차 있는 경우에도 치과용 석고에 의해 채취가능하다.

모래나 진흙 또는 연토 등의 입체족흔을 채취할 때에 석고를 족적에 부은 후 약 30분 정도 기다려 석고가 완전히 굳은 상태에서 떼어내어 약 48시간 정도 건조시켜야 한다. 눈에 생긴 족적의 경우에는 석고를 부은 후 최소 1시간 정도 기다려 채취하고 약 48시간 동안 건조시켜야 한다.[263]

---

261) 앞의 책., p. 233.
262) 앞의 책., p. 233.
263) 앞의 책., pp. 233-234.

2) 채취순서

① 석고채취 틀을 족적 주위에 놓는다.

② 석고 1kg과 물 750~900cc를 혼합하여 막대기로 젓는다. 이때 석고는 반드시 건조한 석고를 사용해야 하며 물을 먼저 붓고 석고를 넣은 후 크림상태가 되어 열이 발생할 때까지 천천히 젓는다. 막대기로 젓는 도중에는 석고나 물을 다시 넣어서는 안 된다.

③ 석고액을 주입구를 통해서 주입한다. 경사진 곳에서는 주입구를 낮은 곳에 만들어 놓고 석고액이 낮은 곳에서 높은 곳으로 서서히 유입되도록 한다.

④ 대나무, 철사 등 보강재를 석고액 중간에 넣는다.

⑤ 석고 배면에 사건명, 채취장소, 연월일시 등을 기록한다.

⑥ 석고를 떼어내어 건조시킨 후 석고에 묻은 흙을 제거한다.

(3) 먼지족적의 채취와 보존

먼지족적은 사진촬영 후 다음의 방법 중 하나를 사용하여 채취한다.

1) 범죄현장 유류품 채취 · 검사

범죄현장의 깨진 유리조각, 종이나 판지, 장판이나 타일 기타 바닥에 흩어진 의류 등을 조심스럽게 채취한 후 법과학 감정소에 감정을 의뢰한다. 이러한 유류품에 족적이 존재할 가능성이 높기 때문이다.

2) 전사판에 의한 채취

먼지족적은 전사판이 가장 효과적이다. 전사판을 먼지족적에 대고 채취한다. 실험실에서 이 전사판에 사광선을 비추어 관찰하면 선명한 족적을 관찰할 수 있다.[264)]

나무판, 유리, 비닐장판, 마루바닥, 아스팔트, 콘크리트 상의 평면족적을 채취할 때에 쓰이며 우선 사진촬영 후에 전사판에 전사한다. 먼지족적처럼 눈에 보이는 현재족적은 있는 그대로 전사하면 되지만 땀이나 기름 등에 의해 인상된 족적은 현장지문의 고체법과 같이 분말을 입혀서 현출시킨 후 젤라틴 전사법으로 전사한다.

---

264) 앞의 책., p. 235.

3) 인화지에 의한 채취

전사판이나 지문전사지가 없을 경우에는 족적이 생긴 물체의 색상에 따라 검은 색이나 백색 인화지를 사용하여 채취한다. 인화지에 물이나 묽은 암모니아수를 발라 적신 후 족적에 대고 솔로 톡톡 두드리거나 손바닥으로 골고루 누른 후 채취하여 건조시킨다.

4) 정전기를 이용한 전사법

① 담요, 방석, 의자커버 등 섬유류 위에 먼지류로 인해 생긴 족적이나 타일 등에 생긴 족적을 채취하는 방법으로서 정전기 족적 채취기를 이용한다.

② 이 기구는 두루마리 전사판을 잠재족적이 인상된 물체 위에 엎어서 펴놓은 후 전기를 이용하여 전사판에 정전기를 발생시켜 정전기의 흡인력에 의해 흔적이 전사판에 부착되도록 한다. 부착된 흔적은 사진촬영을 한 후 젤라틴 전사판에 채취한다.

(4) 희미한 혈흔족적 검출법

① 눈으로 확인 불가능한 희미한 혈흔족적, 지문 등을 각종 시약을 사용하여 선명하게 현출하여 채취하기 위해 벤지딘 시약, 류코 말라카이트 그린, 오쏘톨리딘 용액, 페놀프탈렌 용액을 사용한다.

② 벤지딘법은 혈흔에 의해 인상된 잠재 자국흔 또는 불선명한 자국흔 채취에 활용된다. 벤지딘 알코올 포화용액에 식초산 몇 방울을 가한 후 3%의 과산화수소와의 비율을 7:3 또는 8:2의 비율로 혼합한다. 이 혼합액을 그라마토 그라피 분무기로 흔적면에 살포하면 남청색으로 선명히 현출된다. 이 방법은 혈액 지문과 같은 소규모의 검출에도 사용가능하다. 그러나 벤지딘 시약은 암유발 물질을 함유하고 있는 것으로 밝혀져 최근에는 사용되지 않는다.

(5) 희미한 흙먼지흔 검출법

① 토사, 진흙 등과 같이 철분을 함유하고 있는 물질이 묻은 발에 의해서 종이, 헝겊, 나무판 또는 장판 위에 희미하게 유류된 족적은 치오시안산염에 의해 적갈색으로 현출시켜 채취한다. ② 방법은 치오시안산염 10g, 증류수 5~10ml, 염산 5~10ml, 아세톤 또는 에칠알코올 80ml의 혼합액을 분무기로 족적 인상면에 살포한다.

③ 치오시안산염 등의 시약은 순도가 높은 것(90%)을 사용한다. ④ 치오시안산염이 철분 등과는 민감한 반응을 일으키기 때문에 혼합용기는 반드시 유리제나 폴리에칠렌제를 사용하고 철제용기는 피한다.

2. 치흔의 채취와 보존

(1) 사람의 피부에 생긴 치흔

사람 피부의 치흔은 먼저 자를 대고 사진 촬영후 투명한 비닐을 대고 마커 펜으로 치흔의 윤곽을 그린다. 그리고 치과용 실리콘이나 러버 크림을 사용하여 치흔의 본을 뜬다.

(2) 과일 등에 생긴 치흔

표면에 수분은 없지만 물에 녹는 음식물의 치흔은 치과용 러버 크림으로 본을 뜨고 회반죽이나 유황을 사용할 수도 있다. 표면에 수분이 있는 물체의 치흔은 표면에 락커 등을 가볍게 뿌린 후 치과용 석고로 본을 뜬다.[265]

과일 등 음식물의 치흔은 부패하기 쉬우므로 0.5% 포르말린 용액에 담가두면 건조되거나 부패되는 것을 방지할 수 있다. 치흔이 새겨진 사과 등의 과일을 법과학감정소로 보내는 경우에 과일을 포르말린에 수 시간 담근 후에 포르말린을 묻힌 휴지로 감싸서 상자에 포장하여 송부한다.[266]

3. 공구흔의 채취와 보존

(1) 사진촬영

모든 공구흔은 채취하기 전에 사진촬영을 해야 한다. 족적과 마찬가지로 공구흔 바로 위의 수직상태에서 자를 대고 1:1 크기로 근접촬영한다. 사광선을 이용하면 미세흔이 잘 나타날 수 있다. 그러나 일반적으로 사진만으로는 공구흔의 대조감정이 불가능하다.[267]

---

265) 앞의 책., pp. 240-242.
266) 앞의 책., pp. 240-241.

(2) 물체 그대로 채취하여 보존

공구흔은 어떤 방법으로 채취하더라도 미세흔까지 완벽하게 채취할 수 없으므로 부착된 물체, 즉 증거물을 그대로 수거하여 원형 그대로 보존하는 것이 가장 좋다. 그러나 그 물체가 큰 경우에는 공구흔이 있는 부분만 채취해야 한다. 금속면에 있는 공구흔은 바로 채취하지 못할 경우에는 기름을 살짝 발라 녹슬지 않게 해 놓는다.[268]

(3) 치과용석고나 실리콘 러버법에 의한 채취

공구흔 역시 치과용 석고를 사용하여 채취할 수 있으며 실리콘 러버법으로 채취할 수도 있다.[269]

(4) 공구에 부착된 미세증거물 채취 보존

공구는 미세한 양의 페인트나 기름 기타 특이 오염물이 부착되어 있으므로 범죄현장의 공구흔에 이러한 물질들이 묻을 수 있다. 따라서 공구흔이 명확하지 않은 경우에는 공구흔 주변에서 미세물질을 채취하여 범죄에 사용된 것으로 의심되는 도구의 미세물질과 비교하여 용의자를 특정하기 위한 자료가 될 수 있다. 반대로 공구흔이 생긴 물체에 본래 존재하던 미세물질, 즉 목재나 페인트, 또는 금고 단열재 등이 공구에 묻어갈 수 있으므로 이 물질들 역시 채취해야 한다.

(5) 공구조각의 채취

범죄현장에서 범죄도구에서 떨어진 파편이나 조각을 발견할 수 있다. 공구조각은 범죄에 사용된 공구와 일치할 경우에 용의자의 현장 존재사실을 입증하는 증거가 될 수 있다. 공구조각을 찾을 때에는 낮은 각도에서 손전등을 비추어 찾으면 금속조각에 빛이 반사되어 쉽게 발견할 수 있다. 이때 자석을 이용하여 공구조각을 채취할 수도 있다.

---

267) 앞의 책., pp. 244-245.
268) 앞의 책., pp. 245-246.
269) 앞의 책., p. 244.

제19장

물리분석분야

제1절 물리학적 검사법

1. 의 의

물리학적 검사법이란 법과학에서 어떤 물체를 감정하여 ① 물체의 동일성 여부 감정, ② 흔적의 감정(공구흔, 충격흔, 접촉흔), ③ 화재사건의 감정, ④ 폭발사고의 원인감정, ⑤ 기계구조물 파괴사고 원인감정, ⑥ 금속물에 각인된 말소문자 현출 등 수사상 필요한 의문점을 검사하는 방법을 말한다.

2. 물체의 동일성 감정

(1) 범죄현장의 유류품과 용의자 소유 물건

범죄현장, 특히 살인사건 현장에서 수집한 휴지, 섬유, 장갑, 와이어나 나일론 끈 등이 용의자가 소유하고 있는 것과 동일한 것일 경우에는 범인임을 증명하는 결정적 증거가 될 수 있다. 이러한 물건의 감정은 외관, 규격, 성분 및 물리적 성질을 함께 비교하여 동일성 여부를 감정한다.

(2) 범행에 사용한 끈 등의 감정

이러한 물건은 같은 종류가 많이 있기 때문에 특별한 경우가 아니면 용의자가 소유하고 있더라도 결정적 증거가 될 수 없다. 따라서 감정인은 두 감정물이 한 개의 물체이었는데 분리된 것인지를 감정하여야 한다.

(3) 전량 원형대로 송부

감정물을 의뢰할 경우 수거된 전량을 손상이나 변형없이 제시하여야 한다. 공구의 고유흔적 식별이나 충격 및 접촉여부를 감정하고자 하는 증거물은 원형을 변형시키거나 오염시켜서는 아니되며, 부착물질을 세재 등으로 제거함이 없이 원형대로 송부하여야 한다.

3. 미세증거물

(1) 의 의

미세증거물이란 현미경으로 관찰해야만 볼 수 있을 정도로 작은 증거물을 통틀어서 지칭한다. 로카르의 교환법칙(Locard Exchange Principle)이 강조하는 범죄현장에서 전이되는 물질은 바로 미세증거물을 대상으로 한다. 범인은 범행현장에 미세물질을 남겨두고 또한 현장의 다른 미세물질을 가지고 나온다는 것이다. 범죄현장에서 교환되는 미세물질은 피해자와 가해자의 상호작용 관계를 입증하거나 이들이 특정장소에 있었다는 점을 입증하는 중요한 단서가 된다. 미세증거물은 작은 증거물이지만 감식과정에서 대단히 중요한 단서가 된다.270)

(2) 미세증거물의 출처

1) 의 복

의복은 미세증거물이 가장 잘 부착되는 성질을 가지고 있다. 범죄가 발생한 후 가능한 한 빠른 시간 안에 피해자 혹은 가해자의 의복을 수거한다면 사건해결의 단서가 될 수 있는 미세증거물을 채취할 가능성이 높아진다. 섬유 올보다 작은 물질은 의복에서 쉽게 떨어져 없어지기 쉽다. 가능하다면 피해자와 피의자 모두 깨끗한 종이에 올라서게 한 후 옷을 벗도록 한다.

270) 홍성욱 · 최용석 역, 앞의 책., p. 149.

의복을 증거물로서 포장하는 경우 주의해야 될 사항은 다음과 같다. ① 의복을 포장하는 경우 종이봉투를 사용하고 비닐봉지는 옷에 곰팡이가 생길 수 있으므로 가급적 사용을 피하고 옷을 털어서는 안 된다. ② 피가 묻었거나 물기에 젖은 옷은 그늘에서 말린 후 포장한다. ③ 대조시료는 의복과 함께 포장하지 않는다. ④ 사건 당시 착용한 옷을 입은 용의자를 사건현장으로 데려가서는 안 된다. 미세증거물이 나중에 나왔을 경우 경찰과 함께 사건현장에 갔을 때 묻은 것이라고 주장하면 반박의 근거가 없다. ⑤ 의복은 전체를 감정의뢰하지만, 모발이나 섬유처럼 잃어버리기 쉬운 극히 작은 증거물은 시험관이나 약병 같은 적당한 용기에 넣어 보낸다. 이 경우 증거물을 발견한 부위와 세부 내용을 기록해야 한다. ⑥ 살인이나 강력사건의 경우 피해자 의복도 확보하여 감정의뢰한다.[271)]

2) 신 발

신발은 중요한 증거물이다. 신발에는 먼지, 토양, 부스러기, 식물조각, 혈흔 등이 부착되어 있을 수 있고 또한 족적과 비교할 때 반드시 필요한 증거물이다. 신발은 따로 포장하여 상호 오염되는 일이 발생하지 않도록 해야 한다. 또한 신발에 부착된 토양 등이 떨어지지 않도록 포장에 주의하여 감정의뢰한다.

3) 사람의 몸

용의자나 피해자의 몸은 미세증거물의 중요한 출처이다. 상호간의 격투과정에서 생긴 상처, 총기발사자의 손에는 총기발사잔사 등이 부착되어 있는 경우가 많다. 성범죄 피해자의 몸에는 음모나 정액이, 폭행이나 살인 강도사건 용의자의 몸에는 혈흔이나 손톱자국, 치흔 등이 발견될 수 있다.

4) 미량금속 검출

미량금속 검출시험(Trace Metal Detection Test: TMDT)은 범인과 특정 물체와의 접촉여부를 확인하는 방법이다. 용의자의 손에 정색시약을 분무하고 손을 자외선으로 관찰하면 금속을 잡았던 부분이 검게 나타나고 금속의 성분에 따라 색상도 조금씩 다르게 나타난다. 이 기법은 용의자가 최근에 총기와 같은 금속성 물체를 만졌는

---

271) 앞의 책., pp. 149-150.

지 여부를 확인하는데 주로 사용한다. 권총을 만진 사람의 검지에서 방아쇠를 당긴 자국이나 손바닥에서 권총의 금속 부품에 닿았던 자국을 찾을 수도 있다. 그러나 이 기법은 결과가 일정하지 않다는 문제가 있다. 용의자가 총기 이외의 다른 금속을 만진 경우에도 손에서 양성반응이 나올 수 있고 손을 씻거나 손바닥을 비볐다면 금속을 만진 경우에도 양성반응이 나오지 않을 수 있다. 따라서 최근에는 미량금속검출 시험보다는 주로 총기발사 잔사확인법을 사용한다.[272)]

5) 기 타

미세증거물은 공구나 흉기 등에 부착되어 있는 경우가 많다. 절도나 강도사건에 사용한 공구에는 금속가루, 페인트 등의 건자재가 부착되어 있을 수 있고, 칼이나 망치, 도끼 등의 흉기에는 섬유나 모발과 같은 유용한 증거물이 부착되어 있을 수 있다. 뺑소니 사건의 차량에는 모발, 섬유, 피부조직, 혈액 등이 부착되어 있을 가능성이 높다.

오늘날 법과학 감정소의 입장에서는 증거물의 크기보다는 증거물의 개수가 더 중요하다. 따라서 범죄현장을 세밀히 관찰하거나 진공청소기로 흡입할 경우 엄청나게 많은 증거물을 확보할 수 있다.

(3) 미세증거물의 종류

1) 건자재

건축공사에 사용되는 자재인 건자재는 주로 절도사건에서 발견되는 미세증거물이다. 시멘트, 벽돌, 페인트, 나무, 석고보드, 회반죽 등은 용의자 의복의 소매나 주머니, 신발, 또는 범죄에 사용한 공구 등에서 주로 발견된다.

공구흔이 발견된 경우에는 공구흔이 있는 부위에서 건자재를 채취해서는 안 되며, 공구흔과 인접한 부위에서 채취한다. 건축물은 부위에 따라 자재가 다를 수 있으므로 건물의 여러 곳에 흔적이 있을 경우에는 각 부위에서 대조시료를 채취해야 한다. 채취한 건자재는 따로 포장해야 하며 절대로 함께 포장해서는 안 된다.

---

272) 앞의 책, pp. 151-152.

2) 섬유나 직물(fibers and fabric)

범죄현장이나 피해자의 몸에서 발견된 실오라기는 용의자 옷의 섬유와 대조하여 용의자 추정을 위한 증거가 된다. 섬유의 실오라기는 의복, 손톱 밑, 뺑소니 차량, 침입구, 사람의 머리털에 부착되는 경우가 많다. 이러한 섬유의 실오라기가 용의자 추정의 단서가 된다.[273)]

섬유는 모발과 마찬가지로 피해자와 범인 사이에 전이될 수 있다. 그들 사이의 섬유의 전이는 교살, 둔기에 의한 박살, 기타 밀접한 신체적 접촉을 포함하는 도구에 의한 살인, 강간과 물리적 폭력과 같은 범죄사건에 공통적으로 발생하는 현상이다. 의복·담요·카펫·가구 기타 직물로부터의 섬유는 특이한 색상이나 유형을 가지고 있어서 실험실에서 정확하게 식별될 수 있다.

범죄현장에서 발견되는 직물이나 천 조각 역시 섬유와 마찬가지로 색상, 섬유의 유형, 직조의 방향, 염료의 특이성을 가지고 있어서 실험실에서 식별될 수 있다. 천 조각은 분리된 물체(옷이나 담요 등)에 물리적으로 맞춰봄으로써 개인적 특징과 계층까지도 확인할 수 있다. 또한 직물의 섬유 전이에 기초하여 사건의 재구성도 가능하다.[274)]

물체에 부착된 섬유는 물체 그대로 법과학감정소에 의뢰하는 것이 좋다. 물체가 큰 경우에는 핀셋이나 접착테이프, 진공청소기로 채취할 수 있는데 이 세 가지 방법 중 접착 테이프로 붙여 내는 방법이 가장 좋다. 접착테이프 방법은 표면에 있는 물질만을 채취하는 장점이 있다. 그러나 진공청소기는 증거물을 선별하지 못하고 모두 채취하는 단점이 있으며, 핀셋 채취법은 미세증거물을 멸실할 단점이 있다.[275)]

3) 담배와 담배꽁초(cigar butts)

범죄현장의 담배와 담배꽁초는 범인이 무슨 담배를 피우는지 알 수 있는 자료가 되고, 심지어 담뱃재는 용의자가 파이프담배를 피우는지 혹은 일반 담배를 피우는지를 알 수 있어서 용의자의 습성을 추정할 수 있는 단서가 된다.

특히 담배꽁초의 경우 닌히드린 용액법으로 용의자의 지문을 현출할 수 있고 타

---

273) 홍성욱·최용석 역, 앞의 책., pp. 164-165.
274) Geberth, *op.cit.*, pp. 598-600.
275) 앞의 책., pp. 164-165.

액에서 혈액형이 검출되고 타액에 구강 상피세포가 포함되어 있을 경우에는 개인의 DNA지문을 검출할 수도 있다.[276] 따라서 모든 타액에서 DNA지문 검출을 할 수 있는 것은 아니다. 빈 담배갑을 발견하는 경우에는 담배이름을 확인하고 지문을 채취할 수도 있으며 담배갑에 새겨진 번호를 통해 담배판매지역을 확인할 수도 있다.[277]

4) 토양(soil)

구두의 흙, 옷, 도구, 무기, 기타 물건들은 범인의 현장 존재여부를 확인할 수 있는 유용한 유류품이다. 특히 신발, 의복, 차량 하부에서 발견되는 토양은 광물검사와 미생물학적 비교를 통하여 범인의 현장 존재여부를 확인할 수 있는 수사자료이다. 즉, ① 토양의 색깔은 특이하다. ② 토양에 따라서 포함된 광물 역시 특이하다. ③ 토양에 따라서 기생하는 박테리아의 종류가 특이하다. ④ 토양속의 식물 역시 특이하다.[278] 토양에는 석영, 장석, 운모 등의 무기물과 분해된 나무 잎사귀, 솔잎과 홀씨 등의 식물성 물질이 혼합되어 있기 때문에 현미경으로 이런 다양한 물질들을 관찰하면 토양을 쉽게 구분할 수 있다.

토양에 차량의 타이어 흔이나 족적이 찍혀 있으면 그 타이어를 사용한 사람이나 신발을 신은 사람이 현장에 있었다는 증거가 된다. 토양 감정은 현장에서 채취한 대조토양이 필요하며, 대조토양은 현장에서 수 m 간격으로 여러 지점에서 채취하고 사건과 무관한 곳, 즉 용의자나 피해자의 집이나 작업장 등에서 토양을 채취하여 피의자의 신발에서 채취한 토양과 대조한다. 대조토양은 작은 유리병 혹은 금속용기에 별도로 보관하고 지표면에서 2~3cm 이내의 표토 층을 보통 2~3숟가락 정도 채취하면 된다.[279]

5) 문서(편지, 노트, 서류)

문서는 출처의 진정성의 확인, 지문검출, 자살의 경우에 본인의 작성여부를 결정하기 위한 검증자료가 된다. 최근에 문서는 범죄수사를 위한 심리언어학(psycholinguistics)

---

276) Geberth, *op.cit.*, p. 600.

277) 홍성욱・최용석 역, 앞의 책., p. 172.

278) Geberth, *op.cit.*, p. 603.

279) 홍성욱・최용석 역, 앞의 책., pp. 173-174.

검사와 같은 보다 발전된 기법의 적용대상이 되고 있다. 심리언어학이란 범죄자의 말(verbal)이나 문서에서 사용된 문장 전체, 구절, 음절, 단어, 단락, 구두점 등을 컴퓨터에서 검사하여 살인범의 출신, 배경, 그리고 심리에 관한 단서를 찾아내는 정교한 방법이다.[280)]

6) 끈이나 로프

끈이나 로프는 교살이나 강도·강간같은 범죄현장에서 발견할 수 있다. 이러한 경우에 끈이나 로프에 피해자의 목을 조르거나 묶었던 매듭은 범행수법을 입증할 수 있는 중요한 증거물이다. 따라서 매듭은 손대지 말고 그대로 두어야 한다. 끈이나 로프는 대조시료가 확보될 경우 재질, 가닥 수, 꼬임방향, 색상, 직경, 단위길이당 무게 등을 비교함으로써 그 동일성을 확인할 수 있다. 동일성이 확인되는 경우 용의자 추정의 단서가 된다. 끈이나 로프는 피의자나 피해자의 혈흔 또는 조직의 상피세포가 부착되어 있을 수도 있다.[281)]

7) 목재와 톱밥

나무로 만든 목재는 건물, 가구, 공구 등 다양하게 사용되기 때문에 대단히 중요한 증거물이다. 범죄현장에서 특이한 목재가 범행도구로 사용되었거나 톱밥 등 나무에서 생성된 미세물질이 발견되는 경우 범인추정의 단서가 된다. 목재의 나이테는 목재의 동일성을 확인할 수 있는 특징적인 증거이며 나무의 상처, 썩은 흔적 등을 비교하면 그 동일성을 감정할 수 있다.

목재에 칼, 대패, 톱 등 공구자국이 있거나 페인트 등을 칠했다면 범행현장의 목재와 용의자 소유 목재의 동일성을 확인할 수 있다. 범죄현장에는 나무조각이나 파편이 남아 있을 경우 여기에 범행공구에 의한 흔적이 남아 있는지 여부를 검사할 수 있다. 공구흔이 발견될 경우 용의자 소유 공구와 대조하여 용의자의 범행현장 존재여부를 입증할 수 있다.

톱밥 등 목재의 미세입자가 범죄현장에서 발견될 경우에 범인이 미세입자가 묻은 옷을 입고 현장에서 범행을 했다는 사실을 추정할 수 있다. 이러한 경우에 용의자는 목재공장 등에서 목재를 취급하는 직업을 가진 자나 목수 등이 대상이 된다.[282)]

---

280) Geberth, *op.cit.*, p. 714.

281) 홍성욱· 최용석 역, 앞의 책., pp. 169-172.

8) 유리조각과 파손흔

① 증거가치

범죄현장의 유리 조각은 다양한 유형의 범죄에서 증거로 이용될 수 있다. 뺑소니 교통사고의 차창유리, 전조등 유리, 절도사건의 창문유리, 폭행사건의 범행에 사용된 병 유리 등 범행을 입증할 수 있는 사례는 수 없이 많다.

유리의 파단형상을 보면 충격물의 충격방향 및 충격속도를 알 수 있고 충격물질이 여러 개일 경우 충격순서를 알 수 있다. 깨진 유리조각 혹은 유리에 난 구멍을 보면 충격의 방향 및 종류를 알 수 있고 이를 정확하게 해석할 수 있다면 중요한 단서가 된다. 또한 유리가 안쪽 혹은 바깥쪽에서 깨졌는지를 판단해야 하고, 유리가 돌에 또는 탄환에 의해 깨졌는지를 알 수 있으면 그것은 수사의 단서가 된다.283)

② 패각상 파손흔

깨진 유리의 파단면을 보면 유리면과 직각방향으로 일련의 곡선이 연속하여 만들어져 있고 이 곡선은 반대 쪽 유리면과 접선방향으로 휘어진 것을 볼 수 있다. 이러한 파단곡선을 패각상 파손흔이라 하고 유리의 충격방향을 결정하는 기준이 된다.

③ 방사형 파손흔과 동심원 파손흔

패각상 파손흔과 함께 방사형 파손흔과 동심원 파손흔이 유리의 충격방향을 결정하기 위한 기준이 된다. 방사형 파손은 충격지점에서 시작하여 바깥방향으로 생기는 파손흔을 말하고, 동심원 파손은 충격지점을 중심으로 원형으로 생기는 파손흔을 말한다.

이러한 파손흔을 이용하여 충격방향을 결정할 경우에 유리조각을 집어내어 방사형 파손에 의해 깨진 면을 찾아낸 후 그 면에 나 있는 패각상 파손흔이 어느 방향으로 나 있는지 확인해야 한다. 방사형 파손흔의 경우에 패각상 파손흔이 유리의 안쪽 혹은 바깥 면 중 어느 면에 직각으로 생성되었는지 관찰하여 직각인 면과 반대면에서 외부의 충격이 가해진 것이다. 즉, 패각상 파손흔이 유리의 안쪽면과 직각을 이룰 경우에는 외부충격은 유리의 바깥면에서 가해진 것으로, 그리고 바깥면과 직각을 이룰 경우에는 유리의 안쪽면에 충격이 가해진 것이다. 한편, 동심원 파손면에서는

282) 앞의 책., pp. 174-175.
283) 앞의 책., p. 178.

방사형 파손면과 반대방향으로 패각상 파손흔이 생긴다.[284] 따라서 동심원 파손면의 경우에는 패각상 파손흔과 직각인 면에 외부의 충격, 즉 돌이나 탄환, 둔기 등으로 가격이 가해진 것이다.

④ 충격도구와 파손흔의 특징

총기의 탄환이 유리판을 관통하면 탄환이 나가는 방향으로 분화구 모양의 관통흔이 생긴다. 속도가 빠른 탄환은 유리판위에 거의 원형의 관통흔을 만들고 유리에도 금이 생기지 않거나 생기더라도 관통부분에 조금만 생긴다. 속도가 느린 탄환이 관통한 경우에는 방사형 파손흔이 바깥쪽으로 진행하면서 거의 정다각형 모양을 만든다.

유리와 아주 가까운 거리에서 총기가 발사되면 총구에서 나오는 가스의 압력으로 인하여 유리가 산산조각난다. 이런 경우에는 산산조각난 유리조각을 모두 맞춰야만 관통 방향에 대한 정보를 얻을 수 있다. 현실적으로 산산조각난 유리조각을 맞추기는 불가능하므로 관통부 유리조각을 분광학적 방법으로 분석하면 충격부에 탄환성분이 검출되고 반대방향에는 탄환성분이 검출되지 않는다. 유리조각에서 총기발사 잔사를 검출하여 근접발사 사실을 증명할 수 있다.

유리에 난 구멍이 탄환에 의한 것인지 아니면 날아온 돌에 의한 것인지를 판단하기 어려운 경우가 있다. 상대적으로 빠른 속도로 날아온 돌은 탄환과 아주 비슷한 관통흔을 만든다. 돌이 달리는 차량 타이에 의해 튕겨질 때 이런 일이 종종 생긴다. 그러나 이러한 경우 분화구 현상은 탄환에 의해 만들어진 것만큼 일정하지 않고 그 주변에 생기는 방사형 파손흔 및 동심원 파손흔 역시 탄환에 비해 불규칙하게 만들어진다. 반면에 커다란 돌에 맞아 깨진 유리는 아주 가까운 거리에서 총기를 발사한 것처럼 산산조각난다. 따라서 관통한 물체를 찾아야 어느 물체에 의해 파손되었는지 확인할 수 있다.

유리판에 여러 개의 파손흔이 있을 경우에 제일 먼저 생긴 방사형 파손흔은 자연적으로 진행이 멈추거나 유리 모서리까지 진행되지만, 2차 혹은 그 이후의 충격에 의해 생긴 방사형 파손흔은 그 이전에 생성된 파손흔을 만나면 더 이상 진행하지 않는다. 유리에 강한 충격이 가해져 유리의 상당 부분이 없어진 경우에도 이 유리조각을 맞춰 보면 충격순서를 재구성할 수 있다.[285]

284) 앞의 책., pp. 178-179.

⑤ 유리조각의 채취

범인이 유리문 혹은 창문을 깨고 침입한 경우 유리조각을 채취하여 두었다가 훗날 대조용 시료로 사용한다. 용의자가 검거된 후 의복을 면밀히 검사하면 의복에서 유리조각을 찾아낼 수 있는 경우가 있으며 사용한 공구의 손잡이에도 유리가 부착되어 있을 수 있다.

의복이나 공구에 부착된 유리조각은 대단히 작기 때문에 용의자가 파괴하고 들어간 유리와 파단면을 맞추어 동일한 유리인지 비교할 수 없다. 그러나 파단면을 맞춰보지 않고 증거물 유리와 대조유리가 동일한 유리판에서 나온 것인지 확인할 수 있는 다른 방법이 있다. 즉, 유리조각의 비중, 굴절률, 색상, 두께 등 물리적 성질과 화학적 성분을 검사하는 방법이다. 물론 검사 대상이 된 두 유리가 동일한 것이라 판명되더라도 유리는 대량 생산되는 제품이므로 범죄현장의 동일한 유리판에서 나온 것이라고 단정적으로 말할 수는 없다. 그러나 두 유리가 다른 유리라고 판명된다면 이는 대단히 중요한 정보가 된다. 이때 대조유리를 수거할 경우에 유리판의 여러 부위에서 유리조각을 채취하여 분리포장한다. 같은 유리판이라도 부위에 따라 그 구조가 다를 수 있기 때문이다.[286]

9) 페인트

페인트는 교통사고 뺑소니사건, 절도 및 주거침입사건의 경우에 자주 발생하는 증거물이다. 페인트 조각이 충분히 큰 경우에는 퍼즐 맞추듯이 증거물과 대조부위의 파단면을 맞춰볼 수 있다. 자동차용 페인트의 경우에는 페인트 분석을 통하여 차종을 확인할 수 있다. 페인트검사를 통하여 차량 제조회사를 알 수 없더라도 외관검사나 화학적 검사를 통하여 대조페인트와 증거물페인트의 동일성 여부를 감정할 수 있다. 차량이나 건물은 여러 차례에 걸친 페인트를 덧칠할 수 있는데 비교대상인 두 페인트의 여러 층이 모두 일치한다면 동일한 물체에서 나온 페인트일 가능성이 대단히 높아진다.

자동차나 건물의 페인트는 위치에 따라 다르므로 대조페인트는 가능한 한 손상부위에 가까운 곳에서 채취한다. 절도 사건의 경우 공구 등으로 손상된 흔적이 있는 곳에서 대조시료를 절대 채취해서는 안 된다. 공구흔이 남아 있을 가능성이 높기 때

---

285) 앞의 책., pp. 180-181.
286) 앞의 책., p. 182.

문이다. 차 대 차 뺑소니 사건 시료를 채취할 경우에는 4개 부위의 페인트를 채취해야 한다. 즉, A차량의 충격부위에서 B차량에서 전이된 페인트를, 충격 부위와 인접한 부위에서 B차량 페인트가 부착되지 않은 대조페인트를 채취한다. 마찬가지 방법으로 B차량 충격부위에서 A차량 페인트를, 충격부위와 인접한 부위에서 A차량 페인트가 부착되지 않은 대조 페인트를 채취한다.

차량에서 페인트를 채취할 때에는 칼 등으로 차량 옆쪽에서 가볍게 채취하여 종이로 받아 포장한다. 가급적 스카치테이프를 사용하지 않아야 하며, 비닐봉투 역시 정전기가 발생하여 작은 페인트 조각을 감정소에서 꺼내기 어려우므로 사용하지 않는다. 공구에 부착된 페인트는 떼어내지 말고 공구 끝부분을 주의 깊게 포장하여 법과학 감정소로 보낸다.

10) 단 추

단추는 그 크기, 모양 및 종류가 다양하여 단추만으로 어느 의복에서 나온 단추인지를 확인할 수 있는 경우는 거의 없다. 일반적으로 단추가 떨어질 때 실이 함께 붙어 있고 단추가 달려 있던 옷의 직물 섬유가 함께 붙어 있을 수가 있다. 이러한 경우에 단추는 용의자의 대조시료와 비교하면 그 동일성을 확인할 수 있는 증거가 될 수 있다. 또한 범죄현장에서 발견한 깨진 단추는 용의자의 단추와 대조하여 일치할 경우 용의자를 특정하는 단정적인 증거가 될 수 있다.[287)]

11) 불탄 종이

방화사건 등의 현장에서 불탄 문서(탄화된 문서)를 발견할 수 있다. 불탄 문서는 완전히 재로 변하지 않는 한 본래의 글자를 판독할 수 있다. 불탄 문서가 금속으로 제작된 상자안에 있으면 이를 끄내지 말고 상자와 함께 감정소로 보낸다. 감식요원이 현장에 도착할 당시에도 종이가 타고 있고 공기를 차단하는 식으로 문서에 손을 대지 않고 불을 끌 수 없다면 불을 끄지 말고 차라리 완전히 타도록 내버려 둔다.

책, 접혀진 종이, 지폐다발 등 여러 층이 있는 종이가 탄 경우에는 각각의 종이층을 분리하려고 하지 말고 감정소로 보낸다. 화학적 처리, 사진촬영, 자외선 및 적외선 투시 등의 방법을 사용하면 불탄 문서의 문자를 판독할 수 있다. 중요한 것은 증거물을 손상하지 않고 감정소에 도착시키는 일이다.[288)]

---

287) 앞의 책., p. 167.

12) 금고단열재

범인이 금고를 파괴하면 그의 옷, 신발, 공구 등에 단열재가 부착된다. 법과학자는 현미경 및 화학적 방법으로 금고 단열재를 찾을 수 있다. 단열재의 종류를 알아낸 후 어느 금고회사에서 어떤 단열재를 사용했는 지 알고 있는 전문가에게 문의하면 수사단서를 얻을 수 있다.[289)]

(4) 미세증거물의 채취와 보존

① 모발, 섬유, 페인트조각과 같은 증거물은 부착면에서 쉽게 떨어져 소실되기 쉬우므로 이런 증거물들은 떼어내어야 한다. 쉽게 떨어지지 않을 것으로 판단되는 물질은 미세증거물이 부착된 물체 그 자체를 감정 의뢰한다. 물론 물체가 너무 큰 경우에는 미세증거물을 분리하여 포장한 후 감정소로 보낸다. ② 미세증거물은 항상 이중포장한다. 즉, 증거물을 적당한 용기에 넣고 밀봉한 다음 이 용기를 보다 큰 용기에 넣는다. ③ 감식요원은 항상 대조시료 혹은 표준시료를 함께 채취하여 증거물과 비교할 수 있도록 해야 한다. 서로의 오염이 발생하지 않도록 대조시료는 절대로 증거물과 함께 포장하지 않는다.[290)]

제2절 화재감식

1. 화인의 3요소

화인의 3요소는 화원, 가연물, 공기이며 이 중 한 가지 만이라도 없으면 불은 일어나지 않는다.

---

288) 앞의 책., pp. 172-173.
289) 앞의 책., p. 159.
290) 앞의 책., pp. 155-157.

(1) 화 원

화원이란 불을 일으키는 불씨를 말하고 그 종류에는 ① 종이처럼 불꽃이 나는 물질 등의 유염화원, ② 담배꽁초처럼 불꽃이 나지 않는 물질 등의 무염화원, ③ 전기화공약품, 라지에터 처럼 열이 축적되어 화재가 발생하는 것과 같은 잠재성 화원 등으로 구분된다. 이러한 화원에 대한 소화법은 물이나 CO_2소화기를 사용하는 냉각소화법이 사용된다.

(2) 가연물

불을 옮겨 확대시키는 가연물은 ① 밀폐된 용기속에 보관된 기체, ② 휘발유, 석유, 신나 등의 액체, ③ 목탄, 왁스(표면연소), 나프탈렌(증발연소), 석탄 및 숯(분해연소) 등과 같은 고체로 나누어진다. 가연물 소화는 산불의 경우 맞불을 놓는 것과 같이 중간가연물을 파괴하는 방법이 있다.

(3) 공기(산소)

불은 산소가 차단된 곳에서는 발생할 수 없다. 따라서 소화방법은 포말소화기, 모래, 이불 덮어씌우기 같은 질식소화법이 사용된다.

2. 화원부 및 발화부 · 출화부

(1) 화원부

① 화원부란 화재의 현장에서 발화부를 포함하는 약간 넓은 영역을 나타내는 화재의 기점을 말한다. ② 여러 개의 주택이나 건물에서 화재가 발생한 경우 화원주택이나 건물은 다른 것들에 비하여 소훼도(불에 타 없어진 정도)가 심한 편이다. ③ 화원주택이나 건물은 저면부에 이르기까지 비교적 소훼가 심하다. 또한 화원주택이나 건물의 천장이나 지붕은 다른 것들에 비해 소실도가 높다.

(2) 발화부와 출화부

① 발화부란 불을 낸 장소, 즉 화재의 기점이 된 부위를 말하며, 출화부란 불이 타 오른 장소를 말한다. 따라서 발화부는 출화부의 아래쪽에 있는 경우가 대부분이

다. ② 발화부가 2개소 이상이면 대체적으로 방화라고 볼 수 있으며, 발화부는 일반적으로 화재가 처음시작해서 진화될 때까지 가장 오래 타는 경우가 많다. ③ 발화부에서 직접 타오른 경우에는 발화부와 출화부가 일치되지만 발화부와 출화부가 다른 경우도 있다. 발화부는 연소가 경미・완만하지만 출화부는 그 범위가 넓고 연소도가 깊다. ④ 발화부의 균열흔은 가늘지만 탄화심도는 깊다. 발화부의 불은 약하지만 가장 오래 타기 때문이다.

(3) 발화부 인정기준[291)]

1) 구열흔

목재표면의 구열흔, 즉 거북이 형상은 발화부에 가까울수록 가늘어진다. 발화부는 저온으로 장시간에 걸쳐 연소되기 때문이다. 구열흔은 완소흔, 강소흔, 열소흔으로 나누어지며 발화부의 구열흔은 완소흔의 형태이다.

2) 훈소흔

목재면의 훈소흔은 장시간에 걸쳐 무염연소한 흔적으로서 목재의 연결・접합부, 부식부 등에 잘 생기고, 출화부 부근에 훈소흔이 남아 있으면 그 부분을 발화부라 판단하여도 무방하다. 훈소흔은 전면연소에 이르지 못하고 쌓인 먼지등의 표면에만 연소를 하는 형태를 말한다.

3) 용융흔

용융흔이란 건물내부의 유리나 거울, 알루미늄 제품, 샷시 등이 발화부 부근의 열로 녹아 발화부를 향하여 무너진 상태를 말한다.

4) 박탈흔

브로크나 벽돌 등과 같은 시멘트를 재료로 한 건물의 불연성 물질이 화재시에 열에 오래 노출됨에 따라 재질내의 수분이 단시간 내에 탈수됨으로써 본래 재질의 특성을 상실하고 푸석푸석해지거나 변색되는 현상을 말한다. 일반적으로 화재의 초기부터 진화까지 연소되는 발화부 부근의 구조물들은 자연박리, 탈락되는 경우가 많다.

291) 양태규, 앞의 책., pp. 562-566.

5) 변색흔

변색흔이란 화재에서 녹거나 용융(녹아서 섞임)되지 않는 금속이나 비가연물질로서의 구조물인 시멘트나 철제구조물, 금고, 선반, 냉장고 등이 표면도색과 그 재료색깔이 변색된 상태를 말한다.

6) 주연흔

주연흔이란 석유화학제품이나 석탄, 고무 등과 같은 물질이 연소시 창문밖으로 분출되는 다양한 색깔의 연기의 흔적을 말한다. 화원부나 발화부 부근이 현저하다.

7) 주염흔

가연물이 연소시 화염에 의해 내외벽에 형성되는 흔적을 말한다. 대체로 연한 갈색을 띄기도 하고 박탈현상으로 나타나기도 한다.

8) 복사흔

발열체가 방열하여 다른 물체에 열을 주게 되어 가연물의 중개나 전도매개체 없이 연소되는 현상을 복사흔이라 한다. 난로 가까이 있는 가연물이 난로의 열을 받아 화재가 발생하는 것과 같은 것이다.

(4) 출화부 추정 5원칙[292)]

1) 제1원칙

출화건물의 기둥, 벽, 가구 등은 출화부를 향하여 사방으로부터 도괴되는(무너지는) 경향이 있다. 이는 출화부 부근은 초기연소 뿐 아니라 장기간에 걸쳐 연소가 계속되기 때문이다.

2) 제2원칙

화염은 직립한 가연물을 따라 상승하고 수평 또는 하방으로의 연소속도는 대단히 느리다. 입체적 가연물의 수직면에 불이 옮겨 붙을 때, 그 불은 계속 연소하기 위한 공기확산과 그 상부의 열기류가 난기류 현상이 되기 때문이다.

---

292) 앞의 책., p. 548-549.

3) 제3원칙

탄화심도는 발화부에 가까울수록 깊어지는 경향이 있다. 탄화심도란 목재표면이 탄화된(검게 탄) 깊이를 말하며, 연소가 심할수록 그 심도는 깊어진다.

4) 제4원칙

목재표면의 균열흔은 출화부에 가까울수록 잘고 가늘어지는 경향이 있다. 목재는 저온으로 장시간에 걸쳐 가열되면 잘고 가는 균열흔이 생긴다. 균열흔은 다음과 같은 3가지가 있다.

① 완소흔

700~800℃에서 목재표면은 거북이등 형상으로 갈라져 탄화홈은 얕고 삼각형이나 사각형 형태를 이룬다.

② 강소흔

900℃에서 목재표면은 깊고 만두모양의 흔적이 남는다.

③ 열소흔

1,100℃에서 홈이 가장 깊고 환형모양도 높아진다.

5) 제5원칙

발열체가 목재면에 밀착되었을 경우 발열체 표면의 목재면에는 훈소흔이 남는다. 목재의 연결 · 접합부 · 부패부 · 판자접합면에 잘 생기고 적은 열 에너지가 원인이 되기 때문에 표면의 연소흔은 거의 없고 그 부분이 패인 것처럼 깊게 소실된다. 목재의 훈소흔은 대략 5~6시간 경과하면 직경 15cm, 깊이 10cm 정도로 탄화된다.

3. 증거물 채취방법

(1) 인화물질 채취방법

① 인화물질이 놓여 있었다고 추정되는 장소의 잔유물을 가급적 신속하게 비닐주머니에 밀봉하여 수집하여야 한다. ② 석유류 제품 및 유기 용매의 냄새가 심한

곳을 선택하여 종이, 면솜, 나무 등 흡수력이 큰 물질부터 수집하여야 한다. ③ 발화지점 근처의 탄화상태가 심하지 않은 부위에서 우선적으로 채취하여야 한다. ④ 채취용기는 유리병 또는 비닐봉지에 포장하여 인화물질이 휘발되지 않도록 잘 밀봉한다.

(2) 전기에 의한 화재시 증거물 채취방법

① 전기배선에서의 전기적 발열에 의한 발화여부를 감정하고자 하는 경우 분전반만을 송부하여 감정의뢰하는 경우가 많으나 반드시 발화부위라고 생각되는 부분에 설치된 전선 전체와 관련 연결전기제품이 함께 수거되어야 한다. ② 합선에 의한 용융흔이 있는 전선은 입력측과 부하측을 구분하여 표시하여야 한다. ③ 합선에 의한 경우는 연결된 가전제품 등의 부하의 종류, 규격, 용량 등이 표시되어야 한다. ④ 두 전선 중 한 선에만 용융흔이 있는 경우에는 못이나 금속파이프 등과 같은 다른 도체와의 접촉에 의한 누전 가능성이 있으므로 함께 수거하여야 한다. ⑤ 각종 가전제품에 의한 발화여부를 확인하고자 할 때는 가전제품의 전원코드가 필히 수거되어야 하며, 가능한 한 전원코드의 플러그나 콘센트가 함께 수거되어야 한다.

(3) 연소기구에 의한 화재시 증거물 채취 방법

① 연소기구에서의 과열이나 발화여부를 확인할 때는 연소기구에 전원이 들어가는 경우 전원코드가 수거되어야 한다. ② LNG에 의한 화재의 경우에는 외부파이프, 내부파이프, 가스호스 등을 수거하여야 한다. ③ LPG에 의한 화재의 경우 가옥내에 여러 군데의 전기선에서 단락이 동시다발로 생기며, 전열기 내부에 단락이 있으면 전열기에 의해 화재가 발생한 것으로 볼 수 있다. ④ LPG에 의한 화재의 경우에는 가스통의 압력조정기, 연결 고무호스, 사용전열기 뿐만 아니라 중간밸브까지도 함께 수거하야 한다.

제20장

약독물 및 마약류 감정

제1절 개념적 기초

1. 약독물 분석분야

(1) 의약품류

자살이나 타살, 또는 약물을 이용한 범죄에는 신경안정제나 수면제 성분이 포함된 의약품을 사용한다. 그러한 약품류에 해당하는 로라제팜, 디아제팜 등의 신경안정제는 향정신성의약품으로 지정되어 있으며, 다량 복용하면 생명이 위험하다.

(2) 마취제류

에테르와 클로로포름 등은 마취제로서 다양한 범죄에 사용된다. 에테르는 실온에서 상쾌한 냄새가 나는 무색의 액체로서 코로 흡입시켜 사람을 마취시킬 수 있다. 클로로포름은 무색·투명한 액체로서 약간 달고 찌르는 듯한 맛이 난다. 클로로포름은 에테르의 1/3만 사용해도 마취효과가 있는 흡입제 마취제이다. 주로 손수건이나 탈지면 등에 액체를 묻혀 코에 흡입시키는 방법으로 상대방을 마취시킨다.

(3) 복어독

복어의 알이나 내장 중에는 테트로도톡신이라는 성분이 있어서 독성이 매우 강하여 미량만 먹어도 사망에 이르는 물질이다. 생체시료중 복어독은 위 내용물을 산으로 처리한 다음 에틸알코올로 추출함으로써 단백질, 지방 등을 제거하여 시료를 정제한 다음 쥐에게 주사하여 판정한다.

2. 독극물의 분류

독극물은 의학적으로 다음과 같이 분류될 수 있다[293]

(1) 부식독

부식독이란 조직에 약물이 접촉되면 유기성부식, 특히 단백질을 괴사(necrosis)시켜, 즉 죽거나 죽어가는 상태를 만들어 국소적인 부식을 초래하는 독극물을 말한다. 주로 자살의 수단으로 사용되고 타살에는 거의 사용되지 않는다. 종류는 무기산으로 황산, 염산, 질산 등이 대표적이다. 유기산으로는 초산, 수산, 석탄산(페놀) 등이 있다. 한편, 알카리류인 수산화칼륨, 수산화나트륨, 그리고 암모니아 수 등도 부식성이 있는 독물에 해당된다.

(2) 실질독

실질독이란 실질장기의 세포를 침범해 신진대사를 방해하고 여러 가지 신체적 변성괴사를 일으키는 독물을 말한다. 염소화합물을 총칭하는 유기염소제류인 농약이 대표적이다. 살균제, 살충제, 제초제 등은 독성이 강하고 구하기 쉬워 자살에 많이 사용되나 타살에 이용되기도 한다. 수은, 승홍, 아비산(3산화비소의 수용액) 등도 포함된다.

(3) 효소독

특정한 효소에 작용하는 독물을 효소독이라 하며 인 화합물을 총칭하는 유기인제류 및 카바메이트(carbamate)계 농약, 황화수소 등이 대표적이다.

---

293) 현장감식전문과정, 경찰수사보안연수소, 2006, pp. 354-355.

(4) 혈액독

혈액독이란 체내에 흡수되어 혈액 중 헤모글로빈에 작용하여 두통, 현기증, 구토, 안면홍조, 호흡곤란, 체온강화, 경련, 의식불명 등의 증상을 거쳐 내부 질식으로 사망에 이르게 하는 독물로서 일명 혈색소독이라고 한다. 일산화탄소가 대표적이다. 시안화칼리, 시안화나트륨, 유화수소 등이 포함된다.

(5) 신경독

신경계, 특히 중추신경계의 기능을 저해하는 독물을 신경독이라 한다. 수면제, 클로로포름같은 마취제, 알코올류, 알카로이드류(마약류), 복어독 등이 속한다.

제2절 중독사

1. 의 의

중독사란 사람이 독물이나 약물, 또는 가스 등에 의해 신체의 중요기능이 마비되어 사망에 이르게 되는 경우를 말한다.

2. 독극물의 종류

(1) 기체 및 액체상 독물

기체 및 액체상 독물은 너무나 많아 전부 열거하기는 어렵고 그 중에 살인에 많이 사용되는 것으로는 일산화탄소, 청산가스, 프레온가스등의 가스와 메타놀(methanol), 톨루엔, 벤젠, 휘발유, 클로로포름 등의 액체가 있다.[294)]

(2) 중금속 및 기타 무기독물

중금속은 안티몬, 비소, 바륨, 크롬, 납, 수은, 탈륨(thallium) 등이 대표적이며, 무

294) 홍성욱 · 최용석 역, 앞의 책., p. 470.

기화학 물질은 염산, 질산, 황산, 수산화나트륨, 수산화탈륨, 암모니아 등이 있다.

(3) 처방전 없이 살 수 있는 약물 및 불법 약물

에틸알코올, 헤로인, 메사돈, 펜시클리딘 등 불법 약물과 발리움 리브리움, 메프로바메이트 등의 항불안 약물 및 처방전 없이 살 수 있는 약물의 과량 복용시 중독사할 수 있다.[295]

(4) 음식독

음식독이란 부패한 음식을 섭취할 경우에 그 독소에 의해 중독되는 것으로서 바로 식중독을 말한다.

3. 휘발성 독극물

(1) 황린(yellow phosphorus)

황린은 산과 인이 결합한 화학물질로서 백색결정이다. 성냥 머리에 붙어 있는 물질로 사용된 적이 있고 쥐약에도 들어 있다. 황백색 결정으로 치사량은 0.05~0.2g이며 중독작용은 배설, 요통, 근육마비, 의식불명을 일으킨다.

(2) 시안화칼륨

청산칼리로 더 잘 알려진 시안화칼륨은 가벼운 청색이 섞인 백색의 덩어리로서 썩은 복숭아 냄새같은 독한 냄새가 난다. 치사량은 0.03~0.15g으로 중독시 두통, 구토, 현기증, 심장호흡정지로 사망에 이른다.

(3) 클로로포름

투명하고 무색으로 에테르같은 특이한 향기를 가진 액체인 클로로포름(chloroform)은 강력한 마취제로서 40g 정도의 량이 치사량이다. 중독의 경우에 혈압강하, 신경마비, 호흡정지로 사망한다.

---

295) 앞의 책., p. 470.

(4) 에테르(ether)

에테르는 알코올과 유사하지만 물에 잘 녹지 않는 유기화합물이다. 실온에서는 상쾌한 냄새가 나는 무색의 액체로서 마취제로 쓰인다. 중독작용은 전신마취, 의식불명 등이며 치사량은 25~100cc이다.

(5) 석탄산(phenol)

알코올과 비슷하나 수소와 더 강하게 결합하고 물에 잘 녹고 실온에서는 무색의 액체 또는 백색의 고체이다. 냄새가 순하고 약간의 단맛이 난다. 독성이 강하고 부식성이 있다. 인간의 세포원형질과 단백질을 응고시키고 치사량은 7~10g이다.

(6) 메칠알코올(methanol)

메타놀은 나무를 분해증류해 얻었으므로 목정이라고 하며 오늘날은 대부분 메탄가스로부터 얻는다. 메타놀(CH_3OH)은 무색투명한 액체로서 공기와 섞이면 폭발성이 된다. 중독되면 실명 및 시각장애를 일으켜 사망에 이르게 한다. 치사량은 30~100cc이다.

(7) 에틸알코올(ethyl alcohol)

에틸알코올은 공업용으로서 마실 수 없으나 음료용 에틸알코올은 술의 주된 성분이다. 무색의 가연성 액체인 에틸알코올은 에테르 냄새와 같은 상쾌하고 얼얼한 맛이 난다. 독성이 강하고 중추신경계에 영향을 미쳐 혼수에 이르게 하고 사망할 수도 있다. 치사량은 100~150cc이다.

(8) 포수크로랄

무색투명한 자극성 냄새가 나고 쓴맛이 나는 신경안정제로서 중독되면 권태, 구토, 두통, 빈혈 등의 신경기능 감퇴와 장기변성을 초래한다. 치사량은 약 10g이다.

(9) 니트로벤젠

엷은 황색의 액체인 니트로벤젠은 화공약품으로서 중독될 경우 실신, 호흡곤란, 질식으로 사망에 이른다. 치사량은 약 1cc이다.[296]

4. 중독사의 특징[297]

(1) 부식성 화공약품 중독사

변사자의 입이나 얼굴 주변이 부식되어 있을 경우는 염산, 황산, 수산화나트륨(양잿물) 등 부식성이 있는 화공약품에 의한 중독사일 가능성이 높다. 또한 부식성 중독사가 중금속이나 납에 의한 중독사인 경우에 많은 양의 배설물을 발견할 수 있다.

(2) 독극물 중독사의 증상[298]

① 시신에서 암모니아 냄새, 불에 탄 아몬드 냄새, 청산염 냄새 등이 나면 독극물에 의한 중독사를 의심할 수 있으며, 청산염에 중독되면 시신에 선홍색 시반이 생긴다. ② 스트리크닌(strychnine) 같은 맹독성 알카로이드에 중독되었을 경우 경련이 발생하고 근육이 수축되어 입 언저리가 일그러지고 이빨을 드러낸 형상이며. 팔과 다리가 서로 꼬여 있고 등은 뒤쪽으로 많이 굽어져 있다. ③ 아편이나 니코틴 중독사는 동공이 수축되고 벨라돈나 등의 약물중독은 동공이 확대된다. ④ 비소 중독사는 쌀알 같은 대변을 다량 볼 수 있고 피가 섞여 있는 경우도 있다. ⑤ 수산화나트륨이나 수산화칼륨과 같은 강알칼리에 중독되면 구토물에 커피가루같은 갈색물질이 섞여 있으며, 노란색은 질산이나 크롬산, 청록색은 황산구리, 검은색은 황산, 녹갈색은 염산에 중독사한 것이다. 또한 구토물에서 자극성 냄새가 나면 암모니아나 초산(질산)에 중독된 것이다. ⑥ 독극물에 의해 사망한 경우 오랜 시간이 경과해도 독극물을 검출할 수 있다. 즉, 금속 독극물은 시신이 부패해도 없어지지 않는다. 사망한 지 수백 년이 지난 후 모발과 뼈에서 비소를 검출한 사례가 있다. 납도 뼈 조직에 오래 동안 남아 있으며, 아트로핀, 스트리크닌, 모르핀 등은 수년이 지나도 검출된다. 일산화탄소 중독 여부는 사후 6개월까지 검사가 가능하지만, 청산카리는 시신이 부패되면 분해되어 없어진다.[299] 수면제 역시 대단히 빨리 분해되어 없어지며, 수면제를 먹고 사망한 경우 수면제는 모두 분해되어 없어진다. 그러나 진정제인 베로날은 사망 후 18개월까지 시신에서 검출이 가능하다.

---

296) 사법연수원, 앞의 책., p. 263.

297) 홍성욱・최용석 역, 앞의 책., pp. 469-470.

298) 앞의 책., pp. 469-472.

299) 앞의 책., pp. 471-472.

5. 화공약품에 의한 중독사

(1) 무기산 음독사

무기산으로는 황산, 염산, 질산 등이 있으며 강한 부식성을 가지고 있기 때문에 마시면 거의 즉시 입안, 식도 및 위의 점막이 부식되어 격심한 통증이 발생하며 오심 및 구토가 따른다. 대부분 공업용으로 쓰이지만 집에서는 화장실 소독에 쓰일 때가 있으며, 간혹 자살의 용도로 쓰이며 타살의 사례는 거의 없다.

황산이 조직과 접촉되면 특히 입안, 식도 및 위점막이 응고괴사하며, 무기산은 마실 때 흘리거나 구토로 인하여 주로 입술이나 턱을 비롯한 안면부에서 화상이 발생하고 수 시간 내지 24시간 내에 사망한다.

(2) 유기산 음독사

유기산은 유기화합물인 초산, 수산, 석탄산(페놀)이 있다. 자극적이고 신맛이 나는 초산은 식초의 원료로서 음독할 경우 위점막이 부식되어 상복부의 통증과 혈뇨가 생긴다. 수산은 표백제와 금속연마 등에 널리 사용되며 음독사의 경우 흑갈색의 가피(부스럼 딱지)가 생긴다.

(3) 알칼리 음독사

청산칼리 또는 청산소다 등의 시안화산중독은 사망을 일으킨다. 살충제나 금속용접용 등으로 널리 사용되므로 구하기가 쉽고 자살과 타살의 수단이 된다. 사망의 경우 코와 입에서 특유의 냄새가 나며 두통, 불안감, 구토, 질식감, 혼수로 이어진다. 호흡관란과 경련을 일으키며 10분 이내에 사망한다. 조직에서 산소를 소비하지 못하여 혈중에 산소 헤모글로빈이 그대로 남아 있어 보통 시체얼룩은 선홍색이다. 또한 손톱은 청자색을 띤다.

(3) 일산화탄소 중독사

1) 발생물질

일산화탄소는 석탄 등 탄소를 포함하고 있는 물체가 불완전 연소되면 발생하는 유독가스이다. 일산화탄소는 연기, 폭발가스, 광산가스, 천연가스 등에 포함되어 있다.

2) 특 징

① 일산화탄소는 무색, 무미, 무취의 비자극성 가스로서 공기보다 약간 가볍고 물에는 불용이다. 최소 0.01 vol%(부피%) 이상이면 사람의 행동에 영향을 미치고 0.2 vol% 이상이면 1시간 이내에 사망할 정도의 맹독가스이다. 농도가 0.5 vol% 이상이면 2분 이내에 혼수상태에 빠지고 즉시 사망한다.[300] ② 연탄가스에는 40%, 도시가스는 4~6%의 일산화탄소를 함유한다. 일산화탄소는 아무런 사전 경고 없이 신체에 영향을 미치고 급성 중독시 두통, 무력감, 메스꺼움, 눈 깜박거림 같은 증상이 나타난다. 이때 사람은 눕게 되고 졸림과 함께 혼미한 상태에 빠지고 사지의 감각을 잃게 된다. 위험을 느낄 수 있으나 이미 신체의 힘이 빠졌기 때문에 창문이나 출입문 근처까지 갔으나 문을 열거나 창문을 열지 못하고 쓰러져 사망하게 된다. ③ 일산화탄소 중독사의 경우 피해자가 정신이 혼미한 상태에서 외부로 탈출하려는 과정에서 실내의 물체에 부딪히고 넘어지는 등으로 몸에 상처가 나고 피를 흘리거나 실내가 싸움을 벌인 것처럼 어지럽혀 질 수 있다. ④ 일산화탄소 중독사의 경우 피해자의 혈액은 선홍색을 띠고 시반과 손톱 역시 색깔이 선홍색을 띤다. ⑤ 일산화탄소 중독사는 타살 가능성을 배제할 수 없다. 수사관은 사고발생 단계부터 의심스러운 사망으로 인정하고 현장감식과 그 주변에 대한 탐문을 통하여 종합적으로 결론을 내려야 한다. 부검은 사망원인만을 확인할 수 있을 뿐 타살여부는 밝혀 주지 못한다.

(4) LPG 및 부탄가스에 의한 중독사

LPG나 부탄가스, 공업용 본드 등의 흡입은 환각효과를 높이기 위해 비닐을 머리에 뒤집어쓰기 때문에 비구폐쇄, 산소결핍에 의한 질식이 병합되는 경우가 나타난다. LPG는 중추신경을 억제하는 작용이 있어 직접 중독을 일으킬 수도 있다. 밀폐된 공간에서는 산소결핍에 빠지게 하고 질식사와 일반적 소견을 보일뿐 특이한 증상은 없다.

액화석유가스(LP가스)는 무색, 무취이나 가정용연료는 메가탄 등을 첨가하여 마늘냄새가 난다. 도시가스와 달리 중독되는 일은 없지만 많이 마실 경우 산소결핍증

300) 앞의 책., p. 472.

이 나타난다. 액화석유가스는 공기보다 1.5~2배정도 비중이 높아 평온한 대기에서 아래쪽으로 가라앉는 성질이 있다. 실내에 가라 앉아 있을 때에는 휘젓지 말고 문을 열어 문밖으로 쓸어낸다.

(5) 중독사의 자·타살판단

독극물에 의한 중독사의 경우 자·타살 여부를 결정할 수 있는 유일한 수단은 현장감식과 주변인들의 증언뿐이다. 부검은 어떤 약물을 얼마나 복용하여 중독사한 것인지를 알아내는 수단에 불과하다.[301) 따라서 범죄현장 주변에 있는 약물, 사용한 컵이나 잔, 약병, 주사기 등을 수거하고 그것들로부터 지문이나 장문을 채취하여 증거를 확보해야 한다. 또한 탐문수사를 통하여 피해자의 배경과 가족 및 주변인들과의 인간관계를 확인함으로써 타살 가능성을 탐지한다.

6. 온도이상으로 인한 사망

(1) 저체온사(hypothermia)

사람은 대개 몸의 내부체온이 34℃이하가 되면 환각이 일어나고 의식을 잃으며 30℃이하가 되면 사망한다.[302) 저체온사는 기온이 반드시 영하일 필요는 없다. 체온이 30℃이하로 낮아지면 사망하기 때문에 물속이나 물에 닿아 있는 경우, 차가운 시멘트 바닥에 누워있거나 바람이 잘 통하는 곳에서 체온을 잃고 사망할 수 있다. 여름일지라도 술에 취해 쓰러져 비를 맞거나 선풍기 바람으로 지속적으로 체온을 빼앗기면 저체온사가 발생한다.

혈중의 헤모글로빈이 잘 해리되지 않아 시체얼룩은 선홍색이며 심장혈과 폐의 표면 역시 선홍색을 띤다. 심장, 폐, 간, 뇌 등 실질장기는 울혈상태를 보인다. 호흡기능의 마비로 인한 종말성 환각 또는 열감으로 스스로 옷을 벗으며 때로는 나체가 되어 여자의 경우 강간당한 것처럼 보일 수도 있다. 저체온사는 거의 대부분 사고사로서 음주, 정신질환, 등반시 조난의 결과로 발생한다. 타살은 젖먹이를 유기한 경우에 발견된다.[303)]

---

301) 앞의 책., p. 470.

302) 사법연수원, 앞의 책., p. 488.

(2) 화상사

고열이 피부에 작용하여 일어나는 국소적 및 전신적 장애를 넓은 의미에서 모두 화상이라 한다. 좁은 의미로는 화염, 뜨거운 고체 및 직사광이나 복사열에 의한 손상을 화상이라 하며 뜨거운 기체나 액체에 의한 손상은 협의의 화상과 구분하여 탕상이라 한다. 이렇게 화상이나 탕상으로 인하여 사망에 이르는 것을 일반적으로 화상사라고 한다. 화학물질에 의한 화상은 화학적 화상 또는 부식(corrison)이라고 한다. 신체중 손바닥은 얼굴, 복부 및 외음부보다 훨씬 열에 대한 저항이 강하다.

화상으로 인한 사망은 그 화상의 심도보다는 그 면적이 중요하므로, 전신의 1/3정도에 이르는 제1도의 화상같은 경증인 경우에도 사망하는 수가 있다. 불에 타서 사망한 소사체는 사후에 열이 계속적으로 가해져서 근육이 응고되어 수축되면 열경직이 강하게 일어나 사지의 관절은 굴곡된 채 고정된다. 이러한 자세가 마치 권투하려는 자세와 비슷하다 하여 투사형 자세(fighting position)라고 한다. 소사체에서는 기도에서 매연이 발견되고, 혈액 중에 다량의 일산화탄소-헤모글로빈이 발견된다. 화상의 정도는 1~4도의 4단계로 구분한다.[304]

1) 1도 화상

물집은 형성되지 않으나 홍반이 생기고, 표피가 벗겨질 수도 있어 특히 이를 홍반성화상이라 한다.

2) 2도 화상

물집이 형성되고 수포주위에 붉은 색 반점을 볼 수 있어 특히 이를 수포성 화상이라 한다. 표피는 물론 진피까지 파괴되며 표피의 재생으로 인해 치유된다.

3) 3도 화상

조직이 응고성 괴사에 빠지고 외견상 건조하고 회백색을 띠며 수포를 형성하지 않는다. 피부의 전층이 상해되어 자연치유가 안되면 심한 경우에는 근육·힘줄·신경까지도 손상될 수 있다.

---

303) 경찰수사보안연수소, 현장감식전문과정, 2006, pp. 360-361.
304) 양태규, 앞의 책., p. 139.

4) 4도 화상

피부 및 그 하방의 조직이 탄화되는 것으로 뜨거운 액체로 인한 화상의 경우에는 나타나지 않는다.

(3) 감전사

감전사란 전기가 흐르는 도체에 신체의 일부가 닿아 그 충격으로 사망하는 경우를 말한다. 전류가 저항이 가장 큰 피부를 지날 때 열이 나므로 전기화상을 입을 수 있는 데 이를 전기흔 또는 감전흔이라고 한다. 전류흔은 110v나 220v에서는 약 50% 나타나고 고압전선이라면 거의 모두 생긴다.[305)]

감전자국(감전흔)은 일반적으로 원형 또는 계란형의 피부함몰로서 주름에 의하여 둘러싸이는 것이 특징이다. 가운데가 움푹들어가고 가장자리가 도드라지는 화산구 모양으로 주변은 벌겋게 되고 현미경으로 보면 표피세포의 핵이 곤두서는 특징이 나타난다. 벼락에 의한 감전사는 나뭇가지 모양의 전류흔이 남는다. 그러나 감전자국은 사후에도 생길 수 있으므로 감전사라는 단정적인 증거가 되지는 못한다. 특히 충혈이 동반되지 않았다면 사후에 형성되었을 가능성이 있다.

7. 독극물의 감정대상

(1) 자살 또는 타살의 목적으로 사용되는 의약품

자살 또는 타살의 목적으로 사용될 수 있는 의약품으로는 주로 신경안정제나 수면제가 있으며, 로라제팜이나 디아제팜 등의 신경안정제들은 거의 대부분이 향정신성의약품으로 지정되어 있다.

(2) 강도 또는 강간에 사용되는 약품

범인은 음료수나 드링크제에 수면제나 신경안정제 같은 약물을 타서 사용하지만, 최근에는 데이트 강간약물이라고 하는 물뽕(GHB)을 사용하는 사건이 급증하고 있다.

---

305) 사법연수원, 앞의 책., p. 490.

(3) 고가 한약재의 진위판별

한약재의 진위판별의 대상 되는 생약은 웅담, 사향, 녹용 등으로서 웅담에는 우르소데옥시콜린산이라는 담즙산이 있고, 돼지쓸개에는 히오데옥시콜린산, 소쓸개에는 데옥시콜린산이 포함되어 있어 진위 판정이 이루어진다.306)

(4) 독성 한약재의 확인

독성 한약재는 부자, 스코폴리아근(미치광이풀), 호미카(마전자) 등의 알카로이드 함유식물이 있다.

(5) 복어독 감정

복어의 알이나 내장 중에 있는 테트로도톡신이라는 성분은 독성이 매우 강하여 미량만 먹여도 사망에 이르게 하는 물질이다. 생체 시료 중 복어독의 확인은 위 내용물을 산으로 처리한 에틸알코올로 추출한 후 단백질, 지방 등을 제거하여 시료를 정제한 다음 쥐에게 주사하여 판정한다.

8. 감정물 채취방법

(1) 음독약물에 의한 자·타살 사건의 경우

경찰은 약·독물에 의한 사망사건에 대해 자살 또는 타살인지 명백하게 알 수 없을 경우에 과학적인 감정을 위하여 다음과 같은 물건이나 물질들을 채취해야 한다. 이러한 감정물들은 일반적으로 약·독물 중독사 여부를 감정하는 경우에도 채취되어야 한다.

1) 목격자의 증언과 관련 물질 채취

피해자의 중독증상을 목격한 사람의 증언, 부검소견, 사건개요 등을 감정인에게 알려주어야 하며, 사건현장의 음독약물이나 음식물의 잔여품, 구토물, 용기, 약포장지 등 독물이 함유 또는 부착되어 있을 것으로 사료되는 모든 물건을 채취한다.

---

306) 양태규, 앞의 책., pp. 658-659.

2) 부검시 채취할 감정물

① 혈액 100g 이상, ② 간, 비장, 신장을 각각 100g이상, ③ 위 내용물, 뇨의 전량, ④ 십이지장, 소장 내용물, 뇌 및 심장의 일부, 뇌척수액, ⑤ 담즙, 폐, 피하조직, 근육, 모발, 손발톱, 뼈 등의 일부를 채취한다.[307)]

3) 중독사 감정에 다른 물질 첨가 금지

감정목적이 약물이나 독물에 의한 중독사, 일산화탄소 등의 가스 중독사여부나 음주정도를 측정할 경우 감정물에 어떠한 물질도 첨가해서는 안 된다.

4) 매장된 사체에서 채취할 경우

사체의 장기나 혈액 등을 채취하고 관의 내부에 칠한 페인트류, 관의 외측 위·아래의 흙 등도 대조시험용으로 채취한다.

(3) 사고로 인한 중독 또는 치사사건의 경우

① 자·타살사건의 증거물 이외에 피해자가 복용한 시판음식물, 청량음료, 주류, 의약품, 식품 첨가물, 화공약품, 농약류 등은 반드시 밀폐용기에 넣고 포장한다. ② 의료 및 약화사고의 경우에는 치료에 사용된 모든 조제약, 주사약, 수액세트, 주사기 등과 조제약에 대한 처방전을 함께 송부한다.

(4) 수면 및 마취제류 측정의 경우

① 에테르·클로로포름 등과 같은 흡입마취제류는 휘발성이 매우 강하므로 이들이 묻어 있는 탈지면, 수건이나 사용한 용기류 등은 반드시 밀폐용기에 넣고 포장한다. ② 마취범과 관련된 쥬스캔, 요구르트병, 드링크제류, 빨대, 먹다 남은 비스켓류 등을 채취하여 적은 량이라도 소실되거나 오염되지 않도록 포장하여 송부한다.

(5) 가스중독사

피해자의 혈액, 뇨, 뇌 및 사건현장 주위의 공기를 비닐봉지 등에 채취하여야 하

---

307) 현장감식전문과정, 경찰수사보안연수소, 2006, p. 354.

며, 가스의 발생요인 물질도 수집해야 한다. 일산화탄소 중독사는 혈액이 가장 좋은 시료이다.

(6) 한약재류 중독사

① 동·식물성 독물류에 의해 사망한 경우 먹다남은 음식물을 잘 포장하여 위내용물 및 혈액 등과 함께 의뢰한다. ② 치료에 사용된 한약재, 사용용기, 한약 등을 채취하고 한약재 처방전도 함께 송부한다. 웅담, 우황, 사향, 녹용 등 고가의 한약재 진위 여부는 충분량의 시료 (약 200g)와 진품을 함께 송부한다. ③ 환제, 산제 등에서 수은, 비소, 납 같은 중금속의 감정을 위하여는 가급적 원형을 유지하여 100g 이상을 채취해야 한다.

(7) 복어 중독사

복어의 알이나 내장 모두를 채취하고 사망자의 위 내용물 전부, 혈액 200g 이상, 뇨 전량을 채취하여 송부한다.

(8) 불량식품류의 감정

충분한 시료와 함께 해당 식품의 일반성분 분석표를 같이 송부하여야 하며 불량식품 제조과정에서 사용한 각종 첨가물을 수집하여 표기하고 각각 포장하여 송부한다. 식품제조에 사용한 색소, 보존료(presavative) 등 식품첨가물은 각각 개별포장하여 허용기준을 명시한다.

(9) 농약류에 대한 증거물 채취 방법

① 농약은 화학구조에 따라 유기인제, 유기염소제 및 카바마이트제 등으로 크게 대별될 수 있다. ② 감정의 신속을 기하기 위하여 현장에 유류된 빈병 또는 농약병에 표기된 라벨 등도 반드시 수집하여야 한다. 파라쿼트(paraquat)에 의한 중독사는 혈액, 위내용물 외에도 생체내에 축적도가 높은 간 및 신장도 함께 채취한다. ④ 콩나물 등에서 농약류의 감정은 콩나물 재배과정의 발아된 콩, 사용 추정 약물을 함께 채취한다. ⑤ 자타살의 경우에 위내용물과 뇨는 가급적 전량을 채취하고 혈액은 약 100ml이상을 채취한다. ⑥ 독극물 분석용 시료에는 방부제인 포르말린을 절대 첨가

하여서는 안 된다. ⑦ 농작물에 대한 잔류농약 감정을 위해서는 약 500g이상을 채취하여 변질방지를 위해 신속히 송부한다. ⑧ 양어장이나 음용수에 농약이 살포된 경우 오염되지 않은 유리병이나 플라스틱병에 충분량(약100ml이상)을 채취하고 물고기를 채취할 경우는 물고기 내장이 약 100g이상이 될만큼 충분한 양의 물고기를 채취한다. ⑨ 양봉의 경우 독극물 감정은 벌의 출입구, 독먹이(설탕에 섞은 독), 벌 약 100g 이상을 채취한다.

⑽ 주류, 청량음료 등의 감정

주류 등의 경우 유해성 여부 및 진위여부 감정을 의뢰코자 할 때에는 반드시 완전 포장된 진품을 함께 의뢰한다.

⑾ 천연 식품의 진위 여부

천연벌꿀, 참기름, 고춧가루, 로얄제리, 효소식품 등의 진위여부나 성분함량을 의뢰할 때는 충분량의 시료(200g)와 진품을 같이 송부한다. 또한 세제 및 향장품의 진위여부 감정은 동일 제품의 진품을 함께 수집하여 송부한다.

제3절 마약분석 분야

1. 감정대상에 따른 채취요령

(1) 양귀비

양귀비의 열매부위가 가장 함량이 높으므로 될 수 있으면 열매가 있는 전체부위를 채취하고 열매가 없을 경우에는 다른 부위를 채취한다.

(2) 아편성분

생아편, 모르핀, 헤로인, 페치딘, 메사돈의 경우 고형물(덩어리), 분말(가루), 앰플, 주사기, 흡연기구, 담배필터 등을 채취한다.

(3) 코카인

코카인 분말은 분말 자체와 흡입기구, 코카엽은 엽 자체와 씹는 물질을 채취한다.

(4) 대마초

대마엽, 대마씨앗, 대마전초 등은 물론이고 흡연기구 등을 채취한다.

2. 마약류 투약 감정을 위한 생체시료

(1) 소 변

마약류에 사용되는 생체시료는 소변, 혈액, 모발, 손톱, 발톱, 땀, 타액 등이 있다. 이 중 소변은 시료채취가 용이하고 감정기법의 신뢰도가 높아 투약여부 감정에 주로 이용되고 있는 시료이다. 시료채취 용이성, 채취량 등을 고려하여 현재는 소변과 모발만을 마약류 감식시료로 사용한다.

소변감정은 두 기법으로 나누어진다. 하나는 신속한 감정결과를 얻기 위한 면역반응법이고, 다른 하나는 면역반응법 양성 결과를 다시 확인하는 가스크로 질량분석법을 이용한 기법으로 구분된다. 이 기법들은 경찰에서 실시하는 마약류 복용 여부를 감정의뢰 했을 경우에 실시되는 감정기법이다.

1) 감정기법

① 면역반응법

약물의 항원·항체반응원리를 이용한 감식기법으로 감식결과를 1~2시간 내에 알 수 있고 다수의 소변을 동시에 감정할 수 있다. 접수한 당일 결과를 얻어 수사참고자료로 일선 마약수사과에 유선통보할 수 있다. 면역반응법은 약물을 복용하지 않은 사람의 소변에 대해서는 정확히 확인할 수 있는 특성이 있다. 그러나 면역반응법은 신속한 감정이 가능한 반면 화학구조가 유사한 다른 약물과도 반응을 하는 결점이 있다.

② 가스크로 질량분석법

면역반응법에서 양성으로 판정된 소변의 유사 약물에 의한 양성반응여부를 확인하는 기법이 가스크로 질량분석법이다. 그러나 면역반응법 결과가 음성으로 판정된 소변은 가스크로 질량분석법으로 확인 감정하지 않는다.[308]

2) 장 점

소변은 시료채취가 용이하고 양이 충분하며 약물이 다량 함유되어 배설된다. 또한 혈액에서보다 오랜 시간 동안 약물이 인체에 머물러 있으며, 수용성이기 때문에 약물이 쉽게 추출되어 분석하기 쉽다는 장점이 있다. 따라서 약물복용 여부 감정에 가장 널리 사용된다.

3) 단 점

소변 중 약물의 배설량은 소변량에 따라 달라 그 양을 정확히 계산할 수 없고 소변 중 약물 농도가 약리작용과는 일치하지 않아 약물의 사용정도를 예측할 수 없다. 시험결과 양성반응은 채취 전에 한 번이라도 약물을 사용한 것을 뜻하는 것으로 만성중독 여부 등에 대하여는 알 수 없다.

또한 소변의 구성성분이 음식의 종류에 의해 영향을 받고 약물의 배설정도가 소변의 PH에 따라 크게 달라진다. 즉, 알카리성 음료를 마시면 알카리성 약물 배출은 지연되고 산성음료를 마신 경우에는 그 반대의 현상이 생긴다. 따라서 약물을 복용한 소변의 배설시간은 모든 사람에게 일률적으로 적용하기는 어렵다. 소변 시료의 가장 큰 단점은 투약 후 3~4일 후면 대부분 배설된다는 점이다. 또한 소변은 채취 시 주변의 물 등에 의한 고의적 희석우려, 시료보관과 운송 등이 쉽지 않다.[309]

4) 채취량과 시간

마약, 환각제, 대마의 남용여부를 증명하기 위한 생체시료는 뇨가 가장 적당하고 기급적 빠른 시간내에 채취하여야 하며 채취량은 여러 가지 검사가 필요한 경우 증거물의 양을 30ml 이상 채취하여야 한다.

마약사범의 생체시료로서 소변의 채취시간은 ① 메스칼린은 24시간 이내, ② 헤로인 40시간 이내, ③ 메사돈과 페치딘, 그리고 LSD는 48시간 이내, ④ 대마, 모르핀, 필로폰 그리고 생아편은 72시간 이내이다.

그러나 소변 채취시기는 초심자와 중독자로 나누어 구분하기도 한다. 즉, ① 필로폰은 초심자의 경우 2~3일 이내, 중독자는 7~10일 이내, ② 대마는 초심자의 경우

---

308) 사법연수원, 앞의 책., p. 199.
309) 앞의 책., pp. 18-20.

7~10일 이내, 중독자는 약 30일 또는 36일 이내, ③ 코카인(메스칼린)은 초심자의 경우 1일 이내, 중독자는 2~3일 이내, ④ 헤로인은 초심자의 경우 2~3일 이내, 중독자는 5~7일 이내이다.310)

5) 채취방법

① 소변이 물로 희석되는 것을 방지하기 위하여 가능하다면 화장실 탱크에 청색제를 놓아 변기의 물이 항상 청색이 되게 한다. 배뇨를 하는 곳에 샤워기나 세면대를 없애는 것이 좋다. ② 소변 채취 전에 채취 동의서를 작성하여 피채취자의 서명·날인을 받아 둔다. 소변 채취 전 1~2시간 전에는 커피, 콜라, 맥주 등 소변 양을 증가시키는 음료는 마시지 못하게 한다. ③ 피채취자가 소변을 채취할 때 감독자가 동행하여 감시한다. 이때 피채취자가 소변을 바꾸거나 변조시킬 가능성이 없으면 피채취자의 사생활은 보장되어야 한다. ④ 시료채취후 4분 이내에 시료의 온도를 측정할 때 시료의 온도가 32~38℃범위에서 벗어나면 시료를 변조했거나 다른 것과 바꾸었다고 볼 수 있다. ⑤ 시료 채취 후 피채취자 앞에서 소변을 적당한 용기에 옮기고 채취일시, 채취장소, 채취자 서명, 피채취자 서명을 기재하고 피채취자가 확인하도록 한다. ⑥ 소변은 의뢰하는 마약의 종류에 따라 필요량이 다르나 약물 한 항목당 약 10ml 정도를 의뢰하는 것을 원칙으로 한다. ⑦ 시료가 한 장소에서 다른 장소로 운반되거나 보내어질 경우에 시료전달과정이 문서화되어야 한다. 시료가 전달될 때마다 날짜와 목적을 시료전달과정서류에 기재하고 각 단계를 확인해야 한다. 시험의뢰서 및 시료전달과정서류는 시료와 함께 동봉해야 한다.311)

(2) 혈 액

혈액은 빠른 시간 내에 약물이 혈액 속으로 이동하므로 약물 투여량과 혈액 중 약물농도가 비례할 뿐만 아니라 전문가에 의해 채취되므로 시료가 바뀔 염려가 없다는 장점이 있다. 그러나 혈액은 많은 양의 시료채취가 어렵고 혈액 중에는 측정하고자 하는 약물과 화학적 결합을 하는 단백질 등이 있어 약물분석이 어렵고 복잡하다. 또한 혈액 중에 약물의 빠른 순환으로 약물농도가 낮게 검출된다는 단점이 있다.312)

---

310) 사법연수원, 앞의 책., p. 198.
311) 마약류 범죄수사, 경찰수사보안연수소, 2006, pp. 25-26.

(3) 타액 및 땀

타액은 약물 검출이 가능하고 시료채취가 간편하다는 장점이 있다. 그러나 시험에 필요한 양의 타액을 채취하기가 어렵고, 정량검사가 불가능하다는 단점이 있다. 또한 혈액과 마찬가지로 단 몇 시간 동안만 약물이 검출되므로 일정시간 경과 후에는 약물이 검출되지 않는다.

(4) 모 발

1) 모발감식의 역사

법과학 분야에서 모발감식은 50여 년 전부터 시작되었으나 남용약물에 대한 모발감식은 1980년대부터 그 기법이 개발되었다. 법과학 분야에서 모발감식은 독극물에 의한 사인이나 환경 오염물질에 대한 노출정도의 측정 수단, 또는 모발의 형태학적 특징이나 DNA검출에 의해 범죄인이나 개인의 신원 확인 수단으로 활용되고 있다.

모발감식이 마약류 남용 감식에 소변감식과 더불어 약물 복용여부를 판별할 수 있는 기법으로 채택되게 된 것은 몇 년 되지 않는다. 1978년 봄가트너(Baumgatner) 등이 모발 중의 몰핀 성분 분석에 관하여 보고한 것을 시발로 여러 나라에서 모발감식기법을 연구하여 현재는 모발감식을 마약류 복용 감정에 대한 가장 유력한 수단으로 활용하고 있다.[313]

2) 약물의 모발 축적

사람이 복용한 약물은 혈액을 통하여 모발에 축적된다. 모발에 축적된 약물은 모발을 인위적으로 제거하지 않는 한 모발 속에 남아 있어 남용자의 모발속에 있는 약물의 종류와 양을 감정할 수 있는 시료가 된다. 사람의 모발은 머리카락, 턱수염, 겨드랑이 털, 체모, 눈썹, 음모 등으로 구분할 수 있으나 마약류 감정에는 일반적으로 머리카락을 이용한다. 머리카락을 채취하기 어려운 경우는 다른 모발도 감식시료로 사용할 수 있다.

---

312) 미약류 범죄수사, 앞의책., pp. 19-21.
313) 사법연수원, 앞의 책., p. 211.

3) 장 점

① 장기복용 약물 감정 시료

약물복용 검사를 위한 소변이나 혈액 시료는 약물복용후 일정시간 내에 약물이 체외로 배설되므로 어느 정도 시일이 경과한 후에는 약물복용여부의 시료로서의 가치를 잃게 된다. 그러나 모발은 특별한 환경적 요인이나 인위적 손상을 가하지 않는 한 수개월 혹은 수년이 경과하여도 투약한 약물을 검출할 수 있다. 또한 시료수집 및 운송이 용이하고 보관 등의 외부조건에 영향을 받지 않는 안정성 등의 장점이 있다.314)

② 모발의 길이에 따른 복용량 감정

모발은 자라는 부위에 따라 약물농도가 달라 약물사용 시기를 추정할 수 있다. 투약 시기 추정을 위한 시료는 모발이 적당하며 모발이 1개월에 평균 1cm 정도 성장함을 기준으로 하여 모근으로부터 일정간격(약 3~5cm)으로 잘라 각 부분을 시험하여 판정한다. 또한 모발에 축적된 마약류의 량은 일반적으로 복용량에 따라 비례하는 것으로 알려져 있다.

예를 들어, 마약류 사범 수사과정에서 피의자가 7개월 전에 약물을 복용하였다고 진술할 경우에 모발감정은 모근부위로부터 6~8cm 부분의 모발을 잘라 감식해야 한다. 또한 진술이 없더라도 모근 부위로부터 2cm 간격으로 잘라서 감정한 결과 4~6cm 부위에서 필로폰 양성반응이 나오면 피의자는 시료채취일로부터 4~6개월 사이에 필로폰을 복용한 것으로 추정할 수 있다.315)

4) 단 점

모발 중에는 약물이 극소량 함유되어 있으므로 약물을 검출하기 위하여 숙련된 고도의 기술이 요구되고, 모발의 길이에 따른 농도분포, 개체간의 자라는 비율, 환경에 의한 오염, 머리손질, 모발 채취부위 등 여러 요인에 따라 농도의 변화가 생기는 단점이 있다. 약물이 모발에 축적되는 정도가 인종별 모발의 색에 따라 커다란 차이가 있다는 점도 단점이다. 또한 대마초와 같이 흡연에 의해 남용되는 약물은 간접흡연에 의해 땀을 통하여 약물이 모발에 흡수될 수 있다는 문제도 제기된다.316)

---

314) 마약류 범죄수사, 수사보안연수소, 앞의 책., pp. 18-19.
315) 사법연수원, 앞의 책., pp. 214-215.

5) 모발에 의한 감정 가능 약물

① 2회의 본시험에 의한 양성판정

모발감정은 뇨와는 다르게 예비시험이 없이 바로 본시험을 시행하며 감정결과의 정확성과 신뢰성을 위하여 2회 실험을 실시하여 모두 양성이 나와야 최종적으로 양성판단을 하고 감정서를 작성한다.

② 모발에 의한 검출마약류

현재 모발에서 약물검출여부를 위한 감정기법이 확립된 마약류는 메스암페타민과 MDMA(엑스터시)가 있다. 머리카락 채취는 머리 정수리 부분에서 채취하며, 머리카락을 손으로 당겨서 뽑거나 두피에 가깝게 가위로 자른다. 모발 중 메스암페타민 검증을 위해서는 50~80수를 채취해야 한다. 짧은 스포츠형의 두발인 경우 100수 정도가 필요하다. 다만, 투약시기 감식의 경우 머리카락을 100~200 수 이상 채취하여 모근부위를 감식관이 알 수 있도록 표시하여 감정의뢰한다.[317] 대머리이거나 삭발처럼 두발채취가 곤란한 경우에는 음모, 겨드랑이 털 등 기타 체모를 채취한다. 그러나 두발 이외의 체모는 메스암페타민 검출만 가능하다.[318]

3. 필로폰 투약자에 대한 생체시료 채취

① 필로폰을 투약한 경우 20분후부터 뇨로 배설되기 시작하여 24시간 이내에 복용량의 약 25%가, 48시간 이내에 약 75~90%가 배설된다. 따라서 통상 1~3회 정도에 해당하는 초심자는 투약후 약 2~3일 이내에, 중독자는 5~7일 이내에 소변채취를 해야 한다. 상습투약자는 투약후 10일까지도 약물이 검출된다. 그러나 채취기간은 투약자의 성별, 연령, 대사능력 등에 따라 다르고, 함께 복용한 음식물이나 약물에 따라 영향을 받기 때문에 모든 사람에게 동일하게 적용할 수는 없다. 소변의 수소이온농도를 알카리성으로 변화시키는 약물 복용은 약물의 체내 체류시간을 길게 하고, 소변을 산성으로 변하게 하는 약을 함께 복용하면 배설시간이 단축된다.

---

316) 마약류 범죄수사., 앞의 책., pp. 31-33.

317) 사법연수원, 앞의 책., p. 216.

318) 마약류 범죄수사, 앞의 책., p. 32.

② 소변감정 의뢰시 오염되지 않은 소변을 약 20ml이상 채취해야 하고 소변채취전 맥주, 콜라, 커피같은 이뇨작용이 있는 음료수의 복용은 섭취하지 못하도록 한다.

③ 채취된 소변을 담는 용기는 그 재질이 소변과 반응하여 감정에 영향을 주는 것이어서는 안 된다.

④ 필로폰의 뇨 중 배설은 복용량, 복용방법, 복용후 뇨의 채취시기, 남용정도, 뇨의 액성이나 개체차 등으로 인해 뇨 중 필로폰 검증만으로 약물의 투약시기를 추정하기는 곤란하다.

⑤ 모발을 채취하여 감정하는 경우에는 모발을 두피에 가깝게 절단하는 것이 바람직하고 최소 50수 이상 채취해야 한다. 두발의 채취부위는 후두정부(정수리 뒷부분)가 가장 적합하고 정수리를 중심으로 여러 부위에서 채취한다. 모발은 모근이 반드시 있을 필요는 없으므로 모근 가까운 부위부터 절단해도 무방하며, 다만 시기추정을 위한 두발은 반드시 모근이 필요하다.[319] 모발은 1개월에 1.05~1.2cm씩 성장하므로 투약추정가능기간은 6~9개월 정도가 된다.

4. 마약류 사용 분석 기법

(1) 자외선분광광도법

LSD를 자외선에 쪼이면 푸른 형광색을 띠게 된다. 이 경우에 정확하고 최종적인 감정은 감정기관에 의뢰한다.

(2) 듀케이노스 시약

대마의 환각성분인 THC를 현장에서 확인하기 위한 시약으로 감정물이 청색, 진청색, 자색으로 변한다. 이 시약은 커피 등에도 반응하므로 최종적인 확인은 전문가에게 의뢰한다.

(3) 마퀴스 시약

진한 황산에 포르말린을 넣어 만든 것으로 시약을 모르핀, 코데인, 헤로인 등 알

319) 앞의 책., p. 35.

카로이드 류에 사용하면 처음에는 붉은 자색을 띠다가 청색으로 변한다. 이 검사는 수사상 마약복용 여부를 확인하는 1차적 과정에 불과하므로 감정기관에 의뢰하여 최종 감정결과를 받아야 한다.

(4) TBPE 시약

① TBPE 시약은 필로폰에 사용되는 현장감식용 시약으로서 투약후 72시간 내에 소변을 약 20ml를 채취한다. ② 시험관에 붕사 0.1g을 넣은 후 소변 3~5ml를 넣어 잘 흔들어서 붕사를 녹인다. ③ TBPE 시약 0.5ml를 가하여 잘 흔든 후 고정시킨다. 이 경우 적자색을 띠면 양성이고 황색 또는 녹색을 띠면 음성이다. 김치, 감기약, 커피 등에서도 양성반응이 나타나므로 주의해야 한다.

(5) 아큐사인 시약[320]

① 경찰에서 1회용 소변검사 시약으로 필로폰, 엑스터시, 대마, 코카인, 헤로인(모르핀) 등의 투약여부를 검사할 수 있다. 주로 소변감정의뢰에 앞서 일차적 판단을 위해 사용되는 시약이다. 최종감정은 전문 감정기관의 결과에 따라야 한다. ② 뇨를 현장에서 검사하여 2~5분 내에 정확도 95%로 판별가능한 검사 시약이다. 그러나 일반 감기약에 포함된 암페타민 성분에 양성반응을 하므로 주의해야 한다. ③ 아큐사인은 시약이 함유된 백색의 검사키트로서 플라스틱 피펫으로 3~4방울의 소변을 샘플 윈도우에 가한다. 2~5분 동안 실온에 놓아두었다가 반드시 10분 이내에 결과를 판독한다. 검사시에 시간을 준수하는 것이 정확도에 결정적인 영향을 미친다. 비교띠(C)와 시험띠(T)가 있어서 감정시 비교띠와 시험띠 모두에 붉은색이 나타나면 음성이고 비교띠에만 붉은 띠가 나타나면 양성으로 판독한다. ④ 아큐사인 시약검사 결과 양성반응이 나온 경우 시간경과에 따라 반응표시가 훼손될 수 있으므로 즉시 사진을 찍거나 간이시약 검사결과에 대하여 피의자의 확인서를 받아 두어야 한다. ⑤ 간이시약 검사결과는 직접 증거로 쓰기에 부족하므로 반드시 정식감정을 의뢰해야 한다.

---

320) 앞의 책., pp. 22-23.

제21장

범죄심리분석 기법

제1절 거짓말 탐지기 수사

1. 의 의

(1) 개 념

거짓말탐지기(polygraph)수사란 거짓말을 한다고 추정되는 피의자, 피내사자, 중요 참고인 기타 수사사항에 대하여 알고 있거나 관련되어 있다고 믿을만한 상당한 이유가 있는 자를 대상으로 거짓말 탐지기를 이용하여 질문에 대한 호흡, 혈압, 맥박, 피부 전기반응(galvanic skin reflex), 즉 전류에 대한 피부저항도의 변화를 측정하여 거짓말 여부를 판단하는 수사를 말한다.[321]

(2) 유용성

1) 기계는 거짓말하지 않는다는 신념

기계는 거짓말하지 않는다는 일반적인 신념은 범죄자들에게도 통한다. 따라서 거짓말탐지기 검사는 실제로 거짓말 탐지 장치를 사용하지 않을 지라도 용의자에게 상당한 암시의 힘을 가진다. 말 그대로 단순히 거짓말 탐지장치만을 보여준 경우에

---

321) Gilbert, *op.cit.*, p. 123.
거짓말탐지기 운영규칙, 제2조 및 4조, 경찰청예규 제323호, 2004.5.4.

매년 많은 용의자들이 구체적인 자백을 한 바 있다. 신문과정 동안 완강하게 무죄를 고집하던 피의자들도 거짓말 탐지기 검사 바로 직전에 자백을 하는 것으로 나타났다.

2) 범인의 자백유도

거짓말 탐지기 검사를 받기로 결심한 피의자들은 흔히 검사과정 동안 자백을 하거나 검사 직후 자백을 하는 경우가 많다. 따라서 초동수사에서 적합한 조건하에서 검사가 행해지면 자백을 통하여 범죄용의자가 수명인 경우 범인을 가려낼 수 있으며, 범죄에 사용한 증거물을 찾아내거나 피해자의 사체 은닉장소 등을 찾아낼 수 있는 등 그 효과가 매우 크다.

(3) 거짓말 탐지기 검사의 정확성 영향요인

1) 검사자

거짓말 탐지 검사는 고도의 훈련을 받은 전문적인 검사자에 의한 검사가 아닐 경우에는 실질적인 효과가 없는 무용지물이다. 검사자는 전문교육기관에서 교육과정을 이수해야 하고 지속적인 재교육을 받아야 한다. FBI는 검사자들로 하여금 2년을 넘지 않는 범위 내에서 재교육을 의무화하고 있다. 또한 검사의 정확성에 영향을 미치는 요인은 검사 경험 회수로서 매년 최소한 50회 이상의 검사경험을 요구한다.[322)]

2) 검사 대상자

거짓말 탐지 검사의 정확성에 영향을 미치는 가장 직접적인 요인은 대상자의 신체적·감정적 요인이다. 음식이나 휴식의 부족 또는 고도의 긴장상태는 흔히 검사를 무효상태로 만든다. 강력하고 장시간에 걸친 신문과정은 고도의 긴장을 초래하기 때문에 그러한 신문에 이어 바로 거짓말 탐지 검사를 하는 것은 피해야 한다.[323)]

3) 수사의 완전성

수사자료의 완전한 수집은 거짓말 탐지 검사 이전에 요구되는 필수적인 요소이다. 성공적인 검사는 수사관이 어느 정도의 수사자료를 검사자에게 제공하느냐에 달려

---

322) *Ibid.*, p. 124.
323) *Ibid.*, p. 124.

있기 때문에, 수사관은 용의자의 진술, 범죄현장 자료, 법과학 실험실 보고서, 기 타 사건 관련 자료를 검사자에게 제공해야 한다. 수사관과 검사자간의 회의를 통하여 대상자에게 물어야 할 질문항목을 준비하는 것도 좋은 방법이다. 또한 검사과정에서 대상자의 관련 질문에 대한 대상자의 반응을 검토한다. 대상자가 검사과정 동안 어떤 자백도 하지 않을 경우에 수사관은 검사과정에서 얻은 정보를 앞으로 신문과정에서 어떻게 사용할 것인지를 결정해야 한다.[324)]

4) 환경적 조건

검사장소는 주위가 산만한 장소가 아니어야 한다. 검사시에 검사자와 대상자 모두 어떤 방해도 받아서는 아니 된다. 검사 동안 검사자 이외의 다른 사람이 대상자에게 간섭을 하면 그 검사 결과는 무효화된다. 검사자는 검사의 시작이나 완료를 서둘러서도 안 된다.[325)] 또한 거짓말탐지기는 방음시설, 환풍시설, 실내온도 등을 갖추어 정상적으로 작동해야 한다.

(4) 거짓말 탐지 결과를 유죄로 인정하기 위한 전제조건

거짓말을 하면 반드시 심리상태의 변화가 발생하고 그로 인해 일정한 생리적 반응이 발생한다. 이 생리적 반응에 의해 피검사자의 말의 진위여부를 정확히 판정할 수 있다.

(5) 거짓말탐지기 검사의 원칙

1) 검사의 기본원칙(거짓말탐지기운영규칙 제3조)

① 거짓말탐지기 검사는 특정사건의 수사 또는 내사와 관련된 사항에 관하여 할 수 있고, 특정인의 사상이나 신념의 탐지나 수사와 직접 관련이 없는 사항에 관하여는 검사를 할 수 없다.

② 검사대상자가 사전에 임의 동의한 경우에만 검사할 수 있으며, 검사를 거부하는 경우에는 이를 이유로 불이익한 추정을 하거나 불이익한 결과를 초래할 조치를 할 수 없다. 검사관은 검사를 시작하기 전에 피검사자가 임의로 동의하

324) *Ibid.*, p.124.
325) *Ibid.*, p.124.

였는가를 확인한 후 피검사자로부터 거짓말탐지기 실시동의서를 받아야 한다(거짓말탐지기운영규칙 제14조).

2) 검사대상

피의자, 피내사자, 중요참고인 기타 수사사항에 대하여 알고 있거나 관련되어 있다고 믿을만한 상당한 이유가 있는 자들이 검사대상이다.

3) 주관부서

경찰청은 수사국 과학수사센터, 교통관리관실, 교통안전담당관실, 지방경찰청은 수사(형사)과, (경비)교통안전과 등이다(거짓말탐지기운영규칙 제3조).

4) 탐지기 검사의 승인

① 특정사건의 수사담당 경찰관은 검사의 필요성이 있다고 판단될 때에는 소속과장이나 서장에게 보고하여 사건 관계자에 대한 거짓말 탐지검사를 의뢰할 수 있다. ② 피검사자는 자기진술의 진실을 입증하기 위하여 담당수사관에게 거짓말 탐지검사를 요청할 수 있다. ③ 수사관은 피검사자의 요청이 상당한 이유가 있을 때에는 과·서장에게 보고, 검사를 의뢰해야 한다. ④ 검사의뢰시 거짓말탐지 의뢰서와 검사동의서를 첨부하여 주관부서에 의뢰해야 한다.

(4) 활용범위

① 강력, 폭력, 일반사건에서 수명의 용의자 중 범인식별, ② 용의자의 진술의 진위판단, ③ 사건의 단서 및 증거수집, ④ 목격자의 서로 상반되는 진술의 비교확인, ⑤ 진술의 입증, ⑥ 자백의 기회부여 등을 위해 실시된다.

2. 검사결과의 증거능력

(1) 대법원 판례

피검사자의 동의에 의하여 행하여진 경우에도 검사결과의 정확성이 보증되지 않는 한 증거능력을 인정할 수 없다고 판시하고 있다. 따라서 거짓말탐지기의 증거능력을 완전히 부정하는 것이 아니고 일정한 조건을 갖춘 경우에 한해서 인정한다고 판시하고 있다.

(2) 기타 판례

① 거짓말탐지기의 검사결과는 범죄사실에 관한 직접증거가 아니라 진술의 진위를 판단하는 증거에 불과하다.

② 검사결과가 엄격한 요건을 갖추어 증거능력이 인정되는 경우라 할지라도 그 감정결과는 검사를 받는 사람이 행한 진술의 신빙성을 판단하고 정황증거로서의 기능을 다하는데 그친다.

③ 최근들어 강간치사상사건의 경우에 가해자, 피해자에 대한 거짓말탐지기 검사결과를 토대로 유죄판결을 한 하급심판례가 있다.

3. 거짓말 탐지기 검사시 유의사항

판례의 태도는 거짓말탐지기 검사결과의 증거능력에 대해 부정적인 입장을 견지하고 있으나 실제 범죄수사에는 검사결과를 이용한 수사방향 결정, 자백의 유도, 진술의 비교확인, 사건의 단서수집을 위하여 유용하게 사용될 수 있으나 전제조건의 준수가 아주 중요하다.

(1) 검사의 시기

① 거짓말탐지기 검사의뢰는 가능한 한 수사의 초기단계에서 하여야 한다.

② 수사관은 특정사건의 수사 중 검사의 필요가 있을 때에는 미리 검사실에 검사의 적부, 시기 등을 문의하여 적의한 시기를 선택해야 한다(거짓말탐지기운영규칙 제9조).

(2) 검사의 장소

검사장소는 외부의 소음, 기타의 자극이나 영향이 없는 장소를 선택하여 실시한다. 또한 방음, 환기장치, 양면거울 및 녹음시설, 입체VTR시스템 시설 등을 한다. 또한 별도의 검사관실, 면접(대기실)실, 관찰실을 각각 설치하여야 한다.

(3) 검사성과를 거둘 수 없는 피검사자의 배제

① 극도의 피로상태에 있거나 충분한 수면을 취하지 아니하여 그 의식이 불명료할 때, ② 극도로 흥분상태에 있거나 흥분제, 진정제, 환각제 등을 복용하였을 때, ③ 최근 호흡기질환, 심장병 또는 마약중독의 병력이 있을 때, ④ 정상적 반응을 가져올 수 없을 정도의 고혈압, 저혈압 등의 신체적 장애가 있을 때, ⑤ 검사직전에 장시간의 심문이나 조사를 받았을 때, ⑥ 임신부, ⑦ 주기(주취)가 있을 때, ⑧ 기타 검사실시에 부적당한 사유가 있을 때(거짓말탐지기운영규칙 제13조)

4. 검사의뢰시 자료준비

(1) 일반검사

일반검사란 피검사자가 부인하는 진술의 진위를 자료 없이 반복 확인하는 검사로 검사하고자 하는 사건의 개요와 진술조서를 첨부하여 의뢰해야 한다.

(2) 자료검사

1) 개 념

자료검사는 사건과 관련하여 피검사자에게 공개되지 않은 유형·무형의 자료가 있을 때 실시하며 이 자료를 이용하여 피검사자의 범행관련 여부를 알아내는 검사법으로 일반검사후 자료가 있을 때 병행하여 실시한다.

2) 무형적 자료검사의 경우

범인의 수, 은닉장소, 범행시 쏜 공기총 회수 등을 알기위한 검사로서 별도의 준비자료가 없이 단어를 열거하여 하는 것과 같은 일반검사와 같은 요령으로 의뢰하면 된다.

3) 유형적 자료 검사의 경우

범행에 사용된 흉기, 피해품의 종류 등 범행현장에 유류된 물건 등을 앞에 나열하여 하는 검사로서, 범행현장 유류품과 같은 종류로서 색깔, 크기, 모양 등이 다른 자료를 5~6개 준비하여 검사자료로 사용한다.

4) 사전준비에 대한 유의사항

① 검사에 사용되는 자료가 피검사자에게 공개된 것이라면 피검사자가 사건관련 질문에 대하여 의식하기 때문에 내용이 공개된 유형·무형의 자료는 검사자료로 사용될 수 없으므로 검사에 사용될 자료는 발견자 이외의 다른 사람이 더 이상 알지 못하도록 비밀을 유지해야 한다.

② 24시간 전부터 피검사자의 약물복용관계를 감시하고 검사성과를 거둘 수 없는 조건을 제거한다.

③ 담당자는 24시간 전에 기록을 지참하여 검사관을 면담하고 검사의뢰서와 함께 수집된 자료를 제공한다.

④ 검사결과가 증거능력을 인정받지 못한다 하더라도 거짓말탐지기 검사는 사건의 단서나 증거수집, 수사의 방향을 제시하는데 반드시 필요하다.

5) 예비질문 구성

예비질문은 간결성, 그리고 또는 이라는 말 사용금지, 법률용어나 해석을 요하는 질문금지, 예나 아니오로 답할 수 있게 작성한다. 또한 합리화 할 여지가 있는 질문구성 금지, 2가지 이상의 의미로 해석될 수 있는 질문작성 금지, 그리고 시제는 원칙적으로 과거형으로 한다.326)

(3) 검사절차 5단계

1) 자료수집: 검사준비

검사를 하기 전에 기기점검, 기록검토, 질문서 작성, 피검사자의 건강, 병력, 동의서 등을 확인하고 검토하여 정확한 검사가 이루어질 수 있도록 해야 하고 임의성을 확보해야 한다.

2) 검사전 면담

검사자는 피검사자와의 라포형성(Rapport Building), 피검사자의 신체적·심리적 적합성 확인, 검사원리 소개, 검사사안에 대한 확인, 질문 작성 및 질문을 확인하게

---

326) 사법연수원, 앞의 책., p. 278.

된다. 특히 피검사자와의 라포형성은 검사를 원활하게 진행하고 검사결과를 정확하게 도출하는데 필요한 부분으로 피검사자가 이해할 수 있는 언어수준으로 논리적이고 과학적인 검사의 원리를 소개해 줌으로써 가능하다.327)

본 검사에 들어가기 전 30~40분에 걸쳐 면담을 하게 되는데 면담의 목적은 진실한 피검사자에게는 불안감을 제거하여 안정시키고 거짓말을 하는 피검사자에게는 검사를 받게 되면 거짓이 발각될 것이라는 불안감을 조성시키는데 있다. 아울러 본 검사에서 있을 질문을 설명하여 이해시키고 기구부착을 한다. 피검사자가 구속중인 피의자이거나 여자인 경우에는 수사관이 관찰실에 입회한다. 관찰실이 없는 장소에서 검사하는 경우 입회 수사관이 검사에 방해된다고 인정될 때에는 입회없이 행할 수 있다(거짓말탐지기운영규칙 제19조).

3) 본 검사

검사의 타당도와 신뢰도를 위하여 동일한 질문을 3회 이상의 질문을 거쳐 피검사자의 생리반응을 측정한다.

4) 차트해석

차트해석은 검사 전반에 걸쳐 그 어느 사항보다도 전문성을 요한다. 호흡의 홀딩변화, 피부의 말안장변화, 맥박의 상승변화 등 거짓반응 형태를 분석하고 판독한다.

차트해석의 기본원칙은 ① 복수챠트해석: 2개 이상, ② 일관성: 각 챠트에서 모두 반응이 일관되게 나타나야 한다. ③ 동시성: 호흡(pneumo), 심장박동(cardio), 피부전기반응(G.S.R)에서 적어도 2가지가 동시에 반응이 있어야 한다. ④ 개별평가: 한 가지 사안에 대하여 상반된 주장을 하는 피검사자의 챠트는 개별적으로 평가되어야 한다.

채점체계는 3점(−1, 0, 1), 5점(−2, −1, 0, 1, 2), 7점(−3, −2, −1, 0, 1, 2, 3)으로 구분된다. 챠트해석은 ① 생리적 이상반응 없음(NDI: Non Deception Indicated), ② 판단불능(INC: Inconclusive), ③ 현저한 생리적 이상반응 있음(DI: Deception Indicated)으로 구분되며, 7점체계에서는 3개의 챠트를 대상으로 전체 점수가 7점 이상인 경우 NDI, +7점에서 −12점인 경우는 INC, −13점 이하인 경우는 DI로 판정한다.328)

---

327) 앞의 책., pp. 278-279.

5) 결과보고

검사관은 검사실시 후 5일 이내에 의뢰관서의 장에게 진실반응, 거짓반응, 판단불능 등의 여부를 통보한다. 그러나 검사종료 후 피검사자가 그 결과를 문의할 경우 수사상 방해가 될 수 있으므로 거부해야 한다.

5. 검사기법

(1) 일반검사기법

1) 벡스터(Beckster) 구역비교기법

일반형사사건의 진술에 대한 진위를 확인하기위한 검사기법이다.

2) 수정된 일반질문검사

일반형사사건의 사실관계, 장물, 알리바이, 공범관계 등을 확인하기 위한 검사기법이다.

3) 유타구역 비교기법

벡스터기법과 수정된 일반질문검사기법을 혼합·수정한 검사기법으로 일반 형사사건 검사에서 가장 많이 활용한다.

4) 적대 정보탐지 검사(counter intelligence test)

귀순자, 간첩, 정보요원 등의 적대적인 정보소유 여부를 확인하기 위한 기법으로 일반형사사건 검사에는 부적합하다.

(2) 특별검사기법

1) 긴장정점 검사법

순위별로 작성된 질문표를 피검사자 눈앞에 제시하고 순서에 의해 질문을 해나갈 때 생리적인 긴장이 점차 상승하다가 관계질문구간을 차쯤 벗어나면서 하강하는 차

---

328) 앞의 책., pp. 279-280.

트상의 그래프를 이용하여 진술의 진위여부를 판단하는 검사법이다. 혐의를 받고 있는 여러 사람 중에서 실제 범인을 찾아낸다든지 범행에 사용된 물건을 확인하여 범인을 확정하기도 하고 범행장소를 찾아내기도 한다. 초동수사단계에서만 검사가 가능하다.

2) 묵답식 검사법

검사결과가 판정하기에 부족한 반응일 경우에 실시하는 검사로서 질문에 대답을 하지 않도록 한다.

3) 자극검사

진실한 사람은 진실이 밝혀지기를 기대하는 마음에서 생기는 안정상태를 형성하고, 혐의자는 거짓이 탄로날까 두려움에 따른 불안감을 고조하는 검사조건을 만들어서 검사하는 기법이다. 약물복용이나 피검사자의 반응패턴을 참고하기 위해서 주로 사용한다.

4) 재검사

피검사자의 여러 가지 원인으로 검사결과의 판정이 불가능할 경우에 그 원인을 분석하고 제거한 다음 최소한 3일 후에 다음 검사일을 지정하여 검사한다.

제2절 신경생리학과 범죄

1. 발전배경과 개념

신경생리학(Neurophysiology)은 뇌의 기능과 인간행위와의 관계를 연구하는 분야이다. 즉, 뇌와 관련된 신경시스템과 중추신경계가 인간행동에 어떻게 영향을 미치는가를 연구하는 분야이다. 신경생리학자들의 주장에 의하면, 태아기 또는 그 이전 단계에 형성된 신경생리적 이상상태가 인간의 행동, 특히 반사회적 행동에 영향을 미친다는 것이다.[329]

신경생리학이 범죄에 관한 연구에 관심을 기울이기 시작한 것은 1968년 텍사스에서 자신의 아내와 모친, 그리고 14명의 다른 사람들을 살해하고 24명에게 부상을 입힌 히트만(Charles Whitman)의 엽기적인 살인 사건이 계기가 되었다. 히트만은 경찰에 의해 사살되었고, 그의 시신을 부검한 의사에 의해 그의 뇌 속에서 악성종양이 발견되었다는 것이 알려 졌으며, 과거에 히트만은 사람을 죽이고 싶은 통제하기 어려운 격정상태를 경험하고, 이 문제를 해결하기 위해 정신과 의사를 찾아가서 자문을 구하기도 했다는 것이다.330)

히트만 사건은 그의 뇌 손상이 살인행위를 초래한 것이라는 가정 아래 이 사건이후 신경생리적 손상과 인간행동의 관계에 대한 연구가 부각되기 시작했다. 미국을 비롯한 몇몇 국가에서 수행된 연구에서 뇌기능의 손상과 공격적 행동 사이에 유의미한 관계가 있다는 것을 입증한 바 있다. 연구결과는 뇌의 손상과 공격적 행동의 관계는 아주 어릴 때 형성되고, 태어나면서 중증의 신경생리적 결함에 의해 고통을 받는 어린이는 나중에 커서 범죄자가 될 가능성이 아주 높다고 지적한다.331)

2. 뇌의 기능장애와 반사회적 행동

(1) 전두엽과 측두엽 기능장애

뇌는 인간의 정보처리, 기억, 감정과 의지, 그리고 판단과 같은 정신활동은 물론이고 근육운동과 몸의 균형, 다양한 자극에 대한 반사작용의 중추가 되고 있다. 인간의 행동에 가장 중요한 기능을 하고 있는 이러한 뇌 기능이 손상되거나 장애가 발생하면 반사회적인 행동이 발생할 가능성이 높다는 추론을 할 수 있다.

경험적인 여러 연구에 의하면, 대뇌를 구성하고 있는 각 부분의 기능적 장애나 손상은 다양한 병적 증상이나 공격적인 행동을 유발한다는 증거가 발견되고 있다. 특

329) Terri Moffitt, Donald Lyman, and Phil Silva, "Neuropsychological Tests Predicting Persistent Male Delinquency", Criminology 32, 1994, pp. 227-300.

330) R. Jhonson, *Aggression in Man and Animals*(Philadelphia:Saunders, 1972), p. 79.

331) Adrian Raine, Patricia Brennan, Brigitte Mednick, and Sarnoff Mednick, "High Rates of Violence, Crime, Academic Problemes, and Behavioral Problemes in Males with Neuromotor Deficits and Unstable Family Environments", Archives of General Psychiatry 53, 1966, pp. 544-549.

히 전두엽과 측두엽의 기능장애가 우울증이나 공격적인 행동과 같은 정신병리적 현상을 초래한다는 유력한 증거가 발견되고 있다. 특히 뇌기능 장애가 폭력범죄와 관계가 있다는 주장이 제기되고 있으며, 뇌의 전두엽과 측두엽의 기능장애는 지속적인 범죄성을 초래한다는 연구 결과도 있다.

(2) 가벼운 뇌기능장애

가벼운 뇌기능 장애(MBD: minimal brain dysfunction), 즉, 뇌 구조의 경미한 이상상태와 관련된 증상도 인간의 생활유형과 흐름을 방해하는 돌연적인 부적응 행동을 초래한다는 경험적인 연구결과도 발견되고 있다. 경미한 뇌기능 장애는 반사회적 행동, 분노 통제메카니즘의 불균형, 그리고 뇌의 화학적 이상상태를 유발하는 것과 같은 심각한 현상을 초래할 수 있다.

MBD의 범주에는 몇 가지 형태의 이상행동 유형이 있다. 즉, 난독증(難讀症), 시각적 지각문제, 과잉행동증, 주의력의 저하, 괴팍한 성격, 공격성 등이다. MBD는 순간적으로 폭발하는 분노, 격정성을 유발함으로써 배우자 구타, 어린이 학대, 자살, 공격성 그리고 동기없는 살인 등의 행동을 초래한다는 연구결과도 있다. 그러한 행동으로 인해 고민하는 당사자들은 평소에는 따뜻하고 쾌활한 성격을 보여주는 당혹스러운 현상이 MBD 증후군의 또 하나의 특징이다. MBD를 측정하는 어떤 연구에서 범법자의 60% 이상이 심리검사에서 뇌의 기능장애를 보여주었다.332) 범죄자들은 뇌의 주요 반구체에서 기능장애가 발견되었으며, 뇌파자료를 이용한 연구는 폭력범의 상습성을 95%의 정확성을 가지고 예측했다.

(3) 뇌종양과 범죄

뇌종양(brain tumor)이 환자의 성격변화, 망상증, 그리고 다양한 정신병적인 행동을 초래한다는 것이 밝혀졌다. 뇌종양에 걸린 사람들은 우울증, 격분성, 분노의 폭발, 그리고 심지어 살인행위에 빠지는 경향이 강하다는 증거가 있다.333) 뇌종양 환

332) D. R. Robin, R. M. Stales, T. J. Kenny, B. J. Reynolds, and F. P. Heald, "Adolescents who Attempt Suicide", Journal of Pediatrics 90, 1977, pp. 636-638.

333) Rita Shaushnessy, "Psychopharmacotherapy of Neuropsychiatric Disorders", Psychiatric Annals 25, 1995, pp. 634-640.

자에 대한 임상적인 연구결과는 과거에 유순한 사람들도 뇌종양에 걸리면 그들의 가족이나 친구들에게 심각한 피해를 입힐 정도로 행동변화를 일으킨다는 것을 발견했다. 뇌종양이 제거되면, 그들의 행동은 정상으로 돌아온다. 또한 추락이나 교통사고에 의해 뇌에 손상을 입은 사람들도 반사회적 행동과 폭력적 행동을 하는 것 같은 행동의 변화가 발생하는 것으로 확인되었다.

또한 중추신경계의 질병은 성격변화를 야기한다. 중추신경계의 손상은 뇌경색, 간질, 치매, 코르사코프(Korsakoff) 언어장애 증후군 등과 같은 질병을 유발한다. 이러한 질병과 결합된 증후군은 기억장애, 방향감각 상실, 분노 울분, 그리고 격정적 행동 같은 정서 혼란을 초래한다.334)

3. 뇌파의 변화와 범죄

(1) 뇌파란 무엇인가?

심장의 박동이나 맥박이 심장의 활동상태를 나타내듯이 인간의 뇌에도 그 활동상태를 측정할 수 있는 뇌파가 존재한다. 뇌파는 뇌 속에 존재하는 백 수십억 개나 된다고 하는 신경세포(neuron)상호의 결합형태나 활동을 의미한다. 이러한 활동을 외부에서 기록하는 것이 뇌파인데 일반적으로 두피 상에 전극을 접착하여 어느 정도 넓은 부분의 활동을 살피고자 하는 것이다. 일반적으로 뇌파라 하면 두피전극에서 포착된 두피뇌파(Scalp EEG)를 말한다.

뇌파는 1875년 영국의 생리학자 R. Caton이 처음으로 토끼와 원숭이의 대뇌피질에서 나온 미약한 전기활동을 검류계로 기록하면서 관심의 대상이 되었다. 사람의 뇌파는 1929년 독일의 정신과 의사 베르거(Hans Berger) 에 의해서 처음으로 발견되었다. 그는 머리에 외상을 입은 환자의 두개골 결손부의 피하에 2개의 백금전극을 삽입하여 기록하였으며, 나중에 두피에 전극을 얹기만 하여도 기록될 수 있다는 것을 관찰하고, 이것을 심전도(ECG: Electrocardiogram)나 근전도(EMG: Electromyogram)와 같이 뇌전도라고 하였다. 이와 같은 그의 공적을 기려 뇌파를 '베르거 리듬'이라고도 한다. 그는 수면 시의 뇌 전위 기록, 저산소증에 의한 효과, 뇌 장애의 부분

334) Siegel, *op.cit.*, p. 146.

과 전체 효과, 간질 발작에 의한 효과 등을 목록화하였다. 이것들은 현재 병원에서 필수 진단 방법으로 사용되고 있다.

(2) 뇌파와 범죄

뇌파는 뇌 전체의 활동상태, 예를 들면 눈을 뜨고 있는가, 잠자고 있는가 하는 의식수준 정도를 상당히 정확하게 나타낸다. 그밖에 뇌의 기능에 이상이 생기면 그것에 대응하여 이상뇌파가 나타나는 일이 있고, 특히 극파(棘波: 스파이크)라고 하는 이상파형은 전간(癲癎)의 진단이나 치료에 불가결하다.

뇌파에는 정상인에서 볼 수 있는 정상뇌파와 병적 상태에서 나타나는 이상뇌파가 있다. 정상뇌파 이외의 것은 어떤 의미에서 볼 때 이상뇌파라고 할 수 있으나 정상뇌파도 개인차가 있고 지문(指紋)과 비교할 수 있을 만큼 다종다양하다. 그러나 결국은 어느 범위 내로 한정된다.

뇌파는 뇌의 기능적 손상과 범죄행위와의 관계를 측정하는 물리적 단위가 될 수 있다는 점에서 중요한 의미를 가진다. 즉, 뇌의 기능적 손상이 범죄에 영향을 미칠 수 있다는 가정은 뇌의 손상에 대한 물리적 측정에 의해 정상적 기능과 손상과의 차이를 밝혀야 하는데 그 차이는 바로 뇌파에 의해 측정될 수 있다. 아울러 뇌의 기능에 손상이 있는 사람들의 행동이 정상적인 사람들과는 다른 특징을 가지고 있다는 사실을 경험적으로 측정하여 입증해야 한다.[335)]

(3) 뇌파의 측정과 범죄

1) EEG

뇌의 기능을 측정하는 다양한 방법이 있지만, 전통적으로 가장 강력한 뇌기능 측정 장치는 뇌파 전위(電位) 기록장치(electroencephalograph: EEG)이다. EEG는 뇌에서 방출되는 전파를 기록한다. 그것은 인간의 두피에 연결된 전극봉에 의해 기록

---

335) 뇌파파장 측정은 1970년대 중반 CT스캔이 등장하기 전까지는 뇌파를 알파파, 베타파, 세타파로 나누어 이루어졌다. 알파파(α)는 평균 30~50마이크로 볼트의 뇌파로서 통상 눈을 감고 안정을 취했을 때 발생하는 뇌파이며, 베타파(β)는 30마이크로 볼트이하의 뇌파로서 긴장하거나 몸을 움직였을 때 발생하는 뇌파이고, 세타파(θ)는 알파보다 약간 느린 4~7사이클의 뇌파로서 심호흡 시에 가끔 발생한다.

되는 뇌파를 측정한다. 여기에서 정상인의 뇌파는 0.5에서 30헤르츠(hertz)이다. 따라서 정상적인 뇌파를 벗어나는 사람의 행동 특성을 측정하면, 뇌의 손상과 행동의 관련성을 측정할 수 있다. 경험적인 연구결과에 의하면, 폭력범죄자(실제 폭력범죄자를 측정)의 EEG 뇌파기록은 정상인에 비해 훨씬 비정상적인 범위에 위치하는 것으로 밝혀졌다. 일반사람들 중에는 약 5%만이 비정상적인 뇌파기록에 해당했으며, 폭력행위자들에 대한 측정에서는 약 50~60%가 비정상적인 뇌파기록의 범위에 있었다.

EEG 측정에서 비정상 기록과 행동사이의 높은 상관관계를 보이는 사람들은 충동통제의 불능, 사회부적응, 적의감, 파괴적 성격, 신경질적 짜증 등을 보여주었다. 성인들에 대한 측정에서 느리고 좌우 양측의 뇌파를 기록한 사람은 적의감, 충동적인 행동, 비동조성, 혹평하고 화를 잘 내는 행동 등을 보여주었다.[336)]

2) PET

보다 새로운 측정장치는 전자이미지를 사용하는 양전자 방사 X선 단층촬영기법(Positron Emission Tomography: PET)이다. 사우스 캘리포니아(Southern California) 대학의 심리학 교수 Adrian Raine과 그 연구팀은 '양전자 방사 X선 단층촬영법(positron emission tomography: PET)'을 이용하여 살인죄를 지은 남녀 38명의 뇌를 정밀히 검사한 결과, 좋은 가정 출신의 범죄자들이 가정에서 학대받은 범죄자들에 비해 두 가지 주요 두뇌 영역의 활동이 더 적다는 사실을 발견했다.[337)] PET 검사는 단순하고 반복적인 일을 하는 동안 다양한 뇌 영역의 혈당치를 측정한다. 혈당은 대부분의 세포기능에 에너지를 공급하기 때문에 혈당 사용량은 세포 활동량과 관계가 있다. 그 외에 '뇌 활동 전자지도 장치(BEAM: brain electrical activity mapping)'와 '초전도체 간섭 장치(SQUID: superconducting interference device)' 등이 있는데, 이러한 기법들은 뇌의 기능영역과 반사회적 행동을 직접 연결시켜 평가할 수 있다.

---

336) Z. A. Zayard, S. A. Lewis, and R. P. Britain, *An Encephagraphic and Psychiatric Study of 32 Insane Mudrers*, British Journal of Psychiatry 10, 1969, pp. 1115-1124.

337) Adrian Raine, Monte Buchsbaum, and Lori LaCasse, "Brain Abnomalities in Murders Indicated by Positron Emission Tomography," Biological Psychiatry 42, 1997, pp. 495-508

4. 범죄와 뇌지문 탐지

(1) 뇌지문 탐지의 배경

거짓말 탐지기와 뇌지문 측정장치는 뇌 기능의 손상이나 이상상태와는 관계없는 범죄감식에 이용되는 장치이다. 거짓말 탐지기(polygraph)는 사람의 혈압, 땀, 호흡 따위의 생리적 변화를 측정해 거짓말 여부를 가려내는 장치이다. 1895년 이탈리아에서 최초로 개발된 거짓말 탐지기는 제2차 세계대전 당시 첩보의 진위를 가리는 수단으로 널리 쓰였다. 웬만한 거짓말쟁이가 아니고서는 거짓말할 때 긴장하게 마련이고 긴장하면 맥박이 빨라지고, 혈압이 오르고, 식은땀이 흐르는 등을 관찰하는 원리다. 미국 법원에서는 폴리그래프 조사 결과를 피고측의 증거로 제시할 수 있으며 범죄 수사는 물론 직원 채용에도 활용되고 있다.

미국 정부는 국립연구소의 과학자들에게 폴리그래프 조사를 받도록 요구하고 있다. 미국 이스라엘 일본의 정보기관에서 오래 전부터 직원을 선발할 때 폴리그래프를 사용한 것으로 알려져 있다. 그러나 거짓말 탐지기는 1920년대부터 거의 유일무이한 거짓말 탐지기술로 사용됐지만, 신뢰성에 대한 시비가 끊이지 않았다. 냉정한 거짓말쟁이가 무죄로, 신경이 예민한 결백한 사람이 유죄로 뒤바뀔 가능성이 많기 때문이다. 그래서 과학자들은 아예 사람의 뇌 속을 들여다 볼 수 있는 거짓말 탐지기를 개발하려고 노력하고 있다.

폴리그래프는 정서반응에 기초한 생리적 변화에 의존하므로 엉뚱한 결과가 나올 개연성이 높다. 또한 거짓말 탐지기는 뇌의 기능손상이나 이상상태와는 관계없는 측정 기법이다. 따라서 정서 대신에 인지과정을 이용하는 방법이 모색되었다.

(2) 뇌지문 탐지 기법

1) 유죄지식 검사

대표적인 기법은 1999년 미국의 심리학자 라이큰(David Lykken)이 제안한 유죄지식 검사(guilty knowledge test) 기법이다.[338] 이는 범죄를 저지른 사람은 그의 뇌 안에 범행에 관련된 정보가 저장돼 있으므로 뇌의 변화를 측정하여 유죄의 단서를

338) David Lykken, "For Distinguished Contributions to Psychophysiology," Psychophysiology, vol.36, no5, 1999, pp. 537-542.

찾아내야 한다는 생각이다. 말하자면, 범죄를 계획, 실행, 기억하는 것은 뇌이기 때문에 뇌 안에 유죄의 증거가 있을 수밖에 없다는 뜻이다. 문제는 뇌 안에 숨겨진 유죄 지식의 흔적을 추적하는 방법이다. 현재로서는 세 가지 기술이 주목을 받고 있다.

2) 파웰의 뇌지문 감식

가장 앞서 있는 방식은 '뇌 지문감식(brain fingerprinting)' 방식이다. 1991년 파웰(Lawrence Farwell)이 학술지에 발표한 이 방식은 사람의 머리 위에 10여 개의 미세 전극이 내장된 장치를 씌우고 범죄 장면을 컴퓨터 화면으로 보여주면서 뇌의 반응을 검사하는 형식이다. 피검사자가 범죄를 부인하려 들고 심지어 범죄를 기억조차 하기 싫어할지라도 뇌가 주인을 배반해 범행을 자백하게 되고, 이때 뇌는 뇌파로 진실을 말한다. 좀 더 쉽게 설명하면, 뇌는 익숙한 그림이나 글자를 지각할 때 P300이라는 뇌파를 발생시킨다[339]. 요컨대, 이 뇌파의 존재 여부로 범인 여부를 가려낸다. 파웰의 뇌지문 감식은 1991년 학술지에 발표됐으나 별다른 주목을 받지 못했는데, 2001년 들어 미국언론이 선정한 5대 발명품이 될 정도로 갑자기 국제적인 관심사가 되었다.

1978년 당시 17세의 흑인 해링턴(Terry Harrington)이 살인죄로 종신형을 살게 된 사건에 대해 20여 년이 지난 시점에서 P300 증거를 제시하였기 때문이다. 파웰은 이 흑인의 뇌가 범죄장면에 대해서는 반응을 하지 않았지만 그가 알리바이로 내세우는 음악회 관람과 관련된 문장에 강력히 반응하는 것을 보여주었다. 그 후 유일한 목격자는 해링턴이 범인이라는 증언을 취소했고 고소인도 거짓말임을 인정했다.

3) 뇌영상 기술

뇌에 저장된 유죄지식 탐지(guilty knowledge test)를 위한 뇌영상 기술은 미 국방부의 자금으로 하버드대 심리학자 코슬린(Stephen Kosslyn)이 개발한 기법이다. 기능성 자기공명영상(FMRI: Functional Magnetic Resonance Iimaging)은 뇌에 자기 이미지를 쏘면 거짓말을 할 때 혈액의 흐름이 보다 증가한다는 점을 이용하여 뇌의 여러 부위에서 일어나는 활동에 따라 참말과 거짓말을 구별하는 기술이다.[340] 아직

339) Lawrence Farwell and E. Donchin, "The Truth will out: Interrogative Polygraphy(Lie Detection) with Event-Related Brain Potentials," Psychophysiology 28, pp. 531-547.

340) Stephen Kosslyn, "Image and Brain:The Resolution of the Imagery Debate," Contemporary

괄목할만한 성과를 내지는 못했지만 거짓말 탐지기술을 획기적으로 발전시킬 접근방법으로 기대를 모으고 있다.

(3) 뇌지문 탐지기의 효과성

일반적으로 뇌지문 탐지기는 맥박과 혈압의 변화를 측정하는 거짓말 탐지기에 비해 뇌파 반응이나 변화를 세밀히 분석해 내기 때문에 정확도가 훨씬 높아(90% 이상) FBI, CIA, US Navy에서 이를 사용하고 있는 것으로 알려졌다. 2003년 2월 한국 경찰도 뇌지문탐지기를 도입하기로 결정하였으므로 이러한 뇌지문 분석결과가 조만간 우리의 법원에서 증거능력으로 인정될 수 있는지 그 가능성이 신중하게 검토되어야 할 것 같다.

제3절 법최면 검사 기법

1. 의 의

법최면 수사란 형사사법체제에서 때때로 사용되는 범죄관련 정보를 수집하기 위한 기법이다. 오늘날 미국의 다양한 범죄수사기관들은 피해자, 목격자 그리고 조금은 드문 일이지만 용의자를 대상으로 이 법최면 기법을 사용하고 있다.

기본적으로 최면술(hypnosis)은 사람을 가벼운 수면상태(a state between wakefulness and light sleep)로 만들어 선정된 질문으로 범죄정보를 대답하게 한다. 최면상태의 개인은 실제로는 결코 잠든 상태가 아니고 강력한 백일몽이나 재미있는 책을 읽을 때 경험하는 완전한 몰두상태와 아주 유사하다. 최면은 저변의식이 어느 정도는 자각이 나고 어느 정도는 자각이 되지 않는 억제된 자각상태를 말한다. 따라서 최면술 대상자를 잠을 재우고 기억을 되살리는 것으로 알고 있으나 사실은 그 반대이다. 최면상태는 빛, 목소리, 눈빛, 또는 어떤 주의집중 장치를 사용하여 이루어진다. 이러한 상태는 개인으로 하여금 완전한 이완상태, 고도의 집중, 따라서 강력한 암시능력을 고무시키는 것이다.[341]

Psychology 41, no.3, 1996, pp. 213-214.

2. 최면술에 의한 수사기법

(1) 최면수사의 대상

최면수사는 목격자나 피해자를 주 대상으로 하지만, 때때로 용의자나 피의자 등을 대상으로 한다. 즉, 용의자나 피의자가 결백을 주장할 경우에 무죄를 입증하기 위한 증거확보 등을 위하여 최면수사가 사용되기도 한다. 최면술이 법정에서 인정받는 표준증거에 도달하지 못하는 경우에도, 그것은 다른 어떤 수사단서도 없을 경우에 범죄수사를 위한 가치있는 정보가 된다.[342)]

(2) 대상사건

최면술은 사건관련 증거가 확보되어 있으나 그 진실성이 분명하지 않은 경우 그 증거를 보강하기 위하여 참고인, 피해자, 또는 용의자 등을 신문하는 보조수단으로 이용된다. 목격자가 있는 사건은 사실상 모두 최면수사의 대상이 된다.

(3) 대상자의 동의

최면수사는 범죄사건을 직접 경험한 피해자와 목격자의 자발적인 동의를 요건으로 한다. 피의자에 대해서는 동의없이 가능하다는 주장도 있으나 동의하에 행해지는 것이 타당하다. 대상자의 동의아래 행지는 최면수사는 다음과 같은 두 가지 문제를 극복할 수 있다.

1) 피해자의 충격에 의한 외상후증후군

피해자는 범죄의 충격으로 인한 외상후증후군(trauma)에 빠져 마음속에 범죄정보를 숨겨두고 의식적인 기억을 억제하는 문제에 직면한다. 최면술은 이러한 무의식적 기억을 끄집어내는 열쇠의 역할을 한다.

2) 목격자의 목격사실 구체성 결여

목격자는 흔히 범인의 옷 색깔이나 자동차의 색깔, 범인의 인상 등과 같은 아주

---

341) Gilbert, *op.cit.*, p. 126.
342) Gilbert, *op.cit.*, p. 127.

기본적인 사항까지 기억하지 못한다. 최면술은 목격자의 긴장과 걱정을 해소함으로써 기억 속에 있는 정보를 끄집어내는데 효과적인 것으로 판명되었다. 미국의 경우에 중범죄 수사의 60%가 최면술을 통하여 정보를 확보하는데 성공적이었다.

3. 최면술 활용요건

① 최면술사는 사건에 관한 구두자료를 받지 않고 자세하게 기재된 문서로만 자료를 받아야 한다.

② 피의자나 피해자 어느 한쪽을 대표하는 누구도 최면시술을 하는 동안에는 최면술사와 같이 있어서는 안 된다.

③ 최면술사는 시술동안에 최면대상자의 진술에 어떤 새로운 요소를 추가하는 행위를 하여서는 안 된다. 특히 시술전, 시술하는 동안과 시술 후에도 뚜렷한 것이건 암시적인 것이건 간에 최면대상자에게 어떤 단서를 주어서는 안 된다. 즉, 최면 의뢰 전 동일수법 전과자의 사진을 사전에 열람시키거나 용의자의 사진 등을 사전에 열람시키거나. 또는 뺑소니 교통사고의 경우에 용의차량과 번호판숫자 등을 미리 알려주거나 사전에 열람케 하는 것 등은 금지된다.[343]

④ 거짓자료가 나오게 되면 최면대상자가 최면이 깨어난 후에는 정신이 되돌아와서 진실이 아님을 알 수 없다.

4. 최면술 수사의 문제점

① 최면상태에 있는 사람은 최면술사에 의해 가벼운 암시만 받아도 내면상태에 있는 사항들을 부정확하게 기억할 가능성이 있다. ② 극도의 주의를 하지 않으면 의도적이든 아니든 간에 최면술사에 의해 거짓자료가 나올 수 있는 위험이 있다. ③ 만일 거짓정보가 나오게 되면 최면대상 역시 최면에서 깨어난 후에도 거짓정보를 믿게 될 수 있으며 그로 인하여 법정에서 증언할 경우 그 증언에 대한 진실성, 신용성을 훼손할 가능성이 있다. ④ 법최면 수사의 경우 법최면사가 작성한 감정서가 법적인 증거능력과 증명력을 확보하기 위해서는 최소한 최면수사 전문가의 자격요건화

343) 양태규, 앞의 책., p. 793.

가 요구된다. ⑤ 최면술은 대상들이 최면의 결과를 자신의 것으로 받아들이도록 기억을 심어주는 것이라는 비판을 받는다. 따라서 최면술에 의한 진술은 완전히 거짓이며 부정확한 것일 수도 있다는 반대에 직면한다.

제4절 범죄자 프로파일링 수사기법

1. 개 념

범죄자유형분석(criminal profiling)이란 범죄행동은 범죄자의 성격을 반영한다는 전제에 기초한 수사기법이다. 개별 범죄행동패턴을 면밀히 분석한다면 행위자의 성격을 비롯하여 기타 교육정도, 경제적 상태, 사회성, 가족구성, 주거지역의 특성, 취미 등 인구사회학적 특성을 파악할 수 있다.

범죄유형 분석은 이러한 전제에 기초하여 범죄현장, 특히 연쇄살인이나 강간같은 사건현장에서 범인의 특징이나 범행동기를 확인할 수 있는 유형적 증거나 수사자료가 부족한 경우에 무형의 증거, 즉 심리적 증거를 찾아서 범죄자 유형을 분석하게 된다. 수사관은 범죄자 성격유형을 통하여 범인의 성장과정, 직업, 성격, 습관, 연령대, 현재의 가족환경 등 범인의 유형을 추정할 수 있다. 프로파일링 증거는 범행패턴의 유사성을 확인하여 이를 개인 동일성 식별 증거 또는 동일범에 의한 범행을 입증하기 위한 단서로 활용하는 경우를 의미하기도 한다. 또한 무형의 증거물로 수사방향을 설정하고 용의자를 축소할 수 있도록 하는 과학수사 기법으로 파악되기도 한다.[344]

따라서 범죄자 프로파일링은 범죄수법이나 범죄유형에 나타난 범인의 성격을 기초로 범인의 유형과 범죄유형분석을 위한 수사기법을 말한다. 범죄자 프로파일링은 ① 용의대상 및 용의자 선정 등에 활용할 수 있는 수사기법, ② 범인동일성 확인과 범행입증을 위한 증거나 단서로도 활용될 수 있다.

---

344) 권창국, 범죄자 프로파일링 증거의 활용과 문제점에 관한 검토, 형사정책연구원, 형사정책연구 제13권 제4호, 2002 겨울호, pp. 119-120.

2. 범죄자 성격 프로파일

범죄자 성격 프로파일(criminal personality profile)은 어떤 범죄를 범한 개인의 성격 유형에 관하여 수사기관에게 특정 정보를 제공하기 위한 전문적인 시도를 말한다. 그것은 범죄현장에서 수집한 정보와 피해자학 그리고 심리적 이론이 통합된 인물자료를 만들기 위한 준비과정을 포함한다. 프로파일은 용의자를 식별하고 특정하기 위한 가치있는 도구가 될 수 있다. 그러나 프로파일은 살인현장에서 일반적으로 사용되는 수사기법과 연결되어 사용되어야 한다.345)

3. 프로파일링의 목적

범죄자 프로파일링은 미지의 용의자가 체포될 수 있도록 그 성격유형을 수사관에게 제공하는 것이 목적이다. 범죄심리학자들은 심리학적 관점에서 범죄현장을 연구함으로써 범죄현장의 증거항목들을 식별하고 해석할 수 있다. 그러한 범죄현장의 증거항목들은 범죄자들의 성격유형이나 범죄자들에 대한 단서들을 제공할 수 있다. 범죄현장의 어떤 단서들은 분노상태, 증오, 애정, 두려움, 비합리성에서 볼 수 있듯이 그 성질상 보통의 증거수집기법으로는 수집되기 어렵다. 전문적인 포로파일러들은 수사단서가 부족할 경우에 사회학적, 심리학적 전문 지식에 근거하여 범죄자 유형을 분석한다.346)

4. 범죄자 프로파일 작성

(1) 정신병리학적인 범죄유형

범죄자 성격유형은 아직 특정되지 않은 범죄자가 어떤 형태의 정신병리적인 범죄를 범한 경우에 주로 생산된다. 즉, 가학적인 성폭력, 내장적출, 토막살인, 무동기 방화, 색정범죄와 의식적인 범죄 등은 범죄자 성격 유형 대상범죄이다. 실무적으로 이용가능한 증거에 비추어 볼 때 특정되지 않은 범죄자가 정신적, 정서적 또는 성격

345) Geberth, *op.cit.*, p. 773.

346) *Ibid.*, p. 774.

적 일탈현상을 보이는 범죄의 경우에 범죄자 성격유형은 수사관에게 수사의 범위를 좁힐 수 있는 정보를 제공하는 도구가 될 수 있다. 범죄 그 자체가 아니라 범죄현장에서 증명된 범죄자의 행동특징이 범죄자 유형분석을 위한 사건의 적합성 정도를 결정한다.

프로파일러들은 초동수사단계에서 확보한 수사자료, 범죄현장 사진, 수사기관에서 제공한 범죄에 관한 예비정보를 기초로 하여 특정되지 않은 범죄자의 대략적인 신장, 몸무게, 체형, 나이, 직업, 가정환경과 같은 세부사실을 경찰에게 제공한다. 범죄자 유형을 생산하는 프로파일러들은 현장사진에만 의존하지 말고 범죄현장을 반드시 방문해서 현장의 특이한 느낌과 범행지역의 특성을 잘 아는 사건 담당 경찰관들과 의견교환을 하는 것이 중요하다.[347)]

(2) 범죄자 성격 유형 형성을 위한 기초

범죄자 성격 유형은 철저한 범죄현장 관찰과 프로파일러들에게 제공되는 적합한 정보를 기초로 형성된다. 이러한 과정을 용이하게 하기 위하여 수사관들은 다음과 같은 단계에 따른 조치를 취해야 한다.[348)]

1) 사건의 완전한 기록화

수사관은 흑백사진과 칼라 사진, 비디오 촬영과 범죄현장 스케치를 현장의 어떤 다른 절차를 취하기 전에 완료해야 한다. 사진은 클수록 좋고, 피해자가 입은 상처의 깊이와 크기에 초점을 두어야 한다.

2) 세밀한 현장 관찰

수사관들은 범인의 동일성에 관한 단서를 제공할 수 있는 어떤 법과학 물질과 기타 증거를 수집하기 위해 주의 깊고 완전한 현장관찰을 실시해야 한다.

3) 피해자 배경에 관한 광범한 수사

수사관은 피해자 배경에 관한 광범하고 완전한 수사를 수행해야 한다. 이는 경찰

---

347) *Ibid.*, pp. 774-775.

348) *Ibid.*,p. 781.

이 찾고 있는 용의자의 유형을 프로파일러들이 평가할 수 있도록 자료를 제공하기 위한 것이다. 피해자에 대한 평가는 살인범죄수사를 위한 표준운영절차이다. 그러나 프로파일러의 관점에서 본다면, 피해자의 배경정보는 범죄자 유형분석에 있어서 더 큰 가치를 가진다.

4) 프로파일 형성을 위한 필요 자료항목[349)]

① 사 진

범죄현장, 피해자, 시신위치 사진, 주택과 각 방실, 범행지역 사진

② 피해자 이웃과 관련 자료

인종, 민족, 사회적 자료

③ 검시를 포함한 의료보고서

상처부위 전체사진, 독극물 보고서, 마약이나 알콜, 정자와 모발 존재여부, 시신훼손정도, 법의의 느낌

④ 사망전에 피해자의 이동지도

고용장소, 주거, 마지막 발견 장소, 범죄현장 위치

⑤ 사건에 대한 완전한 수사보고서

일시, 위치 등에 대한 표준보고서, 사용된 무기나 흉기, 사건의 재구성, 목격자 면접내용

⑥ 피해자 개인의 배경자료

나이, 성, 인종, 신체적 특징, 결혼상황, 지능과 학력정도, 생활양식, 성격특징, 과거와 현재의 주거, 직업, 가정과 직장 평판, 신체적·정신적 치료경력, 두려움과 개인 습관, 알코올이나 약물 사용여부, 취미, 친구와 적, 최근 재판사건

---

349) *Ibid.*, pp. 781-782.

5. 범죄현장과 프로파일

(1) FBI의 범죄자 유형 분류

FBI의 행동과학 부서는 범죄자 유형에 대한 설명서를 개발했다. 이 부서는 살인 범죄자의 유형을 조직화된 살인범과 비조직화된 살인범으로 이분화했다. 이러한 두 가지 범죄자 유형은 성과 관련된 살인범의 특징에 관한 뛰어난 설명서이다. 그러나 범죄현장에서 발견되는 범죄행동 유형은 두 가지 유형이 결합된 형태로 발견되는 경우가 대부분이다. 사실상 두 가지 프로파일이 혼합된 형태로 존재한다.[350]

(2) 특 징

다음과 같은 범죄자 프로파일은 수사초기에 범죄자 성격분류를 위한 수사자료를 수집하기 위한 기본적인 수사도구로서 기능을 한다. 그러나 이러한 프로파일은 특정 지역에 관련된 지리적·인류적 특성, 사회적·민족적 특성, 법과학, 피해자학 또는 그 지역에 관한 특별한 고려사항을 포함하고 있지 않다는 문제가 있다. 따라서 프로파일러들은 이러한 문제점을 고려하여 더 많은 관련 정보를 수집해야 한다.

1) 조직화된 범죄자 프로파일

조직화된 범죄자(organized offender)는 반사회적 성격에 빠져 있는 사람에 비교될 수 있다. 구체적으로 말한다면, 사이코패스의 특징을 보여주는 것이 조직화된 범죄자 유형이다. 이러한 범죄자 유형의 특징은 다음과 같다.[351]

① 평균 이상의 지능, ② 사회적으로 유능, ③ 숙련된 직업 선호, ④ 성욕의 과잉, ⑤ 상류층 출신, ⑥ 아동기의 가벼운 훈육, ⑦ 안정적인 부친 직업, ⑧ 통제된 정서상태의 범죄행위, ⑨ 범행과 함께 음주, ⑩ 상황적 긴장상태 고조, ⑪ 배우자나 동거자 등 동반자 존재, ⑫ 차량 이용 이동, ⑬ 매스컴의 범죄보도 추적, ⑭ 전직이나 주거지 이탈

---

350) *Ibid.*, pp. 790-791.

351) *Ibid.*, p. 791.

2) 비조직화된 범죄자 프로파일

비조직화된 범죄자(disorganized offender)는 정신분열증이나 망상증과 같은 정신병 소유의 행동 특성을 보여주는 것이 특징이다. 그 특징은 다음과 같다.352)

① 평균 이하의 지능, ② 사회적으로 부적합, ③ 비숙련 직업, ④ 성적인 무능력, ⑤ 하류계층 출신, ⑥ 불안정한 아버지 직업, ⑦ 아동기 엄격한 훈육, ⑧ 격정상태나 분노상태의 범행, ⑩ 최소의 음주, ⑪ 상황적 긴장의 최소화, ⑫ 짝없는 외톨이, ⑬ 범죄현장 근처에 거주, ⑭ 매스컴에 무관심, ⑮ 유의한 행동변화

(3) 범죄현장 차이

1) 조직화된 범죄자 프로파일

① 계획된 범행, ② 불특정인 대상 범행, ③ 피해자의 인격화, ④ 통제된 대화, ⑤ 범죄현장에 대한 통제, ⑥ 피해자의 승복을 요구, ⑦ 피해자 감금, ⑧ 살해 전에 공격행동, ⑨ 시신은익, ⑩ 흉기와 증거 부재, ⑪ 피해자나 시신 다른 장소 이동

2) 비조직화된 범죄자 프로파일

① 우발적인 범행, ② 특정인 대상 범행, ③ 피해자 비인격화, ④ 대화의 최소화, ⑤ 어지럽고 혼란한 범죄현장, ⑥ 피해자에 대한 갑작스런 공격, ⑦ 피해자 감금 등 신체구속 최소화, ⑧ 살해 후 성행위, ⑨ 시신노출, ⑩ 증거와 흉기 등 범죄현장 존재, ⑪ 시신 살해현장에 방치

6. 범죄자 프로파일 활용실태

(1) 미 국

미국은 1978년 버지니아주의 콰티코에 위치한 FBI 아카데미의 국립 강력범죄분석센터 산하 FBI 행동과학부에 심리학적 프로파일링 교육과정을 신설하였으며 프로파일링에 관한 각급 수사기관의 교육훈련 및 지원업무 등을 담당하였다. 그리고 각 관할 경찰의 책임자나 수사책임자의 지원요청이 오면 행동과학부서의 행동분석

---

352) *Ibid.*, p. 791.

반이 이를 전담하여 지원활동을 하고 있다.

1984년부터 1991년까지 전문교육을 이수한 프로파일러를 양성하였고 1991년에 교육과정이 종료된 이후에는 이 교육과정의 졸업생들이 주축이 되어 국제범죄수사분석과정을 창설하여 프로파일러의 양성 및 자격인증제 등을 운영하고 있다. 1982년 이후 FBI 행동과학부의 프로파일러들은 강간살인범, 살인, 강간범 등에 대한 프로파일링을 작성하였으며, FBI방식의 프로파일링 기법인 '범행현장 분석기법'을 개발하였다.[353] 오늘날은 FBI 이외에도 기타 연방 및 각 주의 수사기관에도 독자적인 프로파일러를 양성·보유함으로써 범죄자 프로파일링을 수사에 활용하고 있다.

(2) 영 국

영국은 내무성 내의 경찰연구그룹이 프로파일링 등 범죄분석의 연구를 총괄지휘하고 있고, 경찰대학의 범죄지원 연구센터가 이를 지원하는 시스템을 갖추고 있다. 1985년 당시 런던경찰청 범죄수사국에서 더피(John Duffy)사건으로 불리는 연쇄강간살인사건에 대하여 캔터(David Canter)교수에게 수사협조의뢰를 하였고 캔터 교수는 범죄자 프로파일링을 제공하여 범인을 검거하게 되었다. 이후 캔터 교수는 FBI 방식과는 다른 '수사심리학적 프로파일링'을 개발하였으며 이때 리버풀대학에 재직 중이었으므로 '리버풀 방식 프로파일링'이라고 한다.[354]

(3) 일 본

일본은 1995년에 우리나라의 국립과학수사연구소와 유사한 경찰청의 부속기관인 국립과학경찰연구소에서 프로파일링에 대한 본격적인 연구를 시작하였다. 미국 FBI 방식의 프로파일링에 대한 연구를 시작으로 영국 리버풀 대학의 캔터 교수의 수사심리학적 프로파일링 기법인 '리버풀 방식'에 관한 논의를 하기에 이르러 본격적인 연구를 하게 되었다. 이후 통계적 분석방법에 의하여 데이터베이스를 구축하고 개개사건의 심리분석과 지리학적 프로파일링에 대한 연구 등을 중점적으로 진행하고 있

353) 유혁상·권창국, 주요 선진국의 과학적 수사기법의 도입과 활용방안 연구, 한국형사정책연구원 연구총서 04-38, 2004, pp. 182-183.

354) David Canter, *Offender Profiling and Investigative Psychology*, Journal of Investigative Psychology and Offender Profiling, 2004, p. 2

다.[355)]

국립과학경찰연구소의 범죄행동과학부 수사지원연구실이 프로파일링 업무를 전담하고 있으며 발생사건 정보와 과거에 해결한 사건의 정보를 이용하여 범죄행동분석을 실시하여 피의자 특정이나 피의자 거주영역 등을 추정하는 등의 범죄수사지원 업무를 수행하고 있다. 이 연구실은 범죄자 프로파일링 외에도 범죄자의 심리나 특수한 범죄에 대한 연구도 담당하여 연쇄범죄가 아닌 1회성 범죄라도 범죄자 프로파일링의 대상으로 하는 경우도 있다.

7. 활용대상 범죄

① 불특정인을 상대로 한 가학적이거나 연쇄적인 성폭행, 연쇄살인(심각한 사체훼손, 사체 성폭행), 동기없는 연쇄방화, 치정・원한 등에 의한 살인 등에 대하여 범죄자 프로파일링을 활용할 수 있다.

② 일반적인 강도, 단순절도, 폭력이나 대부분의 재산범죄들은 범죄자 프로파일링을 활용하기에 적절하지 않다.

8. 활용방안

① 국립과학수사연구소와 지방경찰청 형사과의 연계로 범죄인의 심리분석과 사건현장분석을 결합할 수 있어 향후 유사사건발생시 신속한 수사방향을 설정할 수 있다.

② 살인・연쇄성폭행・납치 등의 범죄가 특정지역에서 단기간 내 연쇄적으로 발생할 경우에는 분석 및 예측이 가능하다.

---

355) 오형석, 범죄자 프로파일링의 효율성 제고에 관한 연구, 원광대학원 경찰행정학과 석사논문, 2007, p. 85.

9. 프로파일링 유형

(1) 귀납적 접근법

1) 개 념

귀납적 프로파일링(inductive criminal profiling)이란 강간살인이나 연쇄살인 등의 범죄가 발생한 경우 이미 확인된 유사한 유형의 범죄를 범한 범죄자의 특성과 관련된 경험적인 통계자료를 기초로 그 범죄자 유형을 분석하는 기법을 말한다. 따라서 귀납적 프로파일링은 과거사례, 범죄통계자료, 교육수준, 직업, 가족구성, 거주지역 등 인구사회학적 각종 지표에 대한 통계자료 및 심리학적 성격유형자료 등이 기초가 된다.356)

2) 통계적 기법

귀납적 방식은 과거의 유사한 사건의 통계를 기초로 프로파일링을 작성한다는 측면에서 통계적 프로파일링이라고도 한다. 따라서 이 접근방식은 여러 변수를 결합하여 분석하는 다변량 분석 등의 기법에 의하여 자료를 확보한다.

3) FBI의 실무기법

귀납적 프로파일링은 1980년대 미 FBI에서 심리학, 법과학 등의 일반수사관들을 대상으로 프로파일링 기법을 교육시킬 목적으로 개발되었으며, 프로파일링에 대한 연방 및 각 주등 수사기관의 관심증대 및 보급필요성에 따라 다양한 형태로 발전하게 되었다.357) 1985년 영국의 캔터 교수가 개발한 '수사심리학적 프로파일링', 즉 리버풀 프로파일링 역시 귀납적 프로파일링 유형에 속하는 것으로 보인다.

4) 전제조건

귀납적 프로파일링의 전제조건으로서 ① 과거에 발생한 범죄와 관련한 제 특성은 현재 발생한 범죄 및 미지의 범인에게도 그대로 타당하여야 하며, ② 비교대상의 과

---

356) Brent E. Turvey, *Criminal Profiling: An introduction to behavioral evidence analysis* (Sandiego:Academic Press, 1999), p. 16.

357) *Ibid.*, pp. 145-146.

거에 발생한 범죄의 범인과 현재의 범인은 동일한 환경조건의 영향 하에 있어야 하며, ③ 인간의 행동에는 일정한 법칙성이 있고, 이를 통계적인 방법 등에 의하여 추측할 수 있어야 하며, ④ 동일한 범인의 연속범죄의 경우에 범인의 동기, 행동패턴 등에는 변화가 없어야 한다.

5) 장 점[358)]

① 범죄자 행동연구 또는 범죄수사에 필요한 법과학적 지식, 교육, 훈련 등에 숙달되지 않은 사람들도 활용하기 쉽다. ② 비교적 짧은 시간에 그다지 힘들이지 않고 일반적인 프로파일이 정리될 수 있다. ③ 귀납적 프로파일링은 유사한 범죄현장으로부터 추론이 간단히 제시된다는 점에서 시간이 오래 걸리지 않으므로 범죄의 잠재적 특성에 관한 빠른 프로파일 산출을 가능하게 한다.

6) 단점[359)]

① 프로파일에 사용된 정보가 제한된 인구통계학적 샘플들로부터 일반화되어지는 경우가 있으며, 특정한 단일사건과는 무관할 수 있다. 이는 부분을 가지고 전체를 일반화하는 통계학상의 오류이다. ② 가장 일반적으로 지적되는 단점은 귀납적 프로파일들이 오직 알려진 사람들, 즉 검거된 범죄자들로부터 수집된 제한된 데이터를 활용하여 일반화되고 평균화된다는 점이다. 하나의 귀납적 범죄자 프로파일은 미검상태인 현재의 범죄자들을 충분하고 정확하게 포함하지 못한다. 이러한 특성으로 인해 귀납적 범죄자 프로파일은 지속적으로 법집행기관에 발각되지 않고 있는 교활하고 영리한 범죄 모집단 자료를 놓치고 있다. ③ 모든 일반화가 그렇듯이 귀납적 범죄자 프로파일이 부정확성의 문제를 안고 있다. 이러한 부정확성은 무고한 사람들을 범죄에 연루시키는 오류를 범할 수 있다. ④ 이러한 현상은 비전문적인 프로파일러에 의해 프로파일링이 이루어질 때 발생할 가능성이 높다. ⑤ 수사적 관점에서 가장 중요한 단점은 귀납적 범죄자 프로파일이 부적절할 수 있으며, 개별적인 범죄자에게 적용시킬 수 있을 만큼 세부적이지 못한 경향이 있다.

---

358) 김성문, 강력범죄 우범자 관리를 위한 프로파일링 기법적용에 관한 연구, 강원대학교 박사학위 논문, 2007, pp. 84-86.

359) 앞의 논문, pp. 84-86.

(2) 연역적 프로파일링

1) 개 념

연역적 프로파일링(inductive profiling)이란 일정한 범죄사건 또는 일련의 범죄사건들과 관련된 각종 물적 증거 또는 범인의 행태적 증거를 분석하여 범인의 성격 등 제반 특성을 추론하는 기법을 말한다.[360]

2) 특 징

귀납적 기법과 달리 일정한 범행유형과 성격유형 등을 설정하지 않고 개별 사건별로 파악되는 객관적 자료를 분석함으로써 구체적인 프로파일링을 구축한다. 연역적 프로파일링은 범죄현장분석을 핵심으로 법과학적・행태적 증거에 바탕한 범죄재구성자료, 피해대상 및 피해자의 성격, 일상활동행태, 범행 시 활동내용 등 피해자학적 자료 등의 분석을 통하여 프로파일링 자료를 확보한다. 따라서 수사관의 개별 경험에 바탕한 자료수집, 분석 등 경험적 요소가 중요하다.[361]

연역적 접근법 중에서 가장 대표적인 방법론은 터비(Brent E. Turvey)가 개발한 '행동증거분석기법'이다.[362] 행동증거분석 기법은 시간이 많이 걸리고 수사실무부서들 사이에 고도의 노력과 협조가 필요하다는 점 등으로 인해 수사실무자들이 쉽게 활용하기 힘든 단점이 있지만, 프로파일링에 관한 경험적인 기초연구가 부족하고 범죄자 유형을 구분할 수 있을 만큼 자료가 축적되지 않은 상태인 한국사회의 수사현실에 보다 적합한 기법일 수 있다. 따라서 한국에서 주로 사용하는 기법이다.

3) 전 제

범죄수법은 범인이 범행에 더욱 익숙해지고 환경적 변화에 따라 적응하는 형태로 변화함으로써 범죄수법의 진화형태를 보인다. 그러나 범인의 만족을 위한 특정행동과 범인의 심리상태는 변하지 않는 항상성을 가진다. 프로파일러는 범인의 심리상태와 결합된 행동패턴의 분석을 통하여 범인의 성격 등 범인의 개별적 특성을 확인한다. 따라서 프로파일링은 심리학, 범죄학, 피해자학, 사회학, 법과학 등 종합적인 지식이 요구된다.

---

360) Brent E. Turvey, *op.cit.*, pp. 35-52.

361) 권창국, 앞의 책., pp. 128-130.

362) Brent E. Turvey, *op.cit.*, p. 1.

4) 프로파일 작성과정[363)]

① 제1단계: 자료수집 및 평가단계

프로파일러는 범죄현장증거, 피해자관련 자료, 법과학적 분석자료, 수사기관의 각종 보고서, 사진 등의 영상이미지 자료 등을 수집하고 평가한다.

② 의사결정 및 평가단계

프로파일러는 지금까지 수집 및 평가된 자료를 기초로 소위 의사결정단계 및 범죄평가단계로서 범죄상황을 재현하는 단계이다. 이 단계에서 프로파일러는 지금까지 확보한 자료를 조직화하여 범죄유형, 범인의 1차적 의도, 피해자의 위험요소 및 정도, 범인의 위험감수의도, 범행시간, 장소선정의 이유 등 범행과 관련된 제 요소의 형태와 그 이유를 합리적으로 설명하는 노력을 한다.

③ 가설설정 단계

위에서 확보된 자료를 기초로 구체적인 프로파일링 자료를 작성하는 단계이다. 이 자료에는 범인의 성격 이외에도 교육수준, 지능 기타 정신적 기능, 범죄경력, 군복무 경력, 가족관계, 습관, 사회적 관심과 대상, 주거지와 그 환경, 차량 등 이동수단, 타인과의 사회적 관계 기타 수사상 조언 등이 포함된다.

④ 피드백 과정

작성된 프로파일링 내용은 객관적 자료와 비교하는 환류과정(feedback)을 거쳐 최종적으로 일선 수사기관에 배포되고, 프로파일러는 수사진행과정에서 확보되는 추가자료 등을 고려하여 항시 프로파일자료의 불일치성을 해소하기 위하여 점검한다.

5) 장 점[364)]

① 피해자학과 피해자, 범죄현장과 범죄자 간 상호작용의 성질을 탐구하기 때문에 아주 기괴하거나 혹은 외관상 중요하지 않은 범죄들에서도 개별 범죄자의 동기들을 매우 정확하게 파악할 수 있고 또한 계속적으로 발생하는 개별 범죄자들의 행동을 조사할 수 있다. ② 프로파일을 만들기 위하여 통계적 추론을 사용하지 않기

---

363) *Ibid.*, p. 35.
364) 김성문, 앞의 논문, pp. 84-86.

때문에 범죄행동을 평가할 때 비교문화적 측면에서 다양한 문화에서도 적용이 가능하다.

6) 단 점[365)]

① 범죄현장 증거 등의 분석 및 프로파일 작성과정에 프로파일러의 개인적인 역량에 지나치게 의존하게 됨으로써 이것이 객관적 기준에 따른 판단결과인지 여부에 대한 검증이 어려우며 전문 파일러의 양성에 많은 시간과 비용이 든다. ② 방대한 자료에 대한 분석과정을 통해 프로파일이 작성되므로 많은 시간이 소요된다. ③ 귀납적 프로파일링과 마찬가지로 일선 수사기관의 경험적 판단에 따라 유효성을 검증하는 관계로 객관적인 유효성 검증이 어렵다. ④ 프로파일의 정확도가 분석가의 이용가능한 정보의 양에 의해 직접적인 영향을 받는다.

---

365) 앞의 논문, pp. 84-86.

제22장

기타 감정기법

제1절 슈퍼임포즈 기법

1. 개 념

슈퍼임포즈 기법(superimposition method)은 하나의 이미지 위에 다른 이미지를 올려놓고 정확한 얼굴을 확인하기 위한 기법이다. 이는 물건위에 물건을 겹쳐서 만든다는 사진기술적인 용어로서 이중으로 겹치는 방법으로 물체를 감정하는 기법을 말한다. 특히 이 기법은 법의학적으로 활용되어 사체의 신원감정 기법에 사용된다.

2. 원 리

백골화의 사체 또는 부패된 사체의 특정 개인, 즉 추정되는 사람의 생전의 사진을 확대 또는 축소하여 음성원판을 만들고 이것과 사체의 두개골을 슈퍼임포즈기기로 촬영하고 음성원판을 작성하여 2개의 원판을 관찰상자(view box)에 올려놓고 특징점을 비교 검토한다. 두정부의 형태, 코, 눈, 치아와 입술과의 관계, 아래턱의 가장자리 모양 등을 보아서 두개골의 양성사진과 생전의 사진이 일치하면 본인이라고 단정할 수 있는 유력한 참고자료가 된다.

3. 활 용

① 슈퍼임포즈 감정은 신장, 체격, 성별, 외상 등을 검사하면 더욱 좋으나 슈퍼임포즈 감정은 두개골만으로서는 두형, 봉합의 상황, 치아의 소견 등을 상세히 검사함으로써 신장, 체격, 성별, 외상 등을 검사할 수 있다.

② 슈퍼임포즈 감정방법은 열차사고, 항공기의 추락사고, 대형화재 사고, 부패로 백골화된 사체 등의 신원을 확인하는데 활용된다.

제2절 토양검사법

1. 개 념

토양(soil)은 보통 주거침입절도 현장에서 발견되는 물적 증거이지만, 흔히 많은 다른 강력범죄수사에 있어서 중요한 역할을 한다. 토양은 양적으로 풍부하고 운반이 아주 용이하기 때문에 과학수사에 있어서 중요한 증거가 되어 왔다. 토양은 파쇄 또는 풍화된 암석과 석영・운모 등의 무기물. 그리고 솔잎・홀씨・분해된 잎사귀 등의 식물성 물질이 혼합되어 있다. 주변의 소량의 샘플을 가지고도 그 구성물이 유의하게 다를 정도로 토양은 서로 특이하고 복잡하다. 토양의 특이성은 부식의 정도, 무기물, 특별한 샘플에 존재하는 인공적인 요소들에 의하여 결정된다.366)

토양검사법은 토양의 특이성을 활용하여 용의자의 신발, 의복 기타에 부착된 미량의 토양이나 부스러기와 범죄현장이나 그 주변에서 채취한 토양 시료를 비교검사함으로써 동일 지점의 토양여부를 감별하는 감정기법이다.

2. 토양의 채취기법

① 용의자 또는 피해자의 의류 및 신발 같이 운반가능한 물체위의 토양 채취는 그 물체 전체를 포장하여 과학수사 실험실에 송부해야 한다. 이때 토양을 물

---

366) Gilbert, *op.cit.*, p. 204.

체로부터 채취하려고 해서는 안 된다. 그러한 시도는 토양의 오염과 가치있는 비교요소들의 상실을 초래할 수 있기 때문이다. 토양이 이동불가능한 물체, 즉 마루나 자동차같은 물체위에 부착되어 있을 경우에 토양은 깨끗한 봉투나 유리병에 채취하여 포장한 후 과학수사실험실에 송부해야 한다.[367]

② 범죄와 관련된 물건에 부착된 토양을 검사하여 염분, 금속성분, 형광물질, 농약 기타의 인위적인 오염에 의한 지역상황을 고려하여 그 물건과 장소와의 관계를 밝혀 필요한 수개소의 토양과 비교검사할 경우가 있다.

③ 현장에서 채취하는 대조토양은 현장에서 수 m 간격으로 여러 지점에서 채취하고 사건과 무관한 곳, 즉 용의자와 피해자의 집이나 작업장 등에서도 토양을 채취하여 비교 감정하여야 한다. 대조토양은 지표면에서 2～3cm 이내의 표면 흙을 2～3 숟가락 정도 채취하면 충분하다.[368]

④ 용의자 또는 피해자의 의류 및 신발의 토양을 채취할 경우에는 외관상 색상이 다른 토양은 각각 별도로 채취한다.

⑤ 각종 증거물에 부착된 토양의 색상, 입자상태 및 부착물질을 관찰한 후 현장토양과 비교하여 정확한 부위의 토양을 채취한다. 즉, 용의지점의 토질이 서로 다른 경우에는 그 모두를 별도로 채취한다.

3. 감정방법

① 토양의 감정방법으로는 중액법(토양의 비중차이 분석), 미생물에 의한 감별, 침강법, 편광현미경에 의한 검사, ph(수소이온농도)에 의한 분류법, 양이온 및 음이온 정성시험, 정색반응(토양의 성분에 따라 나타나는 색깔차이) 등이 있다.

② 토양의 동일 여부 감별법은 토양의 부착상태, 사건현장을 고려하여 감정법을 선택해야 하며, 특히 물리적·화학적 검사 결과를 종합하여 판정해야 한다.[369]

---

367) *Ibid.*, p. 204.

368) 홍성욱·최용석 공역, 앞의 책., p. 173.

369) 김광원 외, 수사Ⅰ, 유한문화사, 2006, p. 406.

제3절 법 식물학

1. 의 의

범죄현장 주변의 흙 또는 범죄자의 옷·구두와 자동차 흙받이 등에서 검출되는 식물잎사귀나 씨앗, 꽃가루, 나무껍질, 잔가지 등에서 식물의 명칭 및 분포지역, 생육시기 등을 추정할 수 있다. 식물에서 나오는 이러한 물질들이 사람의 의복, 차량, 공구 등에 부착될 경우에 범죄 증거물이 될 수 있다.[370] 또한 사체부검의 결과 위 내용물에서 검출되는 섭취음식물 중 발견되는 식물의 종류에 따라 그 분포지역 및 생육시기 등을 추정함으로써 수사단서를 확보할 수 있다. 법식물학이란 식물 그 자체의 특징을 감정하여 수사단서를 제공하는 분야이다.

2. 식 문

식문(植紋)이란 식물 잎사귀에 있는 표피세포의 형태가 식물종류에 따라 각각 달라 고유한 형태를 지니고 있어서 사람의 지문과 같은 기능을 하는 것을 의미한다.[371] 용의자의 옷이나 차량 등에서 발견된 나무 잎사귀에서 식문을 검출하여 용의자가 범죄현장에 있었다는 사실을 밝힐 수 있다.

3. 감정 대상

(1) 식물의 조각

식물의 줄기, 뿌리, 잎, 꽃, 열매 등이 발견되는 경우 식물 외부의 형태 및 현미경에 의한 관찰로 식물 이름의 감정이 가능하다.

(2) 식물의 고형물

식용식물 중 사람의 위와 장내에서 소화되지 않은 고형물이 검출되기도 한다. 이

370) 홍성욱·최용석 역, 앞의 책., p. 176.
371) 양태규, 앞의 책., p. 635.

등 식물의 외부 및 내부형태는 화학적 검사에 의해 식물명의 감정이 가능하다.

(3) 식물의 유체

식물이 사람의 위나 장 또는 토양 속에서 부패하지 않고 원래의 모양을 그대로 유지하고 있는 경우에는 그 식문(植紋)을 감정할 수 있다.

제4절 총기사건 감식

1. 총기발사잔사 분석

총기를 발사하면 총기발사잔사(gunshot residue. GSR)라고 부르는 미세입자가 분출되어 총기사용자의 손에 부착된다. 또한 뇌관화약에는 납, 바륨, 안티몬 등의 화합물이 포함되어 있으므로 발사자의 손에 그러한 화합물이 묻어 있을 수 있다. 연구결과에 의하면, GSR은 발사자의 손에 약 6시간까지 남아 있는 것으로 증명되었다. 손에 묻은 GSR은 총기발사 직후에 가장 많고 시간이 경과함에 따라 그 양이 점차 감소한다. 따라서 총기를 발사한 용의자를 체포할 때 손을 뒤로 하여 수갑을 채우면 GSR이 떨어지므로 종이봉투를 씌우는 등으로 보호조치를 하고 가능한 한 빨리 GSR을 채취해야 한다.

GSR은 원자흡수분광도법이나 유도결합플라즈마분광도법으로 분석할 경우에는 면봉에 묽은 질산을 묻혀 채취하고, 주사형전자현미경-에너지 분산형 X선 분석법의 경우에는 접착테이프를 붙인 소형 알루미늄 봉으로 채취한다.372)

2. 총기 증거물 채취

(1) 총기 수거

사건현장에서 총기를 발견한 경우 총기의 위치를 측정하고 스케취 및 사진 촬영

372) 앞의 책., pp. 292-295.

하기 전에는 절대 만지면 안 된다. 총기를 수거할 때에는 지문, 혈흔, 모발, 피부조각, 섬유, 목재조각, 페인트, 시멘트, 흙 등과 같은 증거물이 훼손되지 않도록 주의해야 한다. 탈락된 모발, 혈흔, 섬유 등은 시험관에 따로 모으고 총기에 부착된 지문이나 다른 단서가 훼손되지 않도록 조심스럽게 포장한다. 총기와 포장재 사이의 접촉이 최소화되도록 나무상자, 단단한 판지상자 등에 총기를 매달아 포장하고, 미세증거물이 떨어질 수 있으므로 솜, 거즈, 휴지 등으로 싸지 않는다. 지문과 혈흔이 모두 묻은 총기에 지문분말을 사용하면 혈흔이 없어질 수 있으므로 주의해야 한다.

장전된 실탄이 발사될 수 있는 위험이 있으므로 권총처럼 가벼운 총기라도 방아쇠울 속으로 나무 등을 걸어 들어 올리는 것은 피해야 한다. 또한 결정적 단서가 될 수 있는 총구에 있는 증거물이 훼손될 수 있으므로 총구에 연필이나 막대기를 끼워 총기를 들어내는 행동은 절대 금물이다.

총기를 확보했으면 제일 먼저 지문부터 감식해야 한다. 총기 외부에서 지문검사가 끝나면 장전된 실탄을 뽑아내는 등의 안전조치를 취한 후 총기를 법과학 감정소로 보낸다. 자동권총은 약실에 들어 있는 실탄을 뽑아낸 후 탄창을 제거한다. 이때 약실이나 탄창에 있던 실탄에 지문이 있으므로 실탄을 꺼낸 후 지문부터 검사한다. 총기감정관에게 보낼 경우 탄창에 장전된 실탄을 뽑아내면 안 된다. 실탄에는 지문이 있을 수 있으며, 탄창에 의한 긁힘흔이 중요한 수사단서가 될 수도 있다.[373)]

총기에 흙이 묻어 있으면 일단 피해자가 신발을 신은 발로 발사한 자살사건인 경우가 많다. 끈, 허리띠, 막대기 등으로 격발장치를 작동시켜 자살한 경우에는 방아쇠 혹은 방아쇠울에 섬유, 오염흔, 그을음 등이 남아 있을 수 있다.

(2) 탄환의 채취

탄환의 위치는 발사위치, 발사방향, 또는 탄환의 진행경로를 알 수 있다. 현장에 떨어져 있는 탄환은 수거하여 별도 포장을 한다. 벽면에 박힌 탄환을 채취할 때에는 미세한 마찰흔이 손상될 수 있으므로 칼, 끌, 펜치 등으로 파내어서는 안 된다. 탄환이 박힌 벽면이나 나무을 크게 자른 후 겉에서부터 조금씩 잘라내는 방법으로 탄환을 회수한다.[374)]

373) 앞의 책., pp. 296-300.
374) 앞의 책., p. 307.

탄환이 신체에 박혀 있는 경우 수술 또는 해부를 하여 탄환을 수거해야 하고, 수거시에 수술기구 등을 절대로 사용하지 말고 수술용 장갑을 낀 손으로 채취하여야 한다.

(3) 탄피의 채취

탄피는 발사 당시 총기에서 생긴 흔적이 남아 있고 이 흔적은 용의총기에 의한 발사여부를 확인할 수 있는 중요한 증거물이다. 탄피에 생기는 여러 흔적 중에서도 격침이 뇌관을 타격할 때 생기는 흔적과 탄피밑면에 생기는 흔적이 가장 중요하다. 약실에 있는 흠집도 탄피에 특이흔을 만들 수 있고 이를 이용하여 발사 총기를 확인할 수도 있다. 감정할 탄피는 절대로 약실에 넣어 보아서는 안 된다. 탄피가 총기에 긁히면 기존에 있던 특이흔이 지워지고 다른 흔적이 생기기 때문이다.[375]

제5절 문서감정

1. 의 의

문서란 문자 또는 부호를 사용하여 영속할 수 있는 상태로 어떤 물체 위에 기재한 의사표시를 말한다. 범죄수사와 관련하여 문서감정의 대상은 범죄의 수단 등에 사용된 문서류의 진위 등을 판정하는 것이며 문서의 손상여부를 감정하는 것은 아니다.

2. 문서감정의 종류

문서감정은 필적 감정, 인영감정, 필흔재생감정, 타자문자나 인쇄문자 등의 인자감정, 유가증권 위·변조감정, 탄화문자감정, 불명문자감정, 필기구색소 감정, 그리고 문자의 기재시기 추정감정, 인영이나 지문의 날인 시기 감정 등 다양하다.

---

375) 앞의 책., pp. 305-306.

3. 문서감정의 목적

문서감정의 목적은 ① 수사방향의 설정을 목적으로 하는 감정, ② 수사절차를 위한 감정, ③ 사실입증을 위한 감정으로 구분할 수 있다.

4. 필적감정

(1) 감정의 기초

필적은 개인에 따라 항상성, 즉 자획구성의 형태, 필순, 필압, 필세 등에 항상성이 존재하며, 배자, 오자 등에 있어서 희소성이 존재하므로 이를 기초로 필적감정이 행하여진다. 필적감정은 감정대상 자료와 대조자료를 수집하여야 가능해 지며, 감정자료는 대상자에게 보여주어서는 안 되고, 감정대상 자료와 동일한 서체, 필기구, 용지를 사용한다. 감정자료는 반드시 원본이어야 하며 대조자료도 평소 필적이어야 한다. 복사본은 감정자료로 적합하지 않다.

(2) 대조자료

대조자료는 크게 비공식 필적인 평소필적과 공식 필적인 시필의 두 가지가 있다.[376]

1) 평소필적

비공식 필적은 대상자가 평소에 작성한 문서로서 편지, 지원서, 업무일지, 수표 등 일상생활 과정에서 나올 수 있는 문서 등이 해당된다. 평소필적은 그 진위여부가 의심될 수 있기 때문에 증거로 채택되지 않는 경우도 있지만, 자연스런 필적을 얻을 수 있는 가장 좋은 방법이다.

2) 시필(試筆)

용의자가 필정감정을 위해서 새로 작성하는 시필은 용의자에게 수사관이 감정대상 자료와 동일한 필기구, 용지, 서체를 이용하여 감정물과 동일한 내용 또는 유사

---

376) 홍성욱・최용석 역, 앞의 책., p. 122.

한 문장을 쓰도록 하여 수집되어야 한다.

시필작성시 수사관은 감정대상 문서와 유사한 문장을 직접 불러주고 용의자가 입으로 따라 말하면서 적도록 한다. 인간의 뇌는 각기 다른 두 가지 동작을 하게 되면 뇌에 혼란이 와서 자연히 평소 습성이 나타난다. 대조필적은 안락한 곳에서 작성하도록 하고, 대상자가 필적을 숨기려고 한다면 가끔 말을 걸거나 새로운 용지를 주어서 지속적으로 필기하지 못하도록 한다.377)

문장을 작성할 경우에 용의자는 서서, 앉아서, 엎드려서, 누워서 등 작성조건을 변경하여 받아 적도록 한다. 시필은 약 5장에서 10장 정도의 범위에서 받고 시필 끝 부분에 작성일자와 자신의 서명을 쓰도록 한다. 시필로 작성한 문장은 사전·사후를 막론하고 보여주거나 읽히지 말아야 한다. 또한 주소나 성명, 연월일, 금액 등에 대해서는 기재하는 위치, 고저 등을 지시하지 말아야 한다.

5. 인영감정

(1) 개 념

인영은 특정인의 동일성을 법적으로 증명하기 위하여 사용되는 일정한 형태의 형상물로서 일반적으로 인장이라고 부른다.

(2) 인영감정의 대상

인영감정은 2개 이상의 인영의 동일성 식별, 2매의 용지에 간인된 인영의 동일성 식별, 인영문자의 판독, 위조인영의 식별 등이 대상이다.

(3) 자료수집방법

인영감정을 위한 자료는 반드시 원본을 수집하는 것이 원칙이다. 대조인영은 가능한 실인도 함께 송부하고 불가능할 경우에는 증거물과 동일한 용지에 지면조건을 달리하여 최소한 20 내지 30개의 날인을 하여 그 용지를 송부해야 한다. 실인을 날인하여 의뢰할 경우에는 인장을 현 상태대로 날인한 후 다시 손질하여 재 날인 한

---

377) 앞의 책., p. 123.

다. 인장을 처음 제조하여 날인하였을 경우와 장기간 사용하였을 경우에는 사용빈도에 의해 변화상태가 수반되므로 가능한 한 인감류인 경우에는 관청에 등록된 인영을 수집한다.

(4) 위조인영의 감정방법

1) 비교현미경에 의한 방법

2개의 인영을 같은 비율로 확대하여 그 확대된 인영의 문자를 1개의 접안렌즈를 통하여 동일시야 내에서 비교하는 방법이다.

2) 확대투영기에 의한 방법

인영을 10~25배로 확대하여 문자와 획선의 형태를 검사하여 위조여부를 확인하는 방법이다.

3) 확대원판에 의한 투시적 검사

2개의 인영을 동일한 조건하에서 같은 배율로 확대 촬영한 원판을 겹쳐 광선을 투시함으로써 양쪽 인영의 합치여부를 검사하여 위조여부를 확인하는 방법이다.

4) 확대사진에 의한 검사

2개의 인영을 동일한 조건하에서 촬영하여 같은 배율로 확대사진을 만들어 각각 양 인영을 반분하여 우반부와 좌반부 인영을 각각 접합시켜 비교 검사하는 방법이다.

5) 기하학적 계측법

2개의 인영을 확대·촬영한 후 선에 의한 기하학적 구획을 작도한 후 미세한 부분을 비교하여 동일성 여부를 검사하는 방법이다.

6. 불명문자 감정

(1) 의 의

불명문자는 문자를 기록하는 과정이나 기록된 후 고의·자연현상 또는 일상생활

과정에서 육안으로는 무슨 글자인지 알 수 없는 상태가 된 것을 말하며, 불명문자의 감정이란 이 불명문자를 육안으로 볼 수 있도록 여러 가지 방법을 통하여 현출하여 해독하는 것을 말한다.

(2) 검사방법

불명문자는 처음부터 알아보기 힘든 경우, 처음에는 알아볼 수 있는 글을 삭제하거나 자연적인 퇴색에 의해 없어진 것으로 구분된다. 불명문자의 검사에는 적외선과 자외선에 의한 관찰, 적외선 사진, 자외선 사진, 혹은 형광사진, X선 사진 등의 광학적 검사법이 이용되고 있다. 또한 광학적 방법에 의해 검출되지 않는 문서는 약품을 사용한 화학적인 감정방법도 이용되고 있다. 광학적인 방법이 검체를 오손하지 않고 행하는 것에 반하여 화학적인 감정방법은 자료를 오염시키거나 변질시키기 때문에 특별한 경우를 제외하고는 대부분 사용치 않는다.

7. 문서감정이 불가능한 경우

(1) 부자연한 상태에 쓰여진 필적에 관한 감정

의자의 유무나 침대 위에서의 기재 여부 등 필기자세의 추정, 병자, 노인, 정신상태 등 필기시 육체적 조건의 추정 등은 감정이 불가능하다.

(2) 필자의 인적 사항

글을 쓴 사람의 성별, 연령, 직업, 학력 등에 관한 감정은 불가능하다.

(3) 잉크의 기재시기에 관한 감정

① 기재연월의 추정, ② 독립으로 존재하는 필적간의 기재시기의 전후관계의 추정, ③ 변조 또는 가필문자의 기재시기의 추정은 불가능하다.

(4) 기 타

① 인영의 날인시기, ② 인쇄기기 또는 인쇄공정에 관한 감정, ③ 위조인쇄물의

위조방법에 관한 감정, ④ 워드프로세서 문자감정, ⑤ 불명문자를 기재한 기재용구 또는 잉크의 종류 감정 등은 불가능하다.

제6절 성문감정

1. 의 의

성문감정이란 귀로 들을 수 있는 소리를 눈으로 볼 수 있는 여러 가지 형태로 분석하여 얻을 수 있는 정보를 수사에 활용하도록 하는 감정방법이다. 성문(voice print)이란 목소리의 지문이란 뜻으로 성대의 진동이 목과 구강을 거쳐 입술밖으로 나오는 소리를 음성 분석 장치로 분해한 후 특수한 그라프 형태의 무늬가 나타나게 하는 방법이다. 성문감정은 개인마다 특성이 있어서 충분한 양의 음성만 확보되면 가성이나 교묘하게 남의 목소리를 흉내 내더라도 본래 목소리의 기본적인 특징을 밝힐 수 있다.

성문 감정은 음성에 의한 개인 식별, 화자의 성별, 연령, 언어영향권 등에 관한 추정, 녹음테이프의 인위적 편집여부, 주변음 및 기계음 분석, 녹취서 내용 확인, 잡음 제거 및 음질개선 등 음성음향적 분야에 관련된 감정을 총칭한다.

2. 음성녹음 방법

(1) 범인음성 녹음방법

1) 로젯트(Rosette)방법

로젯트방법은 전화선에서 직접 녹음하는 방법으로서 가장 음질이 좋으나 설치에 어려움이 있고 고정적으로 설치해 놓을 때에는 효과적이다.

2) 픽업코일(Pick-coil)방법

픽업코일 방법이란 픽업코일을 전화기에 부착하여 녹음하는 방법으로서 녹음상태가 불량할 가능성이 있으므로 사전에 예비실험을 하여야 한다.

3) 커플러(Coupler)방법

전화기의 수화기에 커플러를 부착하여 전자기적인 방법으로 녹음하는 방법으로서 가장 설치가 쉽고 정확히 음성을 채취할 수 있어 외국 수사기관에서 많이 이용되고 있다.

4) 음성정보채취기록 장치

수사를 목적으로 특수 제작된 전화음성 녹음장치로서 송수화기를 들면 자동적으로 녹음되기도 하고 통화도중에 수동적으로 녹음되는 것도 가능하다.

(2) 주의사항

① 커플러나 픽업코일은 자기의 영향을 받으므로 스피커, 컴퓨터 등 모터가 있는 기기는 멀리 두어야 한다.

② 전지약은 가능하면 아답터를 이용하는 것이 장시간 계속 사용하고 녹음중 작동이 중지되는 경우를 예방할 수 있다.

③ 소음원을 제거하기 위하여 커튼을 치는 등의 간단한 방음장치를 하고, 전화벨이 울리면 녹음을 시작하고 전화벨이 1~2회 더 울린 후 송·수화기를 든다.

④ 용의자에게 자연스런 대화를 유도하고 용의자의 음성을 될 수 있는 한 길게 녹음할 수 있어야 한다. 성문감정은 녹음방법이 같고 동일한 단어가 반복되어야 하므로 반복해서 길게 녹음하는 것이 중요하다.

⑤ 통화가 끝나면 즉시 송·수화기를 내려놓지 말고 5초 정도 더 들고 있다가 내려놓는다.

3. 감정의뢰

(1) 녹음테이프의 복사

① 녹음테이프를 감정 의뢰할 경우에 원본을 복사한 후 복사본은 의뢰기관이 보관하고 반드시 원본을 감정 의뢰한다. ② 녹음테이프 복사시 원본의 복사방지 텝을 먼저 제거한 후 복사하고, 고속복사는 피하고 의뢰기관에서 재생시 반드시 복사본을 사용하여 재생한다. 원본을 반복 재생하면 음질이 나빠질 경우가 있기 때문이다. ③ 감

정 의뢰 시 자기장의 영향을 받지 않도록 케이스에 넣어 잘 포장한 후 감정 의뢰한다.

⑵ 자료작성

① 녹음된 테이프를 감정 의뢰할 때에는 녹음에 사용된 기기 및 방법을 명시하고, 녹음 내용을 기록한 녹취서를 작성하여 동봉해야 한다. 이때 소음이나 주변음이 녹음되어 있으면 이에 대한 정보도 제공한다.

② 녹음테이프의 인위적 편집 여부를 감정 의뢰할 때는 녹음상황에 관한 진술을 기록하고 가능하면 녹음에 사용한 녹음기도 제시한다.

⑶ 감정의뢰 사항

① 두 가지 음성이 동일한 사람의 음성인지 여부, ② 여러 음성 중 주인공의 음성과 동일한 사람의 음성이 있는지의 여부, ③ 여러 음성이 몇 사람의 음성인지 여부, ④ 음성의 주인공에 대한 성별, 연령, 언어영향권 등에 대한 추정, ⑤ 녹음테이프의 인위적 편집여부, ⑥ 기타 기계음 및 주변음의 분석, 녹취서 내용확인, 음질개선 등 음성음향학적 문제에 관한 사항 등이다.

⑷ 단서어와 감정불가 사항

단서어는 ① 성문감정을 할 수 있는 양질의 단어, ② 크고 명확하게 한 말, ③ 반복적으로 한 말 등이며, 감정불가 사항은 ① 여러 사람이 녹음한 경우나 약하게 녹음된 경우, 녹음속도가 변한 경우는 성문감정이 어렵고, ② 가성으로 위장한 경우라도 성문감정이 가능하다.

제7절 디지털 포렌식

1. 개념정의

디지털 포렌식(Digital forensic)은 디지털과 포렌식의 합성어로서 디지털 증거의 수집과 분석에 관한 일련의 절차와 기술을 통칭하는 개념이다. 디지털 증거에 대한 과학적인 조사와 기술적 기법을 다루는 분야로서 일반적으로 컴퓨터 시스템이나 디지털 기기로부터 디지털 자료를 수집하는 단계로부터 이를 분석하고 분석된 자료에 대한 보고서를 작성하고, 증거를 보존하는 일련의 과정으로 이루어진다.[378] 디지털 포렌식의 절차는 일반적으로 ① 수사준비단계, ② 증거물 획득단계, ③ 증거물 분석 및 조사단계, ④ 보고서 작성단계로 이루어진다.

2. 디지털 증거의 증거능력[379]

(1) 증거의 진정성

디지털 증거의 진정성은 증거를 수집·분석하는 과정에서 오류가 없으며, 특정한 행위의 결과가 정확히 표현되었고 그로 인해 생성된 자료라는 것을 증명하는 문제이다. 증거 존재사실에 대한 입증은 특정한 시점에 그 디지털 증거가 존재한 사실과 출처를 밝히는 문제로 현장에서 증거에 대한 사진촬영과 타임 스탬핑(time stamping, 시간동기화), 참관인의 확인 서명을 받는 식으로 해결할 수 있다. 내용의 진정성에 대한 문제는 디지털 증거가 컴퓨터에 저장된 기록인 경우에는 직접증거로서의 위치를 인정받는다.

(2) 증거의 동일성

디지털 증거의 동일성은 원본 대신에 사본 증거를 수집하는 경우에 원본과 사본이 동일하다는 것을 증명하는 문제이다. 동일성 확보 방법으로는 일반적으로 디스크 이미징(disc imaging) 기술과 해싱 알고리즘(hashing algorism)이 이용된다.[380]

---

378) 사법연수원, 앞의 책., p. 26.

379) 앞의 책., pp. 23-25.

380) 디스크 이미징은 하드디스크와 정확히 같은 사본을 만드는 과정을 말하고, 해싱은 하나의 문자열을 원래의 것을 상징하는 더 짧은 길이의 값이나 키로 변환하는 것을 말한다. 짧은 해싱 키를 사용하여 항목을 찾으면 원래의 값을 이용하여 찾는 것보다 더 빠르기 때문에, 해싱은 데이터베이스 내의 항목들을 색인하고 검색하는데 사용된다.

(3) 증거의 무결성

디지털 증거의 무결성은 증거를 수집한 이후에 증거를 분석하고 보관하는 과정에서 증거가 위·변조되거나 훼손되지 않았다는 사실을 증명하는 문제이다. 무결성을 유지하기 위해서는 일반적으로 증거물에 대한 쓰기방지 기술을 적용하고 원본 대신 사본을 작성하여 분석을 수행한다. 또한 운반 또는 보관시에 충격방지와 자기장 및 전자파차폐, 증거 담당자 목록의 문서화를 해야 한다.

(4) 증거의 신뢰성

디지털 증거의 신뢰성은 분석 등에 참여한 조사관과 사용된 장비 및 프로그램, 분석방법과 그 결과 등을 신뢰할 수 있느냐는 문제이다. 이를 위해서는 숙련된 전문가에 의해서, 이미 검증되었거나 검증이 가능한 도구를 사용하여 표준절차에 따라 작업이 이루어져야 한다. 분석결과는 동일한 조건하에서 제3자에 의한 재현이 가능해야 한다.

3. 디지털 포렌식의 기본원칙

(1) 적법절차의 준수

사법경찰관은 디지털 포렌식의 전 과정에서 엄격한 적법절차를 준수하여 당사자의 프라이버시 및 인권을 최대한 보호하여야 하며, 표준절차와 지침에 따라 체계적으로 증거수집 및 분석을 해야 한다.

(2) 원본증거의 안전한 보존 및 무결성 유지

원본증거는 증거발생 당시의 상황과 유사한 상태로 보존되어야 한다. 데이터의 무결성은 디지털 증거가 증거로서 유효하기 위한 가장 중요한 요건이며 무결성이 훼손될 경우 증거능력도 사라진다. 무결성 유지는 가능하면 원본과 정확히 똑같은 사본을 작성한 후 원본은 봉인하여 보관하고 복사본으로 분석을 수행한다. 사본을 작성할 때에는 원본에 대한 쓰기방지 조치를 취하고, 사본매체는 기존의 데이터가 존재하지 않고 바이러스와 결점이 전혀 없는 완전히 깨끗한 매체를 사용한다.

(3) 증거분석자와 도구의 신뢰성 확보

디지털 증거의 분석은 디지털 포렌식 절차를 잘 알고 해당 분야의 전문지식을 갖추고 있는 전문가에 의해서 이루어져야 하며, 이미 검증되었거나 검증이 가능한 문석 장비와 도구를 사용하여 수행함으로써 신뢰성을 확보하여야 한다.

(4) 증거수집 및 분석과정의 문서화

증거수집 및 분석과정에 참여자, 수집 및 분석내용, 분석결과 등을 문서로 기록하여야 한다. 증거 수집 및 분석은 표준절차와 지침에 따라 수행되어야 하며, 그 과정에 참여한 행위자, 시간, 사용된 도구, 사용기법 및 그 결과 등을 구체적으로 기록하여야 한다.[381)]

(5) 증거보관의 연속성 유지

현장에서 수집된 증거가 법정에 증거로 제출될 때까지 거쳐 간 경로, 증거를 다룬 모든 사람, 증거가 옮겨진 장소와 시간을 추적할 수 있도록 증거 담당자 목록을 기록하여 관리해야 한다.

4. 디지털 포렌식의 유형[382)]

(1) 휘발성 증거분석

휘발성 데이터는 컴퓨터 시스템의 전원을 끄는 것과 동시에 사라지게 되므로 반드시 미리 신속하게 수집해야 한다. 휘발성 데이터로서 수집해야 할 구체적인 자료들은 레지스터와 캐시의 내용, 메모리의 내용, 네트워크의 내용, 네트워크 연결상태, 실행중인 프로그램 상태, 스왑 파일(swap file, 메모리 보조파일)의 내용, 기타 하드디스크 등에 저장되어 있는 파일과 디렉토리들에 대한 시간속성 정보 등이다.[383)]

---

381) 앞의 책., pp. 27-29.

382) 앞의 책., pp. 29-32.

383) 레지스터(registor)는 산술적 · 논리적 연산이나 정보해석, 전송 등을 할 수 있는 일정 길이의 2진 정보를 저장하는 CPU 내의 기억장치로서 주기억장치에 비해 접근시간이 빠르다. 캐시(cache)는 컴퓨터 시스템에서 데이터나 값을 미리 복사해 놓은 임시장소를 가리킨다.

일반적으로 휘발성 데이터는 디스크 이미지 복사 등을 이용하여 획득하는 것이 어렵기 때문에 수집한 데이터의 진정성을 입증하기 위하여 MD5 체크섬 값을 구하여 보존하는 것이 필요하다.384)

(2) 디스크 증거분석

디스크 증거분석은 주로 컴퓨터의 하드디스크, 플로피 디스크, CD, DVD, USB 메모리 등 비휘발성 저장장치로부터 데이터를 획득하고 분석하는 것을 말한다. 그 증거분석은 데이터가 저장되어 있는 하드디스크 등을 압수하거나 이미지 복사 등의 방법으로 디스크를 복제하여 증거를 확보한 뒤 분석하는 것이 일반적이다.

(3) 네트워크 증거분석

네트워크 증거분석은 네트워크상에서 전송중인 데이터를 획득하고 분석하는 것으로 전송중인 패킷의 헤더 부분을 분석하는 경우와 통신내용을 분석하는 경우로 나눌 수 있는 데 엄격한 「통신비밀보호법」 상의 증거수집 절차를 거쳐야 한다. 휘발성 데이터와 마찬가지로 그 진정성을 입증하기 위하여 MD5 체크섬 값을 구하여 보존하는 것이 필요하다.

(4) 데이터베이스 증거분석

데이터베이스 증거분석은 대형 시스템의 데이터베이스로부터 필요한 자료를 추출하고 분석하는 것을 말한다. 데이터베이스는 대부분 방대한 자료를 저장, 관리하고 있기 때문에 전체 데이터베이스 자료를 획득하여 분석하는 것이 현실적으로 불가능하다. 대형 컴퓨터 시스템, DBMS, 회계 등에 대한 전문적인 기술과 지식을 필요로 한다.

(5) 휴대폰 증거분석

휴대폰 증거분석은 휴대폰에 저장되어 있는 데이터를 획득하고 분석하는 것을 말

---

384) 체크섬(checksum)은 중복검사의 한 형태로써 오류정정을 통하여 전자통신이나 기억장치 속에서 송신자료의 무결성을 보호하는 단순한 방법이다.

한다. 휴대폰 증거분석은 데이터 획득 방법에 따라 논리적 접근 방식과 물리적 접근 방식으로 나누어진다. 논리적 접근 방식은 제조사에서 제공하는 PC 소프트웨어나 데이터 통신 프로토콜을 이용하여 데이터를 획득하는 것으로 제조사와 기종별로 서로 다른 인터페이스를 개발해야 하는 단점이 있다. 그러나 물리적 접근방식은 전체 물리 메모리를 비트 단위로 접근하여 데이터를 획득하는 것으로 하드 디스크의 이미지를 얻는 것과 동일하게 메모리의 모든 영역의 데이터 수집이 가능하다는 장점이 있다. 따라서 물리적 접근방식은 삭제된 데이터에 대한 복구율을 높일 수 있고 휴대폰 제조사와 기종에 관계없이 메모리내의 모든 데이터를 수집하여 분석할 수 있다.

(6) 프로그램 소스 분석

프로그램 소스분석은 프로그램의 원시코드를 분석하거나 원시코드가 없을 경우 역공학(reverse engineering) 등의 기법을 사용하여 증거로 확보된 프로그램의 작동 방식, 결과 등을 분석하는 것을 말한다. 따라서 고난도의 전문지식이나 기술, 소프트웨어 등이 필요하다.

제 4 편

조사기법과 수사행정

■ 제23장 피의자 조사기법

■ 제24장 수사행정

Criminal Investigation

제23장

피의자 조사기법

제1절 개 설

1. 의 의

조사란 범죄사실을 확정하기 위해 피의자 기타 관계인들에게 질문하여 임의로 그 진술을 듣고 사실의 진상을 발견하는 수사기관의 활동을 말한다.

2. 중요성

피의자는 사건의 진상을 누구보다 가장 잘 알고 있으므로 피의자 조사를 통하여 자백을 받아낸다면 사건의 진상을 명백하게 규명할 수 있다. 따라서 조사는 중요한 수사기술이라고 할 수 있다. 그러나 자백은 보강증거 있어야 증거능력이 있으므로 아무런 증거 없이 자백만을 강요하는 조사는 삼가야 한다.

3. 목 적

① 조사의 1차적인 목표는 수사자료의 확보에 있다.

② 범인의 주관적 요건인 고의, 동기, 목적 등을 확인하기 위하여 조사를 한다.

③ 수사결과에 의해 얻은 결과를 피의자로부터 직접 확인하는 것을 목적으로 한다.

제2절 조사요령

1. 기본적 태도

(1) 조사에 임하는 자세

피의자 등에 대한 조사는 조사관이 한 사람의 인간으로서 피의자를 만나서 범죄사실에 관한 진상을 피의자로부터 확인하는 과정이므로 인간적이면서도 자신의 임무에 충실한 태도를 견지해야 한다. 따라서 조사관은 ① 단정한 복장과 용모, ② 진실하고 성의 있는 태도, ③ 냉철 침착한 태도, ④ 자신 있는 태도로서 임해야 한다.

(2) 조사관의 심적 태도

조사관의 심적 태도 역시 피의자를 인간적인 측면에서 접근해야 한다. 따라서 ① 선입감 배제, ② 부인, 은폐, 후회 등으로 일관하는 피조사자의 심리상태 이해, ③ 명예심, 자존심 존중, ④ 모든 관계자료를 검토한 후 확고한 신념으로 조사, ⑤ 조급히 서두르지 말고 여유 있는 태도로 임해야 한다.

2. 조사 준비

조사관은 조사의 준비로서 사건내용 검토 후 관계법령 및 판례 등을 연구하고 피조사자에 대한 자료를 수집하고 검토하여 예비지식을 갖추어야 한다. 또한 증거물이나 조사자료는 검토·정리하여 정확하게 알고 있어야 한다.

(1) 조사실의 선정

1) 조용하고 정숙한 장소

조사장소는 분위기가 부드럽고 잡음이 없고 정숙한 장소(작은 방실)를 선택하고, 내부는 적당한 채광과 조명시설로 피조사자의 표정을 읽을 수 있어야 한다. 또한 피조사자가 외부를 볼 수 없도록 커튼 등을 설치해야 한다.

2) 임의성이 확보된 장소

① 조사실은 무도장, 지하실 등의 경우에 조사 후에 피의자에게 공포심을 주어 조사의 임의성이 저해되었다는 항의를 받을 수 있으므로 피한다. ② 조사실내에 경찰봉, 목봉, 죽도 등을 제거하여 고문의 의심을 받지 않도록 한다. ③ 부녀자 조사시에는 성년의 여자를 반드시 참여시키고, ④ 특별한 사정이 없는 한 피조사자에게 수갑을 채우거나 포승을 사용 않는 것이 좋다.

3) 사고를 미연에 방지할 수 있는 장소

피의자의 자해 기타 사고를 방지하기 위해 창가나 출입구에서 떨어진 실내 구석의 위치에 좌석을 준비하고, 또한 책상위에 송곳, 칼, 기타 위험물(화분 등)을 두지 말아야 한다. 조사자가 자리를 비울 경우 반드시 간수자를 두어야 한다.

4) 조사요원의 수

조사관과 피조사자는 1대1이 원칙이며, 그리고 참여인이 조사에 참여해야 한다. 다만, 보조자가 필요한 경우에는 3인 까지 둘 수 있다. 조사도중 참여인이나 보조자가 불필요하게 옆에서 간섭하는 것은 주조사관에게 실례이고 조사에 혼선을 초래하기 때문에 특히 주의해야 한다.

5) 조사관의 선정

사건의 내용, 성질, 상대방의 연령, 지위 등을 참작하여 조사관을 선정한다. 예컨대, 피조사자가 고위공무원인 경우에는 간부급이 담당하고 전과자일 경우에는 유 경험 조사관이 담당한다.

3. 조사기술

조사기술은 정형이 없다. 조사는 먼저 피조사자의 인간성을 파악하는 것이 중요하고, 피조사자의 지식정도, 연령, 성별, 종교, 정치성, 사회적 지위 그리고 교육정도에 따라 조사방법을 달리 해야 한다. 조사과정은 사건의 변두리에서 서서히 핵심부로 향하고, 인격적인 모독이나 상대방의 약점을 부각하는 말은 삼간다.

기억환기가 쉬운 순서로 질문하고 조사의 중점을 노출시키지 않아야 한다. 진술이 애매모호한 경우에는 반드시 진의를 확인하고 피의자에게 유리한 사항도 청취해야 한다. 그리고 진술을 도중에 차단해서는 아니 된다.

4. 일반적인 조사방법

(1) 모순추궁방법

① 단문장답의 원칙에 따라 피조사에게 적게 묻고 많은 진술을 하도록 자세히 몇 번이고 반복적인 질문을 하면 답변 중에 불합리하고 모순된 점을 발견할 수 있다.
② 모순되고 불합리한 점을 발견했다고 해서 그때마다 즉시 추궁하게 되면 변명만 초래하므로 기회를 보아 한꺼번에 추궁하는 것이 효과적이다.
③ 모순 추궁시 가장 효과적인 시기는 피조사자가 후회의 표정을 지을 경우와 정신적 동요를 보일 경우이다.

(2) 급소 찌르는 방법

사건이 단순하고 경미하거나 명백한 증거가 있고 여죄가 없는 피의자의 경우에는 우회적인 조사방법을 취하는 것보다 단도직입적으로 바로 급소를 찌르는 것이 효과적이다.

(3) 힌트 주는 방법

1) 힌트주는 시기

피조사자가 조사관은 아무 것도 모르고 있다고 오신하는 경우, 또는 자백자세를 보이다가 다시 주저하고 있을 경우, 기간의 경과 등으로 기억을 하지 못하여 진술하지 못하는 것이 분명하다고 인정되는 경우에는 범죄사실에 대한 힌트를 주는 것이 효과적이다. 또한 진술내용에 모순이 있고 피조사자가 범죄행위를 숨기려 하고 있다는 심증을 얻은 경우에도 힌트를 주는 것이 효과적이다.

2) 힌트 주는 방법

힌트를 주는 경우에도 ① 구체적으로 표현하지 말고 모호하게 흘려준다. ② 직접 범죄사실의 핵심 포인트를 명시해 주지 말고 간접적으로 느끼게 한다. ③ 범행일시 등은 분명하게 하지 말고 윤곽만을 표현하는 정도로 제시한다. ④ 압수한 흉기 등을 조사하고 이것으로 했겠지 하고 사건의 핵심에 영향을 주는 말로서 힌트 주는 방법은 피한다. ⑤ 힌트의 범위를 넘어서면 유도신문이 되어 자백의 임의성을 의심받게 되므로 필요 최소한도로 한다.

(4) 증거제시요령

1) 증거제시의 시기

① 피의자가 범행일체를 자백하고 그 자백이 진실이라고 확인된 뒤 증거를 제시하는 것이 원칙이다. ② 피의자가 범행을 부인할 경우에는 제시하지 않는 것이 좋다. ③ 피의자가 자백하지 않기 때문에 석방 또는 귀가시킬 마지막 단계에서 최후의 수단으로 제시한다.

2) 증거제시 방법

① 확실한 것만 제시한다. ② 장물이나 범행용구 등에 대해 제시하기 전에 먼저 피의자에게 그 모양, 특징, 수량 , 무게 등을 설명케 한 후에 제시한다. ③ 증거물에 피조사자가 손대지 못하게 하여 후일 재판정에서 그 때의 지문이라고 변명하지 못하도록 해야 한다. ④ 여죄가 없을 시 단도직입적으로 증거를 제시하여 부인해도 소용없다는 것을 깨닫게 하는 것도 하나의 방법이다. ⑤ 여죄가 있는 경우 처음부터 제시하지 말고 자백의 가능성이 있다고 인정되는 경우에만 제시한다. ⑥ 범죄일부만 자백한 경우에는 일부증거만 제시한다.

(5) 여죄의 조사요령

1) 유의사항

① 피의자가 여죄를 자백할 경우에는 그 자백이 끝날 때까지 메모하지 말고 머릿속으로 만 정리한다. ② 여죄 자백을 할 때에 그 내용에 대해 전화 확인을 하거나 어떤 조회를 하게 되면 피의자에게 조사의 이면을 보여주게 되기 때문에 주의해야 한다. ③ 조사에 참여하고 있는 보조자도 피조사자가 자백할 때마다 서류를 뒤적거리면서 확인하거나 연락을 위해 조사실 밖으로 나가는 일이 있어서는 안 된다. ④ 여죄의 자백 진술 중에는 외부인의 출입을 금지하고 정숙한 분위기를 유지한다. ⑤ 중

요한 여죄를 은폐하기위해 그 수단으로 경미한 사건을 여죄로서 자백하는 경우가 있다는 사실에 주의한다.

2) 추궁 방법

① 상습범죄자는 동일수법으로 범죄를 반복하는 습벽이 있으므로 수법자료를 비롯하여 유류지문이나 족흔통보표 등의 수사자료를 활용한다. ② 피의자의 신변수사를 통하여 생활비나 유흥비 지출내용을 파악하여 정상적 수입과 비교한 후 불합리한 점이 발견되면 추궁한다. ③ 해당 범죄 압수수색시에 여죄증거를 발견해야 한다.

(6) 변명에 대한 조사방법

처음부터 피의자의 변명을 막지 말고 다하도록 한다. 그래야 신뢰감이 형성 되어 자백할 마음이 생기게 할 수 있다. 변명이 많으면 그 과정에서 상호 모순되는 진술이 발견될 수 있고 이를 토대로 증거를 수집하여 더 이상의 변명을 불가능하게 만들 수 있다. 즉, 변명에 대한 뒷받침 수사로 진실을 확인한다.

또한 성의와 설득으로 자백을 촉구한다. 이를 위해서는 범죄의 정당화 심리의 이해, 인격존중, 사전조사의 철저와 면책불가능의 관념을 심어주는 등의 노력이 요구된다.

(7) 전과자 등의 조사방법

1) 전과자

전과자나 범죄경력이 있는 자는 죄책을 면하거나 범죄혐의를 가볍게 인정받기 위하여 또는 여죄추궁을 피하기 위하여 본적, 주소, 성명 등을 허위로 말하거나 때로는 형제, 지인, 교우까지도 은폐하려는 심리가 있다. 따라서 전과자 조사시에 다음과 같은 주의가 요구된다.

① 인간성의 약점을 찔러 부모, 처자 등의 가정문제로부터 시작하여 피조사자의 기분을 풀어준다. ② 피의자 중에 인정에 굶주린 자가 많으므로 온정을 베풀고 인간미 있는 조사를 하면 감동하여 마음을 돌리는 경우가 있다. ③ 설득만으로 불충분한 경우가 많으므로 증거를 약간 제시하고 급소를 찌르는 방법으로 체념시키는 조사방법도 필요하다. ④ 자신 없는 질문은 조사관의 약점만 드러내는 것이므로 피해야 한

다. ⑤ 고압적인 태도는 반항심을 불러일으킬 뿐 효과가 없다. ⑥ 여죄여부를 확인하기 위해서는 피해통보표를 확인해야 하고, 여죄가 없다고 단정하고 수법자료 기타제 자료의 검토를 게을리 해서는 안 된다. ⑦ 전과자는 대개 덤벼들거나 반대로 풀이 죽어 있는 경우가 많으므로 냉정·침착하게 다루어야 한다. ⑧ 피조사자가 은어를 사용하면 조사관도 은어를 사용하는 등 상대자에게 상응한 용어로 조사해야 한다. ⑨ 전과자 조사는 경험이 많은 조사관이 적합하다.

2) 초범자

① 공연히 큰 소리를 치거나 지나치게 이론적으로 추궁해서는 안된다. ② 초범자들은 필요이상으로 겁먹고 공포감에 질려 애매한 진술을 하거나 부인하는 경우가 있으므로 불안과 오해를 풀어주어야 한다. ③ 성의를 다해 조사하고 뉘우치도록 해야 하며 신뢰감을 갖도록 부드러운 태도로 조사해야 한다.

3) 소 년

① 연령의 확인 근거를 명백히 해 준다. ② 되도록 다른 사람의 이목을 끌지 않는 장소에서 조사하고, 알기 쉬운 말을 사용하고 은어는 사용해서는 안 된다. ③ 조사한 내용은 공개해서는 안 되며, 애정을 가지고 조사하고 교육적인 견지에서 다루어야 한다. ④ 장점을 발견하여 칭찬하고 장래의 희망을 갖게 한다. ⑤ 조사시 연소자의 경우에는 보호자나 교사를 참여시킨다. ⑥ 연소자는 암시나 유도에 걸리기 쉬우므로 질문방법에 주의해야 하며, 소년원출신자는 조사관의 동정을 사기위해 허위진술을 하거나 허위정보를 제공하므로 주의해야 한다. ⑦ 범죄의 원인 및 동기와 그 소년의 성격, 가정상황, 교우관계 기타 환경 등을 상세히 조사한 환경조사서를 작성해야 한다.

4) 부녀자

부녀자는 조사과정에서 성추행이나 성적 비하 발언 등이 문제가 되므로 다음과 같은 주의를 요한다. ① 원칙적으로 여자 참여인을 참여하게 한다. ② 단독으로 조사할 때에는 조사실의 출입문을 약간 열어 놓아야 한다. ③ 위압적인 조사를 피하고 동정적으로 조용히 조사한다. ④ 가정생활 등 사생활 관계는 상대자가 말하지 않는 한 필요 이상으로 질문해서는 안 된다. ⑤ 가정이 있는 부인에게는 특히 사건을 비밀로 하고 일체 공개하지 않는다는 약속을 하고 조사하는 것이 효과적이다. ⑥ 조사관을 유혹하거나 유아를 데리고 와서 울리거나 눈물로 하소연하는 등 조사를 모면하려고 하는 자가 있으므로 사전에 피의자 성격, 가정상태 등을 조사해서 그러한 수단에 넘어가지 않도록 주의해야 한다. 또한 야비한 언동이나 상대방의 몸에 손을 대는 일이 있어서는 안 된다.

5) 공범자

① 유의사항

ⓐ 공범자의 조사는 법정죄질이 경한 자, 성격이 약한 자, 순진한 자, 다변자, 감격성이 강한 자로부터 먼저 조사하는 것이 효과적이다. ⓑ 공범자가 서로 불신감을 갖도록 공작하는 것도 효과적이며 공범자의 진술이 서로 다를 경우 한쪽의 진실을 과신하지 말고 진상을 자백하도록 노력해야 한다. ⓒ 대개 먼저 조사한 피조사자의 진술이 맞는 것이라고 생각하기 쉬우므로 이런 선입감을 스스로 경계해야 한다. ⓓ 여러 조사관이 분담하여 조사할 경우 자기가 조사한 피조사자의 진술이 정확하다고 생각하기 쉬우므로 주의할 필요가 있다. ⓔ 진술과 실황조사서(검증조서)를 비교하여 그 범행의 불능이나 착오가 없었는지에 대한 검토를 해야 한다.

② 대질조사(신문)

공범자 사이에 의견이 불일치할 경우에 대질조사를 원칙적으로 하지 않는 것이 좋다. 그러나 대질조사를 할 경우에는 유의사항은 다음과 같다.

ⓐ 대질시기가 빠르면 좋지 않다. 그 이유는 피조사자 쌍방의 성격을 파악하는데 상당한 시일을 요하기 때문이다. 사전 지식이 없이 함부로 대질조사를 할 경우에 피조사자가 조사의 초점을 간파할 우려가 있다. ⓑ 피조사자의 관계 특히 조직폭력배나 대기업의 구성원들처럼 상하관계에 있는 경우에는 약자는 강자에게 눌리는 경향이 있으므로 진술내용에 대한 신중한 판단이 필요하다.

③ 통모방지

ⓐ 공범자들의 통모는 유치장 출입시, 세면장 출입시, 조사실 등에서 가장 많이 행해진다. 그러므로 유치실을 달리하는 등 통모방지에 노력해야 한다. ⓑ 조사관은 항상 간수근무자와 수시로 연락, 피조사자의 유치장내에서의 동정을 파악해야 한다.

(8) 자백의 검토

1) 의 의

좁은 의미의 자백은 범죄사실의 본질적 부분에 대해 불이익한 사실을 인정하는 진술을 말하고, 자인, 즉 넓은 의미의 자백은 본질적 부분이 아니고 종속적 사실이나 간접적 사실로서 자기에게 불이익한 사실을 인정하는 진술로서 승인이라고도 한다.

2) 자백검토의 필요성

자백한 사실은 우선 진실이라 추정한다. 그러나 허위 자백과 자백의 그릇된 내용도 있으므로 진위여부를 확인하기 위해 다른 증거와 대비하여 검토해야 한다.

3) 자백의 진위 판단 방법

자백의 진위는 사건 입증의 결정적인 관건이 된다. 그러므로 자백의 진위를 판단하는 것은 범죄해결에 결정적인 단서가 된다.

① 피의자만이 알고 있는 사실의 자백

피의자만이 알고 있으며 아무도 알지 못한 것을 고백하고 더구나 그것이 범행에 직접 관계되는 경우에는 그 진술의 진실성이 높다.

② 객관적 사실과의 불일치한 진술

자백한 사실과 객관적 사실이 불일치한 경우에 진실성이 없다고 해서 조사 당초부터 그것을 알리고 해명을 요구하는 것은 금물이다.

③ 자백동기에 대한 검토

어떠한 동기에 의해 자백하게 되었는가를 검토함으로써 후일 강제나 유도에 의한 자백이었다는 구실을 방지할 수 있다. 그러므로 자백 직후의 심적 고백을 청취할 필요가 있다.

④ 모순 · 불합리한 진술

진실한 자백은 그 진술에 일관성이 있으나 허위자백은 그 진술에 모순 · 불합리한 점이 많다. 특히 그것이 통상적으로 이해될 수 없는 경우에 그 자백은 의심스럽게 생각해야 한다.

⑤ 행동의 부자연한 점의 유무

피의자의 자백내용은 당연한 귀결이라고 이해될 수 있어야 한다. 진범이라면 당연히 이러한 행동을 취할 것이라든지, 이런 것은 진범이라면 일어나지 않을 것이라는 것을 경험법칙에 비추어 검토하는 것이 중요하다.

⑥ 유치장의 거동 파악

진실을 자백하지 않는 피의자는 유치장에서 식사를 잘하지 않거나 숙면하지 못하고 무언가를 골똘히 생각한다.

4) 임의성 검토

피의자의 자백이 진실일지라도 임의성이 없으면 증거능력이 부정된다. 따라서 임의성 확보를 위해서는 ① 조사 전에 진술거부권 고지, ② 심야 조사와 장시간 조사 등 무리한 조사 금지, ③ 자백의 이유와 자백 후의 심경 등이 진술조서에 적시, ④ 다수의 경찰관의 1인 상대 조사 금지, ⑤ 피의자 범행 부인 시 장시간 조사를 지양하고 증거자료 수집에 의한 유죄입증 등이 준수되어야 한다.

5) 진실성 검토

자백이 임의로 행하여진 경우도 고의로 허위진술을 하거나 착오로 진실이 아닌 진술을 할 우려가 있다. 따라서 허위와 착오를 구별하여 진실성을 검토해야 한다.

① 피조사자의 고의에 의한 진술

피의자는 불리한 부분을 감추기 위해, 두목이나 관계자 등을 대신해서 죄를 뒤집어쓰기 위해, 공범자에게 도주의 기회를 주고 또는 자신이 도주할 기회를 얻기 위해, 허영심으로 위장해서 자백하거나 자포자기 상태에서 자백한 것인가를 확인해야 한다.

② 착 오

피조사자의 관찰과 기억에 오류가 있어서 허위진술을 하였는지를 파악해야 한다.

③ 조사관의 책임

허위자백은 조사관의 폭행, 협박, 고문이나 일정한 진술을 기대하고 그 방향으로 유도한 결과일 수 있다. 또한 조사관은 고압적이고 피조사자가 이에 반항하는 경우, 또는 조사관이 피조사자의 진술을 무시한 경우가 있었는지를 엄격하게 검토해야 한다.

⑼ 조사관의 교체요령과 조사보조자

1) 조사관의 교체요령

피조사자의 완강한 부인으로 소기의 성과를 거두지 못할 경우 또는 조사관에 반항적이거나 감정적인 경우에는 조사관을 빨리 교체하는 것이 좋다. 단시간 내 자주 조사관을 교체하는 것은 바람직하지 못하며, 조사관의 교체는 근무관계를 가장하여 이루어지는 것이 합리적이다. 또는 후임 조사관을 상급자로 교체하는 것도 하나의 방법이다.

조사관의 교체 경우에 선 조사관은 교체 전에 중점사항과 피조사자 성격을 후임자에게 인계해야 하며, 후임 조사관은 어때 자백했어, 나 만만히 보아서는 안돼라는 등의 말을 삼가고 교체 시에는 반드시 다시 진술거부권을 고지해야 한다.

2) 조사보조자의 선정 및 보조방법

① 보조조사자의 선정

조사는 1대1이 원칙이지만, 부득이한 경우에는 보조자를 두는 것이 효과적이다.

② 보조 방법

보조자는 조사관이 장시간 조사 하다 질문자료가 없어 중도에 질문이 끊긴 경우 또는 조사관이 중점에서 벗어난 질문을 계속할 경우에 한하여 시기를 보아 피조사자가 눈치 채지 않도록 짧은 발언으로 조언한다. 중요사항에 관한 조언은 조사관과 사전에 협의해 두어야 한다.

⑽ 참고인 조사

1) 참고인 조사의 기본적 자세

참고인들은 조사로 인해 시간낭비, 피의자나 관계인의 원한이나 보복 우려, 조사기관에 대한 반감, 피의자 동정 등을 이유로 조사를 받거나 공판정에서 증언하는 것을 회피하는 경향이 강하다. 따라서 참고인 조사는 다음과 같은 많은 주의를 요한다.

① 감사하는 생각을 가지고 대한다. ② 상대자의 형편에 따라서 찾아가서 조사한다. ③ 출석요구에는 세심한 배려를 한다. ④ 참고인의 진술내용에 의해 범인으로부터 협박 받는 등의 우려가 있을 경우에는 참고인의 성명을 숨기고 비밀유지에 최선

을 다해야 하며 필요한 경우에는 적당한 보호조치를 취한다.

2) 조사요령

참고인 조사시에 피의자와 같이 취급하지 않도록 유의해야 하며, 후일에 증인출석과 비밀유지 등의 협조를 당부한다. 참고인 조사시에는 피의자의 권리인 진술거부권을 고지할 필요는 없다. 필요한 경우에는 참고인의 서면진술을 요구할 수 있으며 반드시 참고인의 자필로 작성해야 하고 조사관이 대서하지 않도록 한다.

3) 진술의 검토

참고인 진술이라고 해서 항상 진실한 것은 아니다. 이해관계인이나 특정인에 대한 감정, 수사관계자에 대한 반감 등으로 고의로 허위진술을 하거나 관찰기억의 착오로 틀린 진술을 하는 경우가 있다. 따라서 허위진술의 원인을 확인하고 사건 전반을 통해 불합리한 점이나 수사결과와 부합하지 않는 점이 없는가를 검토해야 한다.

4) 피해자 조사

피해자는 사건수사에 있어 수사자료 수집의 대상으로서 아주 중요하다. 범죄사실 확정, 범인에 대한 정보 확보에 가장 중요하다. 피해자 조사는 중요하고 긴급을 요하는 점부터 진술하도록 하고, 허위신고는 범죄현장의 부자연성과 피해상황에 대한 진술모순 등에 의해 파악한다.

5) 참고인 비용지급

경찰로부터 출석요구를 받고 지정된 장소에 출석한 참고인에게 경찰은 여비, 일당, 숙박료 등을 지급해야 한다. 그러나 참고인이 허위진술을 하였다고 인정할만한 상당한 이유가 있거나 진술거부시는 지급하지 않는다. 지급절차는 부득이한 사유가 있는 때를 제외하고는 진술 종료 후 즉시 지급해야 하며, 반드시 수령인의 기명, 날인을 받아야 한다.

제3절 수사서류 작성기법

1. 개 설

(1) 수사서류의 의의

수사서류란 수사기관 또는 일반인이 수사에 관하여 작성한 서류로서 구체적인 범죄의 증거에 참고가 되는 서류를 말한다. 수사서류는 다음과 같이 나누어진다.

1) 협의의 수사서류

수사기관이 범죄수사에 관해 당해 사건의 유죄판결을 목적으로 공소제기 및 유지를 위해 수사기관이 스스로 작성한 서류를 협의의 수사서류라 한다. 그리고 수사기관 외의 자가 작성한 서류로서 수사기관이 수집한 서류 중 내용적 의미만이 증거로 되는 것도 해당된다. 보통 수사서류라 하면 협의의 수사서류를 말한다.

2) 광의의 수사서류

협의의 수사서류를 포함하여 ① 범죄혐의가 없어 내사종결에 그친 서류, ② 수사행정에 관한 서류 등 수사에 관해 작성한 모든 서류를 광의의 수사서류라 한다.

3) 수사서류의 성격

수사서류는 증거물인 서면으로 볼 수도 있고 증거서류로 볼 수도 있다. 그 구별은 다음과 같은 학설에 의해 나누어진다.

① 절차기준설

당해 형사절차에서 작성된 서류는 모두 증거서류에 해당하며 그 이외의 서류는 증거물인 서면에 해당된다. 따라서 수사서류, 증인신문조서, 검증조서, 수사기관 작성의 진술조서 등은 모두 증거서류이다.

② 내용기준설

대법원 예규에 ⓐ 서류의 의미와 내용이 증거로 되는 경우에는 증거서류이고, 서류의 내용과 동시에 물리적 존재 또는 상태가 증거로 되는 경우는 증거물인 서면이다. ⓑ 따라서 증거서류는 법원의 공판조서, 검증조서, 수사기관의 피의자 신문조서, 진술조서, 진술서, 의사진단서 등이 해당되고, 증거물인 서면은 위조죄의 위조문서, 협박죄의 협박편지, 명예훼손죄의 명예훼손인쇄물, 무고죄의 허위고소장 등이 해당된다. 그리고 수사서류는 보고적 문서로서 증거서류에 해당된다. ⓒ 수사서류는 수사기록에 편철 보관하는데 반해 증거물인 서면은 압수해 보관한다는 보관방법상의 차이가 있고 법정에서 증거조사시 수사서류는 낭독으로 족하나 증거물인 서면은 제시와 요지의 고지가 필요하다는 증거조사 방법상의 차이 있다.

③ 작성자 기준설

당해 소송절차에서 법원 또는 법관의 면전에서 작성한 서류는 증거서류이고 그 밖의 수사기관이 작성한 서류는 증거물인 서면이다. 따라서 증인신문조서, 공판조서는 증거서류이고, 수사기관이 작성한 조서, 다른 사건에 법관이 작성한 조서는 증거물인 서면이다.

2. 피의자 신문조서

(1) 의 의

피의자신문조서란 수사기관이 피의자를 신문하여 그 진술을 기재한 조서를 말하며, 입건된 피의자에 대해서는 사건의 진상을 파악하기 위하여 피의자 신문을 하여야 한다. 그러나 참고인에 대하여는 피의자신문 조서를 작성하지 않는다.

(2) 특 징

① 사법경찰관이 작성한 피의자 신문조서는 '공판정에서 피고인이나 변호인이 제가 서명·날인한 서류이며 내용이 모두 사실입니다'라고 진술할 경우 증거로 할 수 있다. ② 사법경찰관이 피의자를 신문할 때에는 수사를 보조하는 사법경찰관리를 참여시켜 신문시에 강압적이고 독단적인 분위기가 아니었음이 입증되어야 한다. ③ 수사기관에 의한 진술거부권 고지여부는 명확히 하여 기재한다. ④ 피의자신문조서 작성시 변호인 참여권이 인정된다.

(3) 피의자 영상녹화

1) 배 경

① 수사과정의 영상녹화 제도를 도입하여 피의자 또는 피의자 아닌 자의 수사절차의 적법성과 투명성을 보장하고 인권침해를 방지해야 한다.

② 나아가 영상녹화물이 검사가 작성한 피의자신문조서 및 검사나 사법경찰관이 작성한 참고인 진술조서의 진정성 등을 증명하기 위한 방법으로 도입되고, 기억이 불명확한 경우 기억 환기 용 수단으로 사용할 수 있도록 하는 규정을 신설하였으므로 영상녹화에 관한 요건을 규정할 필요가 있다.

2) 영상녹화 절차

① 사전고지

피의자 영상녹화는 피의자나 변호인의 동의를 받을 필요는 없으나 미리 영상녹화를 한다는 사실을 알려 주어야 한다. 고지해야 할 사항은 ㉠ 조사실 내의 대화는 영상녹화가 되고 있다는 것, ㉡ 영상녹화를 시작하는 시각 및 장소, ㉢ 조사 및 참여 사법경찰관리 성명과 직급, ㉣ 진술거부권 및 변호인의 도움을 받을 권리, ㉤ 조사를 중단·재개하는 경우 중단 이유와 중단시각, 중단 후 재개하는 시각, ㉥ 조사 종료 및 영상녹화를 마치는 시각, 장소 등이다,

② 전체조사 과정 녹화원칙

조사의 개시부터 종료 시까지의 전 과정과 객관적 정황을 영상녹화 해야 한다. 조사의 객관적 정황 확보를 위해 필요한 경우에는 진술자가 조사실에 입실하는 순간부터 영상녹화할 수 있다. 따라서 당해 조사에서 의도적으로 조사과정의 일부만을 선별하여 영상녹화하는 방법은 허용되지 않는다. 그러나 여러 차례의 조사가 이루어지는 경우 최초 조사부터 모두 영상녹화하지 않으면 그 영상녹화물을 사용할 수 없는 것은 아니다.[1]

③ 영상녹화 후 조치

사법경찰관은 영상녹화가 완료된 때에는 2부의 영상녹화물을 작성하고, 영상녹화

1) 형사소송법 제224조의 2, 2007.6.1.

물 표면에 사건번호, 죄명, 진술자 성명 등 사건번호를 기재하여야 한다. 사법경찰관은 작성된 영상녹화물 중 1부는 원본으로서 피의자 또는 변호인 앞에서 지체없이 그 원본을 봉인하고, 피의자로 하여금 서명 또는 기명날인하게 하여야 하며, 나머지 1부는 부본으로서 수사기록에 편철해야 한다. 사법경찰관은 원본을 봉인할 때에 진술자의 기명날인 또는 서명을 받을 수 없는 경우에는 기명날인 또는 서명란에 그 취지를 기재하고 직접 기명날인 또는 서명한다.[2)]

④ **피의자 등에게 재생 시청조치**

사법경찰관은 원본을 봉인하기 전에 진술자 또는 변호인이 녹화물의 시청을 요구하는 때에는 영상녹화물을 재생하여 시청하게 하여야 한다. 이 경우 그 내용에 대하여 이의를 진술하는 때에는 그 취지를 기재한 서면을 사건 기록에 첨부해야 한다.[3)]

(4) 필수적인 피의자신문사항

1) 인정신문사항

① 인정신문이란 피의자를 특정할 수 있는 사항을 확인하는 조사로서 피의자의 성명, 연령, 본적, 주거, 직업 등을 신문과정을 통해 확인하는 것을 말한다. 직업의 경우에 피의자가 공무원이면 소속 및 직급을 명기하고 공무원증사본을 첨부해야 한다.

② 피의자 진술거부권을 행사하여 인정신문에 불응할 경우에는 지문조회나 그 밖의 신분을 증명가능한 서류로서 피의자임을 확인해야 한다. 그러한 방법으로도 피의자 신원확인이 불가능하면 인상, 골격, 추정연령, 기타 특징적인 사항을 열거하여 기재한다.

2) 기본적 신문사항

① 기본적 신문사항은 신문조서에 필수적으로 포함될 사항으로서 검사 또는 사법경찰관은 피의자에 대하여 범죄사실과 정황에 관한 필요사항을 신문하여야 하며 그 이익 되는 사실을 진술할 기회를 주어야 한다.

---

2) 범죄수사규칙 제75조-77조, 경찰청훈령 제526호, 2008.7.22.

3) 범죄수사규칙 제73-78조, 경찰청훈령 제526호, 2008.7.22.

② 피의자의 정상참작이나 인간성을 파악할 수 있는 자료가 될 수 있는 것들을 수집하여 기재한다.

③ ⓐ 전과의 유무(만약 있다면 그 죄명, 형명, 형기, 벌금 또는 과료의 금액, 형의 집행유예 선고의 유무, 범죄사실의 개요, 재판한 법원명칭과 연월일, 출소한 연월일 및 교도소명), ⓑ 기소유예 또는 선고유예 등 처분을 받은 사실의 유무(범죄사실의 개요, 처분한 검찰청 또는 법원의 명칭과 처분년월일), ⓒ 소년보호처분을 받은 사실의 유무(그 처분의 내용, 처분을 한 법원명과 처분년월일), ⓓ 현재 다른 경찰관서 그 밖의 수사기관에서 수사 중인 사건의 유무, 현재 재판 진행중인 사건의 유무, ⓔ 병역관계, 포상관계(훈장·기장·포장·연금), ⓕ 자수 또는 자복의 경우 그 동기와 경위, ⓖ 피해자의 환경, 교육, 경력, 가족상황, 재산과 생활정도, 종교관계, ⓗ 피해자를 범죄대상으로 선정하게 된 동기, ⓘ 피의자와 피해자의 친족관계 등으로 인한 죄의 성부와 형의 가중 여부, ⓙ 미성년자나 금치산자, 한정치산자인 때에는 그 친권자 또는 후견인의 유무, ⓚ 피의자처벌로 인한 그 가정에 미치는 영향, ⓛ 피의자의 이익이 될 만한 사항, ⓜ 술이나 담배 등의 기호식품을 복용하는 지 여부까지 질문하여 기재한다.

3) 범죄사실 관계

① 사법경찰관은 인정신문 등이 끝나면 구체적인 범죄사실을 조사한다. 사법경찰관이 작성한 피의자 신문조서는 실질적으로 특별한 논점이 없는 이상 검찰의 공소장이나 법원의 판결문의 기초가 된다.

② 범죄사실은 일반적 수사서류작성 부분에서 언급했듯이 6하(8하)원칙에 의해 간결하고 명확하게 특정될 수 있도록 한다. 특히 범행후의 피의자의 태도, 즉 범죄로 취득한 물건 처분여부 또는 범행후의 심적·정신적 상태까지 기재한다.

(5) 작성방법

1) 조서의 앞부분

① 성명은 호적에 기재된 이름을 기재한다. 구 성명, 개명, 이명, 위명, 통칭 또는 별명 등이 있는 경우에는 괄호를 하고 표시한다. ② 연령은 생년월일과 함께 기재한다. ③ 주민등록번호는 주민등록증에 있는 정해진 번호를 기재한다. 그리고 주거란

주소 또는 거소를 의미하며 어떤 경우에도 현재의 주거를 기재한다. ④ 본적이란 호적상의 소재장소를 말하고 전적한 자는 본적을 기재한 다음 괄호를 쳐서 원적을 아울러 기재한다. ⑤ 직업은 조사당시의 직업을 되도록 구체적으로 기재해야 한다.

2) 전문에 기재사항

① 피의자명, 피의사건명, 조서작성연월일, 조서작성 장소, ② 조서작성자 계급, 성명, 참여경찰관의 계급과 성명, ③ 피의자를 특정하는 사항을 기재한 다음 피의자에게 사건의 요지를 설명한 후에 반드시 구두로 진술거부권 고지, ④ 변호인 참여신청시 참여변호인 성명을 기재하고, 피의자 신문조서 작성시는 반드시 참여인이 있어야 하고 조서 모두와 말미에 참여인의 성명이 들어가야 한다.

3) 조서끝부분

① 피의자 진술의 임의성을 확보하기 위해 가급적 조서말미 신문사항에 피의자 자필로 답변을 쓰게 한다.

② 신문조서의 기재가 끝났을 때에는 피의자에게 열람하게 하거나 읽어 주어야 하며, 진술한 대로 기재되지 아니하였거나 사실과 다른 부분의 유무를 물어 피의자가 증감 또는 변경의 청구 등의 이의를 제기하거나 의견을 진술한 때에는 이를 조서에 추가로 기재해야 한다. 이 경우 피의자가 이의를 제기하였던 부분은 읽을 수 있도록 남겨두어야 한다. 피의자가 조서에 대하여 이의나 의견이 없음을 진술한 때에는 피의자로 하여금 그 취지를 자필로 기재하게 하고 조서에 간인한 후 기명날인 또는 서명하게 한다. 만일 서명·날인을 거부하면 그 사유를 조서에 기재해야 한다. 날인만 있고 서명이 없거나 양자가 모두 없는 경우는 조서로서의 증거능력이 없다.

③ 각종 조서의 작성권자는 사법경찰관리로 하고 소년이나 질병자, 또는 중상자 등을 조사할 때에는 대개 사법경찰관리가 아닌 참고인을 두게 되는데 이때 진술조서의 전문에 기재하여 그 뜻을 명확히 하는 외에 말미에도 그 사유를 기재한다.

④ 공무원이 작성하는 서류의 서명날인은 기명날인으로 갈음할 수 있으며, 변호인의 참여하에 진술조서를 작성한 경우 조서말미에 변호인의 서명·날인을 받는다.[4)]

4) 범죄수사규칙 제68-70조, 경찰청훈령 제526호, 2008.7.22.

3. 수사서류의 종류

(1) 수사보고서

1) 의 의

수사보고서는 사법경찰관리가 수사의 단서나 그 입수상황, 수사의 경과나 그 결과 등 수사에 관계있는 사항을 상사에게 보고하는 서면이다. 이 가운데 특히 사법경찰관리가 상사의 명을 받고 수사한 결과를 보고하는 서면을 수사복명서라고 한다.

2) 기 능

수사보고서는 원칙적으로 증거능력이 인정되지 않지만 다음과 같은 중요한 기능을 한다. ① 조직적 수사를 가능하게 한다. ② 수사서류간의 연결을 명확하게 한다. ③ 수사간부 등이 사건의 전모를 파악할 수 있게 한다. ④ 수사의 합리성을 증명하는 기능과 아울러 영장신청의 유력한 소명자료 기능을 한다.

3) 작성상 유의사항

① 수사보고서는 직접 수사에 종사한 자가 작성해야 한다. ② 수사보고서는 진실해야 하며 수사를 할 때마다 작성하여 보고해야 한다. ③ 작성이 끝난 후 반드시 내용을 검토해야 한다.

(2) 범죄인지보고서

1) 의 의

사법경찰관이 수사의 단서를 얻어 수사에 착수할 때에는 반드시 범죄인지 보고서를 작성·제출하여 상사의 지휘를 받아서 수사를 진행해야 한다. 그러나 긴급을 요하여 상사의 지휘를 기다릴 여유가 없을 때에는 먼저 적절한 조치를 취하고 사후에 보고하여도 무방하다.

2) 개념적 구분

① 실무상 인지

최초로 범죄혐의를 인지한 경찰관이 작성하는 보고서로서 범죄사실은 1차적으로 알게 된 상황만을 간략히 기록하여도 무방하나 인지경위, 즉 수사의 단서는 상세히 기록해야 한다.

② 절차상의 인지

ⓐ 범죄혐의를 인지하고 인지보고서를 작성하여 상사의 결재를 얻은 후 범죄사건부에 접수, 즉 입건에 의해 용의자는 피의자가 되는 동시에 수사의 대상이 된다. ⓑ 인지한 사건은 전부 수사종결하여 기소・불기소 여부를 불문하고 송치해야 한다. ⓒ 고소, 고발, 자수, 신고에 의해 수사에 착수할 때에는 범죄인지보고서를 작성하지 않고 수사결과보고서를 작성한다. 그러나 현행범을 체포하거나 인수한 때에는 범죄인지보고서를 작성한다. ⓓ 범죄인지보고서의 내용은 피의자 인적 사항, 범죄경력, 범죄사실, 인지경위, 적용법조 등의 순서아래 작성한다.

(3) 체포보고서

1) 의 의

체포보고서는 사법경찰관리가 피의자를 체포한 후 체포에 착수하여 체포완료시까지의 과정을 명백히 하기 위하여 작성하는 서류를 말한다.

2) 종 류

체포보고서는 체포영장에 의한 피의자 체포보고서, 긴급체포보고서, 현행범인 체포보고서 및 현행범인 인수보고서 등이 있다.

3) 체포보고서 작성요령

체포보고서의 공통적 작성 항목은 ① 인적사항(직업, 성명, 연령), ② 체포연월일시(실제 체포한 시간), ③ 체포장소 및 상황(실제로 체포한 장소의 행정구역에 의한 지번 등으로 특정), ④ 증거자료유무(증거자료의 유무는 있다, 없다로 기재) 등이다.

(4) 피의자 체포보고서

체포영장에 의한 피의자 통상체포의 경우에 작성하고 작성사항은 체포 연월일, 장소, 죄명, 본적, 주거, 직업, 성명, 주민번호, 생년월일, 범죄사실, 체포경위, 증거자료 기타 필요한 사항을 상세히 기재한다.

(5) 현행범인 체포보고서

사법경찰관리가 현행범인을 체포하였을 때에는 체포의 경위를 상세히 기재한 현행범인 체포보고서를 작성해야 한다.[5] 특히 체포한 경찰관은 피체포자가 미란다 원칙을 고지 받았음을 체포보고서에 기록해야 한다. 또한 민간인이 체포한 현행범을 인수한 경찰관은 체포자의 성명, 주민등록번호, 주거, 직업, 체포일시 · 장소 및 체포의 사유를 청취한 후 현행범인 인수보고서를 작성해야 한다. 현행범과 준현행범인 모두 포함되며, 현행범인인 때에는 범행과의 시간적 접착성과 범행의 명백성이 인정되는 상황을, 준현행범인인 때에는 범행과의 관련성이 인정되는 상황을 현행범인 체포보고서 또는 인수서에 구체적으로 기재해야 한다.

(6) 긴급체포서

① 사법경찰관은 피의자를 긴급체포한 경우에 즉시 긴급체포서를 작성하고 긴급체포원부에 사건번호, 피의자 인적 사항, 죄명, 작성년월일, 체포일시 및 장소, 체포자의 직위와 성명, 구금일시와 장소 등을 기재한다.

② 사법경찰관은 긴급체포후 12시간 이내에 관할 지방검찰청이나 지청의 검사에게 긴급체포 승인건의를 해야 한다. 다만, 기소중지된 피의자를 당해 수사관서가 위치하는 특별시, 광역시, 도 이외의 지역에서 긴급체포한 경우에는 24시간 내에 긴급체포 승인건의를 할 수 있다.

③ 긴급체포승인건의는 서면으로만 할 수 있다. 다만, 급속을 요하는 경우에는 긴급체포를 계속해야 할 사유를 상세히 기재하여 모사전송기로 긴급체포 승인건의를 할 수 있다.

④ 긴급체포한 피의자를 석방한 때에는 긴급체포원부에 석방일시 및 석방사유를 기재해야 하며, 즉시 검사에게 보고하여야 한다.

⑤ 사법경찰관은 긴급체포 후 석방된 자 또는 그 변호인 · 법정대리인 · 배우자 · 직계친족 · 형제자매로부터 통지서 및 관련 서류의 열람 · 복사요청이 있는 경우 이에 응하여야 한다.[6]

---

5) 범죄수사규칙 제82조, 경찰청훈령 제526호, 2008.7.22.

6) 범죄수사규칙 제81조, 경찰청훈령 제526호, 2008.7.22.

(7) 압수조서

① 사법경찰관이 증거물을 압수하였을 때에는 압수조서 및 압수목록을 작성해야 한다. 이 때 압수조서에는 압수경위를, 압수목록에는 물건의 특징을 기재한다.

② 간이압수절차로서 피의자신문조서, 진술조서 또는 실황조사서, 검증조서에 압수의 취지를 기재함으로써 압수조서의 작성에 갈음할 수 있지만, 이 경우에도 압수목록은 작성해야 한다.

③ 압수와 수색을 동시에 함께 한 경우에는 수색조서만을 작성하고, 소유자가 그 물건의 소유권을 포기한 경우에도 압수·수색시 압수목록과 압수조서를 작성하고 소유권 포기서를 제출하게 하여야 한다.

④ 경찰관은 압수목록을 작성하고 소유자, 소지자, 보관자 기타 이에 준하는 자에게 압수증명서를 교부해야 한다.[7)]

(8) 수색조서

수색이란 증거물이나 몰수할 물건 또는 피의자 발견을 위하여 사람의 신체, 물건 또는 주거 기타 장소를 점검하는 강제처분을 말한다. 법관이 발부한 압수·수색·검증영장에 의하여 수색을 한 경우에는 수색의 상황과 결과를 명백히 한 수색조서를 작성해야 한다. 압수와 수색을 동시에 함께 한 경우에는 수색조서만을 작성한다. 경찰은 수색한 결과, 증거물이나 몰수할 물건이 없을 때에는 그 처분을 받은 자에게 그 취지를 기재한 증명서를 교부하여야 한다.

(9) 진술조서

1) 의 의

진술조서란 수사의 목적을 달성하기 위하여 수사기관이 피의자 아닌 제3자, 즉 참고인의 진술을 기재한 조서를 말한다. 따라서 수사기관이 수사과정에서 피의자 진술을 기재한 서류는 피의자 신문조서이지 진술조서는 아니다. 피고인은 피의자가 아니라는 점에서 피고인의 진술을 기재한 조서도 진술조서라고 보는 견해가 있다.[8)]

---

7) 범죄수사규칙 제119조, 경찰청훈령 제526호, 2008.7.22.
8) 이재상, 앞의 책., p. 520.

그러나 수사기관이 작성한 피고인진술조서는 피의자 신문조서로 보는 견해도 있다.[9] 진술조서 작성은 임의수사의 일종이다.

2) 진술조서의 증거능력

검사나 사법경찰관이 작성한 피의자 아닌 자의 진술조서는 원진술자가 법정에서 진정성립을 인정하거나 영상녹화물 기타 객관적인 방법에 의해 진정성립이 증명되면 증거능력이 인정된다. 진술자가 내용을 부인하거나 조서내용과 다른 진술을 해도 증거능력이 인정되며, 피고인이 증거로 함에 동의할 필요도 없다.

3) 작성시의 유의사항

① 선별적인 참고인 출석요구

사건과 관련된 자들 중에 참고인으로서의 가치가 있는 자에 한하여 참고인 출석을 요구해야 한다.

② 우편진술제

ⓐ 다른 수사자료만으로도 불기소를 결정함에 문제가 없는 경우, ⓑ 절도죄에 있어서 피해자가 도난신고서를 이미 제출한 경우, ⓒ 동일한 유형의 피해자가 다수인 경우 등은 해당자 모두에 대해 참고인 출석을 요구하는 것보다는 우편진술제를 이용하여도 무방하다.

③ 고소취소 등의 경우

고소인이 고소를 취소하거나 피해자가 처벌의사를 철회하는 경우는 취소 등의 이유가 피의자 측의 강압이나 기망에 의한 것인지 여부를 일단 확인하고 그 이유를 명백하게 기재해야 한다.

⑽ 진술서

1) 의 의

진술서란 피고인, 피의자 또는 참고인이 스스로 자기의 의사, 사상, 관념 및 사실

---

9) 진계호 앞의 책., p. 588.

관계 등을 기재한 서면을 말한다. 따라서 작성 주체의 면에서 진술조서와 다르다. 진술서·자술서·시말서 등 명칭에 관계없고, 작성의 시기와 장소도 묻지 않는다. 따라서 반드시 당해 사건의 공판과 수사절차에서 작성된 것을 요하지 않고, 당해 사건과 관계없이 작성된 메모나 일기 등도 여기에 포함된다.[10)]

2) 진술서의 증거능력

① 피고인 또는 피고인 아닌 자의 진술서

피고인 또는 피고인 아닌 자의 진술서는 작성자의 진술에 의해 성립의 진정이 증명되어야 한다. 여기서 성립의 진정이란 실질적 성립의 진정이 아니라 형식적 성립의 진정을 말한다. 따라서 진술서는 작성자의 자필이거나 서명, 날인, 간인만 있으면 그 성립의 진정이 인정된다. 그러나 진술서는 워드나 타이핑도 가능하므로 반드시 자필일 필요는 없다.

② 특신상태

진술서 중 피고인의 진술서는 성립의 진정과 함께 그 진술이 특히 신빙할 수 있는 상태 하에서 행해져야 한다. 이는 진술의 신용성을 인정할 정황적 보장을 말하며, 이러한 특신상태가 인정되면 피고인이 공판준비 또는 공판 날에 행한 진술에도 불구하고 증거능력이 인정된다.[11)]

(11) 검증조서

1) 의 의

검증조서란 수사기관이 검증의 상황 및 결과를 기재한 서면, 즉 수사기관이 오관(오감)의 작용에 의하여 범죄현장에서 범인으로 하여금 범행을 재현하게 하고 범죄사실의 진상을 규명하여 그 결과를 기재한 서면을 말한다. 검증조서는 법원 또는 수사기관이 직접 지각한 내용을 작성한 서면으로서 비 진술조서에 해당하고 강제수사인 점에서 임의수사인 실황조사와는 다르다.

---

10) 진계호, 앞의 책., p. 591.
11) 앞의 책., p. 592.

2) 증거능력

① 검사 또는 사법경찰관이 검증의 결과를 기재한 검증조서는 적법한 절차와 방식에 따라 작성된 것이므로 공판준비 또는 공판기일에서 작성자의 진술에 의해 그 성립의 진정함이 증명된 때에는 증거로 할 수 있다.

② 이때 원 진술자는 검증조서의 작성자, 즉 사법경찰관을 말하고 검증에 참여한 자를 의미하는 것이 아니다. 따라서 단순히 검증에 참여한 경찰관의 증언으로는 검증조서의 증거능력이 인정되지 않는다.

3) 검증조서의 작성요령

① 형식적 기재사항(필수적 기재)

ⓐ 피의자 성명

피의자 성명은 검증시를 표준으로 한다. 검증시에는 피의자가 불명이었으나 그 후 성명을 알게 된 경우에는 소급하여 기재하지 않고 성명불상자라고 기재한다.

ⓑ 피의 사건명

피의사건명은 검증시에 추측되는 죄명을 기재하면 된다. 그러나 죄명은 반드시 기재해야 한다.

그리고 ⓒ 작성연월일, ⓓ 작성자의 서명 및 날인, ⓔ 검증 일시 및 장소, ⓕ 검증의 목적, ⓖ 검증의 참여인 등을 기재해야 한다.

② 실질적 기재사항(검증의 경위 및 결과)

ⓐ 검증의 조건

검증할 때의 기상, 시계, 명암, 지형, 대상장소, 물건 등이 기재대상이다.

ⓑ 현장의 모양

외부로부터 내부로, 전체로부터 부분으로, 상태로부터 변태로, 동종으로부터 이종으로라고 하는 검증의 원칙에 따라 순서대로 기재한다.

그리고 ⓒ 현장의 위치, ⓓ 현장부근의 상황, ⓔ 피해상황, ⓕ 증거자료, ⓖ 참여인의 지시설명, ⓗ 도면 및 사진 등을 기재해야 한다.

⑿ 실황조사서

1) 의 의

경찰관은 범죄의 현장 그 밖의 장소, 신체 또는 물건에 대하여 사실 발견을 위하여 필요가 있을 때에는 실황조사를 하여야 한다.[12] 실황조사서란 수사기관이 수사상 필요에 의해 강제력을 사용하지 않고 범죄현장 기타 범죄관련 장소, 물건, 신체 등에 대하여 그 존재 및 상태를 오관의 작용에 의하여 관찰하고 실험한 사실을 기재한 서면을 말한다. 따라서 실황조사는 임의수사에 속한다.

2) 실황조사의 참여인

경찰관은 실황조사를 할 때에는 거주자, 관리자, 그 밖의 관계자 등을 참여하게 하고, 그 결과를 실황조사서에 정확하게 기재해 두어야 한다. 또한 경찰관은 피의자, 피해자, 참고인 등의 지시, 설명 등 진술을 실황조사서에 기재할 필요가 있는 경우에는 피의자 신문조서와 참고인 진술조서에 명백히 해 두어야 한다. 경찰관은 피의자의 경우에 미리 피의자에게 진술거부권 등을 고지하고 그 점을 조서에 명백히 해 두어야 한다. 경찰관은 피의자의 진술에 의하여 흉기, 장물 그 밖의 증거자료를 발견하였을 경우에 증명력 확보를 위하여 필요한 때에는 실황조사를 하여 그 발견의 상황을 실황조사서에 정확히 해 두어야 한다.[13] 따라서 실황조사 참여자는 피의자, 피해자, 참고인 등도 포함된다.

3) 성 격

실황조사서는 검증의 결과를 기재한 검증조서와 그 실체에 있어서 다를 바 없으나 수사절차에 있어서 실황조사는 임의절차이고 검증은 강제절차인 점에서 다를 뿐이다. 다시 말해, 실황조사와 검증은 그 목적, 내용, 그리고 효과에는 아무런 차이가 없으나 다만 수사절차에서만 차이가 있을 뿐이다.

4) 증거능력

① 실황조사서는 공판준비 또는 공판기일에 작성자에 의해 그 성립의 진정성이

---

12) 범죄수사규칙 제135조, 경찰청훈련 제526호, 2008.7.22.

13) 범죄수사규칙 제135조, 136조, 137조, 경찰청훈령 제526호, 2008.7.22.

인정된 때에 한하여 증거로 할 수 있다.

② 실황조사서는 공판준비 또는 공판기일에 피의자였던 피고인이나 변호인이 그 내용을 인정한 때에 한하여 증거능력이 인정된다.

5) 작성목적

경찰관은 범죄의 현장 그 밖의 장소, 신체 또는 물건에 대하여 사실발견을 위하여 필요가 있을 때에는 실황조사를 하여야 한다. 그 목적을 구체화하면 다음과 같다.

① 범죄는 발견되었으나 범인이 불명하거나 증거를 발견치 못한 경우에 범인 및 증거의 발견을 위하여 작성한다. ② 범인은 판명되었으나 체포하지 못하고 도주한 경우에 범인의 도주 경로를 명백히 하고 범죄의 증명자료를 얻기 위하여 작성한다. ③ 범인은 검거되었으나 범행을 부인하는 경우에 범죄사실을 입증하는 자료로 삼기 위하여 작성한다. ④ 범인이 자백하였을 경우에 그 진위를 명백히 하는 자료로 사용하기 위하여 실황조사서를 작성한다.

6) 실황조사서의 기재사항

① 형식적 기재사항

ⓐ 피의자 성명과 피의사건명, ⓑ 작성자의 서명날인, ⓒ 실황조사의 일시, ⓓ 실황조사의 장소, ⓔ 실황조사의 목적, ⓕ 실황조사의 참여인, ⓖ 실황조사의 작성연월일 등이다.

② 실질적 기재사항

ⓐ 실황조사의 조건, 즉 실황조사를 할 때의 기상, 시계, 명암, 지형, 대상장소, 물건 등을 기재하고, ⓑ 현장의 모양, ⓒ 현장의 위치, ⓓ 현장부근의 상황, ⓔ 피해상황, ⓕ 증거자료, ⓖ 참여인의 지시설명, ⓗ 도면 및 사진 등도 기재한다.

7) 실황조사서 작성상의 유의사항

① 사실에 입각하여 있는 그대로 기재한다. ② 남이 보아서 알 수 있도록 기재한다. ③ 의견이나 추측을 기재하지 않는다. ④ 적극적 사항은 물론 소극적 사항도 기재한다. ⑤ 작위를 가하지 않는다.

⒀ 간이서식

1) 의 의

간이서식이란 간이형사제도의 일환으로서 사안이 단순하고 정형적인 형사사건 처리에 관한 서식을 말한다. 동일 내용을 2중·3중으로 기재하는 낭비를 막고 서류의 기재량을 최소한도로 줄여 사무량을 절감하며 내용을 일목요연하게 정리하려는 것이 목적이다.

2) 대상사건

① 교통사건: 「도로교통법」위반사건, 업무상 과실치사 상 사건, ② 폭행사건: 「폭력행위등처벌에관한법률」위반, 폭행, 폭행치상, 상해의 기수 및 미수사건, ③ 절도, ④ 도박사건, ⑤ 향군법 위반 등이 대상사건이다.

3) 작성요령

① 인적 사항

성명을 한글과 한자로 표기하고 주소란에는 반드시 통반을 기재해야 하며, 직업은 구체적으로 기재해야 한다.

② 범죄사실

ⓐ 서식의 항목 중에 해당이 없는 경우는 공란으로 두지 않고 사선을 긋는다. ⓑ 피의자의 진술을 구체적으로 기재하고 합의여부의 경우에는 합의금과 합의 이유와 경위 등도 기재한다. ⓒ 교통사고의 경우는 사고 당시 기후조건과 도로조건도 기재한다. ⓓ 범행경위란에는 구체적 동기, 행위시의 상황, 행위후의 정황 등 양형조건이 되는 제반사정을 모두 기재한다. ⓔ 단순범죄의 의견서 작성시 피의자가 5명 이상일 경우에는 간이서식을 사용하지 않는다. ⓕ 피의자가 수명이고 적용법조가 다른 경우에는 피의자별로 기재하고, 수명 간에 해당죄명이 다른 경우는 이름 앞에 해당죄명을 기재한다. ⓖ 증거관계가 복잡하거나 구속사건의 경우 간이서식으로 하는 것은 부적합하다.

4) 간이서식화 양식의 종류

① 간이피의자신문조서: 교통, 폭력, 절도, 향토예비군설치법 위반, 도박사건 등에

공통으로 적용된다. ② 간이의견서: 피의자, 죄명, 범죄사실, 적용법조, 전과 및 검찰 처분관계, 의견란 등이 해당한다. ③ 간이진술조서: 교통, 폭력, 절도 사건의 경우에 작성한다.

⒁ 신원보증서

1) 불구속 피의자에 대해서는 피의자의 출석을 보증받기 위해 신원보증서를 받아 신문조서 다음에 첨부해 두어야 한다.
2) 신원보증서를 작성하여 수사기록에 편철해야 하는 사건의 범위는 ① 구속영장이 기각된 피의자, ② 구속적부심으로 석방된 자, ③ 기소중지 재기사건의 피의자, ④ 고소사건중 고소 취소되지 않은 사건의 피의자, ⑤ 주거부정인 자, ⑥ 기타 관할 검찰청 검사장이 필요하다고 인정되는 경우 등이다.

⒂ 사건송치서

1) 의 의

사법경찰관이 객관적인 증거수집 등으로 범죄사건의 진상을 어느 정도 파악하여 구체적인 법령의 적용이 가능하고 검사에게 처리의견을 제시할 정도가 되면 수사를 종결하고 사건을 관할 지방검찰청 검사장 또는 지청장에게 송치해야 한다. 이때 작성하는 서류를 사건송치서라 한다.

2) 송치서류

① 송치서류

「범죄수사규칙」 제192조에 의하면, 사법경찰관이 사건을 송치할 때에는 수사서류에 ⓐ 사건송치서, ⓑ 압수물 총목록, ⓒ 기록목록, ⓓ 의견서, ⓔ 피의자 환경조사서, ⓕ 피의자의 본적조회 회답서 및 범죄경력조회(지문조회)통보서 등 필요한 서류를 첨부해야 한다. 다만, 「형의 실효 등에 관한 법률」 제5조 제1항 단서 제2호에 해당하는 경우로서 다음 각 호의 1에 해당하는 의견으로 송치할 때에는 범죄경력 조회(지문조회)통보서를 첨부하지 아니한다. 즉, ⓐ 혐의 없음, ⓑ 공소권 없음, ⓒ 죄가 안됨, ⓓ 각하 등은 범죄경력조회(지문조회) 통보서를 첨부하지 않는다.[14)]

② 송치서류의 편철순서

그 순서는 다음과 같다. ⓐ 사건송치서, ⓑ 압수물 총목록, ⓒ 기록목록, ⓓ 의견서, ⓔ 기타 서류 순이다. 기타 서류에는 각종 조서, 증거, 진단서, 수사보고서 등으로 접수 또는 작성일자 순으로 편철한다. 송치서류는 소속관서의 장인 사법경찰관의 명의로 한다. 압수물 총목록, 기록목록, 의견서에는 송치경찰관이 직접 간인하여야 한다. 통신 제한조치를 집행한 사건의 송치서에는 "통신제한조치 집행사건" 부전지를 부착하여 송치하여야 한다. 다만, 소속 관서장이 사법경찰관이 아닌 경우에는 수사주무과장인 사법경찰관 명의로 한다.

③ 송치후의 수사와 추송

경찰관은 사건송치 전에 첨부서류 중 조회회답 또는 통보서류를 통보받지 못하였을 때에는 그 사유를 사건 송치서 비고란에 기재하고 송치 후에 범죄경력을 발견하였거나 기타 회보를 받았을 때에는 추송서(추가송치서류)를 첨부하여 즉시 추송해야 한다.

④ 참고인 중지의견 송치

경찰관은 고소·고발사건에 대하여 기소, 기소중지 또는 참고인 중지의견으로 송치한 후 관할지방검찰청 또는 지청으로부터 그 사건에 대하여 혐의없음, 공소권 없음, 죄가 안됨, 각하의 처분결과와 함께 피의자에 대한 수사자료표를 폐기하도록 통보받은 때에는 지체없이 폐기하고 그 처분결과를 보고해야 한다. 경찰관은 참고인 등 소재수사지휘부를 작성하여 그 사본 1부를 수사기록에 편철하여 관리하고 매분기 1회 이상 참고인 등에 대한 소재수사를 하여야 한다.

⑤ 송치후 여죄발견

경찰관은 사건 송치 후에 당해 사건에 속하는 피의자의 여죄를 발견하였을 때에는 검사의 지휘를 받아 신속히 그 수사를 행하고 이를 추송하여야 한다.

⑥ 중요범죄사건부와 미검거 중요범죄 특별수사

지방경찰청장은 중요범죄 사건부를 비치하고 그 관할구역 내에서 발생한 중요범

---

14) 범죄수사규칙 제192조, 경찰청훈령 제526호, 2008.7.22.

죄 사건에 대한 발생보고나 검거보고를 접수하였을 때마다 정리하여야 한다. 또한 미검거 중요범죄 사건부를 비치하고 그 관할구역 내에서 발생한 중요범죄 중 발생 후 2개월 이내에 검거하지 못한 사건을 기재하고 계속 수사진행상황을 수시로 기입하고 정리하여야 한다. 경찰서장은 중요범죄에 대하여는 연 4회 이상 수사담당자를 지명하여 특별수사를 하여야 한다. 다만, 수사한 결과 전혀 검거할 가망이 없다고 판단되는 사건은 지방경찰청장의 승인을 얻어 특별수사를 생략할 수 있다.15)

⑦ 미검거 또는 미체포 사건 송치

사법경찰관은 미검거 또는 미체포 사건을 검사에게 송치할 때에는 각 피의자신문조서, 진술조서, 검증조서 등 장차 참고가 될 기록은 그 사본을 작성하여 중요범죄 미제사건으로 편철, 정리하고 계속 수사하여야 한다.

또한 미검거 사건의 수사주무관은 해당 사건을 다른 경찰관에게 인계할 경우에는 관계서류, 증거물 등의 인계를 확실히 하여 사후의 수사에 지장을 초래하는 일이 없도록 하여야 한다.16)

⑧ 죄명란

죄명은 경합범인 경우 가, 나, 다 순으로 하되 형이 중하거나 공소시효 장기순으로 한다. 적용되는 법률명은 띄어쓰기를 하고 형법범의 죄명은 대검찰청이 정한 죄명에 의하고 형법범 및 군형법범의 경우에 한하여 기수의 죄명 다음에 미수, 예비, 음모, 교사, 방조라는 문자를 붙여 기재한다. 특별법의 경우는 기수와 똑같이 ○○○법 위반으로 표시하며 미수·교사·방조의 경우는 표시하지 않는다.

⑨ 의견란

의견란 표시는 기소의 경우에는 붉은색으로 '기소', 불기소의 경우에는 의견별로 '혐의없음', '죄가 안됨', '공소권 없음', '기소중지'라고 푸른색으로 명확히 표시한다. 피의자가 수명일 때는 1, 2, 3으로 구분하고, 죄명은 법정형이 중한 정도에 따라 가, 나, 다 순으로 기재한다.

---

15) 범죄수사규칙 제198조, 경찰청훈령 제526호, 2008.7.22.

16) 범죄수사규칙 제198조, 경찰청훈령 제526호, 2008.7.22.

(16) 의견서

1) 의 의

의견서라 함은 사법경찰관이 범죄사건에 대하여 1차적인 수사를 마치고 검사에게 사건을 송치할 때 수사과정에서 밝혀진 사실을 간명하게 기재하고 이에 대한 적용법조, 범죄사실, 기소·불기소의 의견 등을 사법경찰관의 의견을 붙여서 제출한다.

2) 전과사실

전과사실을 기재하는 순서는 단순히 연도순으로 하는 것보다는 징역, 금고, 집행유예를 선고받은 경우는 먼저 이를 연도순으로 기재하고, 동시에 벌금형을 선고받거나 기소유예처분을 받았다면 이를 징역, 금고, 집행유예 다음에 기재한다.

3) 적용법조

① 기재범위

ⓐ 처벌규정, 금지규정이 별도로 규정된 경우는 양자를 모두 기재하고, 같은 조문은 같은 피의자에 대하여 중복기재하지 않는다. 처벌규정 또는 금지규정에서 다른 조문을 인용한 때에는 피인용 조문도 기재한다.

ⓑ 공동정범, 교사범, 방조범, 누범, 실체적 경합범, 상상적 경합범, 필요적 몰수 등은 기재하고, 형법규정 중 간접정범, 총칙 상 미수, 형의 가중·감경규정, 임의적 몰수, 추징, 벌금 등 임시조치법은 기재하지 않는다.

② 기재순서

ⓐ 기재순서는 처벌규정－금지규정－공범·누범·경합범－소년범 순으로 기재하고, 적용 법조가 여러 개 있을 경우에는 특별법－형법각칙본조－형법총칙 순으로 기재한다.

ⓑ 공범, 상상적 경합범은 해당조문 뒤에 표시하고 누범, 경합범은 끝에 기재한다.

(17) 수사장부 및 서류의 보존기간

1) 영 구

수사관계예규철은 영구보존 대상이다.

2) 25년

① 「범죄수사규칙」 제268조에 의하면, 범죄사건부, 압수부, 체포·구속인명부, 수사종결 사건철, 내사사건기록철, 수사미제사건 기록철, 영상녹화물 관리대장 등은 보존기간이 25년이다.[17] 또한 피의자소재발견 처리부는 「사법경찰관리집무규칙」 제72조에 의해 보존기간이 25년이다.[18] 다만, 범죄사건부와 체포·구속인 명부는 미리 각 페이지에 관할 지방검찰청 검사장이나 지청장의 간인을 받아야 한다.

② 구속인 명부는 특히 주민등록번호를 대조하여 기재함으로써 본인 여부를 반드시 확인하고 명확히 기재할 사항은 다음과 같다. ⓐ 구속관과 석방사항, ⓑ 죄명, ⓒ 인상착의, ⓓ 구속된 자의 인적사항, ⓓ 전과 및 가족관계

3) 10년

「범죄수사규칙」 제268조에 의하면, 통계철은 보존기간이 10년이며 「사법경찰관리집무규칙」 제72조에 의하면, 통계철의 보존기간은 5년으로 되어있다. 몰수·부대보전신청부는 보존기간이 10년이다.

4) 3년

① 통신제한 조치허가 신청부, ② 통신제한조치집행대장, ③ 긴급통신제한조치대장 등 통신제한과 통신사실확인 등과 관련된 서류는 전부 3년이 보존기간이다.

5) 2년

① 출석요구부, ② 체포영장신청부, ③ 긴급체포원부, ④ 현행범인체포원부, 구속영장신청부 등 체포와 구속관련 장부, ⑤ 압수·수색·검증영장신청부, ⑥ 보석자관찰부, ⑦ 처분결과통지서철, ⑧ 검시조서철, ⑨ 잡서류철 등의 보존기간은 전부 2년이다.

(19) 범죄통계 보존연한

각종 범죄통계의 보존기년한은 매년 분(1월1일부터 12월말까지)을 보존단위로 하여 다음 해 1월부터 계산하여 각각 다음 연한으로 한다.

---

17) 범죄수사규칙 제268조, 경찰청훈령 제526호, 2008.722.

18) 사법경찰관리집무규칙 제72조, 법무부령 제665호, 2009.5.29.

1) 20년

경찰청 및 지방경찰청, 경찰서발간 범죄통계분석지

2) 5년

발생·검거통계원표대장

3) 3년

피의자 통계원표 대장

4) 1년

발생통계원표, 검거통계원표

제24장 수사행정

제1절 유치장관리

1. 유치의 의의

유치라 함은 법적으로 인정된 일정한 장소에 피의자, 피고인, 구류인, 의뢰입감자 등의 도주, 증거인멸, 자해행위, 통모행위, 도주원조 등을 미연에 방지하고 동시에 유치인의 건강을 보호하기 위하여 신체의 자유를 구속하는 행위를 말한다.

2. 법적근거

① 피의자및호송규칙(경찰청훈령 제514호, 2007.10.30)
② 경찰관직무집행법 제9조(법률 제7849호, 2006.2.21)
③ 호송경찰관출장소근무규칙(경찰청훈령 514호, 2007.10.30)
④ 행형법(법률 제7849호, 2006.2.21)

3. 유치장 관리책임

(1) 경찰서장

경찰서장은 피의자의 유치 및 유치장의 관리에 전반적인 지휘·감독을 하여야 하며 그 책임을 져야 한다. 따라서 경찰서장은 매일 유치장을 감독순시하는 등으로 유

치장 근무자들의 근무태도와 유치인들의 유치상태 등을 확인하고 감독해야 한다.[19)]

(2) 수사과장

수사과장은 유치인 보호주무자로서 경찰서장을 보좌하여 유치인보호 근무자들을 지휘·감독하고 피의자의 유치 및 유치장의 관리에 관한 책임을 진다. 야간에는 상황실장이 유치인 보호 주무자의 직무를 대리한다.[20)]

(3) 수사지원팀장

수사과장을 보좌하여 피의자의 유치 및 유치장 관리에 적정을 기하여야 한다.

(4) 유치인보호관

유치인 보호관이란 실제로 유치장에서 피의자들과 같이 생활하면서 유치인의 건강 및 유치장 내에서의 질서유지, 유치인의 도주, 죄증인멸, 자해행위, 통모행위 등의 미연방지, 유치인 인권보장, 수사상의 자료 발견·수집 등을 임무로 하는 수사과의 경사 이하의 경찰관들을 말한다.

4. 피의자 유치절차

(1) 입·출감 지휘서

피의자를 유치장에 입감 또는 출감시킬 때에는 유치인보호 주무자가 발부하는 "피의자 입·출감지휘서"에 의하고, 동시에 3인 이상의 피의자를 입감시킬 경우에는 간부가 입회하여 순차적으로 입감시켜야 한다.[21)]

(2) 분리 유치원칙

① 여성과 남성 피의자, ② 형사범과 구류인, ③ 20세 이상의 자와 20세 미만의

---

19) 피의자유치및호송규칙 제4조, 경찰청훈령 제514호, 2007.10.30.
20) 피의자유치및호송규칙 제4조, 경찰청훈령 제514호, 2007.10.30.
21) 피의자유치및 호송규칙 제7조, 경찰청훈령 제514호, 2007.10.30.

자, ④ 신체장애인 및 사건관련의 공범자 등은 유치실이 허용하는 범위 내에서 분리하여 유치하여야 하며, 특히 신체장애인에 대하여는 그에 맞는 적정한 처우를 하여야 한다.[22)]

(3) 입감의뢰자의 임무

피의자의 사건을 담당하는 등 피의자의 입감의뢰자는 범죄사실의 요지, 구속사유, 성격적 특징, 사고우려와 질병유무 등 유치인 보호에 필요하다고 인정되는 사항을 유치인 보호 주무자에게 알려야 하며, 유치인 보호주무자는 입감지휘서를 통하여 유치인보호관에게 의뢰입감을 지시해야 한다.[23)]

(4) 입감 유치인에 대한 고지[24)]

1) 내국인 피의자

유치인보호관은 새로 입감한 유치인에 대하여 유치장 내에서의 일과표, 접견, 연락절차, 유치인에 대한 인권보장 등에 대하여 설명하고 인권침해를 당했을 경우에는 「국가인권위원회 시행령」제6조에 따라 진정할 수 있음을 알리고 그 방법을 안내하여야 한다.

2) 외국인 등에 대한 고지

경찰서장과 유치인보호주무자는 우리나라 말이 통하지 않는 외국인 등의 유치인에 대하여는 가급적 그 의미와 취지가 전달되도록 다양한 방법을 강구하여야 하고, 청각・언어장애인 등의 요청이 있을 때에는 수화 통역사를 연결하는 등 원활한 의사소통을 위한 조치를 취하여야 한다.

---

22) 피의자유치및호송규칙 제7조및 12조, 경찰청훈령 제514호, 2007.1030.

23) 피의자유치및호송규칙 제7조, 경찰청훈령 제514호, 2007.10.30.

24) 피의자유치및호송규칙 제7조, 경찰청훈령 제514호, 2007.10.30.

5. 유치인 신체 등에 대한 검사

(1) 신체와 소지품 검사

유치인 보호 주무자는 피의자를 유치할 때 유치인의 생명·신체에 대한 위해를 방지하고 유치장 내의 안전과 질서 유지를 위하여 필요하다고 인정될 때에는 유치인의 신체, 의복, 소지품 및 유치실을 검사하고 유치인의 소지품을 출감시까지 보관할 수 있다.

신체, 의복, 소지품의 검사는 동성의 유치인보호관이 실시하여야 하며, 여성유치보호관이 없을 경우에는 미리 지정하여 유치인의 신체 등의 검사방법을 교양받은 여성경찰관으로 하여금 대신하게 할 수 있다.

(2) 신체 등의 검사방법

유치인보호관은 신체 등의 검사를 하기 전에 유치인에게 신체 등의 검사목적과 절차를 설명하고, 스스로 위험물 등을 제출하도록 하여야 한다. 신체 등의 검사는 유치인보호주무자가 피의자 입·출감지휘서에 지정하는 방법으로 유치장내 신체검사실에서 실시하여야 하며, 그 종류와 기준 및 방법은 다음과 같다.[25)]

1) 외표검사

죄질이 경미하고 동작과 언행에 특이사항이 없으며 위험물 등을 은닉하고 있지 않다고 판단되는 유치인에 대해서는 신체 등의 외부를 눈으로 확인하고 손으로 가볍게 두드려 만져 검사한다.

2) 간이검사

일반적으로 유치인에 대하여 탈의막 안에서 속옷은 벗지 않고 신체검사에 입는 옷을 착용(유치인 원할 경우)하도록 한 상태에서 위험물 등의 은닉여부를 검사한다.

3) 정밀검사

살인, 강도, 절도, 강간, 방화, 마약류, 조직폭력 등 죄질이 중하거나 근무자 및 유

---

25) 피의자유치및호송규칙 제8조, 경찰청훈령 제514호, 2007.10-.30.

치인에 대한 위해 또는 자해할 우려가 있다고 판단되는 유치인에 대해서는 탈의막 안에서 속옷을 벗고 신체검사의를 갈아입도록 한 후 정밀하게 위험물 등의 은닉여부를 검사하여야 한다.

(3) 유치장내 알몸수색에 대한 판례

1) 피의자 신체검사의 법적 근거

교도관은 시설의 안전과 질서유지를 위하여 필요한 경우에는 수용자의 신체·의류, 휴대품, 거실을 검사할 수 있다. 신체검사시 불필요한 고통이나 수치심을 느끼지 아니하도록 유의해야 하며 신체를 면밀하게 검사할 필요가 있을 경우에는 다른 수용자가 볼 수 없는 차단된 장소에서 해야 한다.[26]

2) 흉기 은닉 우려 피의자 검사

피의자가 신체의 은밀한 부위에 흉기를 숨긴 채 유치장에 입소할 가능성이 농후하지만 외부관찰 등으로는 위 물품을 도저히 발견하기 어렵다고 볼만한 사정이 있는 경우에는 옷을 전부 벗긴 채 행하는 정밀신체수색은 위법이라고 볼 수 없다. 물론 이 경우에도 피의자에 대한 기본권 침해의 여지를 최소화하는 방법으로 실시되어야 한다.

3) 필요한 최소한도와 상당성

「공직선거법」위반으로 경찰서 유치장에 유치된 여성 피의자는 물론이고 다른 피의자들도 속옷을 벗은 채 앉았다 일어서기를 반복하는 행위는 정밀신체수색의 필요성과 상당성을 벗어난 것이다. 유치장 유치인에 대한 신체수색은 목적달성을 위하여 필요한 최소한도의 범위 내에서 또한 유치인의 명예나 수치심을 포함한 기본권이 침해되는 일이 없도록 충분히 배려한 상당한 방법으로 이루어져야 한다.

---

26) 행형법 제93조, 법률9136호, 2008.12.11.

(4) 위험물과 현금 등의 취급[27)]

1) 위험물 제출과 보관

유치인 보호주무자는 피의자가 다음과 같은 위험물을 소지하고 있는 경우에는 그 물건을 제출시켜 유치기간 중 이를 보관하여야 한다.[28)]

① 혁대, 넥타이, 금속물 기타 자살에 사용될 우려가 있는 물건, ② 성냥, 라이터, 연초, 주류 등 화재 기타 사고발생의 원인이 된다고 인정되는 물건, ③ 죄증인멸 등 수사에 지장이 있다고 인정되는 물건, ④ 독극물 및 다량 또는 장기 복용함으로써 현저하게 건강을 해칠 수 있는 약물 등이다.

2) 현금 · 유가증권 영치

피의자가 현금이나 유가증권 기타 귀중품을 소지하고 있을 때에는 유치인 보호주무자는 그 금품 등을 제출받아 영치하여야 한다. 위험물 또는 금품을 임치할 때에는 임치증명서를 교부하고 임치 및 급식상황표에 명확히 기재하여야 하며, 금품과 귀중품은 출납공무원에게 인계하여야 한다. 임치물은 석방시에 반납하여야 하나 유치인으로부터 신청이 있을 때에는 유치인보호주무자는 가족에게 이를 인도할 수 있다.[29)]

(5) 가족에의 통지[30)]

1) 구속통지

사법경찰관은 피의자를 구속한 때에는 지체 없이 서면으로 그 가족이나 그가 지정하는 자에게 구속통지를 하여야 한다.

2) 유치인 신상에 관한 통지

경찰서장은 유치인으로부터 신청이 있을 때에는 그 가족 또는 대리인에게 수사상 지장이 없는 범위 내에서 유치인의 신상에 관한 통지를 할 수 있다.

---

27) 피의자유치및호송규칙 제9조, 경찰청훈령 제514호, 2007.10.30.
28) 피의자유치및호송규칙 제9조, 경찰청훈령 제514호, 2007.10.30.
29) 피의자유치및호송규칙 제9조, 경찰청훈령 제514호, 2007.10.30.
30) 피의자유치및호송규칙 제11조, 경찰청훈령 제514호, 2007.10.30.

6. 여성피의자의 유아대동

(1) 유아대동의 허가

여성 피의자가 유아의 대동을 신청한 때에는 상당한 이유가 있는 경우 생후 18개월 이내의 유아에 대하여 경찰서장이 이를 허가할 수 있다. 유아대동 허가를 받고자 하는 자는 유아대동신청서를 제출하여야 하며, 경찰서장이 이를 허가할 때에는 동 신청서를 입감지휘서에 첨부토록 하여야 한다. 유치장에서 출생한 유아에게도 적용된다.31)

(2) 유아대동의 불허시의 조치

경찰서장은 유아의 대동을 허가하지 아니하는 경우에 그 유아의 적당한 인수인이 없을 때에는 관할서장·군수 또는 구청장에게 인도하여 보호하도록 하여야 한다. 유치장에서 출생한 유아의 경우도 마찬가지이다.

7. 유치인보호관의 근무

(1) 유치인보호관의 배치

경찰서장은 유치인보호관을 배치할 경우에 초임자. 사고징계자, 근무능률저하자 기타 책임감이 부족한 자를 배치하여서는 아니 된다.

(2) 유치인보호관에 대한 감독

유치장의 열쇠는 주간에는 유치인보호주무자가 보관하고, 야간에는 상황실장이 보관하고 관리한다. 그러나 유치실, 즉 유치장 내의 각 방의 열쇠는 응급조치 등에 대비하여 근무 중인 유치보호관 중 선임유치인 보호관이 보관 관리하여야 한다. 경찰서장은 매월 1회 이상 유치인보호관을 대상으로 유치에 관한 관계법령 및 규정을 정기적으로 교양해야 한다.

---

31) 피의자호유치및호송규칙 제12조, 경찰청훈령 제514호, 2007.10.30.

(3) 보호 유치실에의 수용

유치인보호관은 다음과 같은 행위를 한 자에 대하여 유치인보호주무자의 허가를 받아 근무일지에 그 사유와 시간을 기재한 후 유치장 내 보호 유치실에 수용할 수 있다. 다만, 이 경우에도 6시간 이상 수용하여서는 아니 된다.

① 자살, 자해 또는 도주 기도행위, ② 중범자나 먼저 입감된 자 또는 범죄경력 등을 내세워 같은 유치인을 괴롭히는 행위, ③ 언쟁, 소란 등 타인의 평온을 해하는 행위, ④ 건물, 유치실 시설내 비품, 대여품을 파손하는 행위, ⑤ 질병의 발생 등의 경우에 보호 유치실에 수용할 수 있다.

유치인을 보호 유치실에 수용한 경우 그 수용사유가 소멸된 때에는 지체없이 일반 유치실에 수용하여야 하며, 해당 유치인이 앞의 금지행위를 반복하였을 경우 보호 유치실에 재수용할 수 있다.

(4) 유치인 보호관의 근무지침[32)]

1) 지속적인 감시와 응급조치

유치인보호관은 반드시 제복을 착용하고 용모와 복장을 단정히 하고 유치장 내부를 계속 돌아다니면서 유치인의 동태를 감시하고 특이사항을 발견시에는 응급조치를 취하고 즉시 수사과장에게 보고해야 한다. 특히 자살 또는 도주우려 등 사고 우려자는 유치인보호관의 근무일지의 인계사항에 적색으로 기재하고 특별히 관찰하여야 한다.

2) 필요없는 자의 출입금지조치

유치장에는 관계직원이라 하더라도 필요 없이 출입하여서는 아니 되며 유치인보호관은 경찰서장 또는 유치인보호주무자의 허가 없이 필요 없는 자의 출입을 시켜서는 아니 된다.

(5) 유치인의 요청이나 의뢰에 대한 조치

유치인보호관은 유치인으로부터 다음 사항의 요청이나 의뢰가 있을 때에는 지체

---

32) 피의자유치및호송규칙 제19조, 경찰청훈령 제514호, 2007.10.30.

없이 유치인보호주무자에게 보고하여야 하며, 그 결과를 당해 유치인에게 알려주어야 한다.

① 변호인 선임 등에 관한 요청, ② 처우에 관한 요청, ③ 환형유치된 자의 가족 등에의 통지요청, ④ 질병치료 요청, ⑤ 기타 합리적이고 타당한 요구

(6) 유치인보호관의 수갑 등의 사용33)

유치인 보호관은 다음과 같은 경우에는 수사과장의 허가를 받아 유치인에 대하여 수갑이나 포승을 사용할 수 있다. 다만, 허가를 받을 시간적 여유가 없을 때에는 사용 후 지체 없이 보고하여 사후승인을 받아야 한다.

① 송치, 출정 및 병원진료 등으로 유치장 외의 장소로 유치인을 호송하는 때와 조사 등으로 출감할 때, ② 도주하거나 도주하려고 하는 때, ③ 자살 또는 자해하거나 하려고 하는 때, ④ 다른 사람에게 위해를 가하거나 하려고 하는 때. ⑤ 유치장 등의 시설 또는 물건을 손괴하거나 하려고 하는 때

그러나 수갑 등을 사용하더라도 경찰관서 내에서 조사가 진행 중인 동안에는 다음 각 호에 해당하는 자를 제외하고는 수갑 등을 해제하여야 한다. 다만, 다음 제1호 내지 제2호에 해당하는 경우라도 자살, 자해, 도주, 폭행의 우려가 없다고 판단되는 때에는 수갑 등을 해제할 수 있다.

① 「특정강력범죄의처벌에관한특례법」 제2조의 죄를 범한 자: 살인·존속살해, 위계 등에 의한 촉탁살인, 약취·유인의 죄, 성폭력범죄, 강도, 특수강도, 준강도 등의 강력범죄
② 「마약류불법거래방지에관한특례법」 제2조 제2항의 죄를 범한 자: 마약류 거래를 업으로서 행한 불법 수입, 마약류 불법 수입, 마약류 남용 선동
③ 자살, 자해, 도주, 폭행의 우려가 현저한 자로서 담당경찰관 및 유치인 보호주무자가 계구(戒具, 수갑이나 포승)의 사용이 반드시 필요하다고 인정한 자

---

33) 피의자유치및호송규칙 제22조, 경찰청훈령 제514호, 20-07.10.30.

(7) 유치인 질병에 대한 조치[34]

1) 별도 수용 또는 의료시설 수용

유치인보호관은 ① 유치인이 발병하였을 때, ② 임부(임신 후 6개월 이상의 부녀), ③ 산부(분만 후 60일이 경과하지 아니한 부녀자), ④ 노쇠자, ⑤ 고령자(70세 이상의 자)는 경찰서장에게 보고하여 독방에 수용하거나 의료시설이 있는 장소에 수용할 수 있다. ⑤ 유치인 질병이 위독하거나 조속히 치료될 가능성이 없어 그의 가족에게 연락이 필요한 때에는 그 사유를 가족에게 통지해야 한다.

2) 상비약품 비치

유치인보호관은 의사의 지시 없이 사용할 수 있는 ① 소화제, ② 외용연고, ③ 소독제, ④ 해열제, ⑤ 지사제, ⑥ 위생대 등에 대해 사전에 의사나 약사의 자문을 받아 부작용이 없는 것으로 비치하여야 한다.

8. 유치장 관계부책의 비치와 기재방법

(1) 구속인 명부

구속인명부에는 구속관, 석방사항, 죄명, 인상착의, 구속된 자의 인적 사항, 전과 및 가족관계를 기재하되 특히 주민등록번호를 대조 기재함으로써 본인여부를 반드시 확인하고 명확히 기재하여야 한다.[35] 구속인 명부와 범죄사건부는 미리 매 면마다 관할 지방검찰청 검사장 또는 지청장의 간인을 받아야 한다.

(2) 구속인 접견부

유치인의 성명, 접견신청자의 인적사항, 유치인과의 관계, 접견일자, 접견요지, 입회자 등 필요사항을 기재하여야 한다.

(3) 유치인보호관의 근무일지

유치인보호관의 근무상황, 감독순시상황, 정기점검결과, 재감자 현황, 위생상황 및

34) 피의자유치및호송규칙 제31조, 경찰청훈령 제514호, 2007.10.30.

35) 피의자유치및호송규칙 제5조, 경찰청훈령 제514호, 2007.10.30.

유치인의 의뢰사항과 조치결과 등을 기재하여야 한다.

(4) 임치 및 급식상황표

임치금품의 수량과 임치금의 사용명세서 등을 일자별로 정확히 기재하고 급식상황을 관·사식으로 구분하여 표시하여야 하며, 비고란에는 입감시부터 출감시까지 사용했던 유치실을 일자별로 구분하여 기재하여야 한다.

(5) 유치인 일과표

유치인보호주무자는 유치장 내에 유치인 일과표를 작성하여 게시하고 유치인에게 이를 열람하도록 하여야 한다.

9. 유치인 접견

(1) 변호인 접견

유치인 보호주무자는 변호인 접견 신청 서류를 접수한 때에는 변호인 접견실 기타 접견에 적당한 장소를 제공하여야 한다. 또한 변호인과 유치인의 접견이나 서류 기타 물건의 접수시에 유치인보호주무자는 가시거리에서 관찰할 경찰관을 지정하여야 하며, 서류 기타 물건의 접수를 방해하여서는 아니 된다. 다만, 수사 또는 유치장의 보안 상 지장이 있다고 인정되는 물건들이 수수되지 않도록 관찰하여야 한다. 유치인보호관은 수사 또는 유치장의 보안상 지장이 있다고 인정되는 물건의 수수를 발견한 때에는 유치인보호주무자에게 보고하여 이의 수수를 금지하여야 한다.[36]

(2) 비변호인과의 접견

변호인 이외의 자로부터 유치인과의 접견 또는 서류 기타 물건의 접수신청이 있을 때에는 이를 면밀히 검토하여 수사 또는 유치장의 보안상 지장이 없는 한 그 편의를 도모하여야 한다. 유치인보호주무자가 지정한 경찰관이 입회하되 도주 및 증거인멸의 우려가 없다고 인정되는 때에는 경찰관이 입회하지 않을 수 있다. 다만, 당해사건의 변호인이나 변호인이 되려는 자가 접견하는 경우에는 경찰관이 입회하여

---

36) 피의자유치및호송규칙 제33조 및 34조, 경찰청훈령 제514호, 2007.10.30.

서는 아니 된다. 경찰관이 입회하지 않는 경우라도 도주, 자해, 통모 등의 방지를 위해 가시거리에서 관찰할 수 있다.37)

(3) 국가인권위원회 위원 등과의 면담

경찰서장은 자유로운 분위기 속에서 면담이 이루어지도록 장소를 제공하고 유치인의 진술을 방해하지 않도록 하여야 한다. 또한 대화내용을 녹음하거나 녹취하지 못한다.

(4) 유치인 접견시간 및 지침

1) 접견시간

유치인 접견시간은 평일에는 09:000~21:00까지로 한다. 다만, 원거리에서 온 접견희망자 등 특별한 경우에는 경찰서장의 허가를 받아 22:00시까지 연장할 수 있다. 그리고 토요일과 일요일 및 공휴일은 09:000~20:00까지로 한다.

2) 유치인 접견시간 및 조치

유치인의 접견시간은 1회에 30분 이내로, 접견회수는 1일 3회 이내로 하여 접수순서에 따라 접견자의 수를 고려하여 균등하게 시간을 배분하여야 한다. 다만, 변호인의 접견은 예외로 한다. 유치인이 변호인 등을 접견시에는 접견을 신청한 자의 성명, 직업, 주소, 연령 및 유치인과의 관계를 기록하여야 한다. 다만, 경찰관이 입회한 경우에는 면담의 요지를 기록하여야 한다.

경찰관이 접견에 입회한 경우 대화내용이 죄증인멸의 우려가 있거나 도주의 기도 등 유치장의 안전과 질서를 위태롭게 하는 때에는 입회한 유치인보호관 등이 접견을 중지시키고 유치인보호주무자에게 보고하여야 한다. 접견 도중 검사한 음식물을 제외한 물품의 수수를 금하고 암어 등으로 상호의사를 주고받지 않도록 엄중히 관찰하여야 한다.38)

---

37) 피의자유치및호송규칙 제35조, 경찰청훈령 제514호, 2007.10.30.
38) 피의자유치및호송규칙 제37조, 경찰청훈령 제514호, 2007.10.30.

10. 사고발생시 조치

(1) 유치인보호관의 조치

유치인보호관은 응급조치를 하는 동시에 즉시 수사과장을 통하여 경찰서장에게 보고하여야 한다.

(2) 경찰서장의 조치

경찰서장은 유치인의 자살, 질병으로 인한 사망, 도주 기타 중요한 사고발생시 지체없이 지방경찰청장 및 지방검찰청 검사장에게 보고하여야 한다. 지방경찰청장은 필요한 조치를 취함과 동시에 이를 지체 없이 경찰청장에게 보고하여야 한다.[39)]

(3) 가족 등에 통지

경찰서장은 사망이나 도주 등 중요사고 발생시 지체없이 가족 등에게 통지하는 동시에 의사의 검안을 요하는 등 적절한 조치를 취하여야 하며, 사망의 원인 기타 필요한 사항을 명백히 하여야 한다.

11. 석 방

(1) 유치기간 만료일 사전 파악

유치인보호관은 유치기간이 만료되는 자에 대하여는 유치기간 만료 1일전에 유치인보호주무자에게 보고하여야 한다. 유치인 구속시간은 구속영장이 발부되지 않는 한 체포된 시간으로부터 48시간이다. 유치인주무자는 유치인 석방시에 반드시 본인 여부를 확인하여야 하며 보관중인 위험물 및 금품 등을 정확히 반환하고 석방일시, 석방후의 거주지 기타 필요한 사항을 명확히 기록하여 두어야 한다.[40)]

---

39) 피의자유치및호송규칙 제24조, 경찰청훈령 제514호, 2007.10.30.

40) 피의자유치및호송규칙 제42조, 경찰청훈령 제514호, 2007.10.30.

(2) 석방의 구분

석방은 만기석방, 검찰송치, 피난 및 일시석방으로 구분된다. 특히 피난 및 일시석방은 다음과 같은 경우에 실시된다.[41]

① 경찰서장은 풍수해, 화재, 기타 비상재해가 발생하여 유치장 내에서 피난시킬 다른 방법이 없다고 인정될 때에는 지방검찰청 검사장의 지휘를 받아 다른 장소에 호송하여 피난시키거나 또는 일시 석방시킬 수 있다. 긴급한 경우에 검찰보고는 사후에 이루어질 수도 있다.

② 경찰서장이 유치인을 일시 석방할 때에는 출두일시 및 장소를 지정하는 이외에 이유없이 출두하지 않을 경우에는 「형법」 제145조의 집합명령위반죄에 의해 처벌된다는 것을 경고하여야 한다.

(3) 비상계획 수립과 훈련

경찰서장은 유치인의 도주, 재해, 기타의 비상시에 대비하기 위한 비상계획을 미리 수립하여야 하며, 이에 의한 필요한 훈련을 수시로 실시하여야 한다.

제2절 피의자 호송

1. 호송의 의의

호송이란 형사피고인, 피의자 또는 구류인 등을 검찰청, 법원, 교도소 또는 경찰서 등으로 연행하기 위하여 이동하면서 간수하는 것을 말한다.

2. 호송관리 책임

(1) 호송관서의 장

호송관서의 장은 경찰서장 및 지방경찰청장(지방경찰청의 경우 형사·수사과장)

---

41) 피의자유치및호송규칙 제25조, 경찰청훈령 제514호, 2007.10.30.

을 말하고, 피호송자의 호송업무에 관하여 전반적인 관리 및 지휘·감독의 책임을 진다. 경찰서장은 호송주무관으로 하여금 호송 출발 직전에 호송경찰관에게 호송임무 수행에 필요한 전반적인 교양을 반드시 실시토록 하여야 하며, 호송관의 지정 및 운영에 관한 호송계획을 수립하여 시행하여야 한다.[42]

(2) 호송주무관

지방경찰청의 수사과장 또는 형사과장 및 경찰서의 수사(형사)과장은 호송주무관으로서 피호송자의 호송업무에 관하여 직접 지휘·감독하여야 하며, 호송의 안전과 적정 여부를 확인하여야 한다. 호송주무관은 출발직전에 호송경찰관을 대상으로 실시하는 교양 시에 심적 대비, 포승 및 시정방법, 승차방법, 도로변 또는 교량 등 통행방법, 중간연락 및 보고방법, 사고발생시의 조치방법, 숙식, 물품구매 교부방법, 용변 및 식사 시의 주의사항을 구체적으로 교양하여야 한다.[43]

3. 호송출발전 조치

(1) 피호송자의 신체검사

호송관은 반드시 호송주무관의 지휘에 따라 포박하기 전에 피호송자에 대하여 호송에 필요한 신체검색을 실시하여야 한다. 여자인 피호송자의 신체검색은 여자경찰관이 행하거나 성년의 여자를 참여시켜야 한다.[44]

(2) 피호송자의 포박[45]

1) 수갑과 포승 사용

호송관은 호송관서를 출발하기 전에 반드시 피호송자에게 수갑을 채우고 포승으로 포박하여야 한다. 다만, 구류선고 및 감치명령을 받은 자와 고령자, 장애인 및 환자 중 주거와 신분이 확실하고 도주의 우려가 없는 자에 대하여는 수갑(포승)을 채우지 않도록 한다.

---

42) 피의자유치및호송규칙 제47조, 경찰청훈령 제514호, 2007.10.30.
43) 피의자유치및호송규칙 제47조, 경찰청훈련 제514호, 2007.10.30.
44) 피의자유치및호송규칙 제49조, 경찰청훈령 제514호, 2007.10.30.
45) 피의자유치및호송규칙 제50조, 경찰청훈령 제514호, 2007.10.30.

2) 2인 이상 호송

호송관은 피호송자가 2인 이상일 때에는 피호송자마다 포박한 후 호송수단에 따라 2인내지 5인을 1조로 하여 상호 연결시켜 포승하여야 한다.

(3) 호송시간

호송은 일출 전 또는 일몰 후에 할 수 없다. 다만, 기차, 선박 및 차량을 이용하는 때 또는 특별한 사유가 있는 때에는 그러하지 아니하다.[46]

(4) 호송수단

호송수단은 경찰호송차 기타 경찰이 보유하고 있는 차량(이하 "경찰차량"이라 한다)에 의함을 원칙으로 한다. 다만, 경찰차량을 사용할 수 없거나 기타 특별한 사유가 있는 때에는 도보나 경비정, 경찰항공기 또는 일반 교통수단을 이용할 수 있다.

호송관서의 장은 호송사정을 참작하여 호송수단을 결정하여야 하며, 집단호송은 가능한 한 경찰차량을 사용하여야 한다. 호송에 사용되는 경찰차량에는 커튼 등을 설치하여 피호송자의 신분이 외부에 노출되지 않도록 하여야 한다.[47]

(5) 호송의 방법

호송은 피호송자를 인수관서 또는 출석시켜야 할 장소나 유치시킬 장소에 직접 호송한다. 피호송자가 중병으로서 계속하여 호송이 불가능할 때 이를 인수받은 경찰관서에서 치료한 후 호송하는 경우를 체송이라 한다,

(6) 인수관서 통지 및 인계[48]

1) 인수관서에 사전 통보

호송관서는 미리 인수관서에 피호송자의 성명, 호송일시 및 호송방법을 통지하여야 한다. 다만, 다른 수사기관에서 인수관서에 통지하거나 비상호송 기타 특별한 사유가 있는 때에는 예외로 한다.

---

46) 피의자유치및호송규칙 제54조, 경찰청훈령 제514호, 2007.10.30.
47) 피의자유치및호송규칙 제55조, 경찰청훈령 제514호, 2007.10.30.
48) 피의자유치및호송규칙 제52조, 경찰청훈령 제514호, 2007.10.30.

2) 피호송자와 관련 기록 동시 인계

호송경찰관이 피호송자를 인수하여야 할 관서에 인계할 때에는 인수권자에게 관계기록등과 함께 정확히 인계하여 책임 한계를 명백히 하여야 하며, 귀서(歸署)하여 소속경찰관서장에게 호송완료 보고를 하여야 한다.

4. 호송경찰관

(1) 결격사유

호송관서의 장은 다음의 하나에 해당하는 자를 호송관으로 지명할 수 없다.[49)]

① 피호송자와 친족 또는 가족 등의 특수한 신분관계가 있거나 있었던 자

② 신체 및 건강상태가 호송업무를 감당하기 곤란하다고 인정되는 자

③ 기타 호송근무에 부적합하다고 인정되는 자

(2) 호송경찰관의 수

호송관서의 장은 호송수단과 호송하고자 하는 피호송자의 죄질, 형량, 전과관계, 성격, 체력, 사회적 지위, 인원, 호송거리, 도로사정, 기상 등을 고려하여 호송관 수를 결정하여야 한다. 다만, 호송인원은 어떠한 경우라도 2명 이상 지정하여야 하며, 조건부순경 또는 의무경찰만으로 지명할 수 없다. 호송관서의 장은 호송관이 5인 이상이 되는 호송일 때에는 다음과 같이 지휘감독관을 지정하여야 한다.[50)]

① 호송관이 5인 이상 10인 이내일 때에는 경사 1인

② 호송관이 11인 이상일 때에는 경위 1인

(3) 호송주무관의 확인

호송주무관은 호송경찰관의 수갑 및 포승을 사용한 피호송자들에 대한 포박의 적정여부를 확인하여야 한다.

---

49) 피의자유치및호송규칙 제48조, 경찰청훈령 제514호, 2007.10.30.

50) 피의자유치및호송규칙 제48조, 경찰청훈령 제514호, 2007.10.30.

5. 호송의 종류

(1) 호송의 내용[51)]

1) 이감호송

이감호송이라 함은 피호송자의 수용장소를 다른 곳으로 이동하거나 특정관서에 인계하기 위한 호송을 말한다.

2) 왕복호송

왕복호송이라 함은 피호송자를 특정장소에 호송하여 필요한 용무를 마치고 다시 발송관서 또는 호송관서로 호송하는 것을 말한다.

3) 집단호송

집단호송이라 함은 한 번에 다수의 피호송자를 호송하는 것을 말한다.

4) 비상호송

비상호송이라 함은 전시, 사변 또는 이에 준하는 국가비상 사태나 천재, 지변의 경우에 피호송자를 다른 곳에 수용하기 위한 호송을 말한다.

(2) 호송수단[52)]

1) 도보호송

① 1인의 호송

피호송자 1인을 호송할 때에는 피호송자의 1보 뒤, 좌 또는 우측 1보의 위치에서 손으로 포승을 잡고 인수관서 또는 특정장소까지 호송하여야 한다.

② 2인 이상 5인의 호송

피호송자 2인 이상 5인까지를 호송할 때에는 포박한 피호송자를 1보 거리로 세로로 줄을 지어 연결 포승하고 그 뒤에서 호송관 1인은 앞의 1인 호송방법에 의하고

---

51) 피의자유치및호송규칙 제46조, 경찰청훈령 제514호, 2007.10.30.

52) 피의자유치및호송규칙 제56조-61조, 경찰청훈령 제514호, 2007.10.30.

다른 호송관은 피호송자열의 좌우에 위치하여 피호송자열과 1보 내지 2보 거리를 항상 유지하면서 호송하여야 한다.

③ 6인 이상 호송

피호송자가 6인 이상일 때에는 도로의 사정에 따라 2열 내지 3열 종대로 하여 앞의 방법에 의하여야 한다.

2) 차량호송

차량호송은 피호송자를 경찰차량 또는 일반차량 등에 의하여 호송하는 것을 말한다.

① 피호송자는 운전자 바로 옆, 뒷자리나 출입문의 앞・뒤, 옆자리가 아닌 곳에 승차시켜야 한다. 다만, 소형 차량이거나 특별한 사유가 있을 때에는 그러하지 아니할 수 있다.

② 호송관은 제1호 단서에 의하여 피호송자를 승차시켰을 때에는 도주 및 기타 사고의 방지를 위한 조치를 하여야 한다.

③ 호송관은 차량의 구조에 따라 감시에 적당한 장소에 위치하여 항시 피호송자를 감시하여야 한다.

④ 화물자동차 등 뚜껑이 없는 차량에 의하여 호송할 때에는 호송관은 적재함 가장자리에 위치하며, 피호송자의 도주 기타의 사고를 방지하여야 한다.

3) 열차호송

① 피호송자를 열차의 객실 또는 화물차 안에 승차시켜야 하며, 열차의 승강구, 연결장소, 출입문, 세면장소 및 변소 등에 승차시켜서는 아니 된다.

② 호송관은 열차의 구조, 일반승객 기타 주위의 사정을 고려하여 감시에 적당한 장소에 위치하여 항상 감시하여야 한다.

③ 피호송자가 좌석에 앉아 있을 때에는 창문을 열지 못하게 하여야 한다. 다만, 각별한 안전조치가 강구된 경우에는 예외로 한다.

④ 피호송자를 승・하차시킬 때에는 일반 승객들이 승・하차한 뒤에 하여야 한다. 이 경우에는 사전에 교통부 소속공무원의 협조를 구할 수 있다.

4) 선박호송

선박호송은 피호송자를 선박의 객실 또는 화물실에 승선시켜야 하며, 그 이외의 장소에 승선시켜서는 아니 된다. 다만, 소형선박이거나 기타 특별한 사유가 있을 때에는 그러하지 아니할 수 있다.

5) 항공기호송

항공기호송은 피호송자를 항공기의 조종석 바로 뒤 또는 출입문 바로 앞·뒤, 옆 이외의 장소에 탑승시켜야 한다. 다만, 소형 항공기이거나 기타 특별한 사유가 있을 때에는 그러하지 아니할 수 있다. 선박 또는 항공기에 의하여 피호송자를 호송할 때에는 차량 및 열차호송에 준하여 호송관은 감시, 조치, 기타 관계자의 협조를 구하여야 한다.

6. 영치금품의 처리

(1) 금전 및 유가증권

금전, 유가증권은 호송관서에서 인수관서에 직접 송부한다. 다만 소액의 금전, 유가증권 또는 당일로 호송을 마칠 수 있을 때에는 호송관에게 탁송할 수 있다.[53]

(2) 자비부담 비용

피호송자가 호송도중에 필요한 식량, 의류, 침구의 구입비용을 자비로 부담할 수 있는 때에는 그 청구가 있으면 필요한 금액을 호송관에게 탁송하여야 한다.

(3) 물 품

물품은 호송관에게 탁송한다. 다만, 위험한 물품 또는 호송관이 휴대하기에 부적당한 경우에는 발송관서에서 인수관서에 직접 송부할 수 있다.

53) 피의자유치및호송규칙 제53조, 경찰청훈령 제514호, 2007.10.30.

(4) 송치금품의 책임

송치하는 금품을 호송관에게 탁송할 때에는 호송관서에 보관책임이 있고, 그렇지 아니한 때에는 송부한 관서에 그 책임이 있다.

7. 사고발생시의 조치

(1) 호송관의 책임 한계

호송관은 호송하기 위하여 피호송자를 인수한 때로부터 호송을 끝마치고 인수관서에 인계할 때까지 ① 호송관서의 장 또는 호송주무관의 지휘·명령, ② 피호송자의 도주 및 증거인멸, 자상, 자살행위 등의 방지, ③ 피호송자의 건강과 신변 안전조치 등에 대한 책임을 진다.

(2) 피호송자가 도망하였을 때[54)]

1) 관할 경찰서 및 소속장에게 보고

호송관은 즉시 사고발생지 관할 경찰서에 신고하고 도주 피의자 수배 및 수사에 필요한 사항을 알려주어야 하며, 소속장에게 전화, 전보 기타 신속한 방법으로 보고하여 그 지휘를 받아야 한다. 이 경우에 즉시 보고할 수 없는 때에는 신고 관서에 보고를 의뢰할 수 있다.

2) 경찰관서 장의 조치

호송관서의 장은 보고받은 즉시 상급감독관서 및 관할검찰청에 즉보하는 동시에 인수관서에 통지하고 도주 피의자의 수사에 착수하여야 하며, 사고발생지 관할 경찰서장에게 수사를 의뢰하여야 한다.

3) 호송서류 보관

도주한 자에 관한 호송관계서류 및 금품은 호송관서에 보관하여야 한다.

---

54) 피의자유치및호송규칙 제65조, 경찰청훈령 제514호, 2007.10.30.

(3) 피호송자가 사망하였을 때[55)]

1) 관할 경찰관서에 신고

피호송자의 사망의 경우에 호송관은 즉시 사망지의 관할 경찰관서에 신고하고, 시체와 서류 및 영치금품은 신고 관서에 인도하여야 한다. 다만, 부득이한 경우에는 다른 도착지의 관할 경찰관서에 인도할 수 있다. 인도를 받은 경찰관서는 즉시 호송관서와 인수관서에 사망일시, 원인 등을 통지하고, 서류와 금품은 호송관서에 송부한다.

2) 호송관서 장의 조치

호송관서의 장은 통지받은 즉시 상급 감독관서 및 관할 검찰청에 보고하는 동시에 사망자의 유족 또는 연고자에게 이를 통지하여야 한다.

3) 사체의 인도

인도를 받은 시체는 사후 24시간 이내에 시체를 인수할 자가 없을 때에는 구, 시, 읍, 면장에게 가매장을 하도록 의뢰하여야 한다.

(4) 피호송자가 발병하였을 때[56)]

1) 경증일 경우

피호송자의 질병이 경증으로서 호송에 큰 지장이 없고 당일로 호송을 마칠 수 있을 때에는 호송관이 적절한 응급조치를 취하고 호송을 계속하여야 한다.

2) 중증일 경우

피호송자의 질병이 중증으로써 호송을 계속하거나 곤란하다고 인정될 때에는 피호송자 및 그 서류와 금품을 발병지에서 가까운 경찰관서에 인도하여야 한다.

3) 인수 경찰관서의 조치

중증환자를 인수한 경찰관서는 즉시 질병을 치료하여야 하며, 질병의 상태를 호송관서 및 인수관서에 통지하고 질병이 치유된 때에는 호송관서에 통지함과 동시에

---

55) 피의자유치및호송규칙 제65조, 경찰청훈령 제514호, 2007.10.30.

56) 피의자유치및호송규칙 제65조, 경찰청훈령 제514호, 2007.10.30.

치료한 경찰관서에서 지체없이 호송하여야 한다. 다만, 진찰한 결과 24시간 이내에 치유될 수 있다고 진단되었을 때에는 치료후 호송관서의 호송관이 호송을 계속하게 하여야 한다.

4) 호송관서의 조치

호송관서에서는 관할 검찰청에 발병상황 및 치유경과를 그때마다 보고하여야 한다.

(5) 피호송자의 유숙

호송관은 피호송자를 유숙시켜야 할 사유가 발생하였을 때에는 체류지 관할 경찰서 또는 교도소에 의뢰하여 유치장 또는 교도소 감방에 입감 유숙시켜야 한다. 체류지 관할경찰서 등에 유숙시킬 수 없는 지역에서는 호송관은 가장 가까운 경찰관서에 유숙에 관하여 협조를 의뢰하여야 한다.

8. 식량 및 호송비용 등의 부담[57]

(1) 식량등의 자비부담

피호송자가 식량, 의류, 침구 등을 자비로 부담할 때에는 호송관은 물품의 구매 또는 피호송자에게 공여를 허가할 수 있다.

(2) 호송비용 부담

호송관 및 피호송자의 여비, 식비, 기타 호송에 필요한 비용은 호송관서에서 이를 부담하여야 한다. 다만, 피호송자를 교도소 또는 경찰서 유치장에 숙식하게 할 경우에는 교부인계 받은 관서가 부담하여야 한다. 피호송자가 사망 또는 발병하였을 때의 비용은 각각 그를 인계받은 관서가 부담하여야 한다.

(3) 호송비용 산정

피호송자를 교도소 또는 경찰서 유치장이 아닌 장소에서 식사를 하게 한 때의 비용은 시가의 최저 실비 액으로 산정하여야 한다.

---

57) 피의자유치및호송규칙 제67-69조, 경찰청훈령 제514호, 2007.10.30.

9. 호송중 유의사항58)

① 피호송자의 가족이나 기타 관계인을 동반하거나 면접, 물건 수수행위 등을 하게 하여서는 아니 된다. ② 피호송자는 흡연행위를 하게 하여서는 아니 된다. ③ 도심지, 번화가 기타 복잡한 곳을 가능한 한 피하여야 한다. ④ 호송관은 피호송자가 용변을 보고자 할 때에는 화장실에 같이 들어가거나 화장실문을 열고 감시를 철저히 하여야 한다. ⑤ 피호송자를 포박한 수갑 또는 포승은 질병의 치료, 용변 및 식사할 때에 한쪽 수갑만을 필요한 시간동안 풀어주는 것을 제외하고는 호송이 끝날 때까지 변경하거나 풀어 주어서는 아니 된다. ⑥ 항시 피호송자의 기습으로부터 방어할 수 있는 자세와 감시가 용이한 위치를 유지하여야 한다. ⑦ 호송 중 피호송자에게 식사를 하게 할 때에는 가까운 경찰관서에서 하여야 한다. 다만, 열차, 선박, 항공기에 의한 호송일 때에는 그러하지 아니할 수 있다. ⑧ 호송시에는 호송하는 모습이 가급적 타인에게 노출되지 않도록 유의하여야 한다.

10. 분사기 등의 휴대

호송관은 호송근무을 할 때에는 분사기를 휴대하여야 한다. 호송관서의 장은 특별한 사유가 있는 경우 호송관이 총기를 휴대하도록 할 수 있다.

제3절 우범자 첩보수집

1. 우범자의 개념

우범자란 ① 범죄단체의 조직원 또는 불시 조직화가 우려되는 조직성 폭력배 중 범죄사실 등으로 보아 죄를 범할 우려가 있는 자, ② 살인, 강도, 절도, 강간, 강제추행, 마약류사범의 범죄경력이 있는 자 중 그 성벽, 상습성, 환경 등으로 보아 재범의 우려가 있는 자를 말한다.59)

58) 피의자유치및호송규칙 제62조, 경찰청훈령 제514호, 2007.10.30.

2. 우범자 첩보수집 목적

전과자 또는 조직폭력배들로서 그 성벽 또는 환경으로 보아 죄를 범할 우려가 있는 자에 대하여 ① 자료보관, ② 범죄관련성 여부에 관한 첩보를 수집함으로써 재범의 위험을 방지하고, ③ 수집된 첩보를 통해 수사자료로 활용함을 목적으로 한다.

3. 우범자 구분

우범자는 첩보수집 대상자와 자료보관 대상자로 구분된다.

(1) 첩보수집 대상자

① 범죄단체의 조직원 또는 불시 조직화가 우려되는 조직성 폭력배 중 범죄사실 등으로 보아 죄를 범할 우려가 있는 자, ② 살인으로 실형을 받고 출소한 자, ③ 방화로 실형을 받고 출소한 자, ④ 살인과 방화를 제외하고 강도, 절도, 강간, 강제추행, 마약류사범의 범죄경력이 있는 자로 3회 이상 금고형 이상의 실형을 받고 출소한 자 등이 대상이다.

첩보수집 대상자는 우범자로 편입 후 자료를 전산에 입력하고 2년간 범죄관련성 여부에 대해 첩보의 입수대상이 된다.[60]

(2) 자료보관 대상자

① 첩보수집 대상자 중 기간만료 또는 심사위원회의 심사를 통해 첩보수집의 필요가 없다고 판단되는 자, ② 살인·방화로 실형을 받고 출소한 자로서 범행동기, 범죄사실 등 심사결과 자료보관만으로 족하다고 판단되는 자, ③ 강도, 절도, 강간, 강제추행, 마약류범죄의 실형을 받고 출소한 자 중 첩보수집 대상자가 아닌 자 등이 대상이다.

자료보관 대상자는 우범자로 편입 후 해당자료를 전산입력하여 범죄 발생시 수사자료로 활용한다.[61]

---

59) 우범자 첩보수집 등에 관한 규칙 제2조, 경찰청 예규 제385호, 2008.12.8

60) 우범자 첩보수집규칙 제 3조, 경찰청훈령 제385호, 2008.12.8.

4. 우범자 편입

(1) 교도소장 등의 출소통보

경찰서장은 교도소장 등 수형기관의 장으로부터 출소통보를 받은 경우 거주여부 등 우범자 심사기준 및 의결서 상의 내용을 면밀히 파악한 후 심사위원회를 통해 죄를 범할 우려가 있다고 인정되는 경우 우범자로 편입하여야 한다.

(2) 소재불명

우범자 편입 대상자가 소재불명일 경우 먼저 우범자로 편입한 후 행방불명 처리하여야 한다.

(3) 우범자 편입 대상자의 소재확인

우범자 편입 대상자가 관내에 거주하지 않고 소재가 확인되었을 경우 관할 경찰서로 통보하고 전입 통보를 받은 경찰서장은 지체없이 소재를 확인하여 우범자로 편입하여야 한다.

5. 심사위원회 운영

(1) 구 성

심사위원회는 3 내지 5인의 위원으로 구성하고 경찰서 형사과장을 위원장으로 하며, 간사 1인을 둔다.

(2) 회의의 개최

심사위원회는 특별한 사정이 없는 한 매 분기별로 개최하고, 우범자 편입 및 이전 수집된 첩보 등을 기초로 계속 첩보수집 여부의 필요성을 심사하여 기간의 연장, 자료보관대상자로 변경·삭제에 대한 결정을 한다. 심사위원장은 결정내용을 신속히 경찰서장에게 보고하여야 한다.

---

61) 우범자 첩보수집규칙 제3조, 경찰청훈령 제385호, 2008.12.8.

6. 첩보수집

(1) 담당자 지정

경찰서장은 수사과 직원 중 우범자 담당자를 지정하고 지구대장은 첩보수집 대상자별 담당 직원을 지정하여야 한다.

(2) 대상자의 범죄관련 보고

지구대 담당자는 첩보수집 대상자에 대해서 3개월에 1회 이상 범죄관련 여부에 대한 첩보를 수집하여 경찰서로 보고하여야 한다. 수집된 첩보는 통상의 범죄첩보처리 절차에 따라 처리한다.

7. 소재불명자의 처리

(1) 소재확인 후 행불자 입력

우범자로 편입된 자의 소재가 불명일 경우 해당 경찰서장은 지체없이 주소지 등에 대한 소재확인을 거친 후 보고서를 작성하고, 전산에 행불자로 입력한다.

(2) 매분기별 우범자 현황 파악

지방경찰청장은 매분기별 관할 내 소재불명 우범자 현황을 파악하여 경찰청장에게 보고하여야 한다.

(3) 우범자 편입 또는 통보

경찰서장은 관내에서 소재불명 우범자를 발견하였을 경우에 즉시 해당 관서에 통보하고 거주지를 확인하여 우범자로 편입하거나 거주지 관할 경찰서로 통보하여야 한다.

8. 우범자 전산입력 및 전출

(1) 전산입력

우범자로 편입할 경우에 우범자 전산입력카드를 작성하여 경찰서 우범자 담당자가 전산입력 후 보관하여야 한다.

(2) 주거 불확실한 우범자 처리

주거지가 불확실한 우범자에 대하여는 주민등록 등재지 관할 경찰서장이 필요한 조치를 하여야 한다. 경찰관은 직무수행 중 관내에 우범자로 인정되는 자가 전입한 사실을 인지하였을 때에는 우범자 여부를 조회하여 우범자일 경우 우범자로 편입하여야 한다.

9. 우범자 전산입력카드의 폐기

우범자가 사망하여 삭제된 때에는 전산입력카드를 폐기한다. 전출하거나 사망이외의 사유로 삭제 결정된 자는 당해 카드에 그 일자와 사유를 명기하여 별도 보관한다.

제4절 범죄통계

1. 의 의

범죄통계는 범죄의 통계를 일정한 형식과 방법에 의하여 정확하고 신속하게 작성하여 통계수치에 의하여 범죄현상을 분석·연구할 수 있는 자료를 말한다.

2. 종 류

범죄통계는 ① 발생통계 원표(발생사건표), ② 검거통계 원표(검거사건표), ③ 피의자통계 원표(피의자표) 등으로 분류되며,[62] 검찰, 경찰, 특별사법경찰관서에서 형사입건한 각 사건에 대하여 반드시 각 원표를 작성한다.

3. 작성자

(1) 수사기관에서 작성

발생사건표는 고소, 고발, 인지 등에 의한 형사사건이 발생한 수사기관에서 즉시 작성하고, 검거사건표와 피의자표는 검거 또는 이송(검사지휘사건 포함)을 받아 최종 수사를 종결한 수사기관, 즉 사건을 처리하여 송치하는 경찰관서에서 작성한다. 검거통계 원표는 공범 중 일부만을 검거한 경우에도 작성한다. 피의자가 자연인 및 법인인 경우에도 발생통계원표, 검거통계원표, 피의자통계원표 모두를 작성한다.

(2) 확 인

범죄통계원표는 사건취급자가 작성하고 각 항목을 신속·정확하게 작성하여 소속장이나 소속장이 지명한 자의 확인을 받아야 한다.

4. 작성대상

(1) 작 성

범죄통계원표는 ① 기소의견 송치 시, ② 불기소(혐의 없음, 죄 없음, 공소권 없음)의견으로 송치 시 작성한다.

(2) 작성하지 않는 경우

1) 각하 의견 송치시

① 고소·고발된 사실에 대하여 처벌할 수 없음이 명백하여 더 이상 수사를 진행할 필요가 없는 사건, ② 동일한 사안에 대하여 이미 검사의 불기소처분이 있어 재수사 가치가 없는 사건, ③ 고소·고발이 법률에 위반되어 이를 단서로 수사를 개시

---

62) 경찰범죄통계규칙 제2조, 경찰청훈령 제384호, 2002.7.25.

함이 법률에 위반되는 사건, ④ 고소권한이 없는 자의 고소, ⑤ 고소장・고발장만으로는 수사를 진행할 가치가 없는 사건

2) 「경범죄처벌법」 위반 등 사건

「관세법」 위반 및 「조세처벌법」 위반 사건으로 통고처분에 그치고 검찰에 고발하지 않는 사건, 「경범죄처벌법」 위반사건, 다만, 「경범죄처벌법」 위반사건이라 하더라도 「즉결심판에관한절차법」 제5조에 의한 판사의 송치명령을 받아 검찰청에 송치하는 경우에는 원표를 모두 작성해야 한다.

3) 군사법원 관할 범죄

경찰에서 취급하지 않고 군 수사기관으로 이송하므로 각 원표의 작성은 경찰에서 작성하지 않고 이송 받은 군 수사기관에서 작성한다.

5. 전산입력 보고 및 분석활용

(1) 경찰관서의 경찰청 보고

각급 경찰관서는 범죄통계원표와 기타 범죄와 관련된 자료를 집계하여 경찰청에 전산입력 보고를 한다.

(2) 정보통신관리관의 통보

정보통신관리관은 전국 경찰관서에서 전산입력된 통계자료를 월・분기・년의 말일을 기준으로 다음 달 10일까지 수사국장에게 통보한다.

(3) 수사국장의 관리

수사국장은 통보된 자료를 집계 관리하고 필요한 자료를 경찰청 해당 기능과 지방청에 송부하여 분석・활용토록 한다.

6. 범죄통계 원표의 보관 및 송부요령

(1) 발생통계 원표 및 검거통계 원표

경찰관서에서는 범죄통계원표를 당일 전산입력하고 지방경찰청과 경찰서에서는 수사과, 경찰청에서는 범죄통계원표를 작성한 부서에서 범죄통계원표를 보관한다. 경찰청 정보통신관리관실에서는 경찰청, 지방경찰청, 경찰서에서 전산입력한 자기테이프를 연 1회 대검찰청 정보통신과로 송부한다. 다만, 피의자 통계원표 입력사항은 매일 정보통신망을 통하여 송부한다.

(2) 피의자 통계원표

피의자통계원표는 수사서류에 편철하여 송치한다.[63)]

7. 범죄통계원표의 작성지침

(1) 1매 작성원칙

발생사건원표는 발생 1건에 1매를, 검거사건 원표는 검거 1건에 1매를, 피의자표는 피의자 1명에 1매를 각각 작성한다

(2) 1인 수죄의 경우

1인 수죄의 경우에는 발생사건표와 검거사건표는 각 죄마다 수매 작성하고 피의자표는 그 중 가장 중한 죄 또는 주된 죄에 대하여만 1매를 작성한다. 즉, 피의자가 절도죄와 사기죄로 입건된 경우에 발생사건표는 절도죄와 사기죄 각 1매를, 검거사건표는 절도죄와 사기죄에 각 1매를, 피의자표는 중한 죄인 사기죄에 대하여 1매만 작성한다.

(3) 수인 1죄

수인 1죄인 경우는 발생사건표와 검거사건표 각 1매와 피의자의 수대로 피의자표

---

63) 경찰범죄통계규칙 제4조, 경찰청훈령 제384호, 2002.7.25.

를 작성한다. 즉, 피의자 갑과 을이 사기죄의 공범으로 입건된 경우 발생사건표와 검거사건표는 사기죄에 대하여 1매씩 작성하고, 피의자 표는 피의자 갑, 을에 대하여 각 1매씩 작성한다.

(4) 수인 수죄

수인 수죄의 경우에는 죄수와 같은 수의 발생사건표와 검거사건표를 작성하고, 피의자 표는 각 피의자 마다 그가 범한 죄 중 가장 중한 죄 또는 주된 죄에 대하여만 1매씩 작성한다. 즉, 피의자 갑은 절도죄와 사기죄로, 피의자 을은 강도죄와 사기죄로 각각 입건(사기죄는 갑, 을이 공범)된 경우 발생사건표와 검거사건표는 절도죄, 사기죄, 강도죄마다 각 1매씩 작성하고 피의자표는 피의자 갑에 대하여는 사기죄로, 피의자 을에 대하여는 강도죄로 각 1매씩 작성한다.

(5) 피의자 검거에 의한 범죄인지

피의자 검거에 의한 발생사실 인지 경우에는 검거사건표와 피의자표를 작성하는 외에 발생사건표도 반드시 작성한다.

(6) 작성연월과 본표번호

작성연월은 월을 단위로 하여 실제 원표를 작성하는 월을 기재하고, 각 원표의 본표번호는 매월별로 1번부터 일련번호를 기재한다. 특히 피의자가 1건 수명인 경우 피의자표의 본표번호를 기재할 시 피의자마다 월별 일련번호를 부여한다.

(7) 작성시기

고소, 고발 및 인지사건 등에 대하여 접수시에 발생사건표를 작성하고 수사종결 송치시에 검거사건표 및 피의자표를 작성한다.

(8) 미신고 사건 검거 이송

타 관내에서 미신고 사건을 검거하여 이송하거나 발생사건을 타 기관에 이송하는 경우 이송기관에서 검거사건표와 피의자표를 작성하지 않는다. 그러나 발생사건표만은 반드시 작성하여야 하며 난 외(하단 좌측)에 어느 기관에 이송하라고 기재한다.

(9) 범인불명 사건

범인불명으로 발생건수를 확정할 수 없을 경우에는 당연히 신고 또는 인지된 건수에 의하여 작성한다. 그러나 발생한 달에 검거하여 조사한 결과 발생 건수에 차이가 있는 경우에는 정정하고, 다음 달 이후에 검거하였을 경우에는 건수에 차이가 있더라도 정정하지 않는다.

(10) 공범 검거사건표

공범사건에 대한 검거표는 공범 중 일부라도 먼저 검거하면 작성하고 미 체포자는 후일 검거하더라도 검거사건표는 작성하지 않는다.

(11) 검거후 죄명이 다른 사건으로 판명시

신고 등에 의하여 발생사건표를 작성 입력한 후 검거하고 보니 죄명이 다른 사건으로 판명된 경우에는 이미 작성된 발생사건표를 정정하지 않고 검거사건표와 피의자표는 새로이 판명된 죄로 작성한다.

(12) 기소중지 의견 송치사건

기소중지 의견으로 송치하는 사건으로서 피의자가 미 검거인 경우에는 검거사건표는 작성하지 않는다. 그러나 피의자표는 나타난 자료 만에 의하여 작성하되 확인되지 않아 기재할 수 없는 항목은 기재 없이 그대로 놓아둔다. 피의자의 사망으로 인하여 불기소(공소권 없음)의견 송치시에도 검거에 준하여 각 원표를 모두 작성하여 첨부하여야 한다.

(13) 병역법 위반자의 입대후 기소유예 사건

병역법 위반사건의 피의자가 이미 입대하여 기소유예 혹은 혐의 없음 의견으로 송치하거나 사망으로 인하여 공소권 없음 의견으로 송치하는 사건도 검거에 준하여 각 원표를 모두 작성한다.

⒁ 소방관서 이송사건

소방관서에서 적발한 사건을 수사하지 않고 경찰이나 타 수사기관에 이송하는 경우에는 이송 받아 수사하는 관서에서 각 원표를 작성한다.

8. 범죄건수의 결정

(1) 행위 수마다 1건

범죄건수는 피의자의 범죄행위 수에 의하여 결정한다. 다만, 다음과 같은 경우에는 피의자의 행위 수에도 불구하고 1건으로 한다.

1) 동일기회와 장소에서 수회에 걸친 동일 죄종행위 : 포괄 1죄의 경우

① 전철, 기차, 흥행장, 대합실, 목욕탕 등 불특정 다수인이 출입하는 장소에서 행하여진 수회의 절도, 공갈, 폭행, 상해 등, ② 백화점, 시장 내의 수개의 점포 등에서의 물건 들치기, ③ 일가족 살인행위, ④ 어느 세대에 침입하여 수인에 대하여 행한 강도 또는 절도

2) 범죄의 수단 또는 결과인 행위가 수개의 죄

이러한 경우에는 그중 중한 죄 또는 주된 죄 1건으로 한다. 즉, 주거침입하여 절도 또는 강도를 한 경우 절도죄 또는 강도죄로 하고, 문서를 위조 행사하여 사기를 한 경우 사기죄로 한다.

(2) 반복적인 동일죄종 행위

하나의 업으로서 또는 직업적으로 반복 행하여진 동일죄종에 속하는 행위는 포괄 1건으로 한다. 즉, 음란물의 연속판매에 의한 수개의 외설물죄, 기계, 기구 등을 사용하는 방법으로 다수의 통화, 문서, 유가증권 등의 위조 또는 변조 등은 포괄1건으로 한다.

(3) 동일인에 대한 동일죄종 행위

고용절도(종업원이 근무처에서 연속적으로 매상금을 절취한 경우), 수금원의 징수

금횡령, 동일인 간에 있어서의 동일사항에 관한 수회의 증·수뢰, 동일인에 대한 동일사항을 이유로 하는 수회의 공갈, 협박, 폭행, 상해 등과 같이 동일인에 대하여 또는 동일인간에 반복하여 행하여진 동일죄종에 속하는 행위는 포괄 1건으로 한다.

⑷ 동일 수단 방법에 의한 불특정다수인 대상 동일죄종 행위

광고, 통신 등 방법에 의한 수인의 피해자가 발생한 사기, 어느 직무를 가장한 금품징수 사기, 어느 가공적 사실을 명목으로 한 기부금 사기 등과 같이 동일한 취지, 명목하에 동일한 수단 방법으로 불특정 다수인을 대상으로 하여 행하여진 동일죄종에 속하는 행위는 포괄1건으로 한다.

⑸ 공범의 경우

공범의 경우에도 위와 같은 기준에 의하여 계산하고 윤간, 일정한 장소, 극장 등에서 동일한 기회에 집단적으로 수인에 대하여 행한 공갈, 협박, 폭행, 상해, 절도, 강도, 강간 등은 수건으로 하지 않도록 한다.

⑹ 1개의 행위가 수개의 죄

1개의 행위가 수개의 죄에 해당하는 경우(상상적 경합)에는 그중 중한 죄 1건으로 한다. 즉, 1개의 폭탄을 던져 사람을 살해하고 가옥을 파괴한 경우 중한 살인죄 1건으로 한다.

⑺ 기 타

① 불기소처분이 있은 후 검사의 지휘에 따라 다시 수사를 개시한 사건, ② 검사로부터 수사지휘를 받은 사건, ③ 다른 관서로부터 이송 받은 사건, ④ 검찰청에 송치하기 전의 맞고소 사건, ⑤ 판사로부터 검찰청에 송치명령을 받은 즉결심판 청구사건, ⑥ 피고인으로부터 정식재판 청구가 있는 즉결심판 청구 사건, ⑦ 범인은닉죄, 증거인멸죄, 위증죄, 허위감정·통역죄 또는 장물에 관한 죄와 그 본범의 죄 등은 1건으로 처리한다.[64]

64) 범죄수사규칙 제 191조, 경찰청훈령 제526호, 2008.7.22.

9. 범죄통계 보존연한

각종 범죄통계의 보존연한은 매년분, 즉 1월1일부터 12월말까지를 보존단위로 하여 다음 해 1월부터 기산하여 각각 다음 연한으로 한다.

① 경찰청, 지방경찰청 및 경찰서 발간 범죄통계 분석지는 20년, ② 경찰 범죄통계 원표대장 중 발생·검거통계원표대장 5년, 피의자 통계원표대장 3년, ③ 발생통계원표 및 검거통계원표 1년[65]

제5절 범죄수사와 언론

1. 경찰의 언론관계 일반원칙

(1) 평상시 준비

언론의 취재협조 요구가 있을 경우에 경찰은 충분한 시간을 가지고 준비하되 가급적 신속하게 응답해야 한다. 제공하는 정보에 대한 정확성이 신중하게 검토되어야 하고, 기자들의 신뢰성 확보를 위해 수사간부가 정보를 제공해야 한다. 아울러 사건관련 사진, 비디오 등 관련 자료를 항상 준비해 두고 언론과의 통화일지를 작성하여 관리해야 한다.

(2) 사건용의자 익명 보도자료 제공 원칙

범죄사건의 용의자는 피의자 신분도 아니고 무죄추정원칙의 적용으로 반드시 익명으로 보도자료를 언론에 제공하여야 한다. 이러한 원칙은 최근에 강조되고 있는 국민의 알권리와 충돌되는 관계에 있으므로 신중하게 검토해야 하고, 특히 피의사실공표죄에 해당되지 않도록 하여야 한다.

(3) 국민정서에 악영향이 우려되는 범죄사건 접견제한

살인, 강간살인, 강도살인, 연쇄살인, 약취유인 등 강력범죄의 범인 연행, 현장검

65) 경찰범죄통계규칙 제6조, 경찰청훈령 제384호, 2002.7.25.

증 또는 송치시 피의자 인터뷰는 제한하여야 하며, 사진이나 카메라 촬영은 허용하되 얼굴이 노출되지 않도록 주의해야 한다. 또한 구속영장이 집행된 특정사건의 피의자에 대한 기자들의 취재목적의 별도 접견은 금지해야 한다.

(4) 보도사건 브리핑 정례화

수사본부가 설치되고 사회적 이목이 집중되는 대형사건이나 대형사고의 경우 수사진행 상황 및 처리과정에 대하여 대 언론협조차원에서 정례적으로 브리핑을 할 필요가 있다. 사건 브리핑과 자료제공시 경찰청 공보담당관실과 홍보시기, 내용, 제공매체에 대하여 사전협의하여야 한다.

(5) 언론창구 일원화

중요사건에 대한 보도자료 발표자는 경찰청의 경우 해당 부서의 국장이나 과장, 경찰서는 서장으로 일원화하고 입회인을 두는 것이 좋다.

(6) 언론매체에 대한 공평한 제공

범죄사건에 대한 보도자료 제공은 TV, 종합일간지, 라디오 방송, 주간지, 월간지, 부정기간행물, 지방지, 기업체 사보 등 공평하게 제공되어야 한다. 중요한 기준은 그 보도자료의 내용을 기다리는 주된 고객이 누구냐에 있다.

(7) 범인 검거 기사 보도시 적시성 원칙

경찰이 중요 범인을 검거한 보도자료를 기자에게 제공할 경우에 반드시 취재기자가 취재에 착수하기 전에 먼저 전달하여 주는 것이 바람직하다.

(8) 기사적 내용 작성 원칙

경찰은 보도자료의 내용이 경찰용어에 의해 작성된 경찰보고서식과 동일한 것이어서는 안 되며 제공된 보도자료를 언론사 책임간부가 정정없이 받아들이거나 약간의 수정으로 충분하도록 만들어 주어야 한다.

2. 대중매체 활용방법

(1) 언론매체 적극적 활용

범인검거는 인쇄매체나 영상매체를 활용하는 경우 성과를 올리는 경우가 많다. 미국의 "America's most wanted"라는 TV프로그램에서 FBI나 각주의 중요 수배자를 공개수배하고 있으며, 우리나라의 사건 24시, TV공개수배 등도 유사한 성격의 프로그램이므로 활용이 가능하다.

(2) 주요 수사수단

수사사건의 언론보도는 모방범죄를 부추긴다는 비난여론도 있으나 이는 언론매체의 자체적인 여과과정에 의해 수정되어야 할 부분으로서 수사경찰의 입장에서는 새로운 주요 수사수단이 되고 있다.

(3) 용의자 특정과 증거자료 확보시 활용

언론을 활용한 주된 수사수단은 용의자 공개수배이므로 이 경우 용의자 특정, 범죄행위에 대한 결정적인 증거자료가 확보된 상황에서만 가능하다. 공개수배는 살인, 강도, 강간 등 흉악범으로서 그 죄증이 명백하고 체포영장이 발부된 자 중에서 공개수배로 인한 공익상의 필요성이 현저한 경우에만 실시하여야 한다. 공개수배를 하는 경우에도 그 요건과 절차를 준수하여야 하며 객관적이고 정확한 자료를 바탕으로 필요 최소한의 사항만 공개하여야 한다.

3. 언론과의 인터뷰 방법

(1) 인쇄매체 대상 인터뷰

1) 기자의 신분확인 및 질문 내용에 따른 답변결정

경찰은 기자와 인터뷰를 하기 전에 질문자의 신분을 먼저 확인해야 하며, 기자의 질문이 있는 경우 질문의 목적이나 내용에 따라서 답변 여부를 결정해야 한다.

2) 사실과장이나 확인 안 된 사실 답변 금지

경찰은 기자의 질문에 대하여 답변을 하기로 결정한 경우에도 확인된 사실만 말해야 하고 사실의 과장이나 확인 되지 않은 사실을 말해서는 안 된다.

3) 즉각적 답변 회피

답변은 즉각적으로 할 필요가 없으며 질문 사실을 확인하고 질문의 의도를 분석할 시간적 여유를 확보해야 한다.

(2) 영상매체와의 인터뷰

1) 사전에 철저한 준비

영상매체는 응답자의 답변뿐만 아니라 태도, 자세, 망설임, 옷차림 등 각종 비언어적 의사전달이 수반되므로 사전에 철저한 준비가 필요하다.

2) 프로그램 형식과 답변 정보 준비

경찰은 인터뷰 전에 미리 프로그램의 형식이나 인터뷰 스타일에 익숙해지려고 노력해야 하고, 자신의 분야에 대한 최근 정보 수집과 인터뷰 내용의 요점을 정리하여 대비해야 한다. 응답도중 잘못 말한 부분은 즉시 정정토록 하고 인터뷰 도중 기자나 진행자와 논쟁을 벌이지 않도록 해야 한다.

4. 수사관련 언론 브리핑 준비방법

(1) 사전에 충분한 준비

언론 브리핑은 기자들에게 공개적으로 수사진행 상항이나 결과에 대한 성과를 전달하는 기회이다. 경찰은 이러한 과정을 통하여 수사성과를 국민앞에 검증받고 국민의 알권리를 충족시키는 것이므로 사전에 충분한 준비가 필요하다.

(2) 좁은 장소 선택

브리핑 장소는 넓은 장소보다는 집중력이 좋은 좁은 장소가 바람직하며 전화와 팩시밀리가 설치되어 있는 별도의 방송인터뷰 장소 등이 마련되어야 한다.

(3) 짧은 발표와 긴 질문시간

브리핑은 가급적 짧게 하고 기자들의 질문시간을 길게 하는 것이 좋다. 예상질문에 대한 답변자료를 사전에 준비하고 시각적 자료를 많이 활용해야 한다.

(4) 브리핑 후 추가보완자료 제공

경찰은 브리핑이 끝난 후 질문・답변과정에서 나온 문제에 대한 추가 보완자료가 필요하다고 판단되면 추가자료를 만들어 즉시 언론사에 먼저 이 사실을 통보하고 자료를 전달하여야 한다.

5. 언론에 의한 피해 구제방안

(1) 의 의

국민이 언론사의 언론보도로 인하여 명예나 권리 그 밖의 법익에 관하여 침해를 받았을 경우 이를 어떻게 구제받느냐 하는 방안에 관한 문제로서 정정보도청구, 반론보도청구, 언론중재위원회 제소, 소송 등의 방법이 있다.[66)]

(2) 구제방안

구제방안은 행정상 구제, 민사상 구제, 형사상 구제 등으로 나누어 볼 수 있다. 행정상 구제는 「언론중재 및 피해구제 등에 관한 법률」상의 정정보도청구권・반론보도청구권・추후보도청구권 , 조정, 중재 등이 있으며, 민사상 구제는 정정보도청구권・손해배상청구 등의 방안이 있다. 한편, 형사상 구제는 출판물에 의한 명예훼손죄로 고소・고발하는 방안이다.[67)]

---

66) 이용성, 언론피해 구제방안에 대한 연구, 인문사회과학연구지, 한서대학교 인문사회과학연구원, 2003. pp. 93-105.

67) 위의 논문.

1) 정정보도 청구권

① 개 념

정정보도청구권은 사실적 주장에 관한 언론보도가 진실하지 아니함으로 인하여 피해를 입은 자가 그 보도내용에 관한 정정보도를 언론사에 청구하는 것을 말한다.

② 요 건

당해 보도가 있음을 안 날부터 3월 이내에 또는 언론보도가 있은 후 6월 이내에 그 보도내용에 관한 정정 보도를 언론사에 청구할 수 있다. 이 때 정정 보도청구는 언론사의 대표자에게 서면으로 신청하여야 하며, 정정 보도의 청구에는 언론사의 고의, 과실이나 위법성을 요하지 아니한다.[68]

2) 반론보도 청구권

반론보도 청구권은 사실적 주장에 관한 언론보도로 인하여 피해를 입은 자는 그 보도내용에 관한 반론보도문의 게재를 사실보도가 있음을 안 날로부터 3월 이내에 해당 언론사에 청구할 수 있다. 다만, 언론보도가 있은 날로부터 6월이 경과하면 반론보도를 청구할 수 없다.[69] 언론사의 고의·과실이나 위법성을 요하지 아니하며, 보도내용의 진실 여부를 불문한다. 청구요건은 정정 보도에 관한 규정을 준용한다.

3) 중 재

피해자 또는 언론사는 언론보도로 인한 반론보도청구권 등에 관한 분쟁에 대하여 그 사실보도가 있음을 안 날로부터 3월(반론보도청구권의 절차를 건친 경우에는 협의 불성립된 날로부터 14일)안에 구술이나 서면 그 밖에 대통령령이 정하는 바에 따라 전자우편 등의 방법으로 중재위원회에 중재를 신청할 수 있다.[70]

4) 조 정

① 의 의

언론중재법에 따른 정정 보도청구, 반론보도 청구, 추후보도청구와 관련하여 분쟁

68) 언론중재 및 피해구제 등에 관한 법률 제 14조, 법률 제9425호, 2009.2.6.
69) 언론중재 및 피해구제 등에 관한 법률 제16조, 법률 제9425호, 2009.2.6.
70) 언론중재 및 피해구제등에 관한 법률 제24조, 법률 제9425호, 2009.2.6.

이 있는 경우 피해자 또는 언론사는 중재위원회에 조정을 신청할 수 있다.

② 기간과 방법

정정 보도청구 등과 손해배상의 조정신청은 당해 언론보도가 있음을 안 날부터 3월(있은 날부터 6월)의 기간 이내에 구술이나 서면, 전자우편 등의 방법으로 하며, 피해자가 언론사에 먼저 정정 보도 등을 청구한 대에는 피해자와 언론사간의 협의가 불성립된 날부터 14일 이내이어야 한다.[71)]

③ 조정에 의한 합의의 효력

조정결과 당사자간에 합의가 있거나 합의가 이루어진 것으로 간주되는 경우 및 직권조정결정에 이의신청이 없는 때에는 재판상 화해와 동일한 효력이 있다.

5) 직권조정결정

피해자와 언론사 사이에 합의가 이루어지지 않을 경우 또는 신청인의 주장이 이유 있다고 판단되는 경우 중재부는 당사자들의 이익 그 밖의 모든 사정을 참작하여 신청취지에 반하지 않는 한도 안에서 직권으로 조정에 갈음하는 결정을 할 수 있다. 이 경우 제19조 2항의 규정(14일 인애의 조정결정)에도 불구하고 조정신청 접수일부터 21일 이내에 하여야 한다. 중재부의 직권조정에 불복이 있는 자는 결정 정본을 송달받은 날로부터 7일 이내에 사유를 명시하여 서면으로 중재부에 이의신청을 할 수 있다. 이 경우 직권조정 결정은 효력을 상실하고 피해자를 원고로, 언론사를 피고로 하는 소송이 성립한다.[72)]

6) 소 송

피해자는 당해 언론보도가 있음을 안 날부터 3월(있은 날부터 6월)의 기간 이내에 법원에 정정 보도청구나 반론보도청구 등의 소를 제기할 수 있다. 사전에 중재위의 중재를 거치지 아니하고 법원에 정정 보도청구나 반론보도청구 등의 소를 제기할 수 있다. 중재를 신청한 경우에는 중재불성립결정이 있음을 안 날로부터 14일 이내에 제기하여야 한다. 정정 보도청구 등의 소는 접수 후 3월 이내에 판결을 선고하여야 한다.[73)]

---

71) 언론중재 및 피해구제 등에 관한 법률 제18조, 법률 제9425호, 2009.2.6.

72) 언론중재 및 피해구제 등에 관한 법률 제22조, 법률 제9425호, 2009.2.6.

제6절 범죄피해자보호대책

1. 범죄피해자와 보호 · 지원

범죄피해자란 타인의 범죄행위로 인하여 피해를 당한 사람과 그 배우자(사실상의 혼인관계 포함), 직계친족 및 형제자매를 말한다. 한편, 범죄피해자보호지원이란 형사절차상 1차 피해자(범죄행위로 인한 직접 피해자)의 권익보호, 제2차 피해방지(수사중 수사관에 의한 피해자 인권침해 등), 범죄피해자에 대한 경제적 · 심리적 지원, 피해자화 방지를 위한 국가와 민간단체의 활동을 포괄하는 종합적 개념이다. 다만, 수사 · 변호 또는 재판에 부당한 영향을 미치는 행위는 제외한다.

2. 수사단계별 피해자보호

(1) 노출 또는 비노출 출동 결정

초동수사시 관할 외 사건은 관할기관에 연락을 취함과 동시에 초동조치를 실시해야 하며, 이때 상황에 따른 출동방법을 고려하여 노출 · 비노출 출동여부를 판단해야 한다.

(2) 1회 조사 원칙

피해자의 고통을 줄이기 위해 가급적 1회 조사를 원칙으로 하고 반복출석은 지양한다. 또한 피해자의 주장을 경청하고 사건해결의 의지를 보임으로써 신뢰감을 형성한다.

(3) 언론보도로부터 보호

보도자료 작성시 피해자의 인적사항을 추정할 수 있는 내용과 장애나 병력 등은 절대 포함되어서는 아니 되며 언론창구의 일원화에 의한 보도의 일관성 유지, 피해자의 인권침해 예상시 보도보류(embargo) 조치를 취해야 한다.

---

73) 언론중재및 피해구제 등에 관한 법률 제26조. 법률 제9425호, 2009.2.6.

(4) 형사절차 관련 정보제공

수사기관은 범죄피해자의 요청이 있는 경우 다음과 같은 형사절차상 관련 정보를 제공할 수 있다.

1) 수사관련 사항

수사기관의 공소제기, 불기소, 기소중지, 참고인 중지, 이송 등의 처분 결과

2) 공판진행사항

공판기일, 공소제기된 법원, 판결주문, 선고일자, 재판의 확정 및 상소 여부

3) 형집행 상황

가석방, 석방, 이송, 사망 및 도주 등 그리고 관할 보호관찰소, 보호관찰, 사회봉사, 수강명령의 개시 및 종료일자, 보호관찰의 정지일자 및 정지해제일자 등의 보호관찰 집행상황

4) 정보제공 대상자

정보는 범죄피해자에게 제공함을 원칙으로 하지만 피해자의 명시적 동의가 있는 경우에는 범죄피해자 지원법인에도 제공할 수 있다. 그러나 정보제공 요청자가 범죄피해자인지 여부가 확인되지 않거나 정보의 제공으로 사건 관계인의 명예나 사생활의 비밀 또는 생명・신체의 안전이나 생활의 평온을 해할 우려가 있는 경우에는 관련 정보를 제공하지 아니할 수 있다.

3. 피해자 통지제도

(1) 통지대상

역 미란다 원칙이라고도 하는 통지제도는 범죄피해자에게, 또는 피해자가 사망하거나 의사능력이 없는 경우에는 친족, 보호자, 법정대리인, 그리고 범죄사건에 대한 고소・고발인 등에게 피해자 통지를 한다. 그러나 통지가 수사나 재판의 지장 초래, 피해자 등의 명예・권리를 침해 우려시 통지하지 않을 수 있다.

(2) 통지시기 및 내용

① 사건의 초기단계에는 형사절차의 개요, 담당수사관의 성명 및 연락처, 피해자 구조금 지급절차, 법률구조공단 및 인근 피해자 지원단체 이용안내 등 피해회복에 도움이 되는 사항을 통지한다. ② 피해자 등이 사건진행단계에서도 통지를 요청하거나 요청이 없더라도 피해회복에 필요하다고 인정되는 사항을 통지한다. ③ 사건을 송치하거나 타 관서로 이송하는 등 수사를 종결하였을 때에는 3일 이내에 피해자, 고소인 또는 고발인에게 그 사실을 통지하여야 한다.

4. 범죄피해자 구조제도

(1) 의 의

범죄행위로 인한 사망이나 중장해 상태의 피해자가 가해자의 불명 또는 무자력인 관계로 범죄피해의 전부 또는 일부를 보상받지 못한 때에는 국가에서 피해자 또는 유족에게 일정한도의 구조금을 지급하는 제도를 말한다.

(2) 대상범죄

구조금 지급신청은 관할 지방검찰청 범죄피해구조심의회에 신청해야 한다. 대상범죄는 모든 범죄가 아니라 대한민국의 영역 안 또는 대한민국 영역 밖에 있는 대한민국 선박 또는 항공기 안에서 행하여진 사람의 생명 또는 신체를 해하는 죄에 해당하는 행위로 인한 사망 또는 중장해를 대상으로 한다.[74)]

(3) 유족의 범위 및 순위

① 배우자(사실상의 배우자 포함), 피해자의 사망 당시 피해자의 수입에 의해 생계를 유지하고 있던 피해자의 자는 제1순위에 해당하며, ② 피해자의 사망 당시 피해자의 수입에 의하여 생계를 유지하고 있던 피해자의 부모, 손, 조부모, 형제자매는 제2순위로서 이들 사이의 순위는 피해자의 부모, 손, 조부모, 형제자매의 순이다. ③ 위에 해당하지 아니하는 피해자의 자, 부모, 손, 조부모, 형제자매는 제3순위로서 이

---

74) 범죄피해자구조법 제2조, 2005.12.29.

들 사이의 순위는 피해자의 자, 부모, 손, 조부모, 형제자매의 순이다. ④ 태아는 이미 출생한 것으로 인정하며, 부모의 경우에는 양부모를 선순위로 하고 친생부모는 후순위로 한다(범죄피해자구조법 제5조).

(4) 구조금을 지급하지 아니할 수 있는 경우

① 피해자와 가해자간에 친족관계(사실상 혼인관계 포함)가 있는 경우, ② 피해자가 범죄행위를 유발 또는 범죄피해 발생에 대한 귀책사유가 있는 경우, ③ 기타 사회통념상 구조금의 전부 또는 일부를 지급하지 아니함이 상당한 경우, ④ 범죄피해를 원인으로 국가배상법 등에 의한 급여 등을 지급받을 수 있는 경우나 가해자로부터 손해배상을 받은 때에는 그 금액의 한도 내에서 구조금 지급을 제한할 수 있다.

(5) 가 구조금의 지급

① 심의회는 구조금 지급신청이 있는 경우에 피해자의 장해의 정도가 명확하지 아니하거나 기타 사유로 인하여 신속하게 결정을 할 수 없는 사정이 있는 때에는 직권 또는 신청에 의하여 유족구조금 200만원, 장해구조금 100만원의 범위내에서 가 구조금을 지급하는 결정을 할 수 있다. ② 가 구조금 지급신청은 법무부령이 정하는 바에 의하여 그 주소지, 거주지 또는 범죄발생지를 관할하는 심의회에 할 수 있다. ③ 가 구조금을 지급받은 자에 대하여 구조금을 지급하는 결정을 한 때에는 국가는 가 구조금으로 지급된 금액의 한도 내에서 구조금을 지급할 책임을 면한다. ④ 가 구조금을 지급받은 자는 당해 구조결정에 의하여 지급되는 구조금의 금액이 가 구조금으로 지급된 금액에 미치지 아니한 때에는 그 차액을 국가에 반환하여야 하며, 구조금을 지급하지 아니한다는 결정이 있는 때에는 당해 가 구조금으로 지급된 금액을 국가에 반환하여야 한다(범죄피해자구조법 제12조).

참고문헌

【국내문헌】

경찰수사론, 경찰대학, 2001.

과학수사론, 경찰수사보안연수소, 2002.

권창국, 범죄자 프로파일링 증거의 활용과 문제점에 관한 검토, 형사정책연구원, 형사정책연구 제13권 제4호, 2002 겨울호, pp. 119-120.

김성문, 강력범죄 우범자 관리를 위한 프로파일링 기법적용에 관한 연구, 강원대학교 박사학위 논문, 2007.

김형만 등 공저, 비교경찰제도론, 법문사, 2007, pp. 245-246.

대검찰청, 수사권 조정에 관한 검찰의 입장, 2005, pp. 23-24.

마약류 범죄수사, 경찰수사보안연수소, 2006

박경식 편저, 경찰수사론, 경찰대학, 2000.

백형구, 형사소송법 강의, 박영사, 1996, p. 361.

사법연수원, 과학수사론, 2009.

신동운, "내사종결처분의 법적 성질", 서울대학교 법학, 2004.9, pp. 320-321

신현기, 비교경찰제도의 이해, 웅보출판사, 2007.

양태규, 과학수사론, 대왕사, 2004.

오형석, 범죄자 프로파일링의 효율성 제고에 관한 연구, 원광대학교 경찰행정 학과 석사논문, 2007.

유혁상 · 권창국, 주요 선진국의 과학적 수사기법의 도입과 활용방안 연구, 한국형사정책연구원 연구총서 04-38, 2004, pp. 182-183.

이재상, 형사소송법, 박영사, 2007.

임준태, 법과학과 범죄수사, 21세기사, 2007.

______, 프로파일링, 대영문화사, 2009.

정성진, "내사론", 법조, 1997, pp. 3-5
조철옥, 경찰학개론, 대영문화사, 2008.
_____, 현대범죄학, 대영문화사, 2008.
한승준, 사회조사방법론, 대영문화사. 2000, pp. 41-42.
현장감식전문과정, 경찰수사보안연수소, 2006.
홍성욱 · 최용석 역, 현장감식과 수사, CSI, 수사연구사, 2006.

【외국문헌】

Allport Gordon W. *The nature of prejudice, Reading: Addison-Wesley*, 1979.

Bartol, Curt R & Anne M. Bartol, *Criminal Behavior*, A Psychosocial Approach, Pearson Education, Inc., 2008.

Blumer, Herbert, *Symbolic interactionism*(Englewood Cliffs, N.J.:Prentice Hall, 1969).

Canter, David, *Offender Profiling and Investigative Psychology*, Journal of Investigative Psychology and Offender Profiling, 2004, p. 2.

Eck, John E and William Spelman, A Problem-oriented Approach to Public Service Delivery, in J. Kenny, ed., *Police and Policing: Contemporary Issues*, N.Y: Praeger, 1989.

Fawell Lawrence and E. Donchin, "The Truth will out: Interrogative Polygraphy(Lie Detection) with Event-Related Brain Potentials," Psychophysiology 28, pp. 531-547.

Geberth, Vermont J, *Practical Homicide Investigation, Fourth Edition*, Taylor & Francis Group LLC, 2006.

Gelb Barbara, *On the tracking of murder: Behind the scenes with a homicide commando squad*, New York: Morrow, 1975.

Gilbert, James N. *Criminal Investigation*, Pearson Education Hall, Seventh Edition, 2007.

Jhonson, R, *Aggression in Man and Animals*(Philadelphia:Saunders, 1972).

Kosslyn Stephen, "Image and Brain:The Resolution of the Imagery Debate", Contemporary Psychology 41, no.3, 1996, pp. 213-214.

Lykken, David, "For Distinguished Contributions to Psychophysiology," Psychophysiology, vol.36, no5, 1999, pp. 537-542.

Lynch Michael, Raymond Michalowski, and W. Byron Gloves, *The new primer in radical criminology: Critical perspectives on crime, power and identity, 3rd ed.*(Monsey, N.Y.: Criminal Justice Press, 2000).

Moffit Terri, Donald Lyman, and Phil Silva, "Neuropsychological Tests Predicting Persistent Male Delinquency," Criminology 32, 1994, pp. 227-300.

Raine, Adrian, Monte Buchsbaum, and Lori LaCasse, "Brain Abnomalities in Murders Indicated by Positron Emission Tomography," Biological Psychiatry 42, 1997, pp. 495-508

______, Patricia Brennan, Brigitte Mednick, and Sarnoff Mednick, "High Rates of Violence, Crime, Academic Problemes, and Behavioral Problemes in Males with Neuromotor Deficits and Unstable Family Environments", Archives of General Psychiatry 53, 1966, pp. 5544-549.

Robin, D. R R. M. Stales, T. J. Kenny, B. J. Reynolds, and F. P. Heald, "Adolescents who Attempt Suicide", Journal of Pediatrics 90, 1977, pp. 636-638.

Shaushnessy, Rita, "Psychopharmacotherapy of Neuropsychiatric Disorders," Psychiatric Annals 25, 1995, pp. 634-640.

Siegel, Larry J, *Criminology*, Wadsworth, a division of Thomson Learning Inc. 2003.

Stauffer Eric and Monica S. Bonfanti, *Forensic Investigation of Stolen-Recovered and Other Crime-Rlated Vehicles*, Academic Press in Elsevier Inc., 2006.

Sutherland Edward and Donald Cressy, *Criminology, 8th ed.*(Philadelphia: J.B. Lippincott, 1960), p. 8.

Turvey, Brent E, *Criminal Profiling: An introduction to behavioral evidence analysis*, Sandiego:Academic Press, 1999.

______, *Criminal Profiling: An Introduction to Behavioral Evidence Analysis*, Academic Press, 2002.

Wade Carole and Carole Travis, *Learning to Think Critically*(New York: Harper & Row, 1990).

Webster, William, "Sophiscated Suvelliance-Intolelable intruction or Prudent Protection?" Washington Law Review, 63, 1985, p. 351

Weston, Paul B and Kenneth M. Wells, *Criminal Investigation: Basic Perspectives, Seventh Edition*, Prentice Hall, Upper Saddle River, New Jersey, 11997, p. 2.

Williams, Katherine S. *Textbook on Criminology*, Oxford University Press Inc., New York, 2004, p. 12.

Zayard, Z.A, S. A. Lewis, and R. P. Britain, *An Encephagraphic and Psychiatric Study of 32 Insane Mudrers*, British Journal of Psychiatry 10, 1969, pp. 1115-1124.

찾아보기

ㅅ

ㅇ

ㅊ

ㅋ

조철옥(曺鐵玉)

■ 학 력
- 1972 부산수산대학교 어업학과 졸업
- 1985 고려대학교 대학원 행정학과 석사과정 졸업(석사)
- 1990 고려대학교 대학원 행정학과 박사과정 졸업(박사)

■ 경 력
- 1985-1991 경찰대학 경찰학과 교관
- 1987-1988 고려대학교 경상대학 행정학과 강사
- 1990-1991 한양대학교 행정대학원 강사
- 합천 · 부산남부 · 거제 · 서울은평 · 김포경찰서장
- 경찰청 외사수사과장 · 경찰종합학교 교무과장
- 제주특별자치도 자치경찰채용시험 출제위원(수사1, 경찰학개론)
- 한국경찰이론과 실무학회 부회장 · 편집위원장
- 현: 탐라대학교 경찰행정학과 교수
  탐라대학교 기획처장

■ 저 · 역서
- 조직행동론(공역, 대영문화사, 1990), 정책형성과정론(공역, 대영문화사, 1991)
- 경찰행정학(대영문화사, 2000), 경찰윤리학(대영문화사, 2005)
- 경찰학개론(대영문화사, 2007), 현대범죄학(대영문화사, 2008)

■ 논 문
- 상벌체계와 원인귀인에 관한 연구(석사)
- 정부의 규제정책과 해운조직의 생존에 관한 연구(박사)
- 치안지수개발에 관한 연구(경찰대학 치안논총, 1987)
- 포스트모더니즘 범죄이론에 의한 동성애 합법화 연구(공안행정학회, 2007)
- 제주자치경찰 시스템의 실태와 발전모델에 관한 연구(경호경비학회 2007)
- 패러다임전환의 관점에서 본 경찰의 범죄피해자 보호에 관한 연구(경찰이론과 실무학회, 2007)
- 악순환모형에 의한 검 · 경 수사권조정에 관한 연구(경찰이론과 실무학회, 2008)
- 정신장애 범죄자의 정신이상 항변에 관한 연구(경찰이론과 실무학회, 2008)
- 증오범죄와 사이코패스에 관한 연구(경찰이론과 실무학회, 2009)

범죄수사학 총론

초판 1쇄 발행 2009년 09월 10일
초판 3쇄 발행 2016년 08월 31일
저　　자 조철옥
발 행 인 이범만
발 행 처 21세기사 (제406-00015호)
경기도 파주시 산남로 72-16 (10882)
Tel. 031-942-7861　　Fax. 031-942-7864
E-mail : 21cbook@naver.com
ISBN 978-89-8468-326-6

정가 33,000원